Jürgen Betz

**Die Akzeptanz des E-Commerce
in der Automobilwirtschaft**

GABLER EDITION WISSENSCHAFT
Kundenmanagement & Electronic Commerce
Herausgegeben von
Professor Dr. Manfred Krafft
Universität Münster

Neue, interaktive Medien und die damit einhergehenden Möglichkeiten, einzelne Kundenbeziehungen datengeschützt optimal zu gestalten, verändern die wissenschaftliche und unternehmerische Landschaft nachhaltig. Mit dieser Schriftenreihe wird ein Forum für innovative und anspruchsvolle Beiträge geschaffen, die sich mit Fragen des Customer Relationship Management, des Direktmarketing, des Electronic Commerce, der marktorientierten Unternehmensführung und des Vertriebsmanagements auseinandersetzen.

Jürgen Betz

Die Akzeptanz des E-Commerce in der Automobilwirtschaft

Ausmaß, Konsequenzen und Determinanten aus Sicht von Neuwagenkäufern

Mit einem Geleitwort von Prof. Dr. Manfred Krafft

Deutscher Universitäts-Verlag

Bibliografische Information Der Deutschen Bibliothek
Die Deutsche Bibliothek verzeichnet diese Publikation in der Deutschen
Nationalbibliografie; detaillierte bibliografische Daten sind im Internet über
<http://dnb.ddb.de> abrufbar.

Dissertation Wissenschaftliche Hochschule für Unternehmensführung (WHU)
Vallendar, 2002

1. Auflage Juli 2003

Alle Rechte vorbehalten
© Deutscher Universitäts-Verlag/GWV Fachverlage GmbH, Wiesbaden 2003

Lektorat: Brigitte Siegel / Stefanie Loyal

Der Deutsche Universitäts-Verlag ist ein Unternehmen der
Fachverlagsgruppe BertelsmannSpringer.
www.duv.de

Das Werk einschließlich aller seiner Teile ist urheberrechtlich geschützt.
Jede Verwertung außerhalb der engen Grenzen des Urheberrechtsgesetzes
ist ohne Zustimmung des Verlags unzulässig und strafbar. Das gilt insbesondere für Vervielfältigungen, Übersetzungen, Mikroverfilmungen und die
Einspeicherung und Verarbeitung in elektronischen Systemen.

Die Wiedergabe von Gebrauchsnamen, Handelsnamen, Warenbezeichnungen usw. in diesem
Werk berechtigt auch ohne besondere Kennzeichnung nicht zu der Annahme, dass solche
Namen im Sinne der Warenzeichen- und Markenschutz-Gesetzgebung als frei zu betrachten
wären und daher von jedermann benutzt werden dürften.

Umschlaggestaltung: Regine Zimmer, Dipl.-Designerin, Frankfurt/Main
Druck und Buchbinder: Rosch-Buch, Scheßlitz
Gedruckt auf säurefreiem und chlorfrei gebleichtem Papier
Printed in Germany

ISBN 3-8244-7773-4

Geleitwort

Nach einer von Enthusiasmus geprägten Phase Ende der 1990er Jahre hat sich zwischenzeitlich eine nachhaltige Ernüchterung hinsichtlich der Potenziale und Möglichkeiten Neuer Medien eingestellt. Diese Entwicklung ist insbesondere darauf zurückzuführen, dass manche exponentielle Wachstumsraten überzogener Prognosen nicht eingetreten sind. Aus wissenschaftlicher Sicht haben sich erstaunlicherweise bisher nur wenige Arbeiten der Frage gewidmet, welche Phänomene dafür verantwortlich zeichnen, dass Neue Medien wie Internet, Mobilfunk oder interaktives Fernsehen in geringerem Umfang als erwartet bei Kaufentscheidungen von Konsumenten zur Rate gezogen werden. Dem Akzeptanzphänomen kommt dabei eine besondere Rolle zu, da der hohe Anteil von Haushalten mit Internetzugang, Mobilfunkverträgen oder TV-Kabelanschluss verdeutlicht, dass die mangelnde Nutzung eher auf eine innere Ablehnung und eine abwartende Haltung der Endverbraucher denn auf eine fehlende Möglichkeit des Zugangs zu Neuen Medien zurückzuführen ist.

Aus **Unternehmenssicht** kommt der Akzeptanzproblematik große Bedeutung zu: Werden die Bestimmungsgrößen einer mangelnden Akzeptanz identifiziert und gelingt es zudem, die ökonomischen Konsequenzen derartiger psychischer Barrieren zu bestimmen, könnten Anbieter die Bereitschaft von Endkunden, Neue Medien in Kaufprozessen zu nutzen, durch Beseitigung dieser Blockaden gezielt steigern. Aus Sicht der **Marketingforschung** ist ein derartiger Untersuchungsgegenstand ebenfalls als hoch relevant einzustufen, da zum einen Aspekte der Determinanten, Ausprägungen und Folgen der Akzeptanz Neuer Medien bei Kaufentscheidungen ein immer noch vernachlässigtes Forschungsgebiet darstellen. Zum anderen verdeutlicht die Dreistufigkeit (Ursachen, Ausmaß und Konsequenzen) des Beziehungsgefüges des Akzeptanzphänomens, dass bisher vorliegende einstufige Untersuchungsansätze zu kurz greifen und der Komplexität des Sachverhalts nicht gerecht werden. Der Effekt moderierender Größen ist dabei ebenfalls noch nicht untersucht worden.

Ausgehend von diesem Forschungsdefizit und der hohen Praxisrelevanz widmet sich Jürgen Betz in der vorgelegten Dissertation den Fragen, wie die Akzeptanz der Online-Distribution zu konzeptualisieren und zu messen ist, welche Effekte von einer höheren oder niedrigeren Akzeptanz ausgehen und inwieweit vorgelagerte Größen das Ausmaß der Akzeptanz erhöhen oder senken. Als Untersuchungsgegenstand greift Betz dabei auf die Automobilwirtschaft zurück und betrachtet den distributiven Einsatz von Online-Medien bei PKW-Kaufprozessen durch Endkunden.

Nach einem einleitenden Kapitel zur Thematik und den Zielen der Arbeit widmet sich Betz im zweiten Kapitel zentralen Begrifflichkeiten, insbesondere der Definition des Begriffs Online-Distribution. Im dritten Kapitel wird dargelegt, wie Online-Distribution aus funktionaler, institutioneller und konsumentenorientierter Sicht zu bewerten ist. Dabei werden die Elemente automobiler Distributionsprozesse in Online-Medien abgebildet, bereits eingesetzte Online-Betriebsformen identifiziert und Forschungslücken zur Akzeptanz dieser institutionellen Lösungen aufgezeigt. Das vierte Kapitel dient der Darstellung der umfassenden empirischen Untersuchungen, die in Kooperation mit einem bedeutenden Automobilhersteller durchgeführt wurden. Zudem werden in diesem Kapitel methodische Aspekte der späteren deskriptiven und hypothesentestenden Analysen diskutiert. Im fünften Kapitel wird das Messmodell der Online-Akzeptanz konzeptionell hergeleitet, operationalisiert und anhand Explorativer sowie Konfirmatorischer Faktorenanalysen validiert. Die dabei gebildeten Konstrukte der verhaltensorientierten Online-Akzeptanz (Nutzungsakzeptanz und Zufriedenheitsakzeptanz) werden im sechsten Kapitel daraufhin untersucht, inwieweit sie die Kundenzufriedenheit und –bindung beeinflussen und ob moderierende Effekte vorliegen. Das siebte Kapitel ist dagegen der Frage gewidmet, inwieweit ausgewählte Faktoren das Ausmaß der Online-Akzeptanz erhöhen oder reduzieren. Diese potenziellen Determinanten der einstellungsorientierten Online-Akzeptanz (Informations-, Anbahnungs-, Transaktions- und After-Sales-Akzeptanz) werden vorab umfangreich validiert, um anschließend in Strukturgleichungsmodellen daraufhin analysiert zu werden, ob die a priori postulierten Zusammenhänge empirisch zu widerlegen sind. Im letzten Kapitel fasst Betz die zentralen Befunde seiner Arbeit zusammen und leitet Hinweise für die Unternehmenspraxis und Wissenschaft ab. Im Anhang werden detaillierte Ergebnisse der Konstruktbildung und Validierung in 45 Tabellen wiedergegeben. Die Arbeit schließt mit einem Literaturverzeichnis, das aus rund 600 Quellen besteht.

Die von Herrn Betz eingereichte Arbeit besticht zum einen durch einen hohen **Innovationsgehalt**. So wird in der Dissertation das Akzeptanzphänomen in der Online-Distribution erstmals fundiert konzeptualisiert, operationalisiert und validiert. Die Arbeit ist meines Wissens zudem die erste, die sich im Rahmen einer großzahligen Untersuchung mit den Determinanten und Konsequenzen dieser Online-Akzeptanz auseinandersetzt. Betz leistet mit seiner Arbeit aber auch konzeptionell innovative Beiträge. So stellt seine Differenzierung der Online-Akzeptanz nach funktionen-, institutionen- und konsumentenorientierten Gesichtspunkten einen neuartigen Ansatz dar. Auch die Typologisierung von Online-Distributions-Präsenzen nach Online-Information-, -Quoting- und -Transaction-Sites ist als innovativ anzusehen und nach meinem Kenntnisstand bisher in der Literatur nicht zu finden. Die Arbeit überzeugt zudem durch saubere und komprimierte Begriffsbestimmungen. So erfolgt eine Präzisierung des häufig unscharf verwendeten Begriffs der Online-Akzeptanz. Des weiteren gibt es im methodischen Teil der Arbeit innovative Ansätze, beispielsweise im Zusammenhang mit der Analyse von Determinanten der einstellungsorientierten Online-Akzeptanz.

Hinsichtlich der **theoretischen und methodischen Fundierung** ist ein ebenfalls hohes Niveau festzustellen. Betz greift mit Strukturgleichungsansätzen, Gruppenanalysen und moderierten Regressionsanalysen auf multivariate Verfahren zurück, die keineswegs als Standard empirischer betriebswirtschaftlicher Arbeiten anzusehen sind. Betz beweist dabei, dass er auf hohem wissenschaftlichen Niveau mit komplexen Methoden der Statistik und Ökonometrie arbeiten kann. Die Darstellung und Interpretation der statistischen Befunde erfolgt ebenfalls sehr detailliert und fundiert. Auch bezüglich der theoretischen Argumentation bewegt sich Betz in seiner Arbeit auf hohem Niveau. Dabei betrachtet er mit der Adoptionstheorie nach Rogers nicht nur ein geläufiges Konzept der Marketingwissenschaft, sondern greift auch auf Überlegungen der Soziologie und Psychologie zurück, beispielsweise bei der Behandlung des für die Arbeit relevanten Flow-Phänomens.

Die Arbeit überzeugt des weiteren durch eine hohe **Qualität der Daten und empirischen Analysen**. Betz konnte in Kooperation mit einem renommierten Automobilhersteller eine großzahlige Untersuchung durchführen, wobei ihm ein Adressdatensatz sämtlicher PKW-Käufer eines Jahres vorlag. Während die überwiegende Mehrheit betriebswirtschaftlicher Studien bei der Bestimmung der Untersuchungseinheiten nur eine „Auswahl aufs Geratewohl" vornehmen können, was die Aussagekraft statistischer Tests erheblich einschränkt, war es Betz dagegen möglich, eine geschichtete Zufallsstichprobe zu generieren. Die relativ hohen Rücklaufquoten von 24% bzw. 30% belegen außerdem, dass die Thematik und Gestaltung des Fragebogens von den ausgewählten Endkunden als sehr ansprechend eingeschätzt wurde. Die von Betz durchgeführten empirischen Auswertungen erfolgten mit Hilfe anspruchsvoller Verfahren, die der Autor nach meiner Einschätzung bestens beherrscht. Dabei stellt die Betrachtung moderierender Effekte ein Novum der Online-Akzeptanz-Forschung dar.

Die vorgelegte Arbeit ist schließlich hinsichtlich des **Praxisbezugs** und der **Relevanz des Themas** als wertvoller empirischer Beitrag anzusehen. Die Bedeutung der Akzeptanz der Online-Distribution als Werttreiber und Quelle dauerhafter Wettbewerbsvorteile wird klar herausgearbeitet. Betz kann auch zeigen, dass die Thematik der Arbeit in der wissenschaftlichen Literatur bisher stiefmütterlich behandelt worden ist. Zudem wird deutlich, dass die bewusste Reduzierung von Akzeptanzbarrieren seitens der Automobilhersteller für den Erfolg von Online-Distributions-Angeboten kritisch ist und dazu beitragen kann, dass Markenwechsel bzw. -abwanderung sowie Händlerloyalität durch Internetpräsenzen positiv beeinflusst werden können. Dabei verdeutlichen die vorliegenden Befunde, dass nicht die Häufigkeit oder Intensität der Nutzung von Websites erfolgskritisch sind, sondern vielmehr die Akzeptanz und Zufriedenheit mit der Nutzung von Online-Präsenzen von Automobilherstellern. Betz vermittelt auch weitere wertvolle deskriptive Beiträge für die unternehmerische Praxis, wenn er beispielsweise das Ausmaß der Online-Akzeptanz für unterschiedliche Alters- und Einkommenssegmente oder für Markenwechsler berichtet. Zur Relevanz der Arbeit trägt auch die Tatsache bei, dass aus den Konzepten und Befunden direkte

Implikationen für ein bewusstes Management der Online-Akzeptanz abzuleiten sind, da nicht nur die Determinanten und Ausprägungen der Online-Akzeptanz gemessen werden, sondern auch vorökonomische Konsequenzen. Auf dieser Grundlage ist es möglich, Tendenzaussagen abzuleiten, welche Determinanten zu erhöhter Akzeptanz und folglich zu höherer Zufriedenheit und Kundenbindung führen. Dabei wird von Betz klargestellt, dass je nach Kaufprozessstufe (Information, Anbahnung, Transaktion, After-Sales) die Determinanten der Akzeptanz deutlich unterschiedlich ausfallen.

Für Akademiker, die auf dem Gebiet des E-Commerce forschen, stellt die Arbeit von Betz ebenso wie für den wissenschaftlich interessierten Manager mit Verantwortung im E-Business mit Sicherheit eine wertvolle Quelle dar, da Betz sowohl wissenschaftlich kompetent als auch mit viel Sachkenntnis und Problemverständnis neues Licht auf die Fragen wirft, wie Online-Akzeptanz zu messen ist, wovon diese Akzeptanz abhängt und welche Konsequenzen mit einer höheren Online-Akzeptanz einhergehen. Es bleibt zu wünschen, dass die Arbeit von Betz in Forschung und Praxis einen großen Leserkreis findet.

Prof. Dr. Manfred Krafft

Vorwort

Die vorliegende Arbeit wurde im Oktober 2002 von der WHU in Vallendar als Dissertationsschrift angenommen. Angefangen bei der Themenfindung, über die statistische Analyse bis hin zur Fertigstellung waren eine Reihe von Personen beteiligt, denen mein Dank gebührt.

An erster Stelle möchte ich mich bei meinem Doktorvater, Herrn Professor Dr. Manfred Krafft, herzlich bedanken. Er ließ mir bei der Themenkonkretisierung und Ausgestaltung der Arbeit alle wissenschaftlichen Freiräume, gab mir in vielen Diskussionen entscheidende Hilfestellungen bei der Empirie und trug schließlich durch sein enorm konstruktives, schnelles und direkt umsetzbares Feedback wesentlich zur erfolgreichen Fertigstellung bei. An dieser Stelle geht auch mein Dank an Frau Doris Reif vom Lehrstuhl für Marketing, die mich bei der Durchführung der schriftlichen Befragung vielfältig unterstütze und die mehrfache Briefflut geduldig über sich ergehen ließ. Herrn Professor Dr. Detlef Schoder möchte ich für die Übernahme des Zweitgutachtens danken.

Unvergesslich bleibt die legendäre Fellow-Truppe im Hamburger Office - Bob Borth, Mirko Caspar, Lars Krause, Elmar Licharz, Stefan Niemeier und Daniela Stäcker. Die gemeinsamen Mittagessen und die anschließenden Fights am Kickertisch waren immer wieder ein Lichtblick im oft einsamen Doktorandenalltag. Hervorheben möchte ich dabei Mirkos verzweifelte Versuche, mir meine - an sich recht torgefährliche - Kurbeltechnik abzugewöhnen. Eindeutig erfolgreicher war er allerdings darin, in langen Diskussionen die letzten Geheimnisse der Kausalanalyse zu lüften und dadurch meinen statistischen Analysen wesentliche Impulse zu verleihen.

Schließlich gilt mein ganz besonderer Dank meiner Familie. Meine Eltern haben mich unermüdlich in allen Lebensabschnitten unterstützt und gefördert. Alles, was ich erreicht habe, verdanke ich Ihnen. Widmen möchte ich diese Arbeit Dir, liebe Nina. Mit welcher unendlichen Geduld und mit welchem Verständnis Du meine nahezu täglich zwischen Zweifel und Enthusiasmus schwankenden Gemütszustände insbesondere in den kritischen Phasen der Arbeit ertragen hast, verdient Bewunderung.

Jürgen Betz

Inhaltsverzeichnis

Inhaltsverzeichnis	XI
Abbildungsverzeichnis	XVII
Tabellenverzeichnis	XIX
Abkürzungsverzeichnis	XXV

1 Bedeutung der Akzeptanz der Online-Distribution für die Automobilwirtschaft 1
    1.1 Problemstellung 1
    1.2 Zielsetzung und Aufbau der Arbeit 4

2 Begriffliche Grundlagen 9
    2.1 Neue Medien und Online-Medien 9
    2.2 Online-Marketing und Online-Distributionspolitik 13
    2.3 Online-Distribution und E-Commerce 15

3 Konzeptionelle Grundlagen 19
    3.1 Funktionenorientierte Analyse der Online-Distribution 19
        3.1.1 Einzelwirtschaftliche Distributionsfunktionen entlang der Phasen des automobilen Kaufprozesses 19
        3.1.2 Möglichkeiten und Grenzen einer Abbildung einzelwirtschaftlicher Distributionsfunktionen durch Online-Medien 24
            3.1.2.1 Teilfunktionen in der Informationsphase 24
            3.1.2.2 Teilfunktionen in der Anbahnungsphase 26
            3.1.2.3 Teilfunktionen in der Transaktionsphase 29
            3.1.2.4 Teilfunktionen in der After-Sales-Phase 31

3.2		Institutionenorientierte Analyse der Online-Distribution	33
	3.2.1	Kommerzielle Betriebsformen in der Online-Distribution	33
	3.2.2	Darstellung konkreter Ausgestaltungen der Betriebsformen in der Online-Distribution durch ausgewählte etablierte und neue Distributionssubjekte	37
		3.2.2.2 Automobilhändler	39
		3.2.2.3 Neue Wettbewerber	41
3.3		Konsumentenorientierte Analyse der Online-Distribution	45
	3.3.1	Beziehungsfeld zwischen der Online-Distribution und den Konsumentenerwartungen bzw. -reaktionen	45
	3.3.2	Bestandsaufnahme der bisherigen empirischen Erkenntnisse zur konsumentenorientierten Akzeptanz der Online-Distribution	47
		3.3.2.1 Ausmaß der Online-Akzeptanz	47
		3.3.2.2 Konsequenzen der Online-Akzeptanz	52
		3.3.2.3 Determinanten der Online-Akzeptanz	55
3.4		Zusammenfassung des Kapitels	58

4 Empirische Grundlagen ... 61

4.1		Datenerhebung und Datenbasis	61
	4.1.1	Erhebungskonzeption der Untersuchung	61
	4.1.2	Grundgesamtheit und Stichproben der Untersuchung	63
4.2		Datenauswertung	70
	4.2.1	Methodische Aspekte im Rahmen der explikativen Analysen	70
		4.2.1.1 Auswahl von geeigneten statistischen Methoden für die explikativen Analysen	70
		4.2.1.2 Grundzüge der Strukturgleichungsanalyse	75
		4.2.1.3 Globale und lokale Kriterien zur Beurteilung der Anpassungsgüte von Strukturgleichungsmodellen	79

Inhaltsverzeichnis XIII

 4.2.2 Methodische Aspekte im Rahmen der deskriptiven Analysen 85

  4.2.2.1 Grundsätzliche Überlegungen zur Operationalisierung von Konstrukten 85

  4.2.2.2 Gütekriterien der ersten und zweiten Generation 89

  4.2.2.3 Vorgehensweise bei der Operationalisierung von Konstrukten 92

5 Ausmaß der Online-Akzeptanz in der Automobilwirtschaft 97

 5.1 Konzeptualisierung eines Modells zur Erfassung des Ausmaßes der Online-Akzeptanz 97

  5.1.1 Akzeptanzbegriff 97

   5.1.1.1 Akzeptanzverständnis im soziologischen und betriebswirtschaftlichen Kontext 97

   5.1.1.2 Akzeptanzbegriff im marketingwissenschaftlichen Kontext 100

  5.1.2 Konkretisierung eines Messmodells der Online-Akzeptanz 103

   5.1.2.1 Einstellungsorientierte Akzeptanz 103

   5.1.2.2 Verhaltensorientierte Akzeptanz 109

  5.1.3 Überblick über die zu prüfenden Messmodelle 112

 5.2 Operationalisierung der berücksichtigten Dimensionen 114

 5.3 Deskriptive Untersuchungsergebnisse 135

  5.3.1 Messmodell der einstellungsorientierten Online-Akzeptanz 135

  5.3.2 Messmodell der verhaltensorientierten Online-Akzeptanz 140

  5.3.3 Messmodell der globalen Online-Akzeptanz 143

  5.3.4 Ergänzende deskriptive Analysen 148

 5.4 Zusammenfassung des Kapitels 157

6 Konsequenzen der Online-Akzeptanz in der Automobilwirtschaft 159

 6.1 Konzeptualisierung eines Modells zur Erfassung ausgewählter Konsequenzen der Online-Akzeptanz 159

  6.1.1 Mögliche Konsequenzen der Online-Akzeptanz 159

   6.1.1.1 Ökonomische Konsequenzen 159

   6.1.1.2 Vorökonomische Konsequenzen 165

6.1.2 Konkretisierung eines Kausalmodells ausgewählter vorökonomischer Konsequenzen der Online-Akzeptanz 167

      6.1.2.1 Kundenzufriedenheit 167

      6.1.2.2 Kundenbindung 173

6.1.3 Überblick über die zu prüfenden Kausalmodelle 181

6.2 Operationalisierung der berücksichtigten Konstrukte 183

6.3 Explikative Untersuchungsergebnisse 188

      6.3.1 Konsequenzen der Nutzungsakzeptanz 188

      6.3.2 Konsequenzen der Zufriedenheitsakzeptanz 193

      6.3.3 Ergänzende explikative Analysen 198

            6.3.3.1 Methodische Vorüberlegungen zur Analyse von Interaktionseffekten 198

            6.3.3.2 Ergebnisse der Gruppenanalysen und der moderierten Regressionsanalysen 201

6.4 Zusammenfassung des Kapitels 208

7 Determinanten der Online-Akzeptanz in der Automobilwirtschaft 213

7.1 Konzeptualisierung eines Modells zur Erfassung ausgewählter Determinanten der Online-Akzeptanz 213

      7.1.1 Auswahl relevanter Forschungsansätze für die Modellkonzeptualisierung ... 213

      7.1.2 Prüfung des Erkenntnisbeitrags der ausgewählten Forschungsansätze zur Identifikation von Determinanten der Online-Akzeptanz 217

            7.1.2.1 Beitrag der Adoptionsforschung 217

                    7.1.2.1.1 Phasen des Adoptionsprozesses 217

                    7.1.2.1.2 Innovationsbezogene Bestimmungsgrößen des Adoptionsprozesses 220

                    7.1.2.1.3 Implikationen der Adoptionsforschung für die Erklärung der Online-Akzeptanz 222

        7.1.2.2   Beitrag der Flow-Forschung 226
            7.1.2.2.1   Das Flow-Erlebnis als Erklärungskonzept intrinsisch
                        motivierten Verhaltens 226
            7.1.2.2.2   Implikationen der Flow-Forschung für die Erklärung
                        der Online-Akzeptanz 229
    7.1.3 Konkretisierung eines Kausalmodells ausgewählter Determinanten
           der Online-Akzeptanz 231
        7.1.3.1   Relativer Vorteil 231
        7.1.3.2   Flow-Erlebnis 235
        7.1.3.3   Nutzungs- und Wechselbarrieren 240
    7.1.4 Überblick über die zu prüfenden Kausalmodelle 245
7.2 Operationalisierung der berücksichtigten Konstrukte 248
7.3 Explikative Untersuchungsergebnisse 256
    7.3.1 Determinanten der Informationsakzeptanz 256
    7.3.2 Determinanten der Anbahnungsakzeptanz 261
    7.3.3 Determinanten der Transaktionsakzeptanz 266
    7.3.4 Determinanten der After-Sales-Akzeptanz 270
7.4 Zusammenfassung des Kapitels 274

8 Schlussbetrachtung 281

Anhang 291
Literaturverzeichnis 347

Abbildungsverzeichnis

Abb. 1:	Aufbau der Arbeit	8
Abb. 2:	Abgrenzung der Begriffe 'E-Commerce' und 'Online-Distribution'	18
Abb. 3:	Die einzelwirtschaftlichen Distributionsfunktionen entlang der automobilen Wertschöpfungskette im Absatzbereich	24
Abb. 4:	Möglichkeiten und Grenzen einer Abbildung distributiver Teilfunktionen im Rahmen der Online-Distribution	33
Abb. 5:	Kommerzielle Betriebsformen der Online-Distribution	37
Abb. 6:	Beispiele für die Ausgestaltung kommerzieller Betriebsformen in der Online-Distribution durch Hersteller, Händler und neue Wettbewerber	44
Abb. 7:	Beziehungsfeld zwischen der Online-Distribution und den Konsumentenerwartungen bzw. -reaktionen	46
Abb. 8:	Globale und lokale Gütekriterien zur Beurteilung der Anpassungsgüte von Strukturgleichungsmodellen	85
Abb. 9:	Beispiele für mögliche Faktorenstrukturen und Dimensionalitäten von Konstrukten	86
Abb. 10:	Vorgehensweise bei der Operationalisierung von Konstrukten	94
Abb. 11:	Konzeptualisierung der Dimension 'einstellungsorientierte Online-Akzeptanz'	108
Abb. 12:	Konzeptualisierung der Dimension 'verhaltensorientierte Online-Akzeptanz'	111
Abb. 13:	Überblick über die Messmodelle der Online-Akzeptanz	113
Abb. 14:	Messmodell der Dimension 'einstellungsorientierte Online-Akzeptanz'	139
Abb. 15:	Messmodell der Dimension 'verhaltensorientierte Online-Akzeptanz'	143
Abb. 16:	Messmodell der globalen Online-Akzeptanz	147
Abb. 17:	Wirkungsbeziehungen zwischen der Online-Akzeptanz und deren Konsequenzen	160
Abb. 18:	Kostensenkungspotenzial der Online-Distribution entlang der Wertschöpfungskette im Absatzbereich	163
Abb. 19:	Konzeptualisierung des Konstrukts 'Kundenzufriedenheit'	170
Abb. 20:	Konzeptualisierung des Konstrukts 'Kundenbindung'	175

Abb. 21:	Vermuteter Zusammenhang zwischen der Online-Akzeptanz und den Determinanten der Kundenbindung	180
Abb. 22:	Überblick über die Basismodelle der vorökonomischen Konsequenzen der Dimension 'verhaltensorientierte Online-Akzeptanz'	183
Abb. 23:	Kausalmodell bezüglich der Konsequenzen des Faktors 'Nutzungsakzeptanz'	191
Abb. 24:	Kausalmodell bezüglich der Konsequenzen des Faktors 'Zufriedenheitsakzeptanz'	196
Abb. 25:	Überblick über die ausgewählten Forschungsansätze und deren Wirkung auf die Online-Akzeptanz	217
Abb. 26:	Beitrag der Adoptionsforschung zur Identifikation von Determinanten der Online-Akzeptanz	226
Abb. 27:	Konzeptualisierung des Konstrukts 'relativer Vorteil'	235
Abb. 28:	Channel Flow-Modell	238
Abb. 29:	Konzeptualisierung des Konstrukts 'Flow-Erlebnis'	239
Abb. 30:	Konzeptualisierung des Konstrukts 'Nutzungsbarrieren'	242
Abb. 31:	Konzeptualisierung des Konstrukts 'Wechselbarrieren'	244
Abb. 32:	Überblick über die Basismodelle der Determinanten der Dimension 'einstellungsorientierte Online-Akzeptanz'	247
Abb. 33:	Gesamtmodell bezüglich der Determinanten des Faktors 'Informationsakzeptanz'	259
Abb. 34:	Gesamtmodell bezüglich der Determinanten des Faktors 'Anbahnungsakzeptanz'	264
Abb. 35:	Gesamtmodell bezüglich der Determinanten des Faktors 'Transaktionsakzeptanz'	269
Abb. 36:	Gesamtmodell bezüglich der Determinanten des Faktors 'After-Sales-Akzeptanz'	274
Abb. 37:	Bereitschaft der Neuwagenkäufer zum Kauf eines Fahrzeugs über das Internet in Abhängigkeit vom eingeräumten Nachlass	285

Tabellenverzeichnis

Tab. 1: Ausgewählte Definitionen des Begriffs 'E-Commerce' 16

Tab. 2: Charakteristika empirischer Arbeiten zum Ausmaß der
Online-Akzeptanz in der Automobilwirtschaft 49

Tab. 3: Charakteristika empirischer Arbeiten zu den Konsequenzen
der Online-Akzeptanz 54

Tab. 4: Charakteristika empirischer Arbeiten zu den Determinanten
der Online-Akzeptanz 56

Tab. 5: Umfang der Soll- bzw. Ist-Stichproben sowie Responsequoten der beiden
Erhebungswellen 65

Tab. 6: Aufteilung der Ist-Stichproben in die Teilstichproben der beiden
Erhebungswellen 66

Tab. 7: Verteilung der Merkmale 'Fahrzeugklasse', 'Alter' sowie 'Geschlecht' in
der Grundgesamtheit und der Ist-Stichprobe der ersten Welle sowie die
Ergebnisse des entsprechenden χ^2-Homogenitätstests 68

Tab. 8: Zentrale Beurteilungskriterien für die Auswahl iterativer Schätzverfahren
der Strukturgleichungsanalyse 77

Tab. 9: Indikatoren zur Erfassung der affektiven Komponente der Dimension
'einstellungsorientierte Online-Akzeptanz' 115

Tab. 10: Indikatoren zur Erfassung der konativen Komponente der Dimension
'einstellungsorientierte Online-Akzeptanz' 116

Tab. 11: Ergebnisse der Untersuchungsstufe A für die Dimension
'einstellungsorientierte Online-Akzeptanz' 119

Tab. 12: Ergebnisse der Untersuchungsstufe B für den Faktor
'einstellungsorientierte Informationsakzeptanz' 121

Tab. 13: Ergebnisse der Untersuchungsstufe B für den Faktor
'einstellungsorientierte Anbahnungsakzeptanz' 122

Tab. 14: Ergebnisse der Untersuchungsstufe B für den Faktor
'einstellungsorientierte Transaktionsakzeptanz' 123

Tab. 15: Ergebnisse der Untersuchungsstufe B für den Faktor
'einstellungsorientierte After-Sales-Akzeptanz' 124

Tab. 16:	Ergebnisse der Untersuchungsstufe C1 für die Dimension 'einstellungsorientierte Online-Akzeptanz'	125
Tab. 17:	Ergebnisse der Untersuchungsstufe C2 für die Dimension 'einstellungsorientierte Online-Akzeptanz'	127
Tab. 18:	Indikatoren zur Erfassung der Nutzungskomponente der Dimension 'verhaltensorientierte Online-Akzeptanz'	128
Tab. 19:	Indikatoren zur Erfassung der Zufriedenheitskomponente der Dimension 'verhaltensorientierte Online-Akzeptanz'	129
Tab. 20:	Ergebnisse der Untersuchungsstufe A für die Dimension 'verhaltensorientierte Online-Akzeptanz'	130
Tab. 21:	Ergebnisse der Untersuchungsstufe B für den Faktor 'Nutzungsakzeptanz'	132
Tab. 22:	Ergebnisse der Untersuchungsstufe B für den Faktor 'Zufriedenheitsakzeptanz'	133
Tab. 23:	Ergebnisse der Untersuchungsstufe C1 für die Dimension 'verhaltensorientierte Online-Akzeptanz'	134
Tab. 24:	Ergebnisse der Untersuchungsstufe C2 für die Dimension 'verhaltensorientierte Online-Akzeptanz'	135
Tab. 25:	Indikatoren zur Erfassung der globalen einstellungsorientierten Online-Akzeptanz	136
Tab. 26:	Ausprägungen der globalen und lokalen Gütekriterien für das Messmodell der Dimension 'einstellungsorientierte Online-Akzeptanz'	138
Tab. 27:	Indikatoren zur Erfassung der globalen verhaltensorientierten Online-Akzeptanz	141
Tab. 28:	Ausprägungen der globalen und lokalen Gütekriterien für das Messmodell der Dimension 'verhaltensorientierte Online-Akzeptanz'	142
Tab. 29:	Ergebnisse der Explorativen Faktorenanalyse für die Faktoren der Online-Akzeptanz	145
Tab. 30:	Ausprägungen der globalen und lokalen Gütekriterien für das Messmodell der globalen Online-Akzeptanz	146
Tab. 31:	Mittelwertunterschiede zwischen den Nutzergruppen hinsichtlich des Ausmaßes der Akzeptanz	150
Tab. 32:	Varianzanalyse soziodemographischer Variablen für die Nutzergruppen	152

Tabellenverzeichnis XXI

Tab. 33:	Klassifikationsmatrix soziodemographischer Variablen	154
Tab. 34:	Varianzanalyse beobachtbarer Variablen des Kaufverhaltens für die Nutzergruppen	155
Tab. 35:	Klassifikationsmatrix beobachtbarer Variablen des Kaufverhaltens	156
Tab. 36:	Überblick über die Basishypothesen zu den vorökonomischen Konsequenzen der Dimension 'verhaltensorientierte Online-Akzeptanz'	182
Tab. 37:	Indikatoren zur Erfassung des Konstrukts 'Kundenzufriedenheit'	185
Tab. 38:	Indikatoren zur Erfassung des Konstrukts 'Kundenbindung'	187
Tab. 39:	Gütekriterien für das Kausalmodell der Konsequenzen des Faktors 'Nutzungsakzeptanz'	190
Tab. 40:	Direkte, indirekte und Totaleffekte des Faktors 'Nutzungsakzeptanz' auf die Faktoren der Kundenbindung	193
Tab. 41:	Gütekriterien für das Kausalmodell der Konsequenzen des Faktors 'Zufriedenheitsakzeptanz'	195
Tab. 42:	Direkte, indirekte und Totaleffekte des Faktors 'Zufriedenheitsakzeptanz' auf die Faktoren der Kundenbindung	197
Tab. 43:	Ergebnisse der Gruppenanalysen	203
Tab. 44:	Ergebnisse der moderierten Regressionsanalysen	205
Tab. 45:	Überblick über die Ergebnisse der Prüfung der Kausalhypothesen zu den Konsequenzen der Online-Akzeptanz	209
Tab. 46:	Überblick über die Ergebnisse der Prüfung der Interaktionshypothesen zu den Konsequenzen der Online-Akzeptanz	211
Tab. 47:	Überblick über die Basishypothesen zu den Determinanten der Dimension 'einstellungsorientierte Online-Akzeptanz'	245
Tab. 48:	Indikatoren zur Erfassung des Konstrukts 'relativer Vorteil'	249
Tab. 49:	Überblick über die abgeleiteten Hypothesen für die Faktoren der Determinante 'relativer Vorteil'	250
Tab. 50:	Indikatoren zur Erfassung des Konstrukts 'Flow-Erlebnis'	251
Tab. 51:	Indikatoren zur Erfassung des Konstrukts 'Wechselbarrieren'	253
Tab. 52:	Indikatoren zur Erfassung des Konstrukts 'Nutzungsbarrieren'	255
Tab. 53:	Überblick über die abgeleiteten Hypothesen für die Faktoren der Determinante 'Nutzungsbarrieren'	256

Tab. 54:	Teilmodelle der direkten Wirkungen der exogenen Faktoren auf den Faktor 'Informationsakzeptanz'	257
Tab. 55:	Direkter, indirekter und Totaleffekt des Faktors 'funktionale Nutzungsbarrieren' auf den Faktor 'Informationsakzeptanz'	260
Tab. 56:	Teilmodelle der direkten Wirkungen der exogenen Faktoren auf den Faktor 'Anbahnungsakzeptanz'	262
Tab. 57:	Direkter, indirekter und Totaleffekt des Faktors 'funktionale Nutzungsbarrieren' auf den Faktor 'Anbahnungsakzeptanz'	265
Tab. 58:	Teilmodelle der direkten Wirkungen der exogenen Faktoren auf den Faktor 'Transaktionsakzeptanz'	267
Tab. 59:	Direkter, indirekter und Totaleffekt des Faktors 'emotionale Nutzungsbarrieren' auf den Faktor 'Transaktionsakzeptanz'	268
Tab. 60:	Teilmodelle der direkten Wirkungen der exogenen Faktoren auf den Faktor 'After-Sales-Akzeptanz'	271
Tab. 61:	Direkter, indirekter und Totaleffekt des Faktors 'funktionale Nutzungsbarrieren' auf den Faktor 'After-Sales-Akzeptanz'	273
Tab. 62:	Überblick über die Ergebnisse der Prüfung der Teilmodelle	277
Tab. 63:	Überblick über die Ergebnisse der Prüfung der Gesamtmodelle	279
Tab. 64:	Ergebnisse der Untersuchungsstufe A für die Dimension 'einstellungsorientierte Online-Akzeptanz' (zweiter Rechendurchlauf mit zwanzig Items)	292
Tab. 65:	Ergebnisse der Untersuchungsstufe A für die Dimension 'verhaltensorientierte Online-Akzeptanz' (zweiter Rechendurchlauf mit zehn Items)	293
Tab. 66:	Ergebnisse der Untersuchungsstufe B für den Faktor 'Nutzungsakzeptanz' (zweiter Rechendurchlauf mit vier Items)	294
Tab. 67:	Ergebnisse der Untersuchungsstufe B für den Faktor 'Zufriedenheitsakzeptanz' (zweiter Rechendurchlauf mit vier Items)	295
Tab. 68:	Ergebnisse der Untersuchungsstufe A für das Konstrukt 'Kundenzufriedenheit'	296
Tab. 69:	Ergebnisse der Untersuchungsstufe B für den Faktor 'Kaufzufriedenheit'	297
Tab. 70:	Ergebnisse der Untersuchungsstufe B für den Faktor 'Produktzufriedenheit' (erster Rechendurchlauf mit sieben Items)	298
Tab. 71:	Ergebnisse der Untersuchungsstufe B für den Faktor 'Produktzufriedenheit' (zweiter Rechendurchlauf mit drei Items)	299

Tab. 72:	Ergebnisse der Untersuchungsstufe C1 für das Konstrukt 'Kundenzufriedenheit'	300
Tab. 73:	Ergebnisse der Untersuchungsstufe C2 für das Konstrukt 'Kundenzufriedenheit'	301
Tab. 74:	Ergebnisse der Untersuchungsstufe A für das Konstrukt 'Kundenbindung'	302
Tab. 75:	Ergebnisse der Untersuchungsstufe B für den Faktor 'Händlerbindung'	303
Tab. 76:	Ergebnisse der Untersuchungsstufe B für den Faktor 'Markenbindung' (erster Rechendurchlauf mit drei Items)	304
Tab. 77:	Ergebnisse der Untersuchungsstufe B für den Faktor 'Markenbindung' (zweiter Rechendurchlauf mit zwei Items)	305
Tab. 78:	Ergebnisse der Untersuchungsstufe C1 für das Konstrukt 'Kundenbindung'	306
Tab. 79:	Ergebnisse der Untersuchungsstufe C2 für das Konstrukt 'Kundenbindung'	307
Tab. 80:	Ergebnisse der Untersuchungsstufe A für das Konstrukt 'relativer Vorteil' (erster Rechendurchlauf mit siebzehn Items)	308
Tab. 81:	Ergebnisse der Untersuchungsstufe A für das Konstrukt 'relativer Vorteil' (zweiter Rechendurchlauf mit vierzehn Items)	309
Tab. 82:	Ergebnisse der Untersuchungsstufe B für den Faktor 'relativer Bequemlichkeitsvorteil' (erster Rechendurchlauf mit vier Items)	310
Tab. 83:	Ergebnisse der Untersuchungsstufe B für den Faktor 'relativer Bequemlichkeitsvorteil' (zweiter Rechendurchlauf mit drei Items)	311
Tab. 84:	Ergebnisse der Untersuchungsstufe B für den Faktor 'relativer Leistungsvorteil' (erster Rechendurchlauf mit vier Items)	312
Tab. 85:	Ergebnisse der Untersuchungsstufe B für den Faktor 'relativer Leistungsvorteil' (zweiter Rechendurchlauf mit drei Items)	313
Tab. 86:	Ergebnisse der Untersuchungsstufe B für den Faktor 'relativer Preisvorteil'	314
Tab. 87:	Ergebnisse der Untersuchungsstufe B für den Faktor 'relativer Verhandlungsvorteil'	315
Tab. 88:	Ergebnisse der Untersuchungsstufe C1 für das Konstrukt 'relativer Vorteil'	316
Tab. 89:	Ergebnisse der Untersuchungsstufe C2 für das Konstrukt 'relativer Vorteil'	317
Tab. 90:	Ergebnisse der Untersuchungsstufe A für das Konstrukt 'Flow-Erlebnis'	318
Tab. 91:	Ergebnisse der Untersuchungsstufe B für das Konstrukt 'Flow-Erlebnis' (erster Rechendurchlauf mit sechs Items)	319

Tab. 92:	Ergebnisse der Untersuchungsstufe B für das Konstrukt 'Flow-Erlebnis' (zweiter Rechendurchlauf mit vier Items)	320
Tab. 93:	Ergebnisse der Untersuchungsstufe A für das Konstrukt 'Wechselbarrieren'	321
Tab. 94:	Ergebnisse der Untersuchungsstufe B für das Konstrukt 'Wechselbarrieren' (erster Rechendurchlauf mit fünf Items)	322
Tab. 95:	Ergebnisse der Untersuchungsstufe B für das Konstrukt 'Wechselbarrieren' (zweiter Rechendurchlauf mit vier Items)	323
Tab. 96:	Ergebnisse der Untersuchungsstufe A für das Konstrukt 'Nutzungsbarrieren' (erster Rechendurchlauf mit sechzehn Items)	324
Tab. 97:	Ergebnisse der Untersuchungsstufe A für das Konstrukt 'Nutzungsbarrieren' (zweiter Rechendurchlauf mit dreizehn Items)	325
Tab. 98:	Ergebnisse der Untersuchungsstufe B für den Faktor 'technische Nutzungsbarrieren' (erster Rechendurchlauf mit fünf Items)	326
Tab. 99:	Ergebnisse der Untersuchungsstufe B für den Faktor 'technische Nutzungsbarrieren' (zweiter Rechendurchlauf mit drei Items)	327
Tab. 100:	Ergebnisse der Untersuchungsstufe B für den Faktor 'funktionale Nutzungsbarrieren'	328
Tab. 101:	Ergebnisse der Untersuchungsstufe B für den Faktor 'emotionale Nutzungsbarrieren'	329
Tab. 102:	Ergebnisse der Untersuchungsstufe B für den Faktor 'rechtliche Nutzungsbarrieren'	330
Tab. 103:	Ergebnisse der Untersuchungsstufe C1 für das Konstrukt 'Nutzungsbarrieren'	331
Tab. 104:	Ergebnisse der Untersuchungsstufe C2 für das Konstrukt 'Nutzungsbarrieren'	332
Tab. 105:	Gütekriterien für das Kausalmodell der Determinanten der 'Informationsakzeptanz'	334
Tab. 106:	Gütekriterien für das Kausalmodell der Determinanten der 'Anbahnungsakzeptanz'	335
Tab. 107:	Gütekriterien für das Kausalmodell der Determinanten der 'Transaktionsakzeptanz'	336
Tab. 108:	Gütekriterien für das Kausalmodell der Determinanten der 'After-Sales-Akzeptanz'	337

Abkürzungsverzeichnis

a. M. .... am Main

Abb. .... Abbildung

AFGI .... Adjusted Goodness of Fit Index

AGLS .... Arbitrary Generalized Least Squares

AMOS .... Analysis of Moment Structures

Anm. d. Verf. ..... Anmerkung des Verfassers

Aufl. .... Auflage

Bd. .... Band

bzw. .... beziehungweise

B2B .... Business-to-Business

B2C .... Business-to-Consumer

ca. .... circa

C/D .... Confirmation/Disconfirmation

CL .... Comparison Level

d. h. .... das heißt

DAT .... Deutsche Automobil-Treuhand

df .... Anzahl der Freiheitsgrade (degrees of freedom)

DBW .... Die Betriebswirtschaft

EDI .... Electronic Data Exchange

et al. .... et alii, et alia, et alter

etc. .... et cetera

EQS .... Equations Based Structural Program

f., ff. .... folgende, fortfolgende

Fn. .... Fußnote

FTP .... File Transfer Protocol

ggf. .... gegebenenfalls

GFI	Goodness of Fit Index
GfK	Gesellschaft für Konsumforschung
GLS	Generalized Least Squares
H.	Hypothese
H.	Heft
Hrsg.	Herausgeber
i. e. S.	im engeren Sinne
i. w. S.	im weiteren Sinne
Jg.	Jahrgang
KMO	Kaiser-Meyer-Olkin
LISREL	Linear Structural Relations System
m. E.	mit Einschränkungen
m. w. N.	mit weiteren Nachweisen
Marketing ZFP	Marketing - Zeitschrift für Forschung und Praxis
MCA	Multiple Klassifikationsanalyse
ML	Maximum Likelihood
n. s.	nicht signifikant
NFI	Normed Fit Index
Nr.	Nummer
o. Jg.	ohne Jahrgang
o. O.	ohne Ortsangabe
o. V.	ohne Verfasser
PLS	Partial Least Squares
POI	Point of Interest
POS	Point of Sale
RMR	Root Mean Square Residual
S.	Stichprobe
S.	Seite
SET	Secure Electronic Transaction

SPSS	Superior Performing Software System
SUR	Seemingly Unrelated Regressions
Tab.	Tabelle
TCP/IP	Transmission Control Protocol/Internetworking Protocol
u. a.	unter anderem
u. U.	unter Umständen
ULS	Unweighted Least Squares
usw.	und so weiter
VDA	Verband der Automobilindustrie
vgl.	vergleiche
WISU	Das Wirtschaftsstudium
WiSt	Wirtschaftswissenschaftliches Studium
WLS	Weighted Least Squares
WWW	World Wide Web
z. B.	zum Beispiel
z. T.	zum Teil
ZfB	Zeitschrift für Betriebswirtschaft
ZfbF	Schmalenbachs Zeitschrift für betriebswirtschaftliche Forschung

1 Bedeutung der Akzeptanz der Online-Distribution für die Automobilwirtschaft

1.1 Problemstellung

Die deutsche **Automobilwirtschaft**[1] durchläuft seit mehreren Jahren verschiedene Phasen eines tiefgreifenden strukturellen Wandels, von dem nahezu alle Stufen der Wertschöpfungskette betroffen sind.[2] Den Beginn der ersten Phase markierte der massive Markteintritt sowie -erfolg japanischer Anbieter in den Achtziger Jahren.[3] Als Reaktion auf diesen verschärften Wettbewerb begannen die heimischen Automobilhersteller mit einer Restrukturierung der Produktionsstufe nach den in der vielbeachteten MIT-Studie 'The machine that changed the world' propagierten Prinzipien der schlanken Fertigung.[4] Diese umfassende Kosten- und Qualitätsoffensive wurde in den Neunziger Jahren durch eine zweite Offensive der Produktdifferenzierung abgelöst.[5] Im Mittelpunkt der Bemühungen stand dabei eine umfassende Auffächerung der Modellpalette, die im Rahmen der Entwicklung maßgeblich durch eine Verkürzung von Produktentwicklungszyklen sowie eine konsequente Umsetzung von Plattformstrategien vorangetrieben wurde.

Als Folge dieser umfassenden Optimierungen kann inzwischen eine wettbewerbsstrategische Pattsituation auf der Produktions- sowie Entwicklungsstufe konstatiert werden. So ist mittlerweile die Mehrzahl der Automobilhersteller imstande, eine große Vielfalt hochwertiger Modelle zu konkurrenzfähigen Preisen anzubieten.[6] Strategische Freiheitsgrade für die Erlangung von Wettbewerbsvorteilen verbleiben - so die Meinung von vielen Branchenexperten - hingegen im Bereich der **Distribution** von Automobilen.[7] Dort werden hohe Effizienz- und Effektivitätspotenziale vermutet, denn die überwiegend mittelständisch geprägten Distributionsstrukturen in der Automobilwirtschaft blieben über Jahrzehnte hinweg nahezu unverändert.[8] Die zentrale Herausforderung einer Optimierung dieser Wertschöpfungs-

---

[1] Der Begriff 'Automobilwirtschaft' bezeichnet im Folgenden die Gesamtheit aller inländischen Hersteller von Automobilen, die Importgesellschaften ausländischer Produzenten sowie sämtliche Institutionen, die in die Distribution von Automobilen eingeschaltet sind. Vgl. ähnlich Florenz (1992), S. 6.
[2] Vgl. Unger (1998), S. 1.
[3] Vgl. Müller/Reuss (1995), S. 16 f.
[4] Vgl. Womack/Jones/Roos (1991).
[5] Vgl. Diez (2000a), S. 5 ff.
[6] Vgl. Müller/Reuss (1995), S. 18.
[7] Vgl. u. a. Dudenhöffer (2001), S. 401; Kerschbaumer/Voges/Wernicke (2001), S. 12; Seppelfricke (1999), S. 2 f. Bereits an dieser Stelle sei darauf hingewiesen, dass im Rahmen der vorliegenden Arbeit ein weites Verständnis des Distributionsbegriffs gewählt wird, welches sich nicht nur auf die physische Warenverteilung bzw. -präsenz beschränkt, sondern auch die kommunikative Präsenz im Bewusstsein potentieller Nachfrager umfasst. Vgl. dazu vertiefend die Ausführungen in Abschnitt 2.2.
[8] Vgl. Meinig (1991), S. 50.

stufe besteht insbesondere darin, eine kundenorientierte Antwort auf die steigenden Ansprüche einer zunehmend fragmentierten Nachfragerlandschaft[9] zu finden und dabei gleichzeitig die hohen Vertriebskosten[10] in der Automobilwirtschaft zu senken.[11]

In diesem Spannungsfeld zwischen Kunden- und Kostenorientierung kommt der **Online-Distribution** eine herausragende Bedeutung zu. Durch den kommerziellen Einsatz von Online-Medien im Rahmen des Güterabsatzes scheint es - ähnlich der schlanken Produktion - möglich zu sein, die Antagonie von Leistungs- und Kostenzielen auch auf der Distributionsstufe zu überwinden.[12] Dementsprechend euphorisch werden die Potenziale der Online-Distribution in der Automobilwirtschaft von Wissenschaft und Praxis diskutiert:

- *Diez* errechnet, dass sich durch eine vollständige Abwicklung des Kaufprozesses über Online-Medien sowie eine entsprechende Integration der internen Abwicklungssysteme ein Kostensenkungspotenzial von bis zu 70 % der gesamten Prozesskosten im automobilen Vertriebsbereich ergibt.[13]

- Schätzungen des Marktforschungsinstituts *Forrester Research* zufolge sollen in den USA bereits im Jahr 2003 ca. 500.000 Neufahrzeuge über Online-Medien vollständig verkauft werden.[14] Bei einem stagnierenden Marktvolumen entspräche dies einem Marktanteil der Online-Distribution von immerhin 3 %. Gleichzeitig wird für 2004 - so die Prognose von *Accenture* - erwartet, dass ca. 75 % der Neuwagenkäufe durch Online-Medien zumindest beeinflusst werden.[15]

- Etwas vorsichtiger, gleichwohl optimistisch sind die Erwartungen für den deutschen Markt. So geht beispielsweise *Dudenhöffer* davon aus, dass im Jahr 2005 etwa 30 % der privaten Neuwagenkäufe mit Hilfe von Online-Medien abgewickelt werden.[16]

Bewertet man allerdings den **Erfolg** existierender Initiativen zur virtuellen Abwicklung des automobilen Kaufprozesses, muss der Online-Distribution ein bislang enttäuschender kommerzieller Stellenwert konstatiert werden. So können die von einigen europäischen Herstellern pilothaft unternommenen Versuche zum virtuellen Verkauf von Sondermodellen

---

[9] Den Wandel von Kundenerwartungen und -verhaltensweisen im Automobilmarkt skizziert Dreier (1999), S. 22 ff.
[10] Schätzungen von Branchenexperten zufolge belaufen sich die Vertriebskosten in der Automobilwirtschaft auf etwa 35 % des Fahrzeugendpreises. Vgl. Diez (1995), S. 218; Dudenhöffer (2001), S. 400; Mercer (1994), S. 104.
[11] Vgl. ähnlich Dudenhöffer (1999a), S. 104 f.
[12] Vgl. Seppelfricke (1999), S. 16.
[13] Vgl. Diez (1999), S. 97.
[14] Vgl. o. V. (2000), S. 12.
[15] Vgl. Seppelfricke (1999), S. 16.
[16] Vgl. Dudenhöffer (1999b), S. 26.

durchweg als gescheitert betrachtet werden.[17] Auch die von amerikanischen Car-Brokern seit längerem angekündigten Eintritte in den deutschen Markt wurden bereits mehrfach verschoben.[18] Schließlich indizieren Konsumentenbefragungen, dass zumindest in Deutschland bisher erst ein Bruchteil der Neuwagenkäufe tatsächlich über Online-Medien getätigt werden.[19]

Bei der Frage nach den Ursachen für diese Diskrepanz zwischen erwarteten Potenzialen und derzeitiger Bedeutung weisen die Protagonisten der Automobilwirtschaft häufig auf die mangelnde **Akzeptanz** der Online-Distribution hin.[20] Diese Argumentation bezieht sich jedoch weniger auf den Sachverhalt, dass trotz der raschen Diffusion des Internets die Mehrheit der deutschen Gesamtbevölkerung noch nicht über einen Zugang zu Online-Medien verfügt,[21] sondern vielmehr auf eine innere ablehnende bzw. abwartende Haltung der automobilen Bedarfsträger in Bezug auf eine online-gestützte Abwicklung des Kaufprozesses. Wird die Akzeptanz folgerichtig primär als mentales und weniger technisches Phänomen begriffen, kann der Grund für die bislang niedrige Online-Akzeptanz darin gesehen werden, dass die in der Psyche der Konsumenten wirksamen Barrieren gegenüber den begünstigenden Faktoren überwiegen. Gelänge es nun, dieses Übergewicht der akzeptanzmindernden Einflussfaktoren umzukehren, so könnten - über eine zwischengeschaltete Steigerung des Ausmaßes der Online-Akzeptanz - schlussendlich auch die aufgezeigten und bisher ausgebliebenen Potenziale der Online-Distribution realisiert werden.

Damit avanciert die Akzeptanz der Online-Distribution zu einer zentralen **Stellgröße** für die Erlangung von Wettbewerbsvorteilen auf der Distributionsstufe. Folgerichtig benötigt das Management profunde Erkenntnisse über das Akzeptanzphänomen selbst sowie das umbettende Wirkungsgefüge vorgelagerter Determinanten sowie nachgelagerter Konsequenzen. Nur dann können auch zielgerichtete absatzpolitische Maßnahmen ergriffen werden, welche

---

[17] Trotz zum Teil erheblicher Preisvorteile von bis zu 10 % auf den Listenpreis fanden die Sondereditionen Lancia K@aleidos, Opel Corsa-Webc@r sowie Fiat Barchetta eine nur schleppende Nachfrage. Vgl. Meissner/Mehrle (2000), S. 7. Inzwischen haben Fiat und Opel ihre Aktionen erfolglos eingestellt. Vgl. Creutzig (2000), S. 23.

[18] So kündigte beispielsweise Autobytel - der in Amerika seit seiner Gründung in 1995 wohl erfolgreichste Car-Broker - bereits Ende 1999 an, das Europa-Engagement bis Mitte 2000 auf Deutschland auszuweiten. Vgl. Autohaus-Online (1999). Autobytel ist jedoch bis zum heutigen Zeitpunkt nicht in Deutschland präsent. Vgl. Autohaus-Online (2001a) sowie unter www.autobytel.com.

[19] So gaben bei der Studie 'CarsOnline' nur 0,7 % der befragten Neuwagenkäufer an, ihr Fahrzeug über das Internet tatsächlich gekauft zu haben. Auf die weiteren Ergebnisse dieser Studie von Cap Gemini Ernst & Young (Hrsg.) (2000) wird in Abschnitt 3.3.2.1 detailliert eingegangen.

[20] Vgl. Armbrecht/Kohnke (1997), S. 34; Busch/Schmidt (2000), S. 11; Klietmann (2000), S. 15; Landmann (1999), S. 83; Meinig/Mallad (2001), S. 160 ff.; Seppelfricke (1999), S. 17.

[21] Im Rahmen der im Frühjahr 2000 durchgeführten fünften Erhebungswelle des GfK-Online-Monitors gaben von den etwa 8.000 Befragten im Alter zwischen 15 und 69 Jahren etwa 54 % an, keinen Zugang zu Online-Diensten bzw. zum Internet zu haben. Vgl. G+J Electronic Media Service (Hrsg.) (2000a), S. 9.

die Online-Akzeptanz in die vom Unternehmen gewünschte Richtung lenken und letztlich zur Verbesserung der eigenen Wettbewerbsposition beitragen können.

Wer sich allerdings zur Erhellung des umrissenen Problemfeldes Anhaltspunkte aus der Wissenschaft erhofft, wird überrascht sein, wie wenig die Besonderheiten des **Konsumentenverhaltens** im Kontext des kommerziellen Einsatzes von Online-Medien bislang erforscht wurden. Dieses Forschungsdefizit trifft nicht nur in Bezug auf die hier gewählte Branche zu, sondern kann generell für die Marketingwissenschaft konstatiert werden.[22] So wird die Fülle der Veröffentlichungen zu diesem Themenkomplex von Praxisratgebern mit Ad-hoc-Charakter und überwiegend intuitiver Fundierung dominiert.[23] Die sich erst langsam entwickelnde verhaltenswissenschaftliche Forschung zur Online-Distribution versucht zum Teil, die im Zusammenhang mit traditionellen Medien und Vertriebskanälen erworbenen Erkenntnisse unreflektiert auf die Online-Umgebung zu übertragen.[24] Schließlich mangelt es an entsprechenden empirischen Arbeiten, die sich zur Absicherung der Aussagen leistungsfähiger Methoden der statistischen Datenanalyse bedienen.[25]

1.2 Zielsetzung und Aufbau der Arbeit

Die einführenden Bemerkungen verdeutlichen die hohe Bedeutung, die der Akzeptanz der Online-Distribution für die automobilwirtschaftliche Unternehmenspraxis zukommt. Gleichzeitig liegen dazu bisher nur wenige wissenschaftlich abgesicherte Erkenntnisse vor. Vor diesem Hintergrund erscheint eine umfassende Auseinandersetzung mit diesem Themenkomplex in der Marketingwissenschaft geboten. Die **übergreifende Zielsetzung** einer solchen Arbeit besteht darin, die Online-Akzeptanz im Kontext der Automobilwirtschaft auf Basis eines empirisch-verhaltenswissenschaftlichen Ansatzes zu untersuchen und damit einen Beitrag zur Schließung der eingangs aufgezeigten Forschungslücke zu leisten.

---

[22] So auch Jarvenpaa/Todd (1997), S. 139. Eine systematische und detaillierte Bestandsaufnahme der bislang vorliegenden Literatur zur Akzeptanz der Online-Distribution erfolgt in Abschnitt 3.3.2. An dieser Stelle soll nur kurz auf die gravierendsten Forschungsdefizite hingewiesen werden.

[23] Exemplarisch genannt seien hierzu die Veröffentlichungen von Canter/Siegel (1996), Janal (1996) sowie Lampe (1998).

[24] So auch die Kritik von Bauer/Huber/Henneberg (1999), S. 48 f. sowie Foscht (1999), S. 87.

[25] Vgl. Wirtz/Krol (2001), S. 348.

Aus dieser generellen Zielsetzung lassen sich die folgenden drei **Teilziele** für die vorliegende Arbeit ableiten:

- Das erste Teilziel der Arbeit besteht in einer Analyse des **Ausmaßes** der Online-Akzeptanz. Als Voraussetzung dafür ist zunächst ein besseres Verständnis für den Akzeptanzbegriff zu entwickeln. Darauf basierend soll ein entsprechendes Messmodell konzeptualisiert werden, welches anhand geeigneter statistischer Verfahren empirisch zu überprüfen und gegebenenfalls anzupassen ist. Besteht Klarheit darüber, wie die Online-Akzeptanz zu erfassen ist, können auch Aussagen über die Ausprägungen des interessierenden Phänomens getroffen werden. Das im Rahmen dieser Teilzielsetzung verfolgte Forschungsanliegen kann demnach als konfirmatorisch-deskriptiv charakterisiert werden.[26]

- Aufbauend auf dem entwickelten Messmodell der Online-Akzeptanz können als zweites Teilziel dessen nachgelagerte **Konsequenzen** analysiert werden. Hierzu müssen mögliche resultierende erfolgsbezogene Variablen der Online-Akzeptanz identifiziert, in ein entsprechendes Erklärungsmodell integriert und im Gesamtzusammenhang empirisch getestet werden. Hierbei handelt es sich folglich um ein konfirmatorisch-explikatives Forschungsanliegen.

- Um die Wirkungshierarchie zu vervollständigen, gilt es als weiteres empirisch-explikativ ausgerichtetes Teilziel zuletzt die vorgelagerten **Determinanten** der Online-Akzeptanz zu untersuchen. Auch hierzu müssen zuerst relevante Einflussvariablen abgeleitet werden. Diese sind dann in ein Erklärungsmodell zu überführen, welches schließlich empirischen Tests zu unterziehen ist.

Das umrissene Forschungsvorhaben ist sicherlich für viele Anbieter ungeachtet ihrer **Branchenzugehörigkeit** von Interesse. Vor diesem Hintergrund verfolgen die konzeptionellen Ausführungen der vorliegenden Arbeit den Anspruch, nicht von vornherein auf die Automobilbranche begrenzt zu sein, sondern m. E. auch auf ähnliche Produkte, die typischerweise im Rahmen extensiver Kaufprozesse erworben werden, übertragbar zu sein.[27] Eine branchenspezifische Eingrenzung erscheint allerdings im Rahmen der empirischen Analysen allein schon aus forschungsökonomischen Gründen geboten. Aus dem gleichen Grund beschränkt sich die Untersuchung auf Personenkraftwagen, die im deutschen Neuwagenmarkt an Endverbraucher veräußert werden.

---

[26] Zur Klassifikation möglicher Forschungsanliegen sowie deren Kennzeichnung vgl. Fritz (1995), S. 59 ff.
[27] Zur Klassifikation des Automobilkaufs als extensive Kaufentscheidung vgl. Böcker (1987), S. 17; Unger (1998), S. 67; Motor Presse Stuttgart (Hrsg.) (1990), S. 17. Zu den Merkmalen extensiver Kaufentscheidungen vgl. Kroeber-Riel/Weinberg (1996), S. 359.

Mit den aufgezeigten Zielsetzungen und den dabei jeweils verfolgten Forschungsanliegen ist der grobe **Aufbau der Arbeit** bereits vorgezeichnet. Im Detail werden in **Kapitel 2** zunächst die begrifflichen Grundlagen der Arbeit geschaffen. Im Mittelpunkt der terminologischen Klarstellungen steht eine Konkretisierung des Begriffes 'Online-Distribution' sowie dessen Abgrenzung zu ähnlichen Konzepten. Dabei werden auch verschiedene Betrachtungsperspektiven aufgezeigt, anhand derer die Online-Distribution systematisch analysiert werden kann (Abschnitte 2.1, 2.2 sowie 2.3).

Diese Analyseperspektiven werden in **Kapitel 3** aufgenommen und vor dem Hintergrund des gewählten Branchenbezugs durchgespielt. Im Einzelnen handelt es sich dabei zunächst um eine funktionenorientierte Analyse der Online-Distribution (Abschnitt 3.1). Aufbauend auf einer systematischen Ableitung der distributiven Leistungen bzw. Funktionen entlang des Kaufentscheidungsprozesses wird geklärt, inwiefern sich Online-Medien eignen, diese traditionell stationär erbrachten Distributionsfunktionen in adäquater Weise abzubilden. Besteht Klarheit über das funktionenbezogene Gestaltungspotenzial von Online-Medien, kann im Rahmen der anschließenden institutionenorientierten Analyse beleuchtet werden, wie die in den Absatz eingeschalteten Distributionssubjekte - namentlich die Automobilhersteller, die Automobilhändler sowie die neuen Wettbewerber - die Online-Distribution konkret in der Praxis ausgestalten (Abschnitt 3.2). Im Rahmen der konsumentenorientierten Analyse wird schließlich die Frage nach der Zweckmäßigkeit einer Übertragung von distributiven Funktionen auf Online-Medien aus Sicht der betroffenen Konsumenten aufgeworfen. Eine Bestandsaufnahme wird zeigen, dass zu diesem Themenkomplex bisher nur wenige wissenschaftliche Erkenntnisse mit empirischer Fundierung vorliegen.

Diesen Forschungsbedarf gilt es im Rahmen einer eigenen verhaltenswissenschaftlichen Untersuchung zu adressieren. Die dazu erforderlichen methodischen Grundlagen werden in **Kapitel 4** geschaffen. Hierbei erfolgt zunächst eine Darstellung der Vorgehensweise bei der schriftlichen Datenerhebung sowie eine Repräsentativitätsevaluation der generierten Datenbasis (Abschnitt 4.1). Danach werden wichtige methodische Aspekte im Rahmen der Datenauswertungen erläutert, wobei der Schwerpunkt auf einer Darstellung der Grundzüge des linearen Strukturgleichungsansatzes liegt (Abschnitt 4.2).

Der Hauptteil dieser Arbeit gliedert sich entsprechend den zu Grunde gelegten Teilzielsetzungen in insgesamt drei Kapitel. Gegenstand von **Kapitel 5** ist das Ausmaß der Online-Distribution, während sich die **Kapitel 6** und **7** den Konsequenzen bzw. Determinanten des interessierenden Phänomens widmen. Der Grundaufbau ist dabei jeweils identisch und orientiert sich am konfirmatorischen Basisprozess wissenschaftlicher Analyse:[28] Zunächst bedarf es

---

[28] Vgl. Popper (1973), S. 213 ff.; Zaltman/Pinson/Angelmar (1973), S. 18.

einer von theoretischen und sachlogischen Überlegungen geleiteten Suche nach Bedeutungsinhalten, Randbedingungen sowie Wirkungshypothesen, die zur Erfassung bzw. Erklärung des in Frage stehenden Sachverhalts beitragen können (Abschnitte 5.1, 6.1 sowie 7.1). Aus diesen Überlegungen resultiert ein theoretisches Modell als Abbild der komplexen Realität, welches im Rahmen der Operationalisierung einer Erfassung zugänglich gemacht wird (Abschnitt 5.2, 6.2 sowie 7.2). Die dabei entwickelten Messvorschriften erlauben im Anschluss daran eine empirische Überprüfung des Modells sowie der postulierten Untersuchungshypothesen (Abschnitte 5.3, 6.3 sowie 7.3). Eine kurze Zusammenfassung der wesentlichen Untersuchungsergebnisse schließt die Kapitel jeweils ab (Abschnitte 5.4, 6.4 sowie 7.4).

Die Arbeit endet in **Kapitel 8** mit einer Schlussbetrachtung. Dabei werden die zentralen wissenschaftlichen Erkenntnisse aus den empirischen Analysen zusammengefasst und deren Implikationen für die Automobilwirtschaft skizziert. Schließlich wird auf die Grenzen des eigenen Ansatzes und die daraus resultierenden freien Forschungsfelder hingewiesen.

Einen Überblick über den Aufbau der vorliegenden Arbeit gibt nochmals Abb. 1.

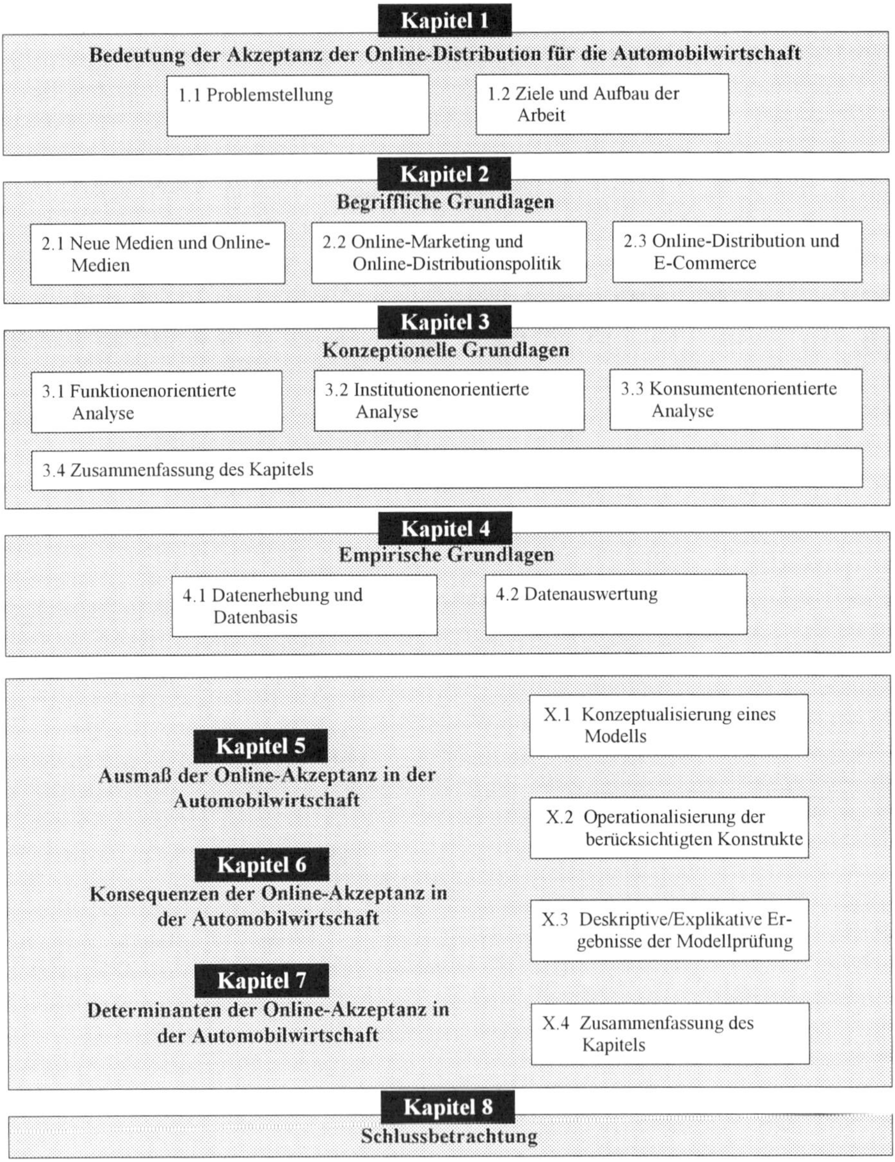

Kapitel 1
Bedeutung der Akzeptanz der Online-Distribution für die Automobilwirtschaft

- 1.1 Problemstellung
- 1.2 Ziele und Aufbau der Arbeit

Kapitel 2
Begriffliche Grundlagen

- 2.1 Neue Medien und Online-Medien
- 2.2 Online-Marketing und Online-Distributionspolitik
- 2.3 Online-Distribution und E-Commerce

Kapitel 3
Konzeptionelle Grundlagen

- 3.1 Funktionenorientierte Analyse
- 3.2 Institutionenorientierte Analyse
- 3.3 Konsumentenorientierte Analyse
- 3.4 Zusammenfassung des Kapitels

Kapitel 4
Empirische Grundlagen

- 4.1 Datenerhebung und Datenbasis
- 4.2 Datenauswertung

Kapitel 5
Ausmaß der Online-Akzeptanz in der Automobilwirtschaft

Kapitel 6
Konsequenzen der Online-Akzeptanz in der Automobilwirtschaft

Kapitel 7
Determinanten der Online-Akzeptanz in der Automobilwirtschaft

- X.1 Konzeptualisierung eines Modells
- X.2 Operationalisierung der berücksichtigten Konstrukte
- X.3 Deskriptive/Explikative Ergebnisse der Modellprüfung
- X.4 Zusammenfassung des Kapitels

Kapitel 8
Schlussbetrachtung

Abb. 1: Aufbau der Arbeit
Quelle: Eigene Erstellung

2 Begriffliche Grundlagen

2.1 Neue Medien und Online-Medien

Die Diskussion um den Einsatz so genannter **Neuer Medien** für die Zwecke des Marketing wird bereits seit einigen Jahren in der Wissenschaft geführt. So waren die Implikationen der Neuen Medien bereits Mitte der Achtziger Jahre Gegenstand einer Reihe marketingwissenschaftlicher Veröffentlichungen.[29] Nach einer häufig allzu euphorischen Diskussion der Entwicklungspotenziale von Neuen Medien kam es jedoch insbesondere im Zusammenhang mit dem Scheitern von Bildschirmtext zu einer allgemeinen Ernüchterung, bis das wissenschaftliche Interesse Anfang der Neunziger Jahre im Zuge der kommerziellen Entwicklung des Mobilfunks, des digitalen Fernsehens sowie des Internets erneut aufkam.[30] Inzwischen sind die Neuen Medien wohl "... zu einem der aktuellsten und wohl auch zukunftsweisendsten Marketingthemen gewachsen ..."[31].

Trotz oder gerade wegen der Popularität dieses Themenkomplexes liegt der wissenschaftlichen Verwendung des Begriffes 'Neue Medien' keine einheitliche Auffassung zu Grunde. Ohne an dieser Stelle näher auf die zum Teil kontrovers geführte terminologische Diskussion einzugehen,[32] kann insgesamt betrachtet festgehalten werden, dass unter dem Gattungsbegriff 'Neue Medien' eine Vielzahl neuartiger Informations- bzw. Kommunikationsmedien subsumiert werden, die auf einer elektronischen Datenspeicherung, -verarbeitung sowie -abgabe basieren. Diese elektronischen Trägermedien können anhand unterschiedlicher **Eigenschaften** charakterisiert werden, wobei in der Literatur insbesondere die Multimedialität, die Interaktivität sowie die wechselseitige Vernetzung als wesentliche Merkmale genannt werden.[33]

Mit der Eigenschaft der **Multimedialität** wird die Fähigkeit eines elektronischen Trägermediums beschrieben, mehrere unterschiedliche Darstellungsformate für Informationen zu integrieren und simultan wiederzugeben.[34] Auf Grund von Beschränkungen technischer Art

---

[29] Stellvertretend für eine Vielzahl von frühen Publikationen zum Themenkomplex der Neuen Medien seien an dieser Stelle nur die Veröffentlichungen von Meffert (1985), Meffert/Bruhn/Middelhoff (1981), Raffée/Fritz/Jugel (1988) sowie Tietz (1987) genannt.
[30] Vgl. Diller (1997), S. 515.
[31] Meffert (1997), S. 1.
[32] Dazu sei auf die einschlägige Literatur verwiesen. Zur Begriffskontroverse der Neuen Medien vgl. beispielsweise Motyka (1989), S. 15 ff.; Salat (1990), S. 5; Wilitzky (1982), S. 1 ff.
[33] In den entsprechenden Publikationen werden die jeweils betrachteten Neuen Medien häufig auch als 'Multimedia-Systeme', 'interaktive Medien' bzw. 'Online-Medien' tituliert. Vgl. beispielsweise Albers/Clement (2001); Gerth (1999); Kothlow (2000); Swoboda (1996); Kollmann (1998). Damit soll jedoch nicht etwa das singuläre Zutreffen eines einzelnen Eigenschaftsmerkmals zum Ausdruck gebracht, sondern die jeweils im Mittelpunkt des Forschungsinteresses stehende Eigenschaft explizit hervorgehoben werden. Die dabei betrachteten Neuen Medien können in aller Regel auch durch weitere Merkmale charakterisiert werden.
[34] Vgl. Bullinger/Fröschle/Hofmann (1992), S. 6; Gerpott (1995), S. 535.

handelt es sich dabei zumeist um eine Integration visueller sowie auditiver Darstellungsformate. In einer multimedialen Anwendungssituation werden die im Trägermedium gespeicherten Darstellungsformate simultan verknüpft und an den Rezipienten abgegeben.[35]

Das Merkmal der **Interaktivität** bezeichnet den Sachverhalt, wonach Sender und Empfänger von Informationen über wechselseitige Dialog- und Rückkopplungsmechanismen miteinander verbunden sind. Denkbar sind dabei sowohl wechselseitige Kommunikationsbeziehungen zwischen zwei oder mehreren Nutzern über das Trägermedium als auch interaktive Anwendungen zwischen einem Nutzer und dem Trägermedium selbst. Unabhängig davon, ob eine personelle oder maschinelle Form der Interaktivität durch das elektronische Trägermedium unterstützt wird, ist jedoch vor allem entscheidend, dass der Nutzer bei einer interaktiven Anwendung einen hohen Grad aktiven und individuellen Gestaltens des Kommunikationsprozesses - und zwar unabhängig von vorgegebenen Ablaufmustern - empfindet.[36]

Schließlich kann auf Grundlage des Merkmals der wechselseitigen **Vernetzung** zwischen Online- und Offline-Medien differenziert werden. Nicht vernetzte elektronische Trägermedien, wie beispielsweise die CD-ROM, werden dem Offline-Bereich zugeordnet.[37] Sind die Trägermedien hingegen über ein rechnergestütztes Netzwerk, in das sich ein Nutzer per Datenleitung einloggen kann, wechselseitig miteinander verbunden, werden diese als **Online-Medien** bezeichnet. Die Besonderheit dieser Kategorie von Trägermedien besteht darin, dass sie sowohl eine geeignete technische Plattform für multimediale Anwendungen bilden als auch grundsätzlich einen hohen Grad maschineller oder personeller Interaktivität unterstützen.[38] Insofern können Online-Medien alle drei genannten Eigenschaftsmerkmale aufweisen und werden auf Grund ihres breiten Anwendungsspektrums in den Mittelpunkt der vorliegenden Arbeit gestellt.

Wird den Online-Medien ein **weiteres Begriffsverständnis** zu Grunde gelegt, umfassen sie sowohl offene als auch geschlossene rechnergestützte Netzwerke. Geschlossene oder gelegentlich auch als proprietäre Netzwerke bezeichnete Online-Medien zeichnen sich dadurch aus, dass der Zugriff auf die im Netzwerk gespeicherten Informationen sowie die Nutzung der angebotenen Dienste einem begrenzten, vom Netzwerkbetreiber festgelegten Nutzerkreis vorbehalten bleibt. Zu den geschlossenen Online-Medien zählen im Wesentlichen unter-

---

[35] Vgl. Kollmann (1998), S. 166 ff.
[36] Vgl. ähnlich Kollmann (1998), S. 168 f. und Swoboda (1996), S. 9. Je nach Grad der vom Nutzer empfundenen Interaktivität einer Anwendung unterscheiden einige Autoren mehrere diskrete Stufen der Interaktivität. Ein Vier-Stufen-Modell findet sich etwa bei Pispers/Riehl (1997), S. 7 f. Dagegen differenziert Dreier (1999), S. 102, ähnlich wie Clement (2000), S. 17, fünf Stufen der Interaktivität.
[37] Vgl. Gerth (1999), S. 40.
[38] Vgl. ähnlich Hünerberg (1996), S. 107.

nehmensinterne Online-Systeme[39], proprietäre Netzwerke zwischen mehreren verbundenen Unternehmen[40] sowie verkaufsunterstützende Kiosksysteme[41]. Die beiden erstgenannten Kategorien geschlossener Netzwerke bleiben auf Anwendungen zwischen oder innerhalb von Unternehmen beschränkt und weisen daher ein sehr spezifisches Einsatzfeld vor. Online-Kioskterminals sind in ihren Einsatzmöglichkeiten zwar stärker endverbraucherorientiert, werden jedoch überwiegend als verkaufsunterstützendes Informationsmedium am Point of Sale eingesetzt und spielen daher für die Distribution von Produkten bislang eine untergeordnete Rolle.

Vor dem Hintergrund der geringen Relevanz proprietärer Netzwerke für die vorliegende Problemstellung stehen offene Systeme, die auch als **Online-Medien im engeren Sinne** aufgefasst werden können, im Mittelpunkt des Interesses. Kennzeichnend für diese zweite Kategorie von Online-Systemen ist, dass der Netzwerkbetreiber prinzipiell allen interessierten Nutzern einen Zugang zum Netzwerk und den darin enthaltenen Informationen gewährt.[42] Lediglich die Schaffung der für einen Netzzugang erforderlichen infrastrukturellen Voraussetzungen sind für den Nutzer mit einem pauschalen oder nutzungsabhängigen Entgelt bzw. mit Investitionen in Hard- und Software verbunden.

Auf Grund seiner großen Verbreitung sowie weiterhin stark ansteigenden Nutzerzahlen gilt das **Internet** als das bedeutendste offene Online-System.[43] Das Internet entstand ursprünglich als

---

[39] Das Intranet als bedeutendstes unternehmensinternes Netzwerk bedient sich zwar den Protokollen und Diensten des 'offenen' und im Weiteren noch erläuterten Internets. Da es jedoch über Verschlüsselungsverfahren sowie durch eine so genannte 'Firewall' vom Internet abgetrennt wird und dadurch lediglich autorisierten Unternehmensmitarbeitern zugänglich ist, kann es als geschlossenes Online-System bezeichnet werden. Vgl. Wamser (2000), S. 8.

[40] Der zwischenbetriebliche Informationsaustausch über geschlossene Netzwerksysteme auf Basis definierter und strukturierter Formate wird auch als Electronic Data Interchange (EDI) bezeichnet. Vgl. Gersch (1998), S. 48 ff.; Hess (1999), S. 191 f.; Mattes (1999), S. 95. Dazu zählt auch die Kommunikation über das ebenfalls auf der Internettechnologie basierende Extranet. Das Extranet stellt eine Erweiterung des Intranets dar und eröffnet autorisierten Geschäftspartnern den Zugriff auf unternehmensinterne Daten-, Informations- und Kommunikationsdienste, wobei die jeweiligen Zugriffsrechte individuell ausgestaltet werden können. Vgl. Wamser (2000), S. 8.

[41] Verkaufsunterstützende Kiosksysteme, die auch als Online-Terminals bezeichnet werden, findet man sowohl in Form von Point-of-Interest-(POI-)Stationen, bei denen Nutzer multimediale Informationen abrufen können, als auch Point-of-Sale-(POS-)Stationen, die darüber hinaus auch Bestellungen aufnehmen, Transaktionen abwickeln und eventuell auch Belegobjekte direkt ausgeben können. Grundsätzlich können POI-Stationen - im Gegensatz zu POS-Stationen - auch unvernetzt bleiben und somit als Offline-Systeme ausgestaltet werden. Auf Grund gestiegener Anforderungen an die Aktualität der dargebotenen Informationen sowie verbesserter technischer Möglichkeiten werden Offline-Kiosksysteme in der Praxis jedoch zunehmend durch vernetzte Online-Terminals verdrängt, so dass eine gesamthafte Zuordnung von Kioskterminals zu Online-Systemen als vertretbar angesehen werden kann. Vgl. ähnlich Gerth (1999), S. 41 f.

[42] Vgl. Gerth (1999), S. 38.

[43] Neben dem Internet kann auch das Interaktive Fernsehen zu den offenen Systemen gezählt werden. Diese Medieninnovation erlaubt es dem Nutzer, vom heimischen Fernsehgerät aus Produkte einzukaufen (Interaktives Home-Shopping) sowie Dienstleistungen aus Entertainment- (Video-On-Demand), Business- (Home Banking) sowie Informationsbereichen (News-On-Demand) in Anspruch zu nehmen. Ferner ist es

lose Verbindung unterschiedlicher Netzwerke, die auf Basis des systemunabhängigen Übertragungsprotokolls TCP/IP[44] miteinander verknüpft waren.[45] Inzwischen ist das Internet der weltweit größte Rechnerverbund und besteht aus über 50.000 einzelnen Netzwerken, die sich in der Hand unterschiedlicher privater und öffentlicher Organisationen befinden.

Während das Internet bis Ende der Achtziger Jahre einer kleinen Elite aus dem vorwiegend akademischen Umfeld vorbehalten war, begann der eigentliche Durchbruch im privaten und kommerziellen Bereich zu Beginn der Neunziger Jahre. Eine entscheidende Rolle spielte dabei die Entwicklung des anwenderfreundlichen **World Wide Web** (WWW) als graphikorientierte Benutzerschnittstelle sowie die kostenlose Verbreitung der dazugehörigen Browser-Software. Durch die intuitive und einfach verständliche Bedieneroberfläche des WWW konnten die im Internet enthaltenen Informationen sowie angebotenen Dienste einem potenziell breiten Nutzerkreis zugänglich gemacht werden.[46] Inzwischen verursacht das WWW mehr als die Hälfte des gesamten Nutzungsaufkommens und ist damit neben der elektronischen Kommunikation per E-Mail der am häufigsten genutzte Dienst des Internets.[47]

Eine zwischen offenen und geschlossenen Online-Systemen angesiedelte und vom Internet bzw. WWW auf den ersten Blick abzugrenzende Stellung nehmen die so genannten **Online-Dienste** ein.[48] Die Provider von Online-Diensten bieten über eigene proprietäre Netzwerke verschiedene Mehrwertdienste sowie redaktionell gestaltete Informations- und Unterhaltungsangebote an, welche ausschließlich registrierten Nutzern gegen entsprechende Abonnementgebühren zugänglich sind. Insofern erfüllen die kommerziellen Online-Dienste die Merkmale

---

dem Nutzer möglich, den Startzeitpunkt sowie die Art der Fernsehsendung individuell zu bestimmen. Vgl. Clement (2000), S. 17 ff.; Franke (1995), S. 15 ff.; Weiber/Kollmann (1995), S. 35 ff. Experten sprechen dem Interaktiven Fernsehen zukünftig einen hohen kommerziellen Stellenwert zu, wozu es allerdings der Überwindung vielfältiger technischer, wirtschaftlicher sowie rechtlicher Barrieren bedarf. Daher bleibt die Verbreitung des Interaktiven Fernsehens zumindest in Deutschland bis heute auf wenige Pilotprojekte beschränkt. Vgl. Loos (1998), S. 32 f.; Zimmermann (1995), S. 169 ff. Vor diesem Hintergrund konzentrieren sich die weiteren Ausführungen auf das in der Praxis weitaus bedeutsamere Internet.

[44] TCP/IP steht für Transmission Control Protocol/Internetworking Protocol und legt fest, auf welche Weise Daten zwischen den verschiedenen Netzwerken transferiert werden. Vgl. Loos (1998), S. 29.
[45] Vertiefend zu den technischen Aspekten des Internets vgl. Wurster (1996), S. 59 ff.
[46] Das Internet umfasst neben dem WWW im Wesentlichen folgende weitere Dienste: E-Mailing, Telnet (Terminal-Emulation, mit der Nutzer auf anderen Rechnern arbeiten können), USENET (unterschiedliche, vorwiegend wissenschaftlich genutzte Diskussionsforen), Internet Relay Chat ('Echtzeit-Kommunikation' mittels Tastatur, Grafiken, Avataren etc.), File Transfer Protocol (Überspielen von Daten zwischen Rechnern), Gopher (Client-Server-Dienst, der inzwischen weitgehend durch das WWW abgelöst wurde). Zu diesen sowie weiteren Internet-Diensten vgl. vertiefend Alpar (1998), S. 57 ff.; Wurster (1996), S. 62 ff.
[47] Vgl. Zerdick et al. (1999), S. 142.
[48] Vgl. ähnlich Gerth (1999), S. 39; Loos (1998), S. 31; Rengelshausen (2000), S. 5. Vertiefend zu Online-Diensten vgl. Gerpott/Heil (1998), S. 725 ff.; Peters/Clement (2001), S. 25 ff.

geschlossener Online-Systeme. Die ursprünglich in Konkurrenz zum Internet aufgetretenen Online-Dienste bieten jedoch den eigenen Nutzern inzwischen auch einen Gateway-Zugang zum WWW und ermöglichen über spezielle Frontends einen einfachen und übersichtlichen Einstieg in das Internet. Umgekehrt offerieren die meisten Provider von Online-Diensten neben den für registrierte Nutzer vorbehaltenen Informationsangeboten sowie Serviceleistungen auch offene Bereiche, die via Internet frei zugänglich von jedem Nutzer angesteuert werden können. Damit entwickeln sich die Online-Dienste zunehmend zu einem partizipativen Teil des Internets bzw. WWW und können daher der Kategorie der offenen Online-Systeme zugerechnet werden.[49]

Als Zwischenergebnis kann somit festgehalten werden, dass als Grundlage für die weiteren Ausführungen ein engeres Begriffsverständnis der Online-Medien zweckmäßig erscheint (Online-Medien i. e. S.). Darunter werden im Folgenden sämtliche Anwendungen subsumiert, die auf der offenen Netzwerktechnologie des Internets basieren. Insofern können die Begriffe 'Online-Medien' sowie 'Internet' im Rahmen der vorliegenden Arbeit eine synonyme Verwendung finden. Dies schließt die offenen Dienste des Internets - allen voran das WWW - ebenso wie die Leistungen der Online-Provider implizit mit ein.

2.2 Online-Marketing und Online-Distributionspolitik

Allgemein definiert bezeichnet das **Online-Marketing** eine zielgerichtete Nutzung von Online-Medien für die Zwecke des Marketing.[50] Der Marketingzweck kann grundsätzlich in einer systematischen Beeinflussung des Absatzmarktes nach Maßgabe der Unternehmens- bzw. Marketingziele gesehen werden. Dafür steht das bekannte Arsenal absatzpolitischer Instrumente zur Verfügung.[51] Nun kann auch das Konzept des Online-Marketing präziser gefasst werden: Es beinhaltet nämlich sämtliche absatzpolitischen Entscheidungen und Maßnahmen eines Unternehmens, die darauf ausgerichtet sind, den Absatzmarkt mit Hilfe des

---

[49] Vgl. ähnlich Rengelshausen (2000), S. 7.
[50] Vgl. Gerth (1999), S. 108; Hünerberg (2000), S. 121 f.; Link (2000), S. 7. Einen inhaltlich weitgehend identischen Sachverhalt beschreiben die Begriffe des Internet-Marketing sowie Electronic-Marketing. Zu diesen Konzepten vgl. Fink (1997), S. 13 ff.; Fritz (1999), S. 4; Herrmann/Sulzmeier (2001), S. 14 ff.; Link (2000), S. 7; Peterson (1997), S. 6 ff.; Werner/Stephan (1998), S. 74 ff. Technikbezogene Unterschiede zum Online-Marketing ergeben sich allenfalls im Hinblick auf die bei dem jeweiligen Marketing-Konzept konkret betrachteten elektronischen Systeme. Da die Online-Medien in dem für die vorliegende Arbeit gewählten engen Begriffsverständnis mit dem Internet gleichgesetzt werden können, ergeben sich für die Begriffe des Online- und Internet-Marketing auch in technischer Hinsicht keine Unterschiede. Lediglich das Konzept des Electronic Marketing ist diesbezüglich weiter gefasst und beschäftigt sich mit dem Einsatz des gesamten Spektrums Neuer Medien für Marketingzwecke.
[51] Vgl. Ahlert (1996), S. 15 f.

Einsatzes von Online-Medien in einer den Marketingzielen entsprechenden Weise zu beeinflussen.

Der absatzpolitische Einsatz von Online-Medien bleibt jedoch nicht nur auf den Bereich der Kommunikationspolitik beschränkt.[52] Deren Gestaltungspotenzial erstreckt sich vielmehr auf den gesamten **Marketing-Mix**.[53] Folgerichtig kann zwischen einer Online-Preis-, Produkt-, Kommunikations- sowie Distributionspolitik differenziert werden. Dabei kommt dem letztgenannten Aktionsparameter nicht nur im speziellen Kontext des Online-Marketing, sondern auch im generellen Marketingmix eine exponierte Bedeutung zu. Dies liegt u. a. darin begründet, dass die Distributionspolitik als "... instrumentenübergreifender Maßnahmenkomplex zu interpretieren ist, der von der Produktpolitik bis hin zur Absatzwerbung sämtliche Instrumentvariablen umschließt, soweit sie spezifisch auf die Absatzmittler gerichtet sind."[54]

Dieser erweiterten Auffassung folgend beinhaltet die **Online-Distributionspolitik** alle absatzpolitischen Entscheidungen und Maßnahmen, die darauf ausgerichtet sind, den Absatzgütern eines Unternehmens mit Hilfe von Online-Medien Präsenz im Absatzmarkt zu verschaffen. Dabei unterstützen Online-Medien in erster Linie eine kommunikative Präsenz im Bewusstsein potenzieller Nachfrager. Bei digitalisierbaren Gütern kommt weiterhin auch eine logistische Warenverteilungsprozesse betreffende physische Präsenz am Point-of-Sale in Betracht. Um beide Formen der Güterpräsenz im Absatzmarkt sicherzustellen, sind von allen in den Absatz eingeschalteten Distributionssubjekten verschiedene Leistungen bzw. Aufgaben mit Hilfe von Online-Medien zu erbringen.[55]

Aus diesem leistungsbezogenen Blickwinkel heraus wird die Online-Distribution zunächst funktional im Sinne jener distributiven Aufgaben interpretiert, die durch Online-Medien grundsätzlich unterstützt bzw. abgewickelt werden können. Damit eröffnet sich ein erster Fragenkomplex nach den Möglichkeiten sowie Grenzen einer Abbildung von Distributionsfunktionen über Online-Medien. Der Versuch einer Beantwortung dieser Frage ist Gegenstand der **funktionenorientierten** Analyse. Besteht Klarheit über das funktionale Einsatzpotenzial von Online-Medien, kann im Rahmen der **institutionenorientierten** Analyse näher beleuchtet werden, welche online-gestützten Distributionsfunktionen durch die Distributionssubjekte im Absatzkanal übernommen werden.[56] Hierbei wird nicht die theoretische Sichtweise der

---

[52] So etwa die verkürzte Sichtweise bei Oenicke (1996), S. 13, der Online-Marketing als "... eine Form der interaktiven kommerziellen Kommunikation ..." definiert.
[53] Vgl. Gerth (1999), S. 108.
[54] Ahlert (1996), S. 21.
[55] Vgl. ähnlich Albers/Peters (1997), S. 70. Die Distributionssubjekte umfassen alle aktiven Institutionen des Distributionssystems, die an der Ausübung einer oder mehrerer Aufgaben bei der kommunikativen bzw. physischen Warendistribution beteiligt sind. Vgl. Ahlert (1996), S. 47.
[56] Vgl. ähnlich Ahlert (1996), S. 59.

funktionenorientierten Analyse eingenommen, sondern anhand von Beispielen aus der Praxis aufgezeigt, wie die Online-Distribution konkret von den Trägern distributiver Aufgaben ausgestaltet wird. Schließlich gilt es zu beachten, dass der Zweck einer Übertragung distributiver Funktionen auf Online-Medien letztlich darin besteht, die Kaufentscheidung potenzieller Nachfrager in einer den absatzpolitischen Zielen geeigneten Weise zu beeinflussen. Eine Beurteilung der Zweckmäßigkeit entsprechender Maßnahmen der Online-Distributionspolitik kann somit in letzter Konsequenz nur aus dem Betrachtungswinkel der betroffenen Konsumenten heraus erfolgen. Folglich muss sich eine Analyse der Online-Distribution auch auf **konsumentenorientierte** Aspekte erstrecken.

Im nächsten Kapitel werden alle drei Analyseebenen der Online-Distribution - die funktionen-, institutionen- sowie konsumentenorientierte Analyse[57] - im Kontext der Automobilwirtschaft detailliert betrachtet. Ziel dieser Ausführungen ist es, konzeptionelle Grundlagen für die eigene Untersuchung zu schaffen und dem Leser zugleich einen Einblick in die derzeitige Ausgestaltung sowie Bedeutung der Online-Distribution in dieser Branche zu geben. Bevor dies jedoch in den Abschnitten 3.1, 3.2 sowie 3.3 geschieht, erscheint es zum Abschluss der begrifflichen Klarstellungen erforderlich, die Online-Distribution gegenüber verwandten und häufig genutzten Konzepten abzugrenzen sowie eventuelle Überschneidungen aufzuzeigen.

2.3 Online-Distribution und E-Commerce

Im Rahmen der Diskussion um den distributiven Einsatz von Online-Medien wird von Wissenschaft und Unternehmenspraxis eine Vielzahl ähnlicher Begriffsneuschöpfungen angeführt. Exemplarisch genannt seien hier die Schlagworte 'Electronic-Selling', 'Electronic-Shopping', 'Online-Shopping', 'Online-Retailing', 'Electronic-Retailing' sowie 'Electronic-Commerce'.[58] Die größte Beachtung in der einschlägigen Literatur genießt hierbei sicherlich der letztgenannte Begriff. Der Versuch, die entsprechenden Konzepte inhaltlich voneinander abzugrenzen, wird allerdings bereits durch eine uneinheitliche Verwendung des Begriffes 'E-Commerce' erschwert.[59] Ein Blick auf die in Tab. 1 beispielhaft angeführten Definitionen verdeutlicht, dass einige Autoren ein sehr breites Begriffsverständnis vertreten, während sich andere ausschließlich auf den marktbezogenen Transaktionscharakter des E-Commerce beschränken und damit einer engeren Begriffsauslegung folgen. Als geeignete Kriterien zur

---

[57] Zu diesen methodischen Ansätzen der Distributionsforschung vgl. auch Ahlert (1996), S. 34 ff.
[58] Diese Begriffe verwenden u. a. Carroll/Broadhead (2001), S. 1 ff.; Dierks (1997), S. 4 ff. und Preißl/Haas (1999), S. 1 ff.
[59] Dies bemängeln auch Deutsch (1999), S. 6; Hermanns/Sauter (2001), S. 16 und Meffert (2000), S. 917.

Abgrenzung der beiden Perspektiven bietet sich neben der betrachteten Anwendungsebene auch die jeweils zu Grunde gelegte technische Plattform an.[60]

	Autoren	Definition
E-Commerce im weiteren Sinne	Bliemel/Fassot/ Theobald (2000)	"... Verzahnung unterschiedlicher Wertschöpfungsketten auf der Grundlage des schnellen und plattformunabhängigen Informationsaustauschs über Informations- und Kommunikationstechnologien."
	Gartner Group (1997)	"... a dynamic set of technologies, integrated applications and multienterprise business processes that link enterprises together. This includes the use of messaging, networking and application to enable communication of business information ... within and between entities."
	Hermanns/Sauter (1999)	"Aus einer allgemeinen Perspektive versteht man unter Electronic Commerce alle Formen der elektronischen Geschäftsabwicklung über öffentliche und private Computernetzwerke."
	Picot/ Reichwald/ Wigand (2001)	"... jede Art von wirtschaftlicher Tätigkeit auf der Basis elektronischer Verbindungen ..."
E-Commerce im engeren Sinne	Albers/Peters (1997)	"... Transaktionen auf elektronischen Marktplätzen."
	Clement/ Peters/ Preiß (1999)	"... die digitale Anbahnung, Aushandlung und/oder Abwicklung von Transaktionen zwischen Wirtschaftssubjekten."
	Meinig/Malad (2001)	"... Nutzung der Gesamtheit aller Internet-Technologien, die die Erfüllung der klassischen Vertriebsaufgaben unterstützen und dadurch dem finanziellen Verkauf von Gütern und Dienstleistungen dienen."
	Tomczak/Schögel/ Birkhofer (1999)	"... Vermarktung und Distribution von Unternehmensleistungen mit Hilfe des umfassenden Einsatz neuer Informations- und Kommunikationstechnologien."

Tab. 1: Ausgewählte Definitionen des Begriffs 'E-Commerce'
Quellen: Albers/Peters (1997), S. 71; Bliemel/Fassot/Theobald (2000), S. 2; Clement/Peters/Preiß (2001), S. 57; Gartner Group (1997), S. 2; Hermanns/Sauter (1999), S. 14; Meinig/Mallad (2001), S. 156; Picot/Reichwald/Wigand (2001), S. 337; Tomczak/Schögel/Birkhofer (1999), S. 108.

Die Vertreter der **weiten Begriffsauslegung** bezeichnen E-Commerce als jegliche Art wirtschaftlicher Transaktionen auf der Basis elektronischer Netzwerke.[61] Damit werden unter E-Commerce i. w. S. sämtliche kommerziellen Anwendungen, die sowohl unternehmensinterne als auch -übergreifende Wertschöpfungsstufen betreffen können, subsumiert. Als elektronische

---

[60] Vgl. ähnlich Meffert (2000), S. 917.
[61] Vgl. Picot/Reichwald/Wigand (2001), S. 337.

Trägermedien für die Abwicklung dieser Anwendungen kommen beliebige offene wie auch proprietäre Computernetzwerke (Online-Medien i. w. S.) in Frage. E-Commerce kann in dieser weiten Interpretation auch mit dem Begriff des E-Business gleichgesetzt werden.[62]

Bei einer **engen Auslegung** des Begriffes E-Commerce erfolgt hingegen eine Einschränkung der Betrachtung auf die offene Netzwerktechnologie des Internets (Online-Medien i. e. S.).[63] Überdies wird die engere Begriffsauslegung nur für die Anbahnung, Aushandlung sowie Abwicklung von Transaktionen mit unternehmensexternen Wirtschaftssubjekten verwendet und beinhaltet damit lediglich internetgestützte Austauschprozesse auf den Märkten eines Unternehmens.[64] In Abhängigkeit der jeweils betroffenen Wirtschaftssubjekte bzw. Märkte kann dabei zwischen einer endverbraucher- sowie unternehmensbezogenen Variante des E-Commerce differenziert werden. Unternehmensbezogenes E-Commerce bezieht sich auf eine über das Internet realisierte Abwicklung von Transaktionen zwischen Geschäftskunden und wird daher auch synonym als E-Commerce im Business-to-Business-Bereich (B2B-E-Commerce) bezeichnet.[65] Im Gegensatz hierzu bezieht sich die endverbraucherorientierte Variante, für die sich der Begriff des E-Commerce im Business-to-Consumer-Bereich (B2C-E-Commerce) etabliert hat, auf einen internetgestützten Verkauf von Produkten an die Endkunden eines Unternehmens.

Mit der zuletzt vorgenommenen Abgrenzung zwischen B2B- und B2C-E-Commerce wird zugleich deutlich, dass die zweitgenannte Variante nahezu den gleichen Sachverhalt beschreibt wie die in der vorliegenden Arbeit gewählte Auslegung des Begriffes **'Online-Distribution'**. Auch die Online-Distribution bezieht sich auf einen über Online-Medien unterstützten Absatz von Gütern an Endverbraucher, wobei damit primär das Internet als technologische Plattform für den Güterabsatz gemeint ist. Somit können die beiden Begriffe 'Online-Distribution' sowie 'E-Commerce' im Rahmen der weiteren Ausführungen eine synonyme Verwendung finden. Dabei erfolgt hinsichtlich beider Konzepte implizit eine Fokussierung auf die offene Netzwerktechnologie des Internets bzw. dem damit verbundenen Dienst des WWW; überdies wird dem Begriff des E-Commerce die endverbraucherbezogene Variante des B2C-E-Commerce zu Grunde gelegt. Diese terminologische Klarstellung wird in Abb. 2 nochmals verdeutlicht.

---

[62] Vgl. Wamser (2000), S. 7.
[63] Vgl. Böing (2001), S. 4; Loebbecke (2001), S. 97.
[64] Vgl. Clement/Peters/Preiß (2001), S. 57; Fritz (1999), S. 5.
[65] Vgl. Wamser (2000), S. 6.

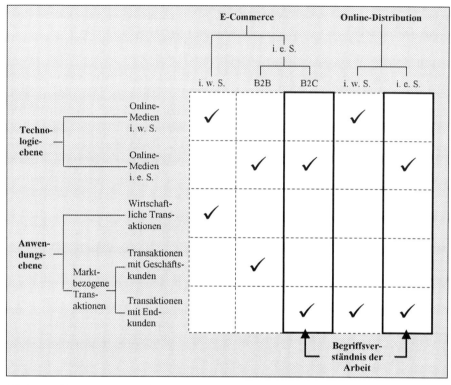

Abb. 2: Abgrenzung der Begriffe 'E-Commerce' und 'Online-Distribution'
Quelle: Eigene Erstellung

3 Konzeptionelle Grundlagen

3.1 Funktionenorientierte Analyse der Online-Distribution

3.1.1 Einzelwirtschaftliche Distributionsfunktionen entlang der Phasen des automobilen Kaufprozesses

Historisch gesehen diente die **funktionenorientierte Distributionsanalyse** vor allem dem gesamthaften Nachweis der Produktivität und damit der allgemeinen Existenzberechtigung des Handels im institutionellen Sinne.[66] Am Ausgangspunkt dieser eher gesamtwirtschaftlichen Funktionsbeschreibungen stand die Überlegung, dass zwischen Produktion und Konsum von Gütern vielfältige Diskrepanzen auftreten können, in deren Überwindung die zentrale Aufgabe des Distributionssystems mit seinen involvierten Institutionen besteht.[67] Die vielfach an der makroökonomisch orientierten Funktionenlehre aufgebrachte Kritik, die Existenz von Handelsbetrieben nicht stichhaltig erklären zu können,[68] resultierte in einem verstärkten Interesse der Distributionsforschung an einzelbetrieblichen Fragestellungen.[69]

Das Anliegen der darauf folgend entwickelten Systematiken **einzelwirtschaftlicher Distributionsfunktionen** besteht primär darin, "... betriebsindividuelle Distributionsaufgaben aufzuzeigen und Anhaltspunkte für deren Gestaltung zu liefern."[70] Die in der Literatur zahlreich anzutreffenden Aufgabenkataloge weichen teilweise deutlich hinsichtlich ihres Detaillierungsgrades sowie der verwendeten Gliederungskriterien voneinander ab.[71] Im Zusammenhang mit jüngeren Forschungsarbeiten zum Themenkomplex der Online-Distribution finden sich jedoch verstärkt kaufphasen- bzw. wertkettenorientierte Gliederungen der Distributionsfunktionen.[72] Bei dieser Systematik werden die distributiven Teilaufgaben als einzelne wertschöpfende Leistungserbringungsaktivitäten verstanden, die - logisch zu zentralen Distributionsfunktionen zusammengefasst und in eine kaufphasenorientierte Reihenfolge gebracht -

---

[66] Vgl. Ahlert (1996), S. 60. Ursprünglich entspringt die funktionenorientierte Distributionsanalyse dem Zweig der Handelsforschung. Folglich ist in der einschlägigen Literatur überwiegend von 'Handelsfunktionen' die Rede. Vgl. beispielsweise Oberparleiter (1955), S. 5 ff. und Schenk (1970), S. 13 ff. Schäfer (1981), S. 2 ff. und S. 141 weist auf diese terminologische Dominanz hin und betont, dass die distributiven Funktionen nicht nur solche des institutionellen Handels, sondern Aufgaben der Absatzwirtschaft überhaupt sind. Dementsprechend werden die Handelsfunktionen zu Absatz- bzw. Distributionsfunktionen ausgeweitet. Dieser begrifflichen Klarstellung wird in der vorliegenden Arbeit gefolgt.
[67] Vgl. Gerth (1999), S. 56.
[68] Zur Kritik an gesamtwirtschaftlichen Funktionsbeschreibungen vgl. Barth (1999), S. 26 und Specht (1998), S. 10.
[69] Vgl. Gerth (1999), S. 58 f.
[70] Specht (1998), S. 11.
[71] Vgl. dazu die Übersicht und Diskussion einzelwirtschaftlicher Funktionskataloge bei Specht (1998), S. 11 ff.
[72] Vgl. beispielweise Albers/Peters (1997), S. 70 ff.; Gerth (1999), S. 61; Gerth (2000), S. 152; Meffert (2000), S. 923; Tomczak/Schögel/Birkhofer (1999), S. 288 ff.

eine Wertkette des Güterabsatzes beschreiben.[73] Diese Absatzwertkette spiegelt die wichtigsten Berührungs- bzw. Interaktionspunkte zwischen Anbieter und Nachfrager entlang einzelner Kaufentscheidungsphasen wider.[74]

Folglich steht am Ausgangspunkt der Erarbeitung einer für die vorliegende Arbeit geeigneten Systematik einzelwirtschaftlicher Distributionsfunktionen der automobile **Kaufprozess**. Diesem Konzept liegt die Auffassung zu Grunde, dass Konsumenten zwischen der ersten unbewussten Konsumanregung und der Bedürfnisbefriedigung durch die Nutzung von Automobilen mehrere Phasen durchschreiten. Einzelnen Prozessstadien des Konsums können vom Distributionssystem zu erbringende, jeweils zum Erreichen anschließender Phasen erforderliche zentrale Funktionen zugeordnet werden. Diese Distributionsfunktionen entsprechen zugleich Leistungsangeboten, die von den automobilen Bedarfsträgern potenziell in Anspruch genommen werden.[75] Die konkreten Leistungsangebote, die von dem im Folgenden betrachteten idealtypischen Bedarfsträger nachgefragt werden, lassen sich insgesamt vier diskreten Phasen seiner automobilen Kaufentscheidung zuordnen: Die Informations-, die Anbahnungs-, die Transaktions- sowie die After-Sales-Phase.[76]

Zu Beginn der **Informationsphase** steht der objektbezogene, bereits auf Automobile ausgerichtete Bedarf eines Konsumenten.[77] In diesem Prozessstadium erfolgt die Befriedigung

---

[73] Das auf Porter (2000), S. 63 ff. zurückgehende Konzept der Wertkette stellt allgemein gesprochen eine Untergliederung eines Systems in unterschiedliche, logisch aufeinanderfolgende Leistungserstellungsaktivitäten dar, die zur Schaffung eines aus Sicht der Nachfrager wertvollen Leistungsbündels beitragen. Vgl. Gerpott (1996), S. 16.

[74] Vgl. Gerth (1999), S. 61.

[75] Daher finden im Folgenden die Begriffe 'Leistungen' sowie 'Funktionen' eine synonyme Verwendung, sofern damit distributive Aufgaben im Rahmen der Absatzwertkette gemeint sind.

[76] Diese gewählte Untergliederung des Kaufentscheidungsprozesses orientiert sich maßgeblich an der Arbeit von Leigh/Rethans (1983), S. 668. Die Autoren kamen nach Befragung von 30 Konsumenten zu dem Schluss, dass der automobile Kaufentscheidungsprozess einen genormten Ablauf vorweist, der das klassische Phasenschema der Bedürfnisweckung, Suchaktivität, Alternativenbewertung, Kaufentscheidung und deren Folgen insgesamt bestätigt. Zu den allgemeinen Prozessphasen der Kaufentscheidung vgl. Kroeber-Riel/Weinberg (1996), S. 363 f. Eine größer angelegte, von der Motor Presse Stuttgart (Hrsg.) (1990) in Auftrag gegebene Studie des AWA-Instituts für Demoskopie in Allensbach kam zu einem ähnlichen, allerdings wesentlich detaillierteren Resultat. Danach umfasst der Entscheidungsprozess beim Neuwagenkauf insgesamt sieben Phasen, die jedoch problemlos in das für die vorliegende Arbeit gewählte Vier-Phasen-Konzept überführt werden können. Es sei weiterhin angemerkt, dass vor dem Hintergrund von stärker habitualisierten oder impulsiven Käufen das stufenweise Durchlaufen der einzelnen Phasen realiter sicherlich nicht durchgängig zu beobachten ist. Da allerdings Neuwagenkäufe häufig extensive Entscheidungsprozesse zu Grunde liegen, kann der hier unterstellte idealtypische Kaufprozess für den angestrebten Analysezweck als sinnvolles Strukturierungsinstrument angesehen werden. Zur Klassifikation des Neuwagenkaufs als extensive Kaufentscheidung vgl. Böcker (1987), S. 17; Unger (1998), S. 67; Motor Presse Stuttgart (Hrsg.) (1990), S. 17.

[77] Die der Ausbildung eines objektorientierten Bedarfs gedanklich vorausgehende motivational geprägte Bedürfnisbildung wird bei dem hier betrachteten automobilbezogenen Kaufprozess nicht weiter thematisiert. Bedürfnisse - als zwar handlungsinduzierende, jedoch noch wenig konkretisierte Antriebsempfindungen interpretiert - beinhalten noch keine Ausrichtung auf Automobile als spezifisches Mittel zur Bedürfnisbefriedigung. Sie weisen daher keinen unmittelbaren Bezug zu konkreten Leistungen der involvierten Distributionssubjekte auf.

produktspezifischer Informationsansprüche durch eine passive Aufnahme sowie aktive Beschaffung von automobilrelevanten Informationen. Dabei erfährt der automobile Bedarfsträger zunächst erste Anregungen zum Neuwagenkauf durch sein soziales Umfeld bzw. über die Nutzung öffentlicher Medien. Mit einer zunehmend auf bestimmte Marken ausgerichteten Bedarfskonkretisierung beginnt der Konsument sich aus der passiven Informationsaufnahme zu lösen und gezielt Informationen zum Kaufobjekt bzw. -alternativen zu suchen.[78] Dazu gehören sowohl Leistungsinformationen über Automobile, die Aufschluss hinsichtlich relevanter Produkteigenschaften und -wirkungen geben, als auch Produkteigeninformationen, bei denen die Automobile selbst als Träger relevanter Informationen fungieren.[79] In dieser frühen Phase des Kaufprozesses ergeben sich für die involvierten Distributionssubjekte eine Reihe gegenüber dem automobilen Bedarfsträger zu erbringende Teilaufgaben, die gesamthaft unter dem Begriff 'Beratungsfunktion' subsumiert werden können.[80] Dazu zählen im Einzelnen:

- Ermittlung des markenbezogenen Bedarfs,
- Bereitstellung von Informationen über Fahrzeuge und
- Demonstration von Fahrzeugeigenschaften.

Ein markenbezogener Automobilbedarf muss jedoch am Markt noch nicht unbedingt wirksam geworden sein, da weder Kaufzeitpunkt, -ort sowie -bedingungen näher bestimmt sind.[81] Eine marktwirksame Nachfrage nach Automobilen wird erst mit dem Eintritt in die **Anbahnungsphase** realisiert. In diesem Prozessstadium gilt es für den Konsumenten zunächst einen Händler für jenes Automobil, auf welches sich der spezifische Bedarf bezieht, ausfindig zu machen. Mit diesem Händler werden sodann die konkreten Bedingungen des Neuwagenkaufs vereinbart. Dazu zählt vor allem die Einigung auf einen Kaufpreis, welcher dem Saldo aus einem Hauspreis - der in der Regel unter der Herstellerempfehlung liegt - abzüglich des Wertes eines eventuell in Zahlung gegebenen Gebrauchtfahrzeugs entspricht. Übersteigt der resultierende Kaufpreis die individuelle Kaufkraft bzw. bestehen Hürden bei der Umstellung finanzieller Haushaltspläne, nimmt der Konsument häufig eine Finanzierung in Form von Leasing oder Ratenkrediten in Anspruch.[82] Die in dieser Phase vom Distributionssystem zu erbringenden Teilleistungen können als verschiedene Aspekte der Verhandlungsfunktion aufgefasst werden und umfassen im Detail:

- Abgabe eines verbindlichen Neuwagenangebotes,

---

[78] Vgl. Unger (1998), S. 65.
[79] Vgl. Meinig (1985), S. 236 ff.
[80] Vgl. ähnlich Gerth (1999), S. 63 f.
[81] Vgl. ähnlich Rennert (1996), S. 76.
[82] Vgl. Rennert (1996), S. 85.

- Bewertung eines Gebrauchtwagens und
- Berechnung von Finanzierungs- und Leasingangeboten.

Die mit der Unterzeichnung eines Kaufvertrages dokumentierte Willenseinigung der Verhandlungsparteien markiert den Beginn der **Transaktionsphase**. An die verbindliche Bestellung des Fahrzeugs schließt sich auf Grund der in der Automobilwirtschaft üblichen Lieferzeiten in der Regel eine Phase des Wartens auf die Auslieferung des Autos an.[83] Die eigentliche Abwicklung der Fahrzeugübergabe beginnt - je nach vereinbarten Lieferkonditionen - entweder mit der Leistung des vereinbarten Kaufpreises durch den Neuwagenkäufer oder mit der Fahrzeugauslieferung durch den Händler. In diesem Prozessstadium müssen von einem automobilwirtschaftlichen Distributionssystem zwei Funktionen - die Zahlungsregelungsfunktion einerseits und die Logistik- bzw. Bereitstellungsfunktion andererseits - erbracht werden.[84] Dazu können folgende Teilleistungen gezählt werden:

- verbindlicher Abschluss einer Neuwagenbestellung,
- Abwicklung des Inkasso und
- Transport und Auslieferung des Fahrzeugs.

Die auf die Fahrzeugübergabe folgende Prozessphase wird als Nutzungs- bzw. **After-Sales-Phase** bezeichnet. Während des in diesem Zeitabschnitt stattfindenden Gebrauchs von Automobilen stellt sich heraus, inwieweit die in das erworbene Fahrzeug gesetzten Erwartungen erfüllt werden. In der Nutzungsphase wird somit die Zufriedenheit des Kunden mit der Automobilverwendung zu einem wesentlichen Teil determiniert, die wiederum einen hohen Einfluss auf das Ausmaß der Bindung des Kunden an die Marke ausübt.[85] In die für mögliche Wiederkäufe relevante Kundenzufriedenheit fließen jedoch nicht nur unmittelbar beim Fahrzeuggebrauch gemachte Erlebnisse ein, sondern zu einem wesentlichen Teil auch die Erfahrungen des Kunden mit den in der Nutzungsphase in Anspruch genommenen automobilbezogenen Dienstleistungen sowie ergänzenden Produktangeboten. In der Literatur finden sich in diesem Zusammenhang verschiedene, vom jeweiligen Untersuchungszweck geprägte Systematisierungen für die in der After-Sales-Phase in Anspruch genommenen Leistungen.[86] Aus Gründen der Zweckmäßigkeit soll hier zwischen direkt auf Automobile bezogene Serviceleistungen im Sinne eines technischen Kundendienstes einerseits und primär auf Pkw-

---

[83] Diese Phase wird auch als Zubereitungs- oder Ingangsetzungsphase bezeichnet. Vgl. Meinig (1984), S. 135.
[84] Vgl. Gerth (1999), S. 64 f.
[85] Vgl. Rennert (1996), S. 88. Auf den Zusammenhang zwischen Kundenzufriedenheit und Kundenbindung wird detailliert in Kapitel 6 eingegangen.
[86] Vgl. beispielsweise Meyer (1991), S. 203 ff.; Rosada (1990), S. 125 ff.

Besitzer ausgerichtete Verbundleistungen andererseits differenziert werden.[87] Zu den Serviceleistungen zählen im Wesentlichen folgende distributiven Teilaufgaben:

- Erbringung von Reparaturleistungen[88] und
- Erbringung von Wartungsleistungen.[89]

Darüber hinaus bietet sich das Angebot einer Reihe weiterer ergänzender Verbundleistungen an, die auf Grund ihrer Fülle hier nur exemplarisch angeführt seien:

- Angebot von Zubehör und Accessoires,
- Angebot von Gebrauchtfahrzeugen und
- Durchführung von Kundenbindungsmaßnahmen.

Mit intendierter oder durch äußere Einflüsse zwangsweise bestimmter Beendigung der Nutzungsphase wird das Ende des automobilen Kaufprozesses erreicht.[90] Zusammenfassend visualisiert Abb. 3 nochmals die erarbeitete automobile Absatzwertkette mit den einzelnen Kaufphasen sowie den jeweils zugeordneten einzelwirtschaftlichen Distributionsfunktionen bzw. detaillierteren Teilaufgaben. Nachfolgend gilt es für jede der identifizierten Teilaufgaben zu prüfen, inwiefern Online-Medien geeignet sind, die traditionell durch den stationären Händler erbrachten distributiven Funktionen zu unterstützen bzw. sogar vollständig abzubilden.

---

[87] So auch die Unterscheidung bei Rennert (1996), S. 88 f.
[88] Reparaturen oder Instandsetzungen umfassen im Wesentlichen Verschleiß- und Unfallreparaturen. Vgl. Panzer (1981), S. 9.
[89] Wartungsarbeiten beinhalten die zur laufenden Aufrechterhaltung der Funktions- und Verkehrssicherheit von Automobilen notwendigen Tätigkeiten. Vgl. Panzer (1981), S. 9. Dies schließt sowohl die herstellerempfohlene Inspektion als auch von Konsumenten gewünschte sonstige Arbeiten und Motortests ein. Vgl. DAT (Hrsg.) (1992), S. 4.
[90] Vgl. Rennert (1996), S. 77.

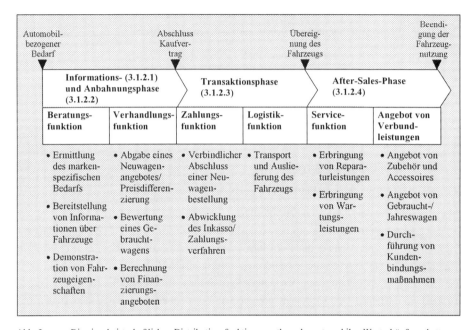

Abb. 3: Die einzelwirtschaftlichen Distributionsfunktionen entlang der automobilen Wertschöpfungskette im Absatzbereich
Quelle: Eigene Erstellung

3.1.2 Möglichkeiten und Grenzen einer Abbildung einzelwirtschaftlicher Distributionsfunktionen durch Online-Medien

3.1.2.1 Teilfunktionen in der Informationsphase

Das Hauptanliegen bei der Konkretisierung eines **markenspezifischen Bedarfs** besteht darin, aus einer großen Anzahl grundsätzlich denkbarer Produktalternativen verschiedener Fabrikate eine begrenzte und überschaubare Teilmenge zu extrahieren, die möglichst weitgehend den Ansprüchen und Wünschen des automobilen Bedarfsträgers entspricht. Zur Erbringung dieser distributiven Teilaufgabe mit Hilfe von Online-Medien eignen sich insbesondere internetbasierte Filter-Agenten,[91] die entweder in Form inhaltsbasierter oder nicht-

---

[91] Filter-Agenten sind ebenso wie Erinnerungs-, Service- und Web-Suchagenten spezielle Anwendungsformen intelligenter Software-Agenten. Vgl. Clement/Runte (2000), S. 21 f. Darunter subsumiert man generell Software-Programme, die für einen Auftraggeber autonom Aufgaben erledigen können. Vgl. Brenner/Zarnekow/Wittig (1998), S. 20. Zur Wahrnehmung dieser Aufgaben bedient sich ein Software-Agent

Konzeptionelle Grundlagen 25

inhaltsbasierter Systeme zur Anwendung kommen können. Inhaltsbasierte Agenten erfragen direkt beim Konsumenten dessen individuelle Präferenzen hinsichtlich einzelner, objektiv nachvollziehbarer Produkteigenschaften.[92] In der einfachsten Anwendungsform spezifiziert der automobile Bedarfsträger beispielsweise lediglich eine gewünschte Fahrzeugkategorie, innerhalb derer ein inhaltsbasierter Preis-Agent bei allen ihm bekannten Anbietern das preisgünstigste Angebot recherchiert. Komplexere Anwendungen sind dagegen in der Lage, bei der Produktauswahl mehrdimensionale Präferenzinformationen des Konsumenten zu berücksichtigen.[93] Bei nicht-inhaltsbasierten Filter-Agenten ist eine explizite Präferenzabfrage auf Basis von Eigenschaftsmerkmalen hingegen nicht erforderlich. Die Präferenzstruktur des Konsumenten wird vielmehr indirekt durch einen intelligenten Algorithmus vom Filter-Agenten selbst abgeleitet. Dazu erfolgt entweder eine retrospektive Analyse des bisherigen Click-Stream-Verhaltens des betroffenen Konsumenten, oder - falls keine individuellen Nutzerdaten vorhanden sind - über Analogiebildungen zum Nutzungsverhalten anderer Konsumentengruppen mit möglichst ähnlichen Präferenzstrukturen.[94]

Für die im Rahmen der Bedarfsklärung identifizierten, aus Sicht eines potenziellen Neuwagenkäufers gleichwertigen Produktalternativen einer bestimmten Marke können über Online-Medien vielfältige kaufrelevante **Fahrzeuginformationen** zur Verfügung gestellt werden. Dazu eignen sich insbesondere leistungsfähige Online-Konfigurationssysteme, die für jedes Modell eine individuelle Spezifikation von Ausstattungs-, Motor- sowie Karosseriemerkmalen erlauben und dabei gleichzeitig die technische Zulässigkeit der gewählten Kombinationen überprüfen.[95] Für das konfigurierte Leistungsbündel wird automatisch eine unverbindliche Preisempfehlung des Herstellers kalkuliert. Ist der Konfigurator mit dem internen Produktionsplanungs- bzw. Logistiksystem des betreffenden Automobilherstellers verknüpft, kann darüber hinaus auch eine Abschätzung der Lieferfristen erfolgen. Detaillierte technische Produktbeschreibungen, interaktive Händlernachweise sowie Links zu unabhängigen Testberichten können schließlich das Online-Informationsangebot abrunden und potenziellen Neuwagenkäufern weitere Entscheidungshilfen liefern.

---

der Methoden der künstlichen Intelligenz. Daher wird auch von intelligenten Software-Agenten gesprochen. Vgl. Clement/Runte (2000), S. 19.
[92] Vgl. Clement/Runte (2000), S. 24 f.
[93] Beispielsweise fragt der inhaltsbasierte Agent von Personalogic (www.personalogic.com) innerhalb verschiedener Produktkategorien die Präferenzen des Nutzers für bestimmte Produkteigenschaften ab. Der Kaufinteressent kann dabei zwischen 'harten' (z. B. das gewünschte Auto soll vier Türen haben und nicht mehr als 20.000 Euro kosten) und 'weichen' (z. B. möglichst geringer Benzinverbrauch) Eigenschaften differenzieren. Basierend auf dem spezifizierten Eigenschaftsraum selektiert der Agent Angebote, die sämtliche harten Bedingungen erfüllen und die möglichst gut bei den weichen Bedingungen abschneiden. Vgl. ähnlich Clement/Runte (2000), S. 25.
[94] Die Auswertung von Präferenzmustern durch nicht-inhaltsbasierte Filter-Agenten wird auch Collaborative Filtering genannt. Zum Collaborative Filtering vgl. ausführlich Runte (2000).
[95] Zu den Eigenschaften von automobilen Konfigurationssystemen vgl. Piller (2000), S. 305 ff.

Im Gegensatz zu den beiden vorangegangenen Teilleistungen kann die physische **Demonstration** technischer und emotionaler Fahrzeugeigenschaften, bei der das Automobil selbst als Träger relevanter Informationen fungiert, durch Online-Medien nicht vollständig substituiert, sondern allenfalls ergänzt werden. So erlauben zwar multimediale Videosequenzen sowie interaktive Fahrzeuginnen- bzw. -außenansichten eine virtuelle Simulierung von Probefahrten.[96] Eine Vermittlung haptischer, auditiver sowie olfaktorischer Produkteigenschaften im Sinne eines 'touch-and-feel'-Erlebnisses kann über Online-Medien dennoch nicht erfolgen. Diese Unzulänglichkeiten einer online-gestützten Produktdemonstration wiegen besonders schwer vor dem Hintergrund, dass die Mehrzahl der automobilen Bedarfsträger im Rahmen der Informationsphase eine Probefahrt mit dem präferierten Modell ausdrücklich wünscht und auch durchführt.[97]

3.1.2.2 Teilfunktionen in der Anbahnungsphase

Nachdem im Rahmen der Informationsphase ein Wunschfahrzeug spezifiziert wurde, gilt es nun für einen Anbieter, dem Kaufinteressenten ein verbindliches **Neuwagenangebot** zu unterbreiten. Dazu muss der Anbieter zuerst eine absatzpolitische Preisentscheidung treffen und diese danach dem Kaufinteressenten in einer geeigneten Form kommunizieren. Letzteres kann problemlos per E-Mail oder durch entsprechend dargebotene Preisinformationen auf einer Website erfolgen. Einer eingehenderen Erörterung bedarf dagegen die weitaus bedeutendere Frage nach den Möglichkeiten einer Preisfindung in der Online-Distribution; denn beide Parteien werden die Einschätzung ihres Transaktionserfolges in erheblichen Maße daran knüpfen, welches Entgelt für das Fahrzeug letztlich zu entrichten ist.

Grundsätzlich kann für Automobile, die über das Internet angeboten werden, die unverbindliche Preisempfehlung des Herstellers übernommen werden. Dieser Strategie einheitlicher Fixpreise wäre jedoch ein lediglich begrenzter Absatzerfolg beschieden, da Konsumenten bereits beim stationären Kauf des Fahrzeugs üblicherweise erhebliche Nachlässe auf die Herstellerpreisempfehlung eingeräumt werden. Daher erscheint es angezeigt, das Setzen einheitlicher Preise durch eine Strategie differenzierter Preise abzulösen. Die Grundidee der **Preisdifferenzierung** ist es, ein prinzipiell gleiches Gut an verschiedene Nachfrager zu unter-

---

[96] Ein bereits vor dem Aufkommen des Internets entwickeltes System zur virtuellen Fahrzeugdemonstration - die so genannte 'information acceleration'-Methode - erläutern Urban/Weinberg/Hauser (1996), S. 49 ff.
[97] In der bereits erwähnten Studie von Leigh/Rethans (1983), S. 670 wurde ermittelt, dass mehr als 60 % der Neuwagenkäufer eine Probefahrt durchführen. Der Anteil der Kunden, die vor ihrer Kaufentscheidung verschiedene Fahrzeugmodelle in den Präsentationsräumen eines Händlers begutachtet haben, dürfte weit darüber liegen.

schiedlichen Preisen möglichst gewinn- bzw. deckungsbeitragsoptimal zu verkaufen.[98] Um dieses Ziel zu erreichen, können unterschiedliche Formen differenzierter Preise zur Anwendung gelangen, wobei üblicherweise zwischen Preisdifferenzierungsstrategien ersten, zweiten und dritten Grades differenziert wird.[99]

Bei einer Preisdifferenzierung **ersten Grades** erhält jeder Konsument einen individuellen Preis, der vom Anbieter unter Berücksichtigung bzw. Einschätzung der jeweiligen Zahlungsbereitschaften sowie aktuellen Konkurrenzsituation festgelegt bzw. ausgehandelt wird. Im Rahmen der Online-Distribution kann eine derartige Personalisierung von Preisen zum einen mittels Online-Auktionen realisiert werden.[100] Dabei werden die Verkaufspreise entweder von den Bietern schrittweise erhöht (Englische Auktion) oder in bestimmten Zeitintervallen vom Anbieter um einen gewissen Betrag gesenkt (Holländische Auktion). Hinsichtlich beider Auktionsformen kann der Online-Umgebung ein hoher Eignungsgrad konstatiert werden, da die Zusammenführung einer größeren Zahl von Bietern bzw. Anbietern - wie sie für eine erfolgreiche Durchführung von Auktionen erforderlich ist - mit vergleichsweise geringen Transaktionskosten verbunden ist. Zum anderen wird eine personalisierte Preisdifferenzierung aber auch dadurch ermöglicht, indem ein Anbieter dem Kaufinteressenten als Reaktion auf eine vorab artikulierte Kaufanfrage ein personalisiertes Neuwagenangebot per E-Mail übermittelt.

Im Rahmen einer Preisdifferenzierung **zweiten Grades** werden für ein prinzipiell gleiches Gut unterschiedliche Varianten im Sinne eines geringfügig veränderten Leistungsbündels angeboten.[101] Für jede, materielle und immaterielle Leistungsbestandteile umfassende Variante wird vom Anbieter ein Preis festgelegt, der für sämtliche Nachfrager Gültigkeit besitzt.[102] Diese Form differenzierter Preise kann im Rahmen der Online-Distribution umgesetzt werden, indem für Fahrzeuge, die über das Internet angeboten werden und sich damit hinsichtlich akquisitorischer, d. h. immaterieller Leistungskomponenten von stationär verkauften Automobilen unterscheiden, eine generelle Preisreduktion gegenüber der Herstellerempfehlung eingeräumt wird. Eine weitergehende leistungsbezogene Preisdifferenzierung liegt dann vor, wenn spezielle, exklusiv der Online-Distribution vorenthaltene Sondermodelle aufgelegt

---

[98] Vgl. Skiera (2001), S. 269.
[99] Diese ursprünglich auf Pigou (1929) zurückgehende Systematisierung findet sich u. a. auch bei Dreier (1999), S. 164. Anders dagegen die von Skiera (2001), S. 270 ff. gewählte Einteilung, bei der auf der ersten Stufe zwischen einer Preisdifferenzierung mit und ohne Selbstselektion unterschieden wird. Bei näherer Betrachtung lassen sich jedoch beide Systematiken ohne weiteres ineinander überführen. So beinhaltet die von Skiera in individuelle und gruppenbezogene Preisfestlegung weiter untergliederte Preisdifferenzierung ohne Selbstselektion sämtliche Aspekte einer Preisdifferenzierung ersten und dritten Grades. Differenzierte Preise zweiten Grades werden von Skiera dagegen als vom Nachfrager selbst selektierte Preise bezeichnet.
[100] Zu Online-Auktionen vgl. vertiefend Klein (2000), S. 443 ff.; Streich (2001), S. 172 ff.
[101] Diese Form differenzierter Preise wird auch als 'Versioning' bezeichnet. Vgl. Krafft (2001), S. 34; Shapiro/Varian (1999), S. 53 ff.
[102] Vgl. Deneckere/McAfee (1996), S. 150.

werden, die sich neben akquisitorischen Aspekten auch durch materielle Ausstattungsinhalte von stationär vertriebenen Fahrzeugen abheben.[103]

Im Rahmen der Preisdifferenzierung **dritten Grades** werden nicht die Güter bzw. Güterbündel, sondern die Nachfrager selbst segmentiert. Für jedes nach personen- oder regionenbezogenen Kriterien gebildete Segment wird vom Anbieter ein unterschiedlicher Preis festgelegt.[104] Grundvoraussetzung für eine derartige Preisdifferenzierung ist, dass die Erfüllung der zu Grunde gelegten Segmentierungskriterien beim Nachfrager ökonomisch sinnvoll nachvollzogen werden kann. Nur dann kann auch eine die Preisdifferenzierungsstrategie konterkarierende Arbitrage zwischen den Segmenten ausgeschlossen werden. Da die dafür notwendige Überprüfung der Authentizität der Nachfrager selbst bei passwortgeschützten Internetanwendungen allerdings ein bislang nur unzureichend gelöstes Problem des E-Commerce darstellt,[105] ist dieser Form differenzierter Preise ein lediglich geringer Eignungsgrad im Rahmen der Online-Distribution zu konstatieren.[106]

Abgesehen von den Fällen, bei denen der Neuwagenerwerb einen Erst- bzw. Zusatzkauf darstellt oder die Vermarktung des aktuellen Fahrzeugs in privater Hand erfolgt, geht mit der Unterbreitung eines Neuwagenangebotes auch die **Bewertung eines Gebrauchtwagens** für die Zwecke der Inzahlungnahme einher. Hier können Online-Medien allenfalls unterstützend eingesetzt werden, indem auf Basis der vom Konsumenten angegebenen Gebrauchtwagenmerkmale entsprechende Richtwerte kalkuliert werden. Es ist jedoch davon auszugehen, dass eine endgültige Bestimmung des Inzahlungnahmepreises nur nach einer physischen Begutachtung des Fahrzeugs durch einen sachverständigen Dritten erfolgen kann.[107]

Dagegen kann eine Kalkulation von **Finanzierungsangeboten** wiederum vollständig über Online-Medien abgewickelt werden. So genannte Leasing- bzw. Kreditkonfiguratoren, die auf einer ähnlichen Funktionsweise wie die bereits erläuterten Fahrzeugkonfiguratoren beruhen, ermöglichen die Zusammenstellung eines individuellen Finanzierungspakets, welches an den persönlichen Präferenzen und finanziellen Fähigkeiten des automobilen Bedarfsträgers ausgerichtet ist.[108] Auch die Prüfung der Angaben eines Kreditnehmers sowie die endgültige Freigabe der Finanzierung durch den Kreditgeber kann grundsätzlich vollständig über das Internet erfolgen.

---

[103] Beispielsweise kann das umfangreich ausgestattete Sondermodell Golf eGeneration von Volkswagen ausschließlich über das Internet bestellt werden. Die Auslieferung des Fahrzeugs erfolgt jedoch weiterhin durch einen stationären Vertragshändler. Vgl. www.volkswagen.de.
[104] Vgl. Dreier (1999), S. 164; Skiera (2000), S. 122.
[105] Zur Authentizitätsproblematik im Internet sowie Ansätze zu dessen Lösung vgl. Dreier (1999), S. 140 f.
[106] Vgl. ähnlich Skiera (2000), S. 122.
[107] Vgl. Busch/Schmidt (2000), S. 17.
[108] Vgl. Piller (2000), S. 309.

3.1.2.3 Teilfunktionen in der Transaktionsphase

Ein rechtswirksamer Kaufvertrag kommt zu Stande, wenn ein Vertragspartner das Angebot der Gegenseite annimmt und damit eine **verbindliche Bestellung** des betreffenden Fahrzeugs auslöst. Für den rechtlichen Bestand dieser Fahrzeugbestellung ist die äußere Form der beiderseitigen Willensäußerungen grundsätzlich unerheblich und kann daher auch über Online-Medien getätigt werden.[109] Vor dem Hintergrund der bereits erwähnten Authentizitätsproblematik von Willensäußerungen, die über das Internet artikuliert werden, kann sich allerdings eine später eventuell notwendige Beweisführung als problematisch erweisen. Diese Problematik besteht jedoch nicht mehr, wenn der Kaufvertrag mit Hilfe einer elektronischen Signatur abgeschlossen wird.[110]

Für die **Abwicklung des Inkassos** stehen im Rahmen des E-Commerce eine Reihe von Verfahren zur Auswahl, die entweder auf einer Übernahme bzw. Modifizierung traditioneller Zahlungssysteme beruhen oder aber spezielle Lösungen für die Online-Umgebung darstellen.[111] Wird auf ein unmittelbar mit dem Bestellvorgang einhergehendes Online-Clearing der Zahlungsdaten eines Bestellers verzichtet, kann auf ein breites Spektrum **traditioneller Zahlungsverfahren** zurückgegriffen werden. Dazu zählen im Wesentlichen die Auslieferung gegen Vorkasse sowie auf Rechnung. Mit diesen traditionellen und im stationären Automobilhandel seit langem praktizierten Verfahren wird die Funktion der Zahlungsregelung jedoch nicht tatsächlich auf Online-Medien übertragen. Aus der Perspektive des Neuwagenkäufers wird vielmehr ein Medienbruch induziert, der mit weiteren zeitversetzten Zahlungsaktivitäten über andere Medien und Kanäle verbunden ist.[112]

Ein via Online-Medien abgewickelter Zahlungsvorgang wird dagegen durch die Anwendung **modifizierter Zahlungsverfahren** ermöglicht. Charakterisierend für diese Kategorie onlinebasierter Systeme ist, dass erforderliche Zahlungsdaten bei der Bestellung zwar über das Internet übertragen werden, der Datenträger jedoch ebenso für 'normale' Zahlungsvorgänge verwendet werden kann. Eine bisher hohe Verbreitung im E-Commerce hat dabei die Zahlung per Kreditkarte erreicht. Die Übertragung von Kreditkartendaten und die Überprüfung ihrer Gültigkeit durch Online-Clearingstellen kann technisch relativ einfach über das Internet

---

[109] Vgl. Nuissl (2000), S. 67 f. Dabei ist jedoch zu beachten, dass eine Website mit einem Produktangebot regelmäßig nur als invitatio ad offerendum anzusehen ist. Das juristisch wirksame Angebot geht demnach vom Besteller aus; dem Betreiber der Website steht es offen, ob er das Angebot annimmt oder nicht. Vgl. Hoeren (2000), S. 205.

[110] Zu den juristischen Aspekten der elektronischen Signatur vgl. vertiefend Bitzer/Brisch (1999), S. 1 ff.; Hoeren (2000), S. 208 ff.; Menzel (2000), S. 1 ff.; Nuissl (1999), S. 69.

[111] Zu den möglichen Zahlungssystemen des E-Commerce vgl. vertiefend Bierwirth/Kück (2001), S. 993 ff.

[112] Vgl. ähnlich Hünerberg (2000), S. 138.

gestaltet werden.[113] Hinzu tritt die weite Verbreitung dieses Zahlungsmittels, welches sich dadurch auch für die Abwicklung internationaler Transaktionen eignet. Das gravierendste Problem dieses Zahlungsverfahrens liegt jedoch in der unverschlüsselten Übertragung vertraulicher Kreditkarteninformationen begründet. Um einen potenziellen Missbrauch der übermittelten Daten durch Dritte zu verhindern,[114] können unterschiedliche Kryptographietechniken verwendet werden, wobei das von *MasterCard* und *Visa* gemeinsam entwickelte Protokoll Secure Electronic Transaction (SET) bislang als bedeutendster verschlüsselter Zahlungsstandard gilt. Zu den modifizierten Zahlungssystemen der Online-Distribution können weiterhin die in Form von Geldkarten bereits eingeführten Smartcards gezählt werden, bei denen ein integrierter Chip die Anzahl der verfügbaren Werteinheiten speichert. Deren Anwendung im Rahmen von Online-Transaktionen erfordert allerdings das Vorhandensein der entsprechenden Hardware bei den Endverbrauchern. Daher blieb die Verbreitung chipbasierter Zahlungssysteme bislang auf pilothafte Anwendungen beschränkt.[115]

Auch die ausschließlich für das Internet konzipierten **spezifischen Zahlungsverfahren** befinden sich überwiegend noch in der Erprobungsphase und dürften daher zumindest in naher Zukunft noch nicht als üblicher Zahlungsmodus für die Online-Distribution in Betracht kommen. Zudem eignen sich sämtliche, dieser Kategorie zuzurechnenden Systeme vor allem für die Abwicklung von geringen Zahlungsbeträgen, die auch als Micropayments bezeichnet werden. Da es im Rahmen des Neuwagenkaufs selbst bei Ratenzahlungen vergleichsweise hohe Zahlungsbeträge abzuwickeln gilt, scheidet eine Anwendung spezifischer Zahlungsverfahren für einen Neuwagenkauf über das Internet generell aus.

Bei Auftragsbestellungen ist nach Abschluss des Kaufvertrags ein **Transport** des Fahrzeugs zum Ort der Übergabe erforderlich. Dazu gehören auch weitere begleitende Serviceleistungen, wie z. B. die Fahrzeugaufbereitung sowie -auslieferung. Es bedarf keiner weiteren Erläuterung, dass - im Gegensatz zum Vertrieb von digitalisierbaren Gütern - eine Abwicklung dieser logistischen Aufgaben beim Neuwagenkauf nicht über Online-Medien erfolgen kann. Hier bietet sich allenfalls der Einsatz ergänzender Zusatzleistungen in Form eines internetbasierten

---

[113] Vgl. Heise (1996), S. 140.

[114] Dabei handelt es sich meist um unberechtigte Bedenken von Verbraucherverbänden und Konsumenten. Dies zeigt sich an der Tatsache, dass bislang eine nur verschwindend geringe Zahl an Betrugsfällen mit illegal erfassten Kreditkartennummern im Internet bekannt sind. Vgl. Heise (1996), S. 141. In diesem Zusammenhang weist auch Krafft (2001), S. 30 darauf hin, dass es bei der Datensicherheit im E-Commerce "... nicht so sehr um objektive, 'technische' Sicherheit geht, sondern vielmehr um die aus Sicht des Kunden wahrgenommene Sicherheit Neuer Medien."

[115] Zum Systemaufbau chipbasierter Zahlungssysteme im Internet vgl. Schinzer (2001), S. 400. Eine mikroökonomische Analyse chipbasierter Zahlungssysteme nehmen Pippow/Schoder (2001), S. 1 ff. vor.

Produktions- bzw. Ordertracking an, um den Zeitraum zwischen Bestellung und Auslieferung kundenorientiert zu überbrücken.[116]

3.1.2.4 Teilfunktionen in der After-Sales-Phase

Ausgehend vom derzeitigen Stand der Automobiltechnik können Online-Medien noch nicht für die Erbringung von **Reparatur-** und **Wartungsleistungen** eingesetzt werden.[117] In der Automobilindustrie wird jedoch im Rahmen zukünftiger Fahrzeugentwicklungen angedacht, über internetgestützte Telematikanwendungen bestimmte digitale Diagnose- sowie Wartungsleistungen abzuwickeln.[118] So wird es bei neuen Fahrzeuggenerationen z. B. möglich sein, digitale Updates der Software von Motorsteuergeräten über einen Internetanschluss im Fahrzeug zu überspielen. Heute können Online-Medien im Servicebereich allenfalls in unterstützender Form zur Anwendung kommen. Hierzu zählen beispielsweise ein internetgestütztes Beschwerdemanagement, die Vereinbarung von Werkstattterminen per E-Mail oder weitere innovative Zusatzleistungen wie das Angebot einer individualisierten Servicedatenbank, mit der Kunden eine Servicehistorie ihres Fahrzeugs erstellen können.[119]

Zur Abrundung der Primärleistung - dem Vertrieb von fabrikneuen Fahrzeugen sowie die Erbringung des technischen Kundendienstes - übernimmt das Distributionssystem in der Automobilwirtschaft weiterhin die Aufgabe einer Organisation von Verbundleistungen. Die Vermarktung der offerierten Sekundärleistungen kann dabei vergleichsweise einfach über das Internet realisiert werden. So erlauben die marginalen Regalflächenkosten im E-Commerce die Integration eines breitgefächerten Spektrums komplementärer Produkte sowie Dienstleistungen, wie beispielsweise **Zubehörteile** bzw. **Accessoires** oder auch Kfz-Versicherungen. Weiterhin erweisen sich Online-Börsen auf Grund der niedrigen Such- sowie Anbahnungskosten auf Seiten der Nachfrager als eine geeignete Plattform für den Verkauf bzw. das Auffinden von **Gebraucht-** und **Jahreswagen**.[120]

Als Verbundleistungen im weiteren Sinne interpretiert können auch **Kundenbindungsmaßnahmen** durch Online-Medien unterstützt bzw. über diese vollständig abgewickelt werden.

---

[116] Vgl. dazu die anschaulichen Beispiele bei Piller (2000), S. 310.
[117] Vgl. Meinig/Mallad (2001), S. 158.
[118] Zu den generellen Möglichkeiten online-basierter Ferndiagnose, -wartung und -reparatur vgl. vertiefend Hünerberg/Mann (2000), S. 370 f.
[119] Vgl. Piller (2000), S. 314 f. Weitere Anwendungsmöglichkeiten, die sich durch die Online-Vernetzung von Automobilen ergeben, erläutern Clement/Litfin (2000), S. 70 f.
[120] Vertiefend zu den Vorteilen sowie Funktionsweisen von Gebrauchtwagenbörsen im Internet vgl. Meissner (2000), S. 271 ff.

Das Spektrum denkbarer Customer-Relationship-Aktivitäten im Internet reicht von einem Aufbau exklusiver Online-Communities bis hin zu einem Angebot personalisierter Online-Kundenzeitungen.[121] Diese Maßnahmen können in geeigneter Weise zu einer Aufrechterhaltung bzw. Pflege einer kontinuierlichen und individuellen Beziehung mit dem Neuwagenkäufer über den gesamten Zyklus der Automobilbeschaffung und -nutzung hinweg beitragen.

Zum Abschluss der funktionenorientierten Analyse kann resümiert werden, dass über Online-Medien eine Vielzahl von Distributionsfunktionen in geeigneter Weise abgewickelt werden können. Dabei erlaubt das Internet hinsichtlich einiger distributiver Teilaufgaben nicht nur eine gleichwertige Substitution traditionell über den stationären Handel erbrachter Leistungen, sondern kann darüber hinaus auf Grund seiner multimedialen, interaktiven sowie vernetzten Eigenschaften auch einen echten Mehrwert für den automobilen Bedarfsträger liefern. Hierbei ist vor allem eine transparente Vermittlung komplexer Produktinformationen über Online-Konfiguratoren sowie das vergleichsweise bequeme und zeitsparende Einholen von Preisangeboten hervorzuheben. Trotz eines damit insgesamt recht hohen Gestaltungspotenzials von Online-Medien verbleiben dennoch insgesamt **vier neuralgische Punkte**, die zwingend eine physische Leistungserbringung durch den stationären Vertrieb erfordern und insoweit einer vollständigen Abbildung der automobilwirtschaftlichen Absatzwertkette durch Online-Medien entgegenstehen. Zu diesen distributiven Teilaufgaben, die durch Online-Medien lediglich unterstützt, nicht jedoch substituiert werden können, zählen die Demonstration von Fahrzeugeigenschaften, die Bewertung eines Gebrauchtwagens, die Fahrzeugauslieferung sowie die Erbringung von Reparatur- bzw. Wartungsleistungen.

Nachfolgende Abb. 4 soll dieses Ergebnis der funktionenorientierten Analyse nochmals verdeutlichen.

---

[121] Eine Darstellung weiterer internetgestützter Kundenbindungsmaßnahmen in der Automobilwirtschaft findet sich bei Piller (2000), S. 311 ff.

Konzeptionelle Grundlagen 33

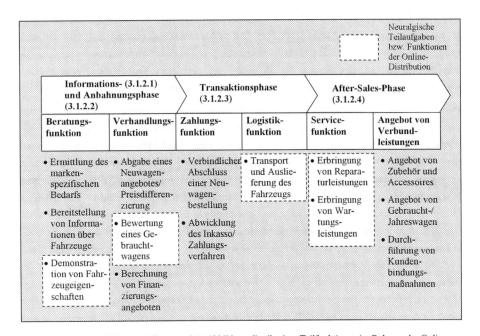

Abb. 4: Möglichkeiten und Grenzen einer Abbildung distributiver Teilfunktionen im Rahmen der Online-Distribution
Quelle: Eigene Erstellung

3.2 Institutionenorientierte Analyse der Online-Distribution

3.2.1 Kommerzielle Betriebsformen in der Online-Distribution

Ein Hauptanliegen der typologisch ausgeprägten Institutionenanalyse ist es, die vielfältigen Erscheinungsformen distributiver Geschäftsmodelle, welche in der Wirtschaftspraxis zu beobachten sind, im Rahmen so genannter Betriebs- bzw. Verbundformenanalysen zu systematisieren.[122] **Betriebsformen** können dabei als standardisierte und möglichst eindeutig voneinander abgrenzbare Typen bzw. Kategorien unterschiedlicher Merkmalsbündel aufgefasst werden.[123] Als Betriebsformenmerkmale kommen grundsätzlich vielfältige Struktur- und Leistungskriterien in Frage.[124] Für eine Analyse kommerzieller Betriebsformen der Online-Distribution bietet sich aus Gründen der Trennschärfe eine Typenbildung an, die sich an den in

---

[122] Vgl. ähnlich Ahlert (1996), S. 47.
[123] Vgl. Krafft/Albers (1996), S. 127; Specht (1998), S. 42.
[124] Vgl. dazu den Überblick bei Glöckner-Holme (1988), S. 27 ff.

Abschnitt 3.1.1 erarbeiteten einzelwirtschaftlichen Distributionsfunktionen orientiert. Legt man präziser ausgedrückt das Ausmaß der über Online-Medien abgewickelten distributiven Aufgaben als wichtigstes Systematisierungsmerkmal der Verbundformenanalyse zu Grunde, können drei aufeinander aufbauende Betriebstypen der Online-Distribution unterschieden werden: Online-Information-Sites, Online-Quoting-Sites sowie Online-Transaction-Sites.[125]

Online-Information-Sites stellen die einfachste und zumindest rein zahlenmäßig dominierende Betriebsform der Online-Distribution in der Automobilwirtschaft dar.[126] Sie beschränken sich vornehmlich auf eine Abbildung von Beratungsfunktionen im Internet. Die auf den entsprechenden Websites angebotenen Informationen erstrecken sich vor allem auf verfügbare Fahrzeugvarianten sowie -ausstattungen, die zumeist mit Hilfe von Online-Konfiguratoren individuell zusammengestellt werden können. Damit häufig, jedoch nicht zwingend verbunden ist eine Kalkulation unverbindlicher Listenpreise für ein konfiguriertes Wunschfahrzeug. Diese Form von Preisinformationen ist allerdings nicht mit der Abgabe eines individuellen Angebots durch den Anbieter gleichzusetzen. Vielmehr erfolgt die Angebotserstellung sowie die Aushandlung von Vertragsbestandteilen weiterhin konventionell in der persönlichen Interaktion zwischen Kaufinteressent und stationärem Händler. Insoweit ist bei Online-Information-Sites die für einen Distributionskanal konstitutive Zwecksetzung - nämlich die "... unmittelbar[e] und aktiv[e] ... Herbeiführung einer Willenseinigung über den Umsatz des Distributionsobjekts ..."[127] - nur bedingt zu erkennen. Vor diesem Hintergrund wird hier die Meinung vertreten, dass eine Online-Information-Site noch keinen eigenständigen Distributionskanal begründet, sondern primär ein verkaufsunterstützendes Instrument kommunikationspolitischer Zielsetzungen des Anbieters darstellt (Online-Medien als Kommunikationskanal).

Die möglichst weitgehende Vermeidung eines physischen Verkäufer- bzw. Händlerkontaktes im Rahmen der Anbahnungsphase ist Kernleistung von **Online-Quoting-Sites**. Über eine bloße Vermittlung von Produkt- und Listenpreisinformationen hinaus erlaubt diese Betriebsform auch eine online-gestützte Abwicklung der Verhandlungsfunktion. Da die Online-

---

[125] In der einschlägigen Literatur finden sich davon abweichende Systematisierungsansätze. So unterscheidet beispielsweise Gerth (1999), S. 235 ff., ähnlich wie Hoffmann/Novak/Chatterjee (2000), S. 10 f. sowie Heise (1996), S. 146 ff., vier verschiedene Betriebsformen der Online-Distribution: (1) Virtuelle Shopping Malls, (2) virtuelle Händler, (3) Supplier Sites sowie (4) Mittlerdienste. Zu dieser sowie weiteren Betriebsformentypologien des E-Commerce ist allerdings kritisch anzumerken, dass eine Explizierung der jeweils herangezogenen Gliederungsmerkmale unterbleibt und daher eine eindeutige Zuordnung der in praxi anzutreffenden Geschäftsmodelle zu einer bestimmten Betriebsform erschwert wird. Darüber hinaus sind die vorliegenden Typologien oft weder überschneidungsfrei noch in sich konsistent. Vor diesem Hintergrund wird hier eine eigene Betriebsformensystematik des E-Commerce vorgeschlagen, welche in diesem Abschnitt zunächst konzeptionell erläutert wird, bevor im nachfolgenden Abschnitt 3.2.2 auf konkrete Beispiele in der Automobilwirtschaft eingegangen wird.
[126] Vgl. ähnlich Dreier (1999), S. 118.
[127] Ahlert (1996), S. 14.

Quoting-Site eine Aushandlung individueller Preis- und Lieferkonditionen unterstützt und insofern den Zweck einer Herbeiführung von Willenseinigungen zwischen Kaufinteressent und Anbieter eher erkennen lässt, kann diese Betriebsform - zumindest in einer weiteren Begriffsauffassung - als Distributionskanal aufgefasst werden (Online-Medien als Distributionskanal i. w. S.).

Die an sich stark personalisierte Funktion der Verkaufsanbahnung wird bei den realiter existierenden Online-Quoting-Sites über zwei unterschiedliche Ausgestaltungsformen des Vereinbarungsprozesses realisiert: Im Rahmen des so genannten **'Instant-Quoting'** ist ein für den Anbieter bindender und zumeist deutlich unter der Herstellerempfehlung liegender Angebotspreis unmittelbar auf der entsprechenden Website ersichtlich.[128] Stößt das Angebot auf ein nachfragerseitiges Kaufinteresse, kann in der Regel über modifizierte Zahlungsverfahren eine Anzahlung für das betreffende Modell ausgelöst werden.[129] Dadurch wird allerdings keine für den Nachfrager bindende, sondern vielmehr eine bis zum tatsächlichen Vertragsabschluss beim stationären Händler revidierbare Bestellung ausgelöst. Bei der zweiten Form, dem so genannten **'Refering-Quoting'**, erfolgt die Preisentscheidung des Anbieters erst, nachdem der automobile Bedarfsträger als Nachfrager am Markt auftritt. Dazu wird eine konkrete Kaufanfrage für ein spezifiziertes Fahrzeug zunächst in standardisierter Form erfasst und dann über eine Online-Quoting-Site an einen oder mehrere Anbieter weitergeleitet. Der Kaufinteressent erhält daraufhin per E-Mail, Telefon oder Fax innerhalb einer bestimmten Frist ein individualisiertes und verbindliches Verkaufsangebot durch den Anbieter.[130]

Trotz der im Detail unterschiedlichen Ausgestaltungen ist beiden Online-Quoting-Verfahren der Versuch gemeinsam, potenziellen Neuwagenkäufern einen preislich vorteilhaften Kauf zu ermöglichen und dabei gleichzeitig das oft als unangenehm empfundene Aushandeln von Preisnachlässen mit dem Automobilverkäufer zu vermeiden. Dies gelingt allerdings in praxi nicht immer: Damit die über Online-Quoting-Sites abgegebenen Willensäußerungen beider Parteien auf eine zweifelsfrei nachvollziehbare Rechtsgrundlage gestellt werden können, muss der Kaufinteressent spätestens zur Unterzeichnung eines schriftlichen Kaufvertrages sowie zur Klärung weiterer Formalitäten mit einem stationären Händler in Kontakt treten. Dabei besitzen selbstverständlich beide Vertragsparteien noch gewisse Spielräume - wie etwa bei einer eventuell noch durchzuführenden Bewertung eines in Zahlung gegebenen Gebrauchtwagens -, die Vertragsbedingungen jeweils zu ihrem Vorteil zu beeinflussen.

---

[128] Hierbei handelt es sich um eine (leistungsbezogene) Preisdifferenzierung zweiten Grades. Vgl. dazu Abschnitt 3.1.2.2.
[129] Zu den Zahlungsverfahren im E-Commerce vgl. Abschnitt 3.1.2.3.
[130] Hierbei handelt es sich um eine Preisdifferenzierung ersten Grades. Vgl. dazu Abschnitt 3.1.2.2.

Bei **Online-Transaction-Sites** entfällt dagegen die Notwendigkeit, einen stationären Händler für den Abschluss eines rechtswirksamen Kaufvertrages aufzusuchen. Der vom Neuwagenkäufer wahrgenommene Verhandlungs- und Vertragspartner ist nicht mehr der durch einen Automobilverkäufer vertretene stationäre Händler, sondern vielmehr der jeweilige Betreiber der Online-Transaction-Site.[131] Die auf den Vertragsabschluss folgende Leistung des vereinbarten Entgelts kann dabei über traditionelle oder modifizierte Zahlungsverfahren im E-Commerce abgewickelt werden. Damit erlaubt diese Betriebsform zumindest theoretisch eine vollständig virtuelle Abwicklung aller Leistungen, die für einen rechtswirksamen Kauf von Automobilen erforderlich sind. Insofern handelt es sich bei einer Online-Transaction-Site um einen vollwertigen Distributionskanal, der in Konkurrenz zu den traditionellen Vertriebswegen steht (Online-Medien als Distributionskanal i. e. S.).

Abb. 5 gibt in schematischer Form wieder, wie sich die einzelnen Betriebsformen der Online-Distribution durch eine aufeinander aufbauende Abbildung einzelner Distributionsfunktionen konstituieren. Zum Verständnis der Darstellung ist noch darauf hinzuweisen, dass es sich bei dem Angebot von Verbundleistungen um eine fakultative Distributionsfunktion handelt, deren Abwicklung über Online-Medien keinen eigenständigen Betriebsformentypus begründet. Im nachfolgenden Abschnitt gilt es anhand ausgewählter Beispiele aufzuzeigen, wie diese Betriebsformen durch die Distributionssubjekte der Automobilwirtschaft - namentlich die Automobilhersteller, die Automobilhändler sowie die neuen Wettbewerber - konkret ausgestaltet werden. Dabei beschränkt sich die Analyse auf die derzeit wichtigsten Unternehmen im deutschen sowie amerikanischen Markt.[132]

---

[131] Dabei kann es sich selbstverständlich auch um dieselbe juristische Person wie bei einem Kauf über den stationären Händler handeln. Entscheidend ist hierbei die subjektive Wahrnehmung des Neuwagenkäufers.

[132] Einschränkend sei angemerkt, dass auf Grund der hohen Dynamik des E-Commerce im Bereich der Automobilwirtschaft lediglich eine Momentaufnahme der aktuell vorzufindenden Geschäftsmodelle vorgenommen werden kann. Es ist zu erwarten, dass zukünftig neue wichtige Unternehmen erscheinen, während andere aus dem Markt ausscheiden.

Konzeptionelle Grundlagen 37

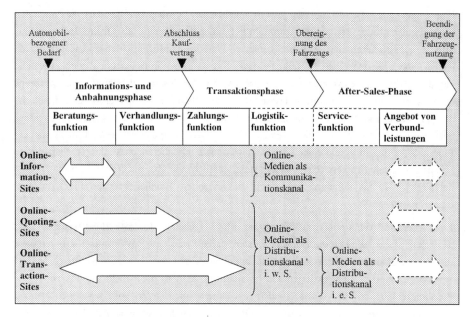

Abb. 5:   Kommerzielle Betriebsformen der Online-Distribution
Quelle: Eigene Erstellung

3.2.2 Darstellung konkreter Ausgestaltungen der Betriebsformen in der Online-Distribution durch ausgewählte etablierte und neue Distributionssubjekte

3.2.2.1 Automobilhersteller

Mittlerweile sind sämtliche deutschen und amerikanischen **Serienhersteller** mit eigenen Websites im Internet vertreten. Neben den internationalen Internetauftritten der Unternehmenszentralen, die in der Regel unter der Toplevel-Domain 'com' anzutreffen sind, finden sich - von wenigen Ausnahmen abgesehen - auch in den jeweils bedienten Märkten nationale Websites der unternehmenseigenen Vertriebsgesellschaften bzw. von unabhängigen Importeuren.[133] Dabei streben die meisten Automobilhersteller einen zwischen Zentral- und Landesebene einheitlichen und mit dem jeweiligen Corporate Design kompatiblen Internetauftritt an.[134]

---

[133] Vgl. Dreier (1999), S. 122.
[134] In einer paneuropäischen Untersuchung der Internetauftritte deutscher Automobilhersteller spricht Dudenhöffer (2000), S. 50, hinsichtlich Mercedes-Benz einer einheitlichen und Corporate-Idendity-

Eine eingehende Betrachtung der jeweils angebotenen Leistungen zeigt, dass die nationalen Websites der großen **deutschen Automobilhersteller** durchgängig als **Online-Information-Sites** zu klassifizieren sind. Neben allgemeinen Unternehmensnachrichten und Konzerndaten bieten *Volkswagen*[135], *Opel*[136], *Mercedes-Benz*[137] und *Ford*[138] in Deutschland auch aufwändig gestaltete Konfigurationssysteme an, die simultan mit der Zusammenstellung eines Fahrzeugs die entsprechende unverbindliche Preisempfehlung kalkulieren. Optional werden die Preisdaten und Spezifikationen des konfigurierten Wunschfahrzeugs an einen vom Kaufinteressenten selektierten Vertriebspartner weitergeleitet. Dieser Vorgang ist jedoch nicht als ein Refering-Quoting im Sinne einer Verhandlungsaspekte inkludierenden konkreten Kaufanfrage seitens des Kunden zu verstehen, sondern stellt lediglich eine über die Online-Information-Site unterstützte Kontaktaufnahme mit einem ausgewählten Händler der jeweiligen Absatzorganisation dar.

Einen über die Vermittlung von Informationen hinausgehenden Internetauftritt bietet auf dem deutschen Markt lediglich die *DaimerChrysler*-Marke *Smart* an.[139] Wählt der Kaufinteressent für ein spezifiziertes Fahrzeug die Bestelloption, wechselt das System automatisch auf die Homepage eines zuvor selektierten Vertriebspartners. Dort ist nicht mehr die unverbindliche Preisempfehlung des Herstellers, sondern ein zumeist niedrigerer, vom jeweiligen Händler gesetzter Hauspreis ersichtlich. Um diese Offerte des Händlers anzunehmen, kann der Kaufinteressent über modifizierte Zahlungsverfahren eine Anzahlung auslösen. Die Unterzeichnung des postalisch zugestellten Kaufvertragvordrucks sowie die Klärung weiterer Formalitäten - nicht mehr jedoch die Einigung über den Kaufpreis - findet letztlich bei dem betreffenden Händler statt. Insofern erfüllt der Internetauftritt von *Smart* die funktionalen Merkmale einer **Online-Quoting-Site** in der Ausprägung eines Instant-Quoting-Verfahrens.

Auch die von den '**Big Three**' - *General Motors*, *Ford* und *Chrysler* - in einigen amerikanischen Bundesstaaten angebotenen Internetlösungen sind als **Online-Quoting-Sites** zu klassifizieren. So können Interessenten über das so genannte 'BuyPower'-Programm von *General Motors* Neufahrzeuge aus den Lagerbeständen der angeschlossenen Vertriebspartner recherchieren.[140] Nach der Auswahl eines bestimmten Fahrzeugs können ein oder mehrere Händler aufgefordert werden, dem Kaufinteressenten per E-Mail eine verbindliche Offerte im Sinne eines Refering-Quoting zu unterbreiten. Die Vertragsunterzeichnung sowie Fahrzeugaus-

---

konformen Internetpräsenz die höchste Kompetenz zu. Hingegen sind die Länderauftritte bei Opel untereinander wenig abgestimmt, weswegen dieser Hersteller in der Untersuchung das Schlusslicht markiert.

[135] Vgl. www.volkswagen.de.
[136] Vgl. www.opel.de.
[137] Vgl. www.mercedes-benz.de.
[138] Vgl. www.ford.de.
[139] Vgl. www.smart.de.
[140] Vgl. www.gmbuypower.com.

lieferung erfolgt jedoch stets über das konventionelle Händlernetz. Von diesem Verfahren weicht *Chryslers* 'Five Star Dealer'-Initiative nur insofern ab, als dass keine aktuellen Händlerlagerbestände auf der Website ersichtlich sind.[141] Umfassender ist dagegen das Online-Angebot von *Ford*, welches wahlweise bei einer freien Fahrzeugkonfiguration ein Refering-Quoting ermöglicht[142] oder aber auf der 'FordDirect'-Website Instant-Quotes von Vertriebspartnern für deren Neuwagenlagerbestand enthält.[143]

Gesamthaft betrachtet kann konstatiert werden, dass weder die deutschen noch die in ihren Internetangeboten deutlich progressiveren amerikanischen Serienhersteller eine vollständige Abwicklung des Verkaufs von Neuwagen an Privatkunden über Online-Transaction-Sites ermöglichen.[144] Obwohl die meisten Automobilhersteller bemüht sind, Beratungs- und zunehmend auch Verhandlungsfunktionalitäten auf den eigenen Websites abzubilden, bleiben die transaktionsbezogenen Aufgaben der stationären Vertriebspartner in der Absatzorganisation bisher unangetastet.[145]

3.2.2.2 Automobilhändler

Das internetgestützte Engagement des klassischen **Automobilhändlers** kann sich auf verschiedenen Stufen der Betriebsstättenprofilierung bewegen.[146] Eine eher passive Form der Internetpräsenz besteht darin, dass sich ein markengebundener Händler an das Internetportal des Automobilherstellers anschließt. In diesem Fall orientiert sich die formale sowie inhaltliche Gestaltung des Online-Auftritts - der dann als **Online-Information-Site** zu klassifizieren ist - eng an den einheitlichen Vorgaben des Herstellers. Damit wird im Prinzip die Marketingführerschaft des Herstellers auch auf die Online-Distribution übertragen.[147] Derartig vertikal abgestimmte Online-Marketingsysteme sind inzwischen bei allen Vertriebsorganisationen der großen deutschen Automobilhersteller anzutreffen.

---

[141] Vgl. www.chrysler.com.
[142] Vgl. www.ford.com.
[143] Vgl. www.forddirect.com.
[144] Lediglich die im Automobilhändlervertrag explizit dem Hersteller vorenthaltenen direkten Neuwagenverkäufe an spezielle Abnehmergruppen werden vereinzelt über Online-Transaction-Sites vollständig abgewickelt. Ein entsprechendes Programm bietet Volkswagen beispielsweise Journalisten unter www.vw-direct.de an.
[145] So auch das Fazit von Hallerberg (2000), S. 49.
[146] Vgl. Diez (2000b), S. 245 ff.
[147] Vgl. Diez (2000b), S. 246. Marketingführerschaft bezeichnet die Möglichkeit eines Mitglieds im Distributionssystem, den gesamten Marketingmix im Absatzkanal zu steuern. Damit verbunden ist auch die Fähigkeit des Marketingführers, auf die am Distributionsprozess beteiligten Subjekte gegebenenfalls einzuwirken, um diese zur Anpassung ihrer Marketingaktivitäten an diesen Mix zu bewegen. Vgl. Kümpers (1976), S. 20.

Durch einen koordinierten Anschluss an den Hersteller werden allerdings die Profilierungschancen, die sich dem einzelnen Händler durch den Einsatz von Online-Medien eröffnen, nur unzureichend genutzt.[148] Daher emanzipieren sich markengebundene Händler hinsichtlich der Gestaltung des eigenen Internetauftritts zunehmend von den einheitlichen Vorgaben des Herstellers. So stieg etwa im amerikanischen Markt der Anteil derjenigen Händler, die mit einer eigenen Domain im Internet präsent sind, von 32 % in 1996 auf 72 % in 1999 an.[149] In Deutschland kann - allerdings ausgehend von einer deutlich niedrigeren Basis - auf ein ähnlich hohes Wachstum geschlossen werden.[150] Eine stichprobenartige Betrachtung der individuellen Internetauftritte von einigen großen deutschen Automobilhändlern bzw. -handelsgruppen zeigt, dass es sich auch hierbei fast durchgängig um Online-Information-Sites handelt.[151] Während über die meisten Websites der aktuelle Gebrauchtwagenbestand eingesehen werden kann, beschränken sich die Angaben für den Neuwagenbereich - falls überhaupt vorhanden - auf technische Produktinformationen über verschiedene Fahrzeugmodelle sowie Preisempfehlungen des Herstellers. Über einen entsprechenden Link können häufig auch die Online-Konfigurationssysteme der Hersteller angesteuert werden.

Eine systematische Abbildung von Verhandlungsfunktionen auf Händlerebene kann indessen auf dem amerikanischen Markt beobachtet werden. Dort bietet die am Umsatzvolumen gemessen weltgrößte Automobilhandelsgruppe *Auto Nation* über eine eigene **Online-Refering-Site** die Möglichkeit, ein Wunschfahrzeug zu konfigurieren und für dieses ein verbindliches Angebot einzuholen.[152] Die Vertragsunterzeichnung sowie Fahrzeugauslieferung erfolgt dann bei einem angeschlossenen *Auto Nation*-Franchisebetrieb, der sich verpflichtet, das Internetangebot nicht mehr nachzuverhandeln. In ähnlicher Weise erfolgt auch die Abwicklung von Kaufanfragen, die einem stationären Händler über die Online-Refering-Site eines so genannten Matchmaker zugespielt werden. In diesem Fall handelt es sich jedoch nicht etwa um ein Internetengagement des betreffenden Händlers, sondern das eines neuen Wettbewerbers, der als Makler versucht, bestimmte distributive Leistungen anstelle des Händlers wahrzunehmen.

---

[148] Vgl. Diez (2000b), S. 246.
[149] Vgl. Ealey/Mercer (1999), S. 182.
[150] So schätzt Gaide (2000), S. 255 den Anteil deutscher Vertragshändler, die im Jahr 2000 mit einer eigenen Website im Internet präsent sind, auf etwa 8 %.
[151] Hierbei wurden Websites von Automobilhändlern betrachtet, die im Rahmen einer Benchmarking-Studie des Instituts ProfNet prämiert wurden. Die Studie bewertete ca. 270 deutschsprachige Internetauftritte von Händlern in Bezug auf Layout, Inhalt und Grad der Interaktivität. Zu den besten deutschen Händlerwebsites zählen demnach u.a.: www.podlech.de, www.yvel.de, www.autohaus-denzel.de, www.vw-audi.kamenz.de, www.entenmann.de. Vgl. Martsch (1999), S. 84.
[152] Vgl. www.autonationdirect.com.

3.2.2.3 Neue Wettbewerber

Das Phänomen, dass außerhalb der an sich geschlossenen vertraglichen Vertriebssysteme agierende **neue Wettbewerber** bestrebt sind, einzelne distributive Funktionen der Absatzwertkette zu übernehmen, ist in der Automobilwirtschaft nicht neu. Bei diesen Bemühungen sind allerdings den auf Reimporte spezialisierten Graumarkthändlern sowie branchenfremden Handelsketten ein bislang bescheidener Absatzerfolg zu konstatieren.[153] Erst das durch den kommerziellen Einsatz von Online-Medien induzierte 'Aufbrechen' bzw. 'Entbündeln' der traditionellen Absatzwertkette hat zu einem für die etablierten Automobilhändler bedrohlicheren Szenario geführt.[154] So wird den Car-Brokern von Branchenexperten erstmalig das Potenzial zugesprochen, die Vorherrschaft des konventionellen Automobilvertriebs in Frage zu stellen.[155] Angesichts der enormen Anzahl neu gegründeter Unternehmen in diesem Bereich sowie der Dynamik, mit der sie ihre Geschäftsmodelle verändern, müssen nachfolgende Ausführungen auf eine exemplarische Erläuterung einiger bedeutsam erscheinender Unternehmen beschränkt bleiben.[156]

An erster Stelle sind die reinen Informations-Broker zu nennen. Über deren Websites können Kaufinteressenten beispielsweise mit Hilfe von Software-Agenten ihren markenspezifischen Bedarf konkretisieren, Listen- und Händlereinstandspreise recherchieren oder die technischen Leistungsmerkmale von Fahrzeugen vergleichen. Der wesentliche Kundenvorteil gegenüber den **Online-Information-Sites** der meisten Hersteller sowie stationären Händler liegt in der Bereitstellung markenübergreifender und von konkreten Verkaufsbemühungen unbeeinflusster Entscheidungs- sowie Verhandlungshilfen.[157] Zu den bekanntesten unabhängigen Informationsangeboten zählen in Deutschland die Internetangebote von $ADAC^{158}$ sowie

---

[153] Als Beispiele hierzu sei die inzwischen gerichtlich untersagte Verkaufsaktion von Edeka mit Fiat Puntos sowie die bereits in den achtziger Jahren gescheiterte Kooperation von British-Leyland mit dem Warenhauskonzern Massa zum Verkauf von Rover Neuwagen auf den Arealen der Massa-Supermärkte angeführt. Vgl. Autohaus-Online (2001e); o. V. (1988), S. 15.

[154] Zur Entbündelung der Absatzwertkette durch Online-Medien vgl. Albers/Peters (1997), S. 72 ff.; Dreier (1999), S. 125; Gerth (1999), S. 223 ff.

[155] Vgl. u. a. Diez (2000b), S. 238; Linden (1998), S. 240 ff.; Lulei (1999), S. 15.

[156] Weiterführende Darstellungen verschiedener Geschäftsmodelle von Car-Brokern finden sich u. a. bei Bauer/Grether/Brüsewitz (2000), S. 10 ff.; Dreier (1999), S. 125 ff.; Gaide (2000), S. 265 ff.

[157] Um diesbezüglich mit den Car-Brokern gleichzuziehen, integrieren einige Hersteller unabhängige Informationsdienstleistungen in ihr Internetangebot. Beispielsweise bietet Vauxhall in England einen markenübergreifenden Konfigurator auf der eigenen Website, der von einem Drittunternehmen - Jato Dynamics - unterhalten und gepflegt wird. Vgl. www.vauxhall.co.uk.

[158] Vgl. www.adac.de.

Auto.T-Online[159] bzw. in USA die Websites von *Kelly Blue Book*[160] und *Edmunds*[161].

Neben weitreichenden Informationsmöglichkeiten unterstützen so genannte Car-Broker bzw. Matchmaker auch Verhandlungsfunktionen, indem sie sich in die Kontaktkette zwischen Kaufinteressent und stationärem Handel einschalten. Der wesentliche Kundennutzen dieser **Online-Quoting-Sites** liegt in einer markenübergreifenden Fahrzeugauswahl sowie dem bequemen und zeitsparenden Einholen mehrerer Neuwagenangebote, ohne mit einem Automobilverkäufer tatsächlich verhandeln zu müssen.[162] Letztlich können die Internetdienste der Matchmaker auch dazu beitragen, einen für den Neuwagenkäufer vorteilhafteren Preis zu erzielen.[163]

Dazu bedient sich die überwiegende Zahl der Matchmaker eines **Refering-Quoting-Verfahrens**, bei dem die Anfragen der Kaufinteressenten zuerst erfasst und dann an ein Netz akkreditierter Händler weitergeleitet werden. Die konkrete Ausgestaltung der vorzufindenden Kaufanbahnungsprozesse unterscheiden sich bei den Car-Brokern, die zu dieser Kategorie zählen, nur in wenigen Details. Daher soll stellvertretend für weitere populäre Refering-Quoting-Sites - wie *CarPoint*[164], *Autoweb*[165] und *Autovantage*[166] in den USA bzw. *Euro-Car-Market*[167] und *Autobild*[168] in Deutschland - lediglich das Geschäftsmodell des prominentesten und seit seiner Gründung in 1995 wohl erfolgreichsten Beispiels auf dem amerikanischen Markt - *Autobytel*[169] - kurz skizziert werden: Nachdem ein Kaufinteressent mit Hilfe eines markenübergreifenden Konfigurators ein Wunschfahrzeug spezifiziert hat, wird eine entsprechende Kaufanfrage an den nächstgelegenen, von *Autobytel* akkreditierten Händler weitergeleitet. Dieser ist verpflichtet, dem Anfragenden innerhalb von 24 Stunden ein so genanntes 'best-price, no-haggle'-Angebot per E-Mail zu unterbreiten. Der tatsächliche Abschluss des Kaufvertrages sowie die Auslieferung des Fahrzeuges erfolgt weiterhin beim stationären Händler. Gegen größen- und markenabhängige Franchisegebühren gewährt *Autobytel* jedem der inzwischen 5.000 registrierten Händler ein exklusives Verkaufsgebiet, innerhalb dessen der Franchisenehmer alle Online-Kaufanfragen zugespielt bekommt. Folglich

---

[159] Vgl. www.auto.t-online.de.
[160] Vgl. www.kbb.com.
[161] Vgl. www.edmunds.com.
[162] Vgl. Diez (2000b), S. 244.
[163] In einer Studie der Berkeley School of Business wurde ermittelt, dass Neuwagenkäufer, die einen Online-Quoting-Service nutzen, einen im Vergleich zum rein stationären Kauf durchschnittlich um zwei Prozentpunkte niedrigeren Neuwagenpreis bezahlen. Vgl. o. V. (2001).
[164] Vgl. www.carpoint.msn.com.
[165] Vgl. www.autoweb.com.
[166] Vgl. www.autovantage.com.
[167] Vgl. www.euro-car-market.de.
[168] Vgl. www.autobild.de
[169] Vgl. www.autobytel.com.

schließt der Neuwagenkäufer nicht immer einen Kaufvertrag mit dem preisgünstigsten Händler ab, sondern determiniert mit der Angabe seines Postleitzahlenbereichs bereits vor dem Einholen eines Preisangebotes die Händlerauswahl.

Um den Kaufinteressenten einen Zugriff auf mehrere Händler zu ermöglichen, gehen einige amerikanische Matchmaker auf ein **Instant-Quoting-Verfahren** über. Dabei erhält der Kaufinteressent für ein ausgewähltes Fahrzeug unmittelbar einen vollständigen Überblick über die in der Regel deutlich unter der Herstellerempfehlung liegenden Hauspreise derjenigen akkreditierten Händler, die ein entsprechendes oder ähnlich ausgestattetes Modell in ihrem Lagerbestand führen. Neben *AutomallOnline*[170] sowie *InvoiceDealers*[171] bietet inzwischen auch *Autobytel* unter der Bezeichnung '*AutobytelDirect*' einen entsprechenden Instant-Quoting-Service an.

Erst seit jüngerer Zeit sind neue Wettbewerber bestrebt, die Geschäftsmodelle der Matchmaker um distributive Leistungen in der Transaktionsphase zu erweitern. Mit Hilfe von **Online-Transaction-Sites** versuchen diese Unternehmen, die bis dato dem stationären Handel vorenthaltenen transaktionalen Aufgaben möglichst umfassend durch internetgestützte Abläufe zu ersetzen. Lediglich zwingend physische Funktionen der automobilen Absatzwertkette - wie Probefahrten, Inzahlungnahme des Gebrauchtwagens sowie Fahrzeugauslieferung - werden durch stationäre Kooperationspartner erbracht.

CarsDirect[172] ist mit einer entsprechenden Geschäftsidee seit Mai 1999 auf dem amerikanischen Markt präsent. Anstatt wie Matchmaker die Kaufanfragen an lokale akkreditierte Händler weiterzuleiten bzw. über deren Hauspreise zu informieren, garantiert *CarsDirect* für ein frei konfigurierbares Wunschfahrzeug den auf der Online-Transaction-Site ausgewiesenen Kaufpreis, verhandelt diesen selbst mit einem stationären Händler, erwirbt die Eigentumsrechte an diesem Fahrzeug und liefert es in einigen Bundesstaaten direkt an den Kunden aus. Kann der vorab garantierte Preis in der Verhandlung mit dem Händler nicht gehalten werden, gehen die entsprechenden Mehrkosten zu Lasten von *CarsDirect*.

Die wenigen auf dem deutschen bzw. europäischen Markt präsenten Unternehmen, die wie *CarsDirect* auch transaktionale Leistungen anbieten, konzentrieren sich überwiegend auf einen Verkauf reimportierter Fahrzeuge. Dabei profitieren diese Unternehmen von dem bei einigen Fahrzeugmarken immer noch beträchtlichen Preisgefälle zwischen einzelnen Staaten des europäischen Binnenmarktes. So kooperiert etwa *OneSwoop*[173] mit einem europaweiten Netz freier sowie vertragsgebundener Händler und bietet eine Lieferung von Fahrzeugen frei Haus

---

[170] Vgl. www.automallonline.com.
[171] Vgl. www.invoicedealers.com.
[172] Vgl. www.carsdirect.com.
[173] Vgl. www.oneswoop.com.

an. Die Nachhaltigkeit dieses Geschäftsmodells erscheint jedoch insgesamt gesehen fraglich; denn im Zuge der Bestrebungen von Automobilherstellern, die europäischen Fahrzeugpreise zu harmonisieren, wird den auf Reimporten spezialisierten Unternehmen zunehmend die Geschäftsgrundlage entzogen.

In Abb. 5 werden die im Rahmen der institutionenorientierten Analyse erwähnten und entsprechend ihrer Betriebsformenzugehörigkeit klassifizierten Beispiele nochmals im Überblick dargestellt.

	Beratungs-funktion	Verhand-lungs-funktion	Zahlungs-funktion	Automobil-hersteller	Automobil-händler	Neue Wettbewerber
Online-Information-Sites				• volkswagen.de • opel.de • mercedes-benz.de • ford.de	• podlech.de • yvel.de • autohaus-denzel.de • entenmann.de	• adac.de • autobild.de • edmunds.com • kbb.com
Online-Quoting-Sites				• smart.de • gmbuypower.com • chrysler.com • forddirect.com	• autonation direct.com	• carpoint.msn.com • autobytel.com • invoicedealers.com • automallonline.com
Online-Trans-action-Sites						• carsdirect.com • oneswoop.com

Abb. 6: Beispiele für die Ausgestaltung kommerzieller Betriebsformen in der Online-Distribution durch Hersteller, Händler und neue Wettbewerber
Quelle: Eigene Erstellung

3.3 Konsumentenorientierte Analyse der Online-Distribution

3.3.1 Beziehungsfeld zwischen der Online-Distribution und den Konsumentenerwartungen bzw. -reaktionen

Aus Sicht der Distributionssubjekte besteht der Zweck einer Übertragung von Distributionsfunktionen auf Online-Medien letztlich darin, das Kaufverhalten der Konsumenten in einer den absatzpolitischen Zielen entsprechenden Weise zu beeinflussen. Insofern erstreckt sich eine Analyse der Online-Distribution auch auf eine Untersuchung der Wechselwirkungen zwischen den Konsumenten und dem entsprechend ausgestalteten Distributionssystem. Im Rahmen einer solchen **konsumentenorientierten** Analyse können grundsätzlich zwei interdependente Ebenen unterschieden werden: Einerseits bilden die Prädispositionen und das Verhalten der Konsumenten einen Variablenkomplex, der durch absatzpolitische Maßnahmen beeinflusst werden kann. Diese Maßnahmen stellen aus Sicht der Konsumenten einen äußeren Stimulus dar. Andererseits bestimmt das außengerichtete Kauf-, Nutzungs- sowie Kommunikationsverhalten der Konsumenten - deren Response - maßgeblich den Erreichungsgrad absatzpolitischer Zielsetzungen im Rahmen der Online-Distribution.

Zwischen Stimulus und Response besteht allerdings kein direkter, mechanistischen Regeln unterworfener Wirkungszusammenhang. Dem Gedankengut des neo-behavioristischen **S-O-R-Paradigma** folgend, laufen in der menschlichen Psyche vielmehr komplexe, nicht-beobachtbare Wahrnehmungs-, Motivations- sowie Lernvorgänge ab, die dazu führen können, dass ein gleichartiger Stimulus mit interindividuell unterschiedlichen Verhaltensmustern verbunden ist.[174] Die Erhellung dieser in der Psyche der Konsumenten wirksamen intervenierenden Prozesse und Zustände ist Kern der konsumentenorientierten Distributionsanalyse.[175]

Eine im Zusammenhang mit der Online-Distribution häufig genannte intervenierende Variable ist die **Akzeptanz** der Konsumenten.[176] Mit diesem verhaltenswissenschaftlichen Konstrukt wird in diesem Kontext eine Annahme bzw. Ablehnung des E-Commerce durch ein Individuum zum Ausdruck gebracht.[177] Neben der Online-Akzeptanz sind in der kausalen Wirkungskette zwischen Stimulus und Response jedoch noch weitere intervenierende

---

[174] Im Gegensatz dazu stellen behavioristische Erklärungsansätze nur auf beobachtbare und messbare Variablen des Käuferverhaltens ab. Vertreter dieser so genannten S-R-Modelle behaupten, dass psychische Prozesse des Konsumenten nicht beobachtbar sind und daher nicht Gegenstand der Untersuchungen sein sollten. Vgl. Meffert (2000), S. 99.
[175] Vgl. ähnlich Ahlert (1996), S. 74.
[176] Vgl. u. a. Bliemel/Fassott/Theobald (2000), S. 2; Busch/Schmidt (2000), S. 11; Heise (1996), S. 153; Link (2000), S. 14 und S. 19; Loos (1998), S. 45; Preißl/Haas (1999), S. 39; Rengelshausen (2000), S. 17.
[177] Dies stellt eine stark vereinfachte Auslegung des Akzeptanzbegriffes dar, ist aber an dieser Stelle für das Verständnis der nachfolgenden Ausführungen ausreichend. Eine detaillierte terminologische Diskussion des Akzeptanzbegriffes erfolgt in Kapitel 6.

Variablen wirksam, die - je nachdem ob sie dem Akzeptanzkonstrukt gedanklich eher vor- oder nachgelagert sind - als Determinanten bzw. Konsequenzen der Online-Akzeptanz bezeichnet werden können.

Die **Determinanten** der Online-Akzeptanz repräsentieren ein System verschiedener Schlüsselvariablen, welche einen möglichst hohen Beitrag zur Erklärung des Akzeptanzphänomens leisten, aber gleichzeitig auch Stellgrößen darstellen, die beispielsweise durch das absatzpolitische Instrumentarium eines Unternehmens systematisch beeinflusst werden können. Das von den Determinanten bestimmte **Ausmaß** der Online-Akzeptanz steht jedoch nur in einer indirekten Beziehung zu den wirtschaftlichen Zielsetzungen, die mit den absatzpolitischen Maßnahmen verfolgt werden; denn eine hohe Akzeptanz des E-Commerce durch die Konsumenten bildet an sich noch keinen ökonomischen Wert für das Distributionssubjekt, sondern muss sich dafür in einem erfolgsrelevanten Verhalten des Konsumenten niederschlagen. Folglich sind auch **Konsequenzen** der Online-Akzeptanz zu berücksichtigen, um die zwischen Stimulus und Response bestehende Hierarchie intervenierender Effekte zu vervollständigen. Diese grundlegenden Wirkungszusammenhänge werden in Abb. 7 nochmals schematisch verdeutlicht.

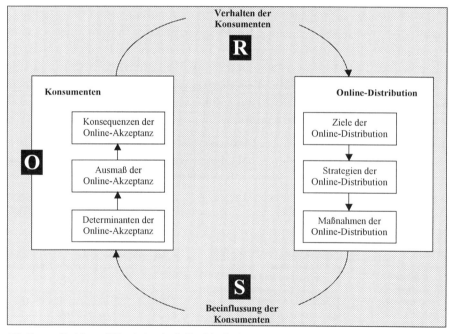

Abb. 7: Beziehungsfeld zwischen der Online-Distribution und den Konsumentenerwartungen bzw. -reaktionen
Quelle: Eigene Erstellung

Im Folgenden gilt es im Rahmen einer **Bestandsaufnahme** zu erörtern, welche Erkenntnisse zum Ausmaß der Online-Akzeptanz sowie zu deren Konsequenzen bzw. Determinanten bereits vorliegen. Der Fokus soll dabei auf einer Diskussion empirisch fundierter Ergebnisse liegen. Hinsichtlich der dazu vorliegenden Studien müssen allerdings bereits an dieser Stelle folgende Punkte einschränkend angemerkt werden: Bei der weitaus überwiegenden Zahl an Veröffentlichungen zu diesem Themenkomplex handelt es sich um kommerzielle Studien von Beratungsunternehmen bzw. Marktforschungsinstituten, die in ihrer Vorgehensweise nur eingeschränkt wissenschaftlichen Ansprüchen genügen. Weiterhin nehmen die wenigen Arbeiten aus dem akademischen Umfeld keinen expliziten Bezug auf das Phänomen der Online-Akzeptanz. Mit Begrifflichkeiten - wie z. B. Bereitschaft oder Einstellung zur Nutzung des E-Commerce - werden allerdings ähnliche Sachverhalte beschrieben, so dass eine vorbehaltliche Übertragung der entsprechenden Erkenntnisse auf den hier betrachteten Untersuchungskontext opportun erscheint. Schließlich beziehen sich die vorliegenden wissenschaftlichen Arbeiten überwiegend auf den Konsumgüterbereich und nicht auf den automobilen Sektor.

3.3.2 Bestandsaufnahme der bisherigen empirischen Erkenntnisse zur konsumentenorientierten Akzeptanz der Online-Distribution

3.3.2.1 Ausmaß der Online-Akzeptanz

Bei der Frage nach dem **Ausmaß** der Online-Akzeptanz ist - gewissermaßen als Grundvoraussetzung - zunächst von Interesse, wie viele Konsumenten Online-Medien überhaupt nutzen bzw. einen Zugang zu diesen besitzen. Hierzu liefert die im Frühjahr 2000 durchgeführte fünfte Erhebungswelle des *GfK-Online-Monitors* auf Basis einer großzahligen telefonischen Befragung folgende Ergebnisse für die deutsche Gesamtbevölkerung:[178] Von den etwa 8.000 Befragten im Alter zwischen 15 und 69 Jahren gaben 45,7 % an, einen Zugang zum Internet zu haben, ohne dies jedoch unbedingt aktiv zu nutzen. Dies entspricht hochgerechnet für die deutsche Grundgesamtheit der 15- bis 69-Jährigen etwa 24 Millionen Personen. Zu den tatsächlichen Nutzern von Online-Medien zählen indessen nur 29,9 % oder etwa 16 Millionen Personen der Grundgesamtheit. Damit ergibt sich für die Internet-Nutzerschaft gegenüber der vierten Erhebungswelle im Herbst 1999 eine enorme Zuwachsrate von mehr als 50 % innerhalb eines halben Jahres.

---

[178] Vgl. G+J Electronic Media Service (Hrsg.) (2000a), S. 9 ff.

Mit dieser zunehmenden Verbreitung des Internets in der Gesamtbevölkerung nähert sich die Nutzerschaft zumindest nach den **soziodemographischen** Strukturen immer stärker der Gesamtbevölkerung an. So zeigen die Ergebnisse des *GfK-Online-Monitors*, dass beispielsweise der Anteil der Frauen, die das Internet nutzen, innerhalb eines Jahres von 31 % auf 39 % stieg. Generell indizieren die Ergebnisse von Konsumentenbefragungen zur Nutzerschaft von Online-Medien jedoch, dass die Gruppe der Internet-Nutzer nach wie vor bei jüngeren Personen sowie bei Personen mit hohem Einkommen bzw. Bildungsabschluss überproportional vertreten ist.[179]

Neben der Anzahl der Internetnutzer sowie deren soziodemographischer Merkmalstruktur interessiert im Zusammenhang mit der Akzeptanz des E-Commerce auch, wie viele Konsumenten das Internet speziell für **kommerzielle Zwecke** genutzt haben. Auch hierzu liefert der *GfK-Online-Monitor* einige Einblicke:[180] So gaben etwa 11 % der Befragten an, dass sie innerhalb der zurückliegenden zwölf Monate Produkte im Internet gekauft haben. Auf den Spitzenplätzen der hochgerechnet etwa sechs Millionen Online-Shopper rangiert erwartungsgemäß der internetgestützte Kauf von Büchern, Software sowie CDs. Einen noch größeren Nutzerkreis erreichen hingegen kommerzielle Dienstleistungen im Internet, wie z. B. Online-Auktionen oder Reisebuchungen. So haben fast zwei Drittel der aktuellen Internet-Nutzerschaft - was etwa zehn Millionen Personen der Grundgesamtheit entspricht - eine entsprechende Online-Dienstleistung genutzt.

Ausgehend von diesen Angaben über den Anteil der Online-Nutzer bzw. -Shopper an der Gesamtbevölkerung können jedoch nur bedingt Rückschlüsse auf das Ausmaß der Nutzung von Online-Medien im Rahmen des Neuwagenkaufs getroffen werden. Hierüber müssen empirische Arbeiten mit einem entsprechenden **Branchenbezug** genauere Auskunft geben. Diesbezüglich liegen dem Verfasser nur drei ausreichend dokumentierte Studien vor, die in Tab. 2 hinsichtlich ihres Forschungsdesigns sowie zentraler Befunde charakterisiert sind: Die Befragung '*Automarkt Internet 00/01*', die gemeinsam von *Symposion Publishing* und dem *Autohaus Verlag* durchgeführt wurde, die Erhebung '*Cars Online 2000*' der Beratungsgruppe *Cap Gemini Ernst & Young* sowie die Studie von *Meinig/Mallad*.[181]

---

[179] Vgl. Burda Medien-Forschung (Hrsg.) (1998), S. 41; G+J Electronic Media Service (Hrsg.) (2000a), S. 10; Zimmer (1998), S. 510.
[180] Vgl. G+J Electronic Media Service (Hrsg.) (2000a), S. 8 ff.
[181] Vgl. Cap Gemini Ernst & Young (Hrsg.) (2000); Meinig/Mallad (2001); Symposion Publishing/Autohaus Verlag (Hrsg.) (2000). Neben diesen drei Studien existieren noch eine Reihe weiterer automobilbezogener Befragungen. Vgl. u. a. Autohaus-Online (2001b); Autohaus-Online (2001c); Autohaus-Online (2001d); Forrester (Hrsg.) (2001); Meunzel (1999), S. 30 ff. Diese liegen dem Verfasser jedoch nur in einer unzureichend dokumentierten Form vor, so dass auf eine Vorstellung der entsprechenden Ergebnisse an dieser Stelle verzichtet werden muss.

Konzeptionelle Grundlagen

Studie bzw. Herausgeber	Forschungs- design	Zentrale Befunde				
Cars Online 2000 Cap Gemini Ernst & Young (Hrsg.) (2000)	• Datenerhebung: Telefonische Befragung • Datenbasis: Neuwagenkäufer in USA und sieben europäischen Ländern (n = ca. 7.000) • Datenauswertung: Univariate Auswertungen		"Internet noch nie genutzt"	"Internet ge- nutzt, aber keine Auto- seiten"	"Automobil- seiten genutzt"	"Auto über das Internet gekauft"
		USA	34 %	42 %	22 %	2 %
		D	55 %	24 %	22 %	1 %
		F	73 %	19 %	8 %	0 %
		UK	49 %	36 %	15 %	0 %
		S	30 %	30 %	30 %	8 %
		NL	34 %	36 %	30 %	1 %
		I	60 %	27 %	11 %	1 %
		B	60 %	15 %	24 %	1 %

Automarkt Internet 00/01
 	
Symposium Publishing/ Autohaus Verlag (Hrsg.) (2000)
	• Datenerhebung: Online-gestützte Befragung
	• Datenbasis: Internetnutzer von 26 Websites mit automobilrele- vantem Inhalt (n = 12.352)
	• Datenauswertung: Univariate Auswertungen
		• Der Nutzer von Websites mit automobilrelevantem Inhalt ist:
		  − überwiegend männlich (88,6 %),
		  − im Durchschnitt 35 Jahre alt,
		  − überwiegend berufstätig (84,7 %)
		  − und verfügt über ein durchschnittliches Haushalts-Nettoeinkommen von 5.400 DM.
		• Im Internet genutzte Leistungen für die Anschaffung des aktuellen Pkws:
		  − Informationen über Preise (14,4 %)
		  − Informationen über Ausstattungsvarianten (10,4 %)
		  − Kontaktaufnahme mit dem Verkäufer (2,6 %)
		  − Informationen zur Finanzierung des Kaufs (2,2 %)
		  − Pkw direkt im Internet gekauft (0,7 %)
					• Besonders wichtige Informationsquellen bei der Anschaffung des aktuellen Pkws:
					  − Berichte und Tests in Auto- zeitschriften (59,2 %)
					  − Internet-Websites von Automobilherstellern (45,3 %)
					  − Gespräche mit Automobil- händlern (36,9 %)	

Meinig/ Mallad (2001)	• Datenerhebung: Schriftlich- postalische Befragung
	• Datenbasis: Autofahrer in Deutschland (n = 2.220)
	• Datenauswertung: Univariate Auswertungen
		• Mittelwerte bezüglich der Wichtigkeit einzelner E- Commerce-Leistungen beim Neuwagenkauf auf einer Skala von 1 (= sehr unwichtig) bis 5 (= sehr wichtig):
		  − Zusammenstellung des Neuwagens nach eigenen Wünschen mit Hilfe des Computersystems: 3,7
		  − Bereitstellung von Informationen über Fahrzeugangebote, Preise und Serviceleistungen im Internet: 3,6
		  − Vereinbarung von Serviceterminen online per Internet-Formular: 3,1
		  − Kontaktaufnahme mit Händler per E-Mail: 3,0
					• Weitere zentrale Befunde:
					  − Wichtigkeit der einzelnen E- Commerce-Leistungen beim Neuwagenkauf sinkt mit zunehmendem Alter
					  − Wichtigkeit der einzelnen E- Commerce-Leistungen ist bei Frauen etwas niedriger als bei Männern	

Tab. 2: Charakteristika empirischer Arbeiten zum Ausmaß der Online-Akzeptanz in der Automobilwirt- schaft
Quelle: Eigene Erstellung

Im Rahmen der Studie '*Automarkt Internet*' wurden mehr als 12.300 Nutzer von Websites mit automobilrelevantem Inhalt zu verschiedenen Aspekten des Fahrzeugkaufs per Online-

Fragebogen befragt. Als wesentliche Erkenntnisse dieser Studie können folgende Resultate hervorgehoben werden:

- Die Nutzer von automobilrelevanten Websites repräsentieren eine überdurchschnittlich attraktive Zielgruppe für Automobilhersteller und -händler. Sie sind im Vergleich zur Gesamtbevölkerung höherwertiger motorisiert und legen überdurchschnittlich viele Kilometer mit ihrem Pkw zurück.[182]

- Etwa 20 % der befragten Internetnutzer gaben an, das Internet bereits bei der Anschaffung ihres aktuellen Fahrzeugs genutzt zu haben. Besonders intensiv wurde dabei von der Möglichkeit, Informationen über Fahrzeugpreise sowie Ausstattungsvarianten einzuholen, Gebrauch gemacht. Dagegen haben nur 0,7 % der Befragten nach eigenen Angaben ihr Fahrzeug direkt im Internet gekauft.[183]

- Das Internet wird auch gegenüber anderen Informationsquellen bevorzugt genutzt. Während lediglich 36,9 % der Internetnutzer Verkaufsgespräche mit Autohändlern als wichtige Quelle kaufrelevanter Informationen einstuften, belief sich der entsprechende Wert für das Informationsangebot der Internet-Websites von Automobilherstellern auf 45,3 %.[184]

- 38,3 % stimmten voll der Frage zu, ob sie sich zukünftig vorstellen können, einen Neuwagen über das Internet zu kaufen. Eine noch höhere Bereitschaft zum Online-Kauf äußerten die Befragten, wenn ihnen dafür ein entsprechender Preisvorteil in Aussicht gestellt wird (61,7 %).[185]

Insgesamt betrachtet indizieren diese Ergebnisse einen recht hohen Stellenwert der Online-Distribution bei dem befragten Personenkreis. Da es sich jedoch dabei um eine selbstselektierte Gruppe von Internetnutzern handelt, unterliegen die Resultate der Studie '*Automarkt Internet*' systematischen Stichprobenverzerrungen und können daher nur begrenzt generalisiert werden.[186] Vor diesem Hintergrund versprechen die Befragung von *Meinig/Mallad* und die Studie '*CarsOnline*' höhere qualitative Reichweiten. Bei der letztgenannten Untersuchung handelt es sich um eine internationale Erhebung, bei der mehr als 7.000 Konsumenten in Europa sowie in den USA zu verschiedenen Aspekten des Neuwagenkaufs telefonisch befragt wurden. Die Aufteilung des Gesamtsamples erfolgte dabei auf Basis einer Frage nach dem bisherigen Nutzungsverhalten von Online-Medien, wobei den Probanden vier unterschiedliche

---

[182] Vgl. Symposium Publishing/Autohaus Verlag (Hrsg.) (2000), S. 17.
[183] Vgl. Symposium Publishing/Autohaus Verlag (Hrsg.) (2000), S. 17 und S. 65.
[184] Vgl. Symposium Publishing/Autohaus Verlag (Hrsg.) (2000), S. 71.
[185] Vgl. Symposium Publishing/Autohaus Verlag (Hrsg.) (2000), S. 101.
[186] Zu diesem sowie weiteren Problemen online-gestützter Befragungstechniken vgl. Bronhold (1998), S. 40 f.; Landner (1998), S. 63 ff.

Antwortkategorien zur Verfügung standen. Diesbezüglich ergaben sich für Deutschland folgende Ergebnisse:[187]

- 55 % der Befragten gaben an, das Internet nicht zu nutzen. Damit werden die Werte aus dem *GfK-Online-Monitor* für den Anteil der Gesamtbevölkerung, der keinen Zugang zum Internet besitzt, nahezu exakt reproduziert.

- 24 % der Befragten nutzen zwar das Internet, haben aber dabei bisher noch keine Websites mit automobilrelevanten Inhalten angesteuert.

- 22 % der Befragten sind Internetnutzer und haben auch bereits automobilbezogene Websites genutzt.

- Lediglich 0,7 % der Befragten gaben an, ihr Fahrzeug tatsächlich über das Internet gekauft zu haben. Dieser Anteil entspricht dem Wert aus der Studie *'Automarkt Internet 00/01'*.

- Somit kann davon ausgegangen werden, dass in etwa jeder fünfte Konsument das Internet im Rahmen des Neuwagenkaufs zumindest für informative Zwecke nutzt. Eine vollständige Abwicklung des Neuwagenkaufs über Online-Medien spielt indessen in der Praxis noch keine bedeutende Rolle.

Mit diesen zentralen Ergebnissen von *CarsOnline* liegen zwar erste Anhaltspunkte für eine Beurteilung des Ausmaßes der Online-Akzeptanz in der Automobilwirtschaft vor. Aber auch deren Aussagekraft sowie Generalisierbarkeit wird durch konzeptionelle Schwächen - die in ähnlicher Form auch auf die Studie *'Automarkt Internet'* zutreffen - geschmälert. Ein wesentlicher Kritikpunkt richtet sich gegen die Auswahl der im Mittelpunkt stehenden Erkenntnisgröße. Mit der Variablen 'Internetnutzung' wird lediglich ein diskret ausgeprägtes Verhalten von Konsumenten erfasst. Differenzierte Aussagen über intensitätsmäßige Zwischenstufen einer faktischen oder womöglich prospektiven Internetnutzung können damit nicht getroffen werden. Auch die denkbaren Bezugsobjekte der Internetnutzung - z. B. in Form verschiedener distributiver Leistungen entlang des Kaufprozesses - erscheinen nicht in ausreichendem Maße ausdifferenziert. Diese Defizite werden im Rahmen der Befragung von *Meinig/Mallad* adressiert, wobei insbesondere folgende Ergebnisse erwähnenswert erscheinen:[188]

- Die höchste Wichtigkeit messen die befragten Autofahrer informationsbezogenen E-Commerce-Leistungen beim Neuwagenkauf, wie z. B. der online-gestützten Konfiguration des gewünschten Fahrzeugs, zu.

---

[187] Hier sei angemerkt, dass sich die einzelnen Anteile der vier Gruppen nicht zu 100 % addieren. Diese Abweichung liegt vermutlich in Rundungsfehlern begründet.
[188] Vgl. Meinig/Mallad (2001), S. 160 ff.

- Dagegen erreichen E-Commerce-Leistungen, die eher der Anbahnungs- und After-Sales-Phase zuzurechnen sind, lediglich mittlere Werte.
- Über alle berücksichtigten Leistungsmerkmale hinweg zeigt sich, dass die Wichtigkeit des E-Commerce-Angebots beim Neuwagenkauf mit zunehmendem Alter der Befragten sinkt und von Frauen etwas niedriger als von Männern bewertet wird.

In methodischer Hinsicht muss allerdings bemängelt werden, dass die von *Meinig/Mallad* getroffenen Aussagen lediglich auf univariaten Auswertungen basieren und nicht durch entsprechende Tests inferenzstatistisch abgesichert wurden. Zudem erfolgte keine Validierung der verwendeten Skalen unter Zuhilfenahme leistungsfähiger Methoden der statistischen Datenanalyse.[189]

3.3.2.2 Konsequenzen der Online-Akzeptanz

Im Rahmen einer Analyse der **Konsequenzen** der Online-Akzeptanz geht es im Kern um die Frage, inwiefern eine kommerzielle Nutzung des E-Commerce durch die Konsumenten eine Wirkung auf nachgelagerte Variablen ausübt, die in einem engen Zusammenhang mit den absatzpolitischen Zielsetzungen des betreffenden Unternehmens stehen. Folglich wird hier die nutzungsbezogene Online-Akzeptanz als exogene Größe interpretiert, die es im Hinblick auf ihren Beitrag zur Erklärung endogener Konsequenzen zu prüfen gilt.

Nach Durchsicht der entsprechenden Literatur ist zu konstatieren, dass bislang erst drei verhaltenswissenschaftliche Studien erschienen sind, die ein derartiges Forschungsanliegen zumindest ansatzweise verfolgen. Die entsprechenden Arbeiten sind hinsichtlich ihres Forschungsdesigns sowie zentraler Untersuchungsergebnisse in der nachfolgenden Tab. 3 kurz charakterisiert. Daraus wird ersichtlich, dass bei allen aufgeführten Studien **preisbezogene** Aspekte als endogene Modellgrößen fungieren. Dahinter steht die Überlegung, wonach die zeitlich und räumlich nahezu unbegrenzte Verfügbarkeit von Informationen im Internet zu niedrigeren Suchkosten auf Seiten der Konsumenten führen können. Sinken die Kosten für die Beschaffung und Verarbeitung preisbezogener Informationen, erscheint es weiterhin plausibel, dass die Preiselastizität der Nachfrage - wie dies auch generell bei preisfokussierten Werbemaßnahmen der Fall ist - ceteris paribus steigt.[190] Gleichzeitig weisen Autoren darauf hin, dass bei einer Nutzung von Online-Medien ebenfalls eine verbesserte Verfügbarkeit

---

[189] Diese Kritikpunkte treffen auch auf die Studien von Cap Gemini Ernst & Young (Hrsg.) (2000) und Symposium Publishing/Autohaus Verlag (Hrsg.) (2000) zu.

[190] Zum Zusammenhang zwischen Preiselastizität und preisbezogener Werbemaßnahmen vgl. u. a. Boulding/Lee/Staelin (1994), S. 159 ff.; Popkowski-Leszczyc/Rao (1990), S. 149 ff.

nichtpreislicher, qualitätsbezogener Informationen gegeben ist.[191] Als Folge davon ist analog zum Effekt differenzierender Werbemaßnahmen eine sinkende Preiselastizität der Konsumenten zu erwarten.[192] Somit bleiben die preisbezogenen Konsequenzen des E-Commerce auf Basis dieser theoretischen Überlegungen insgesamt gesehen unbestimmt.

Auch die dazu vorliegenden **empirischen Ergebnisse** aus den drei identifizierten Studien lassen keine allgemein gültigen Schlüsse zu: Während *Degeratu/Rangaswamy/Wu* bei Konsumenten, die ihre Lebensmittel über das Internet kaufen, eine im Vergleich zur traditionellen Kundschaft generell höhere Preissensitivität feststellen konnten,[193] indizieren die differenzierteren Resultate von *Lynch/Ariely*, dass dies nur bei einem durch das Internet ursächlich erleichterten Vergleich der Leistungen alternativer Internetanbieter zutrifft. Dagegen wird eine Reduktion der Suchkosten für Preisinformationen sowie qualitätsbezogene Informationen - so die Ergebnisse bei *Lynch/Ariely* - mit keinem bzw. einem negativen Effekt auf die Preiselastizität verbunden sein.[194] Schließlich kommen *Shankar/Rangaswamy/Pusateri* zu dem Schluss, dass die Nutzung des Internets keinen Einfluss auf die Wichtigkeit des Preises im Rahmen der Kaufentscheidung ausübt, wohingegen der zweite Indikator der Preissensitivität - die positive Einstellung zur Preissuche - bei Online-Shoppern signifikant höher ist.[195]

Eine abschließende Bewertung dieser zum Teil widersprüchlichen Resultate zu den preisbezogenen Konsequenzen des E-Commerce kann und soll an dieser Stelle nicht vorgenommen werden. Weitaus wichtiger für den Erkenntnisfortschritt der eigenen Untersuchung erscheint hier vielmehr die Anmerkung, dass preisbezogene Aspekte zwar einen relevanten, aber dennoch sehr speziellen Ausschnitt aus dem Spektrum denkbarer Konsequenzen der Online-Distribution abdecken. Diese Einschränkung trifft auf umsatz- bzw. **absatzbezogene** Konsequenzen sicherlich in geringerem Maße zu. Hierzu liefern die vorliegenden Studien jedoch noch weniger Anhaltspunkte; allein in der Arbeit von *Lynch/Ariely* wird der Effekt des E-Commerce auf die Kaufabsicht untersucht. Diesbezüglich zeigte sich, dass Probanden, die im Rahmen des Experiments einer höheren Informationstransparenz bei der Nutzung des E-Commerce ausgesetzt waren, eine signifikant ausgeprägtere Bereitschaft aufwiesen, die angebotenen Produkte auch nach Abschluss des Experiments weiterhin über das Internet zu erwerben.[196]

---

[191] Vgl. u. a. Alba/Lynch/Weitz/Janiszewski/Lutz/Sawyer/Wood (1997), S. 39 ff.; Bakos (1997), S. 1677 ff.; Hoffmann/Novak/Chatterjee (2000), S. 4.
[192] Zum Zusammenhang zwischen Preiselastizität und differenzierender Werbemaßnahmen vgl. u. a. Mitra/Lynch (1995), S. 645 ff.
[193] Vgl. Degeratu/Rangaswamy/Wu (1998), S. 21 ff.
[194] Vgl. Lynch/Ariely (2000), S. 92 f.
[195] Vgl. Shankar/Rangaswamy/Pusateri (1999), S. 22 ff.
[196] Vgl. Lynch/Ariely (2000), S. 98.

Autoren	Forschungs-design	Exogene Modellgrößen	Endogene Modellgrößen	Zentrale Befunde

Degeratu/ Rangaswamy/ Wu (1998)	• Datenerhebung: Schriftliche Befragung bzw. Paneldaten
	• Datenbasis:
	  – Käufer von Lebensmitteln über einen Online-Supermarkt ($n_1 = 300$)
	  – Käufer von Lebensmitteln im stationären Supermarkt ($n_2 = 1.039$)
	• Datenauswertung: Binomiales Probit- bzw. Logitmodell
	• Untersuchungskontext: Kauf von Gütern des täglichen Bedarfs
		• Nutzung des Internets für den Kauf von Konsumgütern (binäre Messung)	• Preissensitivität (Messung über Preiselastizität)	• Es konnte eine höhere Preissensitivität bei Online-Shoppern festgestellt werden

Shankar/ Rangaswamy/ Pusateri (1999)	• Datenerhebung: Schriftliche sowie online-gestützte Befragung
	• Datenbasis:
	  – Offline-Bucher von Hotels ($n_1 = 306$)
	  – Online-Bucher von Hotels ($n_2 = 214$)
	• Datenauswertung: Multiple Regressionsanalyse
	• Untersuchungskontext: Buchung von Hotels
		• Nutzung des Internets für die Buchung von Hotels (binäre Messung)	• Preiswichtigkeit (Messung über eine Frage nach der relativen Bedeutung des Preises)
			• Einstellung zur Preissuche (Multiattributive Messung über 7-stufige Ratingskalen)
				• Zusammenhang zwischen Nutzung des Internets und Preiswichtigkeit nicht signifikant
				• Positiver Zusammenhang zwischen Nutzung des Internets und Einstellung zur Preissuche über das Internet signifikant im 5 %-Intervall

Lynch/Ariely (2000)	• Datenerhebung: Laborexperiment mit online-gestützter Datensammlung • Datenbasis: Studenten einer Universität ($n = 72$) • Datenauswertung: Varianzanalyse • Untersuchungskontext: Kauf von Weinsorten	• Experimentelle Variation der Suchkosten im Internet für: 1. Preisinformationen 2. Qualitätsbezogene Informationen 3. Vergleiche zwischen zwei unterschiedlichen Online-Anbietern	• Preissensitivität (Messung über Preiselastizität)	• Reduktion der Suchkosten für Preisinformationen (1.) übt keinen signifikanten Effekt auf Preissensitivität aus • Reduktion der Suchkosten für qualitätsbezogene Informationen (2.) reduziert Preissensitivität • Reduktion der Suchkosten für Anbietervergleiche (3.) erhöht Preissensitivität • Reduktion aller drei Kategorien von Suchkosten führt zu einer erhöhten Kaufwahrscheinlichkeit

Tab. 3: Charakteristika empirischer Arbeiten zu den Konsequenzen der Online-Akzeptanz
Quelle: Eigene Erstellung

Auch wenn mit diesem Ergebnis von *Lynch/Ariely* erste Hinweise dafür vorliegen, dass ein adäquat gestaltetes Internetangebot durchaus zu einer Steigerung der Kaufbereitschaft von Konsumenten beitragen kann, muss dennoch konstatiert werden, dass vor allem die umsatz- bzw. absatzbezogenen Konsequenzen des E-Commerce ein noch weitgehend unbearbeitetes Themengebiet darstellen. Die Widersprüchlichkeit der bisherigen Erkenntnisse zu den preisbezogenen Konsequenzen und die dadurch indizierte Komplexität des Problemfeldes deuten jedoch darauf hin, dass diese Forschungslücke im Rahmen der vorliegenden Arbeit sicherlich nicht vollständig geschlossen werden kann. Die Vielschichtigkeit möglicher Ursache-Wirkungs-Beziehungen im Rahmen der Kaufentscheidung sowie der darauf wirkende Einfluss situativer Kontextfaktoren erfordern vielmehr eine Beschränkung der eigenen Analyse auf wenige, als zentral erachtete Konsequenzen der Online-Distribution, die in Kapitel 6 erarbeitet und analysiert werden.

3.3.2.3 Determinanten der Online-Akzeptanz

Im Gegensatz zu den im vorangegangenen Abschnitt berücksichtigten Studien wird im Rahmen einer Analyse der **Determinanten** der Online-Akzeptanz das Akzeptanzphänomen nicht als exogene, sondern als endogene Modellvariable aufgefasst, die es durch ein geeignetes Determinantensystem möglichst vollständig zu erklären gilt. Die Sichtung der relevanten Marketingliteratur zeigte, dass bislang erst vier empirische Studien existieren, die ein solches Forschungsanliegen verfolgen. Diesen in nachfolgender Tab. 4 charakterisierten Arbeiten gemeinsam ist die Orientierung am neo-behavioristischen S-O-R-Paradigma, d. h. die Akzeptanz des E-Commerce wird als Funktion von subjektiv wahrgenommenen Stimuli und intervenierenden psychischen Vorgängen aufgefasst. Trotz dieser konzeptionellen Übereinstimmung können bei näherer Betrachtung der im Einzelnen gewählten Modellansätze dennoch substantielle Unterschiede in Bezug auf die Modellierung der berücksichtigten endogenen sowie Art bzw. Anzahl der exogenen Größen festgestellt werden.

In zwei der vier Studien wird die **endogene** Modellvariable als beobachtbare Verhaltensgröße aufgefasst. Ihre Operationalisierung erfolgt sowohl bei *Bauer/Fischer/Sauer* als auch bei *Vellido/Lisboa/Meehan* über eine binär skalierte Frage danach, ob die Probanden in der Vergangenheit Produkte bzw. Dienstleistungen über das Internet gekauft haben.[197] Als Antwortmöglichkeiten stehen nur zwei Kategorien (Ja/Nein) zur Verfügung; intensitätsmäßige Zwischenstufen werden somit nicht zugelassen. Eine etwas differenziertere Erfassung findet sich dagegen bei *Balabanis/Vassileiou* sowie *Jarvenpaa/Todd*. In diesen Arbeiten wird die endogene Variable als eine latente, einstellungsbezogene Größe modelliert und jeweils über eine Frage nach der Absicht zum internetgestützten Kauf von Produkten auf Basis einer mehrstufigen Ratingskala gemessen. Zudem berücksichtigen die letztgenannten Autoren die Einstellung der Probanden zum Kauf von Produkten über das Internet als weitere endogene Größe.[198]

---

[197] Vgl. Bauer/Fischer/Sauer (2000), S. 1144; Vellido/Lisboa/Meehan (2000), S. 87.
[198] Vgl. Balabanis/Vassileiou (1999), S. 371; Jarvenpaa/Todd (1997), S. 146.

Autoren	Forschungs-design	Endogene Modellgrößen	Exogene Modellgrößen		Weitere Befunde/ Anmerkungen
Balabanis/ Vassileiou (1999)	• Datenerhebung: Schriftliche Befragung • Datenbasis: Studenten (n = 102) • Datenauswertung: Multiple Regressionsanalyse • Untersuchungskontext: Kauf von Textilien	• Absicht zum Kauf von Produkten über die Website von zwei Anbietern mit unterschiedlichen Markenstärken (Messung jeweils über 7-stufige Rating-Skala)	1. Produktinvolvement (-) *** 2. Bisherige Erfahrung mit traditionellen Formen des Distanzhandels (+) *** 3. Einstellung gegenüber der Website des Anbieters (+) ***	4. Einstellung gegenüber der Marke des Anbieters (+) n. s. 5. Bisherige Erfahrung mit den Produkten des Anbieters (+) ***	• Erklärter Varianzanteil (R^2) für die Modelle der beiden Anbieter 30,2 % bzw. 38,5 % • Einfluss soziodemographischer Variablen nicht signifikant • Nebenstehende Signifikanzniveaus für Anbieter mit geringer Markenstärke angegeben
Bauer/ Fischer/ Sauer (2000)	• Datenerhebung: Schriftliche Befragung • Datenbasis: Studenten (n = 316) • Datenanalyse: Binomiales Probit- bzw. Logitmodell • Untersuchungskontext: Kauf von Konsumgütern	• Tatsächliche Nutzung des Internets zum Kauf von Produkten (Messung über binäre Skala)	1. Schwierigkeit des Technologiezugangs (-) n. s. 2. Intensität der PC-Nutzung (+) ** 3. Intensität der Internetnutzung (+) n. s. 4. Bisherige Erfahrung im Umgang mit dem Internet (+) *	5. Finanzielles Kaufrisiko (-) n. s. 6. Informationsrisiko (-) n. s. 7. Aktivierung (+) ** 8. Alter (+) n. s. 9. Anteil Männer (+) **	• McFadden's R^2 = 0,15 (Pseudomaß für R^2) spricht für unbefriedigende Varianzerklärung • Nebenstehende Signifikanzniveaus sind für binomiales Probitmodell angegeben
Jarvenpaa/ Todd (1997)	• Datenerhebung: Feldexperiment mit schriftlicher Befragung • Datenbasis: Haushalte in den USA (n = 220) • Datenauswertung: Multiple Regressionsanalyse • Untersuchungskontext: Kauf von Konsumgütern	• Einstellung zum Kauf über das Internet (Messung über Ratingskalen) • Absicht zum Kauf über das Internet innerhalb der nächsten sechs Monate (Messung über Ratingskalen)	1. Preis-/Leistungsverhältnis der angebotenen Waren (+) *** 2. Einkaufserlebnis (+) **	3. Kundenservice (+) n. s. 4. Wahrgenommenes Kaufrisiko (-) ***	• Erklärter Varianzanteil (R^2) für Einstellungsmodell 48 % bzw. für Modell der Kaufabsicht 34 % • Berücksichtigung soziodemographischer Variablen erhöhen R^2 nur um 5 Prozentpunkte • Nebenstehende Signifikanzniveaus für Einstellungsmodell angegeben
Vellido/ Lisboa/ Meehan (2000)	• Datenerhebung: Online-Befragung • Datenbasis: 9th GVU WWW User Survey • Datenauswertung: Diskriminanzanalyse und neuronale Netze • Untersuchungskontext: Kauf von Konsumgütern	• Tatsächliche Nutzung des Internets zum Kauf von Produkten (Messung über binäre Skala)	1. Wahrgenommenes Kaufrisiko (-) *** 2. Einkaufserlebnis (+) *** 3. Kosten des Internetzugangs (-) ***	4. Kundenservice (+) *** 5. Bequemlichkeit (+) ***	• Erklärter Varianzanteil nicht dokumentiert • Einfluss soziodemographischer Variablen nicht signifikant

Tab. 4: Charakteristika empirischer Arbeiten zu den Determinanten der Online-Akzeptanz
Anmerkungen: (+)/(-): Hypothetisch unterstellte Wirkungsrichtung der exogenen auf die endogene(n) Modellvariable(n)
*: Signifikant im 10 %-Intervall
**: Signifikant im 5 %-Intervall
***: Signifikant im 1 %-Intervall
n. s.: Nicht signifikant
Quelle: Eigene Erstellung

Vor diesem Hintergrund können folgende **Defizite** kritisch aufgezeigt werden: Erstens wird in den vorliegenden Arbeiten die endogene Modellgröße entweder als verhaltens- oder einstellungsbezogenes Konstrukt aufgefasst. Ein umfassender Modellansatz, der beide Betrachtungsweisen in ein Gesamtmodell integriert, liegt bislang noch nicht vor. Zweitens beziehen sich die jeweils zu Grunde gelegten Items nur auf den eigentlichen Kaufakt im Internet. Der Transaktionsphase vor- bzw. nachgelagerte Leistungen, wie sie in Abschnitt 3.1 aufgezeigt wurden, bleiben hingegen unberücksichtigt. Ein Grund für diese vereinfachte Konzeptualisierung der endogenen Variable mag darin liegen, dass in den betrachteten Studien vorwiegend Konsumgüter betrachtet werden, die in der Regel im Rahmen impulsiver oder habitueller Kaufvorgänge erworben werden.[199] Während für diese Kaufentscheidungstypen eine Beschränkung auf die Transaktionsphase als angemessen erscheint, bedarf es zur Abbildung extensiver Kaufentscheidungsprozesse, die im Brennpunkt der vorliegenden Arbeit stehen,[200] einer umfassenderen Konzeptualisierung des zu erklärenden Phänomens.

Als **exogene** Modellgrößen fungieren in den vorliegenden Arbeiten verschiedene Schlüsselvariablen der Konsumentenverhaltensforschung. Dabei lassen sich grob zwei Kategorien differenzieren, die sich in jeder der hier betrachteten Studien wiederfinden: Die erste Variablenkategorie wird durch soziodemographische Merkmale der Probanden - wie beispielsweise Alter, Geschlecht und Einkommen - gebildet. Zur zweiten Kategorie zählen unterschiedliche latente, d. h. nicht direkt beobachtbare Konstrukte, die einen unterschiedlichen Grad kognitiver Anreicherung aufweisen.[201] Einer geringen kognitiven Kontrolle unterliegen die von *Bauer/Fischer/Sauer* berücksichtigten Konstrukte des Involvement[202] und der Aktivierung[203] bzw. das Konzept des wahrgenommenen Kaufrisikos, welches sich in drei Studien wiederfindet.[204] Mit ausgeprägteren Kognitionen verknüpft sind hingegen verschiedene einstellungsorientierte Determinanten, wie beispielsweise das wahrgenommene Einkaufserlebnis oder etwa die Bewertung der Website des betreffenden Anbieters.

Eine Beurteilung der empirischen Relevanz dieser **beiden Kategorien** exogener Modellvariablen kann anhand der dokumentierten Signifikanzmaße vorgenommen werden. Diese sprechen insgesamt gesehen für einen hohen Erklärungsbeitrag der berücksichtigten latenten

---

[199] Zu diesen sowie weiteren Typen von Kaufentscheidungen vgl. Meffert (1992), S. 39 ff.

[200] Vgl. Abschnitt 1.2.

[201] Für eine Kategorisierung hypothetischer Konstrukte der Konsumentenverhaltensforschung auf Basis des Kriteriums 'kognitive Anreicherung' vgl. Trommsdorff (1998), S. 33.

[202] Unter Involvement "... versteht man die Ich-Beteiligung bzw. gedankliches Engagement und die damit verbundene Aktivierung, mit der sich jemand einem Sachverhalt oder einer Aktivität zuwendet." Kroeber-Riel/Weinberg (1996), S. 338.

[203] Aktivierung bzw. Aktiviertheit ist "... die Intensität der physiologischen Erregung des Zentralnervensystems." Trommsdorff (1998), S. 43. Zur Aktivierung vgl. auch Kroeber-Riel/Weinberg (1996), S. 58 ff.

[204] Das auf Bauer (1960) zurückgehende Konzept des wahrgenommenen Risikos beschreibt allgemein gesprochen die nachteilig empfundenen Folgen eines Verhaltens, die vom Konsumenten nicht vorhersehbar waren.

Konstrukte, während die soziodemographischen Variablen einen überwiegend geringen, nichtsignifikanten Einfluss auf die jeweilige endogene Zielgröße ausüben.[205] Einer über den konkreten Untersuchungskontext hinausgehenden Verallgemeinerung dieses Resultats steht allerdings entgegen, dass in den Arbeiten entweder selbstselektierte Internetnutzer[206] oder aber relativ homogene, leicht zugängliche Bevölkerungsgruppen[207] - wie beispielsweise Studenten - als Erhebungseinheiten fungieren. Es ist daher zu vermuten, dass insbesondere die Ausprägungen der Soziodemographika in den Stichproben nur wenig streuen und somit einen lediglich geringen Varianzanteil der Zielgröße erklären können. Die Folge ist eine systematische Verzerrung des Erklärungsbeitrags sozidemographischer Variablen.

Ein weiterer Schwachpunkt offenbart sich, wenn die gesamthafte **Erklärungskraft** der jeweils postulierten Determinantensysteme betrachtet wird. So liegen die dokumentierten erklärten Varianzanteile (R^2) sowohl bei *Balabanis/Vassileiou* als auch *Jarvanpaa/Todd* deutlich unter 50 %.[208] Auch das bei *Bauer/Fischer/Sauer* dokumentierte Pseudomaß für R^2 spricht für eine insgesamt nur sehr mäßige Varianzerklärung durch die exogenen Modellvariablen.[209] Daher liegt der Schluss nahe, dass weitere Determinanten im Hinblick auf eine möglichst umfassende Erklärung der Online-Akzeptanz relevant sind, die im Rahmen der bisher postulierten Erklärungsmodelle nicht berücksichtigt wurden. Diese gilt es in Kapitel 7 zu identifizieren.

3.4 Zusammenfassung des Kapitels

Das Untersuchungsanliegen dieses Kapitels bestand in einer funktionen-, institutionen- sowie konsumentenorientierten Analyse der Online-Distribution. Im Rahmen der **funktionenorientierten** Analyse sollte aufbauend auf einer systematischen Ableitung der distributiven Funktionen entlang des automobilen Kaufprozesses geklärt werden, inwiefern sich Online-Medien prinzipiell eignen, die vorab identifizierten Distributionsfunktionen in adäquater Weise abzubilden. Diesbezüglich können folgende Ergebnisse hervorgehoben werden:

- In jeder der insgesamt vier Phasen des automobilen Kaufprozesses können eine Vielzahl distributiver **Teilleistungen** in geeigneter Weise über Online-Medien abgebildet und unter-

---

[205] Vgl. Balabanis/Vassileiou (1999), S. 373 f.; Bauer/Fischer/Sauer (2000), S. 1147; Jarvanpaa/Todd (1996), S. 148; Vellido/Lisboa/Meehan (2000), S. 100. Lediglich in der Studie von Bauer/Fischer/Sauer (2000), S. 1147 konnte ein signifikanter Einfluss des Geschlechts auf den Kauf von Produkten über das Internet ermittelt werden.

[206] So bei Vellido/Lisboa/Meehan (2000), S. 87.

[207] So bei Balabanis/Vassileiou (1999), S. 367 f.; Bauer/Fischer/Sauer (2000), S. 1143 f.; Jarvenpaa/Todd (1997), S. 141 f.

[208] Vgl. Balabanis/Vassileiou (1999), S. 373; Jarvanpaa/Todd (1997), S. 143.

[209] Vgl. Bauer/Fischer/Sauer (2000), S. 1148.

stützt werden. Dabei bietet das Internet auf Grund seiner multimedialen, interaktiven sowie vernetzten Eigenschaften hinsichtlich einiger Distributionsfunktionen einen echten Mehrwert gegenüber traditionell stationär erbrachten Leistungen.

- Dennoch verbleiben eine Zahl **neuralgischer** Distributionsfunktionen, die zwingend eine physische Leistungserbringung durch den stationären Vertrieb erfordern und insoweit einer vollständigen virtuellen Abwicklung des automobilen Kaufprozesses entgegenstehen. Dazu zählen die Demonstration von Fahrzeugeigenschaften, die Bewertung eines Gebrauchtwagens, die Fahrzeugauslieferung sowie die Durchführung von Wartungs- und Reparaturleistungen.

Nachdem die funktionenbezogenen Gestaltungsmöglichkeiten sowie -grenzen der Online-Distribution aufgezeigt wurden, galt es im Rahmen der **institutionenorientierten** Analyse zu erörtern, wie die in den Absatz von Automobilen eingeschalteten Distributionssubjekte die Online-Distribution konkret ausgestalten. Hierzu wurde zunächst eine dreistufige Systematik kommerzieller Betriebsformen der Online-Distribution erarbeitet, wobei das Ausmaß der über Online-Medien abgebildeten Distributionsfunktionen als konstitutives Systematisierungsmerkmal der Betriebstypenbildung fungierte. Die wesentlichen Resultate der institutionenorientierten Analyse können wie folgt zusammengefasst werden:

- **Online-Information-Sites**, die sich auf eine Abbildung distributiver Funktionen in der Informationsphase beschränken, stellen die einfachste und zugleich derzeit dominierende Betriebsform der Online-Distribution in der Automobilwirtschaft dar. So sind nahezu alle Internetauftritte der großen deutschen Automobilhersteller wie auch die überwiegende Zahl der herstellerkoordinierten sowie individuellen Internetpräsenzen der Automobilhändler dieser Betriebsformenkategorie zuzuordnen.

- **Online-Quoting-Sites** beinhalten über Produkt- und Listenpreisinformationen hinaus auch eine Abbildung distributiver Funktionen in der Anbahnungsphase. Auf diese Betriebsform stützen sich die Geschäftsmodelle einer Vielzahl neuer internetbasierter Wettbewerber, die eine online-gestützte Aushandlung individueller Preis- und Lieferkonditionen ermöglichen. Vergleichbare Leistungen werden auch von den großen amerikanischen Automobilherstellern auf dem heimischen Markt angeboten. In Deutschland sind entsprechende Herstellerinitiativen erst ansatzweise erkennbar.

- **Online-Transaction-Sites** bilden die umfassendste Betriebsform der Online-Distribution und erlauben - von den neuralgischen Distributionsfunktionen abgesehen - zumindest theoretisch eine vollständig virtuelle Abwicklung aller Leistungen, die für einen Kauf von Automobilen erforderlich sind. Diese Betriebsform wurde bis dato von keinem der großen Serienhersteller - weder in Deutschland noch in den USA - systematisch realisiert. Einige Initiativen von neuen Wettbewerbern zielen jedoch darauf ab, die bisher dem stationären

Handel vorenthaltenen transaktionalen Leistungen möglichst weitgehend durch eigene internetgestützte Angebote zu ersetzen.

Im Rahmen der **konsumentenorientierten** Analyse galt es sodann, die Frage nach der Akzeptanz einer Übertragung von distributiven Funktionen auf Online-Medien aus Sicht der betroffenen Konsumenten zu beleuchten. Dazu wurde eine Bestandsaufnahme der zu diesem Themenkomplex bislang vorliegenden empirischen Erkenntnisse vorgenommen. Dabei trat zu Tage, dass die verhaltenswissenschaftlichen Zielsetzungen der eigenen Arbeit auf eine Forschungslücke treffen, wobei insbesondere folgende methodischen und konzeptionellen Defizite hervorgehoben wurden:

- In Bezug auf die **Messung** der Online-Akzeptanz existiert bislang keine empirische Studie, die eine umfassende Konzeptualisierung und Operationalisierung des Zielkonstrukts vornimmt. Dabei mangelt es vor allem an einer differenzierten Erfassung der Inanspruchnahme einzelner distributiver Leistungen der Online-Distribution entlang des gesamten Kaufprozesses. Überdies basieren die bisherigen Erkenntnisse zum Ausmaß der Internetnutzung auf univariaten Auswertungen, ohne dass dafür die Leistungsfähigkeit multivariater statistischer Methoden ausgeschöpft wurde.

- In Bezug auf die **Konsequenzen** der Online-Akzeptanz muss konstatiert werden, dass es sich hierbei um ein noch weitgehend unerforschtes Themengebiet handelt. Die wenigen dazu vorliegenden Arbeiten beschränken sich maßgeblich auf eine Untersuchung der Wirkungen einer Nutzung der Online-Distribution auf die Preiselastizität der Nachfrager. Andere vorökonomische Effekte, wie z. B. kundenbindungsbezogene Konsequenzen, blieben bislang nahezu unberücksichtigt.

- Die hinsichtlich der Messung des Zielkonstrukts angeführten konzeptionellen Kritikpunkte treffen in ähnlicher Form auch auf die Studien zu, die sich mit den **Determinanten** der Online-Akzeptanz beschäftigen. Darüber hinaus wird deren Aussagekraft dadurch geschmälert, dass die Erklärungskraft der jeweils postulierten Determinantensysteme als mäßig zu beurteilen ist. Dies ist ein Indiz dafür, dass weitere relevante Einflussgrößen existieren, die bislang noch nicht berücksichtigt wurden.

4 Empirische Grundlagen

4.1 Datenerhebung und Datenbasis

4.1.1 Erhebungskonzeption der Untersuchung

Vor dem Hintergrund des aufgezeigten Forschungsdefizits implizieren die deskriptiven sowie explikativen Zielsetzungen der vorliegenden Arbeit die Notwendigkeit einer eigenen empirischen Untersuchung. Dazu ist es im Vorfeld der eigentlichen Datenerhebung und -auswertung erforderlich, eine dem Untersuchungsanliegen dienliche **Erhebungskonzeption** festzulegen. Hierbei geht es u. a. um die Auswahl der Erhebungseinheiten sowie -methoden.

Als **Erhebungseinheiten** der empirischen Untersuchung wurden tatsächliche Käufer fabrikneuer Pkws gegenüber Nutzern von Online-Medien als alternativ denkbare Auskunftspersonen bevorzugt.[210] Dafür sprachen zwei Gründe: Zum einen erfordert vor allem die Beantwortung der deskriptiv-orientierten Fragestellung nach dem Ausmaß der Online-Akzeptanz eine gewisse Repräsentativität der Datenbasis für die Gruppe der Neuwagenkäufer.[211] Nur dann können ausgehend von den absoluten Merkmalsausprägungen in der empirisch gewonnenen Datenbasis berechtigterweise Rückschlüsse auf die Akzeptanz der Online-Distribution in der Automobilwirtschaft getroffen werden. Zum anderen ist davon auszugehen, dass die Gruppe der Neuwagenkäufer das gesamte Spektrum von Nicht-Nutzern neuer Medien bis hin zu Online-Experten beinhaltet und die ausgewählten Auskunftspersonen damit über einen sehr heterogenen Erfahrungshintergrund im Hinblick auf die Nutzung von Online-Medien verfügen. Dadurch kann eine ausreichende Streuung von Merkmalsausprägungen in der Datenbasis, die vor allem für eine aussagekräftige Analyse der beiden explikativ-orientierten Fragestellungen nach den Determinanten sowie Konsequenzen der Online-Distribution notwendig ist, sichergestellt werden.

Mit der Berücksichtigung von Neuwagenkäufern, die nicht unbedingt über einen Internetzugang verfügen, schied eine E-mail-basierte **Erhebungsmethode** prinzipiell aus. Stattdessen bot sich die Durchführung einer schriftlich-postalischen Befragung der Probanden an. Einer der wesentlichen Vorzüge dieser Erhebungsmethode besteht darin, dass trotz begrenzter Forschungsressourcen eine großzahlige Datenbasis innerhalb eines angemessenen Zeitrahmens generiert werden kann.[212] Dieser Aspekt erscheint für die eigene Untersuchung besonders gewichtig, da im Rahmen der Datenauswertung Verfahren zur Anwendung gelangen

---

[210] Zum Begriff der Erhebungseinheit vgl. Böhler (1992), S. 128 f.
[211] Auf die Repräsentativitätsproblematik wird in Abschnitt 4.1.2 eingegangen.
[212] Zu diesen sowie weiteren Vorteilen der schriftlichen Befragung vgl. Meffert (1992), S. 202.

sollen,[213] die auf asymptotischer statistischer Theorie basieren und daher eine relativ große Stichprobe erfordern.[214] Die schriftlich-postalische Befragungsform ist jedoch auch mit einer Reihe von Problemen behaftet, die sich aber durch ein sorgfältig gewähltes Erhebungsdesign größtenteils entschärfen lassen.[215] Anzuführen ist hierbei insbesondere das Kommunikations- sowie Responseproblem.

Das **Kommunikationsproblem** besteht maßgeblich darin, dass die Probanden zur Klärung von Missverständnissen keine Rückfragemöglichkeiten bei einem Interviewer haben.[216] Daher muss bereits beim Entwurf des Fragebogens auf dessen Transparenz sowie Verständlichkeit geachtet werden. Dieser Forderung wurde in der vorliegenden Untersuchung durch folgende Maßnahmen Rechnung getragen:[217] Bei der inhaltlichen sowie formalen Fragebogengestaltung lag ein besonderes Augenmerk auf einer möglichst einfachen Struktur und eindeutigen Sprache. Ferner wurde auf bereits empirisch bewährte Frageformulierungen sowie Skalen zurückgegriffen. War dies in Einzelfällen nicht möglich, orientierten sich die notwendigen Erweiterungen der vorhandenen Fragen- und Skalenbasis an den einschlägigen Empfehlungen der Literatur.[218] Schließlich wurde der so entwickelte vorläufige Fragebogen einem Pre-Test unterzogen. Dabei wurden insgesamt zwölf Pre-Test-Teilnehmer im Anschluss an die Beantwortung der generierten Items gebeten, die Verständlichkeit der Fragen in einem Feedbackgespräch mit dem Verfasser zu beurteilen. Die dabei gewonnenen Anregungen haben wesentlich zu einer inhaltlichen sowie optischen Verbesserung der ersten Fragebogenentwürfe beitragen.

Das **Responseproblem** schriftlicher Befragungen ist primär darin zu sehen, dass eine geringe Teilnahme der angeschriebenen Probanden zu Verzerrungen gegenüber der ursprünglichen Stichprobenstruktur führen und dadurch die Repräsentativität der Untersuchungsergebnisse in Frage stellen kann.[219] Deshalb ist der Forscher angehalten, dem Rücklaufproblem bei schriftlichen Befragungen besondere Beachtung zu schenken und entsprechende Maßnahmen zur Erhöhung der zumeist niedrigen Responsequoten zu ergreifen.

---

[213] Hierbei handelt es sich vor allem um den Ansatz der linearen Strukturgleichungsanalyse, der in Abschnitt 4.2 vertiefend erläutert wird.
[214] Vgl. Homburg (1998), S. 78. In diesem Zusammenhang geht Bagozzi (1980), S. 380 davon aus, dass ein für strukturgleichungsanalytische Auswertungen ausreichender Stichprobenumfang vorliegt, wenn die Anzahl der zur Verfügung stehenden Fälle minus der Anzahl zu schätzender Parameter nicht kleiner als 50 ist. Da im Rahmen der vorliegenden Arbeit im komplexesten Modell 48 Parameter zu schätzen sind, musste eine Mindeststichprobengröße von etwa n = 100 generiert werden. Vgl. dazu das Modell der Determinanten der Transaktionsakzeptanz in Abschnitt 7.3.3.
[215] Vgl. Fritz (1995), S. 95.
[216] Vgl. Nötzel (1987), S. 151.
[217] Eine ähnliche Vorgehensweise wählt Fritz (1995), S. 96.
[218] Vgl. Böhler (1992), S. 97 ff.; Unger (1997), S. 55 ff.
[219] Vgl. Binder/Sieber/Angst (1979), S. 54; Hafermalz (1976), S. 28 ff.

Dazu zählen im Rahmen der eigenen Untersuchung insbesondere folgende Punkte: Erstens wurde eine Begrenzung des Fragebogenumfangs auf eine angemessene Länge angestrebt. Angesichts der Komplexität des hier verfolgten Forschungsanliegens zeigte sich jedoch frühzeitig, dass dies nur durch eine Aufteilung der gesamten Datenerhebung in zwei aufeinanderfolgende **Befragungswellen** erreicht werden konnte. Dabei diente der für die erste Befragungswelle konzipierte Fragebogen einer Beantwortung der beiden Untersuchungsfragen nach dem Ausmaß sowie den Konsequenzen der Online-Akzeptanz, wohingegen sich die im Rahmen der zweiten Befragungswelle berücksichtigten Items vor allem auf eine Erfassung der Determinanten der Online-Akzeptanz bezogen.[220] Zweitens wurde vor dem Hintergrund der hinreichend belegten Tatsache, dass die universitäre - im Vergleich zur privaten - Trägerschaft von Marktforschungsprojekten für gewöhnlich höhere Responsequoten verspricht,[221] das Zentrum für Marktorientierte Unternehmensführung an der WHU in Vallendar als Empfänger des Rücklaufs benannt. Zudem lag jedem Fragebogen ein personifiziertes und vom Institutsleiter unterschriebenes Begleitschreiben bei, in dem auf die wissenschaftliche Motivation der Befragung hingewiesen und die streng vertrauliche Behandlung aller Angaben zugesichert wurde. Schließlich wurde allen Rücksendern die Teilnahme an einer Verlosung von Einkaufsgutscheinen über CDs und Bücher in Aussicht gestellt.[222]

Von dem Erfolg dieser Bemühungen wie auch von einem großen Interesse der befragten Neuwagenkäufer an der Problemstellung zeugen die in den beiden Befragungswellen erzielten **Rücklaufquoten**: Im Rahmen der ersten Befragungswelle lagen ca. vier Wochen nach Aussendung der Fragebögen die Antworten von 24,2 % der angeschriebenen Neuwagenkäufer vor. Dieser Wert konnte in der anschließenden zweiten Befragungswelle mit 30,2 % sogar noch übertroffen werden. Angesichts dieser zufriedenstellenden Rücklaufquoten erübrigte sich eine ursprünglich geplante Nachfassaktion, zumal die im Detail noch auszuführenden Repräsentativitätsanalysen eine ausreichende Güte des erzielten Rücklaufs indizierten.

4.1.2 Grundgesamtheit und Stichproben der Untersuchung

Die Festlegung der **Grundgesamtheit** einer empirischen Untersuchung bewegt sich im Spannungsfeld zwischen einer möglichst hohen Reichweite der Aussagen auf der einen und

---

[220] Die Fragebögen der ersten und zweiten Erhebungswelle befinden sich in Abschnitt A.4 auf S. 338 ff. im Anhang.
[221] Vgl. Greer/Lothia (1998), S. 48 ff.
[222] Zu den möglichen Effekten einer Incentivierung bei Befragungen auf Rücklaufquote und Stichprobenstruktur vgl. Hüttner (1999), S. 71 f.

forschungspragmatischen Restriktionen bei der Datenerhebung auf der anderen Seite.[223] So rekrutiert sich die Grundgesamtheit der vorliegenden Untersuchung idealerweise aus sämtlichen Neuwagenkäufern in Deutschland. Dazu müssten allerdings die Kundendaten von mindestens zehn in- sowie ausländischen Marken berücksichtigt werden, um eine Abdeckung des deutschen Neuwagenmarktes von etwa 80 % zu erreichen.[224] Vor dem Hintergrund limitierter Forschungsressourcen sowie der Schwierigkeit, die Unterstützung mehrerer Automobilhersteller für die Durchführung eines gemeinsamen Forschungsprojektes zu gewinnen, bot es sich stattdessen an, die Grundgesamtheit auf die Neuwagenkäufer einer Marke zu begrenzen. Ein großer deutscher Hersteller - im Folgenden auch kursiv als *'Hersteller'* bezeichnet - zeigte Interesse an der Thematik und erklärte sich bereit, die notwendigen Kundenadressen zur Verfügung zu stellen. Die auf die Marke des *Herstellers* beschränkte Grundgesamtheit deckt zwar weniger als 15 % des gesamten Neuwagenmarktes in Deutschland ab, umfasst jedoch eine breites Spektrum verschiedener Käufersegmente und kann daher als exemplarisch für einen weitaus größeren Anteil am Gesamtmarkt gelten.

Aus dieser Grundgesamtheit wurde von einem beauftragten Marktforschungsinstitut eine proportional geschichtete Zufallsstichprobe vom Umfang n = 5.000 gezogen,[225] wobei das von den Neuwagenkäufern jeweils erworbene Modell des *Herstellers* als Schichtungskriterium fungierte. Die geschichtete **Soll-Stichprobe** wurde wiederum durch eine systematische Zufallsauswahl im Sinne eines Herausgreifens des n-ten Falls in zwei Subsamples zerlegt, die als Basis für die erste sowie zweite Erhebungswelle dienten. Während in der ersten Erhebungswelle 3.500 Neuwagenkäufer angeschrieben wurden, setzte sich die zweite Erhebungswelle aus den verbleibenden 1.500 Adressen der Ausgangsstichprobe plus 228 weiteren Auskunftspersonen zusammen, die sich in der ersten Erhebungswelle zur Teilnahme an der zweiten Befragungsrunde bereit erklärten. Zusammen mit einem in der ersten Befragungsrunde erzielten Rücklauf von 848 verwertbaren Antworten (S_1) bzw. 522 Rückläufen in der zweiten Erhebungswelle (S_2) ergaben sich die bereits erwähnten und aus Tab. 5 nochmals ersichtlichen Responsequoten in Höhe von 24,2 % bzw. 30,2 %.

---

[223] Zum Begriff und zur Festlegung der Grundgesamtheit vgl. Scheffler (2000), S. 61 f.
[224] Vgl. dazu die Zulassungsstatistiken des VDA unter www.vda.de.
[225] Die geschichtete Zufallsauswahl eignet sich vorrangig dann, wenn wie im vorliegenden Fall die Grundgesamtheit ingesamt betrachtet relativ heterogen ist, sich aber aus homogenen Teilgruppen zusammensetzt. Vgl. Berekoven/Eckert/Ellenrieder (1999), S. 52.

Befragungsrunde	Umfang Soll-Stichprobe	Umfang Ist-Stichprobe (Bezeichnung)	Rücklaufquote
1. Erhebungswelle	3.500	848 (S_1)	24,2 %
2. Erhebungswelle	1.728	522 (S_2)	30,2 %

Tab. 5: Umfang der Soll- bzw. Ist-Stichproben sowie Responsequoten der beiden Erhebungswellen
Quelle: Eigene Erstellung

Für die Zwecke einer Charakterisierung der generierten Datenbasis sowie statistischer Analysen in den nachfolgenden Kapiteln können die beiden **Ist-Stichproben** S_1 (n = 848) sowie S_2 (n = 522) anhand der unterschiedlichen Erfahrungen, welche die befragten Probanden im Umgang mit dem Internet aufweisen, in jeweils drei Teilstichproben bzw. Gruppen zerlegt werden (siehe Tab. 6):

- Die erste Teilstichprobe S_1^A (n = 495) bzw. S_2^A (n = 223) beinhaltet diejenigen Neuwagenkäufer, die das Internet nach eigenen Angaben noch nie genutzt haben. Die Anteile dieser beiden Gruppen am Gesamtsample betragen in der ersten Welle 58,4 % sowie 42,7 % in der zweiten Welle.

- Neuwagenkäufer, die bereits über Erfahrungen mit dem Internet verfügen, dieses jedoch nicht im Rahmen des Neuwagenkaufs genutzt haben, bilden die zweite Teilstichprobe S_1^B (n = 139) bzw. S_2^B (n = 101). Die entsprechenden Anteile der Gruppen belaufen sich auf 16,4 % für die erste sowie 19,4 % für die zweite Welle.

- Die dritte Teilstichprobe S_1^C (n = 214) bzw. S_2^C (n = 198) umfasst schließlich alle Neuwagenkäufer, die das Internet im Rahmen des Neuwagenkaufs tatsächlich genutzt haben. Die entsprechenden Gruppenanteile betragen 25,2 % für die erste und 37,9 % für die zweite Welle.

Aus den in Tab. 6 zusammengefassten Informationen zu den Teilstichproben geht nochmals hervor, dass vor allem die Anteile der Gruppe C - aber auch die der Gruppe B - in der zweiten Welle deutlich über den entsprechenden Werten für die erste Welle liegen. Diese Abweichungen liegen vor allem in einer Berücksichtigung der bereits angesprochenen 228 Probanden begründet, die bereits bei der ersten Befragungswelle ihr Einverständnis für die Teilnahme an einer weiteren Befragung äußerten. Da es sich dabei fast ausschließlich um Nutzer von Online-Medien handelte, die zudem eine offensichtlich erhöhte Antwortbereitschaft aufweisen, sind die Teilstichproben B und C in der zweiten Welle gegenüber der ersten Welle überrepräsentiert. Diese Argumentation plausibilisiert auch die höhere Responsequote in der zweiten Befragungswelle.

Befra- gungs- runde	Gruppe A "Internet noch nie genutzt"			Gruppe B "Internet nicht beim Neu- wagenkauf genutzt"			Gruppe C "Internet beim Neuwagen- kauf genutzt"			Summe (Ist-Stichprobe)		
	Bezeich- nung	Um- fang	Anteil	Bezeich- nung	Um- fang	Anteil	Bezeich- nung	Um- fang	Anteil	Bezeich- nung	Um- fang	Anteil
1. Erhe- bungs- welle	S_1^A	495	58,4 %	S_1^B	139	16,4 %	S_1^C	214	25,2 %	S_1	848	100 %
2. Erhe- bungs- welle	S_2^A	223	42,7 %	S_2^B	101	19,4 %	S_2^C	198	37,9 %	S_2	522	100 %

Tab. 6: Aufteilung der Ist-Stichproben in die Teilstichproben der beiden Erhebungswellen
Quelle: Eigene Erstellung

Eine Übergewichtung einzelner Gruppen in der zweiten Welle und die damit potenziell verbundene Gefahr einer Verzerrung von absoluten Merkmalsausprägungen in der Ist-Stichprobe wurde zu Gunsten einer höheren Responsequote bewusst in Kauf genommen. Dahinter steht die Überlegung, dass die **Repräsentativitätsproblematik** im Rahmen der zweiten Welle, die sich der explikativen Analyse von relativen Wirkungszusammenhängen widmet, weniger bedeutsam ist als bei rein deskriptiven Analysen von absoluten Merkmalsausprägungen, wie sie etwa auf Basis der ersten Welle vorzunehmen sind. Vor diesem Hintergrund erscheint es an dieser Stelle auch ausreichend, wenn die Frage der Repräsentativität nur im Zusammenhang mit der ersten Erhebungswelle erörtert wird. Hierbei gilt es zu klären, ob innerhalb angemessener Fehlergrenzen aus der Verteilung von Merkmalen der Ist-Stichprobe auf die Verteilung dieser Merkmale in der Soll-Stichprobe bzw. der Grundgesamtheit geschlossen werden kann.[226] Folglich kann die Repräsentativität der Ist-Stichprobe auf zwei unterschiedlichen Stufen geprüft werden: Im Rahmen der ersten Stufe wird die Güte der Ist-Stichprobe gegenüber der Soll-Stichprobe beurteilt, wohingegen die zweite Stufe einen Vergleich zwischen der Ist-Stichprobe und der Grundgesamtheit beinhaltet.

Im Rahmen der **ersten Stufe** bietet sich eine Überprüfung des so genannten Non-Response-Bias an. Bei diesem Test erfolgt ein Vergleich des Antwortverhaltens von Probanden, die bei der Erhebung unmittelbar geantwortet haben, mit solchen, die den Fragebogen erst nach einiger Zeit zurückgesandt haben. Dabei wird argumentiert, dass die Spätantworter den Erhebungseinheiten, die überhaupt nicht geantwortet haben, ähnlicher sind als diejenigen, die relativ früh geantwortet haben.[227] Ergeben sich keine systematischen Unterschiede zwischen Früh- und

---

[226] Vgl. Bausch (1990), S. 32; Schnell/Hill/Esser (1993), S. 286.
[227] Vgl. Armstrong/Overton (1977), S. 397 ff.

Spätantwortern, kann dies als Hinweis dahingehend gewertet werden, dass kein Non-Response-Bias vorliegt und demzufolge die Ist-Stichprobe repräsentativ für die Soll-Stichprobe ist. Die entsprechenden statistischen Auswertungen zeigen, dass diese Schlussfolgerung auch für die Ist-Stichprobe der ersten Welle opportun ist: Zunächst wurde für die Teilstichprobe $S_1^{B/C}$ (n = 353) das erste sowie letzte Quartil der Rückläufer anhand des Eingangsdatums der Fragebögen isoliert.[228] Sodann wurden die Mittelwertunterschiede dieser beiden Quartile auf Basis von insgesamt 54 Items, die sich auf eine Messung der Online-Akzeptanz sowie deren Konsequenzen beziehen, beurteilt. Die Ergebnisse des dabei herangezogenen U-Tests nach Mann und Whitney zeigten,[229] dass bei etwa 95 % aller untersuchten Items keine signifikanten Unterschiede zwischen beiden Gruppen im 10 %-Intervall vorliegen und somit kein nennenswerter Non-Response-Bias festzustellen ist.[230]

Die **zweite Stufe** der Repräsentativitätsüberprüfung kann lediglich für Merkmale erfolgen, deren Verteilung nicht nur in der Ist-Stichprobe, sondern auch in der Grundgesamtheit bekannt ist. Daher bietet sich zunächst eine Berücksichtigung des Merkmals 'Fahrzeugmodell' bzw. '-klasse' an, welches bereits bei der Ziehung der Soll-Stichprobe als Schichtungskriterium fungierte. Ferner lässt sich die Grundgesamtheit anhand von Daten, welche dem *Hersteller* aus einer großzahligen Käuferbefragung vorliegen, vergleichsweise präzise beschreiben. Dabei handelt es sich in erster Linie um die beiden soziodemographischen Variablen 'Alter' und 'Geschlecht', die auch in der Ist-Stichprobe erhoben wurden. Somit kann geprüft werden, ob die Verteilung der Merkmale 'Fahrzeugklasse', 'Alter' sowie 'Geschlecht' in der Grundgesamtheit und der Ist-Stichprobe signifikant voneinander abweichen. Ist dies nicht der Fall, so wäre die Ist-Stichprobe im Hinblick auf die überprüften Merkmale als repräsentativ für die Grundgesamtheit zu betrachten.

---

[228] Für die Überprüfung des Non-Response-Bias wurde die Teilstichprobe $S_1^{B/C}$ (n = 353) gewählt, da ein Großteil der Analysen in Kapitel 5 sowie 6 auf diesem Teilsample basieren.

[229] Für die Verwendung dieses nicht-parametrischen Tests sprachen die Ergebnisse eines zweiseitigen Kolmogorov-Smirnoff-Tests, der für die überwiegende Zahl der berücksichtigten Items eine signifikante Abweichung von der Normalverteilungsprämisse indizierte. Zum U-Test nach Mann und Whitney als verteilungsfreie Teststatistik zur Überprüfung von Mittelwertunterschieden vgl. Eckstein (2000), S. 162 ff.

[230] Signifikante Mittelwertunterschiede zwischen den Früh- und Spätantwortern ergaben sich lediglich bei drei Items, die sich auf eine Messung der Kundenzufriedenheit beziehen. Bezüglich dieser Indikatoren zeigte sich, dass die Frühantworter systematisch zufriedener mit dem erworbenen Fahrzeug bzw. mit dem Kauf sind. Diese zeitliche Verzerrung im Antwortverhalten der Probanden erklärt sich dadurch, dass das Durchschnittsalter der Frühantworter etwas höher als bei den Spätantwortern ist. Empirische Studien belegen in diesem Zusammenhang, dass ältere Personen generell eine höhere Zufriedenheit bei Befragungen zum Ausdruck bringen. Vgl. u. a. Bauer/Huber/Bräutigam (1997), S. 199; Henning-Thurau (1999), S. 228.

Merkmals-ausprägungen		Verteilung Grundge-samtheit	Verteilung Ist-Stichprobe 1. Welle (S_1)	χ^2-Homo-genitätstest	Freiheits-grade	Signifikanz-niveau
Merkmal Fahrzeug-klasse	Kompakt-klasse	31,8 %	36,7 % (303)	5,36	3	0,147 (n. s.)
	Mittel-klasse	40,6 %	35,4 % (292)			
	Obere Mittel-klasse	27,6 %	27,9 % (230)			
Merkmal Geschlecht	Weib-lich	19,8 %	19,4 % (164)	0,095	1	0,757 (n. s.)
	Männ-lich	80,2 %	80,6 % (681)			
Merkmal Alter	unter 30 Jahre	3,1 %	2,1 % (18)	73,95	5	0,000 ***
	30 bis 39 Jahre	18,6 %	12,3 % (104)			
	40 bis 49 Jahre	19,7 %	16,3 % (138)			
	50 bis 59 Jahre	23,6 %	21,8 % (184)			
	60 bis 69 Jahre	25,1 %	31,3 % (264)			
	über 69 Jahre	9,9 %	16,2 % (137)			

Werte in Klammern geben die Anzahl der Beobachtungen aus der Stichprobe S_1 (n = 848) an

n.s: Nicht signifikant
*:   Signifikant auf dem 10 %-Niveau
**:   Signifikant auf dem 5 %-Niveau
***: Signifikant auf dem 1 %-Niveau

Tab. 7: Verteilung der Merkmale 'Fahrzeugklasse', 'Alter' sowie 'Geschlecht' in der Grundgesamtheit und der Ist-Stichprobe der ersten Welle sowie die Ergebnisse des entsprechenden χ^2-Homogenitätstests
Quelle: Eigene Erstellung

Eine erste Betrachtung der in Tab. 7 dargestellten Verteilungen des Merkmals **'Fahrzeugklasse'** indiziert eine überproportional rege Teilnahme von Käufern der Kompaktklasse an der ersten Befragungswelle. Ob dieses Übergewicht auch zu einer statistischen Gefährdung der Repräsentativität der Ist-Stichprobe führt, kann anhand eines χ^2-Homogenitätstests inferenzstatistisch überprüft werden. Die Anwendung dieser Teststatistik zeigt, dass der empirische χ^2-Wert (5,36) unter dem bei drei Freiheitsgraden und einem Signifikanzniveau von 5 %

gegebenen kritischen Wert von 7,81 bleibt. Somit kann entgegen des ersten Eindrucks die Nullhypothese nicht abgelehnt werden, wonach zwischen den beiden Verteilungen kein statistisch signifikanter Unterschied besteht.[231] Zum gleichen Ergebnis gelangt auch eine Überprüfung der Verteilung des Merkmals **'Geschlecht'**. Hier liegt der ermittelte χ^2-Wert bei 0,095 und ist damit erheblich kleiner als der kritische Wert von 2,84, der sich bei einem Freiheitsgrad im 5 %-Intervall ergibt. Folglich weichen die beiden Verteilungen auch hinsichtlich dieses Merkmals nicht signifikant voneinander ab. Es verbleibt eine Beurteilung des Merkmals **'Alter'**. Diesbezüglich zeigt Tab. 7, dass die Altersklasse der über 60-Jährigen in der Ist-Stichprobe deutlich zu Lasten der jüngeren Neuwagenkäufer (30 bis 39 Jahre) überrepräsentiert ist. Diese Abweichung wird auch statistisch belegt; denn der empirische χ^2-Wert beträgt 73,95 und indiziert damit bei drei Freiheitsgraden eine hochsignifikante Abweichung der Verteilung des Merkmals 'Alter' zwischen Ist-Stichprobe und Grundgesamtheit.

Werden die durchgeführten Repräsentativitätsanalysen abschließend bewertet, ergibt sich für die erste Erhebungswelle folgendes Bild: Es liegen keine Hinweise für die Vermutung vor, dass die in der Ist-Stichprobe vertretenen Probanden ein anderes Antwortverhalten als die Nichtteilnehmer in der Soll-Stichprobe aufweisen. Weiterhin zeigt sich kein statistisch signifikanter Unterschied zwischen der Ist-Stichprobe und der Grundgesamtheit im Hinblick auf die Verteilung der Merkmale 'Fahrzeugklasse' sowie 'Geschlecht'. Vor dem Hintergrund eines insoweit eindeutig positiven Resultats kann die Verletzung der Repräsentativitätsannahme durch das Merkmal 'Alter' als tolerierbar eingeschätzt werden. Für dieses Fazit spricht auch der Hinweis von *Schnell/Hill/Esser*, dass die Repräsentativität einer Stichprobe auf Basis eines Vergleichs einzelner Merkmalsverteilungen nicht endgültig bewiesen oder widerlegt werden kann.[232] Entscheidend ist letztlich der Gesamteindruck, der es hier gestattet, begründeterweise davon auszugehen, dass die Daten für die deskriptiven Analysen der vorliegenden Untersuchung einer Ist-Stichprobe entstammen, die ein weitgehend repräsentatives Abbild der Grundgesamtheit darstellt.[233]

---

[231] Vgl. Clauß/Ebner (1975), S. 217 und S. 484; Diehl/Kohr (1977), S. 242 f.
[232] Vgl. Schnell/Hill/Esser (1988), S. 281 f.
[233] Vgl. ähnlich Fritz (1995), S. 114.

4.2 Datenauswertung

4.2.1 Methodische Aspekte im Rahmen der explikativen Analysen

4.2.1.1 Auswahl von geeigneten statistischen Methoden für die explikativen Analysen

Im Vorfeld der eigentlichen Datenauswertungen ist es erforderlich, geeignete methodische Verfahren für die Analyse der Konsequenzen sowie Determinanten der Online-Akzeptanz auszuwählen. Dafür erscheint es angebracht, zunächst **Anforderungskriterien** zu formulieren, die ein solches Analyseverfahren erfüllen muss, um dem im Rahmen der vorliegenden Arbeit verfolgten explikativen Untersuchungsanliegen in methodischer Sicht hinreichend Rechnung zu tragen. Danach können die in Betracht kommenden Analysemethoden im Hinblick auf eine Erfüllung dieser Kriterien geprüft werden.

Die **Grundvoraussetzung**, die ein geeignetes Verfahren erfüllen muss, besteht in der Fähigkeit, vermutete Ursache-Wirkungs-Beziehungen zwischen Variablen - so genannte Kausalhypothesen[234] - auf ihre empirische Gültigkeit hin zu überprüfen (Kriterium 1).[235] Auf Grund dieser Forderung können die Methoden der Interdependenzanalyse, zu denen vornehmlich die mehrdimensionale Skalierung sowie die Cluster- und die Explorative Faktorenanalyse zählen,[236] a priori aus- und die Menge der zu erörternden Verfahren auf die gängigsten Methoden der Dependenz- bzw. Kausalanalyse eingegrenzt werden.[237]

Die grob in traditionelle und moderne Ansätze einteilbaren Verfahren der Kausalanalyse müssen in der Lage sein,[238] sowohl die Stärke der vermuteten Abhängigkeiten zu quantifizieren (Kriterium 2) als auch Ursache-Wirkungs-Beziehungen zwischen exogenen, d. h.

---

[234] Kausalhypothesen "... erklären Wirkungen oder abhängige Variablen mit vorher oder gleichzeitig - jedenfalls nicht hinterher - erfassten Ursachen oder unabhängigen Variablen. Was dabei Ursache bzw. unabhängige Variable ist, ergibt sich aus der theoretischen Konstruktion." Weede (1977), S. 7.

[235] Diese Forderung ergibt sich unmittelbar aus der explikativen Zielsetzung der vorliegenden Arbeit, die determinierenden Größen sowie die resultierenden Konsequenzen der Online-Akzeptanz zu analysieren. Vgl. Abschnitt 1.2.

[236] Vgl. Mühlbacher (1978), S. 6.

[237] Unter dem Begriff 'Kausalanalyse' werden statistische Verfahren subsumiert, mit deren Hilfe Hypothesen über Ursache-Wirkungs-Beziehungen untersucht werden. Vgl. Opp (1976), S. 83. An dieser Stelle sei allerdings darauf hingewiesen, dass diese Bezeichnung nicht unproblematisch ist: Sie suggeriert die Möglichkeit, mit Hilfe eines statistischen Verfahrens einen kausalen Zusammenhang nachzuweisen. Dies ist jedoch im streng wissenschaftstheoretischen Sinn nur mittels kontrollierter Experimente und Längsschnittstudien möglich. Da dieser Terminus jedoch in der Marketingforschung inzwischen fest verankert ist, wird auch hier der Begriff 'Kausalanalyse' übernommen. Vgl. dazu auch Homburg/Hildebrandt (1998), S. 17.

[238] Zur Einteilung kausalanalytischer Verfahren in traditionelle und moderne Ansätze vgl. Förster/Fritz/Silberer/Raffée (1984), S. 346; Fritz (1984b), S. 275.

unabhängigen Variablen zu erfassen (Kriterium 3).[239] Da es sich bei den hierbei zu berücksichtigenden Größen um latente Konstrukte handelt, die sich einer direkten Messbarkeit entziehen, muss das heranzuziehende Verfahren überdies auch Messfehler in das Untersuchungsdesign integrieren können (Kriterium 4).

Zu den bedeutendsten Verfahren der **traditionellen Kausalanalyse** zählt die **Varianzanalyse**. Mit ihrer Hilfe lässt sich für eine Vielzahl experimenteller Versuchsanordnungen prüfen, ob sich unterschiedliche Werte einer (univariate) oder mehrerer (multivariate) abhängigen Variablen auf die Wirkung einer (einfaktorielle) oder mehrerer (multifaktorielle Varianzanalyse) unabhängigen Variablen zurückführen lassen.[240] Dazu wird die Gesamtvariation der abhängigen Variablen in die systematische Streuung zwischen den gruppierten unabhängigen Variablen und der zufallsbedingten Variation innerhalb dieser Gruppen zerlegt. Statistisch signifikante Abweichungen zwischen den Gruppen bringen zwar zum Ausdruck, dass ein überzufälliger Varianzanteil der abhängigen Variablen durch die unabhängige(n) Variablen erklärt wird. Da eine Quantifizierung dieses Effektes jedoch nicht möglich ist, erfüllt die Varianzanalyse Kriterium 2 nicht.[241]

Dieser Nachteil kann mit Hilfe der **Regressionsanalyse** umgangen werden. Durch die Ermittlung der Richtung und die Bezifferung der Stärke des Wirkungseffektes eines (einfache) oder mehrerer (multiple Regression) Regressoren auf den Regressanden ermöglicht dieses Verfahren sowohl die Prognose der interessierenden Größe als auch die Überprüfung vermuteter Zusammenhänge.[242] Dabei können zwar simultan mehrere unabhängige Variablen in die Analyse einbezogen werden, dennoch erlaubt dieses Verfahren keine Spezifikation von Wirkungsstrukturen zwischen diesen Größen. Im Gegenteil, den Regressoren wird im Grundmodell der Regressionsanalyse statistische Unabhängigkeit unterstellt.[243] Folglich erfüllt die Regressionsanalyse Kriterium 3 nicht.

---

[239] Die letztgenannte Forderung resultiert aus der im weiteren Verlauf der Arbeit konkretisierten Vermutung, dass auch zwischen den determinierenden Variablen der Online-Akzeptanz bzw. deren resultierenden Konsequenzen kausale Wirkungseffekte vorliegen.
[240] Für eine ausführliche Darstellung der Varianzanalyse vgl. Backhaus/Erichson/Plinke/Weiber (2000), S. 70 ff.; Fahrmeir/Hamerle (1984), S. 155 ff.
[241] Die multiple Klassifikationsanalyse (MCA), die eine Erweiterung der klassischen Varianzanalyse darstellt und eine Abschätzung der Einflussstärke(n) der unabhängigen Variablen erlaubt, trägt dieser Einschränkung zwar Rechnung. Im Kern verkörpert die MCA jedoch eine multiple Regressionsanalyse mit Dummy-Variablen und ist insofern mit den gleichen Unzulänglichkeiten wie die nachfolgend diskutierte Regressionsanalyse behaftet. Vgl. Andrews/Morgan/Sonquist (1969), S. 9 ff. Zur Verwendung von Dummy-Variablen im Rahmen der Regressionsanalyse vgl. Suits (1957), S. 548 ff.
[242] Vgl. Backhaus/Erichson/Plinke/Weiber (2000), S. 2 ff.
[243] Eine Verletzung dieser Prämisse führt zum Problem der Multikollinearität. Vgl. dazu Bortz (1993), S. 419 ff. Bei Vorliegen multikollinearer Variablen vergrößern sich die Standardabweichungen der Parameter, so dass deren Schätzung als nicht mehr reliabel angesehen werden kann. Vgl. Krafft (1995), S. 300. Eine Möglichkeit, diese Problematik zu entschärfen ohne die betroffenen Variablen dem üblichen Vorgehen entsprechend

Die explizite Analyse von Multikollinearitäten und damit eine Spezifikation beliebiger rekursiver Beziehungen[244] zwischen den Variablen gestattet dagegen die **Pfadanalyse**. Ziel dieses Verfahrens ist es, ein nach Maßgabe theoretischer Vorüberlegungen postuliertes hypothetisches Kausalmodell auf Basis der für die Modellvariablen berechneten Korrelationen zu überprüfen.[245] Eine explizite Berücksichtigung von Messfehlern erlaubt ein pfadanalytisches Vorgehen indessen nicht; daher erfüllt diese Methode Kriterium 4 nicht und muss als Verfahren für die vorliegende Arbeit ausgeschlossen werden.

Zur Analyse der zwischen kategorialen Variablen bestehenden Zusammenhänge bieten sich die vor allem in der amerikanischen Literatur verbreiteten **loglinearen Modelle** an.[246] Den Ausgangspunkt dieses Verfahrens bildet eine der Anzahl interessierender Variablen bzw. Merkmale entsprechend dimensionierte Kontingenztabelle. Die in den einzelnen Zellen abgebildeten Häufigkeitswerte geben die Anzahl von Untersuchungsobjekten mit den entsprechenden Kombinationen der Merkmalsausprägungen an. Durch einen statistischen Vergleich dieser empirischen Zellhäufigkeiten mit den mittels eines loglinearen Modells berechneten erwarteten Häufigkeitswerten lassen sich unterschiedliche Hypothesen über den Zusammenhang zwischen den Variablen überprüfen.[247] Dabei wird der natürliche Logarithmus der erwarteten Zellbesetzungen als Linearkombination derjenigen Parameter dargestellt, welche die Wirkungseffekte zwischen den Variablen verkörpern.[248] Während sich das beschriebene allgemeine loglineare Modell grundsätzlich auf die Überprüfung des kontingenten, symmetrischen Zusammenhangs zwischen den Variablen beschränkt,[249] bedient sich dessen Variante, der lineare Logit-Ansatz, einer asymmetrischen Betrachtungsweise und eignet sich damit grundsätzlich für die Untersuchung von Ursache-Wirkungs-Beziehungen.[250] Allerdings erlaubt auch dieses Verfahren keine Spezifikation von intervenierenden Effekten zwischen den exogenen Größen (Kriterium 3), was damit zusammenhängt, dass der lineare Logit-Ansatz auf

---

eliminieren zu müssen, besteht in der Anwendung eines so genannten 'Seemingly Unrelated Regressions'-Modells (SUR). Bei dieser auf Zeller (1962), S. 348 ff. zurückgehenden regressionsanalytischen Variante wird die Regressionsgleichung in ein simultan geschätztes System mehrerer Gleichungen zerlegt, bei denen explizit Korrelationen zwischen den Residuen zugelassen sind. Vgl. dazu auch Mandy/Martins-Filho (1993), S. 315 ff. Weitere Ansätze zur Vermeidung der Multikollinearität erläutert Stevens (1992), S. 77. Allerdings erlaubt der SUR-Ansatz keine Berücksichtigung von Messfehlern und erfüllt insofern Kriterium 4 nicht.

[244] Zur Abgrenzung rekursiver von nicht-rekursiven Wirkungsstrukturen vgl. Jöreskog/Sörbom (1989), S. 140 und S. 156 ff.
[245] Vgl. Nieschlag/Dichtl/Hörschgen (1997), S. 785.
[246] Vgl. Nieschlag/Dichtl/Hörschgen (1997), S. 782; Urban (1993), S. 1 und S. 6. Das loglineare Modell erläutern u. a. auch Fahrmeir/Tutz (1994), S. 26 ff.; Hamerle/Tutz (1984), S. 473 ff.; Krafft/Albers (1996), S. 132 ff.
[247] Vgl. Nieschlag/Dichtl/Hörschgen (1997), S. 782 f.
[248] Vgl. Hamerle/Tutz (1984), S. 479 ff.
[249] Vgl. Nieschlag/Dichtl/Hörschgen (1997), S. 783 f.; Urban (1993), S. 16.
[250] Vgl. Cramer (1991), S. 1; Hamerle/Tutz (1984), S. 473 f. und S. 550; Krafft (1997), S. 626 ff.

dem allgemeinen Regressionsmodell basiert.[251] Die methodische Erweiterung der Logit-Methode auf pfadanalytische Strukturen trägt dieser Limitation zwar Rechnung, gilt jedoch aus verfahrenstechnischer Sicht als umstritten.[252] Auch die Berücksichtigung von Messfehlern (Kriterium 4) ist zwar grundsätzlich möglich,[253] doch sind Anwendungen auf diesem Gebiet sehr komplex und bislang eher selten.[254] Daher bestehen auch nur wenige Vergleichsmöglichkeiten, was die Prüfung der Güte einer Modellschätzung betrifft.

Als Zwischenergebnis lässt sich konstatieren, dass keines der hier diskutierten traditionellen kausalanalytischen Verfahren in der Lage ist, sämtliche untersuchungsspezifischen Anforderungen in ausreichendem Maße zu erfüllen.[255] Somit kommen als methodische Grundlage nur die Verfahren der **modernen Kausalanalyse**[256] in Betracht. Deren Kennzeichen ist die Fähigkeit der Integration theoretischer, empirischer und messtechnischer Stadien des Forschungsprozesses.[257] Auf Basis einer Verwendung von Kovarianzstrukturen zwischen beobachtbaren Variablen als Dateninput erlauben diese Verfahren nicht nur die simultane Überprüfung eines nahezu beliebigen Geflechts theoretisch hergeleiteter Wirkungseffekte zwischen nicht beobachtbaren Größen (Kriterium 1, 3 und 4),[258] sondern darüber hinaus auch die Quantifizierung des Ausmaßes der postulierten Wirkungszusammenhänge (Kriterium 2). Folglich erfüllen die modernen Verfahren der Kausalanalyse sämtliche eingangs geforderten Kriterien. Die Auswahl zwischen den heute verfügbaren, meist durch eine entsprechende Software unterstützten Verfahren muss daher auf Grundlage ihrer jeweiligen spezifischen Stärken und Schwächen getroffen werden.[259]

Die Vorzüge des auf *Wold* zurückgehenden **PLS-Verfahrens** (Partial Least Squares)[260] liegen in den vergleichsweise schwachen stochastischen Annahmen,[261] der Vermeidung von

---

[251] Vgl. Urban (1993), S. 13.
[252] Vgl. Reynolds (1977), S. 137 ff.
[253] Vgl. Hagenaars (1993), S. 35 ff.
[254] Vgl. Peter (1997), S. 147.
[255] Zu den Möglichkeiten einer Überwindung der den traditionellen Verfahren jeweils inhärenten Probleme durch deren kombinierten Einsatz vgl. Benz (1990), S. 241 ff.
[256] Andere übliche Bezeichnungen für diese Gruppe von Verfahren lauten Strukturgleichungsanalyse, Kovarianzstrukturanalyse, Pfadanalyse mit latenten Variablen oder Strukturgleichungs- bzw. Simultangleichungsmodelle. Vgl. Fritz (1995), S. 115.
[257] Vgl. Förster/Fritz/Silberer/Raffée (1984), S. 346.
[258] Vgl. Fornell (1982), S. 3 f.
[259] In die engere Wahl werden nur die gängigsten und im Rahmen marketingwissenschaftlicher Untersuchungen bisher eingesetzten Computerprogramme PLS, EQS sowie LISREL bzw. AMOS einbezogen. Zu diesen sowie weiteren kausalanalytischen Verfahren der zweiten Generation vgl. Fritz (1995), S. 115.
[260] Vgl. Jöreskog/Wold (1982); Wold (1982).
[261] Vgl. Lohmüller (1985), S. 179.

Identifikationsproblemen[262] sowie der expliziten Möglichkeit zur Berücksichtigung formativer ebenso wie reflektiver Indikatoren.[263] Auf Grund seines eher explorativen Charakters wird der PLS-Ansatz jedoch dem Ziel einer theoriengeleiteten Prüfung von Ursache-Wirkungs-Beziehungen nur unzureichend gerecht.[264] Als konfirmatorisch orientierte Alternative bietet sich neben dem LISREL-Ansatz (Linear Structural Relations System) das von *Bentler* entwickelte **EQS**-Programm (Equations based Language)[265] an. Das letztgenannte Verfahren zeigt sich im Bereich der Parameterschätzungen als vielseitiger und erlaubt allgemeinere Modellspezifikationen.[266] Allerdings liefert LISREL wesentlich detailliertere Informationen zur Beurteilung der Anpassungsgüte von lokalen Strukturen.[267] Der für die vorliegende Arbeit entscheidende Vorteil des LISREL-Ansatzes liegt indessen im Skalenniveau des Ausgangsdatenmaterials begründet: Da die im Rahmen der schriftlichen Befragungen erhobenen Items zum überwiegenden Teil als lediglich ordinal bzw. intervallähnlich skaliert zu betrachten sind,[268] empfiehlt sich die Verwendung polychorischer[269] sowie polyserieller[270] Korrelationsmatrizen als Dateninput für die Strukturgleichungsanalyse. Dies erfordert jedoch bei EQS im Gegensatz zu LISREL zwingend die Anwendung eines verteilungsfreien Schätzverfahrens, der so genannten AGLS-Methode. Damit verbunden ist jedoch ein mit der Anzahl beobachtbarer Variablen proportional ansteigender Mindeststichprobenumfang, der durch die vorliegende Datenbasis als nicht gewährleistet zu betrachten ist. Aus diesem Grund scheidet eine Verwendung von EQS aus.

---

[262] Auf die Problematik der Identifikation von Strukturgleichungsmodellen wird in Abschnitt 4.2.1.3 eingegangen.
[263] Vgl. Knebel (1980), S. 15 und S. 17. Zur Differenzierung zwischen formativen und reflektiven Indikatoren vgl. auch die Anmerkungen in Fn. 319 dieser Arbeit.
[264] Vgl. Fritz (1984b), S. 278 f.; Knebel (1980), S. 6.
[265] Vgl. Bentler (1985).
[266] Vgl. Homburg/Sütterlin (1990), S. 187 und S. 190.
[267] Vgl. Homburg/Sütterlin (1990), S. 188 und S. 190.
[268] Die Items der ersten und zweiten Befragungswelle wurden überwiegend mittels einer fünfstufigen Ratingskala erhoben. Das Skalierungsniveau von Ratingskalen gilt als umstritten. So sehen einige Autoren die für eine Intervallskalierung notwendige Gleichheit der Abstände zwischen den Kategorien einer Ratingskala als nicht gewährleistet an und sprechen diesen daher lediglich ordinales Messniveau zu. Vgl. dazu die Anmerkungen bei Nieschlag/Dichtl/Hörschgen (1997), S. 694. Auch Fritz (1995), S. 184, plädiert für eine ordinale Behandlung der auf Basis von Ratingskalen erhobenen Daten. Dagegen argumentieren Kroeber-Riel/Weinberg, dass "Rating-Skalen .. Meßwerte [liefern], die man ..., ohne größere Fehler zu machen, wie metrische Meßwerte behandeln kann, da die Abstände der Skala im großen und ganzen als gleiche Intervalle in der Vorstellung des Beurteilers aufgefaßt werden können." Kroeber-Riel/Weinberg (1996), S. 193.
[269] Polychorische Korrelationskoeffizienten sind ein spezielles Maß für den Zusammenhang zwischen ordinal skalierten Daten. Vgl. Krader (1991), S. 45 ff.
[270] Polyserielle Korrelationskoeffizienten sind ein spezielles Maß zur Ermittlung des Zusammenhangs zwischen ordinal skalierten und metrisch skalierten Daten. Vgl. Krader (1991), S. 51 ff.

Das Akronym **LISREL** geht auf den vornehmlich von *Jöreskog* entwickelten strukturgleichungsanalytischen Ansatz zurück,[271] der im gleichnamigen Computerprogramm inzwischen in der Programmversion LISREL 8.51 erhältlich ist.[272] Als Alternative zu LISREL bietet sich das von *Arbuckle* entwickelte Softwarepaket **AMOS** (Analysis of Moment Structure) an.[273] Beide Programme sind hinsichtlich ihrer statistischen Leistungsfähigkeit nahezu gleichwertig und können auch emuliert werden, d. h. mit AMOS können die gleichen Berechnungen wie in LISREL vorgenommen und damit identische Resultate erzielt werden.[274] Da AMOS ursprünglich zu Demonstrationszwecken an Universitäten entwickelt wurde und über eine graphische Oberfläche verfügt, weist das Programm eine deutlich höhere Benutzerfreundlichkeit als LISREL auf, bei dem eine umständliche Eingabe von Programmcodes notwendig ist. Zudem dokumentieren neuere Vergleiche alternativer Softwarepakete die Leistungsfähigkeit von AMOS.[275] Daher erhält AMOS den Vorzug und die lineare Strukturgleichungsanalyse wird als adäquate methodische Basis für die explikativen Analysen der vorliegenden Arbeit gewählt.

4.2.1.2 Grundzüge der Strukturgleichungsanalyse

Die **Strukturgleichungsanalyse** verkörpert eine Kombination von regressions- bzw. pfadanalytischen mit faktorenanalytischen Elementen.[276] Diese Verbindung erlaubt es, im Rahmen einer simultanen Analyse nicht nur ein komplexes Beziehungsgeflecht von Wirkungsstrukturen direkter, indirekter oder reziproker Art zu untersuchen und zu quantifizieren, sondern auch Messfehler, welche sich verfälschend auf die Überprüfung vermuteter Wirkungsbeziehungen auswirken können, zu erkennen und zu kontrollieren.[277] Vor diesem Hintergrund gilt die Erklärungsmächtigkeit der Strukturgleichungsanalyse in der empirischen Sozialforschung als allgemein anerkannt.[278]

Das allgemeine strukturgleichungsanalytische Modell lässt sich als lineares Gleichungssystem darstellen, welches drei Basisgleichungen enthält. Die erste Gleichung, die auch als

---

[271] Vgl. Jöreskog (1973); derselbe (1982); Jöreskog/Sörbom (1989).
[272] Vgl. Jöreskog/Sörbom (1993a).
[273] Vgl. Arbuckle (1989); Arbuckle/Wothke (1999).
[274] Vgl. Arbuckle/Wothke (1999), S. 303.
[275] Vgl. Hox (1995), S. 71 ff.; Kline (1998), S. 343 ff.
[276] Vgl. Backhaus/Erichson/Plinke/Weiber (2000), S. 401 ff.
[277] Vgl. Förster/Fritz/Silberer/Raffée (1984), S. 347 f.
[278] Vgl. Backhaus/Erichson/Plinke/Weiber (2000), S. 412 ff.

Strukturmodell bezeichnet wird, bildet die als linear angenommenen Wirkungszusammenhänge zwischen den latenten endogenen und latenten exogenen Variablen ab. Letztere sollen die Varianz der erstgenannten Variablenkategorie aufklären, werden aber selbst durch das zu prüfende Modell nicht erklärt.[279] Formal besitzt das Strukturmodell in der allgemein üblichen LISREL-Diktion folgende Form:[280]

(1)   Strukturmodell: $\eta = B\eta + \Gamma\xi + \zeta$

worin die Vektoren η und ξ die latenten endogenen respektive latenten exogenen Variablen enthalten, B und Γ die Koeffizienten-Matrizen darstellen sowie der Vektor ζ die Fehlervariablen (Residualvariablen) der nicht beobachtbaren endogenen Variablen umfasst. Die Elemente von B (β) bilden die vermuteten direkten Kausaleffekte der latenten endogenen Variablen untereinander ab, die Elemente von Γ (γ) erfassen hingegen die direkten kausalen Wirkungsbeziehungen zwischen latenten exogenen und endogenen Variablen.[281]

Zwei weitere Basisgleichungen umschreiben die **Messmodelle** der latenten endogenen bzw. exogenen Variablen. Sie geben an, in welcher Weise die Indikatorvariablen auf die nicht beobachtbaren Variablen laden und haben folgende formale Gestalt:[282]

(2)   Messmodell der endogenen Variablen: $y = \Lambda_y \eta + \varepsilon$

(3)   Messmodell der exogenen Variablen: $x = \Lambda_x \xi + \delta$

Dabei sind x und y Vektoren, welche die Indikatorvariablen x_i bzw. y_i enthalten, während δ und ε die Vektoren der Messfehler von x_i und y_i verkörpern. Die Matrizen Λ_y und Λ_x enthalten die Messkoeffizienten λ^y bzw. λ^x, die sich als multiple Regressionskoeffizienten von y auf η bzw. x auf ξ interpretieren lassen.[283] Zur vollständigen Definition eines Strukturgleichungsmodells müssen vier weitere Matrizen spezifiziert werden, nämlich die Varianz-Kovarianz- bzw. Korrelations-Matrizen der Elemente von ξ ($= \Phi$), ζ ($= \Psi$), ε ($= \Theta_\varepsilon$) und δ ($= \Theta_\delta$).[284] Somit sind für das allgemeine Strukturgleichungsmodell insgesamt acht Parametermatrizen zu unterscheiden, deren Koeffizienten so zu bestimmen sind, dass sich die modelltheoretische Kovarianzmatrix Σ möglichst gut an die empirische Kovarianzmatrix S anpasst.[285] Demnach besteht das Ziel der Modellschätzung in einer Minimierung der Diskrepanzfunktion zwischen S und Σ, die sich in der so genannten Residualmatrix widerspiegelt.

---

[279] Vgl. Bollen (1989), S. 12.
[280] Vgl. Jöreskog/Sörbom (1989), S. 1.
[281] Vgl. Förster/Fritz/Silberer/Raffée (1984), S. 350; Jöreskog/Sörbom (1989), S. 1 f.
[282] Vgl. Jöreskog/Sörbom (1989), S. 1 f.
[283] Vgl. Jöreskog/Sörbom (1989), S. 2.
[284] Vgl. Jöreskog/Sörbom (1989), S. 7 f.
[285] Vgl. Bollen (1989), S. 105 ff.

Für die Lösung dieses Minimierungsproblems stehen verschiedene iterative **Schätzverfahren** zur Verfügung, wobei den Verfahren Unweighted Least Squares (ULS), Generalized Least Squares (GLS), Maximum Likelihood (ML) sowie Weighted Least Squares (WLS) die größte Bedeutung in der Forschungspraxis zukommen.[286] Als Entscheidungskriterien für die Auswahl einer adäquaten Schätzmethode kommen - wie aus der folgenden Tab. 8 ersichtlich ist - vor allem der zur Verfügung stehende Stichprobenumfang sowie die Verteilungsformen der Indikatorvariablen in Betracht.

Schätz-verfahren	Anwendungsvoraussetzungen		Eigenschaften	Anmerkungen
	Verteilungsform der Ausgangsdaten	Mindeststich-probenumfang		
ML	• Normalverteilung	• > ca. 100	• Konsistent • Asymptotisch effizient • Skalenunabhängig	• Korrekte χ^2-Berechnung nur bei Normalverteilung
GLS	• Normalverteilung	• Erkenntnisse über kritische Grenzwerte liegen nicht vor	• Asymptotisch effizient	• Korrekte χ^2-Berechnung nur bei Normalverteilung
ULS	• Verteilungsfrei	• > ca. 100	• Konsistent • Beschränkt asymptotisch effizient • Skalenabhängig bei Kovarianzen als Dateninput	• Verzerrte χ^2-Berechnung • Signifikanz der Strukturkoeffizienten wird nicht ausgewiesen
WLS	• Verteilungsfrei	• Absolutes Minimum: 0,5k (k − 1) • Empfohlene Fallzahl: 1,5k (k + 1)	• Asymptotisch effizient	• Korrekte χ^2-Berechnung bei beliebiger Verteilung • Signifikanz der Strukturkoeffizienten wird nicht ausgewiesen

Tab. 8: Zentrale Beurteilungskriterien für die Auswahl iterativer Schätzverfahren der Strukturgleichungsanalyse
Anmerkung: k = Anzahl der berücksichtigten Indikatorvariablen
Quellen: Eigene Erstellung in Anlehnung an Backhaus/Erichson/Plinke/Weiber (2000), S. 493; Bollen (1989), S. 112; Förster/Fritz/Silberer/Raffée (1984), S. 426 f.; Pfeifer/Schmidt (1987), S. 32 f.; Jöreskog/Sörbom (1988), S. 2/8; Jöreskog/Sörbom (1989), S. 22 ff.; Jöreskog/Sörbom (1993b), S. 26 f.

Folgen die Indikatoren keiner **Normalverteilung**, liefert die viel genutzte ML-Methode ebenso wie das GLS-Verfahren, die beide eine Multinormalverteilung der Variablen voraussetzen, keine präzisen Schätzergebnisse.[287] In diesem Fall bietet sich eine Verwendung des WLS-Verfahrens an, das in Verbindung mit einer Kovarianzmatrix als Dateninput in der Lage ist,

---

[286] Zur Verwendung dieser Schätzverfahren in der nationalen und internationalen Marketingforschung vgl. Homburg/Baumgartner (1995a), S. 1101 f.
[287] Vgl. Backhaus/Erichson/Plinke/Weiber (2000), S. 493.

auch bei beliebigen Verteilungen asymptotisch effiziente Schätzungen[288] sicherzustellen.[289] Die Erzeugung der erforderlichen Kovarianzmatrix setzt jedoch bei beispielsweise 28 beobachtbaren Variablen[290] einen **Stichprobenumfang** von n = 378 als absolutes Minimum voraus. Die von *Jöreskog/Sörbom* empfohlene Mindestfallzahl beläuft sich bereits auf n = 1.218,[291] wobei verschärfend hinzu kommt, dass die Ermittlung der zur Verfügung stehenden Stichprobengröße zwingend unter fallweisem Ausschluss fehlender Beobachtungswerte erfolgen muss.[292] Wird dieser Stichprobenumfang nicht erreicht, empfiehlt sich bei nicht-normalverteilten Variablen die Anwendung des verteilungsfreien ULS-Schätzers. Simulationsstudien konnten nachweisen, dass bei Stichproben von n > 100 sowie ausreichend hoher individueller Indikatorreliabilitäten das ULS-Verfahren robuste und asymptotisch effiziente Schätzergebnisse liefert.[293] Einschränkend gilt hierbei jedoch, dass AMOS im Rahmen einer ULS-Schätzung keine statistische Signifikanz der Parameterschätzungen in Form von t-Tests ausweist. Dies liegt u. a. darin begründet, dass der t-Test auf der Prämisse normalverteilter Variablen aufbaut, die gerade bei Verwendung des ULS-Schätzers als nicht gegeben zu betrachten ist. Nicht zuletzt aus diesem Grund ist auch davon auszugehen, dass eine Berechnung der χ^2-Teststatistik bei gleichzeitiger Verwendung der ULS-Schätzmethode mit verzerrten Ergebnissen verbunden ist.[294]

Vor dem Hintergrund der Tatsache, dass in der vorliegenden Untersuchung ein Großteil der erhobenen Daten als nicht normalverteilt zu betrachten ist und darüber hinaus ein im Rahmen der Datenauswertungen begrenzter Stichprobenumfang vorliegt,[295] empfiehlt sich grundsätzlich die Verwendung des verteilungsfreien **ULS-Schätzverfahrens**. Davon soll nur dann abgewichen werden, wenn entweder Angaben über die Signifikanz von Parameterschätzungen oder eine präzise Ermittlung von χ^2-Werten für den

---

[288] Eine Modellschätzung ist dann effizient, wenn bei wiederholten Schätzungen die Verteilung aller berechneten Werte eine möglichst geringe Varianz aufweist. Vgl. Urban (1993), S. 17 und S. 52.
[289] Vgl. Jöreskog/Sörbom (1989), S. 19 ff.
[290] So die Indikatorenzahl des umfangreichsten Modells dieser Arbeit. Vgl. dazu das Modell der Determinanten der Informationsakzeptanz in Abschnitt 7.3.1.
[291] Vgl. Jöreskog/Sörbom (1988), S. 2/8.
[292] Vgl. Jöreskog/Sörbom (1988), S. 3/32; dieselben (1989), S. 21.
[293] Vgl. Balderjahn (1986b), S. 4 ff.; Pfeifer/Schmidt (1987), S. 33. Zum Kriterium der Indikatorreliabilität vgl. Abschnitt 4.2.2.2.
[294] Vgl. ähnlich Arbuckle/Wothke (1999), S. 399; Jacobs (1992), S. 200; Jöreskog/Sörbom (1989), S. 27 f. Auf die χ^2-Teststatistik sowie deren Prämissen wird in Abschnitt 4.2.1.3 eingegangen.
[295] Wie noch im weiteren Verlauf der Arbeit begründet wird, erfolgt der überwiegende Teil der Datenauswertungen auf Basis der reduzierten Teilstichproben $S_1^{B/C}$ bzw. $S_2^{B/C}$. Insofern beläuft sich der zur Verfügung stehende Stichprobenumfang auf maximal n = 343 bzw. n = 299. Zur Stichprobenaufteilung sowie -größe vgl. Abschnitt 4.1.2.

Erkenntnisfortschritt der vorliegenden Arbeit zwingend erforderlich ist. In beiden Fällen erscheint eine Verwendung der ML-Methode angezeigt, die den besten Kompromiss zwischen einer Verletzung der Normalverteilungsprämisse auf der einen Seite und möglichst korrekten χ^2- bzw. t-Werten auf der anderen Seite darstellt.

4.2.1.3 Globale und lokale Kriterien zur Beurteilung der Anpassungsgüte von Strukturgleichungsmodellen

Im Anschluss an die Parameterschätzung erfolgt die **Gütebeurteilung** des zu Grunde liegenden Modells. Dabei gilt es zu klären, inwieweit eine Annäherung des auf Basis theoretischer Überlegungen postulierten Modells an die empirischen Datenstrukturen gelungen ist. Für diesen zentralen Problembereich bei der Anwendung strukturgleichungsanalytischer Verfahren stehen eine Vielzahl von Global- sowie Partialkriterien zur Verfügung.[296] Während globale Kriterien Aussagen über die Anpassungsgüte des Gesamtmodells erlauben, beziehen sich partielle Maße auf die Qualität einzelner Modellkomponenten.

Im Vorfeld einer eingehenden Beurteilung der globalen sowie lokalen Modellanpassung stellen sich jedoch zunächst die grundlegenden Probleme der **Konsistenz** sowie Identifikation von Modellschätzungen. Treten unplausible Schätzergebnisse auf, wie beispielsweise Korrelationskoeffizienten von größer als eins oder auch als Heywood-Cases bezeichnete negative Varianzschätzungen,[297] so ist dies ein Indiz für fehlerhaft spezifizierte und damit inkonsistente Modelle.[298] Eine solche Verletzung der Forderung nach Konsistenz führt selbstverständlich a priori zu einer Ablehnung des betreffenden Modells. Im Rahmen der **Identifikation** einer konsistenten Modellstruktur geht es um die Frage, ob die empirischen Daten ausreichend Informationen zur eindeutigen Bestimmung der unbekannten Parameter des Strukturgleichungssystems zur Verfügung stellen.[299] Eine allgemeingültige Bedingung, anhand derer die Identifizierbarkeit eines Modells eindeutig beurteilt werden kann, existiert bislang nicht.[300] Allerdings besteht eine notwendige, wenn auch nicht hinreichende Bedingung für die Modellidentifikation in der Forderung, dass die Anzahl der zu schätzenden Modellparameter (t) höchstens so groß sein darf wie die Anzahl an empirischen Varianzen und Kovarianzen. Nach der so genannten t-Regel gilt demnach:

---

[296] Homburg/Baumgartner (1995b), S. 165 ff. geben einen Überblick über die bei der Modellevaluation prinzipiell anwendbaren Gütemaße.
[297] Vgl. Krader (1991), S. 28; Jacobs (1992), S. 198.
[298] Vgl. Backhaus/Erichson/Plinke/Weiber (2000), S. 461.
[299] Vgl. Backhaus/Erichson/Plinke/Weiber (2000), S. 445.
[300] Zur Identifikationsproblematik vgl. ausführlich Bollen (1989), S. 88 ff.; Saris/Stronkhorst (1984), S. 131 ff.

(4) $\quad t \leq \dfrac{q(q+1)}{2}$

mit   t: Anzahl der zu schätzenden Parameter
      q: Anzahl der Indikatorvariablen

Mit Schwierigkeiten behaftet ist jedoch nicht nur eine Beurteilung der Identifizierbarkeit eines Modells, sondern auch die konkrete Auswahl der Kriterien, die zur Evaluation der Anpassungsgüte identifizierter und konsistenter Modelle heranzuziehen sind.[301] Dies liegt u. a. darin begründet, dass in der Literatur eine kaum noch überschaubare Fülle von globalen und lokalen Anpassungsmaßen diskutiert wird. Die folgenden Darstellungen konzentrieren sich daher auf die wesentlichen Kriterien, die im Rahmen der vorliegenden Untersuchung zum Einsatz gelangen sollen. Hierzu zählen im Einzelnen folgende **Globalkriterien**:[302]

- Der Chi-Quadrat-Test (χ^2-Teststatistik),

- der Goodness-of-Fit Index (GFI),

- der Ajusted Goodness-of-Fit Index (AGFI),

- der Normed-Fit Index (NFI) sowie

- das Root-Mean-Square Residual (RMR).

Mit Hilfe des χ^2-**Maßes** kann die Nullhypothese überprüft werden, welche besagt, dass sich die reproduzierte Kovarianzmatrix nicht von der empirischen Kovarianzmatrix unterscheidet. Das Ziel bei der Anwendung dieser Likelihood-Ratio-Teststatistik besteht damit nicht in der sonst angestrebten Ablehnung der Nullhypothese, sondern vielmehr darin, einen möglichst niedrigen χ^2-Wert zu erreichen, der bei den üblichen Signifikanzniveaus statistisch nicht signifikant ist. Obwohl damit theoretisch eine inferenzstatistische Beurteilung der globalen Anpassungsgüte von Modellen möglich ist, weisen *Jöreskog/Sörbom* wie auch andere Autoren explizit auf die Probleme bei der Anwendung des χ^2-Maßes als Gütekriterium hin.[303] Hierbei wird zum einen angeführt, dass die Höhe des χ^2-Werts positiv von der Stichprobengröße abhängt, also stichprobenvariant ist. Bei einem großen Sample können sich daher schon kleine Unterschiede zwischen reproduzierter und empirischer Kovarianzmatrix als signifikant erweisen.[304] Aus diesem Grund empfiehlt es sich, den χ^2-Wert nicht als strenge Teststatistik zu interpretieren, sondern höchstens als deskriptives Anpassungsmaß in dem Sinne zu verwenden, dass ein niedriger (hoher) χ^2-Wert bezogen auf die Anzahl der Freiheitsgrade auf eine gute (schlechte)

---

[301] Vgl. Fritz (1995), S. 123.
[302] Vgl. Backhaus/Erichson/Plinke/Weiber (2000), S. 465 ff.; Fritz (1995), S. 125 ff.
[303] Vgl. Bentler/Bonett (1980), S. 591 f.; Homburg/Baumgartner (1995b); S. 166; Jöreskog/Sörbom (1993a), S. 26.
[304] Darauf weist auch Hildebrandt (1983), S. 96 hin.

globale Modellanpassung hindeutet.[305] Zum anderen muss auch beachtet werden, dass eine korrekte Berechnung des χ^2-Maßes nur bei einer multivariaten Normalverteilung der beobachtbaren Variablen sichergestellt ist. Nicht zuletzt deshalb sprechen auch *Arbuckle/Wothke* dem χ^2-Wert grundsätzlich die Eignung als globales Gütemaß zur Beurteilung von Modellschätzungen auf Basis des verteilungsfreien ULS-Verfahrens ab.[306]

Vor dem Hintergrund dieser Einschränkungen soll in der vorliegenden Arbeit die Relation aus χ^2-Wert und Anzahl der Freiheitsgrade lediglich aus Gründen der Vollständigkeit dokumentiert werden, wobei eine Verletzung des üblicherweise geforderten Schwellenwertes von 5 keine zwingende Ablehnung des Modells zur Folge hat.[307] Eine Ausnahme von dieser rein deskriptiven Verwendung des χ^2-Maßes wird jedoch bei einem Vergleich von hierarchischen Strukturgleichungsmodellen auf Basis von χ^2**-Differenzen** gemacht. Im Rahmen dieser Analyse wird ein allgemeines Modell mit einem zweiten, restriktiveren Modell verglichen, welches mehr Freiheitsgrade bzw. weniger zu schätzende Parameter aufweist. Da die Verzerrungen die χ^2-Werte des allgemeinen und des restringierten Modells in etwa im gleichen Umfang betreffen, kann die χ^2-Differenz als relativ unverzerrt angesehen werden. Wird nun die Differenz der χ^2-Werte zweier solcher Modelle in Relation zur Differenz der Freiheitsgrade gesetzt, lässt sich ermitteln, ob sich durch Einführung der Restriktion eine signifikante Verschlechterung der Modellanpassung ergibt. In diesem Fall soll die χ^2-Differenz als Teststatistik eingesetzt werden,[308] wobei sich auf Grund der Hinweise von *Arbuckle/Wothke* für die Berechnung möglichst exakter χ^2-Werte die Verwendung eines ML- anstatt ULS-Schätzverfahrens empfiehlt.

Weniger problematisch gestaltet sich dagegen die Anwendung der übrigen globalen Gütemaße. Der **GFI** misst die relative Menge an Varianz und Kovarianz in der Stichprobe, der das Modell insgesamt Rechnung trägt. Im Gegensatz zum GFI berücksichtigt der **AGFI** die Anzahl der Freiheitsgrade und vermeidet so das Problem, dass durch das bloße Hinzufügen von weiteren Modellparametern automatisch eine Verbesserung der globalen Modellgüte indiziert wird. Beide Gütekriterien können Werte von null bis eins annehmen, wobei die Anpassungsgüte umso höher ist, je näher die Ausprägungen an eins heranreichen. Entsprechend den Empfehlungen der relevanten Literatur können dabei Werte über 0,9 als ausreichend angesehen werden.[309] Im Gegensatz zu GFI und AGFI misst der **RMR** die durchschnittliche Restvarianz bei der Anpassung der Varianz- und Kovarianzmatrizen und sollte daher möglichst kleine

---

[305] Vgl. Balderjahn (1986a), S. 109; Jöreskog/Sörbom (1993a), S. 121 f.
[306] Vgl. Arbuckle/Wothke (1999), S. 399 sowie die Ausführungen in Abschnitt 4.2.1.2.
[307] Vgl. u. a. Balderjahn (1986a), S. 140; Fritz (1995), S. 140. Homburg (1998), S. 90 legt dagegen einen etwas strengeren Maßstab mit einer maximal zulässigen Relation von 3:1 an.
[308] Zum χ^2-Differenztest vgl. Balderjahn (1998), S. 371 ff.; Homburg/Dobratz (1992), S. 123 f.
[309] Vgl. Fritz (1995), S. 126; Homburg/Baumgartner (1995b), S. 167 und S. 172.

Werte annehmen. Üblicherweise wird dabei ein Wert von kleiner 0,1 gefordert.[310] Als letztes globales Gütemaß soll auch der **NFI** zur Anwendung kommen. Hierbei handelt es sich um ein inkrementelles Anpassungsmaß, d. h. die Güte eines konkreten Modells wird anhand eines Vergleichs mit einem Basismodell - dem so genannten Nullmodell - beurteilt. Für diesen auf einen Wertebereich von null bis eins normierten Index gelten Werte nahe eins als erstrebenswert, wobei 0,9 als kritischer Schwellenwert empfohlen wird.[311]

Ein guter globaler Modellfit kann auch dann vorliegen, wenn einige Teilkomponenten des Modells eine schlechte Anpassung aufweisen. Deshalb ist es erforderlich, die erläuterten globalen Anpassungsmaße um **lokale Gütekriterien** zu ergänzen. Hierbei sind folgende drei Reliabilitäts- und Validitätsmaße von Bedeutung:[312]

- Die Indikatorreliabilität (ρ_x),
- die Faktorreliabilität (ρ_c) sowie
- die durchschnittlich erfasste Varianz (ρ_v).

Die **Indikatorreliabilität** stellt ein Bestimmtheitsmaß dar und umfasst den Anteil an Varianz des jeweils gemessenen Indikators, der zur Erfassung der zugeordneten latenten Variablen zur Verfügung steht.[313] Folgerichtig fällt die Indikatorreliabilität umso höher aus, je kleiner die Varianz des einer Indikatorvariablen zugeordneten Messfehlers im Verhältnis zur gemessenen Varianz des Indikators ist. Auf Grund der starken Stichprobenabhängigkeit des Bestimmtheitsmaßes liegen keine pauschalen Empfehlungen hinsichtlich kritischer Werte für eine ausreichende Indikatorreliabilität vor. In Simulationsstudien zeigte sich, dass bei einem Stichprobenumfang von n = 100 bis n = 400 Indikatorreliabilitäten von 0,4 bis 0,6 bereits ausreichen, um instabile Modellschätzungen zu vermeiden.[314] Demzufolge kann vor dem Hintergrund des zur Verfügung stehenden Stichprobenumfangs ein Wert von 0,4 als ausreichend für die vorliegende Untersuchung erachtet werden.

Im Gegensatz zu den individuellen Indikatorreliabilitäten beziehen sich die **Faktorreliabilität** sowie die **durchschnittlich erfasste Varianz** auf die Gesamtheit aller Indikatoren, die einer latenten Variablen zugeordnet werden. Diese beiden Partialkriterien werden im Rahmen einer

---

[310] Vgl. Fritz (1995), S. 126. Homburg/Baumgartner (1995b), S. 167 gehen indes von einem Schwellenwert von 0,05 aus, der allerdings nur für den normierten RMR zu fordern ist.
[311] Vgl. Bentler/Bonett (1980), S. 588 ff., die auch die mathematische Struktur des NFI erläutern.
[312] Vgl. Homburg (1998), S. 88.
[313] Vgl. Balderjahn (1986a), S. 117.
[314] Vgl. Balderjahn (1986a), S. 108; Boomsma (1982), S. 156 ff.

AMOS-Prozedur nicht automatisch ausgewiesen, sondern sind nachträglich gemäß folgender Formeln zu berechnen:[315]

(5) $$\rho_c = \frac{\left(\sum_{i=1}^{q} \lambda_i\right)^2}{\left(\sum_{i=1}^{q} \lambda_i\right)^2 + \sum_{i=1}^{q} \text{var}(\delta_i)}$$

(6) $$\rho_v = \frac{\sum_{i=1}^{q} \lambda_i^2}{\sum_{i=1}^{q} \lambda_i^2 + \sum_{i=1}^{q} \text{var}(\delta_i)}$$

mit
ρ_c: Faktorreliabilität einer latenten Variablen
ρ_v: Durchschnittlich erfasste Varianz einer latenten Variablen
λ_i: Faktorladung der Indikatorvariablen i einer latenten Variablen
q: Anzahl der Indikatorvariablen einer latenten Variablen
δ_i: Messfehler der Indikatorvariablen i
var: Varianz

Diese beiden Partialmaße können Werte zwischen null und eins annehmen. Hohe Werte lassen dabei auf eine gute lokale Anpassung der latenten Variablen schließen, wobei in der Regel für die durchschnittlich erfasste Varianz ein Wert größer als 0,5 als ausreichend erachtet wird. Der üblicherweise geforderte Schwellenwert für die Faktorreliabilität liegt mit 0,6 etwas darüber.[316]

Abb. 8 gibt die erläuterten globalen sowie lokalen **Anpassungsmaße** zusammenfassend wieder, die in der vorliegenden Arbeit zur Evaluierung von Strukturgleichungsmodellen herangezogen werden sollen. Darüber hinaus sind auch die genannten kritischen Werte aufgeführt, welche sich in der gängigen Forschungspraxis als Faustregeln weitgehend etabliert haben. Dabei ist jedoch zu beachten, dass diese Schwellenwerte nicht als Falsifikationskriterien in einem strengen Sinne verstanden werden dürfen; vielmehr signalisieren die Ausprägungen der Gütekriterien eine bessere oder schlechtere Anpassung an die empirischen Datenstrukturen.

---

[315] Vgl. Balderjahn (1986a), S. 118; Fornell/Larcker (1981), S. 45 f.
[316] Generell muss jedoch auch hier angemerkt werden, dass eine pauschale Angabe von Mindestwerten problematisch ist. Vgl. Bagozzi/Baumgartner (1994), S. 403. Bei der Festlegung eines Schwellenwertes für die Faktorreliabilität wird den Empfehlungen von Bagozzi/Yi (1988), S. 82, gefolgt. Der Mindestwert von 0,5 für die durchschnittlich erfasste Varianz wird von Homburg/Baumgartner (1995b), S. 172 empfohlen und bringt damit die Forderung zum Ausdruck, dass der auf die Messkomposition zurückgehende Varianzanteil zumindest größer sein sollte als der Varianzanteil der entsprechenden Messfehler.

Vor diesem Hintergrund soll die endgültige Entscheidung über die Annahme bzw. Ablehnung eines Modells wie folgt getroffen werden:[317]

1. Ein Modell wird abgelehnt, wenn Indizien dafür vorliegen, dass die beiden Vorbedingungen der Konsistenz sowie Identifizierbarkeit bei der Modellschätzung nicht erfüllt sind.

2. Ein identifiziertes und konsistentes Modell wird ebenfalls abgelehnt, wenn eines der genannten Globalkriterien keine ausreichenden Ausprägungen aufweist. Davon ausgenommen ist jedoch das normierte χ^2-Maß, welches auf Grund der erläuterten Einschränkungen lediglich ergänzend als rein deskriptives Maß Berücksichtigung findet.

3. Liegt eine ausreichende globale Anpassung des Modells vor, folgt eine Prüfung der partiellen Gütemaße. Angesichts der Komplexität von Strukturgleichungsmodellen kann es dabei jedoch nicht darum gehen, dass alle Kriterien gleichzeitig erfüllt sein müssen. Vielmehr entscheidet der Gesamteindruck der lokalen Anpassungsgüte, wobei häufig in der Forschungspraxis ein Modell erst dann abgelehnt wird, wenn mehr als 50 % der Partialmaße nicht erfüllt werden.[318] Dieses Richtmaß soll auch für die vorliegende Arbeit übernommen werden.

---

[317] Diese Vorgehensweise orientiert sich an Fritz (1995), S. 140 ff.
[318] Vgl. u. a. Fritz (1995), S. 142; Korte (1995), S. 194; Peter (1997), S. 150.

Empirische Grundlagen

Globalkriterien

→ Konsistenz und Identifikation als Vorbedingungen

- GFI $> 0,9$
- AGFI $> 0,9$
- NFI $> 0,9$
- RMR $< 0,1$

→ Geforderter Erfüllungsgrad der Globalkriterien 100 %

Partialkriterien

- Indikatorreliabilität (ρ_x) $> 0,4$
- Faktorreliabilität (ρ_c) $> 0,6$
- Durchschnittlich erfasste Varianz (ρ_v) $> 0,5$

→ Geforderter Erfüllungsgrad der Partialkriterien > 50 %

Abb. 8: Globale und lokale Gütekriterien zur Beurteilung der Anpassungsgüte von Strukturgleichungsmodellen
Quelle: Eigene Darstellung

4.2.2 Methodische Aspekte im Rahmen der deskriptiven Analysen

4.2.2.1 Grundsätzliche Überlegungen zur Operationalisierung von Konstrukten

Die im Rahmen der linearen Strukturgleichungsanalyse berücksichtigten Größen sind - wie bereits erwähnt - keine konkret in der Umwelt beobachtbaren Variablen, sondern stellen latente Konstrukte dar, die erst durch eine **Operationalisierung** einen empirischen Bezug erhalten. Ziel dieser empirisch-deskriptiv orientierten Forschungsaufgabe ist es, für das interessierende Konstrukt beobachtbare Variablen, d. h. Indikatoren bzw. manifeste Variablen zu identifizieren und diese in eine adäquate Beziehung zu dem in Frage stehenden Konstrukt zu setzen.[319] Die

---

[319] Vgl. Bagozzi/Phillips (1982), S. 465. Hinsichtlich der Art bzw. Richtung der Relation von Indikatoren zu dem betreffenden Konstrukt können grundsätzlich zwei Fälle unterschieden werden: Wird ein Konstrukt als eine reine Verdichtung der Indikatorinformationen, d. h. als Funktion seiner Indikatoren interpretiert, so ist von formativen Indikatoren die Rede. Dieser Vorgehensweise liegt die Annahme einer fehlerfreien Messung des Konstrukts zu Grunde. In der empirischen Sozialforschung wird jedoch zumeist davon ausgegangen, dass sich die zahlreichen Quellen von Messfehlern nicht beseitigen lassen. Vor diesem Hintergrund kommt der zweiten Kategorie von Indikatoren - den so genannten reflektiven Indikatoren - eine weitaus größere Bedeutung in der Forschungspraxis zu. Diese basieren auf der Überlegung, dass es sich bei der Erfassung von Indikatoren um

Gesamtheit der ein Konstrukt wiedergebenden Indikatoren wird dabei auch als Messmodell bzw. -instrument bezeichnet.

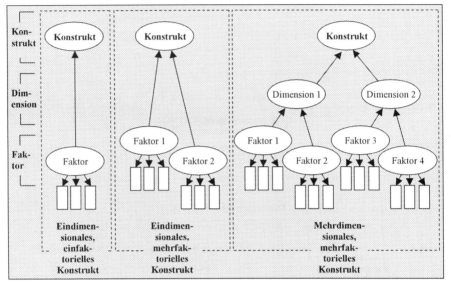

Abb. 9: Beispiele für mögliche Faktorenstrukturen und Dimensionalitäten von Konstrukten
Quelle: In Anlehnung an Homburg/Giering (1996), S. 6.

In diesem Zusammenhang können die für latente Konstrukte entwickelten **Messmodelle** hinsichtlich ihrer Faktorenstruktur sowie Dimensionalität folgendermaßen kategorisiert werden (siehe Abb. 9): Bei einem einfaktoriellen Messansatz entspricht das Konstrukt genau einem Faktor, d. h. alle beobachtbaren Variablen lassen sich direkt auf der Ebene des Konstrukts verdichten. Hingegen wird ein mehrfaktorielles Konstrukt mit Hilfe von zwei oder mehreren, voneinander abgrenzbaren Faktoren repräsentiert.[320] Dabei können zwei weitere Unterfälle

---

fehlerbehaftete Messungen des zugehörigen Konstrukts handelt. Vgl. Bagozzi (1979), S. 16 ff.; Bagozzi/Fornell (1982), S. 34 ff.; Homburg (1998), S. 67 f. In diesem Zusammenhang bemängeln Diamantopoulos/Winklhofer (2001) allerdings die häufig automatische und geradezu inflationäre Anwendung reflektiver Operationalisierungsansätze in der Forschungspraxis und plädieren für eine verstärkte Berücksichtigung formativ gebildeter Indizes. Ferner kommen die Autoren zu dem Schluss, dass "... several marketing constructs currently operationalized by means of reflective indicators would be better captured if approached from a formative perspective." Diamantopoulos/Winklhofer (2001), S. 274. Bei den im Rahmen dieser Arbeit berücksichtigten Konstrukten handelt es sich jedoch ausschließlich um psychographische Konstrukte, deren Messung die Berücksichtigung von Messfehlern erfordert. Daher erscheint im vorliegenden Fall eine Operationalisierung der Konstrukte anhand reflektiver Indikatoren als geeigneter.

[320] Vgl. Homburg/Giering (1996), S. 6.

differenziert werden: Kann jeder Faktor einer einzigen theoretischen Dimension des Konstrukts zugeordnet werden, so liegt der Fall eines eindimensionalen, mehrfaktoriellen Konstrukts vor. Existieren dagegen mehr als eine theoretische Dimension und bestehen diese ihrerseits aus mehreren Faktoren, wird von einem mehrdimensionalen, mehrfaktoriellen Konstrukt gesprochen.[321]

Die Güte des Messmodells eines Konstrukts lässt sich im Wesentlichen anhand der Reliabilität sowie Validität der Operationalisierung beurteilen.[322] Die **Reliabilität** beschreibt die formale Genauigkeit der Messung.[323] Präziser ausgedrückt stellen die einzelnen Indikatoren dann ein reliables Messinstrument des betreffenden Konstrukts dar, wenn ein wesentlicher Anteil ihrer Varianz durch die Assoziationen mit dem Konstrukt erklärt wird und somit ein geringer Einfluss zufälliger Messfehler gegeben ist.[324]

Die **Validität** bezeichnet dagegen die konzeptionelle Richtigkeit einer Messung und drückt damit aus, inwieweit ein Messinstrument den durch das betreffende Konstrukt bezeichneten Sachverhalt auch tatsächlich misst.[325] Folgerichtig ist eine Messung dann valide, wenn sie nicht nur frei von unsystematischen, sondern auch systematischen Fehlereinflüssen ist.[326] Aufbauend auf diesem grundsätzlichen Verständnis finden sich in der Literatur unterschiedliche Validitätsaspekte,[327] wobei im Hinblick auf die in der vorliegenden Arbeit zu untersuchenden Sachverhalte insbesondere die Inhalts-, die Konvergenz- sowie die Diskriminanzvalidität von Relevanz sind:[328]

- **Inhaltsvalidität** bezeichnet den Grad, zu dem die Indikatoren eines Messmodells dem inhaltlich-semantischen Bedeutungsbereich des zu messenden Konstrukts angehören und dieses zugleich in allen relevanten Facetten abdecken.[329] Die Überprüfung dieses Validitätskonzeptes erfolgt häufig über eine rein qualitative Beurteilung des Messinstruments. Dabei wird der Prozess, der zur Entwicklung des Messkonzeptes geführt hat, nachträglich bewertet.[330] *Homburg* vertritt allerdings die Meinung, dass die Inhaltsvalidität darüber

---

[321] Vgl. Bagozzi/Fornell (1982), S. 28 ff.; Homburg/Giering (1996), S. 6.
[322] Vgl. Carmines/Zeller (1979), S. 11; Peter (1979), S. 6.
[323] Vgl. Berekhoven/Eckert/Ellenrieder (1999), S. 87.
[324] Vgl. Homburg/Giering (1996), S. 6.
[325] Vgl. Homburg (1998), S. 70; Kromrey (1998), S. 169 f.
[326] Vgl. Churchill (1979), S. 65; Kinnear/Taylor (1991), S. 830.
[327] So identifiziert Schmidt (1996), S. 108 ff. über 20 verschiedene Validitätskonzepte.
[328] Zu diesen Validitätskonzepten vgl. auch Bagozzi/Phillips (1982), S. 467 ff.; Churchill (1979), S. 70 ff.; Hildebrandt (1984), S. 42 ff.; Peter (1981), S. 134 ff.; Zaltman/Pinson/Angelmar (1973), S. 44. Die nachfolgenden Erläuterungen zu den verschiedenen Validitätskonzepten gehen von der Beurteilung eines einfaktoriellen Konstrukts aus, können jedoch auch ohne weiteres analog auf den Fall eines mehrfaktoriellen Konstrukts übertragen werden.
[329] Vgl. Bohrnstedt (1970), S. 92.
[330] Vgl. Parasuraman/Zeithaml/Berry (1988), S. 28.

hinaus auch quantitativ auf Basis statistischer Gütemaße beurteilt werden kann und auch sollte.[331]

- **Konvergenzvalidität** liegt dann vor, wenn die Indikatoren eines Messmodells tatsächlich dasselbe Konstrukt messen.[332] Die Beurteilung dieses Kriteriums erfolgt über die Stärke der Assoziationen zwischen den Indikatorvariablen, die demselben Konstrukt zugeordnet werden; hierbei sprechen starke Beziehungen - die auch auf Basis quantitativer Kriterien ermittelt werden können - für ein hohes Maß an Konvergenzvalidität.[333]

- **Diskriminanzvalidität** beschreibt das Ausmaß, zu dem sich die Messinstrumente verschiedener Konstrukte voneinander unterscheiden.[334] Eine Evaluation dieses Validitätskriteriums orientiert sich an der Stärke der Assoziationen zwischen Indikatoren, die verschiedenen Konstrukten zugeordnet sind. Dabei wird in der Regel gefordert, dass diese schwächer sind als die Assoziationen zwischen Indikatoren, die dasselbe Konstrukt messen.[335]

Die Beurteilung der Reliabilität sowie Validität von Konstruktmessungen kann - wie bereits mehrfach angedeutet - auch auf Basis **quantitativer Kriterien** erfolgen. Die dazu geeigneten statistischen Methoden lassen sich in Anlehnung an *Homburg* in Verfahren der ersten und zweiten Generation einteilen.[336] Noch bis vor einigen Jahren wurde im Rahmen der marketingwissenschaftlichen Forschung fast ausschließlich auf Methoden der ersten Generation zurückgegriffen. Im Zuge der zunehmenden Verbreitung der linearen Strukturgleichungsanalyse beschäftigt sich die Marketingforschung jedoch auch verstärkt mit den Validierungsmöglichkeiten, die sich aus der Konfirmatorischen Faktorenanalyse ergeben. Diese Methode ist den traditionellen Ansätzen der ersten Generation in zahlreichen Belangen überlegen und wird daher als Verfahren der zweiten Generation bezeichnet.[337] Entsprechend den Empfehlungen in der Literatur soll im Rahmen der vorliegenden Arbeit bei der Evaluation der generierten Messkonzepte eine kombinierte Vorgehensweise gewählt werden, die sich Verfahren beider Generationen bedient.[338]

---

[331] Vgl. Homburg (1998), S. 121.
[332] Vgl. Bagozzi/Phillips (1982), S. 468.
[333] Vgl. Homburg (1998), S. 70.
[334] Vgl. Bagozzi/Phillips (1982), S. 469.
[335] Vgl. Bagozzi/Yi/Phillips (1991), S. 425.
[336] Vgl. Homburg (1998), S. 72.
[337] Vgl. Homburg/Giering (1996), S. 8.
[338] Vgl. Homburg (1998), S. 72 f.; Gerbing/Anderson (1988), S. 187.

4.2.2.2 Gütekriterien der ersten und zweiten Generation

Im Rahmen der vorliegenden Arbeit wird auf folgende Gütekriterien der **ersten Generation** zurückgegriffen:

- Das Cronbachsche Alpha,
- die Item to Total-Korrelation sowie
- die Explorative Faktorenanalyse.

Das **Cronbachsche Alpha** ist ein Maß für die Reliabilität im Sinne der internen Konsistenz einer Gruppe von Indikatoren, die ein Konstrukt messen.[339] Diese Größe stellt den Mittelwert aller Korrelationen dar, die sich ergeben, wenn die Indikatoren eines Konstrukts auf alle möglichen Arten in zwei Hälften geteilt und die Summen der sich jeweils ergebenden Variablenhälften anschließend miteinander korreliert werden.[340] Der Wertebereich von Cronbachs Alpha erstreckt sich dabei von null bis eins, wobei hohe Werte auf ein ausgeprägtes Maß an Reliabilität des Messinstruments schließen lassen.[341] Hinsichtlich des Schwellenwertes, ab dem ein Messkonzept als ausreichend reliabel gilt, werden üblicherweise Ausprägungen von 0,7 genannt.[342] Da die Ausprägungshöhe des Kriteriums jedoch mit steigender Anzahl der berücksichtigten Indikatoren zunimmt, können bei Messkonzepten mit wenigen Indikatoren auch geringere Werte für Cronbachs Alpha toleriert werden.[343]

Die **Item to Total-Korrelation** bezieht sich ebenfalls auf eine Gruppe von Indikatoren, die dasselbe Konstrukt messen. Dieses Reliabilitätsmaß misst die Korrelation zwischen einem Indikator und der Summe aller demselben Konstrukt zugeordneten Indikatoren.[344] Angestrebt werden dabei hohe Korrelationen, wobei diese vor allem als Kriterium für die Elimination von Indikatoren herangezogen werden: Liegt das Cronbachsche Alpha für ein Messinstrument unter dem kritischen Schwellenwert, wird der zugehörige Indikator mit der niedrigsten Item to Total-Korrelation eliminiert und so die Reliabilität des Messkonzepts erhöht.[345]

Die **Explorative Faktorenanalyse** dient im Kontext der Operationalisierung von Konstrukten vor allem einer Prüfung der Validität eines Messinstruments. Mit ihrer Hilfe kann eine Menge

---

[339] Vgl. Nunnally (1978), S. 229 ff.
[340] Vgl. Carmines/Zeller (1979), S. 45.
[341] Vgl. Churchill (1979), S. 68.
[342] Vgl. u. a. Nunnally (1978), S. 245.
[343] Vgl. Cortina (1993), S. 101 und Peterson (1994), S. 389, der auch darauf hinweist, dass der Cronbachs-Alpha-Wert negativ von der Stichprobengröße abhängt.
[344] Vgl. Homburg (1998), S. 86.
[345] Vgl. Churchill (1979), S. 68; Homburg (1998), S. 86.

von Indikatoren auf die zu Grunde liegende Faktorenstruktur untersucht werden, wobei diesbezüglich eine Formulierung von Hypothesen - im Gegensatz zu der noch zu erläuternden Konfirmatorischen Faktorenanalyse - nicht erforderlich ist.[346] Nach der explorativen Verdichtung der Indikatoren zu Faktoren lassen sich erste Aussagen über die Konvergenz- und Diskriminanzvalidität des Messkonzeptes treffen. Dabei ist zu fordern, dass alle Indikatoren auf einen Faktor ausreichend hoch laden (> 0,4), während sie im Hinblick auf die anderen Faktoren deutlich niedrigere Faktorladungen aufweisen. Zudem sollte durch den extrahierten Faktor ein hohes Maß an Varianz der Indikatorvariablen erklärt werden, wobei in der Regel ein Mindestwert von 50 % gefordert wird.[347]

Die hier skizzierten Reliabilitäts- und Validitätskriterien der ersten Generation weisen jedoch einige sehr restriktive Annahmen auf, die Anlass zur **Kritik** bieten.[348] So unterstellt etwa das Cronbachsche Alpha, dass alle Indikatoren, die denselben Faktor messen, die gleiche Reliabilität aufweisen.[349] Folglich ist eine differenzierte Reliabilitätsbetrachtung unter Berücksichtigung von etwaigen Messfehlern nicht möglich. Zudem geht das Reliabilitätsmaß explizit von unabhängigen Messmodellen aus und erlaubt daher keine tiefergehende Analyse der Faktorenstruktur eines Konstrukts.[350] Ein weiterer Kritikpunkt bezieht sich auf die Beurteilung von Validitäts- und Reliabilitätsaspekten, die im Rahmen der Anwendung von Verfahren der ersten Generation im Wesentlichen auf Faustregeln und nicht auf inferenzstatistischen Prüfungen beruht.[351]

Hinsichtlich dieser Schwachstellen erweist sich eine Güteprüfung auf Basis der Konfirmatorischen Faktorenanalyse als überlegen. Dieses Verfahren der **zweiten Generation** stellt einen Spezialfall des bereits erläuterten allgemeinen Ansatzes der Strukturgleichungsanalyse dar und ermöglicht eine Prüfung von Hypothesen über die Faktoranzahl eines Konstrukts, über die Beziehung zwischen den verschiedenen Messebenen eines Konstrukts sowie über die Faktoren-Indikatoren-Beziehung. Insofern geht die Konfirmatorische Faktorenanalyse im Gegensatz zu ihrer explorativen Variante von a priori-Annahmen über die Datenstrukturen aus und stellt nicht auf deren Entdeckung, sondern Überprüfung ab.[352]

Ob ein Messmodell ausreichend reliabel sowie valide ist, lässt sich im Rahmen der **Konfirmatorischen Faktorenanalyse** anhand der bereits in Abschnitt 4.2.1.3 vorgestellten lokalen sowie globalen Gütemaße zur Evaluation allgemeiner Strukturgleichungsmodelle untersuchen.

---

[346] Vgl. Backhaus/Erichson/Plinke/Weiber (2000), S. 253 ff.
[347] Vgl. Homburg/Giering (1996), S. 8; Peter (1997), S. 179.
[348] Vgl. u. a. Bagozzi/Phillips (1982), S. 468; Gerbing/Anderson (1988), S. 188.
[349] Vgl. Gerbing/Anderson (1988), S. 190.
[350] Vgl. ähnlich Krafft (1995), S. 259.
[351] Vgl. Gerbing/Anderson (1988), S. 189.
[352] Vgl. Fritz (1995), S. 145.

Empirische Grundlagen 91

Während sich die individuellen Indikatorreliabilitäten naheliegenderweise auf die Reliabilität der einzelnen beobachtbaren Variablen beziehen, können die Faktorreliabilität sowie die durchschnittlich erfasste Varianz als ein Maß für die Konvergenzvalidität einer Messkomposition aufgefasst werden. Die globalen Kriterien indizieren lediglich eine gesamthafte Güte der Messkomposition; eine klare Abgrenzung zwischen einzelnen Validitäts- sowie Reliabilitätsaspekten kann nicht vorgenommen werden. Somit verbleiben für eine vollständige Beurteilung der Qualität eines Messmodells die Aspekte der Diskriminanz- sowie Inhaltsvalidität.

Bei einfaktoriellen Konstrukten entfällt eine Überprüfung der **Diskriminanzvalidität**; liegt der Fall eines mehrfaktoriellen oder mehrdimensionalen Konstrukts vor, muss jedoch sichergestellt werden, dass die einzelnen Faktoren bzw. Dimensionen auch tatsächlich verschiedene Facetten desselben Konstrukts messen.[353] Für diese Analyse eignet sich zunächst der so genannte χ^2-**Differenztest**, der auf der Methodik der Konfirmatorischen Faktorenanalyse basiert.[354] Dabei wird in einem ersten Schritt der χ^2-Wert des betrachteten mehrfaktoriellen Messmodells ermittelt. Auf Basis dieses allgemeinen Modells wird ein abgeleitetes Modell gebildet, bei dem die Korrelation zwischen zwei Faktoren auf eins fixiert ist, d. h. es wird eine diesbezüglich einfaktorielle Struktur unterstellt. Entscheidend ist nun, ob sich durch Einführung dieser Restriktion die Anpassungsgüte des abgeleiteten Modells signifikant verschlechtert. Dazu wird die Differenz aus beiden χ^2-Werten berechnet, die auf der Basis einer χ^2-Verteilung mit einem Freiheitsgrad zu beurteilen ist. Somit ist das spezielle, restringierte Modell zu Gunsten des allgemeineren, unrestringierten Modells auf einem 5 %-Niveau abzulehnen, falls die Differenz der beiden χ^2-Werte über 3,841 liegt. Ist dies der Fall, so kann dies als Indiz für das Vorliegen diskriminant valider Faktoren gewertet werden. Als zweites Maß zur Beurteilung der Diskriminanzvalidität kann das **Fornell-Larcker-Kriterium** herangezogen werden. Danach sind zwei Faktoren eines Messmodells dann diskriminant valide, wenn die durchschnittlich erfasste Varianz eines Faktors größer ist als jede quadrierte Korrelation dieses Faktors mit einem anderen Faktor desselben Konstrukts.[355] Zur Beurteilung der Diskriminanzvalidität soll im Rahmen der vorliegenden Arbeit das Fornell-Larcker-Kriterium ergänzend zum χ^2-Differenztest herangezogen werden.

Hinsichtlich einer quantitativen Analyse der **Inhaltsvalidität** auf Basis von Verfahren der zweiten Generation ist im Gegensatz zu den bisher erörterten Reliabilitäts- sowie Validitätsaspekten die Durchführung einer Konfirmatorischen Faktorenanalyse höherer Ordnung

---

[353] Vgl. Giering (2000), S. 86.
[354] Den χ^2-Differenztest erläutern Balderjahn (1998), S. 371 ff.; Homburg/Dobratz (1992), S. 123 f. Vgl. dazu auch die Ausführungen zur χ^2-Teststatistik in Abschnitt 4.2.1.3
[355] Vgl. Fornell/Larcker (1981), S. 46.

erforderlich. Bei diesem Verfahren - das ebenfalls im allgemeinen Ansatz der Strukturgleichungsanalyse als Spezialfall enthalten ist - wird angenommen, dass die Zusammenhänge zwischen den Faktoren erster Ordnung auf die Existenz übergeordneter, in diesem Kontext auch als Faktoren zweiter Ordnung bezeichnete Dimensionen bzw. Konstrukte zurückgeführt werden können. Somit eignet sich die Konfirmatorische Faktorenanalyse zweiter Ordnung für eine Überprüfung von Annahmen über die hierarchische Beziehungsstruktur zwischen verschiedenen Messebenen eines Konstrukts.[356] Diese Analyse erfordert jedoch die Berücksichtigung weiterer Indikatorvariablen für die Operationalisierung der Faktoren zweiter Ordnung und stellt damit zusätzliche Anforderungen an den Umfang der Datenbasis. Aus diesem Grund bleibt die quantitative Überprüfung der Inhaltsvalidität dem zentralen Konstrukt der vorliegenden Arbeit - der Online-Akzeptanz - vorbehalten. Im Hinblick auf die determinierenden sowie resultierenden Konstrukte der Online-Akzeptanz wird von einer quantitativen Evaluation der Inhaltsvalidität abgesehen und stattdessen eine qualitative Beurteilung dieses Validitätsaspekts als ausreichend erachtet.

4.2.2.3 Vorgehensweise bei der Operationalisierung von Konstrukten

Die konkrete **Vorgehensweise** zur Entwicklung eines validen und reliablen Messmodells ist in Abb. 10 im Überblick skizziert. Dieser Validierungsprozess verbindet die erläuterten Methoden der ersten sowie zweiten Generation und orientiert sich im Wesentlichen an den Ausführungen von *Homburg/Giering*.[357]

Im Detail erfolgt im Rahmen der **Untersuchungsstufe A** eine Beurteilung der gesamten Faktorenstruktur des interessierenden Konstrukts. Hierzu wird für die gesamte Indikatorenmenge eine Explorative Faktorenanalyse durchgeführt, um erste Indizien über die zu Grunde liegende Faktorenstruktur zu gewinnen. Im Vorfeld gilt es jedoch zunächst zu beurteilen, inwiefern sich die einzelnen Indikatoren für faktorenanalytische Auswertungen eignen. Dabei sind Indikatoren mit niedrigen Anti-Image-Korrelationen primäre Eliminationskandidaten, um unbefriedigende Werte des Bartlett-Tests sowie KMO-Kriteriums zu vermeiden und dadurch eine für faktorenanalytische Zwecke geeignete Ausgangsmenge an Indikatoren zu generieren.[358] Im Rahmen der eigentlichen Explorativen Faktorenanalyse bietet sich weiterhin

---

[356] Vgl. Fritz (1995), S. 146 f.
[357] Vgl. Homburg/Giering (1996), S. 5 ff.
[358] Der Bartlett-Test überprüft die Hypothese, ob die Stichprobe aus einer Grundgesamtheit entstammt, in der die Variablen unkorreliert sind. Eine Ablehnung dieser Hypothese lässt den Schluss zu, dass die Ausgangsvariablen miteinander korreliert sind und sich daher für faktorenanalytische Zwecke eignen. Als zweites Kriterium zur Beurteilung der Ausgangsdaten kann der KMO-Wert betrachtet werden. Sein Wertebereich

eine Elimination von Indikatoren an, die hohe Querladungen mit anderen Faktoren oder zu niedrige Faktorladungen (< 0,4) aufweisen bzw. inhaltlich nicht sinnvoll interpretierbar sind.

Die anschließende **Untersuchungsstufe B** widmet sich sukzessive den einzelnen Faktoren des Konstrukts, wobei für jeden Faktor alle nach der ersten Untersuchungsstufe noch verbliebenen Indikatoren betrachtet werden. Zunächst erfolgt in Untersuchungsschritt B1 die Durchführung einer weiteren Explorativen Faktorenanalyse. Von entscheidender Bedeutung ist hierbei, ob nach dem Kaiser-Kriterium tatsächlich lediglich ein Faktor extrahiert wird.[359] Nur dann kann auch von einem ausreichenden Maß an Konvergenzvalidität ausgegangen werden. Zudem ist zu fordern, dass durch diesen einen extrahierten Faktor mindestens 50 % der Varianz der Indikatorvariablen erklärt wird. Ist dies nicht der Fall, erfolgt auch hier eine Reduzierung der Indikatorenmenge, wobei es sich im Hinblick auf eine Steigerung der Varianzerklärung anbietet, zuerst Indikatoren mit geringen Faktorladungen (< 0,4) auszusondern. Im Untersuchungsschritt B2 wird sodann eine einfaktorielle Konfirmatorische Faktorenanalyse durchgeführt. Dabei kommt das in Abschnitt 4.2.1.3 skizzierte Prüfschema zur Evaluation von strukturgleichungsanalytischen Modellen zur Anwendung. Davon abweichend wird jedoch hier nicht nur eine mehrheitliche, sondern vollständige Erfüllung der lokalen Gütekriterien gefordert. Genügt eine Modellstruktur diesen verschärften Anforderungen nicht, so bedarf es erneut einer Reduktion von Messvariablen, wobei diejenigen mit den niedrigsten Indikatorreliabilitäten (< 0,4) zuerst eliminiert werden. Schließlich erfolgt in Untersuchungsstufe B3 eine Berechnung des Cronbachschen Alpha. Wird bei einer Gruppe von mehr als drei Indikatoren der entsprechende Richtwert von 0,7 unterschritten, kommt es auf Basis der niedrigsten Item-to-Total-Korrelationen zur einer Elimination von weiteren Messvariablen. Als Resultat der Untersuchungsstufe B sind die Indikatormengen für jeden einzelnen Faktor unter den Gesichtspunkten der Reliabilität und Validität bereinigt.

---

liegt zwischen null und eins, wobei ein KMO-Wert von größer 0,8 als wünschenswert gilt. Vgl. dazu vertiefend Backhaus/Erichson/Plinke/Weiber (2000), S. 267 ff.; Dziuban/Shirkey (1974), S. 358 f.; Kaiser (1970), S. 405.

[359] Die Anwendung dieses Kriteriums führt dazu, dass nur Faktoren, die Eigenwerte größer als eins aufweisen, extrahiert und weiter betrachtet werden. Vgl. Backhaus/Erichson/Plinke/Weiber (2000), S. 288.

Untersuchungsstufe A
Beurteilung der gesamten Faktorenstruktur des Konstrukts

A1: Explorative Faktorenanalyse

- Eignung der Indikatoren für faktorenanalytische Auswertungen (Bartlett-Test und KMO-Kriterium)
  → Gegebenenfalls Elimination von Indikatoren mit niedrigen Anti-Image-Korrelationen
- Einfachstruktur
  → Gegebenenfalls Elimination von Indikatoren mit niedrigen Faktorladungen (< 0,4), mit hohen Querladungen bzw. inhaltlich nicht sinnvoll interpretierbaren Faktorladungen

Untersuchungsstufe B
Beurteilung der einzelnen Faktoren des Konstrukts

B1: Explorative Faktorenanalyse

- Erklärter Varianzanteil > 0,5
  → Gegebenenfalls Elimination von Indikatoren mit niedrigen Faktorladungen (< 0,4)

B2: Konfirmat. Faktorenanalyse

- Erfüllung sämtlicher Globalkriterien
  → Gegebenenfalls Ablehnung des Messmodells für den Faktor
- Erfüllung sämtlicher Lokalkriterien
  → Gegebenenfalls Elimination von Indikatoren mit niedrigen Faktorreliabilitäten ($\rho_x < 0,4$)

B3: Cronbachs Alpha

- Mindestwert > 0,7
  → Gegebenenfalls Elimination von Indikatoren auf Basis von Item to Total-Korrelationen

Untersuchungsstufe C
Beurteilung des gesamten Messmodells des Konstrukts

C1: Konfirmat. Faktorenanalyse

- Erfüllung sämtlicher Globalkriterien
  → Gegebenenfalls Ablehnung des Messmodells für das Konstrukt
- Mehrheitliche Erfüllung der Lokalkriterien
  → Gegebenenfalls Elimination von Indikatoren mit niedrigen Faktorreliabilitäten ($\rho_x < 0,4$)

C2: χ^2-Differenz-Test

- χ^2-Differenz > 3,841
  → Gegebenenfalls Zusammenfassung hoch korrelierter Faktoren

C2: Fornell-Larcker-Kriterium

- Durchschnittlich erfasste Varianz (ρ_v) größer als jede quadrierte Korrelation mit einem anderen Faktor
  → Gegebenenfalls Zusammenfassung hoch korrelierter Faktoren

Abb. 10: Vorgehensweise bei der Operationalisierung von Konstrukten
Quelle: Eigene Darstellung in Anlehnung an Homburg/Giering (1996), S. 5 ff.

In **Untersuchungsstufe C** werden schließlich sämtliche identifizierten Faktoren gemeinsam als komplettes Messmodell des betreffenden Konstrukts untersucht. Hierzu erfolgt im Rahmen der Untersuchungsstufe C1 eine mehrfaktorielle Konfirmatorische Faktorenanalyse, wobei wiederum auf die bereits erläuterten globalen sowie lokalen Gütekriterien zurückgegriffen wird. Allerdings erscheint es in diesem komplexeren Fall als ausreichend, wenn die Partialkriterien entsprechend dem üblichen Vorgehen mehrheitlich erfüllt werden. Die Untersuchungsschritte C2 und C3 befassen sich schließlich mit der Diskriminanzvalidität. Dieser Validitätsaspekt wird für die Faktoren eines Konstrukts jeweils paarweise überprüft. Indizieren dabei der χ^2-Differenztest bzw. das Fornell-Larcker-Kriterium eng miteinander verbundene, d. h. hoch korrelierte Faktoren, erfolgt gegebenenfalls eine Zusammenlegung der entsprechenden Messkonzepte.

Mit Abschluss der Untersuchungsstufe C kann dem Messkonzept des interessierenden Konstrukts ein ausreichendes Maß an Validität sowie Reliabilität bescheinigt werden. An dieser Stelle sei allerdings noch auf folgende zwei Punkte hingewiesen: Erstens bezieht sich die vorgestellte dreistufige Vorgehensweise vornehmlich auf eine Operationalisierung eindimensionaler Konstrukte. Der komplexere Fall mehrdimensionaler Konstrukte erfordert die Durchführung einer Reihe weiterer Analysen, die jedoch im Wesentlichen auf den erläuterten Verfahren der zweiten Generation basieren. Zweitens kann bei bestimmten Konstrukten - unabhängig von deren jeweiliger Dimensionalität - nicht jeder einzelne Untersuchungsschritt durchgeführt werden. Dies ist dann der Fall, wenn die Zahl der zur Verfügung stehenden Indikatoren für eine Realisierung der einzelnen Testverfahren nicht ausreicht. Aus diesen beiden Einschränkungen resultieren Erweiterungen bzw. Modifikationen der erläuterten allgemeinen Vorgehensweise, auf die im entsprechenden Untersuchungskontext hingewiesen wird.

5 Ausmaß der Online-Akzeptanz in der Automobilwirtschaft

5.1 Konzeptualisierung eines Modells zur Erfassung des Ausmaßes der Online-Akzeptanz

5.1.1 Akzeptanzbegriff

5.1.1.1 Akzeptanzverständnis im soziologischen und betriebswirtschaftlichen Kontext

Im Gegensatz zu zahlreichen anderen Erkenntnisgrößen der Konsumentenverhaltensforschung, wie z. B. Involvement oder wahrgenommenes Kaufrisiko, gehört der Terminus '**Akzeptanz**' zu den auch im allgemeinen Sprachgebrauch fest verankerten und häufig genutzten Begriffen. Dabei bezeichnet der Akzeptanzbegriff zumeist schlagwortartig eine generell zustimmende Haltung eines Individuums bzw. einer sozialen Gruppe gegenüber dem in Frage stehenden Sachverhalt.[360]

Für die im Rahmen der vorliegenden Arbeit angestrebte empirisch-wissenschaftliche Auseinandersetzung mit der Frage nach der Akzeptanz der Online-Distribution sowie der damit verbundenen Aufgabe, ein geeignetes Messkonzept für das interessierende Phänomen zu entwickeln, ist es allerdings erforderlich, den Akzeptanzbegriff über ein umgangssprachliches und intuitives Verständnis hinaus zu präzisieren. Dieses Vorhaben wird jedoch dadurch erschwert, dass der wissenschaftlichen Verwendung dieses Terminus eine in Abhängigkeit von der jeweiligen Forschungsrichtung stark heterogene **Begriffsauffassung** zu Grunde liegt.[361] Zudem bemängeln Vertreter der Akzeptanzforschung, dass "... es nur wenige Versuche in der aktuellen Akzeptanzdiskussion [gibt], den Begriff Akzeptanz zu definieren; dies steht im Gegensatz zu der Häufigkeit seines Gebrauchs."[362] Angesichts dieses Defizits eines einheitlichen terminologischen Fundaments erscheint es sinnvoll, im Folgenden die Bandbreite möglicher Grundbedeutungen des Akzeptanzbegriffes kurz aufzuzeigen, um darauf aufbauend ein für die Problemstellung der vorliegenden Arbeit geeignetes Begriffsverständnis herauszuarbeiten. Dabei kann zunächst zwischen einer soziologischen und einer betriebswirtschaftlichen Perspektive differenziert werden.[363]

Im **soziologischen** Kontext bezeichnet die Akzeptanz die befürwortende bzw. ablehnende Haltung sozialer Einheiten gegenüber gesellschaftspolitischen Thematiken.[364] In diesem

---

[360] Ähnlich definiert der Duden, Band 5, den Akzeptanzbegriff als die Bereitschaft, etwas anzunehmen, zu billigen bzw. hinzunehmen. Vgl. Wissenschaftlicher Rat der Dudenredaktion (Hrsg.) (1997), S. 46.
[361] Vgl. Müller-Böling/Müller (1986), S. 18; Pressmar (1982), S. 324 ff.; Schönecker (1980), S. 80.
[362] Schönecker (1980), S. 51.
[363] Diese Unterscheidung nimmt auch Kollmann (1998), S. 37 ff. vor.
[364] Vgl. Döhl (1983), S. 17.

Zusammenhang sprechen *Müller/Schienenstock* auch von einer sozialen Akzeptanz, die dann vorliegt, wenn die antizipierten Auswirkungen eines kulturellen, wirtschaftlichen oder politischen Sachverhaltes mit dem übergeordneten Werte- und Zielsystem betroffener gesellschaftlicher Gruppen vereinbar sind.[365] Liegt dagegen eine Inkompatibilität vor, wird das Kollektiv der Betroffenen in der Regel die soziale Akzeptanz verweigern.[366] Die Gründe für derartige Akzeptanzengpässe werden aus einer soziologischen Perspektive heraus weniger in der Art und Ausprägung des interessierenden Sachverhaltes selbst, sondern vielmehr in den gegenwärtigen gesellschaftlichen Wertestrukturen gesucht.[367] Dementsprechend propagieren soziologische Handlungsprogramme insbesondere die gesellschaftspolitische Aufklärung als adäquates Instrument zur Überwindung von Akzeptanzkrisen.[368]

Im Gegensatz dazu liegt dem Akzeptanzbegriff **betriebswirtschaftlicher** Prägung das Verständnis zu Grunde, wonach das Werte- und Zielsystem der Betroffenen ein zumindest nicht unmittelbar veränderbares Datum darstellt und der primäre akzeptanzbeeinflussende Handlungsparameter in einer mit den mentalen sowie physischen Bedingungen des betroffenen Individuums konformen Gestaltung des betrachteten Akzeptanzsachverhaltes zu sehen ist. Dieses Akzeptanzverständnis kommt wiederum in verschiedenen betriebswirtschaftlichen Teildisziplinen - u. a. der Arbeitswissenschaft, der Organisationswissenschaft sowie der Marketingwissenschaft - zum Tragen.[369]

Die **arbeitswissenschaftlichen** Ansätze der Akzeptanzforschung sind primär von technisch-ergonomischen Fragestellungen geprägt.[370] Die Ergonomie versucht mit Hilfe naturwissenschaftlicher Untersuchungsverfahren die Zusammenhänge zwischen Technikelementen bzw. -systemen einerseits und menschlichem Arbeitsverhalten andererseits zu erklären.[371] Zielsetzung ist dabei eine möglichst bedienergerechte Gestaltung neuer Techniksysteme. Entsprechende Gestaltungsprogramme der arbeitswissenschaftlichen Akzeptanzforschung dienen einer Verminderung physischer sowie psychisch-mentaler Belastungen am Arbeitsplatz, wobei das klassische Untersuchungsfeld auf die Einführung neuer Techniken im Bereich der Bürokommunikation und der industriellen Fertigung beschränkt bleibt.[372]

---

[365] Vgl. Müller/Schienenstock (1979), S. 295 ff.
[366] Vgl. Döhl (1983), S. 17.
[367] Vgl. Kollmann (1998), S. 38 f.; Lübbe (1971), S. 32 ff.
[368] Vgl. Gellner/Croonenbroeck (1981), S. 300.
[369] Vgl. Döhl (1983), S. 111; Kollmann (1998), S. 45 ff.; Oehler (1990), S. 38 ff.
[370] Vgl. Rohmert/Rutenfranz/Luczak (1975), S. 5 ff.
[371] Vgl. Reichwald (1978), S. 25.
[372] Vgl. Oehler (1990), S. 38; Reichwald (1978), S. 25 f.

Im Rahmen **organisationswissenschaftlicher** Überlegungen wird der Akzeptanzbegriff im Zusammenhang mit der Frage nach der Verhaltenskonformität von Organisationsmitgliedern mit den Zielen und Entscheidungen einer Organisation aufgeworfen.[373] Akzeptanz bedeutet in diesem Kontext, dass "... Personen, Personengruppen und Institutionen unter bestimmten Umständen die Entscheidung dominierender Interessengruppen ... in verschiedener Weise tolerieren."[374] Die Tolerierung einer organisationalen Entscheidung kann nach Maßgabe der Kongruenz mit den individuellen Zielsetzungen der betroffenen Mitarbeiter einer erzwungenen, gleichgültigen oder freiwilligen Akzeptanz entsprechen und damit entweder Duldung oder Zustimmung bedeuten.[375] *Stachelsky* weist zu Recht darauf hin, dass dieses organisationstheoretische Akzeptanzverständnis nicht nur innerhalb eines Unternehmens von Relevanz ist, sondern generell auf Situationen mit hierarchischen Über- bzw. Unterordnungsverhältnissen übertragen werden kann. Dementsprechend spricht er auch vom Ansatz der hierarchischen Akzeptanzforschung, in dessen Mittelpunkt die Untersuchung von Ausprägungen sowie Bedingungen der Zustimmung eines Individuums zu einer Entscheidung eines übergeordneten Entscheidungsträgers steht.[376]

Schließlich kann aus **marketingwissenschaftlicher** Sicht die Akzeptanz vereinfachend als eine Annahme von Innovationen durch den Konsumenten verstanden werden.[377] Basierend auf einer Untersuchung der umwelt-, innovations- sowie konsumentenspezifischen Faktoren, die eine Annahme bzw. Ablehnung von Neuheiten am Markt begünstigen, versucht die marketingwissenschaftlich geprägte Akzeptanzforschung Konzepte für die Optimierung und Durchsetzung von Innovationen zu entwickeln.[378] Es ist offensichtlich, dass ein derartiges Akzeptanzverständnis, welches den Konsumenten in den Mittelpunkt der Betrachtung stellt und eine mit dessen Bedürfnissen konforme Gestaltung des Erkenntnisobjektes impliziert, ein gegenüber den aufgezeigten sozial-, arbeits- sowie organisationswissenschaftlichen Begriffsauffassungen adäquateres Erklärungspotenzial für die Problemstellung der vorliegenden Arbeit bereithält. Daher soll den weiteren Ausführungen ein marketingwissenschaftliches Akzeptanzverständnis zu Grunde gelegt werden.

---

[373] Vgl. Schönecker (1980), S. 80; Stachelsky (1983), S. 46 f.; Vorwerk (1994), S. 51 f.
[374] Schmidt (1969), S. 106.
[375] Vgl. Schmidt (1969), S. 107.
[376] Vgl. Stachelsky (1983), S. 47 f.
[377] Vgl. Döhl (1983), S. 111; Kollmann (1998), S. 48; derselbe (1999), S. 125; Meffert (1976), S. 77 f.; Stachelsky (1983), S. 47.
[378] Vgl. Döhl (1983), S. 111; Kollmann (1999), S. 126; Reichwald (1978), S. 27.

5.1.1.2 Akzeptanzbegriff im marketingwissenschaftlichen Kontext

Die allgemein gehaltene Interpretation des Akzeptanzphänomens als Annahme von Innovationen am Markt erfährt in den meisten Marketing-Beiträgen zur Akzeptanzforschung eine weitere Präzisierung, wobei die konkrete Definition maßgeblich durch die Charakteristika der jeweils betrachteten **Akzeptanzobjekte** geprägt ist.[379] Diese zeichnen sich zum einen durch einen hohen subjektiven Neuartigkeitsgrad aus und qualifizieren sich insofern nicht auf Basis objektiv vorhandener Eigenschaften, sondern erst durch die Leistungswahrnehmung der Konsumenten als Innovation.[380] Zum anderen handelt es sich dabei fast ausschließlich um Gebrauchs- bzw. Nutzungsgüter, welche Konsumenten grundsätzlich über mehrere Nutzungssituationen hinweg zur Verfügung stehen und nicht wie Verbrauchsgüter in einem einmaligen Konsumakt untergehen.[381] Insofern kann das Akzeptanzphänomen in der absatzwissenschaftlichen Auslegung präziser ausgedrückt auch als eine nachhaltige Nutzung von subjektiv als neuartig wahrgenommenen Objekten verstanden werden.[382]

Eine eingehende Betrachtung der als innovative Nutzungsgüter charakterisierten Erkenntnisobjekte zeigt, dass sich sowohl in thematischer als auch chronologischer Sicht drei zentrale **Forschungsschwerpunkte** der marketingwissenschaftlichen Akzeptanzforschung herausbilden: Die Untersuchung der Akzeptanz im Bereich Bürokommunikation, Bildschirmtext sowie multimedialer Informationssysteme.

Der erste und von einigen Autoren auch schlechthin als die Akzeptanzforschung bezeichnete Schwerpunkt liegt auf der Untersuchung innovativer Technologien der **Bürokommunikation**.[383] Entscheidende Impulse für diesen Forschungsansatz gingen von

---

[379] Vgl. Kollmann (1999), S. 126; Rengelshausen (2000), S. 71; Vorwerk (1994), S. 60.

[380] Die Betonung der subjektiven Wahrnehmung als konstituierendes Merkmal von Innovationen findet sich u. a. in Rogers' Definition der Innovation als "... an idea, practice, or object that is perceived as new by an individual or other unit of adoption ..". Rogers (1995), S. 11. Für weitere bzw. alternative konstituierende Elemente vgl. die Übersicht bei Hauschildt (1997), S. 3 ff. Eine ausführliche Diskussion des Innovationsbegriffes findet sich u. a. bei Böcker/Gierl (1988), S. 33; Pechtl (1991), S. 5; Pohl (1996), S. 17 ff.; Schönecker (1980), S. 16 ff.

[381] Zur Unterscheidung zwischen Verbrauchs- und Gebrauchsgütern vgl. Altmann (1997), S. 27 f. Auf die Besonderheiten von Nutzungsgütern, die einen Sonderfall klassischer Gebrauchsgüter darstellen, geht Kollmann (1998), S. 12 ff. ein.

[382] In diesem Punkt manifestiert sich auch der wesentliche Unterschied zur inhaltlich eng verwandten Adoptionsforschung. Dieser Forschungszweig verfolgt zwar das gleiche Erklärungsziel wie die marketingwissenschaftliche Akzeptanzforschung, interpretiert aber im Gegensatz zu dieser die zu erklärende Größe als eine Annahme oder Ablehnung eines innovativen Produktes. Vgl. beispielsweise Krafft/Litfin (2002), S. 69 ff.; Litfin (2000), S. 100 ff. Dementsprechend wird die Adoption zumeist als eine binäre Variable modelliert, wohingegen die Messung des Akzeptanzphänomens - wie die weiteren Ausführungen zeigen werden - einen mehrdimensionalen Operationalisierungsansatz erfordert. Zur Adoptionsforschung vgl. vertiefend die Ausführungen in Abschnitt 7.1.2.1.

[383] Vgl. Döhl (1983), S. 109; Oehler (1990), S. 35.

Reichwald Ende der Siebziger Jahre aus.[384] Sein heuristischer Untersuchungsansatz setzt sich zum Ziel, die Gründe für die Akzeptanz neuer Bürokommunikationstechnologien von Anwendern[385] zu erfassen und zu systematisieren.[386] Im Zentrum des von ihm postulierten Bezugsrahmens steht die Konkretisierung der Akzeptanz "... als die Bereitschaft eines Anwenders, in einer konkreten Anwendungssituation das vom Techniksystem angebotene Nutzungspotenzial aufgabenbezogen abzurufen."[387] Als primäre Einflussgrößen der Handlungsbereitschaft eines Anwenders zur Techniknutzung identifiziert *Reichwald* die Merkmale des Anwenders, des organisationalen Umfelds sowie der neuen Technik.[388] Diese Erklärungsgrößen werden von *Schönecker* aufgenommen und um die Merkmale der wahrgenommenen Anwendungssituation erweitert.[389] Der dabei verwendete Akzeptanzbegriff weicht von dem *Reichwaldschen* Aspekt der Handlungsintention insofern ab, als dass die Akzeptanz nach *Schönecker* über eine bloße Verhaltensabsicht hinaus mit tatsächlichen, den Einstellungen zumindest nicht entgegenwirkenden Handlungen verbunden ist: "Akzeptanz entspricht einer einstellungskonsistenten, aufgabenadäquaten Verwendung des Eignungspotenzials einer technischen Innovation."[390] In ähnlicher Weise sieht auch *Döhl* das Vorliegen von Akzeptanz an das gleichzeitige Vorhandensein einer positiven Einstellung gegenüber dem angebotenen Technikpotenzial und dessen tatsächlicher aufgabenbezogener Nutzung in einer konkreten Anwendungssituation geknüpft.[391]

Den zweiten Forschungsschwerpunkt bilden eine Reihe, Mitte bis Ende der Achtziger Jahre im Zuge von in Berlin und Düsseldorf durchgeführten Felduntersuchungen publizierter Arbeiten zur privaten sowie institutionellen Akzeptanz von **Bildschirmtext**-Anwendungen.[392] In konzeptioneller Sicht sind die als Begleitforschung einzustufenden Studien stark von der Akzeptanzforschung im Bereich der Bürokommunikation geprägt. So sind die von *Degenhardt* identifizierten Kategorien möglicher Bedingungsfaktoren der Akzeptanz von Bildschirmtext - die Merkmale des Individuums, die Merkmale der neuen Technik sowie kontextuelle

---

[384] Vgl. Reichwald (1978); derselbe (1982); derselbe (1984). Daneben zählen Döhl (1983) sowie Schönecker (1980) zu den wichtigsten Vertretern der Akzeptanzforschung im Bereich innovativer Bürokommunikationstechnologien.

[385] Hinsichtlich des Personenkreises der Anwender kann zwischen Bediener und Nutzer des Techniksystems differenziert werden. Während unter Bediener alle Personen subsumiert werden, die mit der unmittelbaren Bedienung der neuen Technologie befasst sind, erstreckt sich der übergeordnete Begriff der Nutzer auf sämtliche Mitglieder der Anwenderorganisation, die direkten oder indirekten Zugang zum neuen Techniksystem haben. Vgl. Reichwald (1978), S. 31.

[386] Vgl. Reichwald (1978), S. 23.

[387] Reichwald (1978), S. 31.

[388] Vgl. Reichwald (1978), S. 32 ff.

[389] Vgl. Schönecker (1980), S. 212 ff.

[390] Schönecker (1980), S. 138.

[391] Vgl. Döhl (1983), S. 125.

[392] Vgl. Adams (1984); Anstötz (1990); Brehpohl (1984); Degenhardt (1986); Schubert (1986).

Bedingungen - weitgehend deckungsgleich mit den von *Reichwald* postulierten Einflussgrößen.[393] In methodischer Sicht werden jedoch neue Akzente gesetzt, indem von *Degenhardt* erstmalig multivariate Auswertungsverfahren in das analytische Repertoire der marketingwissenschaftlichen Akzeptanzforschung eingebracht werden.[394] Mittels einer Explorativen Faktorenanalyse identifiziert *Degenhardt* die Kenntnis des Systems, das Interesse am System sowie die Bewertung seiner Funktionen, die Absicht zur Nutzung des Systems sowie die tatsächliche Systemnutzung als wesentliche Kriterien zur Messung der Akzeptanz.[395]

Ein dritter Schwerpunkt der marketingwissenschaftlichen Akzeptanzforschung kann seit Beginn der Neunziger Jahre im Zusammenhang mit der steigenden kommerziellen Bedeutung **multimedialer Informationssysteme** ausgemacht werden.[396] Ähnlich umfassend wie *Degenhardt* beschreiben *Silberer/Hannecke* in ihrer Untersuchung zur Nutzung multimedialer Kiosksysteme die Akzeptanz als ein drei Aspekte umfassendes Konstrukt: "... [D]ie kognitive Dimension, verstanden als die Kenntnis und das Verstehen der Kioskterminals sowie das Einschätzen der diversen Einsatzmöglichkeiten, die affektive Dimension, ... verstanden als die emotionale Annahme oder Ablehnung von Terminals, und die verhaltensbezogene Dimension, verstanden als die konkrete Nutzung der aufgestellten Systeme."[397] Auch *Kollmann* differenziert in der bis dato umfassendsten empirischen Arbeit zur Akzeptanz multimedialer Informationssysteme mehrere Facetten des Phänomens, die jedoch inhaltlich von den bisher genannten Begriffsaspekten insofern abweichen, als dass die Akzeptanz nicht nur an eine einmalige Übernahme der Innovation geknüpft wird, sondern darüber hinaus auch die dauerhafte Implementierung des Akzeptanzobjektes in der Nutzungsphase impliziert: "Akzeptanz ist die Verknüpfung einer inneren rationalen Begutachtung und Erwartungsbildung (Einstellungsebene), einer Übernahme der Nutzungsinnovation (Handlungsebene) und einer freiwilligen problemorientierten Nutzung (Nutzungsebene) bis zum Ende des gesamten Nutzungsprozesses ..."[398]

Vor allem die zuletzt im Zusammenhang mit der Akzeptanz multimedialer Informationssysteme angeführten marketingwissenschaftlichen Definitionen verdeutlichen, dass es sich bei dem Akzeptanzphänomen um ein komplexes verhaltenstheoretisches **Konstrukt** handelt, welches nicht unmittelbar beobachtbar ist und erst durch eine Reihe von Messvariablen einen

---

[393] Vgl. Degenhardt (1986), S. 138.
[394] Vgl. Degenhardt (1986), S. 169 ff.
[395] Vgl. Degenhardt (1986), S. 179 ff.
[396] Zur Akzeptanz multimedialer Kioskterminals vgl. Oehler (1990); Silberer/Hannecke (1999); Silberer/Fischer (2000); Swoboda (1996). Zur Akzeptanz des interaktiven Fernsehens vgl. Clement (2000); Dahm/Rössler/Schenk (1998); Geppert (1998). Zur Akzeptanz multimedialer CD-Roms vgl. Böck-Bachfischer (1996); Kollmann (1998).
[397] Silberer/Hannecke (1999), S. 2 f.
[398] Kollmann (1998), S. 69.

empirischen Bezug erhält. Weiterhin lassen die Ausführungen vermuten, dass sich diese Indikatoren zu mehreren, voneinander abgrenzbaren Faktoren verdichten lassen, die wiederum ihrerseits auf theoretischer Ebene zu inhaltlich verschiedenen Dimensionen eines Konstrukts zusammengeführt werden können.[399] Der im Folgenden verwendete Akzeptanzbegriff umfaßt demnach zwei Dimensionen: Eine allen angeführten Definitionen gleichsam inhärente Akzeptanzdimension repräsentiert die positive **Einstellung** eines Individuums gegenüber dem Erkenntnisobjekt, mit der gewissermaßen eine innere Grundvoraussetzung für ein entsprechend gerichtetes Akzeptanzverhalten geschaffen wird.[400] Die zweite Dimension des Akzeptanzkonstrukts, die insbesondere in den Definitionen von *Degenhardt, Silberer/Hannecke* sowie *Kollmann* explizit zum Ausdruck kommt, knüpft an diesem einstellungskonsistenten **Verhalten** an und manifestiert sich in einer tatsächlichen Übernahme des Akzeptanzobjektes sowie dessen dauerhafter, problemorientierter Nutzung. Diese beiden Akzeptanzdimensionen - die einstellungsorientierte sowie die verhaltensorientierte Akzeptanz - gilt es demnach in einem umfassenden Messmodell der Online-Akzeptanz zu berücksichtigen.

5.1.2 Konkretisierung eines Messmodells der Online-Akzeptanz

5.1.2.1 Einstellungsorientierte Akzeptanz

Unter den Erkenntnisgrößen der Konsumentenverhaltensforschung nimmt die **Einstellung** eine herausragende Stellung ein.[401] Die Einstellung gilt als "... das theoretisch und methodisch wohl am umfassendsten erforschte Konstrukt."[402] Trotzdem oder gerade deswegen existieren vielfältige Auffassungen hinsichtlich dessen Begrifflichkeit sowie theoretischer Struktur.[403] Den meisten im Rahmen marketingwissenschaftlicher Arbeiten zu Grunde gelegten Definitionen ist jedoch gemeinsam, dass sie in der Einstellung die innere Prädisposition bzw. Reaktionsbereitschaft eines Individuums sehen, auf ein bestimmtes Objekt in konsistenter Weise entweder positiv oder negativ zu reagieren.[404] Demnach richten sich Einstellungen stets

---

[399] Zur Abgrenzung zwischen Konstrukt, Dimension und Faktor vgl. Abschnitt 4.2.2.1.
[400] Vgl. Kollmann (1999), S. 127; Stachelsky (1983), S. 49.
[401] Vgl. Kroeber-Riel/Weinberg (1996), S. 167; Meffert (1992), S. 55; Trommsdorff (1998), S. 142.
[402] Trommsdorff/Bleicker/Hildebrandt (1980), S. 273.
[403] Eine Übersicht über alternative Definitionen der Einstellung vermitteln die Zusammenstellungen bei Fishbein/Ajzen (1975), S. 2; Geise (1984), S. 284 ff.; Six (1980), S. 56 f. Zur Kritik an gängigen Realdefinitionen des Einstellungsbegriffes vgl. Hätty (1989), S. 71.
[404] Vgl. etwa Bänsch (1998), S. 38 f.; Meffert (1992), S. 55; Müller-Hagedorn (1986), S. 81; Steffenhagen (1978), S. 102; Trommsdorff (1998), S. 142.

auf Gegenstände bzw. Sachverhalte in der Umwelt des Individuums, über die ein subjektives Urteil gefällt wird.[405]

Ausgehend von dieser Interpretation der Einstellung kann hinsichtlich deren Struktur eine Differenzierung in Einkomponenten- sowie Mehrkomponentenansätze vorgenommen werden.[406] Vertreter der **Einkomponentenansätze** postulieren, dass die Einstellung ausschließlich als affektive, d. h. subjektiv wertende Größe aufzufassen ist, welche sich in einer zustimmenden oder ablehnenden Haltung gegenüber einem Objekt bzw. einzelnen Eigenschaftsmerkmalen äußert.[407] Einstellung ist demnach "... the amount of affect or feeling for or against a stimulus ..."[408]. Für diesen einstellungstheoretischen Ansatz spricht sicherlich dessen einfache Handhabung in empirischen Untersuchungen.[409] Allerdings erlauben Einkomponentenansätze auch keine differenzierten Einblicke in die im Rahmen der Einstellungsbildung ablaufenden komplexen psychischen Prozesse.[410]

Vor diesem Hintergrund haben sich heute weitgehend **Mehrkomponentenansätze** durchgesetzt.[411] Als prominenteste Beispiele für diese Kategorie einstellungstheoretischer Ansätze gelten die beiden Multiattributivmodelle von *Fishbein* sowie *Trommsdorff*.[412] Deren konzeptionelle Gemeinsamkeit besteht darin, dass die Einstellung über zwei Komponenten gemessen wird. Dabei handelt es sich zum einen um die affektive Komponente, welche sämtliche mit dem Einstellungsobjekt verbundenen Gefühle, Emotionen und Bewertungen beinhaltet. Ihr wird unter allen Einstellungskomponenten gemeinhin die größte Bedeutung zugemessen, da sie der Einstellung ihre Richtung, aber auch ihre Intensität und damit motivationalen Antriebscharakter verleiht.[413] Über diesen, bereits im Rahmen von Einkomponentenansätzen erfassten Aspekt hinaus beinhalten die Mehrkomponentenansätze zum anderen auch eine kognitive Komponente. Kognitionen spiegeln die innerhalb von Informationsverarbeitungs- und Denkvorgängen erworbenen Kenntnisse des Individuums über das

---

[405] Vgl. Kroeber-Riel/Weinberg (1996), S. 168. Damit ist der Einstellungsbegriff weiter gefasst als der Begriff der Motivation, da Prädispositionen über den unspezifischen Antriebscharakter von Motiven hinaus auch dauerhaft gespeicherte Beurteilung der Instrumentalität eines Objektes, bestimmte Motive zu befriedigen, beinhalten. Vgl. Trommsdorff (1998), S. 143.
[406] Vgl. Unger (1998), S. 146. Von dieser Unterscheidung abweichende Systematisierungsansätze wählen Geise (1984), S. 57 ff. sowie Hätty (1989), S. 72 ff.
[407] Vgl. Kroeber-Riel/Weinberg (1996), S. 190.
[408] Thurstone (1931) zitiert aus Petty/Ostrom/Brock (1981), S. 31. Weitere Vertreter der Einkomponentenansätze sind u. a. Guttmann (1944), S. 139 ff.; Osgood/Suci/Tannenbaum (1957), S. 189 f.
[409] Vgl. Hätty (1989), S. 73.
[410] Vgl. Kroeber-Riel/Weinberg (1996), S. 168.
[411] Vgl. Unger (1998), S. 146.
[412] Vgl. Fishbein (1963); Fishbein/Ajzen (1975); Trommsdorff (1975), S. 54 ff. Eine vergleichende Gegenüberstellung beider Modelle findet sich bei Berekoven/Eckert/Ellenrieder (1999), S. 84; Trommsdorff (1998), S. 146 f.; Unger (1998), S. 157 ff.
[413] Vgl. Hätty (1989), S. 72.

Einstellungsobjekt wider. Übereinstimmung zwischen den Modellen von *Fishbein* und *Trommsdorff* besteht weiterhin dahingehend, dass die affektive sowie die kognitive Komponente zunächst differenziert für einzelne Eigenschaftsmerkmale des Einstellungsobjektes gemessen und anschließend zu einem Gesamteinstellungswert aggregiert werden. Unterschiede ergeben sich jedoch hinsichtlich der konkreten Messvorschrift zur Erfassung der beiden Komponenten sowie deren formaler Verknüpfung zu einem Gesamteinstellungswert.

So wird beim Multiattributivmodell von *Fishbein* die kognitive Komponente durch die vom Probanden anzugebenden subjektiven Wahrscheinlichkeiten für das Vorhandensein einzelner Eigenschaftsmerkmale erfasst. Die Affektion wird durch die emotionale Bewertung des jeweiligen Eigenschaftsmerkmals ermittelt. Beide Ausprägungen eines jeden Eigenschaftsmerkmals sind multiplikativ miteinander verknüpft und bilden zusammen die Teileindruckswerte der Attribute, welche, über alle Eigenschaftsmerkmale summiert, die Gesamteinstellung zum Objekt ergeben. Formal stellt sich dieser Zusammenhang wie folgt dar:

(7) $$A_{ij} = \sum_{k=1}^{m} B_{ijk} a_{ijk}$$

mit A_{ij}: Gesamteinstellung einer Person i gegenüber einem Objekt j
B_{ijk}: Wahrscheinlichkeit dafür, dass Objekt j nach Meinung der Person i das Merkmal k besitzt
a_{ijk}: Bewertung des Merkmals k bei Objekt j durch Person i

Die beim Modell von Fishbein für jedes Attribut zu erhebenden subjektiven Wahrscheinlichkeiten (B_{ijk}) lassen sich nur mit einem entsprechend hohen Befragungsaufwand ermitteln.[414] Diese Problematik wird im Multiattributivmodell von *Trommsdorff* umgangen, indem die kognitive Komponente direkt über die wahrgenommenen graduellen Ausprägungsgrade der Eigenschaftsmerkmale erfasst wird. Die Ermittlung des affektiven Aspekts erfolgt indirekt über die jeweiligen Merkmalsausprägungen eines idealen Objekts der gleichen Kategorie. Aus dem Abstand zwischen wahrgenommener und idealer Merkmalsausprägung berechnet sich ein Eindruckswert, wobei die Summation dieser Eindruckswerte über alle Attribute die Gesamteinstellung ergibt. Somit gilt:

---

[414] Zu diesem sowie weiteren Kritikpunkten am Fishbein-Multiattributivmodell vgl. Kroeber-Riel/Weinberg (1996), S. 201.

(8) $$A_{ij} = \sum_{k=1}^{n} |B_{ijk} - I_{ik}|$$

mit A_{ij}: Gesamteinstellung einer Person i gegenüber einem Objekt j
B_{ijk}: Durch die Person i wahrgenommene Ausprägung des Merkmals k bei Objekt j
I_{ik}: Idealausprägung des Merkmals k für Person i bei Objekten der gleichen Klasse

Zu den Mehrkomponentenansätzen der Einstellung zählt neben den multiattributiven Modellen von *Fishbein* und *Trommsdorff* schließlich auch der so genannte **Drei-Komponenten-Ansatz**.[415] Nach dieser Theorie umfasst die Einstellung neben der affektiven sowie kognitiven Komponente auch ein konatives Element: Aus einer positiven oder negativen Beurteilung eines Objektes folgt im Allgemeinen die entsprechende Bereitschaft bzw. Absicht des Individuums, sich dem betreffenden Objekt gegenüber in einer bestimmten Weise zu verhalten.[416] Ob diese Verhaltensabsicht tatsächlich ein weiteres Element des Einstellungskonstrukts darstellt oder ob sie nicht vielmehr als eine eigenständige Größe neben einer ausschließlich affektiv und kognitiv geprägten Einstellung angesehen werden kann, ist schon lange umstritten.[417] Einigkeit besteht allerdings darüber, dass alle im Rahmen der Drei-Komponenten-Theorie postulierten Elemente - die affektive, kognitive und konative Komponente - wichtige verhaltensbeeinflussende Aspekte darstellen und auch getrennt voneinander erhoben werden können.[418] Die Folgerung, dass es sich dabei um jeweils voneinander unabhängige, d. h. weitgehend unkorrelierte Faktoren eines mehrfaktoriellen Einstellungskonstrukts handelt, ist allerdings nach der herrschenden Auffassung nicht zulässig. Es überwiegt die Meinung, dass die trichotomen Einstellungskomponenten in einem interdependenten Beziehungsverhältnis zueinander stehen, sich gegenseitig beeinflussen und gemeinsam nach Konsistenz streben.[419] Empirische Untersuchungen scheinen - wenn auch nicht immer mit übereinstimmendem Ergebnis - diese Konsistenzhypothese zu stützen.[420] Daraus kann die Schlussfolgerung gezogen werden, dass die Einstellung zwar mehrere Komponenten umfasst, diesbezüglich jedoch eine eher

---

[415] Vgl. insbesondere Triandis (1975), S. 2 ff.
[416] Vgl. Kroeber-Riel/Weinberg (1996), S. 169.
[417] Vgl. Kroeber-Riel/Weinberg (1996), S. 169; Roth (1967), S. 99 ff.
[418] Vgl. u. a. Kroeber-Riel/Weinberg (1996), S. 169; Unger (1998), S. 147.
[419] Vgl. Kroeber-Riel/Weinberg (1996), S. 170.
[420] Vgl. hierzu die von Geise (1984), S. 75 zusammengestellten empirischen Befunde.

einfaktorielle Struktur aufweist.[421] Mehrere Faktoren des Einstellungskonstrukts lassen sich allenfalls im Hinblick auf eine unkorrelierte Bewertung verschiedener Attribute des zu Grunde liegenden Erkenntnisobjektes unterstellen. So zeigen die Modelle von *Fishbein* und *Trommsdorff*, dass sich die Einstellung durch Aggregation einzelner Eindruckswerte für verschiedene, als einstellungsrelevant erachtete Objekteigenschaften konstituiert. Diese Teileinstellungen können - die entsprechende Auswahl der Attribute vorausgesetzt - voneinander unabhängige Faktoren der Einstellung repräsentieren.[422]

Diese Erkenntnisse über die Struktur des Einstellungskonstrukts können im Grundsatz auch auf das **Akzeptanzphänomen** übertragen werden. Im Hinblick auf die kognitive Komponente ergibt sich allerdings eine Besonderheit, die in den spezifischen Eigenschaften des marketingwissenschaftlichen Akzeptanzobjektes begründet liegt.[423] Auf Grund des hohen subjektiven Neuartigkeitsgrades besitzt das betroffene Individuum zumeist keine oder nur wenige Kenntnisse bzw. Erfahrungen hinsichtlich des akzeptanzrelevanten Sachverhaltes. Damit dennoch eine einstellungsorientierte Akzeptanz im Sinne eines Vorurteils ausgebildet werden kann, erfolgt die kognitive Einordnung des Akzeptanzobjektes in der Regel indirekt, d. h. über Assoziationen mit ähnlichen Sachverhalten.[424] Daraus ergeben sich folgende Konsequenzen für die Messung der einstellungsorientierten Akzeptanzdimension: Zum einen ist darauf zu achten, dass die Probanden ein gewisses Grundverständnis für den akzeptanzrelevanten Sachverhalt vorweisen. Nur dann ist auch sichergestellt, dass die für eine Einstellungsbildung notwendigen assoziativen Kategorien tatsächlich vorhanden sind. Zum anderen sind Zweifel angezeigt, ob eine explizite Abfrage der kognitiven Komponente im Rahmen von Akzeptanzuntersuchungen zu validen Ergebnissen führt. Vielmehr ist davon auszugehen, dass - sofern überhaupt eine entsprechende Antwortbereitschaft bei den Probanden besteht - eher assoziative Spekulationen im Gegensatz zu 'echten' Kognitionen, die auf tatsächlichen Erfahrungswerten basieren, erfasst werden.

Vor diesem Hintergrund soll in der eigenen Akzeptanzuntersuchung auf eine direkte **Messung** der kognitiven Komponente verzichtet werden. Stattdessen wird ein Zwei-Komponenten-Ansatz der einstellungsorientierten Akzeptanz postuliert, der lediglich affektive und konative

---

[421] In diesem Zusammenhang findet sich in der Literatur auch der Hinweis auf die eindimensionale Struktur von Einstellungen. Vgl. u. a. Hätty (1989), S. 73 ff. Da hier jedoch der Begriff Dimension bereits für die einstellungsorientierte Online-Akzeptanz Verwendung findet, wird die Bezeichnung 'Faktor' bzw. 'einfaktoriell' vorgezogen.
[422] Vgl. ähnlich Hätty (1989), S. 73 und S. 81 f.
[423] Vgl. Abschnitt 5.1.1.2.
[424] Vgl. ähnlich Schönecker (1980), S. 107; Triandis (1975), S. 4.

Aspekte beinhaltet.[425] Zudem werden die entsprechenden Messgrößen nur bei Probanden erhoben, die bereits das Internet genutzt haben und damit über eine entsprechende Mindesterfahrung im Umgang mit dem Medium verfügen.[426] Auf Grund des höheren Informationsgehaltes kommt dabei ein multiattributiver Messansatz zur Anwendung, d. h. beide Komponenten werden jeweils für mehrere Eigenschaftsmerkmale des Akzeptanzobjektes gemessen. Als Grundlage für die Generierung eines entsprechenden Attributkatalogs bietet sich ein Rekurs auf die Ergebnisse der funktionenorientierten Analyse der Online-Distribution an.[427] Dort wurden entlang des Kaufentscheidungsprozesses eine Reihe von Distributionsfunktionen identifiziert, welche grundsätzlich über das Internet abgewickelt werden können. Hinsichtlich dieser zentralen Leistungsmerkmale der Online-Distribution sollen die affektiven und konativen Teilakzeptanzen der automobilen Bedarfsträger gemessen werden, die, zusammengefasst für einzelne Kaufphasen, insgesamt vier hypothetische Faktoren der einstellungsorientierten Online-Akzeptanz ergeben.

Abb. 11 fasst die damit abgeschlossene Konzeptualisierung der einstellungsorientierten Akzeptanzdimension zusammen.

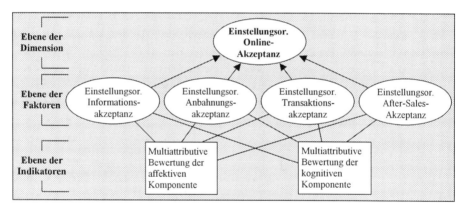

Abb. 11: Konzeptualisierung der Dimension 'einstellungsorientierte Online-Akzeptanz'
Quelle: Eigene Erstellung

---

[425] Für diesen reduzierten Messansatz sprechen nicht nur einstellungstheoretische Überlegungen, sondern auch forschungspragmatische Gründe. So würde ein multiattributiver Drei-Komponenten-Ansatz im vorliegenden Fall die Berücksichtigung von zwölf weiteren Items erfordern. Vgl. dazu den in Abschnitt 5.2 vorgestellten Attributkatalog zur Messung der einstellungsorientierten Online-Akzeptanz.
[426] Hierbei handelt es sich um die Probanden der Gruppe B "Internet nicht beim Neuwagenkauf genutzt" (Teilstichprobe S_1^B; n = 139) sowie C "Internet beim Neuwagenkauf genutzt" (Teilstichprobe S_1^C; n = 214). Vgl. hierzu auch die Erläuterungen zur Aufteilung der Gesamtstichprobe S_1 (n = 848) in Abschnitt 4.1.2.
[427] Vgl. Abschnitt 3.1.

5.1.2.2 Verhaltensorientierte Akzeptanz

Die Akzeptanzforschung ist nicht nur um eine Analyse einstellungsbezogener Vorgänge in der menschlichen Psyche bemüht, sondern beschäftigt sich auch mit offenen, d. h. beobachtbaren Verhaltensreaktionen.[428] Wie sich die **verhaltensorientierte Akzeptanz** konkret äußert und dementsprechend zu konzeptualisieren ist, hängt im Wesentlichen von den Eigenschaften des Akzeptanzobjektes ab. Im Fall von Verbrauchsgütern, die in einem einmaligen Konsumakt untergehen, bietet es sich beispielsweise an, das entsprechende Verhalten als eine binäre Variable im Sinne einer Annahme oder Ablehnung bzw. Kauf oder Nichtkauf des Erkenntnisobjektes zu modellieren.[429]

Eine derartige dichotome Interpretation von Verhaltensreaktionen greift im Rahmen einer Untersuchung von Nutzungsgütern bzw. -systemen - dem primären Erkenntnisobjekt der marketingwissenschaftlichen Akzeptanzforschung - allerdings zu kurz.[430] Dieser Gütertypus wird nicht 'verbraucht', sondern im Rahmen eines konkreten Nutzungsakts verschieden intensiv 'genutzt'. Daher kann das akzeptanzrelevante Verhalten in diesem Fall als ein Akzeptanzkontinuum von niedriger bis hoher **Nutzungsintensität** aufgefasst werden. Charakteristisch für Nutzungsgüter ist weiterhin, dass diese nicht nur einer befristeten Nutzung zugeführt werden, sondern dem Individuum prinzipiell auch über mehrere Nutzungsakte hinweg und somit für einen längeren Zeitraum zur Verfügung stehen. Folglich kann der Tatbestand der verhaltensorientierten Akzeptanz weiterhin an eine nachhaltige Nutzung des Akzeptanzobjektes geknüpft werden.[431] In dieser Sichtweise manifestiert sich die Akzeptanz zunächst in einer einmaligen Nutzungsentscheidung, erfordert aber darüber hinaus auch eine wiederholte Verhaltensreaktion des Individuums.

Während sich die Erfassung einer zeitpunktbezogenen Nutzungsintensität vergleichsweise einfach realisieren lässt, stößt indessen die Forderung nach einem wiederkehrenden Nutzungsverhalten an forschungspragmatische Grenzen. So erfordert die Messung von beobachtbaren Wiederholraten streng genommen die Durchführung von Längsschnittstudien, die insbesondere bei längeren Bedarfszyklen mit entsprechenden Problemen bei der Erhebung verbunden sind. Insofern muss das Postulat von *Kollmann*, wonach sich die Akzeptanz sogar

---

[428] Vgl. Müller-Böling/Müller (1986), S. 26; Schönecker (1980), S. 88. Das offene Verhalten umfasst die Motorik, verbale Äußerungen sowie messbare psycho-physiologische und neurochemische Prozesse. Verdecktes Verhalten bezieht sich dagegen auf kognitive, emotionale und motivationale Vorgänge.
[429] Diese Form der Verhaltensreaktion wird im Rahmen der Adoptionsforschung unterstellt. Vgl. dazu auch die Anmerkungen in Fn. 382 sowie die Ausführungen in Abschnitt 7.1.2.1.
[430] Vgl. Abschnitt 5.1.1.2.
[431] Vgl. ähnlich Kollmann (1998), S. 102 ff.

bis "... zum Ende des gesamten Nutzungsprozesses ..."[432] erstreckt, als eine aus konzeptionell-theoretischer Sicht zwar wünschenswerte, jedoch auf empirischer Ebene kaum erfüllbare Bedingung verstanden werden.

Um ein derart extensives Verständnis der verhaltensorientierten Akzeptanz dennoch konzeptualisieren zu können, bietet es sich an, auf psychographische Prädiktoren eines wiederkehrenden Konsumentenverhaltens zurückzugreifen. Eine herausragende Bedeutung kommt in diesem Zusammenhang dem Konstrukt der **Zufriedenheit** zu. Auf Grundlage eines Vergleichs zwischen einem individuellen Anspruchsniveau und den subjektiven Erfahrungen, die im Rahmen einer erstmaligen Nutzung des Akzeptanzobjektes gemacht werden, bildet das Individuum ex-post ein Zufriedenheitsurteil aus, welches in Abhängigkeit von Richtung und Stärke das zukünftige Nutzungsverhalten in hohem Maße determiniert.[433] Dieser enge Zusammenhang zwischen Zufriedenheit und Verhaltensbereitschaft bzw. -reaktion wird durch die Ergebnisse einer Vielzahl empirischer Studien bestätigt und gilt als weitgehend unbestritten.[434]

Als Zwischenergebnis können - bezogen auf das hier betrachtete Akzeptanzobjekt - zwei konstituierende **Komponenten** der verhaltensorientierten Online-Akzeptanz festgehalten werden: Die Nutzungsintensität der Online-Distribution sowie die Zufriedenheit mit dieser Nutzung. Für die Erfassung beider Komponenten soll in Analogie zur einstellungsorientierten Akzeptanzdimension ein multiattributiver Messansatz zur Anwendung gelangen. Allerdings muss bei einer differenzierten Erfassung von verhaltensbasierten Aspekten an die heranzuziehenden **Attribute** die Bedingung geknüpft werden, dass es sich dabei um Leistungsmerkmale handelt, die von den Konsumenten im Rahmen des Kaufprozesses auch tatsächlich in Anspruch genommen werden können. Da der Online-Distributionskanal des hier betrachteten *Herstellers* als Online-Information-Site zu klassifizieren ist und damit weder die Abwicklung von Anbahnungs- noch Transaktionsfunktionalitäten ermöglicht,[435] können die Komponenten der verhaltensorientierten Online-Akzeptanz lediglich für Leistungsmerkmale der Informations- sowie After-Sales-Phase erhoben werden.

---

[432] Kollmann (1998), S. 69.
[433] Die theoretischen Grundlagen der Zufriedenheit werden in Abschnitt 6.1.2.1 eingehend erörtert.
[434] Die meisten Arbeiten auf diesem Gebiet konzentrieren sich auf eine Untersuchung des Wirkungszusammenhangs zwischen der Kundenzufriedenheit und der Kundenloyalität bzw. -bindung als eine spezielle, auf dauerhafte Austauschbeziehungen bezogene Ausprägungsform von Verhaltensbereitschaften und -reaktionen. Eine Zusammenstellung der hierzu vorliegenden empirischen Ergebnisse finden sich u. a. bei Giering (2000), S. 20 ff.; Krafft (1999), S. 522 f.; Peter (1997), S. 107 ff. Zum Zusammenhang zwischen der Kundenzufriedenheit und der Kundenbindung vgl. auch Abschnitt 6.1.2.2.
[435] Zu dieser Betriebsform der Online-Distribution vgl. Abschnitt 3.2.1.

Folglich ergeben sich zwei mögliche Strukturierungskriterien, anhand derer die Messgrößen der verhaltensorientierten Akzeptanzdimension charakterisiert und geordnet werden können: Die für die Informations- bzw. After-Sales-Phase aggregierten Attribute auf der einen und die nutzungs- bzw. zufriedenheitsbezogenen Komponenten auf der anderen Seite. Welches dieser beiden Strukturierungskriterien die empirisch ermittelte Faktorenstruktur letztlich dominiert - d. h. sich als maßgebliches Muster für die Interkorrelationen der verhaltensorientierten Indikatoren herauskristallisiert - kann auf Basis der angestellten theoretischen Überlegungen nicht a priori hypothetisiert werden. Daher sind grundsätzlich folgende Varianten für die **Faktorenstruktur** der verhaltensorientierten Akzeptanzdimension denkbar:

- Dominanz der Komponentenstruktur mit den Faktoren 'Nutzungsintensität' sowie 'Zufriedenheit mit der Nutzung'.

- Dominanz der Attributstruktur mit den Faktoren 'verhaltensorientierte Informationsakzeptanz' sowie 'verhaltensorientierte After-Sales-Akzeptanz'.

- Gleichwertigkeit von Komponenten- und Attributstruktur mit Faktoren, die keinem der beiden Strukturierungskriterien eindeutig folgen.

Aus Gründen der Anschaulichkeit soll in Analogie zur einstellungsorientierten Akzeptanzdimension zunächst die zweite Variante unterstellt werden. Diese Festlegung führt zu der in Abb. 12 visualisierten Struktur der verhaltensorientierten Akzeptanzdimension und beschließt zugleich die qualitative Konzeptualisierung des Messmodells für das Konstrukt der Online-Akzeptanz.

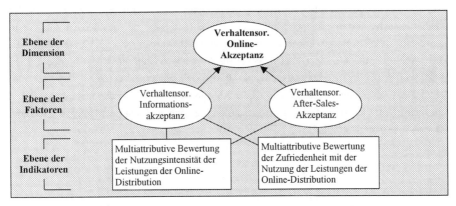

Abb. 12: Konzeptualisierung der Dimension 'verhaltensorientierte Online-Akzeptanz'
Quelle: Eigene Erstellung

5.1.3 Überblick über die zu prüfenden Messmodelle

Ausgangspunkt für die Entwicklung eines Messmodells der **Online-Akzeptanz** war die aus dem marketingwissenschaftlichen Akzeptanzverständnis abgeleitete Grobkonzeptualisierung des Phänomens in die beiden Dimensionen der einstellungs- sowie verhaltensorientierten Online-Akzeptanz. Im Rahmen der danach vorgenommenen Modellkonkretisierung verdichtete sich der Eindruck, dass die beiden identifizierten Dimensionen keine unmittelbaren Faktoren des Akzeptanzkonstrukts darstellen, sondern ihrerseits über eine mehrfaktorielle Struktur abgebildet werden müssen. Insofern ist für das Messmodell der Online-Akzeptanz die komplexe Struktur eines mehrdimensionalen, mehrfaktoriellen Konstrukts zu hypothetisieren. Inwieweit sich diese Basishypothese auch empirisch bestätigt, muss die empirische Überprüfung des postulierten Messmodells zeigen. Von entscheidender Bedeutung wird hierbei die Frage nach der Diskriminanzvalidität der beiden Dimensionen sein: Nur wenn es gelingt, Dimensionen zu konzeptualisieren, die in ausreichendem Maße diskriminant valide sind, lässt sich eine zwischen dem Konstrukt und den Faktoren eingeschobene Ebene rechtfertigen.[436]

Hinsichtlich der **einstellungsorientierten** Akzeptanzdimension deuteten die qualitativen Befunde aus Abschnitt 5.1.2.1 darauf hin, dass die Komponenten der Einstellung eng miteinander verbunden sind. Eine unabhängige Faktorenstruktur lässt sich daher allenfalls im Hinblick auf eine kaufphasenorientierte Aggregation einzelner Attribute unterstellen. Folglich ergeben sich für diese Dimension vier hypothetische Faktoren: Die einstellungsorientierte Informations-, Anbahnungs-, Transaktions- sowie After-Sales-Akzeptanz.

Ähnlich eindeutige Hinweise hinsichtlich des dominierenden Strukturierungsmerkmals der **verhaltensorientierten** Akzeptanzdimension konnten auf Basis der qualitativen Analyse in Abschnitt 5.1.2.2 nicht gewonnen werden. Diesbezüglich wurden mehrere Varianten identifiziert, wobei wir uns hier aus Gründen der Konsistenz auch zu Gunsten einer attributbezogenen Faktorenstruktur entschieden haben. Unter Berücksichtigung der Tatsache, dass der hier betrachtete Automobilhersteller bisher weder Anbahnungs- noch Transaktionsfunktionalitäten im Internet offeriert, können für diese Dimension lediglich zwei Faktoren unterstellt werden: Die verhaltensorientierte Informations- sowie After-Sales-Akzeptanz.

---

[436] Vgl. Homburg (1998), S. 85.

Ausmaß der Online-Akzeptanz in der Automobilwirtschaft

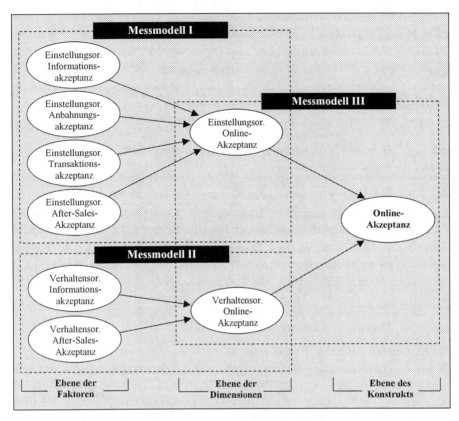

Abb. 13: Überblick über die Messmodelle der Online-Akzeptanz
Quelle: Eigene Erstellung

Insgesamt liegt als **Resultat** der Modellkonzeptualisierung die in Abb. 13 dargestellte Struktur des Messmodells der Online-Akzeptanz vor. Auf Grund einer besseren Handhabung wird dieses komplexe Gesamtmodell in insgesamt drei Teilmodelle zerlegt, die auf der methodischen Basis der linearen Strukturgleichungsanalyse jeweils getrennt voneinander geschätzt, evaluiert und anschließend interpretiert werden. Die dabei ermittelten Parameterschätzungen der Strukturmodelle sind allerdings nicht - wie bei der Kausalanalyse üblich - als Ursache-Wirkungs-Effekte zu interpretieren, sondern spiegeln lediglich hierarchische Zusammenhänge zwischen verschiedenen Messebenen ein und desselben Konstrukts wider. Insofern handelt es sich bei den Teilmodellen um Konfirmatorische Faktorenanalysen zweiter Ordnung.[437] Dieser Spezialfall der allgemeinen Strukturgleichungsanalyse dient hier vor allem einer quantitativen Beurteilung der Inhaltsvalidität der postulierten Messmodelle. Mit diesem Gütekriterium wird der Grad gekennzeichnet, zu dem die Faktoren (Dimensionen) dem gleichen inhaltlich-semantischen Bereich der jeweiligen Dimension (des Konstrukts) angehören und zugleich alle Facetten dieser Dimension (dieses Konstrukts) abbilden.[438]

5.2 Operationalisierung der berücksichtigten Dimensionen

Bevor die Inhaltsvalidität der drei postulierten Messmodelle bzw. die Diskriminanzvalidität auf Ebene der Dimensionen beurteilt werden kann, ist es zunächst erforderlich, für die beiden Akzeptanzdimensionen einen Operationalisierungsansatz zu entwickeln, der den Kriterien der Reliabilität sowie Konvergenz- bzw. Diskriminanzvalidität auch auf Ebene der Faktoren genügt. Zu diesem Zweck findet im Folgenden das in Abschnitt 4.2.2.3 vorgestellte dreistufige Verfahren zur Operationalisierung latenter Konstrukte Anwendung.

(a) Einstellungsorientierte Online-Akzeptanz

Im Rahmen der qualitativen Analyse gelangten wir zu der Erkenntnis, dass die einstellungs-orientierte Online-Akzeptanz affektive sowie konative Komponenten umfasst, die jeweils multiattributiv über einzelne Leistungsmerkmale der Online-Distribution gemessen werden können. Als Grundlage für die Entwicklung eines entsprechenden **Attributkatalogs** bot sich ein Rückgriff auf die in Abschnitt 3.1.1 erarbeitete Absatzwertkette an. Für alle darin erfassten distributiven Leistungen, die über Online-Medien prinzipiell abgewickelt werden können, wurde mindestens ein Attribut generiert. Um sicherzustellen, dass damit auch die aus Konsumentensicht beurteilungsrelevanten Leistungsmerkmale abgedeckt wurden, erfolgte

---

[437] Während die bereits in Abschnitt 4.2.2.2 erläuterte konfirmatorische Faktorenanalyse erster Ordnung davon ausgeht, dass sich die Zusammenhänge zwischen den Indikatoren auf eine a priori vermutete, einfachere Struktur von Faktoren zurückführen lassen, wird bei der konfirmatorischen Faktorenanalyse zweiter Ordnung darüber hinaus unterstellt, dass die Beziehungen zwischen den Faktoren auf die Existenz übergeordneter Dimensionen zurückgeführt werden können, die selbst in keiner direkten Verbindung mit den Indikatoren auf Faktorenebene stehen. Somit eignet sich die konfirmatorische Faktorenanalyse höherer Ordnung für eine Überprüfung von Annahmen über eine hierarchische Beziehungsstruktur zwischen Indikatoren, Faktoren und Dimensionen. Vgl. dazu auch Fritz (1995), S. 146 ff.

[438] Vgl. Abschnitt 4.2.2.1 sowie 4.2.2.2.

zudem im Rahmen des Pre-Tests eine Ermittlung salienter Attribute der Online-Distribution.[439] Hierzu wurden die Pre-Test-Teilnehmer über eine offene Frage aufgefordert, sämtliche Aktivitäten anzugeben, die nach ihrer Meinung beim Neuwagenkauf über das Internet abgewickelt werden können. Ein Abgleich der Antworten mit den vorab unterstellten distributiven Leistungsmerkmalen resultierte schließlich in einem Katalog von insgesamt zwölf Attributen, welche die Online-Distribution in der Automobilwirtschaft kennzeichnen. Jedes Leistungsmerkmal galt es im Fragebogen der ersten Erhebungswelle hinsichtlich der wahrgenommenen Wichtigkeit sowie der Absicht zur Nutzung beim nächsten Neuwagenkauf zu beurteilen. Der genaue Wortlaut dieser affektiv bzw. konativ geprägten Fragen, die dabei zu Grunde gelegten Attribute, deren Zuordnung zu den hypothetischen Faktoren sowie die entsprechenden SPSS-Notationen können Tab. 9 sowie Tab. 10 entnommen werden.

Hypothetischer Faktor	Indikatorfrage/ Attribut	Skala/ SPSS-Notation
	Wie wichtig ist es für Sie, dass ein Automobilhersteller Ihnen die Möglichkeit bietet, folgende Aktivitäten über das Internet abzuwickeln?	5-stufige Ratingskala (1 = unwichtig; 5 = sehr wichtig)
Einstellungsorientierte Informationsakzeptanz	• Beschaffung von Informationen über Listenpreise	AK_IN_W1
	• Beschaffung von Informationen über Fahrzeugausstattungen	AK_IN_W2
	• Zusammenstellung/Konfiguration des gewünschten Fahrzeugs	AK_IN_W3
	• Betrachtung/Visualisierung des gewünschten Fahrzeugs	AK_IN_W4
Einstellungsorientierte Anbahnungsakzeptanz	• Bewertung eines Gebrauchtwagens	AK_AN_W1
	• Berechnung von Finanzierungs- und Leasingmöglichkeiten	AK_AN_W2
	• Einholen von Preisangeboten für das gewünschte Fahrzeug	AK_AN_W3
Einstellungsorientierte Transaktionsakzeptanz	• Verbindliche Bestellung eines Autos	AK_TR_W1
	• Anzahlung eines Autos	AK_TR_W2
Einstellungsorientierte After-Sales-Akzeptanz	• Auswahl und Kauf von Produkten und Dienstleistungen 'rund ums Auto' (Autozubehör, Accessoires, Versicherungen etc.)	AK_AS_W1
	• Diskussion automobilbezogener Themen mit Experten	AK_AS_W2
	• Suche bzw. Verkauf eines Gebrauchtwagens	AK_AS_W3

Tab. 9: Indikatoren zur Erfassung der affektiven Komponente der Dimension 'einstellungsorientierte Online-Akzeptanz'
Quelle: Eigene Erstellung

---

[439] Nach dem Konzept der Salienz gelten jene Merkmale als relevant, an die sich ein Individuum spontan erinnert und die es mit dem betreffenden Objekt assoziiert. Von salienten Merkmalen sind Eigenschaften abzugrenzen, die sich nach dem Konzept der Importanz sowie Determinanz ergeben. Vgl. dazu Alpert (1971), S. 184 ff.; Myers/Alpert (1977), S. 106 ff.

Hypothetischer Faktor	Indikatorfrage/ Attribut	Skala/ SPSS-Notation
	Beabsichtigen Sie beim nächsten Neuwagenkauf - falls möglich - das Internet zur Abwicklung folgender Aktivitäten zu nutzen?	5-stufige Ratingskala (1 = auf keinen Fall; 5 = auf jeden Fall)
Einstellungsorientierte Informationsakzeptanz	• Beschaffung von Informationen über Listenpreise	AK_IN_A1
	• Beschaffung von Informationen über Fahrzeugausstattungen	AK_IN_A2
	• Zusammenstellung/Konfiguration des gewünschten Fahrzeugs	AK_IN_A3
	• Betrachtung/Visualisierung des gewünschten Fahrzeugs	AK_IN_A4
Einstellungsorientierte Anbahnungsakzeptanz	• Bewertung eines Gebrauchtwagens	AK_AN_A1
	• Berechnung von Finanzierungs- und Leasingmöglichkeiten	AK_AN_A2
	• Einholen von Preisangeboten für das gewünschte Fahrzeug	AK_AN_A3
Einstellungsorientierte Transaktionsakzeptanz	• Verbindliche Bestellung eines Autos	AK_TR_A1
	• Anzahlung eines Autos	AK_TR_A2
Einstellungsorientierte After-Sales-Akzeptanz	• Auswahl und Kauf von Produkten und Dienstleistungen 'rund ums Auto' (Autozubehör, Accessoires, Versicherungen etc.)	AK_AS_A1
	• Diskussion automobilbezogener Themen mit Experten	AK_AS_A2
	• Suche bzw. Verkauf eines Gebrauchtwagens	AK_AS_A3

Tab. 10: Indikatoren zur Erfassung der konativen Komponente der Dimension 'einstellungsorientierte Online-Akzeptanz'
Quelle: Eigene Erstellung

Im Rahmen der **Untersuchungsstufe A** gilt es zu überprüfen, inwieweit sich die in den beiden Tabellen vorgenommene Zuordnung der in Summe 24 Items zu den vier vorab unterstellten Faktoren der einstellungsorientierten Online-Akzeptanz auch empirisch bestätigt.[440] Dazu müssten sich die Items eines hypothetischen Faktors auch zu einem aus der Explorativen Faktorenanalyse extrahierten Faktor verdichten lassen. Diese Items sollten dabei hohe Faktorladungen mit einem Faktor bei gleichzeitig möglichst niedrigen Korrelationen mit anderen Faktoren aufweisen, damit die Operationalisierung als intern konsistent angesehen werden

---

[440] Diese Analyse erfolgt ebenso wie die weiteren, die einstellungsorientierte Akzeptanzdimension betreffenden quantitativen Auswertungen auf Basis der Stichprobe $S_1^{B/C}$ (n = 353), da nur für die Gruppen derjenigen Neuwagenkäufer, die das Internet bereits genutzt haben, Ausprägungswerte der einstellungsbezogenen Akzeptanzindikatoren vorliegen. Zu den Nutzergruppen vgl. Abschnitt 4.1.2.

kann. Überdies müsste das Kaiser-Kriterium[441] eine der vermuteten vierfaktoriellen Struktur entsprechende Anzahl extrahierter Faktoren nahe legen.

Im Vorfeld dieser Analyse ist es jedoch erforderlich, die Eignung der Ausgangsdaten für faktorenanalytische Auswertungen zu beurteilen. Die Anti-Image-Korrelationen der 24 Items sind durchweg hoch und betragen zwischen 0,730 und 0,915; dementsprechend liegt auch das KMO-Maß der gesamten Matrix mit 0,848 weit über dem üblicherweise geforderten Mindestwert.[442] Damit kann der Ausgangsmatrix ein hoher Eignungsgrad attestiert werden. Die anschließend durchgeführte Hauptkomponentenanalyse[443] legt auf Basis des Kaiser-Kriteriums eine Ausgangslösung von sechs Faktoren nahe, die mit der üblichen rechtwinkligen Varimax-Option rotiert wurde. Tab. 11 zeigt die rotierten Ergebnisse, wobei Faktorladungen geringer als 0,3 aus Gründen der Übersichtlichkeit darin nicht wiedergegeben werden.

Von den vier Indikatoren der extrahierten Faktoren 5 und 6 abgesehen, ergibt sich eine eindeutige Zuordnung sämtlicher Items zu den a priori vermuteten kaufphasenorientierten Faktoren. Zwar weisen insbesondere einige Indikatoren des Faktors 4 mit dem Faktor 1 und in geringerem Maße Indikatoren von Faktor 1 mit Faktor 4 nennenswerte Querladungen auf. Da diese Faktorladungen jedoch nicht nur deutlich unter dem als kritisch anzusehenden Wert von 0,5 liegen,[444] sondern zudem auch inhaltlich plausibel interpretiert werden können,[445] besteht kein Anlass, die entsprechenden Items auszusondern. Dagegen bietet sich eine Elimination der

---

[441] Die Anwendung dieses Kriteriums führt dazu, dass nur Faktoren, die Eigenwerte größer als eins aufweisen, extrahiert und weiter betrachtet werden. Vgl. Backhaus/Erichson/Plinke/Weiber (2000), S. 288.

[442] Zu diesen Kriterien für die Beurteilung der Eignung der Ausgangsdaten für faktorenanalytische Auswertungen vgl. Backhaus/Erichson/Plinke/Weiber (2000), S. 268 ff. sowie Stewart (1981), S. 56 ff., der auch kritische Werte des KMO-Maßes nennt.

[443] Dieses Verfahren erläutern u. a. Backhaus/Erichson/Plinke/Weiber (2000), S. 284 ff.; Green/Tull/Albaum (1988), S. 565 ff. Das Hauptkomponentenverfahren wird vorgezogen, da es im Gegensatz zur Hauptachsenanalyse, dem zweiten bedeutenden Extraktionsverfahren, geringere Manipulationsspielräume bei der Bestimmung der Kommunalitäten zulässt und zudem immer orthogonale, d. h. nicht korrelierte Faktoren ermittelt. Vgl. Green/Tull/Albaum (1988), S. 573 f.

[444] Zwar sind die betreffenden Faktorladungen, die hinsichtlich ihrer Signifikanz wie Korrelationskoeffizienten zu behandeln sind, bei einer Irrtumswahrscheinlichkeit von 1 % signifikant. Dennoch gilt die Konvention, dass nur Faktorladungen ab 0,5 als hoch bezeichnet werden können und für die inhaltliche Interpretation der Faktorlösung heranzuziehen sind. Vgl. Backhaus/Erichson/Plinke/Weiber (2000), S. 292; Hair/Anderson/Tatham/Black (1992), S. 239.

[445] Die positiven Querladungen der Items AK_IN_W1 sowie AK_IN_A1 auf den Faktor 4 in Höhe von 0,371 bzw. 0,322 lassen sich dadurch erklären, dass die Beschaffung von Informationen über Listenpreise aus Sicht des Neuwagenkäufers nicht nur eine rein informationsbezogene Aktivität im Kaufprozess darstellen, sondern bereits den Übergang zur Anbahnungsphase markiert, in der die recherchierten Listenpreise als Grundlage für das Einholen und Verhandeln von Preisangeboten dienen. Dieser enge, phasenübergreifende Zusammenhang preisbezogener Attribute spiegelt sich konsequenterweise auch in den Querladungen der Items AK_AN_W3 und AK_IN_A3 auf den Faktor 1 (0,417 bzw. 0,431) wider: Offensichtlich wird das Einholen von Preisangeboten für ein konfiguriertes Fahrzeug auch stark mit Aktivitäten in der Informationsphase assoziiert.

hinter den Faktoren 5 und 6 stehenden vier Indikatoren sowohl aus statistischen als auch inhaltlichen Gründen an: Erstens tragen beide extrahierten Faktoren nur wenig zu einer Erhöhung des erklärten Varianzanteils bei und weisen dementsprechend Eigenwerte auf, die nur knapp über dem Schwellenwert von eins liegen. Ein gegenüber dem hier verwendeten Kaiser-Kriterium geringfügig strengeres Auswahlkriterium würde daher unmittelbar zur Elimination dieser Faktoren führen. Zweitens beziehen sich die betroffenen Indikatoren auf Attribute,[446] die eher den Charakter von distributiven Zusatzleistungen tragen und keine konstitutiven Kernleistungen der Online-Distribution in der Automobilwirtschaft darstellen. Folglich erscheint ein Verzicht auf diese vier Indikatoren einer anzustrebenden Einfachheit des Messkonzeptes zu dienen, ohne dadurch dessen Inhaltsvalidität zu gefährden.

Mit dem somit auf 20 Items reduzierten Messansatz wurde eine weitere Explorative Faktorenanalyse gerechnet. Das Kaiser-Kriterium implizierte im zweiten Rechendurchlauf eine Lösung von vier Faktoren, die inhaltlich deckungsgleich mit der ursprünglich unterstellten Faktorenstruktur ist. Auffallend dabei ist, dass die vier extrahierten Faktoren einen proportional zur jeweiligen Indikatoranzahl nahezu gleichen Beitrag zur Varianzerklärung leisten. Es überwiegt also im statistischen Sinn kein Faktor. Da zudem eine Einfachstruktur[447] der rotierten und im Anhang der vorliegenden Arbeit dokumentierten Faktorlösung vorliegt,[448] können wir uns nun der Untersuchungsstufe B zuwenden, in der sukzessive die einzelnen extrahierten Faktoren betrachtet werden.

---

[446] Die Items des Faktors 5 (AK_AS_W2; AK_AS_A2) messen die einstellungsorientierte Online-Akzeptanz hinsichtlich des After-Sales-Attributs 'Diskussion automobilrelevanter Themen mit Experten'; die Items des Faktors 6 (AK_AN_W2; AK_AN_A2) beziehen sich auf die Beurteilung des Anbahnungs-Attributs 'Berechnung von Finanzierungs- und Leasingmöglichkeiten'.
[447] Mit diesem Begriff wird eine Faktorladungsmatrix bezeichnet, bei der die Indikatoren immer nur auf einen Faktor hoch und auf alle anderen Faktoren niedrig laden. Vgl. Backhaus/Erichson/Plinke/Weiber (2000), S. 291 f.
[448] Vgl. Tab. 64 auf S. 292 im Anhang.

Ausmaß der Online-Akzeptanz in der Automobilwirtschaft 119

Untersuchungsstufe A
Dimension 'einstellungsorientierte Online-Akzeptanz'

Indikator (SPSS-Notation)	Faktor 1	Faktor 2	Faktor 3	Faktor 4	Faktor 5	Faktor 6	Anti-Image-Korrelation
AK_IN_A2	0,860						0,896
AK_IN_W2	0,835						0,857
AK_IN_A3	0,832						0,875
AK_IN_A1	0,801		0,322				0,854
AK_IN_W3	0,797						0,812
AK_IN_W1	0,730		0,371				0,812
AK_IN_A4	0,727						0,915
AK_IN_W4	0,678					0,319	0,808
AK_TR_A1		0,861					0,820
AK_TR_W1		0,820					0,847
AK_TR_A2		0,802					0,733
AK_TR_W2		0,770				0,363	0,864
AK_AS_A3			0,805	0,314			0891
AK_AS_W3			0,805				0,851
AK_AS_W1			0,764				0,881
AK_AS_A1			0,741				0,854
AK_AN_A1				0,830			0,828
AK_AN_W1				0,824			0,835
AK_AN_A3	0,431			0,670			0,906
AK_AN_W3	0,417			0,661			0,797
AK_AS_A2					0,915		0,811
AK_AS_W2					0,881		0,852
AK_AN_W2						0,859	0,730
AK_AN_A2						0,789	0,882
	Informationsakzeptanz	Transaktionsakzeptanz	After-Sales-Akzeptanz	Anbahnungsakzeptanz	Elimination	Elimination	
Erklärter Varianzanteil	23,99 %	13,30 %	12,37 %	12,28 %	7,99 %	7,94 %	
Kumulierter Varianzanteil	23,99 %	37,29 %	49,66 %	61,94 %	69,93 %	77,87 %	
Bartlett-Test auf Sphärizität	7673,10 (p = 0,000)			KMO-Kriterium	0,848		

Faktorladungen < 0,3 werden nicht berichtet
Stichprobe $S_1^{B/C}$ (n = 353)

Tab. 11: Ergebnisse der Untersuchungsstufe A für die Dimension 'einstellungsorientierte Online-Akzeptanz'
Quelle: Eigene Erstellung

Die Ergebnisse der Untersuchungsstufe B für den Faktor der **einstellungsorientierten Informationsakzeptanz** sind in Tab. 12 dargestellt. Daraus kann entnommen werden, dass sich auf Basis der Prüfergebnisse keinerlei Indizien für die Notwendigkeit zur Elimination eines Indikators ergeben. So liegt die Varianzaufklärung für das Acht-Indikatoren-Modell mit 69,34 % weit über dem geforderten Wert von 50 %. Auch die anschließend durchgeführte Konfirmatorische Faktorenanalyse erreicht für die globalen Gütekriterien ausreichende Werte. An dieser Stelle sei erneut darauf hingewiesen, dass der Quotient aus χ^2-Wert und Anzahl der Freiheitsgrade nur bedingt als globales Maß für die Evaluation des Modellfits geeignet ist und insbesondere bei Verwendung des nicht-parametrischen ULS-Schätzverfahrens zu einer verzerrten Teststatistik führen kann.[449] Daher besteht trotz einer hier zu beobachtenden Überschreitung der üblicherweise geforderten Relation von 5:1 kein Anlass zur Ablehnung des Modells auf Basis des χ^2-Maßes, zumal die weiteren globalen Gütemaße innerhalb der geforderten Grenzwerte bleiben. Bezüglich der lokalen Kriterien ist für alle Items ein ausreichendes Maß an Indikatorreliabilität zu konstatieren. Auch die Faktorreliabilität sowie die durchschnittlich erfasste Varianz erfüllen die geforderten Richtwerte. Schließlich deutet ein Cronbachs Alpha in Höhe von 0,938 auf eine hohe Reliabilität des Messmodells hin. Damit ist die Untersuchungsstufe B für den Faktor der einstellungsorientierten Informationsakzeptanz abgeschlossen.

---

[449] Vgl. Abschnitt 4.2.1.3.

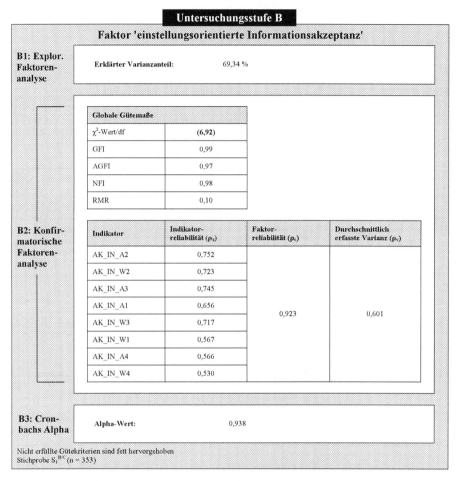

Tab. 12: Ergebnisse der Untersuchungsstufe B für den Faktor 'einstellungsorientierte Informationsakzeptanz'
Quelle: Eigene Erstellung

Hinsichtlich des Faktors der **einstellungsorientierten Anbahnungsakzeptanz** sind wir ursprünglich von einer Messung über sechs Indikatoren ausgegangen. Davon wurden zwei Items im Rahmen der Untersuchungsstufe A eliminiert. Für eine weitere Reduzierung der verbleibenden Indikatorenanzahl besteht im Rahmen der Untersuchungsstufe B allerdings kein Anlass. Sämtliche Prüfwerte in Tab. 13 zeigen für den erklärten Varianzanteil aus der Explorativen Faktorenanalyse, für globale und lokale Gütekriterien der Konfirmatorischen Faktorenanalyse sowie für Cronbachs Alpha zufriedenstellende Ausprägungen.

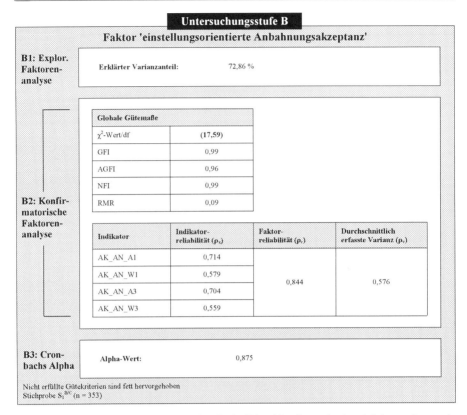

Tab. 13: Ergebnisse der Untersuchungsstufe B für den Faktor 'einstellungsorientierte Anbahnungsakzeptanz'
Quelle: Eigene Erstellung

Ein vergleichbar hohes Maß an Reliabilität und Validität ist hinsichtlich des Operationalisierungsansatzes für den Faktor der **einstellungsorientierten Transaktionsakzeptanz** zu konstatieren. Das postulierte Vier-Indikatoren-Modell mit den beiden zu Grunde liegenden Leistungsmerkmalen 'Verbindliche Bestellung eines Autos' sowie 'Anzahlung eines Autos' erfüllt, wie aus Tab. 14 ersichtlich, sämtliche geforderten Prüfkriterien. Insbesondere der im Rahmen der Explorativen Faktorenanalyse ermittelte Anteil erklärter Varianz ist mit 76,53 % als sehr hoch einzustufen.

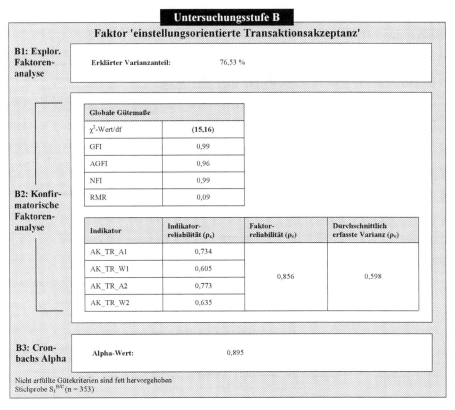

Tab. 14: Ergebnisse der Untersuchungsstufe B für den Faktor 'einstellungsorientierte Transaktionsakzeptanz'
Quelle: Eigene Erstellung

Zum Abschluss der Untersuchungsstufe B gilt es, das Messkonzept für den Faktor der **einstellungsorientierten After-Sales-Akzeptanz** zu beurteilen. Wie bereits ausgeführt, erfolgte im Rahmen der Untersuchungsstufe A auf Grund der Ergebnisse der Explorativen Faktorenanalyse eine Aussonderung von einem Leistungsmerkmal, d. h. zweier Indikatoren. Für das resultierende Vier-Indikatoren-Modell zeigen fast alle Gütekriterien in Tab. 15 zufriedenstellende Ausprägungen. Lediglich der RMR-Wert liegt mit 0,12 knapp über der geforderten Grenze von maximal 0,10. Bei strenger Anwendung des in Abschnitt 4.2.1.3 vorgestellten Prüfschemas zur Evaluation von Strukturgleichungsmodellen wäre demnach das Messmodell für diesen Faktor zu verwerfen. Da keine zusätzlichen Indikatoren zur Verfügung stehen, müsste auf eine weitere Berücksichtigung der einstellungsorientierten After-Sales-Akzeptanz verzichtet und eine im weiteren lückenhafte Untersuchung der Online-Akzeptanz in Kauf genommen werden. Um dies zu vermeiden, soll das postulierte Messmodell für die After-Sales-Akzeptanz trotz der Verletzung eines globalen Gütemaßes nicht verworfen werden. Für dieses Vorgehen spricht, dass die Überschreitung des (strengen) RMR-Grenzwertes als moderat einzustufen ist und das Gesamtbild der übrigen lokalen sowie partiellen Kriterien eine ausreichende Modellgüte indiziert.

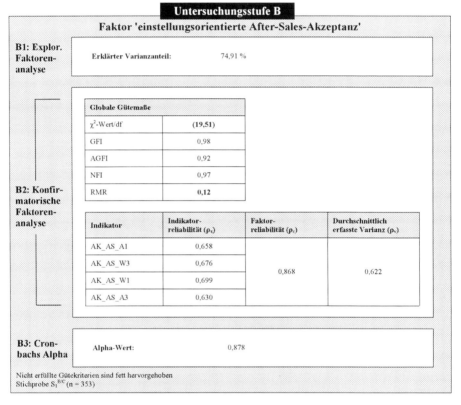

Tab. 15:   Ergebnisse der Untersuchungsstufe B für den Faktor 'einstellungsorientierte After-Sales-Akzeptanz'
Quelle: Eigene Erstellung

Mit diesem Untersuchungsschritt sind alle Faktoren der einstellungsorientierten Online-Akzeptanz isoliert modelliert. Für diese Dimension hat in der **Untersuchungsstufe C** die gesamthafte Beurteilung der verbliebenen 20 Indikatoren zu erfolgen. Hierbei werden zunächst die im Rahmen einfaktorieller Messmodelle untersuchten Validitäts- und Reliabilitätsaspekte der Konfirmatorischen Faktorenanalyse im Kontext aller Faktoren einer Dimension simultan untersucht.

Untersuchungsstufe C1
Dimension 'einstellungsorientierte Online-Akzeptanz'

Globale Gütemaße

χ^2-Wert/df	(3,02)
GFI	0,98
AGFI	0,98
NFI	0,98
RMR	0,08

	Indikator	Indikator-reliabilität (p_x)	Faktor-reliabilität (p_c)	Durchschnittlich erfasste Varianz (p_v)
Faktor Informationsakzeptanz	AK_IN_A2	0,696	0,923	0,601
	AK_IN_W2	0,692		
	AK_IN_A3	0,719		
	AK_IN_A1	0,661		
	AK_IN_W3	0,748		
	AK_IN_W1	0,615		
	AK_IN_A4	0,558		
	AK_IN_W4	0,560		
Faktor Anbahnungsakzeptanz	AK_AN_A1	0,549	0,841	0,572
	AK_AN_W1	0,533		
	AK_AN_A3	0,745		
	AK_AN_W3	0,759		
Faktor Transaktionsakzeptanz	AK_TR_A1	0,748	0,856	0,598
	AK_TR_W1	0,752		
	AK_TR_A2	0,642		
	AK_TR_W2	0,605		
Faktor After-Sales-Akzeptanz	AK_AS_A1	0,731	0,868	0,622
	AK_AS_W3	0,578		
	AK_AS_W1	0,677		
	AK_AS_A3	0,681		

Nicht erfüllte Gütekriterien sind fett hervorgehoben
Stichprobe $S_1^{B/C}$ (n = 353)

Tab. 16: Ergebnisse der Untersuchungsstufe C1 für die Dimension 'einstellungsorientierte Online-Akzeptanz'
Quelle: Eigene Erstellung

Die Resultate der entsprechenden **Untersuchungsstufe C1** sind in Tab. 16 enthalten. Daraus wird ersichtlich, dass sämtliche globalen und lokalen Gütemaße die aufgestellten Forderungen deutlich erfüllen, was angesichts der hohen Modellkomplexität für die Güte des postulierten Operationalisierungsansatzes spricht. Dabei sei insbesondere auf die hohen Ausprägungen der partiellen Gütemaße für den Faktor der einstellungsorientierten After-Sales-Akzeptanz hingewiesen. Die Entscheidung zu Gunsten einer weiteren Berücksichtigung dieses Faktors wird offensichtlich auch in dieser Untersuchungsstufe bestätigt.

Es verbleibt die Beurteilung der Diskriminanzvalidität des vierfaktoriellen Messmodells auf Basis des χ^2-Differenztests sowie des Fornell-Larcker-Kriteriums. Die Ergebnisse der entsprechenden **Untersuchungsstufe C2** sind in Tab. 17 zusammengefasst. Bezüglich des ersten Beurteilungskriteriums zeigt die Tabelle die χ^2-Differenz zwischen einem speziellen Modell, in dem die Korrelation zwischen zwei Faktoren auf eins fixiert ist, und dem allgemeinen Modell, in dem diese Restriktion nicht gegeben ist. Übersteigt die daraus resultierende χ^2-Erhöhung den kritischen Wert von 3,841, muss die Nullhypothese, dass beide Faktoren vollständig miteinander korrelieren, auf einem 5 %-Signifikanzniveau verworfen werden. Dieser Test zeigt in allen Fällen eine deutlich über diesem Schwellenwert liegende Verschlechterung des Modellfits durch die Einführung der Restriktion.[450] Somit indiziert der χ^2-Differenztest, dass die vier Faktoren ausreichend diskriminant valide sind. Unterstrichen wird diese Schlussfolgerung durch die Anwendung des gegenüber dem χ^2-Differenztest strengeren Fornell-Larcker-Kriteriums: Die quadrierten Korrelationen der Faktoren liegen unter den jeweils relevanten durchschnittlich erfassten Varianzen, die im Rahmen der Untersuchungsstufe C1 ermittelt wurden.

Abschließend kommen wir zu dem Ergebnis, dass die Dimension der einstellungsorientierten Online-Akzeptanz durch ein vierfaktorielles Messkonzept abgebildet werden kann, dessen Faktoren anhand der gewählten 20 Indikatoren unter den Aspekten der Reliabilität sowie der Konvergenz- bzw. Diskriminanzvalidität operationalisiert werden können.

---

[450] An dieser Stelle sei nochmals darauf hingewiesen, dass die Ermittlung der entsprechenden χ^2-Werte auf Basis einer ML-Schätzung erfolgt. Vgl. dazu Abschnitt 4.2.1.2.

Untersuchungsstufe C2
Dimension 'einstellungsorientierte Online-Akzeptanz'

χ^2-Differenztest*		Informations-akzeptanz	Anbahnungs-akzeptanz	Transaktions-akzeptanz
		χ^2-Differenzen		
	Anbahnungs-akzeptanz	26,19		
	Transaktions-akzeptanz	29,41	25,63	
	After-Sales-Akzeptanz	40,74	42,81	12,86

Fornell-Larcker-Kriterium			Informations-akzeptanz	Anbahnungs-akzeptanz	Transaktions-akzeptanz
		Durchschnittlich erfasste Varianz (ρ_v)	0,601	0,572	0,598
	Informations-akzeptanz	0,601	Quadrierte Korrelationen der Faktoren		
	Anbahnungs-akzeptanz	0,572	0,399		
	Transaktions-akzeptanz	0,598	0,200	0,219	
	After-Sales-Akzeptanz	0,622	0,256	0,280	0,324

* Ergebnisse einer ML-Schätzung
Stichprobe $S_1^{B/C}$ (n = 353)

Tab. 17: Ergebnisse der Untersuchungsstufe C2 für die Dimension 'einstellungsorientierte Online-Akzeptanz'
Quelle: Eigene Erstellung

(b) Verhaltensorientierte Online-Akzeptanz

Im Rahmen der qualitativen Konzeptualisierung wurde auch für die verhaltensorientierte Online-Akzeptanz ein multiattributiver Zwei-Komponenten-Ansatz erarbeitet. Ein Unterschied zur einstellungsorientierten Online-Akzeptanz wurde allerdings dahingehend festgestellt, dass die beiden identifizierten verhaltensorientierten Komponenten - die Nutzungsintensität der Online-Distribution sowie die Zufriedenheit mit dieser Nutzung - nicht für sämtliche einstellungsrelevanten, sondern nur für die Teilmenge der tatsächlich von den Probanden nutzbaren Leistungsmerkmale der Online-Distribution sinnvoll gemessen werden können. Aus dieser Einschränkung resultierte eine Reduzierung des berücksichtigten **Attributkatalogs** von ursprünglich zwölf auf letztlich sieben Attribute,[451] wovon zwei Leistungsmerkmale geringfügig umformuliert werden mussten, um dem spezifischen Internetangebot des hier betrachteten *Herstellers* Rechnung zu tragen.[452] Jedes dieser Attribute wurde von den Probanden hinsichtlich beider verhaltensorientierter Komponenten bewertet. Der genaue Wortlaut dieser Indikatorfragen sowie der zu Grunde gelegten Attribute kann aus Tab. 18 sowie Tab. 19 entnommen werden.

Hypothetischer Faktor	Indikatorfrage/ Attribut	Skala/ SPSS-Notation
	Wie intensiv haben Sie die Internetseiten des *Herstellers* bei der Abwicklung folgender Aktivitäten genutzt?	5-stufige Ratingskala (1 = gar nicht; 5 = sehr intensiv)
Verhaltensorientierte Informationsakzeptanz	• Beschaffung von Informationen über Listenpreise	AK_IN_N1
	• Beschaffung von Informationen über Fahrzeugausstattungen	AK_IN_N2
	• Zusammenstellung/Konfiguration des gewünschten Fahrzeugs	AK_IN_N3
	• Betrachtung/Visualisierung des gewünschten Fahrzeugs	AK_IN_N4
Verhaltensorientierte After-Sales-Akzeptanz	• Beschaffung von Informationen über Serviceleistungen	AK_AS_N1
	• Auswahl und Kauf von Produkten und Dienstleistungen 'rund ums Auto' (Autozubehör, Accessoires, Versicherungen etc.)	AK_AS_N2
	• Suche eines Gebrauchtwagens bzw. Jahreswagens	AK_AS_N3

Tab. 18: Indikatoren zur Erfassung der Nutzungskomponente der Dimension 'verhaltensorientierte Online-Akzeptanz'
Quelle: Eigene Erstellung

---

[451] Die Attribute zur Erfassung der einstellungsorientierten Online-Akzeptanz sind in Tab. 9 sowie Tab. 10 auf S. 115 und S. 116 aufgeführt.
[452] Hierbei handelt es sich um die Attribute 'Beschaffung von Informationen über Serviceleistungen' (AK_AS_N1 und AK_AS_Z1) sowie 'Suche eines Gebrauchtwagens bzw. Jahreswagens' (AK_AS_N3 und AK_AS_Z3).

Hypothetischer Faktor	Indikatorfrage/ Attribut	Skala/ SPSS-Notation
	Falls Sie die Internetseiten dazu genutzt haben, wie zufrieden waren Sie damit?	5-stufige Ratingskala (1 = sehr unzufrieden; 5 = sehr zufrieden)
Verhaltensorientierte Informationsakzeptanz	• Beschaffung von Informationen über Listenpreise	AK_IN_Z1
	• Beschaffung von Informationen über Fahrzeugausstattungen	AK_IN_Z2
	• Zusammenstellung/Konfiguration des gewünschten Fahrzeugs	AK_IN_Z3
	• Betrachtung/Visualisierung des gewünschten Fahrzeugs	AK_IN_Z4
Verhaltensorientierte After-Sales-Akzeptanz	• Beschaffung von Informationen über Serviceleistungen	AK_AS_Z1
	• Auswahl und Kauf von Produkten und Dienstleistungen 'rund ums Auto' (Autozubehör, Accessoires, Versicherungen etc.)	AK_AS_Z2
	• Suche eines Gebrauchtwagens bzw. Jahreswagens	AK_AS_Z3

Tab. 19: Indikatoren zur Erfassung der Zufriedenheitskomponente der Dimension 'verhaltensorientierte Online-Akzeptanz'
Quelle: Eigene Erstellung

Die im Rahmen der **Untersuchungsstufe A** durchzuführende Explorative Faktorenanalyse muss im Folgenden Auskunft darüber geben, inwieweit sich die in den beiden Tabellen vorgenommene Zuordnung der in Summe vierzehn Items zu den beiden Faktoren der verhaltensorientierten Informations- sowie After-Sales-Akzeptanz auch in den empirischen Daten widerspiegelt.[453] Die grundsätzliche Eignung der Ausgangsdaten für die Durchführung dieser Analyse werden durch die hohen Werte von Anti-Image-Korrelationen sowie durch das KMO-Maß bestätigt (siehe Tab. 20).

---

[453] Diese Analyse erfolgt ebenso wie die weiteren, die verhaltensorientierte Akzeptanzdimension betreffenden Auswertungen auf Basis der Stichprobe S_1^C (n = 214), da nur für die Gruppe derjenigen Neuwagenkäufer, die das Internetangebot des hier betrachteten *Herstellers* tatsächlich genutzt haben, Angaben über die Ausprägungen der zufriedenheits- sowie nutzungsbezogenen Indikatoren vorliegen. Zu den Nutzergruppen vgl. Abschnitt 4.1.2.

Untersuchungsstufe A
Dimension 'verhaltensorientierte Online-Akzeptanz'

Indikator (SPSS-Notation)	Faktor 1	Faktor 2	Faktor 3	Anti-Image-Korrelation
AK_IN_Z3	0,870			0,887
AK_IN_Z2	0,853			0,620
AK_IN_Z4	0,801			0,937
AK_IN_Z1	0,747			0,725
AK_AS_Z1	0,623			0,875
AK_IN_N2		0,880		0,809
AK_IN_N3		0,787		0,758
AK_IN_N1		0,783		0,794
AK_IN_N4		0,684		0,815
AK_AS_N1		0,502		0,739
AK_AS_Z2			0,789	0,758
AK_AS_N2			0,778	0,791
	Zufriedenheitsakzeptanz	Nutzungsakzeptanz	Elimination	
Erklärter Varianzanteil	28,16 %	24,11 %	11,92 %	
Kumulierter Varianzanteil	28,16 %	52,27 %	64,19 %	
Bartlett-Test auf Sphärizität	1132,17 (p = 0,000)		KMO-Kriterium	0,795

Faktorladungen < 0,3 werden nicht berichtet
Stichprobe S_1^C (n = 214)

Tab. 20: Ergebnisse der Untersuchungsstufe A für die Dimension 'verhaltensorientierte Online-Akzeptanz'
Quelle: Eigene Erstellung

Entgegen der a priori unterstellten Zwei-Faktoren-Struktur legt die Hauptkomponentenanalyse nach dem Kaiser-Kriterium eine dreifaktorielle Lösung nahe. Die extrahierten Faktoren weichen jedoch nicht nur bezüglich ihrer Anzahl von der konzeptualisierten Faktorenstruktur ab; auch in inhaltlicher Sicht ergeben sich Differenzen: Als vorherrschendes Strukturierungsmerkmal der verhaltensorientierten Indikatoren entpuppt sich - abgesehen von den Items des extrahierten Faktors 3 - nicht die Attribut-, sondern die Komponentenstruktur. Diese gegenüber der einstellungsorientierten Akzeptanzdimension abweichende Variante wurde bereits in Abschnitt 5.1.2.2 explizit in die Überlegungen eingeschlossen und widerspricht weder theoretischen noch sachlogischen Erwägungen. Daher übernehmen wir für die weiteren Analysen die explorativ ermittelte Faktorenstruktur und bezeichnen vereinfachend Faktor 1 als Zufriedenheitsakzeptanz und Faktor 2 als Nutzungsakzeptanz.[454] Dagegen umfasst der Faktor 3 sowohl eine nutzungs- als auch zufriedenheitsbezogene Beurteilung eines Leistungsmerkmals und folgt damit nicht der komponentenbezogenen Gliederungslogik der beiden anderen Faktoren. Insofern bietet sich aus Gründen der Konsistenz eine Elimination der hinter Faktor 3 stehenden Indikatoren an, zumal deren Beitrag zur erklärten Gesamtvarianz in Höhe von 11,92 % als vergleichsweise gering einzustufen ist.[455]

Das explorativ ermittelte Zwei-Faktoren-Modell dient als Ausgangspunkt für die **Untersuchungsstufe B**, in der jeder Faktor einzeln betrachtet wird. Die Evaluation des Messmodells für den Faktor **Nutzungsakzeptanz** fällt in den Stufen B1 und B3 positiv aus (siehe Tab. 21). Im Rahmen der Konfirmatorischen Faktorenanalyse unterschreitet jedoch die durchschnittlich erfasste Varianz der Messkomposition mit 0,381 den geforderten Wert von 0,4. Die geringe Konvergenzvalidität des Faktors ist u. a. auf die zu niedrige Reliabilität eines Items (AK_AS_N1) zurückzuführen. Der betreffende Indikator, der bereits auf Untersuchungsstufe A die niedrigste Faktorladung aufweist, wird deshalb eliminiert. Auf Basis dieser Modifikation führen wir nochmals die Berechnungen der Untersuchungsstufe B durch, um die vollständigen Validitäts- und Reliabilitätsinformationen für die reduzierte Indikatorenmenge verfügbar zu haben. Die entsprechenden Resultate des zweiten Rechendurchlaufs, welche nun auch die Erfüllung sämtlicher partieller Gütemaße indizieren, können dem Anhang der vorliegenden Arbeit entnommen werden.[456]

---

[454] Mit dieser Bezeichnung der verhaltensorientierten Faktoren kann auch im Folgenden der auf die Zugehörigkeit zur zweiten Akzeptanzdimension hinweisende Zusatz 'einstellungsorientiert' für die Faktoren der Informations-, Anbahnungs-, Transaktions- sowie After-Sales-Akzeptanz entfallen.
[455] Mit dem damit auf zehn Indikatoren reduzierten Messansatz wurde eine weitere explorative Faktorenanalyse durchgeführt. Dabei konnte eine zweifaktorielle Lösung extrahiert werden, die exakt den Faktoren 1 und 2 aus dem ersten Rechendurchlauf entspricht und - abgesehen von einer einzigen, nur mäßigen Querladung in Höhe von 0,356 - den Anforderungen einer Einfachstruktur genügt. Vgl. Tab. 65 auf S. 293 im Anhang.
[456] Vgl. Tab. 66 auf S. 294 im Anhang.

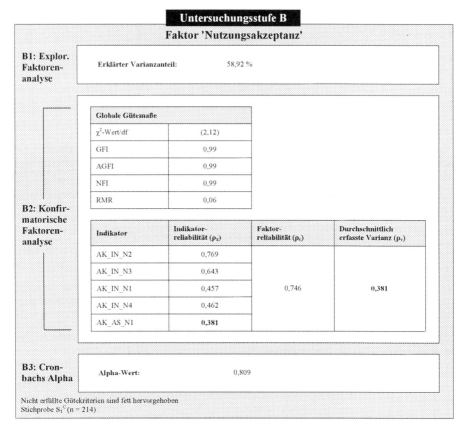

Tab. 21:   Ergebnisse der Untersuchungsstufe B für den Faktor 'Nutzungsakzeptanz'
Quelle: Eigene Erstellung

Hinsichtlich des Faktors **Zufriedenheitsakzeptanz** ergibt sich in den Untersuchungsstufen B1 und B3 keine Notwendigkeit zur Modifikation des Messmodells (siehe Tab. 22). Allerdings weist auch hier ein Indikator (AK_AS_Z1) eine zu geringe Reliabilität auf und wird daher in der Untersuchungsstufe B2 eliminiert.[457] Im zweiten Rechendurchlauf erfüllt das reduzierte Vier-Indikatoren-Modell sämtliche Anforderungen und wird daher beibehalten.[458]

---

[457] Es sei darauf hingewiesen, dass damit sämtliche verhaltensorientierten Indikatoren der After-Sales-Akzeptanz ausgesondert werden, also nur die acht verhaltensorientierten Indikatoren der Informationsakzeptanz zu jeweils zwei Faktoren verdichtet werden können.
[458] Vgl. Tab. 67 auf S. 295 im Anhang.

Untersuchungsstufe B
Faktor 'Zufriedenheitsakzeptanz'

B1: Explor. Faktorenanalyse

Erklärter Varianzanteil: 65,17 %

B2: Konfirmatorische Faktorenanalyse

Globale Gütemaße	
χ^2-Wert/df	(0,09)
GFI	0,99
AGFI	0,99
NFI	0,99
RMR	0,01

Indikator	Indikatorreliabilität (ρ_x)	Faktorreliabilität (ρ_c)	Durchschnittlich erfasste Varianz (ρ_v)
AK_IN_Z3	0,753		
AK_IN_Z2	0,757		
AK_IN_Z4	0,545	0,912	0,679
AK_IN_Z1	0,516		
AK_AS_Z1	0,306		

B3: Cronbachs Alpha

Alpha-Wert: 0,866

Nicht erfüllte Gütekriterien sind fett hervorgehoben
Stichprobe S_1^C (n = 214)

Tab. 22: Ergebnisse der Untersuchungsstufe B für den Faktor 'Zufriedenheitsakzeptanz'
Quelle: Eigene Erstellung

Die verbleibenden zehn Items der verhaltensorientierten Akzeptanzdimension bilden den Ausgangspunkt des nächsten Analyseschritts. Hierbei geht es um die Untersuchung der beiden verhaltensorientierten Faktoren und ihrer Indikatoren im Verbund. Betrachten wir zunächst die Ergebnisse der Konfirmatorischen Faktorenanalyse in **Untersuchungsschritt C1** (siehe Tab. 23). Die globalen Anpassungsmaße für das Gesamtmodell weisen ausreichende Werte auf. Hinsichtlich der lokalen Kriterien sind mit Ausnahme der durchschnittlich erfassten Varianz des Faktors 'Nutzungsakzeptanz' alle Forderungen erfüllt. Diese lokale Kriterienverletzung begründet jedoch noch keine Notwendigkeit zur Modifikation der Messkomposition, da sämtliche Items ausreichende Indikatorreliabilitäten aufweisen und insgesamt eine mehrheitliche Erfüllung der lokalen Gütekriterien sicherstellen. Zudem hat sich der Messansatz der Nutzungsakzeptanz bereits im Rahmen der Untersuchungsstufe B als ausreichend reliabel und valide erwiesen. Insofern wird als Ergebnis der Untersuchungsstufe C1 der Acht-Indikatoren-Messansatz beibehalten.

Untersuchungsstufe C1
Dimension 'verhaltensorientierte Online-Akzeptanz'

Globale Gütemaße	
χ^2-Wert/df	(2,32)
GFI	0,98
AGFI	0,98
NFI	0,98
RMR	0,08

	Indikator	Indikatorreliabilität (ρ_x)	Faktorreliabilität (ρ_c)	Durchschnittlich erfasste Varianz (ρ_v)
Faktor Zufriedenheitsakzeptanz	AK_IN_Z3	0,714	0,906	0,708
	AK_IN_Z2	0,686		
	AK_IN_Z4	0,582		
	AK_IN_Z1	0,575		
Faktor Nutzungsakzeptanz	AK_IN_N2	0,699	0,754	0,436
	AK_IN_N3	0,656		
	AK_IN_N1	0,428		
	AK_IN_N4	0,531		

Nicht erfüllte Gütekriterien sind fett hervorgehoben
Stichprobe S_1^c (n = 214)

Tab. 23: Ergebnisse der Untersuchungsstufe C1 für die Dimension 'verhaltensorientierte Online-Akzeptanz'
Quelle: Eigene Erstellung

Es verbleibt die Beurteilung der Diskriminanzvalidität in **Untersuchungsstufe C2**. Die Fixierung der Korrelation zwischen beiden verhaltensorientierten Faktoren auf eins führt gegenüber dem allgemeinen Messmodell zu einer Erhöhung des χ^2-Wertes um 36,551 (siehe Tab. 24). Somit kann auf Basis des χ^2-Differenztests davon ausgegangen werden, dass die Faktoren diskriminant valide sind. Zum gleichen Ergebnis gelangt man auch anhand des Fornell-Larcker-Kriteriums: Die quadrierte Korrelation der beiden Faktoren beträgt lediglich 0,264 und liegt damit deutlich unter den jeweiligen durchschnittlich erfassten Varianzen in Höhe von 0,436 bzw. 0,708.

Ausmaß der Online-Akzeptanz in der Automobilwirtschaft 135

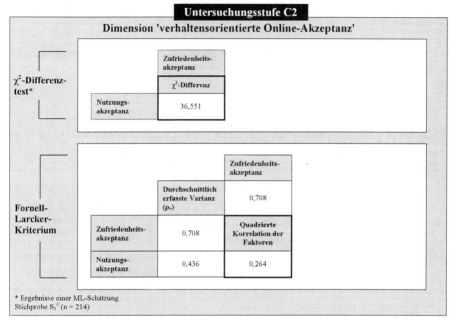

Tab. 24: Ergebnisse der Untersuchungsstufe C2 für die Dimension 'verhaltensorientierte Online-Akzeptanz'
Quelle: Eigene Erstellung

5.3 Deskriptive Untersuchungsergebnisse

5.3.1 Messmodell der einstellungsorientierten Online-Akzeptanz

Mit Abschluss der in Abschnitt 5.2 vorgenommenen Operationalisierungsschritte genügen die für beide Akzeptanzdimensionen entwickelten Messansätze den Kriterien der Reliabilität bzw. Konvergenz- sowie Diskriminanzvalidität auf der Ebene der einzelnen Faktoren. Es verbleibt somit eine Beurteilung der **Inhaltsvalidität**. Dieses Gütekriterium bezeichnet den Grad, zu dem die Items eines Operationalisierungsansatzes dem gleichen inhaltlich-semantischen Bereich angehören und zugleich in ihrer Gesamtheit sämtliche Bedeutungsinhalte sowie Facetten des interessierenden Phänomens abbilden.[459] Demnach konkretisiert sich die

---

[459] Vgl. Bohrnstedt (1970), S. 92; Homburg (1998), S. 121.

Forderung nach inhaltlicher Validität einer Skala in der Überprüfung zweier Fragestellungen:[460]

- Zu welchem Grad wird das interessierende Phänomen durch sämtliche berücksichtigten Faktoren bzw. Indikatoren erklärt (inhaltliche Vollständigkeit)?
- Zu welchem Grad tragen die einzelnen berücksichtigten Faktoren bzw. Indikatoren zu einer Erklärung des interessierenden Phänomens bei (inhaltliche Relevanz)?

Beide Forderungen können nicht nur auf qualitativ-konzeptioneller Ebene, sondern auch auf quantitativer Basis überprüft werden. Hierzu wird folgende Vorgehensweise vorgeschlagen: Die einstellungsorientierte Online-Akzeptanz wird auf Basis des validierten Operationalisierungsansatzes multiattributiv anhand einer Reihe von Leistungsmerkmalen gemessen. Davon unberührt kann auch eine globale Erfassung dieser Akzeptanzdimension erfolgen. In den Formulierungen der entsprechenden Items werden die Probanden um eine direkte affektive und konative Einschätzung der Online-Distribution gebeten (siehe Tab. 25). Die so operationalisierte endogene Akzeptanzdimension wird zusammen mit den weiterhin multiattributiv gemessenen exogenen Faktoren in einer Konfirmatorischen Faktorenanalyse zweiter Ordnung berücksichtigt, deren Parameterschätzungen für eine quantitative Beurteilung der Inhaltsvalidität herangezogen werden können.[461]

Dimension	Indikatorfrage/ Attribut	Skala/ SPSS-Notation
Einstellungsorientierte Online-Akzeptanz	Die Internetseiten von Automobilherstellern im Internet/WWW....	5-stufige Ratingskala (1 = auf keinen Fall; 5 = auf jeden Fall)
	• ... finde ich gut.	AK_EA_AF
	• ... beabsichtige ich beim nächsten Neuwagenkauf zu nutzen	AK_EA_KO

Tab. 25: Indikatoren zur Erfassung der globalen einstellungsorientierten Online-Akzeptanz
Quelle: Eigene Erstellung

Bevor eine Interpretation der entsprechenden Schätzergebnisse vorgenommen werden kann, ist es gemäß der in Abschnitt 4.2.1.3 vorgestellten Prüfsystematik zunächst erforderlich, das postulierte konfirmatorische Faktorenmodell hinsichtlich seiner empirischen **Modellgüte** zu beurteilen. Da die Informationsmatrix positiv definit sowie die t-Regel erfüllt ist und darüber hinaus keine unplausiblen Schätzwerte festzustellen sind, kann die Erfüllung der geforderten

---

[460] Vgl. Homburg (1998), S. 122.
[461] Diese Vorgehensweise orientiert sich an den Empfehlungen von Homburg (1998), S. 121 f.

Vorbedingungen als wahrscheinlich gelten. Wenden wir uns als nächstes den Globalkriterien zu. Wie die nachfolgende Tab. 26 verdeutlicht, wird keines dieser Gütemaße verletzt; die Werte dokumentieren eine gute Anpassung an die Datenstrukturen. Auch die Ausprägungen der Partialkriterien signalisieren ein hohes Maß an Reliabilität und Validität des Messmodells: Alle Items zeigen eine ausreichende Indikatorreliabilität und auch die Faktorreliabilitäten erreichen jeweils das geforderte Niveau. Lediglich der Mindestwert für den Anteil durchschnittlich erfasster Varianz wird bei der latenten Akzeptanzdimension mit 0,425 knapp unterschritten. Insgesamt bleibt festzuhalten, dass neben allen Globalmaßen auch die Mehrheit der partiellen Gütekriterien erfüllt ist und somit kein Anlass besteht, das faktorenanalytische Messmodell für die einstellungsorientierte Online-Akzeptanz zu verwerfen. Somit können die ermittelten Schätzparameter für eine quantitative Beurteilung der Inhaltsvalidität herangezogen werden.

Wie eingangs des Abschnittes dargelegt, impliziert die Forderung nach Inhaltsvalidität sowohl die inhaltliche Relevanz der einzelnen exogenen Faktoren als auch die **inhaltliche Vollständigkeit** des gesamten Messinstruments. Eine Beurteilung der letztgenannten Bedingung kann auf Basis des erklärten Varianzanteils der endogenen Akzeptanzdimension erfolgen. Vermögen die berücksichtigten Faktoren einen hohen Varianzanteil zu erklären, deutet dies darauf hin, dass die Bedeutungsinhalte der einstellungsorientierten Online-Akzeptanz weitgehend vollständig durch das Messkonzept abgedeckt werden. Demzufolge fällt die Beurteilung der inhaltlichen Vollständigkeit der Skala umso positiver aus, je höher der erklärte Varianzanteil der endogenen Variablen ist.[462] Hinsichtlich des zu fordernden Mindestwertes liegen keine verbindlichen Empfehlungen vor. Als grobe Referenzgröße können jedoch die von *Homburg* im Rahmen seiner Untersuchung des Kundennähekonstrukts erzielten Ergebnisse gelten: Dort beurteilt er die von ihm erzielte Varianzerklärung von 70 % als ausgesprochen hoch und zieht daraufhin einen positiven Schluss hinsichtlich der Inhaltsvalidität der postulierten Kundennähe-Skala.[463] Das Ergebnis der eigenen Modellanalyse weist für die endogene Akzeptanzdimension eine etwas niedrigere Varianzerklärung von 61 % aus (siehe Abb. 14). Dieser Wert kann angesichts der Vielschichtigkeit des interessierenden Phänomens als ausreichend angesehen werden und deutet auf die inhaltliche Vollständigkeit des Vier-Faktoren-Modells der einstellungsorientierten Online-Akzeptanz hin.

---

[462] Vgl. Homburg (1998), S. 122 f.
[463] Vgl. Homburg (1998), S. 123.

Messmodell I
Globale und lokale Gütekriterien

Globale Gütemaße	
χ^2-Wert/df	(2,74)
GFI	0,98
AGFI	0,98
NFI	0,98
RMR	0,08

	Indikator	Indikator-reliabilität (p_x)	Faktor-reliabilität (p_c)	Durchschnittlich erfasste Varianz (p_v)
Faktor Informations-akzeptanz	AK_IN_A2	0,707	0,923	0,601
	AK_IN_W2	0,697		
	AK_IN_A3	0,723		
	AK_IN_A1	0,669		
	AK_IN_W3	0,726		
	AK_IN_W1	0,615		
	AK_IN_A4	0,567		
	AK_IN_W4	0,548		
Faktor Anbahnungs-akzeptanz	AK_AN_A1	0,539	0,841	0,571
	AK_AN_W1	0,526		
	AK_AN_A3	0,757		
	AK_AN_W3	0,764		
Faktor Transaktions-akzeptanz	AK_TR_A1	0,766	0,856	0,598
	AK_TR_W1	0,746		
	AK_TR_A2	0,645		
	AK_TR_W2	0,591		
Faktor After-Sales-Akzeptanz	AK_AS_A1	0,745	0,868	0,622
	AK_AS_W3	0,560		
	AK_AS_W1	0,689		
	AK_AS_A3	0,671		
Dimension einstellungs-or. Online-Akzeptanz	AK_EA_KO	0,433	0,594	**0,425**
	AK_EA_AF	0,651		

Nicht erfüllte Gütekriterien sind fett hervorgehoben
Stichprobe $S_1^{B/C}$ (n = 353)

Tab. 26: Ausprägungen der globalen und lokalen Gütekriterien für das Messmodell der Dimension 'einstellungsorientierte Online-Akzeptanz'
Quelle: Eigene Erstellung

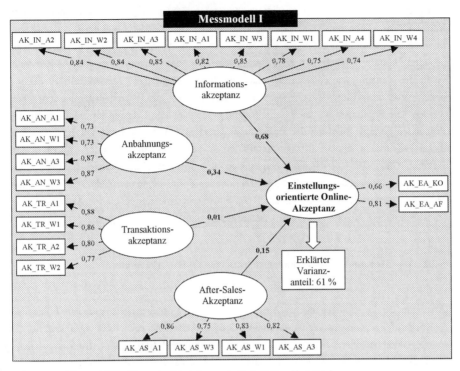

Abb. 14:   Messmodell der Dimension 'einstellungsorientierte Online-Akzeptanz'
Quelle: Eigene Erstellung

Wenden wir uns nun der Frage zu, ob auch die an die Inhaltsvalidität zu knüpfende zweite Bedingung durch das entwickelte Messmodell erfüllt wird. Als Indiz für die **inhaltliche Relevanz** der berücksichtigten Faktoren können hohe Werte für deren Wirkungszusammenhänge mit der global gemessenen Akzeptanzdimension gelten. Fällt ein Strukturkoeffizientenwert indessen niedrig aus, kann dies als Anhaltspunkt dafür gewertet werden, dass der betreffende Faktor mit den jeweils zugeordneten Indikatoren nicht dem inhaltlich-semantischen Raum der Dimension angehört.[464] Offensichtlich trifft letztgenannter Fall auf die Transaktionsakzeptanz zu: Ein Strukturkoeffizient von 0,01 spricht dafür, dass diesem Faktor eine nur geringe Relevanz bei der Messung der einstellungsorientierten Online-Akzeptanz zukommt, während die übrigen Faktoren mit Koeffizientenwerten zwischen 0,15 und 0,68 mittlere bis hohe inhaltliche Beiträge liefern. Anders formuliert assoziieren Neuwagenkäufer die Online-

---

[464] Vgl. Homburg (1998), S. 122.

Distribution vor allem mit einer internetgestützten Abwicklung von Aktivitäten in der Informations-, Anbahnungs- sowie After-Sales-Phase, nicht jedoch mit einer Nutzung des Internets für transaktionale Zwecke. Um der Forderung nach inhaltlicher Relevanz der Skala zu genügen, könnte folglich auf eine Berücksichtigung des Faktors 'Transaktionsakzeptanz' verzichtet werden, ohne dadurch die inhaltliche Vollständigkeit des Messmodells zu gefährden.[465] Von einer Elimination dieses Faktors soll dennoch aus folgendem Grund abgesehen werden: Die Ergebnisse werfen unmittelbar die Frage nach den Gründen für die aus Sicht der Probanden geringe Relevanz der Transaktionsakzeptanz auf. Ein Versuch zur Beantwortung dieser Frage kann jedoch nur dann unternommen werden, wenn der Faktor explizit in den weiteren Gang der Untersuchung eingeschlossen wird. Vor diesem Hintergrund wird das postulierte Vier-Faktoren-Modell aus konzeptionellen Erwägungen beibehalten, obwohl einem reduzierten dreifaktoriellen Messmodell der einstellungsorientierten Online-Akzeptanz eine statistisch höhere inhaltliche Relevanz zu attestieren wäre.

5.3.2 Messmodell der verhaltensorientierten Online-Akzeptanz

Analog zu der im vorangegangenen Abschnitt erläuterten Vorgehensweise gilt es im Folgenden zu überprüfen, inwieweit der in Abschnitt 5.2 entwickelte Operationalisierungsansatz für die zweite Akzeptanzdimension der Forderung nach **Inhaltsvalidität** genügt. Dementsprechend wird die inhaltlich-semantische Relevanz sowie Vollständigkeit der verhaltensorientierten Akzeptanz-Skala ebenfalls auf Basis der Parameterschätzungen einer Konfirmatorischen Faktorenanalyse zweiter Ordnung beurteilt. Dieses faktorenanalytische Modell beinhaltet neben den beiden multiattributiv operationalisierten Faktoren der Nutzungs- und Zufriedenheitsakzeptanz auch eine latente verhaltensorientierte Akzeptanzdimension, deren Erfassung direkt über zwei globale Fragen nach der Nutzung des Internets beim Neuwagenkauf sowie der Zufriedenheit mit dieser Nutzung erfolgt (siehe Tab. 27).

---

[465] Für ein um den Faktor Transaktionsakzeptanz reduziertes dreifaktorielles Messmodell wurde in einem weiteren Rechendurchlauf eine identische Varianzerklärung der einstellungsorientierten Online-Akzeptanz in Höhe von 61 % ermittelt.

Dimension	Indikatorfrage/ Attribut	Skala/ SPSS-Notation
Verhaltens- orientierte Online- Akzeptanz	Wie intensiv haben Sie die folgenden Informations- quellen beim Neuwagenkauf genutzt?	5-stufige Ratingskala (1 = gar nicht; 5 = sehr intensiv)
	• Internetseiten des *Automobilherstellers*	AK_VA_NU
	Wie zufrieden sind Sie insgesamt mit den Internetseiten des *Herstellers*?	5-stufige Ratingskala (1 = sehr unzufrieden; 5 = sehr zufrieden)
	• -	AK_VA_ZH

Tab. 27: Indikatoren zur Erfassung der globalen verhaltensorientierten Online-Akzeptanz
Quelle: Eigene Erstellung

Betrachten wir zunächst die empirische **Anpassungsgüte** des postulierten Messmodells. Wie aus Tab. 28 entnommen werden kann, deuten sämtliche globalen Gütemaße auf einen insgesamt guten Modellfit hin. Im Hinblick auf die lokalen Anpassungskriterien ist zu konstatieren, dass zwei Partialmaße die geforderten Mindestwerte geringfügig unterschreiten. Zum einen weist das zufriedenheitsbezogene Item der latenten Akzeptanzdimension mit 0,392 eine etwas zu niedrige Indikatorreliabilität auf. Zum anderen unterschreitet der durchschnittlich erfasste Varianzanteil der Nutzungsakzeptanz mit 0,434 den geforderten Schwellenwert von 0,5. Dennoch wird das Messmodell nicht verworfen, da neben allen Globalmaßen auch die deutliche Mehrheit der partiellen Kriterien erfüllt wird.

Messmodell II
Globale und lokale Gütekriterien

Globale Gütemaße

χ^2-Wert/df	(2,38)
GFI	0,98
AGFI	0,97
NFI	0,97
RMR	0,08

	Indikator	Indikator-reliabilität (ρ_x)	Faktor-reliabilität (ρ_c)	Durchschnittlich erfasste Varianz (ρ_v)
Faktor Zufriedenheitsakzeptanz	AK_IN_Z3	0,717	0,906	0,707
	AK_IN_Z2	0,663		
	AK_IN_Z4	0,588		
	AK_IN_Z1	0,587		
Faktor Nutzungsakzeptanz	AK_IN_N2	0,674	0,753	0,434
	AK_IN_N3	0,645		
	AK_IN_N1	0,441		
	AK_IN_N4	0,548		
Dimension verhaltensor. Online-Akzeptanz	AK_VA_NU	0,539	0,683	0,520
	AK_VA_ZH	**0,392**		

Nicht erfüllte Gütekriterien sind fett hervorgehoben
Stichprobe S_1^c (n = 214)

Tab. 28: Ausprägungen der globalen und lokalen Gütekriterien für das Messmodell der Dimension 'verhaltensorientierte Online-Akzeptanz'
Quelle: Eigene Erstellung

Wesentliche Ergebnisse der strukturgleichungsanalytischen Modellprüfung sind in Abb. 15 dargestellt. Daraus wird ersichtlich, dass durch die beiden verhaltensorientierten Faktoren eine Varianzerklärung der latenten Akzeptanzdimension von über 80 % erreicht wird. Dieser Wert spricht für die **inhaltliche Vollständigkeit** des Messmodells und ist in Anbetracht der Tatsache, dass es sich dabei um einen gegenüber dem vierfaktoriellen Modell der einstellungsorientierten Akzeptanzdimension relativ 'sparsamen' Messansatz handelt, als ausgesprochen hoch zu beurteilen. Eindeutig fällt auch das Urteil hinsichtlich des zweiten Beurteilungskriteriums aus: Die hohen positiven Strukturkoeffizientenwerte von 0,63 sowie 0,39 für den

Wirkungszusammenhang der Nutzungs- bzw. Zufriedenheitsakzeptanz mit der latenten Akzeptanzdimension unterstreichen die hohe **inhaltliche Relevanz** beider Faktoren. Somit gelangen wir insgesamt zu einer positiven Einschätzung der Inhaltsvalidität des zweifaktoriellen Messmodells für die verhaltensorientierte Online-Akzeptanz.

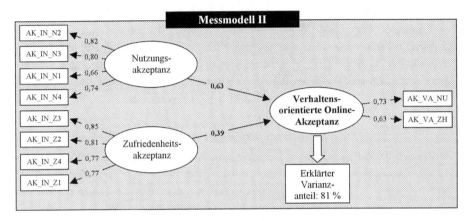

Abb. 15: Messmodell der Dimension 'verhaltensorientierte Online-Akzeptanz'
Quelle: Eigene Erstellung

5.3.3 Messmodell der globalen Online-Akzeptanz

Nachdem in den Abschnitten 5.3.1 sowie 5.3.2 die beiden Akzeptanzdimensionen mit den jeweils zugeordneten Faktoren und Indikatoren separat untersucht wurden, stellt sich im Folgenden die Frage nach der Struktur sowie Güte der Messkomposition auf Ebene des globalen **Akzeptanzkonstrukts**. Dazu sind zwei Analyseschritte erforderlich: Im ersten Schritt wird geklärt, inwieweit sich die auf Basis theoretischer Überlegungen unterstellte zweidimensionale Struktur der Online-Akzeptanz auch in den empirischen Daten widerspiegelt. Nur wenn es in der statistischen Analyse gelingt, oberhalb der Faktorenebene voneinander eindeutig abgrenzbare Dimensionen zu identifizieren, kann berechtigterweise von einer mehrdimensionalen Struktur der Online-Akzeptanz ausgegangen werden. Andernfalls wäre die Online-Akzeptanz als eindimensionales, sechsfaktorielles Konstrukt zu konzeptualisieren. Im zweiten Schritt wird dann analog zur Vorgehensweise in den beiden vorangegangenen Abschnitten für die gesamte Skala des Akzeptanzkonstrukts eine quantitative Überprüfung der Inhaltsvalidität vorgenommen.

Bevor die beiden Analyseschritte allerdings durchgeführt werden können, gilt es, im Vorfeld einen geeigneten **Operationalisierungsansatz** für die beiden Akzeptanzdimensionen zu generieren. In diesem Zusammenhang schlägt *Homburg* vor, die ermittelten Indikatoren eines jeden Faktors in eine metrische Skala zu transformieren und die dadurch indexierten Faktoren als Indikatoren der betreffenden, in diesem Fall latenten Dimension zu verwenden.[466] Für die methodische Angemessenheit dieses Vorgehens sprechen die bereits überprüften Validitäts- und Reliabilitätskriterien der Messmodelle beider Dimensionen: Da die Strukturgleichungs-analyse linear-additive Beziehungen voraussetzt, indiziert die Güte eines Messmodells zugleich die Eignung der Items für die Bildung summativer Skalen.[467] Im Rahmen strukturgleichungs-analytischer Auswertungen ist es dabei unerheblich, ob eine Summation oder Mittelwertbe-rechnung der Ausprägungswerte der Items vorgenommen wird. Damit die Indexwerte der Akzeptanzskalen jedoch auch im Rahmen univariater Auswertungen miteinander verglichen werden können, ist eine Mittelwertberechnung zu bevorzugen, da die Skalen unterschiedlich hohe Indikatorzahlen aufweisen.[468]

Die so indexierten Faktoren der Online-Akzeptanz dienen als Dateninput für den **ersten Analyseschritt**. Zur quantitativen Überprüfung der Angemessenheit einer Auffächerung des Akzeptanzkonstrukts in eine einstellungs- sowie verhaltensorientierte Dimension bietet sich zunächst die Durchführung einer Explorativen Faktorenanalyse an. Die in Tab. 29 dargestellten Ergebnisse zeigen, dass die unterstellte zweidimensionale Struktur des Akzeptanzmodells durch die Datenbasis sehr gut reproduziert wird. Alle sechs Faktoren werden eindeutig und korrekt den jeweiligen Dimensionen zugeordnet, wobei sämtliche Ladungen auf die entspre-chende Dimension deutlich über 0,5 liegen. Bemerkenswert erscheint dabei auch, dass keine nennenswerten Querladungen (> 0,3) zwischen den Dimensionen vorliegen, was für die hohe Konsistenz des postulierten zweidimensionalen Messansatzes spricht. Diese Schlussfolgerung wird auch durch die Resultate einer Überprüfung der Diskriminanzvalidität anhand des Fornell-Larcker-Kriteriums untermauert:[469] Die im Rahmen einer Konfirmatorischen

---

[466] Vgl. Homburg (1998), S. 117 f.

[467] Vgl. Krafft (1995), S. 283 f.

[468] Die entsprechend berechneten einstellungsorientierten Indizes erhalten folgende SPSS-Notationen: AK_IN_IN (Index 'Informationsakzeptanz'), AK_AN_IN (Index 'Anbahnungsakzeptanz'), AK_TR_IN (Index 'Transaktionsakzeptanz') und AK_AS_IN (Index 'After-Sales-Akzeptanz'). Die Indizes der verhaltens-orientierten Online-Akzeptanz sind wie folgt gekennzeichnet: AK_NU_IN (Index 'Nutzungsakzeptanz') und AK_ZH_IN (Index 'Zufriedenheitsakzeptanz'). Die Absolutausprägungen dieser indexierten Skalen werden in Abschnitt 5.3.4 diskutiert.

[469] Der im Rahmen einer Überprüfung der Diskriminanzvalidität ebenfalls heranzuziehende χ^2-Differenztest konnte hier nicht durchgeführt werden. Ein entsprechender Rechendurchlauf zeigte, dass die dazu notwendige Fixierung der Korrelation zwischen beiden Dimensionen auf eins zu unplausiblen Parameterschätzungen, so genannten Heywood-Cases, führte. Zu dieser Verletzung der Vorbedingungen bei der Modellevaluation vgl. Abschnitt 4.2.2.2. Damit verletzte das restringierte Strukturmodell die geforderten Vorbedingungen und konnte deshalb nicht als Basis für einen χ^2-Vergleich mit dem allgemeinen Modell herangezogen werden. Ein Verzicht auf die Anwendung des χ^2-Differenztest wiegt jedoch nicht allzu schwer, weil das Fornell-Larcker-Kriterium als das strengere Maß für den Nachweis der Diskriminanzvalidität gilt. Vgl. Fritz (1995), S. 137; Homburg (1998), S. 91.

Faktorenanalyse erster Ordnung ermittelte quadrierte Korrelation der beiden Dimensionen beträgt 0,128 und liegt damit deutlich unter den aus Tab. 30 ersichtlichen durchschnittlich erfassten Varianzen der einstellungs- bzw. verhaltensorientierten Akzeptanzdimensionen. Somit gelangen wir insgesamt zu einem positiven Ergebnis hinsichtlich der zweidimensionalen Struktur der Online-Akzeptanz.

Konstrukt 'Online-Akzeptanz'				
Faktor	Index (SPSS-Notation)	Extrahierte Dimension 1	Extrahierte Dimension 2	Anti-Image-Korrelation
After-Sales-Akzeptanz	AK_AS_IN	0,795		0,770
Anbahnungsakzeptanz	AK_AN_IN	0,768		0,769
Informationsakzeptanz	AK_IN_IN	0,764		0,755
Transaktionsakzeptanz	AK_TR_IN	0,759		0,757
Zufriedenheitsakzeptanz	AK_ZH_IN		0,854	0,499
Nutzungsakzeptanz	AK_NU_IN		0,880	0,484
		Einstellungs-orientierte Online-Akzeptanz	Verhaltens-orientierte Online-Akzeptanz	
Erklärter Varianzanteil		39,79 %	24,13 %	
Kumulierter Varianzanteil		39,79 %	63,92 %	
Bartlett-Test auf Sphärizität	265,99 (p = 0,000)	KMO-Kriterium		0,710

Faktorladungen < 0,3 werden nicht berichtet
Stichprobe S_1^c (n = 214)

Tab. 29: Ergebnisse der Explorativen Faktorenanalyse für die Faktoren der Online-Akzeptanz
Quelle: Eigene Erstellung

Der **zweite Prüfschritt** auf Ebene des Gesamtmodells widmet sich einer faktorenanalytischen Beurteilung der Inhaltsvalidität der gesamten Akzeptanzskala. Für die dazu erforderliche Operationalisierung des endogenen Akzeptanzkonstrukts werden die zur Messung der beiden latenten Akzeptanzdimensionen in den Abschnitten 5.3.1 sowie 5.3.2 bereits verwendeten direkten Fragen herangezogen.[470] In diesem Fall laden die in Summe vier Items für die einstellungs- bzw. verhaltensorientierten Akzeptanzkomponenten gemeinsam auf das globale

---

[470] Vgl. Tab. 25 auf S. 136 und Tab. 27 auf S. 141.

Akzeptanzkonstrukt. Hinsichtlich der beiden Akzeptanzdimensionen wird eine Messung auf Basis der indexierten Faktoren beibehalten.

Messmodell III
Globale und lokale Gütekriterien

Globale Gütemaße

χ^2-Wert/df	(2,19)
GFI	0,97
AGFI	0,95
NFI	0,95
RMR	0,08

	Indikator	Indikator-reliabilität (p_x)	Faktor-reliabilität (p_c)	Durchschnittlich erfasste Varianz (p_v)
Dimension einstellungsor. Online-Akzeptanz	AK_IN_IN	0,664	0,791	0,490
	AK_AN_IN	0,416		
	AK_TR_IN	**0,388**		
	AK_AS_IN	0,472		
Dimension verhaltensor. Online-Akzeptanz	AK_NU_IN	0,598	0,684	0,526
	AK_ZH_IN	**0,328**		
Konstrukt Online-Akzeptanz	AK_EA_KO	0,506	0,743	0,421
	AK_EA_AF	0,510		
	AK_VA_NU	0,413		
	AK_VA_ZH	**0,339**		

Nicht erfüllte Gütekriterien sind fett hervorgehoben
Stichprobe S_1^C (n = 214)

Tab. 30: Ausprägungen der globalen und lokalen Gütekriterien für das Messmodell der globalen Online-Akzeptanz
Quelle: Eigene Erstellung

Die ermittelten Gütemaße für das so spezifizierte Messmodell der globalen Online-Akzeptanz sind aus Tab. 30 ersichtlich. Die Globalkriterien sprechen insgesamt für einen moderaten, noch ausreichenden Modellfit. Im Hinblick auf die lokalen Gütemaße unterschreiten drei von insgesamt zehn Indikatoren das geforderte Maß an Reliabilität. Als Konsequenz daraus erreichen die durchschnittlich erfassten Varianzanteile für die einstellungsorientierte Akzeptanzdimension sowie für das globale Akzeptanzkonstrukt nicht den Richtwert von 0,5. Die Messkompositionen aller latenten Variablen genügen jedoch dem Kriterium der Faktorreliabilität, so dass insgesamt elf von sechszehn der lokalen Gütemaße die kritischen Werte erfüllen. Somit besteht, trotz eines im Detail mäßigen partiellen Modellfits, insgesamt gesehen kein Grund, das postulierte Modell für die Online-Akzeptanz zu verwerfen. Folglich können die in Abb. 16 dargestellten Parameterschätzungen für eine Beurteilung der Inhaltsvalidität der gesamten Akzeptanz-Skala herangezogen werden.

Der durch die beiden Akzeptanzdimensionen mit den jeweils zugeordneten Faktoren erklärte Varianzanteil der globalen Online-Akzeptanz beträgt mehr als 80 % und kann als ausgesprochen hoch bezeichnet werden. Daraus kann die Schlussfolgerung gezogen werden, dass alle wichtigen inhaltlichen Aspekte der Online-Akzeptanz durch das entwickelte Messinstrument abgedeckt werden. Darüber hinaus erweisen sich beide Dimensionen auch als inhaltlich relevant für die Erfassung der Online-Akzeptanz: Die Strukturkoeffizienten von 0,41 sowie 0,65 für den Zusammenhang zwischen der einstellungs- bzw. verhaltensorientierten Online-Akzeptanz und dem globalen Akzeptanzkonstrukt unterstreichen, dass auf keine der beiden Dimensionen verzichtet werden könnte, ohne die inhaltliche Vollständigkeit des Messansatzes zu gefährden. Insgesamt kann damit festgehalten werden, dass die postulierte Akzeptanzskala sowohl hinsichtlich ihrer diskriminierenden als auch der inhaltlichen Validität positiv zu beurteilen ist.

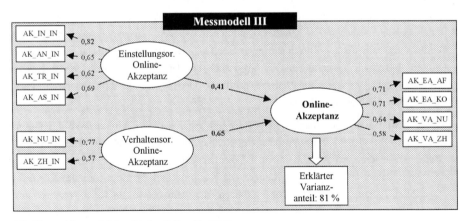

Abb. 16: Messmodell der globalen Online-Akzeptanz
Quelle: Eigene Erstellung

5.3.4 Ergänzende deskriptive Analysen

Ein explizites Untersuchungsanliegen der vorliegenden Arbeit besteht darin, tiefergehende Einblicke in das Ausmaß der Online-Akzeptanz von Neuwagenkäufern zu gewinnen. Mit den bisherigen Ausführungen wurden zwar wichtige Grundlagen für eine reliable und valide Messung der Online-Akzeptanz geschaffen; differenzierte Aussagen über absolute Ausprägungswerte des interessierenden Phänomens stehen allerdings noch aus. Diese Erkenntnislücke gilt es im Folgenden zu schließen.

Als Einstieg in diese deskriptiv-orientierte Analyse bietet es sich an, das Ausmaß der Online-Akzeptanz differenziert für die Nutzergruppen zu untersuchen, welche in Abschnitt 4.1.2 definiert und für die Dreiteilung der gesamten Stichprobe herangezogen wurden. Im Anschluss daran soll geklärt werden, ob sich diese Nutzergruppen auch im Hinblick auf andere als die zur Messung der Online-Akzeptanz herangezogenen Einflussgrößen unterscheiden. Unter den Kategorien möglicher verhaltensbeeinflussender bzw. -beschreibender Variablen kommen vor allem den Soziodemographika sowie den Merkmalen des beobachtbaren Kaufverhaltens ein besonderer Stellenwert in der Konsumentenverhaltensforschung zu.[471] Die Bedeutung dieser beiden Variablenkategorien liegt vor allem in deren vergleichsweise einfachen Erfassbarkeit begründet und äußert sich unter anderem darin, dass eine Vielzahl von Segmentierungsansätzen in der Marketingpraxis und -wissenschaft auf diese Käufermerkmale zurückgreifen.[472] Gleichwohl mehren sich die Hinweise, dass vor allem soziodemographische Variablen eine zunehmend geringere Rolle bei der Prognose des Konsumentenverhaltens spielen. Erklärungsgrößen wie beispielsweise Alter, Geschlecht oder Haushaltseinkommen treten - so die Erkenntnisse aus neueren sozialwissenschaftlichen Arbeiten - gegenüber der Verhaltensbeeinflussung individueller Konsumentenwünsche und -bedürfnisse zunehmend in den Hintergrund.[473] Ob sich dieser allgemeine Trend auch bei der Erklärung von Unterschieden im Online-Nutzungsverhalten von Neuwagenkäufern widerspiegelt, gilt es in anhand geeigneter statistischer Analysen aufzudecken.

Wenden wir uns jedoch im ersten Schritt der Eingangsfrage nach dem **Ausmaß der Online-Akzeptanz** bei den Nutzergruppen zu. Im Rahmen der ersten Erhebungswelle wurden die Items der beiden verhaltensorientierten Akzeptanzfaktoren nur für die Gruppe derjenigen Neuwagenkäufer erhoben, die im Rahmen des Kaufprozesses die Homepage des *Herstellers* tatsächlich genutzt haben.[474] Daher können die Mittelwerte für die Nutzungs- und

---

[471] Vgl. Meffert/Perrey (1997), S. 19; Perrey (1998), S. 26.
[472] Vgl. Böhler (1977), S. 448; Meffert (1992), S. 76 f.; Perrey (1998), S. 27.
[473] Diesen Trend skizzieren u. a. Gierl (1989), S. 422 ff.; Schleuning (1994), S. 30 und Sluiter (1987), S. 32 f.
[474] Vgl. Abschnitt 4.1.2.

Zufriedenheitsakzeptanz lediglich für die Gruppe C ("Internet beim Neuwagenkauf genutzt") berechnet werden. Hinsichtlich der vier einstellungsorientierten Akzeptanzskalen liegen darüber hinaus auch Ausprägungswerte für die Gruppe B ("Internet nicht beim Neuwagenkauf genutzt") vor. Zur inferenzstatistischen Beurteilung der einstellungsbezogenen Mittelwertunterschiede zwischen den beiden als voneinander unabhängig zu betrachtenden Gruppen eignet sich ein U-Test nach Mann und Whitney.[475] Für die Verwendung dieses nichtparametrischen Tests spricht nicht nur die Tatsache, dass die generierten Akzeptanzskalen als intervallähnlich skaliert zu betrachten sind,[476] sondern auch das Ergebnis eines zweiseitigen Kolmogorov-Smirnoff-Tests:[477] Diese Teststatistik weist für alle einstellungsbezogenen Indizes eine im 5 %-Intervall signifikante Abweichung von der Normalverteilungsprämisse aus.

In Tab. 31 sind die nach Nutzergruppen differenzierten Mittelwerte der Akzeptanzindizes sowie die Ergebnisse der entsprechenden Signifikanztests dargestellt. Die darin ausgewiesenen Ergebnisse zeigen, dass zwar die Mittelwertausprägungen aller einstellungsbezogenen Akzeptanzskalen bei Gruppe C höher als bei Gruppe B sind. Diese Differenzen erweisen sich jedoch nur hinsichtlich der Informations- sowie Transaktionsakzeptanz als statistisch hochsignifikant. Offensichtlich verfügen Probanden, die das Internet beim Neuwagenkauf nicht genutzt haben, über eine ähnlich ausgeprägte Einstellung gegenüber einer internetgestützten Abwicklung der Anbahnungs- bzw. After-Sales-Phase wie die Gruppe derjenigen, die das Internet beim Neuwagenkauf tatsächlich genutzt haben. Anders formuliert besteht der wesentliche, zwischen einer tatsächlichen und unterbliebenen Nutzung von Online-Medien differenzierende Faktor in einer positiveren Beurteilung des Internets für die Abwicklung informations- sowie transaktionsbezogener Aktivitäten.

---

[475] Zu diesem Verfahren als verteilungsfreie Teststatistik zur Überprüfung von Mittelwertunterschieden vgl. Eckstein (2000), S. 162 ff.
[476] Zum Skalenniveau von Ratingskalen vgl. die Anmerkungen in Fn. 268.
[477] Zu diesem Verfahren als Teststatistik zur Überprüfung der Verteilungsform vgl. Bühl/Zöfel (2000), S. 295 f.

Ausmaß der Akzeptanz

	Faktor	Index (SPSS-Notation)	Gruppe A "Internet noch nie genutzt"	Gruppe B "Internet nicht beim Kauf genutzt"	Gruppe C "Internet beim Kauf genutzt"	U-Test nach Mann und Whitney	Signifikanz des U-Tests
Dimension einstellungsor. Online-Akzeptanz	Informationsakzeptanz	AK_IN_IN	- (0)	3,77 (139)	4,33 (214)	9863,0	0,000 ***
	Anbahnungsakzeptanz	AK_AN_IN	- (0)	3,66 (139)	3,77 (214)	13891,5	0,292 (n. s.)
	Transaktionsakzeptanz	AK_TR_IN	- (0)	1,86 (139)	2,21 (214)	12260,0	0,004 ***
	After-Sales-Akzeptanz	AK_AS_IN	- (0)	2,95 (139)	3,15 (214)	12822,0	0,028 **
Dimension verhaltensor. Online-Akzeptanz	Nutzungsakzeptanz	AK_NU_IN	- (0)	- (0)	3,13 (214)	-	-
	Zufriedenheitsakzeptanz	AK_KZ_IN	- (0)	- (0)	3,40 (214)	-	-

Indexierte Skala von 1 (= niedriger Akzeptanzwert) bis 5 (= hoher Akzeptanzwert)
Werte in Klammern geben die Anzahl der Beobachtungen an
Stichprobe S₁ (n = 848)

n.s: Nicht signifikant
*: Signifikant auf dem 10 %-Niveau
**: Signifikant auf dem 5 %-Niveau
***: Signifikant auf dem 1 %-Niveau

Tab. 31: Mittelwertunterschiede zwischen den Nutzergruppen hinsichtlich des Ausmaßes der Akzeptanz
Quelle: Eigene Erstellung

Die dokumentierten Mittelwertausprägungen weisen jedoch nicht nur Unterschiede zwischen den Nutzergruppen auf. Auch innerhalb der Gruppen liegen deutliche Abstufungen zwischen den einzelnen einstellungsorientierten Akzeptanzskalen vor. Die mit Abstand höchsten Ausprägungswerte sind für die Informationsakzeptanz zu konstatieren. Während dieses Ergebnis im Einklang mit bereits in anderen Studien gewonnenen Erkenntnissen steht und daher auch erwartet werden konnte,[478] sind die nur geringfügig niedrigeren Mittelwerte für die Anbahnungsakzeptanz als ein aus Praxissicht sicherlich überraschendes Ergebnis zu werten. Offenbar besteht bei Neuwagenkäufern eine annähernd gleich hohe Akzeptanz zur Nutzung von Online-Medien im Rahmen der Kaufanbahnung wie für die Zwecke der Informationsbeschaffung. Für eine weitgehend vollständige Abbildung des automobilen Kaufprozesses über Online-Transaction-Sites[479] besteht indessen keine Veranlassung. Die niedrigen Ausprägungs-

---

[478] Vgl. die in Abschnitt 3.3.2.1 diskutierten Studien.
[479] Vgl. Abschnitt 3.2.1.

werte der Transaktionsakzeptanz lassen für das Gros der automobilen Bedarfsträger auf eine geringe Bereitschaft zur Nutzung des Internets bei der Abwicklung transaktionaler Aktivitäten schließen.

Nachdem das Ausmaß der einstellungsorientierten Online-Akzeptanz zwischen sowie innerhalb der jeweiligen Nutzergruppen erläutert wurde, gilt es im zweiten Schritt zu untersuchen, welche Rolle **soziodemographische Variablen** bei der Erklärung von Unterschieden im Nutzungsverhalten von Online-Medien spielen. Als Soziodemographika wurden im Rahmen der eigenen Erhebung folgende Merkmale berücksichtigt:

- Geschlecht
- Alter
- Monatliches Nettoeinkommen des Haushaltes

Zur Beurteilung der Frage, inwiefern sich die Nutzergruppen hinsichtlich dieser Merkmale unterscheiden, bietet sich die Durchführung einer mehrfaktoriellen Varianzanalyse an.[480] Zusätzlich kommt das Gütemaß Wilks' Lambda zum Einsatz.[481] Die Ergebnisse dieser beiden Tests sowie die nach den Nutzergruppen differenzierten soziodemographischen Merkmalsausprägungen sind aus Tab. 32 ersichtlich. Der F-Test auf gleiche Mittelwerte der drei Teilgruppen ist für eines der drei berücksichtigten soziodemographischen Merkmale auf einem Signifikanzniveau von 10 % nicht abzulehnen. Offensichtlich bestehen hinsichtlich der Verteilung des Geschlechts keine signifikanten Unterschiede zwischen den Nutzergruppen; Frauen und Männer nutzen somit in einem annähernd gleichen Verhältnis das Internet im Rahmen des Neuwagenkaufs. Im Vergleich dazu fallen die Merkmalsunterschiede bezüglich der Altersstruktur sehr deutlich und hochsignifikant aus. Während die bis 39-jährigen Probanden mehrheitlich und etwas über 40 % der 40- bis 49-Jährigen das Internet beim Neuwagenkauf genutzt haben, fällt dieser Wert für die Gruppe der 60- bis 69-Jährigen auf nicht einmal 14 % ab. Dieses Ergebnis unterstreicht die wichtige Rolle, welche der Online-Distribution bei der Erschließung jüngerer Käufersegmente zukommt. Dagegen werden ältere Käuferschichten durch das Internetangebot nahezu nicht erreicht. Diese stark gegenläufige Abhängigkeit der Internetnutzung von der Altersstruktur spiegelt sich auch indirekt in einem mit sinkendem Haushaltseinkommen rückläufigen Anteil der Gruppen B und C am Gesamtsample wider: Typischerweise verfügen ältere Konsumenten insbesondere mit dem Eintreten in das Rentenalter über ein geringeres Haushaltseinkommen, so dass der negative

---

[480] Dieses Verfahren erläutern u. a. Backhaus/Erichson/Plinke/Weiber (2000), S. 145 ff.
[481] Wilks' Lambda, auch als U-Statistik bekannt, ist auf ein Wertespektrum von null bis eins normiert. Ein Wert nahe eins indiziert, dass sich die Mittelwerte verschiedener Gruppen hinsichtlich einer betrachteten Variablen statistisch kaum voneinander unterscheiden. Vgl. Backhaus/Erichson/Plinke/Weiber (2000), S. 173 f.

Zusammenhang zwischen diesem Merkmal und der Nutzung des Internets zumindest teilweise auf den Drittvariableneffekt des Alters zurückzuführen ist.

Soziodemographische Variablen

	Ausprägung	Gruppe A "Internet noch nie genutzt"	Gruppe B "Internet nicht beim Kauf genutzt"	Gruppe C "Internet beim Kauf genutzt"	Wilks' Lambda	F-Test	Signifikanz des F-Tests
Variable Geschlecht	Weiblich	57,3 % (94)	14,6 % (24)	28,0 % (46)	0,998	0,641	0,527 (n. s.)
	Männlich	58,4 % (398)	16,9 % (115)	27,4 % (168)			
Variable Alter	unter 30 Jahre	16,7 % (3)	5,6 % (1)	77,8 % (14)	0,795	93,203	0,000 ***
	30 bis 39 Jahre	23,1 % (24)	21,2 % (22)	55,8 % (58)			
	40 bis 49 Jahre	34,8 % (48)	21,7 % (30)	43,5 % (60)			
	50 bis 59 Jahre	54,3 % (100)	22,8 % (42)	22,8 % (42)			
	60 bis 69 Jahre	75,0 % (198)	11,7 % (31)	13,3 % (35)			
	über 69 Jahre	86,9 % (119)	9,5 % (13)	3,6 % (5)			
Variable Haushaltseinkommen	unter 3 TDM	83,3 % (50)	6,7 % (4)	10,0 % (6)	0,885	46,856	0,000 ***
	3 bis 5 TDM	76,8 % (182)	6,8 % (16)	16,5 % (39)			
	5 bis 7 TDM	52,6 % (91)	17,9 % (31)	29,5 % (51)			
	7 bis 9 TDM	40,9 % (47)	27,0 % (31)	32,2 % (37)			
	9 bis 11 TDM	38,5 % (20)	21,2 % (11)	40,4 % (21)			
	über 11 TDM	34,5 % (30)	28,7 % (25)	36,8 % (32)			

Rundungsfehler möglich
Werte in Klammern geben die Anzahl der Beobachtungen an
Stichprobe S_1 (n = 848)

n.s.: Nicht signifikant
*: Signifikant auf dem 10 %-Niveau
**: Signifikant auf dem 5 %-Niveau
***: Signifikant auf dem 1 %-Niveau

Tab. 32: Varianzanalyse soziodemographischer Variablen für die Nutzergruppen
Quelle: Eigene Erstellung

Über alle drei Merkmale hinweg betrachtet kann keine generalisierbare Aussage hinsichtlich des Beitrags soziodemographischer Kriterien zur Erklärung von Unterschieden im Nutzungsverhalten von Online-Medien getroffen werden. Dies zeigt sich auch in den unterschiedlich hohen Werten für Wilks' Lambda. Deshalb erscheint es angezeigt, die für einzelne Merkmale isoliert durchgeführten inferenzstatistischen Analysen durch eine gesamthafte Beurteilung der prognostischen Relevanz aller soziodemographischen Variablen zu ergänzen. Zu diesem Zweck kommt eine multiple Diskriminanzanalyse zum Einsatz.[482] Die berechnete Diskriminanzfunktion ermöglicht unter anderem eine Aussage darüber, mit welcher A-priori-Wahrscheinlichkeit ein bislang noch nicht gruppierter Proband bei Kenntnis seiner soziodemographischen Merkmalsstruktur der richtigen Nutzergruppe zugeordnet werden kann. Die entsprechende Klassifikationsmatrix in Tab. 33 zeigt für die Gruppe A eine korrekte Zuordnung bislang noch nicht gruppierter Probanden von 65,2 %. Bei zufälliger Zuordnung der Fälle wäre hingegen unter Berücksichtigung der Gruppengröße eine nur geringfügig niedrigere Trefferquote von 58,0 % zu erwarten. Eine etwas höhere Erklärungskraft liefert dagegen die soziodemographische Diskriminanzfunktion für die Gruppen B und C: Den korrekten A-priori-Zuordnungswahrscheinlichkeiten von 37,3 % für Gruppe B bzw. 60,8 % für Gruppe C stehen zufällige Trefferquoten von 16,3 % bzw. 25,7 % gegenüber.

Von Interesse ist hier jedoch nicht nur die Trefferquote der einzelnen Gruppen, sondern vor allem auch die Güte der Klassifizierung, die sich unter Berücksichtigung aller Gruppen ergibt. Als Referenz zur Beurteilung der gruppenübergreifenden Klassifizierungsgüte wird das so genannte 'proportional chance criterion' empfohlen.[483] Diese Größe berechnet sich im Drei-Gruppen-Fall gemäß $\alpha^2 + \beta^2 + \gamma^2$, wobei α, β und γ den Anteilen einer Gruppe an der Gesamtzahl der Beobachtungen entsprechen.[484] Danach ergibt sich eine zufällige Zuordnungswahrscheinlichkeit in Höhe von 42,9 %, der eine durchschnittliche A-priori-Trefferquote von 59,5 % für alle Gruppen gegenübersteht. An dieser Stelle muss allerdings einschränkend angemerkt werden, dass der letztgenannte Wert überhöht ausgewiesen wird, wenn die diskriminanzanalytischen Parameterschätzungen und die Berechnung der A-priori-Trefferquoten auf Basis derselben Stichprobe erfolgen.[485] Unter Berücksichtigung dieser Überschätzung kann konstatiert werden, dass der Gesamtheit der berücksichtigten soziodemographischen Merkmalen ein gewisses, wenn auch nicht allzu hohes Maß an Relevanz für die Erklärung von Unterschieden im Online-Nutzungsverhalten zukommt.

---

[482] Dieses Verfahren erläutern u. a. Backhaus/Erichson/Plinke/Weiber (2000), S. 146 ff.
[483] Vgl. Hair/Anderson/Tatham/Black (1998), S. 269; Krafft (1997), S. 632; Morrison (1969), S. 158.
[484] Vgl. Hair/Anderson/Tatham/Black (1998), S. 269 f.
[485] Vgl. Green/Tull/Albaum (1998), S. 520; Morrison (1969), S. 158.

Soziodemographische Variablen

		Prognostizierte Gruppenzugehörigkeit				
		Gruppe A "Internet noch nie genutzt"	Gruppe B "Internet nicht beim Kauf genutzt"	Gruppe C "Internet beim Kauf genutzt"	Gesamte Anzahl der Fälle	Korrekte Klassifikation auf Basis soziodemographischer Variablen
Tatsächliche Gruppenzugehörigkeit	Gruppe A "Internet noch nie genutzt"	274	88	58	420 (58,0 %)	274 (65,2 %)
	Gruppe B "Internet nicht beim Kauf genutzt"	35	44	39	118 (16,3 %)	44 (37,3 %)
	Gruppe C "Internet beim Kauf genutzt"	34	39	113	186 (25,7 %)	113 (60,8 %)
				Prozentsatz der im Durchschnitt korrekt zugeordneten Probanden:		Insgesamt 59,5 %

Tab. 33: Klassifikationsmatrix soziodemographischer Variablen
Quelle: Eigene Erstellung

Auf Basis des gleichen methodischen Vorgehens gilt es zu überprüfen, ob auch den **beobachtbaren Variablen des Kaufverhaltens** eine ähnlich begrenzte Erklärungskraft zu attestieren ist. Im Rahmen der Erhebung wurden diesbezüglich folgende Merkmale berücksichtigt:

- Vorbesitzstruktur[486]

- Fahrzeugklasse des erworbenen Neuwagens

- Nettolistenpreis des erworbenen Neuwagens

Wie aus Tab. 34 hervorgeht, ist der F-Test auf gleiche Mittelwerte der drei Teilgruppen nur für das Merkmal 'Vorbesitzstruktur' im 1 %-Signifikanzintervall abzulehnen. Dieses Ergebnis spricht ebenso wie das etwas niedrigere Wilks' Lambda dafür, dass ein überzufällig hoher Anteil der Internetnutzer auf das Segment derjenigen Neuwagenkäufer entfällt, die von einer anderen Marke erobert wurden. Offenbar wird das Internetangebot des *Herstellers* verstärkt

---

[486] Zur Erfassung dieses Merkmals wurden die Probanden danach befragt, welches Fahrzeug sie vor dem letzten Neuwagenkauf überwiegend genutzt haben. Als Antwortmöglichkeiten standen die beiden Kategorien 'Marke des *Herstellers*' sowie 'andere Marke' zur Wahl. Entsprechend der gewählten Antwortkategorie werden die Probanden im Folgenden als gebundene bzw. eroberte Käufer bezeichnet.

von hinsichtlich der Marke wechselbereiten Kaufinteressenten in Anspruch genommen, während gebundene Käufer eher den traditionellen Weg über den stationären Händler wählen. Keine Tendenzaussagen können dagegen für die beiden anderen Merkmale getroffen werden. Die Käufer hochpreisiger Fahrzeuge im oberen Marktsegment unterscheiden sich hinsichtlich ihres Online-Nutzungsverhaltens nicht in signifikantem Maße von den Käufern günstigerer Kompaktfahrzeuge.

Beobachtbare Variablen des Kaufverhaltens

	Ausprägung	Gruppe A "Internet noch nie genutzt"	Gruppe B "Internet nicht beim Kauf genutzt"	Gruppe C "Internet beim Kauf genutzt"	Wilks Lambda	F-Test	Signifikanz des F-Tests
Variable Vorbesitzstruktur	Eroberte Käufer	49,9 % (176)	15,0 % (53)	35,1 % (124)	0,961	16,486	0,000 ***
	Gebundene Käufer	64,4 % (318)	17,4 % (86)	18,2 % (90)			
Variable Fahrzeugklasse	Kompaktklasse	52,1 % (158)	17,5 % (53)	30,4 % (92)	0,998	0,905	0,405 (n. s.)
	Mittelklasse	66,8 % (195)	16,4 % (48)	16,8 % (49)			
	Obere Mittelklasse	57,0 % (131)	15,7 % (36)	27,4 % (63)			
Variable Fahrzeugpreis	unter 40 TDM	60,4 % (81)	14,9 % (20)	24,6 % (33)	0,996	1,474	0,230 (n. s.)
	40 bis 60 TDM	59,7 % (178)	15,4 % (46)	24,8 % (74)			
	60 bis 80 TDM	62,3 % (142)	17,1 % (39)	20,6 % (47)			
	80 bis 100 TDM	55,5 % (66)	16,0 % (19)	28,6 % (34)			
	100 bis 120 TDM	44,4 % (20)	20,0 % (9)	35,6 % (16)			
	über 120 TDM	25,0 % (2)	12,5 % (1)	62,5 % (5)			

Rundungsfehler möglich
Werte in Klammern geben die Anzahl der Beobachtungen an
Stichprobe S_1 (n = 848)

n.s: Nicht signifikant
*: Signifikant auf dem 10 %-Niveau
**: Signifikant auf dem 5 %-Niveau
***: Signifikant auf dem 1 %-Niveau

Tab. 34: Varianzanalyse beobachtbarer Variablen des Kaufverhaltens für die Nutzergruppen
Quelle: Eigene Erstellung

Die für alle berücksichtigten Kriterien relativ hohen Werte für Wilks' Lambda sowie der Sachverhalt, dass für zwei der drei Merkmale keine signifikanten Ergebnisse des F-Tests ausgewiesen werden, indizieren bereits eine beschränkte Prognosegüte beobachtbarer Variablen des Kaufverhaltens. Zur Überprüfung dieser Vermutung kommt wiederum eine Diskriminanzanalyse zum Einsatz. Wie aus Tab. 35 ersichtlich, lassen sich auf Basis der ermittelten Diskriminanzfunktion im Durchschnitt lediglich 44,0 % der Probanden der richtigen Gruppe zuordnen. Verglichen mit einer nur geringfügig niedrigeren zufälligen Trefferquote von 43,5 %, die sich nach dem 'proportional chance criterion' ergibt, ist somit festzustellen, dass beobachtbaren Kriterien des Kaufverhaltens tatsächlich eine vernachlässigbare Relevanz für die Erklärung des Online-Nutzungsverhaltens zukommt.

		Beobachtbare Variablen des Kaufverhaltens					
		Prognostizierte Gruppenzugehörigkeit					
		Gruppe A "Internet noch nie genutzt"	Gruppe B "Internet nicht beim Kauf genutzt"	Gruppe C "Internet beim Kauf genutzt"	Gesamte Anzahl der Fälle	Korrekte Klassifikation auf Basis von Variablen des Kaufverhaltens	
Tatsächliche Gruppenzugehörigkeit	Gruppe A "Internet noch nie genutzt"	196	111	171	478 (58,9 %)	196 (41,0 %)	
	Gruppe B "Internet nicht beim Kauf genutzt"	38	43	51	132 (16,3 %)	43 (32,6 %)	
	Gruppe C "Internet beim Kauf genutzt"	44	39	118	201 (24,8 %)	118 (58,7 %)	
				Prozentsatz der im Durchschnitt korrekt zugeordneten Probanden:		Insgesamt 44,0 %	

Tab. 35: Klassifikationsmatrix beobachtbarer Variablen des Kaufverhaltens
Quelle: Eigene Erstellung

Abschließend kann festgehalten werden, dass die Nutzung von Online-Medien beim Neuwagenkauf nicht von den beobachtbaren Variablen des Kaufverhaltens und nur in begrenztem Maße von den soziodemographischen Variablen abhängt. Dabei kommt von allen berücksichtigten Kriterien dem Alter die höchste prognostische Relevanz zu. Es ist allerdings zu erwarten, dass der Beitrag von Altersunterschieden zur Erklärung des Online-Nutzungsverhaltens keinen statischen Befund darstellt, sondern mit der zunehmenden Diffusion des Internets kontinuierlich abnehmen wird. Damit bestätigen die Auswertungen zumindest in der

Tendenz den im allgemeinen Kontext der Konsumentenverhaltensforschung festzustellenden Trend, wonach insbesondere soziodemographische Merkmale keine hinreichenden Prädiktoren des Kaufverhaltens darstellen. Es besteht daher Grund zu der Annahme, dass weitere, bisher nicht berücksichtigte Variablen besser in der Lage sind, die Online-Nutzung im Speziellen bzw. das umfassendere Konstrukt der Online-Akzeptanz im Allgemeinen zu erklären. Der Identifikation sowie Evaluation prognostisch valider Bestimmungsgrößen der Online-Akzeptanz widmet sich Kapitel 7.

5.4 Zusammenfassung des Kapitels

Das Untersuchungsziel dieses Kapitels bestand in einer Analyse des Ausmaßes der Online-Akzeptanz. Als Voraussetzung für eine Beantwortung dieser Fragestellung wurde ein **Messmodell** der Online-Akzeptanz zunächst auf Basis theoretischer Überlegungen konzeptualisiert und anschließend anhand des Datensatzes der ersten Erhebungswelle empirisch validiert. Die wesentlichen Untersuchungsergebnisse der Modellbildung und -prüfung können wie folgt zusammengefasst werden:

- Im Rahmen der qualitativen Modellkonzeptualisierung verdichtete sich der Eindruck, dass die Online-Akzeptanz zwei unterschiedliche Dimensionen - eine einstellungsorientierte sowie eine verhaltensorientierte Akzeptanzdimension - aufweist, die ihrerseits anhand einer mehrfaktoriellen Struktur abgebildet werden können.

- Die quantitativen Operationalisierungsschritte sowie die Modellprüfungen bestätigten insgesamt eine kaufphasenorientierte Faktorenstruktur der einstellungsorientierten Akzeptanzdimension. Dementsprechend wurden vier Faktoren für diese Dimension differenziert: Die Informations-, Anbahnungs-, Transaktions- sowie After-Sales-Akzeptanz.

- Dagegen zeigten sich in Bezug auf die verhaltensorientierte Akzeptanzdimension nicht die kaufphasenorientierten Attribute, sondern die zufriedenheits- bzw. nutzungsbezogenen Komponenten als vorherrschende Strukturierungskriterien. Die entsprechenden Faktoren wurden als Nutzungs- bzw. Zufriedenheitsakzeptanz bezeichnet.

- Schließlich konnte die vorab unterstellte Zweidimensionalität der Online-Akzeptanz durch die Resultate der Modellprüfungen bestätigt werden. Somit ergibt sich ein zweidimensionales, sechsfaktorielles Messmodell der Online-Akzeptanz, das die gestellten Anforderungen bezüglich der Kriterien Reliabilität sowie Validität erfüllt.

Auf Grundlage dieses Messmodells galt es im zweiten Schritt das **Ausmaß** der Online-Akzeptanz in der Automobilwirtschaft zu beurteilen. Diesbezüglich können folgende zentralen Erkenntnisse hervorgehoben werden:

- Etwa ein Viertel aller befragten Neuwagenkäufer nutzt das Internet im Rahmen des Kaufprozesses in unterschiedlicher Form bzw. Intensität. Damit kommt dem Internet bereits heute eine zentrale Stellung bei der Kaufabwicklung bzw. -unterstützung zu. Die strategische Frage aus Sicht eines Herstellers lautet demnach nicht mehr, ob überhaupt distributive Leistungen im Internet angeboten werden sollen, sondern vielmehr wie diese möglichst akzeptanzorientiert auszugestalten sind.

- Diesbezüglich indizierten die absoluten Ausprägungen der einstellungsbezogenen Faktoren eine hohe Akzeptanz internetgestützter Informations- sowie Anbahnungsleistungen, wie sie etwa über Online-Quoting-Sites abgebildet werden. Dagegen findet eine Online-Transaction-Site, welche darüber hinaus auch ein Angebot transaktionaler Leistungen beinhaltet, vergleichsweise wenig Zuspruch bei den Neuwagenkäufern.

- Schließlich konnte gezeigt werden, dass sich die Gruppe der Internetnutzer nicht bzw. nur in sehr begrenztem Maße hinsichtlich der Kriterien des beobachtbaren Kaufverhaltens sowie soziodemographischer Variablen unterscheidet. Signifikante Abhängigkeiten ergaben sich lediglich in Bezug auf die Vorbesitzstruktur, das Alter sowie das Haushaltseinkommen der Neuwagenkäufer.

6 Konsequenzen der Online-Akzeptanz in der Automobilwirtschaft

6.1 Konzeptualisierung eines Modells zur Erfassung ausgewählter Konsequenzen der Online-Akzeptanz

6.1.1 Mögliche Konsequenzen der Online-Akzeptanz

6.1.1.1 Ökonomische Konsequenzen

Mit der Analyse möglicher **Konsequenzen** der Online-Akzeptanz wendet sich die vorliegende Arbeit der Frage zu, welchen Beitrag die Online-Distribution zum Unternehmenserfolg leistet. Hinter dieser aus Praxissicht sicherlich bedeutsamen Fragestellung steht die Überlegung, dass die Akzeptanz des E-Commerce keinen eigenständigen Wert an sich verkörpert, sondern vielmehr als ein Instrument zur Erreichung distributiver Unternehmensziele betrachtet werden kann. Der Untersuchung dieses vermeintlichen Instrumentalzusammenhangs ist das vorliegende Kapitel gewidmet.

Zur Strukturierung dieser Forschungsaufgabe bietet sich eine in der betriebswirtschaftlichen Forschung häufig vorgenommene Differenzierung zwischen ökonomischen sowie vorökonomischen **Unternehmenszielen** an.[487] Diese Dichotomie ergibt zusammen mit den bereits in Kapitel 5 gewonnenen Erkenntnissen hinsichtlich der Dimensionalität des Akzeptanzkonstrukts eine vereinfachte, in Abb. 17 skizzierte Wirkungsstruktur für die Beeinflussung ökonomischer bzw. vorökonomischer Zielgrößen durch die Online-Akzeptanz. In dieser Abbildung werden direkte ökonomische Konsequenzen nur für die verhaltensorientierte, nicht jedoch für die einstellungsorientierte Online-Akzeptanz postuliert. Dies liegt darin begründet, dass eine unmittelbare Beeinflussung ökonomischer Zielgrößen durch die Online-Akzeptanz nur dann als gegeben angesehen werden kann, wenn damit auch unternehmensintern erfassbare Verhaltensreaktionen im Sinne einer tatsächlichen Nutzung von Leistungen der Online-Distribution verbunden sind. Im Gegensatz dazu können vorökonomische Zielgrößen grundsätzlich auch durch kommunikative Leistungen von Seiten der Anbieter bzw. zwischen den Nachfragern (z. B. durch Mundpropaganda) beeinflusst werden, ohne dass faktische Erfahrungen mit dem Erkenntnisobjekt vorliegen müssen.[488] Da hier jedoch nur objektivierte, d. h. aus einer tatsächlichen Nutzungserfahrung resultierende Konsequenzen der Online-

---

[487] Diese Differenzierung findet sich u. a. bei Fritz (1999), S. 10; Koers (2000), S. 109; Meffert (2000), S. 76 f.; ähnlich Meffert/Bruhn (2000), S. 151 ff. Als ökonomische Zielgrößen werden überlicherweise gewinn- bzw. rentabilitätsbezogene Kennzahlen eines Unternehmens bezeichnet. Dagegen setzen vorökonomische Zielgrößen an den psychographischen Prozessen und Zuständen der Konsumenten an, von deren Beeinflussung sich die Unternehmenspraxis einen positiven Beitrag zur Erreichung fundamentaler ökonomischer Zielsetzungen verspricht.

[488] So auch Meffert (1992), S. 55.

Distribution betrachtet werden sollen, wird als Arbeitshypothese auch keine direkte Beeinflussung vorökonomischer Zielgrößen durch die einstellungsorientierte Akzeptanzdimension unterstellt. Insofern beschäftigt sich das vorliegende Kapitel präziser ausgedrückt mit den Konsequenzen der **verhaltensorientierten** Online-Akzeptanz, die im weiteren vereinfachend als Online-Akzeptanz bezeichnet wird.

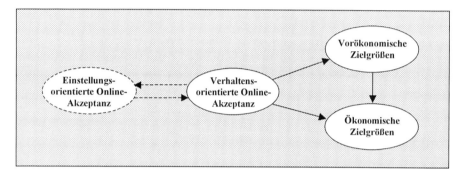

Abb. 17: Wirkungsbeziehungen zwischen der Online-Akzeptanz und deren Konsequenzen
Quelle: Eigene Erstellung

Betrachten wir als erstes die **ökonomischen Konsequenzen** der Online-Akzeptanz. Diese liegen sowohl in einer Änderung der Umsatz- als auch Kostenposition eines Unternehmens begründet, wobei der erstgenannte Effekt entweder mengen- oder preisinduziert sein kann.[489]

Bei einer **mengeninduzierten Umsatzsteigerung** ist zunächst an eine Ausweitung des bestehenden Kundenstamms durch die Online-Distribution zu denken. Die Eroberung neuer Kunden erscheint in Anbetracht der ambitionierten Wachstumsziele der Automobilhersteller bei einer gleichzeitig zu beobachtenden Sättigung auf den wichtigen Neuwagenmärkten von zentraler Bedeutung in der Automobilwirtschaft. Die hohe Eignung, die der Online-Distribution für die Neukundengewinnung gemeinhin zugesprochen wird,[490] resultiert jedoch aus Sicht eines Anbieters weniger aus dem Aspekt der globalen Verfügbarkeit des Internets und den damit verbundenen Möglichkeiten zur Erschließung neuer geographischer Absatzmärkte. Hierzu besteht im automobilwirtschaftlichen Kontext nur wenig Handlungsbedarf, denn nahezu alle großen Serienhersteller sind bereits mit stationären Absatzkanalsystemen in

---

[489] Es bedarf an dieser Stelle des Hinweises, dass diese Unterscheidung nicht frei von Interdependenzen ist. So verkörpern beispielsweise die aus Absatzsteigerungen resultierenden Economies of Scale-Effekte bereits ein Kostensenkungspotenzial. Dennoch wird diese vereinfachte Einteilung aus Gründen der Anschaulichkeit gewählt.
[490] Vgl. Gerth (1999), S. 261; Harrington/Reed (1996), S. 75 f.

den bedeutenden Märkten präsent. Wichtiger erscheint vielmehr die Überlegung, dass durch die Etablierung eines Online-Distributionskanals neue, bislang durch die traditionellen Vertriebskanäle nur schwer erreichbare Kundensegmente in den bereits bedienten Märkten besser angesprochen und dadurch von fremden Marken erobert werden können.[491]

Potenzielles Absatzmengenwachstum resultiert jedoch nicht nur aus einer Ausweitung, sondern auch aus einer intensiveren Penetration des bisherigen Kundenstamms. So können möglicherweise zusätzliche Abverkäufe generiert werden, wenn mit der Nutzung des Online-Distributionskanals eine Verbesserung des Kontaktes mit den automobilen Bedarfsträgern verbunden ist. Eine im Rahmen des Kaufentscheidungsprozesses positiv empfundene Kontaktqualität steigert die Kaufbereitschaft der Konsumenten, welche letztlich in einer zunehmenden Kauffrequenz ihren ökonomischen Niederschlag findet. Weiterhin ist es denkbar, dass die Bedarfsträger durch eine Nutzung der Online-Distribution nicht nur ein bestimmtes Leistungsbündel häufiger, sondern - bezogen auf den einzelnen Kaufakt - auch zusätzliche Leistungskomponenten nachfragen. So kann beispielsweise ein leistungsfähiger Fahrzeugkonfigurator individuell auf den Bedarf eines Neuwagenkäufers zugeschnittene Ausstattungsvorschläge machen und dadurch zum Up-Selling, d. h. Verkauf eines höherwertigen Modells beitragen. Weitere Möglichkeiten zur Steigerung des Umsatzvolumens ergeben sich durch eine konsequente Ausschöpfung von Cross-Selling-Potenzialen, wobei sich das maßgeschneiderte Angebot von Zusatzleistungen im Rahmen eines Online-Shops vergleichsweise einfach und kostengünstig realisieren lässt.[492]

Neben diesen skizzierten positiven Mengenwirkungen sind auch **preisinduzierte Umsatzeffekte** der Online-Akzeptanz zu beachten. Hierbei geht es im Kern um die Frage, inwieweit sich die Nutzung des Internets auf die vom Anbieter realisierten Grenzpreise auswirkt. Grundsätzlich kann davon ausgegangen werden, dass die niedrigen Suchkosten im Internet zu einer erhöhten Markt- und Preistransparenz auf Seiten der Konsumenten führen.[493] So können Fahrzeuglistenpreise verschiedener Hersteller sowie individuelle Händlerangebote vergleichsweise einfach und schnell über das Internet recherchiert werden. Unterstützt wird die Beschaffung und der Vergleich kaufrelevanter Preisinformationen[494] durch das Dienstangebot internetbasierter Preisagenturen sowie intelligenter Filteragenten.[495] Ob sich die dadurch

---

[491] Vgl. hierzu auch die deskriptiven Ergebnisse aus Abschnitt 5.3.4, die für die Gruppe der Internetnutzer einen überdurchschnittlich hohen Anteil eroberter Kunden ausweisen.
[492] Vgl. Abschnitt 3.1.2.4.
[493] So auch Gerpott/Heil (1996), S. 1349; Harrington/Reed (1996), S. 72; Kaplan/Sawhney (2000), S. 97 ff.; Larsson/Lundberg (1998), S. 15.
[494] Preisinformationen können als "... alle thematischen und unthematischen Wahrnehmungen der Konsumenten über die absolute und relative Höhe des Preises einer Ware ..." verstanden werden. Diller (1978), S. 252.
[495] Vgl. Abschnitt 3.1.2.2.

erlangte Preiskenntnis[496] der Konsumenten tatsächlich in abnehmenden Grenzpreisen am Markt äußert, ergibt sich allerdings erst als Ergebnis eines weitaus komplexeren Zusammenspiels mit weiteren preisbestimmenden Einflussfaktoren. Hierzu zählt nicht nur eine veränderte Wahrnehmung der Preis-, sondern auch der Leistungskomponente, wie sie durch das Angebot von Produkten im Internet bewirkt wird. Zu einer positiveren Beurteilung der Angebotsleistung und einer damit tendenziell höheren Preisbereitschaft der Konsumenten kann beispielsweise der Bequemlichkeitsaspekt des E-Commerce oder auch eine bedarfsgerechtere Individualisierung des Leistungsbündels beitragen. Insofern stehen preismindernden auch preiserhöhende Einflussfaktoren gegenüber; der daraus resultierende Gesamteffekt des E-Commerce auf die Grenzpreise bleibt somit auf Basis dieser Überlegungen unbestimmt.[497]

Nicht weniger vielfältig als die aufgezeigten mengen- sowie preisbezogenen Umsatzeffekte sind die Wirkungen der Online-Distribution auf die Kostenposition eines Unternehmens. Zunächst sind zahlreiche **Kostensenkungspotenziale** entlang der gesamten Wertschöpfungskette im Absatzbereich denkbar, die auf Grund ihrer Fülle an dieser Stelle nur exemplarisch verdeutlicht werden können.[498] Beispielsweise können durch die Selbstinformation und -konfiguration des Kunden im Internet personalkostenintensive Beratungsgespräche innerhalb der Informationsphase entfallen. In der Anbahnungsphase ergeben sich durch eine onlinegestützte Finanzierungskalkulation, -prüfung und -freigabe weitere Einsparungsmöglichkeiten. Auch in der Transaktionsphase reduzieren sich die Kosten für die Disposition und Abwicklung eines über das Internet platzierten Kundenauftrages, sofern die Website mit dem internen Auftragsbearbeitungssystem des Herstellers verknüpft ist. Schließlich kann ein auf E-Mail basierender Dialog mit dem Kunden in der After-Sales-Phase zu Kosteneinsparungen im Bereich des Beschwerdemanagements sowie der Kundenbetreuung führen. Die Summe der gesamten Kostensenkungspotenziale beziffert *Diez*, wie nachfolgend aus Abb. 18 zu entnehmen ist, auf etwa 70 % der gesamten Prozesskosten im automobilen Vertriebsbereich.[499] Auch wenn die absolute Höhe dieser zunächst rein kalkulatorischen Einspareffekte vor dem

---

[496] Preiskenntnis bezeichnet "... jegliche Informationen ... der Konsumenten .., die für die Beurteilung der preisbezogenen Vorteilhaftigkeit beliebiger Produkte oder Dienstleistungen subjektiv relevant sind." Diller (1988), S. 18.

[497] Auch die bislang vorliegenden empirischen Resultate von Studien, die sich mit den Auswirkungen des E-Commerce auf die Preiselastizität der Nachfrage auseinandersetzen, lassen diesbezüglich keine eindeutigen Schlüsse zu. Vgl. dazu die Ausführungen in Abschnitt 3.3.2.2.

[498] Eine branchenunabhängige Darstellung möglicher Kosteneinsparpotenziale der Online-Distribution findet sich bei Gerth (1999), S. 270 f. Speziell für den Automobilvertrieb vgl. vertiefend Diez (1999), S. 95 f.

[499] Hierbei handelt es sich um eine Expertenschätzung auf Basis einer detaillierten Betrachtung der Prozesskosten im Absatzbereich. Vgl. Diez (1999), S. 97. Wird weiterhin angenommen, dass sich die Vertriebskosten in der Automobilbranche auf etwa 35 % des Endkunden-Fahrzeugpreises belaufen, ergibt sich ein rechnerisches Einsparpotenzial der Online-Distribution von ca. 24 % auf den Fahrzeugpreis. Zur Höhe der Vertriebskosten in der Automobilwirtschaft vgl. die Anmerkungen in Fn. 10.

Hintergrund seiner sehr optimistischen Annahme, dass sämtliche Distributionsfunktionen im Internet abgebildet und von den Konsumenten auch tatsächlich in Anspruch genommen werden, zu relativieren ist,[500] sprechen dennoch ausreichend Argumente dafür, dass die Nutzung der Online-Distribution zur Reduktion der Vertriebskosten beitragen kann.

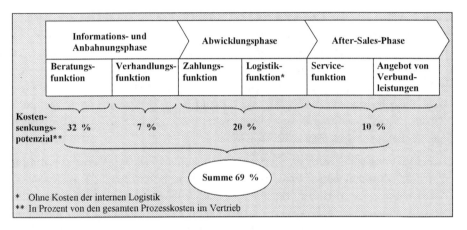

Abb. 18: Kostensenkungspotenzial der Online-Distribution entlang der Wertschöpfungskette im Absatzbereich
Quelle: In Anlehnung an Diez (1999), S. 97

Diesen skizzierten Einsparpotenzialen stehen allerdings auch erhebliche **Kostenbelastungen** gegenüber, die entweder in Form von direkten Systemkosten oder indirekten Folgekosten anfallen können.[501] Die Systemkosten beinhalten zum einen anfängliche Investitionen, welche für den Aufbau sowie die Implementierung des Online-Distributionskanals anfallen.[502] Dazu zählen einmalige Aufwendungen für die Hard- und Software, Kosten für die Inanspruchnahme von Dienstleistungen sowie weitere Sach- und Personalkosten.[503] Hinzu treten zum anderen die laufenden Kosten für das Betreiben sowie die Aktualisierung des Online-Auftrittes. In erster Linie handelt es sich dabei um fixe Kosten für Personal, Werbung sowie Hard- und Softwareupdates. In geringerem Maße fallen auch variable Kosten an, die sich aus der

---

[500] Zur Kritik an den von Diez getroffenen Prämissen vgl. auch Busch/Schmidt (2000), S. 22 ff.
[501] Vgl. Gerth (1999), S. 272 f. Die gesamten Kosten für den Aufbau einer Online-Transaction-Site sowie zur Bekanntmachung des Internetengagements beziffern Davis/Gunby (1999), S. 3 auf etwa 30 Millionen US-Dollar.
[502] Eine Beispielskalkulation für die Höhe der direkten Systemkosten findet sich bei Hünerberg (1996), S. 117.
[503] Vgl. Bruhn (1997), S. 127.

Bearbeitung von Kundenanfragen und -bestellungen ergeben.[504] Ähnlich vielfältig wie die direkten Systemkosten sind die möglichen Folgekosten eines E-Commerce-Engagements. Diese bestehen vor allem in der Anpassung interner Schnittstellen an die Erfordernisse der Online-Distribution, um einen reibungslosen Fluss betroffener Realgüter-, Nominalgüter- sowie Informationsströme im gesamten Distributionssystem sicherzustellen.[505]

Zusammenfassend betrachtet umfassen die ökonomischen Konsequenzen der Online-Akzeptanz positive Umsatz- sowie Kosteneinspareffekte, denen eine mögliche Erosion von Grenzpreisen sowie vielfältige Kostenbelastungen, die aus dem Aufbau sowie Betreiben eines Online-Distributionskanals resultieren, entgegenstehen. Aus Unternehmenssicht von Interesse ist indessen der aus positiven sowie negativen Effekten resultierende ökonomische **Erfolgssaldo**. Daher besteht dringender Bedarf einer Quantifizierung der skizzierten erfolgsbezogenen Wirkungen, um besser beurteilen zu können, welchen Gesamtbeitrag die Online-Distribution zum Vertriebs- bzw. Unternehmensergebnis leistet.

Dieses Vorhaben stößt jedoch vor allem bei Unternehmen mit multiplen Vertriebskanälen auf erhebliche **Zurechnungsprobleme**, wie die folgenden beiden Beispiele verdeutlichen: Angenommen, ein Hersteller betreibt eine Online-Information-Site, die potenziellen Neuwagenkäufern die Möglichkeit zur Produktinformation sowie Fahrzeugkonfiguration, nicht jedoch zum Kaufabschluss, bietet.[506] Welchem Vertriebskanal ist nun ein Verkaufsabschluss zuzurechnen, der zwar durch die Nutzung der Online-Information-Site induziert und eventuell sogar kaufentscheidend beeinflusst wurde, dessen Abwicklung allerdings letztlich in der Verantwortung des stationären Händlers liegt? Ähnlich problematisch ist die Frage einer verursachungsgerechten Zurechnung bei einer Online-Transaction-Site zu beantworten. Zwar können in diesem Fall die über das Internet getätigten Verkaufsabschlüsse eindeutig bestimmt werden. Eine Ermittlung des tatsächlichen Erfolgsbeitrages der Online-Distribution wird aber auch hier erschwert, weil dafür mögliche Kannibalisierungseffekte mit dem stationären Vertriebskanal berücksichtigt werden müssen. Zudem ist es denkbar, dass in der Informations- und Anbahnungsphase stationäre Kanäle genutzt werden und nur der Kaufabschluss mit Hilfe des preisgünstigsten Online-Anbieters erfolgt.

Vor dem Hintergrund dieser Zurechnungsschwierigkeiten bietet sich eine Evaluierung des Erfolgbeitrags der Online-Distribution anhand vorökonomischer Zielgrößen an. Diese setzen an den psychographischen Prozessen und Zuständen der betroffenen Konsumenten an und sind

---

[504] Vgl. Alpar (1998), S. 177 f.; Bruhn (1997), S. 127.
[505] Vgl. vertiefend dazu Gerth (1999), S. 272 f.
[506] Vgl. Abschnitt 3.2.1.

daher nicht mit der Zurechnungs- bzw. Abgrenzungsproblematik ökonomischer Beurteilungsgrößen behaftet.[507]

6.1.1.2 Vorökonomische Konsequenzen

Entsprechend der Fülle psychographischer Erkenntnisgrößen der Konsumentenverhaltenstheorie kommen in der Unternehmenspraxis grundsätzlich eine Vielzahl verschiedener **vorökonomischer** Zielkonstrukte in Frage. Deren Gemeinsamkeit besteht letztlich darin, dass sie als valide und gleichsam durch absatzpolitische Maßnahmen beeinflussbare Prädiktoren des Käuferverhaltens gelten und damit die Erreichung ökonomischer Unternehmensziele möglichst eindeutig unterstützen.

Vor diesem Hintergrund nimmt das Konstrukt der **Kundenbindung** eine herausragende Stellung ein. Von einer Steigerung der Kundenbindung verspricht sich die Praxis positive Wachstumseffekte, die aus steigenden Kauffrequenzen, größeren Absatzmengen sowie zusätzlichen Cross-Buying-Potenzialen resultieren.[508] Zudem ist es denkbar, dass in langjährigen Kundenbeziehungen höhere Grenzpreise durchgesetzt werden können, da die von den Kunden im Zeitablauf der Geschäftsbeziehung empfundene Vertrautheit bzw. Risikoreduktion zu einer sinkenden Preiselastizität beiträgt. Schließlich wirkt die Kundenbindung auch kostenreduzierend. Dieser Effekt beruht beispielsweise auf zunehmenden Lerneffekten bei der Interaktion zwischen Kunden und Kontaktpersonal, die langfristig zu einer Entlastung der Kundenbetreuungskosten führen können.[509] Insgesamt sprechen diese Argumente für eine positive Beeinflussung des ökonomischen Unternehmenserfolgs durch die Kundenbindung.[510]

---

[507] Vgl. Meffert (2000), S. 78.
[508] Vgl. Meffert/Bruhn (2000), S. 158; Peter (1997), S. 43.
[509] Vgl. Reichheld/Sasser (1991), S. 106.
[510] Einschränkend sei allerdings darauf hingewiesen, dass die empirischen Befunde, welche die Vermutung einer ökonomischen Vorteilhaftigkeit der Kundenbindung stützen, bislang spärlich sind. Krafft identifiziert in seiner umfangreichen Rezension lediglich zwei angloamerikanische Studien, die den vermuteten Zusammenhang zwischen der Kundenbindung und dem Unternehmenserfolg auf breiter empirischer Basis stützen. Vgl. Krafft (1999), S. 523 ff. So konnten Kalwani/Narayandas (1995), S. 8 ff. im Rahmen einer Untersuchung von 76 Unternehmen einen signifikant höheren Umsatz sowie Return-on-Investment für Zulieferer mit langfristigen Kundenbeziehungen ermitteln. Auf Kundendaten griffen dagegen Sinha/DeSarbo/Young-Helou (1999), S. 14 ff. zurück. In ihrer bislang noch unveröffentlichten Studie berichten die Forscher einen signifikant positiven Zusammenhang zwischen dem faktischen Kaufverhalten und der über die Wiederkauf- sowie Weiterempfehlungsabsichten operationalisierten Kundenbindung. Ergänzend zu diesen beiden von Krafft identifizierten Studien kann auf folgende weitere empirische Arbeiten hingewiesen werden: Bauer/Huber/Betz (1998), S. 996 ff. kombinieren die Kunden- sowie Unternehmensdaten von 326 Automobilhändlern und kommen zu dem Schluss, dass vor allem die Kundenbindung im Servicebereich zu einer besseren ökonomischen Erfolgseinschätzung der befragten Händler führt. Reinartz/Krafft (2001), S. 1264 ff. sowie Krafft (2002), S. 149 ff. beschäftigen sich mit dem Zusammenhang zwischen der Kundenbindungsdauer

In engem inhaltlichem Zusammenhang mit der Kundenbindung steht das psychographische Konstrukt der **Kundenzufriedenheit**. Den unternehmerischen Bestrebungen, dieses vorökonomische Ziel positiv zu beeinflussen, liegt die Annahme zu Grunde, dass aus zufriedenen Kunden auch gebundene Kunden werden.[511] Das wiederkehrende Kaufverhalten zufriedener Konsumenten führt dann über die bereits geschilderte Wirkungskette zu ökonomischen Vorteilen für die Anbieter.[512] Auch wenn die empirischen Ergebnisse aus Arbeiten jüngeren Datums darauf hindeuten, dass die Zufriedenheit der Kunden zwar keinen Garant für deren Bindung darstellt,[513] so gilt die grundsätzliche Existenz eines derartigen Zusammenhangs dennoch als weitgehend unbestritten.[514]

Von dem Stellenwert, welcher diesen beiden psychographischen Zielgrößen speziell im Kontext des E-Commerce beigemessen wird, zeugen folgende Befunde: *Strauß/Schoder* fanden in einer großzahligen Befragung von 1.308 deutschsprachigen Führungskräften heraus, dass 55,4 % der berücksichtigten Unternehmen erwarten, die Kunden durch die Online-Distribution besser und damit auch zufriedenstellender informieren bzw. beraten zu können. Eine stärkere Kundenbindung erhoffen sich immerhin noch 27,8 % der Unternehmen.[515] Zu ähnlichen Ergebnissen gelangt auch die Umfrage von *Dialego*, bei der 25,2 % der befragten 221 Unternehmen die Förderung der Kundenbindung als wichtigsten Grund für ihre E-Commerce-Aktivitäten angaben. Ökonomische Ziele, wie beispielsweise die Einsparung von Prozesskosten, rangieren erst auf nachfolgenden Plätzen.[516]

Demzufolge können die Kundenzufriedenheit sowie die Kundenbindung als zentrale vorökonomische Erfolgsmaßstäbe des E-Commerce angesehen werden.[517] Deren kausale Beeinflussung durch die verhaltensorientierte Online-Akzeptanz gilt es im Weiteren theoretisch herauszuarbeiten und anschließend einem empirischen Test zu unterziehen. Darauf basierend können dann Aussagen hinsichtlich der Bedingungen für eine wirtschaftliche Vorteilhaftigkeit der

---

    - interpretiert als Indikator der Kundenbindung - und dem Kundenertragswert. Ihre Resultate zeigen, dass nicht nur loyale, sondern auch transaktionale Kundensegmente hochprofitabel sein können.

[511] Vgl. Giering (2000), S. 2.
[512] "... [C]ustomer satisfaction is the key to securing customer loyalty and generating superior long-term financial performance." Jones/Sasser (1995), S. 89.
[513] Vgl. dazu insbesondere die Untersuchungsergebnisse von Peter (1997), S. 220 ff.
[514] Zum Zusammenhang zwischen der Kundenzufriedenheit sowie der Kundenbindung vgl. auch Abschnitt 6.1.2.2.
[515] Vgl. Strauß/Schoder (2000), S. 77.
[516] Vgl. Gutowski (2000), S. 95.
[517] Die Bedeutung des Kundenbindungsziels im E-Commerce betonen auch Krafft/Bromberger (2001), S. 163 ff.; Krafft/Garczorz (1999), S. 136 ff.; Meffert (2000), S. 929 f.; Wirtz/Vogt (2001), S. 117. Neben der Kundenbindung und -zufriedenheit ist grundsätzlich eine Vielzahl weiterer vorökonomischer Zielgrößen des E-Commerce wie beispielsweise die Verbesserung des Markenimage bzw. der Markenbekanntheit - denkbar. Eine Beschränkung der Analyse auf wenige, als zentral erachtete Zielgrößen erscheint jedoch aus forschungsökonomischen Gründen erforderlich.

Online-Distribution getroffen werden. Grundlage dafür ist jedoch, dass zunächst ein besseres Verständnis für die theoretische Modellierung sowie Messung dieser beiden Zielkonstrukte entwickelt wird.

6.1.2 Konkretisierung eines Kausalmodells ausgewählter vorökonomischer Konsequenzen der Online-Akzeptanz

6.1.2.1 Kundenzufriedenheit

Trotz der hohen Bedeutung, welche der **Kundenzufriedenheit** nicht nur in der Unternehmenspraxis, sondern auch in der Marketingwissenschaft beigemessen wird,[518] existiert bislang kein theoretischer Konsens hinsichtlich der Konzeptualisierung dieses hypothetischen Konstrukts. Die dazu vorliegende umfangreiche Forschungsliteratur zeichnet sich vielmehr durch eine divergierende Vielfalt entwickelter Ansätze aus,[519] mit der Folge, dass die Erkenntnisse zur Kundenzufriedenheit kaum miteinander vergleichbar sind.[520]

Wird dennoch der Versuch unternommen, aus den unterschiedlichen vorliegenden Auffassungen einen weithin anerkannten theoretisch-konzeptionellen Modellierungsrahmen herauszuarbeiten, kann dem **Confirmation/Disconfirmation-Paradigma** (oder C/D-Paradigma) die größte Bedeutung zugesprochen werden.[521] Das C/D-Paradigma basiert auf dem Gedanken, dass der Zufriedenheit eines Individuums ein komplexer Vergleichsprozess zwischen einem vor der Leistungsinanspruchnahme gebildeten Vergleichsstandard und einem konkret wahrgenommenen Leistungsniveau zu Grunde liegt.[522] Demnach umfasst dieser Erklärungsansatz der Kundenzufriedenheit drei konstituierende Elemente: Die Ist-Komponente, die Soll-Komponente sowie der Vergleich beider Komponenten.

Als **Ist-Komponente** wird weitgehend übereinstimmend nicht die objektive, sondern die vom Individuum subjektiv wahrgenommene Leistung des zu Grunde liegenden Bewertungsobjektes

---

[518] Vgl. Giering (2000), S. 7; Homburg/Rudolph (1998), S. 35.
[519] So zählen Peterson/Wilson (1992), S. 61 bereits 1992 über 15.000 veröffentlichte Zufriedenheitsstudien.
[520] Vgl. Schütze (1992), S. 121.
[521] Vgl. u. a. Krafft (1999), S. 516; Krafft (2002), S. 15; Stauss (1999), S. 6; Yi (1989), S. 69 sowie die Auflistung von 14 wichtigen C/D-Studien bei Halstead/Hartmann/Schmidt (1994). Als alternative Modellierungsrahmen kommen weiterhin die Attributionstheorie sowie die Equity Theorie in Frage. Vertiefend zur Attributionstheorie vgl. Bauer (2000), S. 22 f.; Weiner (1985); Weiner/Frieze/Kukla/Reed/Rest/Rosenbaum (1971). Die Equity Theorie erläutern Bauer (2000), S. 20 ff.; Fisk/Young (1985), S. 340 ff.; Oliver/Swan (1989), S. 21 ff.
[522] Vgl. Bearden/Teel (1983), S. 22; Churchill/Surprenant (1982), S. 492 f.; Oliver (1981), S. 27; Oliver/DeSarbo (1988), S. 497 ff.

verstanden.[523] Eine nach technisch-physikalischen Kriterien identische Leistung kann demnach mit interindividuell unterschiedlichen Ausprägungen der wahrgenommenen Ist-Komponente in das Zufriedenheitsurteil einfließen. Zur Erklärung von Diskrepanzen zwischen objektiv vorliegender und subjektiv empfundener Leistung werden im Rahmen des C/D-Ansatzes unterschiedliche kognitive Wahrnehmungstheorien herangezogen.[524] Die hierzu vorliegenden, zum Teil voneinander abweichenden empirischen Erkenntnisse lassen jedoch keine eindeutigen Schlussfolgerungen hinsichtlich der Eignung der diskutierten Theorien zu.[525]

Unklarheit herrscht in der Zufriedenheitsforschung auch bezüglich der Modellierung der **Soll-Komponente**. In theoretischer sowie empirischer Hinsicht am weitesten verbreitet ist die Gleichsetzung dieser zweiten Zufriedenheitskomponente mit den Leistungserwartungen des Kunden.[526] Um die Problematik zu vermeiden, dass Erwartungen ein gewisses Maß an Produkterfahrung voraussetzen und daher insbesondere bei einem Produkterstkauf nur unzureichend ausformuliert sind, schlagen einige Zufriedenheitsforscher dagegen die Verwendung von Erfahrungsnormen vor, die nicht auf der konkreten Antizipation eines bestimmten Leistungsniveaus basieren, sondern vielmehr beschreiben, wie sich ein Individuum eine Leistung auf Grundlage des gesamten relevanten Erfahrungsschatzes vorstellt.[527] Wieder andere Autoren legen individuelle Ideal- bzw. Wertvorstellungen oder soziale Normen als Soll-Komponente dem Zufriedenheitsurteil zu Grunde.[528] Auch hier liegen bislang noch keine abschließenden Erkenntnisse darüber vor, welcher der genannten Vergleichsmaßstäbe ein adäquates Erklärungspotenzial bereitstellt.[529]

Als mögliche Ergebnisse des **Soll-Ist-Vergleichs** kommen drei unterschiedliche Ausprägungen in Frage: Entsprechen sich subjektiv wahrgenommene Leistung und individuelles Anspruchsniveau, so liegt eine Konfirmation vor. Eine Unter- bzw. Übererfüllung der Soll- durch die Ist-Komponente wird dagegen als negative beziehungsweise positive Diskonfirmation bezeichnet. Während die Diskonfirmation entsprechend ihrer Richtung zu unangenehm beziehungsweise angenehm empfundenen Emotionen führt, löst eine Konfirmation eher indifferente Reize aus.

---

[523] Vgl. Churchill/Surprenant (1982), S. 492; Kaas/Runow (1984), S. 452; Schütze (1992), S. 160.
[524] Hierbei handelt es sich u. a. um die Dissonanz-, Assimilations- bzw. Assimilations-Kontrast- sowie Negativitätstheorie. Vgl. Anderson (1973), S. 39 ff.; Oliver (1980), S. 206 ff.; Olshavsky/Miller (1972), S. 19 f.
[525] Während Anderson (1973), S. 42 f. durch experimentelle Untersuchungen die Hypothesen der Assimilations-Kontrast-Theorie bestätigt sieht, sprechen beispielsweise Olshavsky/Miller (1972), S. 21 der Assimilations-Theorie eine höhere Relevanz zu.
[526] Vgl. Homburg/Rudolph (1998), S. 40.
[527] Vgl. u. a. Cadotte/Woodruff/Jenkins (1987), S. 308 ff.
[528] Vgl. Schütze (1992), S. 129; Woodruff/Cadotte/Jenkins (1983), S. 296 ff.
[529] Vgl. Erevelles/Leavitt (1992), S. 108.

Diese emotionalen Reaktionen sind jedoch nicht als gleichbedeutend mit einem Zufriedenheitsurteil anzusehen, denn erst deren Bewertung determiniert letztlich Richtung und Ausmaß der Zufriedenheit.[530] Dieser gleichsam durch Affektionen und Kognitionen geprägte Bewertungsprozess kann als ein dem Zufriedenheitskonstrukt vorgeschalteter intervenierender Vorgang angesehen werden und führt in Konsequenz dazu, dass sich die Zufriedenheit nicht aus einer deterministischen Verknüpfung von Soll- und Ist-Komponente ergibt, sondern eine individuell unterschiedlich empfundene Diskrepanz zwischen wahrgenommener und erwarteter Leistung ausdrückt.

Aus diesem Grund sowie auf Grund der bereits angesprochenen Probleme bei der Modellierung der Ist- bzw. Soll-Komponente empfiehlt es sich, hinsichtlich der **Messung** des Zufriedenheitskonstrukts von einer expliziten Erfassung beider Komponenten auf getrennten Skalen sowie deren anschließenden algebraischen Verknüpfung Abstand zu nehmen und stattdessen das Endresultat des Evaluierungsprozesses direkt zu messen. Dieser den subjektivmerkmalsorientierten Verfahren zuzuordnende direkte Messansatz der Kundenzufriedenheit findet sich in einer Reihe von Untersuchungen wieder und verspricht insgesamt valide Messergebnisse zu liefern.[531] Dies gilt sowohl für eine direkte Zufriedenheitsmessung anhand von Erwartungsskalen im Sinne einer Bestätigung bzw. Nichtbestätigung der erwarteten Leistung (von 'Erwartungen übertroffen' bis 'Erwartungen nicht erfüllt') als auch für eine Verwendung von Zufriedenheitsskalen (von 'sehr zufrieden' bis 'sehr unzufrieden').[532]

Die Bewertung dieser direkten Messskalen kann sich grundsätzlich auf ein undifferenziertes Globalurteil beziehen, erfolgt aber in der Regel für verschiedene Attribute eines bestimmten **Bewertungsobjektes**.[533] In einer Reihe von Forschungsarbeiten mit automobilwirtschaftlichem Bezug hat sich in diesem Zusammenhang eine an den wesentlichen Kontaktpunkten des Kaufprozesses orientierte Differenzierung potenzieller Attribute der

---

[530] Vgl. Cadotte/Woodruff/Jenkins (1987), S. 305 f.; Gierl/Sipple (1993), S. 244.

[531] Neben den merkmalsorientierten zählen auch die ereignisorientierten Messansätze, wie beispielsweise die Beschwerdeanalyse oder die kritische bzw. sequenzielle Ereignismethode, zu den subjektiven Verfahren der Zufriedenheitsmessung. Davon abzugrenzen sind nach der in der Literatur etablierten Taxonomie die so genannten objektiven Verfahren, die sich auf Beobachtungen neutraler dritter Personen oder unternehmensbezogene Erfolgskennzahlen stützen. Vgl. Bauer (2000), S. 46; Homburg/Rudolph (1998), S. 47 ff.; Lingenfelder/Schneider (1991), S. 111; Schütze (1992), S. 184.

[532] Vgl. Stauss (1999), S. 13; Danaher/Haddrell (1996), S. 4 ff. Auch wenn Erwartungsskalen augenscheinlich vorgeben, verschiedene Bestandteile des Zufriedenheitskonstrukts zu erfassen, wird de facto explizit das Resultat des Bewertungsprozesses gemessen. Für eine Diskussion semantischer Ausgestaltungsmöglichkeiten von Skalen zur direkten Zufriedenheitsmessung vgl. Babin/Griffin (1998), S. 127 ff.

[533] Vgl. Bauer (2000), S. 47.

Kundenzufriedenheit empirisch bewährt.[534] Dementsprechend werden im Rahmen der eigenen Erhebung folgende Bewertungsobjekte berücksichtigt: Die Zufriedenheit mit den Kauferfahrungen beim stationären Händler (Kaufzufriedenheit) sowie die Zufriedenheit mit der Nutzung des erworbenen Fahrzeugs (Produktzufriedenheit). Ob sich diese beiden Ausprägungsformen auch in der Einschätzung der Konsumenten als diskriminante Faktoren des Kundenzufriedenheitskonstrukts wiederfinden lassen, wird die empirische Validierung des in Abb. 19 zusammenfassend dargestellten Messansatzes zeigen.

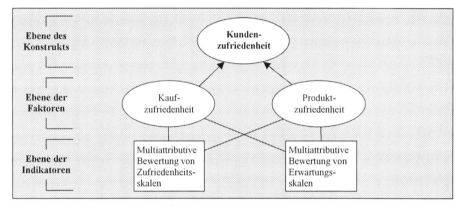

Abb. 19: Konzeptualisierung des Konstrukts 'Kundenzufriedenheit'
Quelle: Eigene Erstellung

Zuvor gilt es jedoch, die **Determinanten** der Kundenzufriedenheit aus einer theoretischen Perspektive näher zu beleuchten. Dies geschieht im Hinblick auf eine Konkretisierung der eingangs geäußerten Vermutung, wonach die Online-Akzeptanz eine mögliche Bestimmungsgröße vorökonomischer Zielgrößen und damit auch der Kundenzufriedenheit darstellt. In diesem Zusammenhang sei angemerkt, dass nach Durchsicht der relevanten Literatur keine verhaltenswissenschaftliche Arbeit gefunden werden konnte, die sich explizit den Wirkungen des E-Commerce auf die Kundenzufriedenheit widmet.[535] Dennoch vermögen die von der Zufriedenheitsforschung in anderen Untersuchungskontexten postulierten Determinanten

---

[534] Vgl. Bauer/Huber/Betz (1998), S. 981; Bloemer/Lemmink (1992), S. 359; Burmann (1991), S. 251; Korte (1995), S. 170 ff. Für alternative Ansätze zur Systematisierung möglicher Bezugsobjekte der Kundenzufriedenheit vgl. die Übersicht bei Korte (1995), S. 42.
[535] Vgl. dazu auch Abschnitt 3.3.2.2.

gewisse, wenn auch nur begrenzt übertragbare Anhaltspunkte für die Existenz eines derartigen Wirkungszusammenhangs liefern.

Hierzu können eine Reihe empirischer Arbeiten angeführt werden, die direkten Bezug auf die Ist-Komponente nehmen und die wahrgenommene **Qualität** der angebotenen Leistungen als eine wichtige Erklärungsgröße des Zufriedenheitskonstrukts herausstellen. In diesen Untersuchungen zeigt sich, dass nicht nur die mit der Kernleistung assoziierte Produktqualität, sondern auch die Qualität intangibler Zusatzleistungen in beträchtlichem Maße zur Erklärung der Kundenzufriedenheit beitragen können. So kommen *Müller/Riesenbeck* zu dem Ergebnis, dass im Rahmen des Kaufprozesses angebotene Beratungsleistungen, wie beispielsweise die fachliche Verkaufsberatung oder Kundenbehandlung, je nach Branche bis zu 55 % der Kundenzufriedenheit erklären können und damit einen höheren Erkenntnisbeitrag liefern als die Kernleistung selbst.[536] Ähnliche Befunde berichtet *Rapp*: Von den fünf Erklärungsfaktoren seiner Studie, die mit Hilfe einer Explorativen Faktorenanalyse extrahiert werden konnten, übt die wahrgenommene Servicequalität in der anschließend durchgeführten kausalanalytischen Quantifizierung der Wirkungszusammenhänge den mit Abstand höchsten Einfluss auf die Kundenzufriedenheit aus.[537] Die Servicequalität wird in diesem Zusammenhang von *Rapp* als "... die Erfüllung aller unfühlbaren Servicebestandteile, die durch Mitarbeiter des Unternehmens und/oder Servicesysteme am Kunden verrichtet werden, ..."[538] beschrieben. Mit dieser Begriffsauslegung steht es im Einklang, nicht nur stationär erbrachte, sondern auch über den Online-Distributionskanal offerierte Beratungs-, Anbahnungs-, Transaktions- sowie After-Sales-Leistungen als intangible Serviceangebote zu interpretieren. Demzufolge können die referierten Ergebnisse als eine Unterstützung der Vermutung gewertet werden, dass die Nutzung der Online-Distribution zu einer Steigerung der Kundenzufriedenheit beiträgt. Über die Haltbarkeit dieser Überlegung kann die empirische Überprüfung folgender Kausalhypothese Auskunft geben:

H_1: Je höher die Nutzung der Leistungen der Online-Distribution (Nutzungsakzeptanz), desto höher ist die Kundenzufriedenheit.

Mit der Formulierung von Hypothese H_1 wurden die für die Servicequalität empirisch ermittelten zufriedenheitsbezogenen Wirkungseffekte im Analogieschluss auf den Faktor 'Nutzungsakzeptanz' übertragen. Dies kann jedoch nicht vorbehaltlos erfolgen: Während die

---

[536] Vgl. Müller/Riesenbeck (1991), S. 70 f.
[537] Neben der Servicequalität berücksichtigt Rapp weiterhin die Faktoren 'technische Produktqualität', 'Reputationsqualität', 'persönliche Beziehungsqualität' sowie 'Preiswahrnehmung'. Vgl. Rapp (1995), S. 16, S. 137 und S. 148.
[538] Rapp (1995), S. 64.

Servicequalität ähnlich der Einstellung eine emotionale Bewertungskomponente beinhaltet,[539] bringt die Nutzungsakzeptanz eine affektneutrale Inanspruchnahme von Leistungen der Online-Distribution zum Ausdruck. Anders formuliert kann eine intensive Nutzung der Online-Distribution erfolgen, ohne dass dies vom Konsumenten unbedingt als ausgesprochen positiv empfunden wird. Berechtigterweise muss dann jedoch die Frage erhoben werden, ob in diesem Fall eine ausgeprägte Nutzung der Online-Distribution tatsächlich zu einer Steigerung der Kundenzufriedenheit beiträgt. Diese Überlegungen münden in der Vermutung, dass die Stärke des Zusammenhangs zwischen der Nutzungsakzeptanz und der Kundenzufriedenheit von der Ausprägung einer affektiv-wertenden Drittvariablen beeinflusst wird. Ein derartiger **Interaktionseffekt** kann grundsätzlich in der moderierenden Wirkung einer subjektiven Qualitätsbeurteilung des E-Commerce gesehen werden. Naheliegender und mit einem für die vorliegende Arbeit höheren Erkenntniszuwachs verbunden erscheint es jedoch, wenn stattdessen die ebenfalls affektiv-besetzte und bereits in Kapitel 5 umfassend validierte Zufriedenheitsakzeptanz als verstärkender Moderator berücksichtigt wird. Dementsprechend formulieren wir folgende Hypothese:[540]

H_2^I: Je höher die Zufriedenheit mit der Nutzung der Online-Distribution (Zufriedenheitsakzeptanz), desto stärker ist der Zusammenhang zwischen der Nutzungsakzeptanz und der Kundenzufriedenheit.

Vor dem Hintergrund der inhaltlichen Ähnlichkeit von Servicequalität und Zufriedenheitsakzeptanz liegt die Schlussfolgerung nahe, dass die letztgenannte Größe nicht nur einen indirekten Moderationseffekt ausübt, sondern darüber hinaus analog zur Servicequalität auch in einer direkten Wirkungsbeziehung zur Kundenzufriedenheit steht.[541] Hinweise für die Existenz derartiger kausaler **Ausstrahlungseffekte** zwischen verschiedenen zufriedenheitsbezogenen Faktoren bzw. Dimensionen finden sich in einer Reihe empirischer Arbeiten.[542] Unter Berücksichtigung dieser Erwägungen wird folgende Hypothese formuliert:

H_3: Je höher die Zufriedenheit mit der Nutzung der Online-Distribution (Zufriedenheitsakzeptanz), desto höher ist die Kundenzufriedenheit.

---

[539] Zu den Gemeinsamkeiten der Konstrukte subjektive Qualität und Einstellung vgl. Trommsdorff (1998), S. 164 ff.
[540] Das hochgestellte "I" kennzeichnet eine Hypothese, die einen vermuteten Interaktionseffekt betrifft.
[541] Konstrukte, die neben einer moderierenden Wirkung auch einen direkten Effekt auf die endogene Variable entfalten, werden als Quasi-Moderatoren bezeichnet. Vgl. Arnold/Evans (1979), S. 58; Sharma/Durand/Gur-Arie (1981), S. 293.
[542] Vgl. u. a. Bauer/Huber/Bräutigam (1997), S. 173 ff. und S. 187; Burmann (1991), S. 253; Korte (1995), S. 164.

6.1.2.2 Kundenbindung

Das Phänomen der **Kundenbindung** bezeichnet im Wesentlichen die Aufrechterhaltung einer Geschäfts- bzw. Austauschbeziehung, die durch eine nicht zufällige Folge von Markttransaktionen zwischen Anbieter und Nachfrager gekennzeichnet ist.[543] Nicht zufällig bedeutet in diesem Kontext, dass auf Seiten eines oder beider Transaktionspartner Gründe vorliegen, die eine planerische Verknüpfung von einzelnen Markttransaktionen sinnvoll oder notwendig erscheinen lassen.[544] Vor dem Hintergrund dieser Begriffskonkretisierung wird deutlich, dass grundsätzlich zwischen einer anbieter- sowie nachfragerorientierten Sicht der Kundenbindung unterschieden werden kann.[545] In der **anbieterbezogenen** Interpretationsweise beinhaltet die Kundenbindung sämtliche Marketingaktivitäten, die auf die Herstellung bzw. Intensivierung der Bindung bestehender Kunden gerichtet sind.[546] Diese Bindungsaktivitäten der Anbieter werden auch mit dem Begriff des Kundenbindungsmanagements bzw. Customer Relationship Managements belegt.[547]

Für den hier angestrebten Zweck einer verhaltenswissenschaftlichen Analyse des Einflusses der Online-Akzeptanz auf die Kundenbindung erscheint jedoch die **nachfragerbezogene** Perspektive von höherer Relevanz. Aus diesem Blickwinkel heraus besteht die Grundvoraussetzung für die Bindung eines Kunden in dessen positiver Einstellung zur Geschäftsbeziehung, die mit Wiederkauf- sowie Weiterempfehlungsabsichten verbunden ist und sich schließlich in wiederholten Kaufakten als beobachtbarem Verhalten manifestiert. In diesem Sinne beinhaltet die Kundenbindung zwei Aspekte: Die einstellungs- sowie verhaltensbezogene Komponente.[548] Letztgenannte Komponente weist einen engen Bezug zu den behavioristischen Modellen der Markentreuemessung auf.[549] Vorrangiges Anliegen dieser Konzepte ist es, auf Basis empirisch ermittelter Kaufreihenfolgen Modelle zur Abbildung und Prognose markentreuen Kaufverhaltens zu entwickeln.[550] Diese ausschließliche Orientierung an beobachtbaren Wiederholungsmustern lässt allerdings keine Rückschlüsse auf die

---

[543] Vgl. Krafft (1999), S. 520; Krafft (2002), S. 22; Krüger (1997), S. 22; Peter (1997), S. 7.
[544] Vgl. Plinke/Söllner (2000), S. 57.
[545] Vgl. Homburg/Bruhn (2000), S. 8; Homburg/Giering/Hentschel (2000), S. 88; Krafft (1999), S. 520.
[546] Vgl. Diller (1996), S. 82.
[547] Vgl. Meyer/Oevermann (1995), S. 1344 ff.
[548] Vgl. Giering (2000), S. 15; Peter (1997), S. 8 f.
[549] Vgl. Bernemann (1989), S. 34; Brand/Bungard (1982), S. 266; Nolte (1976), S. 15; Peter (1997), S. 74 ff.
[550] Als bedeutende Markenwahlmodelle gelten Bernoulli-Modelle, homogene Markoff-Modelle erster Ordnung sowie lineare Lernmodelle. Vgl. Nolte (1976), S. 36 ff.; Weinberg (1980), S. 163 f. Zum Erkenntniswert dieser Markenwahlmodelle vgl. Gierl/Marcks (1993), S. 103 ff.

Verhaltensursachen zu.[551] Folglich sind rein behavioristische Treue- bzw. Loyalitätskonzepte nicht in der Lage, zwischen einer tatsächlichen, auf positiven Einstellungen beruhenden Kundenbindung und bloßem Zufallsverhalten zu differenzieren.[552]

Auf Grund dieser Kritik an ausschließlich verhaltensorientierten Ansätzen wird in der Kundenbindungsforschung mittlerweile überwiegend die Meinung vertreten, dass für eine valide **Messung** des Phänomens kombinierte Ansätze erforderlich sind, welche sowohl einstellungs- als auch verhaltensbezogene Aspekte umfassen.[553] Als Indikator zur Erfassung der Einstellungskomponente fungiert in empirischen Arbeiten zur Kundenbindung häufig die Weiterempfehlungsbereitschaft der Kunden.[554] Dahinter steht die Überlegung, dass ein Abnehmer für seinen aktuellen Anbieter nur dann eine positive Mund-zu-Mund-Propaganda betreibt, wenn er auch positiv gegenüber diesem eingestellt ist und nicht nur durch Zufallseinflüsse von einem Anbieterwechsel abgehalten wird.[555] Zur Abdeckung der Verhaltenskomponente eignen sich grundsätzlich Indikatoren mit Vergangenheits- oder Zukunftsbezug.[556] Eine retrospektive Betrachtung des Kundenbindungsverhaltens wird beispielsweise bei einer Frage nach der bisherigen Dauer bzw. Intensität der Kundenbeziehung eingenommen. Zukünftiges Verhalten lässt sich dagegen über eine Erfassung der Wiederkaufsabsicht abbilden. Diese so genannte prospektive Kundenbindung findet sich als eindimensionaler Messansatz in einer Reihe empirischer Forschungsarbeiten.[557] In diesem Zusammenhang kritisieren allerdings *Jacoby/Kyner*, dass "... a single unidimensional measure is probably insufficient for measuring such a complex multidimensional phenomenon as brand loyalty."[558] Dieser Meinung soll gefolgt und eine umfassendere Messung des Kundenbindungskonstrukts vorgenommen werden. Dazu werden die Indikatoren Weiterempfehlungsbereitschaft, Selbsteinschätzung als Stammkunde sowie Wiederkaufsabsicht jeweils differenziert für die beiden Bezugsobjekte Hersteller (Markenbindung) sowie Händler (Händlerbindung) erhoben. Daraus ergibt sich die in Abb. 20 dargestellte Konzeptualisierung des Kundenbindungskonstrukts.

---

[551] Vgl. Brand/Bungard (1982), S. 266; Jacoby/Kyner (1973), S. 1; Weinberg (1980), S. 164.
[552] Vgl. Bauer (1983), S. 16.
[553] Vgl. u. a. Gierl (1995), S. 271; Peter (1997), S. 81. Einen Überblick über kombinierte Messansätze der Kundenbindung liefert Nolte (1976), S. 82 ff.
[554] Vgl. u. a. Giering (2000), S. 16 f.; Peter (1997), S. 182 f.
[555] Vgl. Giering (2000), S. 16.
[556] Vgl. Diller (1996), S. 85; Meyer/Oevermann (1995), S. 1342.
[557] Vgl. u. a. Bloemer/Lemmink (1992), S. 359; Burmann (1991), S. 254; Peyrot/Doren (1994), S. 361 ff.; Korte (1995), S. 170 und S. 216.
[558] Jacoby/Kyner (1973), S. 1.

Konsequenzen der Online-Akzeptanz in der Automobilwirtschaft 175

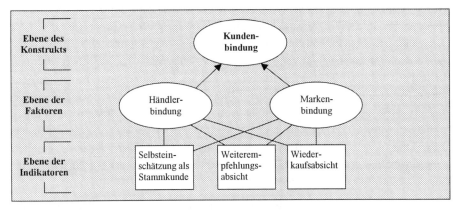

Abb. 20: Konzeptualisierung des Konstrukts 'Kundenbindung'
Quelle: Eigene Erstellung

Neben der Entwicklung einer validen Messvorschrift für das interessierende Phänomen erstreckt sich das Erkenntnisziel der nachfrageorientierten Kundenbindungsforschung auch auf eine theoretische Durchdringung und empirische Prüfung der psychographischen Ursachen wiederholten Kaufverhaltens. Dabei werden zur Identifikation möglicher Determinanten verschiedene **theoretische Ansätze** vorwiegend sozialwissenschaftlichen Ursprungs herangezogen, die aus ihrem spezifischen Betrachtungswinkel heraus einen jeweils unterschiedlichen Beitrag zur Erklärung der Kundenbindung leisten können. In diesem Zusammenhang haben insbesondere sozialpsychologische, transaktionskostenorientierte sowie verhaltenswissenschaftliche Erklärungsansätze breitere Beachtung gefunden.[559]

Einer der bedeutendsten **sozialpsychologischen** Ansätze zur Erklärung der Kundenbindung ist die Austauschtheorie von *Thibaut/Kelley*.[560] Die beiden Wissenschaftler postulieren, dass Individuen eine bestehende soziale Austauschbeziehung anhand eines individuellen Vergleichsmaßstabes, von ihnen als 'comparison level' (CL) bezeichnet, bewerten.[561] CL ist ein Wert für die Erwartungshaltung eines Individuums und bildet sich auf Grundlage vorangegangener Erfahrungen in der betreffenden oder in einer anderen vergleichbaren Austauschbeziehung. Liegt das wahrgenommene, aus Kosten- und Nutzenkomponenten bestehende

---

[559] Darüber hinaus werden stellenweise auch interaktionstheoretische Ansätze, wie z. B. das Modell von Anderson/Weitz (1989), zur Erklärung der Kundenbindung herangezogen. Vgl. Homburg/Bruhn (2000), S. 11. Diese Modelle beziehen sich allerdings stärker auf Geschäftsbeziehungen im Investitionsgüterbereich und bleiben daher aus der weiteren Betrachtung ausgegrenzt.
[560] Vgl. Thibaut/Kelley (1959).
[561] Vgl. Thibaut/Kelley (1959), S. 21.

Nettoergebnis einer Austauschbeziehung (E) über CL, entsteht Zufriedenheit; liegt es darunter, ist damit Unzufriedenheit verbunden. Für die Beantwortung der Frage, ob eine Beziehung fortgeführt oder beendet wird, ist allerdings ein weiterer Vergleichsmaßstab zu berücksichtigen, der von *Thibaut/Kelley* als 'comparison level for alternatives' (CL_{alt}) bezeichnet wird. CL_{alt} ist definiert als das niedrigste Niveau von E, welches ein Partner unter Berücksichtigung alternativer Optionen gerade noch toleriert.[562] Danach wird ein Individuum die Austauschbeziehung selbst bei Unzufriedenheit - d. h. in einer Situation, bei der E kleiner als CL ist - fortführen, solange E gerade noch über CL_{alt} liegt. Somit können aus sozialpsychologischer Perspektive neben der Zufriedenheit mit der bestehenden Austauschbeziehung auch die wahrgenommene Attraktivität alternativer Beziehungen als wichtige Determinanten der Kundenbindung abgeleitet werden.[563]

Aus **transaktionskostentheoretischer** Sicht wird postuliert, dass die Bedingungen für das Zustandekommen dauerhafter Beziehungen unter dem Gesichtspunkt der mit dem wirtschaftlichen Austausch von Leistungen verbundenen Transaktionskosten zu beleuchten sind.[564] Im Rahmen der Transaktionskostentheorie wird der Kostenbegriff weit gefasst und beinhaltet im Wesentlichen Informations- und Suchkosten für Preise, Verhandlungs- bzw. Abschlusskosten im Zuge einer Vertragsvereinbarung sowie Kontrollkosten im Hinblick auf die Einhaltung geschlossener Kontrakte.[565] Dabei hängt die Höhe dieser zum Teil nur schwer quantifizierbaren Transaktionskosten neben Merkmalen der Transaktionsparteien sowie gewählter Institutionen insbesondere von der Spezifität der mit der vereinbarten Leistung zusammenhängenden Investitionen ab.[566] Die Spezifität einer Investition bemisst sich nach der Differenz zwischen dem Wert investierter Ressourcen in der vorgesehenen Verwendung und deren Wert in der besten Alternativverwendung. Eine positive Wertedifferenz entspricht demnach einem Verlust, der aus der Zuführung der Ressourcen zur nächstbesten Verwendung resultieren würde.[567] Dieser Wertverlust wird als Quasi-Rente bezeichnet und begründet eine ökonomische Abhängigkeit des Investors in zweifacher Hinsicht: Zum einen zwingt die Spezifität der Ressource den Investor zu einer Realisierung weiterer Transaktionen, damit die Quasi-Rente zur Amortisation der getätigten Investitionen herangezogen werden kann. Zum anderen begründet die Spezifität auch eine Abhängigkeit vom 'guten Willen' des Transaktionspartners, da dieser versucht sein kann, die Quasi-Rente des Investors durch Neuverhandlungen

---

[562] Vgl. Thibaut/Kelley (1959), S. 21 ff.
[563] Vgl. Peter (1997), S. 99.
[564] Die Grundzüge der Transaktionstheorie erläutert u. a. Krafft (1995), S. 91 ff.
[565] Definitionen der Transaktionskosten liefern u. a. Albach (1988), S. 1160; Coase (1937), S. 391; Picot (1985), S. 224 f.; Williamson (1990), S. 21 f.
[566] Vgl. Krafft (1995), S. 93 f., m. w. N.
[567] Vgl. Williamson (1990), S. 61 ff.

abzuschöpfen.[568] In beiden Fällen kann es aus transaktionskostentheoretischer Sicht für einen Betroffenen zur Absicherung seiner spezifischen Ressourcen effizienter sein, eine dauerhafte und enge Geschäftsbeziehung einzugehen anstatt einen Leistungsaustausch mit wechselnden Partnern anzustreben. In der Kundenbindungsforschung wird diesem Sachverhalt Rechnung getragen, indem die Existenz spezifischer Investitionen durch so genannte Wechselbarrieren in ökonomischer, psychischer oder sozialer Ausprägung abgebildet wird.[569]

Aus **verhaltenswissenschaftlicher** Perspektive wird versucht, die Kundenbindung über theoretisch fundierte Modelle des Konsumentenverhaltens zu erklären. Die dabei diskutierten verhaltenstheoretischen Ansätze beziehen sich stets auf einen begrenzten Ausschnitt möglicher innerer Abläufe und sind insofern als Partialmodelle des Konsumentenverhaltens zu klassifizieren.[570] Beispielhaft angeführt seien hierzu die Theorie der kognitiven Dissonanz, die Theorie des wahrgenommenen Kaufrisikos sowie lerntheoretische Ansätze.[571] Diese partiellen Konsumentenverhaltensmodelle postulieren übereinstimmend einen hohen Einfluss der Kundenzufriedenheit auf das Ausmaß der Kundenbindung und liefern insoweit keinen über den sozialpsychologischen Ansatz von *Thibaut/Kelley* hinausgehenden Erkenntniszugewinn. Allein das maßgeblich von *Peter* in die wissenschaftliche Kundenbindungsdiskussion eingebrachte verhaltenstheoretische Konstrukt des Variety-Seeking verspricht zusätzliches Potenzial für die Erhellung des Phänomens der Kundenbindung.[572] Diese motivationale Disposition drückt den Wunsch eines Individuums nach Abwechslung aus, der mit einer Beeinträchtigung der Kundenbindung verbunden ist. Dabei stiftet die Abwechslung per se einen Nutzenbeitrag und begünstigt eine Abwanderung des Kunden unabhängig von seiner Beurteilung der bestehenden oder alternativen Geschäftsbeziehung.[573]

Als Zwischenfazit halten wir fest, dass auf Basis der diskutierten Erklärungsansätze vier **Determinanten** der Kundenbindung theoretisch abgeleitet werden können: Die Zufriedenheit mit der bestehenden Austauschbeziehung, die wahrgenommene Attraktivität von Alternativen, die Existenz von Wechselbarrieren sowie das Streben der Abnehmer nach Abwechslung. In dem bis dato umfassendsten Versuch zur Erklärung der Kundenbindung bestätigt *Peter* auch die empirische Relevanz dieser Bestimmungsgrößen:[574] Alle vier genannten Determinanten weisen signifikante Wirkungszusammenhänge mit dem Kundenbindungskonstrukt auf. Zudem

---

[568] Vgl. Butler/Baysinger (1983), S. 1009 ff.
[569] Vgl. Peter (1997), S. 94 f.
[570] Zur Unterscheidung zwischen Total- und Partialmodellen des Konsumentenverhaltens vgl. Bänsch (1998), S. 3 ff.
[571] Vgl. Homburg/Bruhn (2000), S. 14 f.; Homburg/Giering/Hentschel (2000), S. 90 ff.; Jungwirth (1997), S. 73 ff.
[572] Vgl. Peter (1997), S. 99 ff.
[573] Vgl. Faison (1977), S. 173; Givon (1984), S. 2; Tscheulin (1994), S. 54.
[574] Vgl. Peter (1997), S. 151 ff.

kann das bestangepasste Strukturmodell in seiner Gesamtheit das Zielphänomen nahezu vollständig erklären, was durch eine ermittelte Varianzaufklärung von 97 % eindrucksvoll unterstrichen wird.[575] Insofern erscheint es opportun, an die theoretisch abgeleiteten und von *Peter* empirisch bestätigten Erklärungsgrößen anzuknüpfen und diese den weiteren Überlegungen zu Grunde zu legen.

Wenden wir uns zunächst der **Kundenzufriedenheit** zu. Mit einem Strukturkoeffizienten von 0,40 entpuppt sich dieses Konstrukt in der Untersuchung von *Peter* zwar lediglich als drittwichtigste Bestimmungsgröße der Kundenbindung. Damit tritt sie der vielfach geäußerten Ansicht entgegen, wonach vor allem die Zufriedenheit das Ausmaß der Kundenbindung determiniert. Dennoch kann auch dieses Ergebnis als eine grundsätzliche Untermauerung der Vermutung gewertet werden, wonach die Kundenzufriedenheit eine wichtige, wenn auch nicht in allen Situationen dominierende Rolle für die Kundenbindung spielt. Unter Berücksichtigung ähnlicher Resultate einer Vielzahl weiterer empirischer Studien kann deshalb folgende Hypothese formuliert werden:[576]

H_4: Je höher die Kundenzufriedenheit, desto höher ist die Kundenbindung.

Bereits in Abschnitt 6.1.2.1 wurde ein unmittelbarer Kausalzusammenhang zwischen den beiden Faktoren der verhaltensorientierten Online-Akzeptanz und der Kundenzufriedenheit postuliert (H_1 und H_3). Daraus resultiert zusammen mit Hypothese H_4 ein indirekter Wirkungseffekt der Nutzungs- sowie Zufriedenheitsakzeptanz auf das Kundenbindungskonstrukt. Ob darüber hinaus auch eine direkte Wirkungsbeziehung im Modell unterstellt werden kann, hängt nun davon ab, inwieweit es im Folgenden gelingt, einen sachlogischen Bezug zwischen der verhaltensorientierten Online-Akzeptanz und den weiteren Einflussgrößen der Kundenbindung herauszuarbeiten.

Eine Reihe von Anknüpfungspunkten bieten die wahrgenommenen **Wechselbarrieren**. Diese Stellgröße umfasst Hemmnisse sozialer, psychischer oder ökonomischer Art, welche aus Sicht eines Kunden die Abwanderung zu einem anderen Anbieter erschweren oder sogar verhindern können.[577] So bezeichnen **soziale** Wechselbarrieren eine emotionale Bindung des Kunden an den Anbieter, die primär durch eine intensive und unmittelbare Interaktion beider Parteien aufgebaut wird. Zu einer derartigen sozialen Integration des Kunden in das Unternehmensgeschehen können Online-Medien in verschiedener Form beitragen: Beispielsweise kann ein Kaufinteressent via Internet in einen direkten Dialog mit dem Hersteller treten. Dabei erweitern

---

[575] Vgl. Peter (1977), S. 222.
[576] Vgl. hierzu die Übersichten bei Giering (2000), S. 20 ff. sowie Peter (1997), S. 107 ff.
[577] Vgl. Peter (1997), S. 115 ff.

vielfältige interaktive Informationsmöglichkeiten die ansonsten ausschließlich einseitige Kommunikation der Hersteller über klassische Massenmedien bzw. über die Vertriebsorganisationen und tragen dadurch zu einer engeren emotionalen Bindung der Klientel an die Marke bei. Schließlich können soziale Bindungen auch durch das Angebot von herstellerinitiierten User-Foren bzw. Communities gefördert werden.

Weniger offensichtlich ist der Beitrag von Online-Medien zum Aufbau **psychologischer Wechselbarrieren**. Dieses Abwanderungshemmnis begründet sich in gemeinsamen Wertvorstellungen sowie einem Vertrauensverhältnis zwischen Anbieter und Kunde.[578] Inwieweit Vertrauen bzw. ein bindendes 'Wir-Gefühl' durch eine intensive Nutzung des Internets gefördert wird, erscheint fraglich. Denkbar ist aber zumindest, dass das Vertrauen in die Leistungsfähigkeit sowie Zuverlässigkeit eines Anbieters durch ein umfassendes Internetangebot gesteigert werden kann, sofern dies vom Kunden als professionell und nutzenstiftend empfunden wird. Als vertrauensfördernd können sich auch internetgestützte Informations- und Kontrollmöglichkeiten erweisen, wie etwa bei der Verfolgung des Auftragsstatus im Rahmen eines Order Tracking.[579]

Zu den Wechselbarrieren zählen schließlich auch verschiedene Aufwendungen, die mit einem Anbieterwechsel verbunden sind. Diese so genannten **ökonomischen** Wechselkosten beinhalten im transaktionskostentheoretischen Sinne neben der Entwertung anbieterspezifischer Investitionen auch Aufwendungen für die Suche und Bewertung eines neuen Anbieters, das Verhandeln mit diesem sowie den Vertragsabschluss.[580] Insbesondere im Hinblick auf die letztgenannte Kostenkategorie ergibt sich eine mögliche Beeinflussung der Wechselhemmnisse durch die Nutzung von Online-Medien. So trägt die räumlich und zeitlich uneingeschränkte Verfügbarkeit von Informationen im Internet zu einer Reduktion der Suchkosten bei. Preis- sowie Leistungsaspekte der Angebote alternativer Anbieter können dadurch vergleichsweise schnell und kostengünstig recherchiert werden.[581] Zudem vereinfacht das Diensteangebot virtueller Intermediäre und intelligenter Softwareagenten anbieterübergreifende Vergleiche.[582] Daraus kann die Schlussfolgerung gezogen werden, dass die Online-Nutzung auf Grund eines transaktionskostensenkenden Effekts zu einem Abbau ökonomischer Wechselbarrieren beiträgt und damit die Bindung der Kunden potenziell konterkariert.[583]

Dagegen lässt sich für die verbleibenden Determinanten der Kundenbindung ein in der Tendenz eher positives Beeinflussungspotenzial der Online-Akzeptanz ausmachen. Die

---

[578] Vgl. Peter (1997), S. 120 ff.
[579] Vgl. Hildebrand (2000), S. 86.
[580] Auf die bindende Wirkung dieser Transaktionskostenarten weisen auch Jarvis/Wilcox (1977), S. 10 f. hin.
[581] Vgl. Krafft/Bromberger (2001), S. 165.
[582] Vgl. die Abschnitte 3.1.2.1 sowie 3.1.2.2.

Wahrnehmung der **Attraktivität alternativer Angebote** hängt nicht nur von deren Leistung, sondern auch von der Attraktivität des eigenen Angebotes ab. Daher kann - bei annähernd gleichwertigen Kernleistungen - ein Internetangebot, welches einen zusätzlichen Nutzen- bzw. Kostenvorteil verspricht, in Einzelfällen sicherlich dazu beitragen, eine Abwanderung des Nachfragers zu verhindern.[584] Dies gilt vor allem dann, wenn der alternative Anbieter über keinen entsprechenden oder wenig nutzenstiftenden Internetauftritt verfügt. Ähnlich ist die Argumentation für das Phänomen des **Variety-Seeking**. Das Streben der Nachfrager nach Abwechslung kann - zumindest wenn nicht ausschließlich der eigentliche Wechsel des Anbieters den intrinsischen Nutzenbeitrag stiftet - auch durch die Vielfalt und Individualisierung der eigenen Leistung befriedigt werden. Hierzu tragen vor allem leistungsfähige Online-Konfigurationssysteme bei. Durch deren Nutzung erhält der Kunde einen umfassenden Überblick über die offerierten Leistungsbestandteile und kann genau das Produkt spezifizieren, welches seinen wechselnden Anforderungen und Wünschen entspricht.[585]

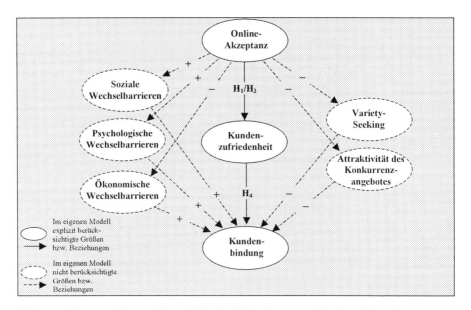

Abb. 21: Vermuteter Zusammenhang zwischen der Online-Akzeptanz und den Determinanten der Kundenbindung
Quelle: Eigene Erstellung

---

[583] So auch Wirtz/Lihotzky (2001), S. 286
[584] Vgl. Hildebrand (2000), S. 88.
[585] Vgl. Hildebrand (2000), S. 87 f.

Abb. 21 fasst die diskutierten hypothetischen Wirkungen der Online-Akzeptanz auf die Bestimmungsgrößen der Kundenbindung zusammen. Daraus wird ersichtlich, dass die Online-Akzeptanz nicht nur die Kundenzufriedenheit, sondern auch die übrigen Determinanten der Kundenbindung potenziell beeinflusst. Da diese Variablen im Gegensatz zur Kundenzufriedenheit keine explizite Berücksichtigung im zu prüfenden Modell finden, kann für die Beziehung zwischen der Online-Akzeptanz und der Kundenbindung nicht nur ein indirekter, sondern auch ein direkter Zusammenhang hypothetisiert werden. Über dessen Richtung besteht allerdings Unklarheit: Einem positiven Kundenbindungseffekt, der aus einer Schaffung sozialer bzw. psychischer Wechselhemmnisse, einer Abschwächung des Variety-Seeking-Motivs sowie einer verminderten Attraktivität des Konkurrenzangebotes resultiert, steht der Abbau ökonomischer Wechselbarrieren und damit eine erleichterte Kundenabwanderung entgegen. Insgesamt betrachtet scheint jedoch die Anzahl und Stichhaltigkeit der Argumente für einen insgesamt positiven Wirkungszusammenhang tendenziell zu überwiegen. Über die Nachhaltigkeit dieser Vermutung kann eine empirische Überprüfung der folgenden beiden Hypothesen Auskunft geben:

H_5: Je höher die Zufriedenheit mit der Nutzung der Online-Distribution (Zufriedenheitsakzeptanz), desto höher ist die Kundenbindung.

H_6: Je höher die Nutzungsintensität der Online-Distribution (Nutzungsakzeptanz), desto höher ist die Kundenbindung.

In diesem Abschnitt klang bereits mehrfach an, dass die mit Hypothese H_6 unterstellten positiven Kundenbindungseffekte nur dann erzielt werden können, wenn für den Betroffenen die Nutzung der Online-Distribution mit einem angenehmen und nutzenstiftenden Erlebnis verbunden ist. Daher soll analog zu H_2^I auch hier ein verstärkender moderierender Effekt der Zufriedenheitsakzeptanz unterstellt und folgende Interaktionshypothese formuliert werden:

H_7^I: Je höher die Zufriedenheit mit der Nutzung der Online-Distribution (Zufriedenheitsakzeptanz), desto stärker ist der Zusammenhang zwischen der Nutzungsakzeptanz und der Kundenbindung.

6.1.3 Überblick über die zu prüfenden Kausalmodelle

Am Ausgangspunkt der Konzeptualisierung eines Modells vorökonomischer Konsequenzen der Online-Akzeptanz stand die Überlegung, dass die verhaltensorientierte Akzeptanzdimension zu einer positiven Beeinflussung der Kundenbindung sowie Kundenzufriedenheit beitragen kann. Zur Konkretisierung dieser Vermutung wurden im Verlauf der Abschnitte

6.1.2.1 sowie 6.1.2.2 insgesamt sieben **Basishypothesen** formuliert, die entweder einen kausalen oder moderierenden Effekt betreffen und in Tab. 36 zusammengefasst sind.

Bezeichnung	Basishypothesen
H_1	Je höher die Nutzung der Leistungen der Online-Distribution (Nutzungsakzeptanz), desto höher ist die Kundenzufriedenheit.
H_2^I	Je höher die Zufriedenheit mit der Nutzung der Online-Distribution (Zufriedenheitsakzeptanz), desto stärker ist der Zusammenhang zwischen der Nutzungsakzeptanz und der Kundenzufriedenheit.
H_3	Je höher die Zufriedenheit mit der Nutzung der Online-Distribution (Zufriedenheitsakzeptanz), desto höher ist die Kundenzufriedenheit.
H_4	Je höher die Kundenzufriedenheit, desto höher ist die Kundenbindung.
H_5	Je höher die Zufriedenheit mit der Nutzung der Online-Distribution (Zufriedenheitsakzeptanz), desto höher ist die Kundenbindung.
H_6	Je höher die Nutzungsintensität der Online-Distribution (Nutzungsakzeptanz), desto höher ist die Kundenbindung.
H_7^I	Je höher die Zufriedenheit mit der Nutzung der Online-Distribution (Zufriedenheitsakzeptanz), desto stärker ist der Zusammenhang zwischen der Nutzungsakzeptanz und der Kundenbindung.

Tab. 36: Überblick über die Basishypothesen zu den vorökonomischen Konsequenzen der Dimension 'verhaltensorientierte Online-Akzeptanz'
Quelle: Eigene Erstellung

Durch eine entsprechende Verknüpfung der fünf **Kausalhypothesen** können zwei Basismodelle generiert werden, welche sich nur hinsichtlich der exogen latenten Variablen unterscheiden. Alternativ denkbar ist hier auch eine gemeinsame Berücksichtigung beider Akzeptanzfaktoren in einem umfassenden Strukturmodell. Die Folge wäre allerdings eine Steigerung der Modellkomplexität, ohne dass sich daraus ein wesentlicher Erkenntniszuwachs ergäbe. Daher wird eine möglichst einfache Modellspezifikation bevorzugt und für die Zufriedenheits- sowie Nutzungsakzeptanz je ein Kausalmodell postuliert (siehe Abb. 22). Deren empirische Gültigkeit wird in den Abschnitten 6.3.1 sowie 6.3.2 geprüft, wobei hierzu der allgemeine Ansatz der linearen Strukturgleichungsanalyse zur Anwendung gelangt.

Die Prüfung der beiden **Interaktionshypothesen** erfordert hingegen ein modifiziertes methodisches Vorgehen, da die Schätzergebnisse des allgemeinen Strukturgleichungsansatzes keine Hinweise auf das Vorliegen von Moderationseffekten beinhalten. Für deren inferenzstatistische Beurteilung ist die Durchführung eines Spezialfalls der allgemeinen Strukturgleichungsanalyse - der kausalanalytische Gruppenvergleich - oder alternativ der Einsatz einer moderierten Regressionsanalyse erforderlich. Die Grundlagen dieser beiden multivariaten Verfahren werden in Abschnitt 6.3.3.1 erläutert, bevor auf deren methodischer Basis in Abschnitt 6.3.3.2 die eigentlichen Hypothesenprüfungen erfolgen.

Konsequenzen der Online-Akzeptanz in der Automobilwirtschaft 183

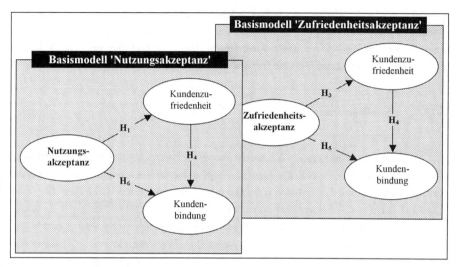

Abb. 22: Überblick über die Basismodelle der vorökonomischen Konsequenzen der Dimension 'verhaltensorientierte Online-Akzeptanz'
Quelle: Eigene Erstellung

Im Vorfeld dieser explikativen Analysen ist es notwendig, die im Rahmen der Basishypothesen berücksichtigten latenten Konstrukte bzw. Faktoren einer empirischen **Messung** zugänglich zu machen. Während hinsichtlich der beiden verhaltensorientierten Akzeptanzfaktoren auf bereits validierte Operationalisierungsansätze zurückgegriffen werden kann,[586] müssen für die Konstrukte 'Kundenbindung' sowie 'Kundenzufriedenheit' entsprechende Itembatterien, die ebenfalls den Forderungen nach Validität sowie Reliabilität zu genügen haben, noch entwickelt werden. Wesentliche konzeptionelle Grundlagen wurden dafür bereits in den Abschnitten 6.1.2.1 sowie 6.1.2.2 geleistet. Diese Grundlagen bilden den Ausgangspunkt für die nachfolgenden Ausführungen.

6.2 Operationalisierung der berücksichtigten Konstrukte

Die quantitative Operationalisierung der Kundenbindung sowie Kundenzufriedenheit erfolgt auf Grundlage der in Abschnitt 4.2.2.3 erläuterten dreistufigen Vorgehensweise. Aus Gründen der Übersichtlichkeit wird jedoch auf eine ausführliche Erörterung der einzelnen

---

[586] Vgl. Abschnitt 5.2.

Validierungsschritte verzichtet.[587] Im Folgenden sollen lediglich die auf Basis der qualitativen Konstruktkonzeptualisierungen generierten Ausgangsindikatoren vorgestellt sowie die wesentlichen Ergebnisse der Operationalisierung kurz skizziert werden. Die validierte Faktorenstruktur fließt sodann in eine Detaillierung der postulierten Basishypothesen ein.

(a) Kundenzufriedenheit

Auf Grund der in Abschnitt 6.1.2.1 bereits erörterten Probleme, die mit einer getrennten Erfassung der einzelnen Zufriedenheitskomponenten verbunden sind, empfiehlt es sich, bei der Zufriedenheitsmessung das Endresultat des Bewertungsprozesses direkt abzufragen. Dies kann sowohl in Form von Zufriedenheits- als auch Erwartungsskalen erfolgen. Beide Skalen sollen hier im Rahmen eines multiattributiven Messansatzes kombinierte Anwendung finden. Als Attribute fungieren entsprechend der vorab unterstellten Faktorenstruktur des Zufriedenheitskonstrukts zum einen Leistungsmerkmale des erworbenen Fahrzeugs (Produktzufriedenheit) und zum anderen Erfahrungen beim Neuwagenkauf (Kaufzufriedenheit). Dabei orientiert sich die konkrete Attributauswahl an Eigenschaftsmerkmalen, die sich bereits in anderen Zufriedenheitsstudien mit automobilwirtschaftlichem Bezug empirisch bewährt haben.[588] Auf dieser Grundlage konnte eine anfängliche Itembatterie mit insgesamt elf Indikatoren generiert werden, die am Ausgangspunkt des mehrstufigen Validierungsprozesses steht und nachfolgender Tab. 37 entnommen werden kann.

---

[587] Die detaillierten Ergebnisse der Untersuchungsstufen A, B und C können dem Anhang der vorliegenden Arbeit in Abschnitt A.2 auf S. 296 ff. entnommen werden.
[588] Vgl. Bauer/Huber/Bräutigam (1996), S. 188; Burmann (1991), S. 253; Korte (1995), S. 170 f.; Peter (1997), S. 168.

Hypothetischer Faktor	Indikatorfrage/ Attribut	Skala/ SPSS-Notation
Produktzufriedenheit	Wie zufrieden sind Sie ...	5-stufige Ratingskala (1 = sehr unzufrieden; 5 = sehr zufrieden)
	• ... mit der Marke des Autos?	KZ_PR_MA
	• ... mit dem Design des Autos?	KZ_PR_DE
	• ... mit dem Preis des Autos?	KZ_PR_PR
	• ... mit der Qualität und Zuverlässigkeit des Autos?	KZ_PR_QU
	• ... mit Fahrleistungen und -komfort des Autos?	KZ_PR_FA
	• ... insgesamt mit dem Auto?	KZ_PR_GL
	Sind Ihre Erwartungen ...	5-stufige Ratingskala (1 = nicht erfüllt; 5 = voll erfüllt)
	• ... in das Auto, welches Sie gekauft haben, erfüllt worden?	KZ_PR_ER
Kaufzufriedenheit	Wie zufrieden sind Sie ...	5-stufige Ratingskala (1 = sehr unzufrieden; 5 = sehr zufrieden)
	• ... mit der Auslieferung des Autos?	KZ_KA_AU
	• ... mit der Beratung sowie Betreuung beim Neuwagenkauf?	KZ_KA_BE
	• ... insgesamt mit dem Neuwagenkauf?	KZ_KA_GL
	Sind Ihre Erwartungen ...	5-stufige Ratingskala (1 = nicht erfüllt; 5 = voll erfüllt)
	• ... in die Abwicklung Ihres Neuwagenkaufs erfüllt worden?	KZ_KA_ER

Tab. 37: Indikatoren zur Erfassung des Konstrukts 'Kundenzufriedenheit'
Anmerkung: Eliminierte Indikatoren sind grau hinterlegt
Quelle: Eigene Erstellung

Nach Durchführung der quantitativen Operationalisierungsschritte A, B und C kann für die entwickelte Itembatterie konstatiert werden,[589] dass die vorab unterstellte zweifaktorielle Struktur des Kundenzufriedenheitskonstrukts durch die empirischen Daten der Teilstichprobe S_1^C (n = 214) vollständig reproduziert wurde und sich zudem als ausreichend diskriminant

---

[589] Vgl. Tab. 68 bis Tab. 73 auf S. 296 bis S. 301 im Anhang.

valide erwies.[590] Ausnahmslose Bestätigung fand auch der Messansatz für den Faktor 'Kaufzufriedenheit'.[591] Lediglich hinsichtlich des Faktors 'Produktzufriedenheit' war auf Grund der geringen Werte für Cronbachs Alpha sowie unzureichender Indikatorreliabilitäten eine Modifikation des Messmodells erforderlich.[592] Die auf Basis dieser Gütekriterien eliminierten Indikatoren sind in Tab. 37 entsprechend hervorgehoben. Der damit abgeschlossene Validierungsprozess bestätigt insgesamt die postulierte zweifaktorielle Struktur des Kundenzufriedenheitskonstrukts. Daher kann folgende Detaillierung der Basishypothesen H_1, H_2^1 sowie H_3 vorgenommen werden:

H_1: Je höher die Nutzung der Leistungen der Online-Distribution (Nutzungsakzeptanz), desto höher ist die ...
... Produktzufriedenheit (H_{1a}).
... Kaufzufriedenheit (H_{1b}).

H_2^1: Je höher die Zufriedenheit mit der Nutzung der Online-Distribution (Zufriedenheitsakzeptanz), desto stärker ist der Zusammenhang zwischen der Nutzungsakzeptanz und der ...
... Produktzufriedenheit (H_{2a}^1)
... Kaufzufriedenheit (H_{2b}^1).

H_3: Je höher die Zufriedenheit mit der Nutzung der Online-Distribution (Zufriedenheitsakzeptanz), desto höher ist die ...
... Produktzufriedenheit (H_{3a}).
... Kaufzufriedenheit (H_{3b}).

(b)   Kundenbindung

Im Rahmen der theoretischen Diskussion gelangten wir zu dem Ergebnis, dass die Kundenbindung sowohl einstellungs- als auch verhaltensorientierte Aspekte umfasst. Beide Komponenten können über Weiterempfehlungsbereitschaften, Wiederkaufsabsichten sowie die Selbsteinschätzung als Stammkunde adäquat abgebildet werden. Als mögliche Bezugsobjekte dieser Indikatoren bietet sich eine Unterscheidung der Bindung des Kunden an den Händler (Händlerbindung) bzw. Hersteller (Markenbindung) an. Aus dieser Konzeptualisierung der

---

[590] Die Teilstichprobe S_1^C (n = 214) liegt auch den weiteren verhaltensbezogenen Auswertungen dieses Kapitels zu Grunde, da nur für die Gruppe derjenigen Neuwagenkäufer, die das Internetangebot tatsächlich genutzt haben, entsprechende Konsequenzen der Online-Akzeptanz in Bezug auf die Kundenzufriedenheit sowie Kundenbindung erwartet werden können. Vgl. dazu die einleitenden Anmerkungen in Abschnitt 6.1.1.1 und zur Aufteilung der Stichprobe der ersten Welle vgl. Abschnitt 4.1.2.
[591] Vgl. Tab. 69 auf S. 297 im Anhang.
[592] Vgl. Tab. 70 auf S. 298 und Tab. 71 auf S. 299 im Anhang.

Kundenbindung resultiert eine Ausgangsmenge von insgesamt sechs Indikatoren, die in Tab. 38 zusammenfassend dargestellt ist.

Hypothetischer Faktor	Indikatorfrage/ Attribut	Skala/ SPSS-Notation
	Würden Sie ...	5-stufige Ratingskala (1 = auf keinen Fall; 5 = auf jeden Fall)
Markenbindung	• ... beim nächsten Neuwagenkauf wieder ein Modell der gleichen Marke wählen?	KB_MA_AB
	• ... diese Marke auch an Familie/Bekannte/Freunde weiterempfehlen?	KZ_MA_EM
	• ... sich als Stammkunde dieser Marke bezeichnen?	KZ_MA_ST
Händlerbindung	• ... den nächsten Neuwagen wieder beim gleichen Händler kaufen?	KB_HA_AB
	• ... diesen Händler auch an Familie/Bekannte/Freunde weiterempfehlen?	KB_HA_EM
	• ... sich als Stammkunde dieses Händlers bezeichnen?	KB_HA_ST

Tab. 38: Indikatoren zur Erfassung des Konstrukts 'Kundenbindung'
Anmerkung: Eliminierte Indikatoren sind grau hinterlegt
Quelle: Eigene Erstellung

Sowohl die durchgeführte Explorative bzw. Konfirmatorische Faktorenanalysen als auch die Überprüfung der Diskriminanzvalidität bestätigten die vermutete zweifaktorielle Struktur des Kundenbindungskonstrukts.[593] Geringfügige Veränderungen gegenüber dem postulierten Messmodell waren lediglich hinsichtlich des Faktors 'Markenbindung' erforderlich: Ein Item unterschritt den geforderten Wert für die Indikatorreliabilität und wurde daher eliminiert.[594] Dieses Ergebnis mündet zusammen mit der bereits validierten Struktur des Kundenzufriedenheitskonstrukts in die nachfolgende Aufgliederung der Basishypothesen H_4, H_5, H_6 sowie H_7^1:

H_4: Je höher die Produktzufriedenheit, desto höher ist die ...

... Händlerbindung (H_{4a}).

... Markenbindung (H_{4b}).

Je höher die Kaufzufriedenheit, desto höher ist die ...

... Händlerbindung (H_{4c}).

... Markenbindung (H_{4d}).

---

[593] Vgl. Tab. 74 bis Tab. 79 auf S. 302 bis S. 307 im Anhang.
[594] Vgl. Tab. 76 auf S. 304 und Tab. 77 auf S. 305 im Anhang.

H_5: Je höher die Zufriedenheit mit der Nutzung der Online-Distribution (Zufriedenheitsakzeptanz), desto höher ist die ...

... Händlerbindung (H_{5a}).

... Markenbindung (H_{5b}).

H_6: Je höher die Nutzungsintensität der Online-Distribution (Nutzungsakzeptanz), desto höher ist die ...

... Händlerbindung (H_{6a}).

... Markenbindung (H_{6b}).

H_7^I: Je höher die Zufriedenheit mit der Nutzung der Online-Distribution (Zufriedenheitsakzeptanz), desto stärker ist der Zusammenhang zwischen der Nutzungsakzeptanz und der ...

... Händlerbindung (H_{7a}^I).

... Markenbindung (H_{7b}^I).

Aus der damit abgeschlossenen Detaillierung der Basishypothesen ergibt sich für jeden Faktor der verhaltensorientierten Online-Akzeptanz ein gegenüber dem postulierten Basismodell komplexeres Beziehungsgeflecht, welches insgesamt je acht Kausalhypothesen umfasst.[595] Das zentrale Untersuchungsziel der nachfolgend erläuterten explikativen Analysen besteht in der strukturgleichungsanalytischen Prüfung dieser Strukturmodelle für die beiden Faktoren der verhaltensorientierten Online-Akzeptanz.

6.3 Explikative Untersuchungsergebnisse

6.3.1 Konsequenzen der Nutzungsakzeptanz

Bevor eine Prüfung der Kausalhypothesen für die vorökonomischen Konsequenzen der Nutzungsakzeptanz vorgenommen werden kann, ist es entsprechend der in Abschnitt 4.2.2.3 vorgestellten Prüfsystematik zunächst erforderlich, das geschätzte Modell hinsichtlich seiner empirischen **Anpassungsgüte** zu evaluieren. Dazu zählt im Vorfeld auch eine Beurteilung der Forderungen nach Identifizierbarkeit sowie Konsistenz der Parameterschätzungen. Beide Bedingungen können als erfüllt betrachtet werden, da die Informationsmatrix positiv definit sowie die t-Regel erfüllt ist und darüber hinaus keine unplausiblen Schätzwerte festzustellen sind. Weiterhin sprechen die in Tab. 39 ausgewiesenen Globalkriterien für eine zufrieden

---

[595] Das den Faktor 'Nutzungsakzeptanz' betreffende Strukturmodell beinhaltet die Kausalhypothesen H_{1a}, H_{1b}, H_{4a}, H_{4b}, H_{4c}, H_{4d}, H_{6a} und H_{6b}. Die Kausalhypothesen H_{3a}, H_{3b}, H_{4a}, H_{4c}, H_{4d}, H_{5a} und H_{5b} bilden das Strukturmodell für den Faktor 'Zufriedenheitsakzeptanz'. Die verbleibenden Interaktionshypothesen H_{2a}^I, H_{2b}^I, H_{7a}^I und H_{7b}^I werden erst in Abschnitt 6.3.3 analysiert.

stellende Anpassungsgüte des postulierten Modells an die empirischen Datenstrukturen. Auch die Ausprägungen der Partialkriterien signalisieren ein ausreichendes Maß an Reliabilität sowie Validität der Messmodelle: Die Indikatorreliabilitäten liegen mit Ausnahme zweier Werte stets über dem festgelegten Schwellenwert. Die Faktorreliabilitäten der berücksichtigten latenten Variablen erreichen jeweils das geforderte Niveau; lediglich der Faktor 'Nutzungsakzeptanz' unterschreitet knapp den Mindestwert für den Anteil durchschnittlich erfasster Varianz. Insgesamt kann festgehalten werden, dass neben sämtlichen Globalmaßen auch die Mehrheit der partiellen Gütekriterien erfüllt ist und somit kein Grund besteht, das postulierte Modell zu verwerfen. Daher können die postulierten Kausalhypothesen zu den direkten und indirekten Wirkungen der Nutzungsakzeptanz anhand der vorliegenden Schätzergebnisse im Folgenden überprüft werden.

Die im Rahmen der Ergebnisinterpretation bedeutsamen Parameterschätzungen sind in Abb. 23 dargestellt. Betrachten wir im ersten Schritt die darin ausgewiesenen Dependenzen zwischen den einzelnen Faktoren der Kundenzufriedenheit sowie der Kundenbindung. Als deutlichstes Resultat lässt sich zunächst ein hoher Strukturkoeffizient von 0,73 für die Wirkung der Produktzufriedenheit auf die **Markenbindung** festhalten. Dadurch erhält die Hypothese H_{4b} eine klare empirische Unterstützung. Offensichtlich ist der Wiederkauf einer Marke hochgradig abhängig von der positiven Beurteilung technisch-funktionaler Leistungsmerkmale des erworbenen Fahrzeugs. Im direkten Vergleich dazu wird die Markenbindung in deutlich geringerem Maße von der Zufriedenheit des Kunden mit dem Kaufakt beeinflusst (H_{4d}). Dafür spricht ein für diesen Zusammenhang ermittelter Wirkungseffekt von lediglich 0,15.

Ein analoges Bild hinsichtlich des jeweiligen Erklärungsbeitrags der beiden Zufriedenheitsfaktoren ergibt sich für die **Händlerbindung**. In Bezug auf diese Zielgröße erweist sich die Kaufzufriedenheit als wichtigste Bestimmungsgröße (H_{4c}; 0,68), während der Produktzufriedenheit eine nachgeordnete Bedeutung für die Bindung der Klientel an den stationären Händler zukommt (H_{4a}; 0,19). Insgesamt betrachtet zeigen diese Befunde, dass die a priori vermuteten Dependenzen zwischen den berücksichtigten Faktoren der vorökonomischen Zielgrößen durch die positiven Vorzeichen der entsprechenden Modellparameter zwar eine grundsätzliche Bestätigung erfahren haben; ausgesprochen hohe Wirkungseffekte lassen sich jedoch nur zwischen den inhaltlich eng korrespondierenden Zufriedenheits- und Bindungsfaktoren beobachten. Folgerichtig wird ein Neuwagenkäufer, der die Leistungen beim Kauf als nicht zufriedenstellend empfindet, zunächst mit einem Händlerwechsel reagieren. Die Bindung des Käufers zur Marke ist davon weniger betroffen und erst dann stark gefährdet, wenn das erworbene Fahrzeug selbst Mängel aufweist.

Kausalmodell 'Nutzungsakzeptanz'
Globale und lokale Gütemaße

Globale Gütemaße

χ^2-Wert/df	(3,19)
GFI	0,98
AGFI	0,98
NFI	0,97
RMR	0,07

	Indikator	Indikator-reliabilität (p_x)	Faktor-reliabilität (p_c)	Durchschnittlich erfasste Varianz (p_v)
Faktor Nutzungs-akzeptanz	AK_IN_N2	0,806	0,755	0,440
	AK_IN_N3	0,638		
	AK_IN_N1	0,460		
	AK_IN_N4	0,436		
Faktor Produkt-zufriedenheit	KZ_PR_ER	0,656	0,908	0,769
	KZ_PR_GL	0,935		
	KZ_PR_QU	0,748		
Faktor Kauf-zufriedenheit	KZ_KA_ER	0,551	0,853	0,597
	KZ_KA_GL	0,783		
	KZ_KA_BE	0,605		
	KZ_KA_AU	**0,331**		
Faktor Marken-bindung	KB_MA_AB	0,691	0,853	0,597
	KB_MA_EM	0,805		
Faktor Händler-bindung	KB_HA_AB	0,821	0,775	0,541
	KB_HA_EM	0,843		
	KB_HA_ST	**0,392**		

Nicht erfüllte Gütekriterien sind fett hervorgehoben
Stichprobe S_1^C (n = 214)

Tab. 39: Gütekriterien für das Kausalmodell der Konsequenzen des Faktors 'Nutzungsakzeptanz'
Quelle: Eigene Erstellung

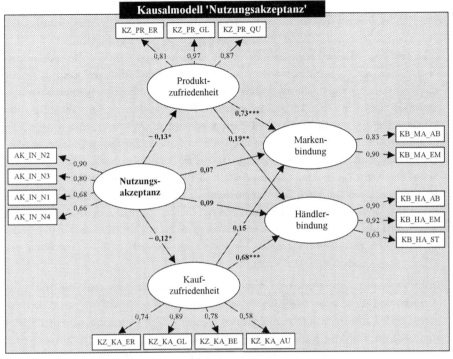

Abb. 23: Kausalmodell bezüglich der Konsequenzen des Faktors 'Nutzungsakzeptanz'
Anmerkungen: Pfadkoeffizienten auf Basis einer ULS-Schätzung ermittelt
Signifikanzen auf Basis einer ML-Schätzung ermittelt
*: Signifikant auf dem 10 %-Niveau
**: Signifikant auf dem 5 %-Niveau
***: Signifikant auf dem 1 %-Niveau
Quelle: Eigene Erstellung

Nachdem die Wirkungsverbundenheit von Kundenzufriedenheit und -bindung, wenn auch mit gewissen Einschränkungen, so im Grundsatz doch bejaht werden konnte, wendet sich die Hypothesenprüfung der eigentlichen Kernfrage nach den vorökonomischen Konsequenzen der **Nutzungsakzeptanz** zu. Als hervorstechendes Resultat lassen sich für die vorab als positiv unterstellten Effekte des exogenen Akzeptanzfaktors auf die Produkt- bzw. Kaufzufriedenheit negative Strukturkoeffizienten in Höhe von − 0,13 bzw. − 0,12 feststellen. Dies bedeutet, dass die **Kundenzufriedenheit** mit einer intensiveren Inanspruchnahme der Leistungen im E-Commerce tendenziell abnimmt und die Untersuchungshypothesen H_{1a} und H_{1b} dementsprechend widerlegt werden. Allerdings wurden bereits bei deren Formulierung in Abschnitt 6.1.2.1 gewisse Vorbehalte angeführt: Dort wurde mit der Interaktionshypothese H_2^I einschränkend zum Ausdruck gebracht, dass die Stärke des Zusammenhangs zwischen einer Nutzung der Online-Distribution und der Kundenzufriedenheit von der affektiven Beurteilung der dabei gemachten Erfahrungen abhinge, d. h. durch die Zufriedenheitsakzeptanz positiv moderiert sei. Den empirischen Bestand dieses postulierten Moderationseffektes vorausgesetzt, kann eine beschränkte Zufriedenheit der Probanden mit der Nutzung der Online-Distribution nicht nur eine Abschwächung der mit den Kausalhypothesen H_{1a} und H_{1b} postulierten Dependenzen zur Folge haben, sondern bei einer entsprechend niedrigen Ausprägung der Moderatorvariablen sogar zu einer Umkehr der a priori als positiv angenommenen Wirkungsrichtungen führen. Insofern können die negativen Strukturkoeffizienten für den Effekt der Nutzungsakzeptanz auf die Produkt- und Kaufzufriedenheit als das Resultat einer momentanen Unzufriedenheit der Probanden mit den Leistungen der Online-Distribution gedeutet werden. Untermauert wird diese Schlussfolgerung durch eine Gegenüberstellung der indexierten Ausprägungswerte für die zufriedenheitsbezogenen Faktoren: Während die beiden Faktoren der Kundenzufriedenheit einen Durchschnittswert von 4,2 bzw. 4,1 über die jeweils zugeordneten Indikatoren erreichen und damit eine hohe bis sehr hohe Zufriedenheit der Probanden mit dem Produkt bzw. Kauf zum Ausdruck bringen, zeugt ein gemittelter Indexwert von 3,4 für die Indikatoren der Zufriedenheitsakzeptanz von einer vergleichsweise mäßigen Beurteilung des E-Commerce-Angebots durch die Nutzer.[596]

Durch die bereits geschilderten Wirkungsstrukturen ergibt sich zwischen der Nutzungsakzeptanz und der Marken- bzw. Händlerbindung eine indirekte Kausalkette, innerhalb derer jeweils beide Faktoren der Kundenzufriedenheit als intermediäre Variablen fungieren. Folglich setzen sich die indirekten **Kundenbindungseffekte** der exogenen Akzeptanzgröße rechnerisch aus insgesamt je zwei Teileffekten zusammen. In Summe addieren sich diese für die Markenbindung auf - 0,11. Auf etwa gleichem Niveau bewegt sich der Wert für die Händlerbindung mit - 0,10. Diese indirekte Schwächung der Kundenbindung erfährt allerdings eine gewisse Kompensation durch die mit den Hypothesen H_{6a} bzw. H_{6b} unterstellten direkten Wirkungseffekte in Höhe von 0,09 bzw. 0,07. Direkt bedeutet in diesem Fall, dass die Nutzung der Online-Distribution ceteris paribus, d. h. bei Konstanz der Kundenzufriedenheit, zu einer schwach positiven Beeinflussung der Kundenbindung führt. Daraus kann gefolgert werden, dass die in Abschnitt 6.1.2.2 herausgearbeiteten direkten positiven Kundenbindungseffekte der Nutzungsakzeptanz - die, wie dort ausgeführt, in einer Schaffung sozialer bzw. psychischer Wechselhemmnisse, einer Abschwächung des Variety-Seeking-Motivs sowie einer verminderten Attraktivität von Konkurrenzangeboten zu sehen sind - gegenüber einer erleichterten Kundenabwanderung auf Grund eines Abbaus ökonomischer Wechselbarrieren

---

[596] Einschränkend muss hier allerdings angemerkt werden, dass der Messung der drei zufriedenheitsbezogenen Faktoren zum Teil unterschiedlich formulierte Skalen zu Grunde liegen. Während für die Erfassung der Zufriedenheitsakzeptanz ausschließlich Zufriedenheitsskalen verwendet wurden, beinhalten die Messansätze der Produkt- und Kaufzufriedenheit auch Erwartungsskalen. Vgl. dazu Abschnitt 6.2. Insofern können die indexierten Ausprägungswerte nur bedingt miteinander verglichen werden, erlauben jedoch zumindest eine Tendenzaussage.

leicht überwiegen.[597] Werden direkte und indirekte Koeffizientenwerte zusammengeführt, ergeben sich - wie aus Tab. 40 ersichtlich - insgesamt schwach negative Totaleffekte der Nutzungsakzeptanz auf die Faktoren der Kundenbindung. Es sei allerdings angemerkt, dass diese Gesamtwerte ebenso wie die direkten und indirekten Teileffekte auf Grund ihrer geringen Höhe eher als zufällig zu interpretieren sind.

Abhängiger Faktor	Nutzungsakzeptanz		
	Direkte Effekte	Indirekte Effekte	Totaleffekte
Markenbindung	0,07	-0,11	-0,04
Händlerbindung	0,09	-0,10	-0,01

Tab. 40: Direkte, indirekte und Totaleffekte des Faktors 'Nutzungsakzeptanz' auf die Faktoren der Kundenbindung
Quelle: Eigene Erstellung

6.3.2 Konsequenzen der Zufriedenheitsakzeptanz

Das Modell für die vorökonomischen Konsequenzen der Zufriedenheitsakzeptanz unterscheidet sich gegenüber dem im vorangegangenen Abschnitt erörterten Beziehungsgeflecht nur in Bezug auf die Modellierung der exogen latenten Variablen. Die Messkonzepte der endogenen Faktoren sowie die zugelassenen Wirkungsbeziehungen im Strukturmodell sind deckungsgleich. Die nahezu identischen Modellspezifikationen haben zur Folge, dass nur geringfügig abweichende **Gütekriterien** für das Modell der Zufriedenheitsakzeptanz festzustellen sind. Erwähnenswerte Unterschiede ergeben sich lediglich hinsichtlich eines insgesamt niedrigeren Niveaus der globalen Fitmaße, welche eine etwas schlechtere Anpassung der modelltheoretischen Strukturen an die empirischen Daten indizieren. Dennoch bleiben auch hier aus Tab. 41 hervorgeht - sämtliche Globalmaße ebenso wie die überwiegende Mehrheit der Partialkriterien erfüllt. Somit ist das Modell empirisch nicht abzulehnen; anhand seiner Parameter können im Folgenden die formulierten Untersuchungshypothesen zu den vorökonomischen Konsequenzen der Zufriedenheitsakzeptanz beurteilt werden. Von besonderem Interesse wird

---

[597] Vgl. auch Abb. 21 in Abschnitt 6.1.2.2.

dabei die Frage sein, inwiefern sich Abweichungen gegenüber dem bereits überprüften Modell der Nutzungsakzeptanz ergeben.

Im Grundsatz keine unterschiedlichen Aussagen ergeben sich im Hinblick auf die Wirkungseffekte zwischen den Faktoren der **vorökonomischen Zielgrößen**. So zeigt sich das Ausmaß der Kundenbindung auch im Modell der Zufriedenheitsakzeptanz positiv abhängig von der Kundenzufriedenheit, wobei das Ausmaß der ermittelten Wirkungseffekte im Detail variiert. Diese prinzipielle Übereinstimmung war auf Grund der diesbezüglich identischen Teilstrukturen beider Modelle so auch zu erwarten. Allerdings zeigt ein eingehender Vergleich der in Abb. 24 ausgewiesenen Pfadkoeffizienten mit den korrespondierenden Werten aus Abb. 23, dass insbesondere die ermittelten Effekte für die Zusammenhänge zwischen der Produktzufriedenheit und Händlerbindung einerseits sowie der Kaufzufriedenheit und Markenbindung andererseits mit 0,40 bzw. 0,36 hier deutlich höhere Absolutwerte als im Modell der Nutzungsakzeptanz aufweisen.

Kausalmodell 'Zufriedenheitsakzeptanz'
Globale und lokale Gütekriterien

Globale Gütemaße	
χ^2-Wert/df	(6,04)
GFI	0,97
AGFI	0,97
NFI	0,96
RMR	0,09

	Indikator	Indikatorreliabilität (p_x)	Faktorreliabilität (p_c)	Durchschnittlich erfasste Varianz (p_v)
Faktor Zufriedenheitsakzeptanz	AK_IN_Z3	0,498	0,864	0,615
	AK_IN_Z2	0,656		
	AK_IN_Z4	0,581		
	AK_IN_Z1	0,416		
Faktor Produktzufriedenheit	KZ_PR_ER	0,724	0,923	0,800
	KZ_PR_GL	0,945		
	KZ_PR_QU	0,694		

Fortsetzung der Tabelle auf der nächsten Seite

Faktor Kaufzufriedenheit	KZ_KA_ER	0,612	0,866	0,621
	KZ_KA_GL	0,692		
	KZ_KA_BE	0,687		
	KZ_KA_AU	**0,364**		
Faktor Markenbindung	KB_MA_AB	0,699	0,866	0,763
	KB_MA_EM	0,796		
Faktor Händlerbindung	KB_HA_AB	0,904	0,772	0,537
	KB_HA_EM	0,913		
	KB_HA_ST	**0,398**		

Nicht erfüllte Gütekriterien sind fett hervorgehoben
Stichprobe S_1^c (n = 214)

Tab. 41: Gütekriterien für das Kausalmodell der Konsequenzen des Faktors 'Zufriedenheitsakzeptanz'
Quelle: Eigene Erstellung

Generell ist in diesem Kontext anzumerken, dass ein modellübergreifender **Vergleich** von Pfadkoeffizienten, die in jeweils verschiedenen Strukturgleichungssytemen auf Basis derselben Stichprobe geschätzt wurden, nur bedingt aussagekräftig ist, da die ermittelten Parameterwerte hinsichtlich ihrer Unterschiedlichkeit nicht inferenzstatistisch beurteilt werden können. Dies gilt auch, wenn identische Modelle für verschiedene Subpopulationen einer Stichprobe voneinander isoliert geschätzt werden. Eine methodisch korrekte Beurteilung von Parameterdifferenzen kann in beiden Fällen nur auf Basis der χ^2-Teststatistik erfolgen. Dazu erfolgt im vorliegenden Fall ein Vergleich des χ^2-Wertes für das unrestringierte Modell der Zufriedenheitsakzeptanz mit dem χ^2-Maß eines restringierten zweiten Rechendurchlaufs, bei dem der Parameterwert für die betreffende Wirkungsbeziehung gleich dem korrespondierenden Wert aus dem Modell der Nutzungsakzeptanz gesetzt wird. Resultieren daraus keine signifikanten χ^2-Differenzen, kann die Nullhypothese nicht verworfen werden, wonach die Pfadkoeffizienten in den beiden Modellen übereinstimmen.[598] Dieser auf Basis einer ML-Schätzung durchzuführende Test auf Gleichheit der Strukturkoeffizienten ergab für den Zusammenhang zwischen der Produktzufriedenheit und der Händlerbindung einen χ^2-Unterschied von 1,47, der bei einem Freiheitsgrad im 5 %-Intervall nicht signifikant ist. Diese Differenz fiel für den Effekt

---

[598] Zum χ^2-Differenztest vgl. Balderjahn (1998), S. 371 ff.; Homburg/Dobratz (1992), S. 123 f. sowie Abschnitt 4.2.1.3.

der Kaufzufriedenheit auf die Markenbindung mit 0,39 noch geringer aus. Insofern bestehen aus statistischer Sicht keine Anhaltspunkte für die Annahme, dass die Parameterschätzungen für die Wirkungsbeziehungen zwischen den vorökonomischen Zielgrößen in den beiden Modellen überzufällig voneinander abweichen. Somit treffen die diesbezüglich getroffenen Aussagen aus dem vorangegangenen Abschnitt auch auf das Modell der Zufriedenheitsakzeptanz zu.

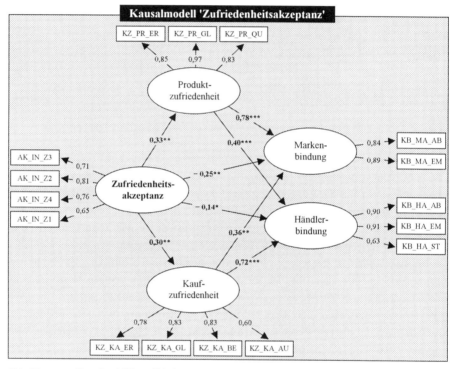

Abb. 24: Kausalmodell bezüglich der Konsequenzen des Faktors 'Zufriedenheitsakzeptanz'
Anmerkungen: Pfadkoeffizienten auf Basis einer ULS-Schätzung ermittelt
Signifikanzen auf Basis einer ML-Schätzung ermittelt
*: Signifikant auf dem 10 %-Niveau
**: Signifikant auf dem 5 %-Niveau
***: Signifikant auf dem 1 %-Niveau
Quelle: Eigene Erstellung

Offensichtliche Unterschiede sind dagegen für die Wirkungen der exogenen Akzeptanzgröße auf die Faktoren der **Kundenzufriedenheit** festzustellen. Im Vergleich zum Modell der Nutzungsakzeptanz ergibt sich hier nicht nur eine Abschwächung des negativen Effekts, sondern sogar ein eindeutig positiver Effekt der Zufriedenheitsakzeptanz auf die Produkt- sowie Kaufzufriedenheit (H_{3a} und H_{3b}). Dies verdeutlichen die für diese Zusammenhänge ausgewiesenen Koeffizientenwerte in Höhe von 0,33 bzw. 0,30. Die vorteilhafte Beeinflussung vorökonomischer Zielgrößen durch die Zufriedenheitsakzeptanz zeigt sich weiterhin auch in einem Totaleffekt von 0,21 auf die Händlerbindung (H_{5a}). Dieser Wert ergibt sich als Saldo aus einem schwach negativen direkten Effekt (− 0,14) sowie einer stark positiven indirekten Wirkungsbeziehung zwischen der Zufriedenheitsakzeptanz und der Händlerbindung, die ihrerseits - wie bereits erörtert - in einer engen Beziehung zu den Faktoren der Kundenzufriedenheit steht (0,35). Ebenfalls positiv, wenn auch weniger deutlich ausgeprägt, ist der Totaleffekt der exogenen Akzeptanzgröße auf die Markenbindung (H_{5b}): Die positive indirekte Wirkungbeziehung zwischen beiden Größen von 0,37 wird zum großen Teil durch einen stark gegenläufigen direkten Effekt in Höhe von − 0,25 kompensiert. Der aus beiden Werten resultierende Totaleffekt kann nachfolgender Tab. 42 entnommen werden, welche die direkten und indirekten Wirkungszusammenhänge zwischen der Zufriedenheitsakzeptanz und den Faktoren der Kundenbindung nochmals zusammenfassend darstellt.

Abhängiger Faktor	Zufriedenheitsakzeptanz		
	Direkte Effekte	Indirekte Effekte	Totaleffekte
Markenbindung	− 0,25	0,37	0,12
Händlerbindung	− 0,14	0,35	0,21

Tab. 42: Direkte, indirekte und Totaleffekte des Faktors 'Zufriedenheitsakzeptanz' auf die Faktoren der Kundenbindung
Quelle: Eigene Erstellung

Insgesamt betrachtet sprechen die diskutierten Resultate für eine **Umpriorisierung** des bisher zumeist auf eine quantitative Nutzungssteigerung ausgerichteten Online-Distributionsmanagements zu Gunsten einer Verstärkung der Bemühungen, die primär einer zufriedenheitsorientierten Verbesserung der Leistungen des E-Commerce dienen. Diese Forderung basiert auf der Erkenntnis, dass nicht eine intensive Nutzung der Online-Distribution, sondern erst die Zufriedenheit der Kunden mit den dabei gesammelten Erfahrungen zu einer positiven Beeinflussung der Kundenzufriedenheit und damit auch der Kundenbindung beiträgt. Hingegen wird eine bloße Erhöhung von Nutzungsfrequenzen im vorliegenden Fall sogar mit tendenziell gegenläufigen vorökonomischen Konsequenzen verbunden sein. Eine mögliche Begründung für dieses zentrale Ergebnis wurde bereits mehrfach angedeutet: Es kann vermutet werden, dass eine intensive Nutzung des E-Commerce nicht die aus Praxissicht erhofften positiven Wirkungen auf die Kundenzufriedenheit sowie -bindung entfaltet, weil die Probanden diese Nutzung derzeit als wenig zufriedenstellend empfinden. Ob diese Vermutung auch durch die empirischen Daten Unterstützung findet, gilt es anhand einer geeigneten Analyse der interagierenden Effekte der Zufriedenheitsakzeptanz zu beleuchten. Die methodischen Grundlagen und empirischen Ergebnisse dieser Analyse werden im folgenden Abschnitt vorgestellt und diskutiert.

6.3.3 Ergänzende explikative Analysen

6.3.3.1 Methodische Vorüberlegungen zur Analyse von Interaktionseffekten

Allgemein gesprochen liegt ein kausaler **Interaktionseffekt** dann vor, wenn das Ausmaß des Zusammenhangs zwischen einer exogenen und endogenen Variablen vom Wert einer dritten Variable abhängt, die in diesem Fall auch Moderator bzw. Interaktionsvariable genannt wird.[599] Eine positive Moderation bedeutet dabei, dass der Wirkungseffekt der exogenen auf die endogene Variable mit steigenden Werten der Interaktionsvariablen zunimmt, also verstärkt wird. Sinkt dagegen das Ausmaß des betreffenden Zusammenhangs, wird von einem negativen Interaktionseffekt gesprochen.[600] Für eine inferenzstatistische Untersuchung derartiger Drittvariableneffekte stehen grundsätzlich zwei unterschiedliche multivariate Analysemethoden zur Verfügung: Die kausalanalytische Gruppenanalyse sowie die moderierte Regressionsanalyse.[601]

---

[599] Vgl. u. a. Arnold (1982), S. 145 ff.; Jaccard/Turrisi/Wan (1990), S. 7; Sharma/Durand/Gur-Arie (1981), S. 292.

[600] Vgl. dazu auch die graphischen Darstellungen bei Giering (2000), S. 93 f.

[601] Vgl. Giering (2000), S. 94. Als weiteres Verfahren zur Analyse von Moderationseffekten wird stellenweise auch das Interaktionsmodell von Kenny/Judd (1984), S. 201 ff. genannt. Vgl. u. a. Homburg/Hildebrandt (1998), S. 28; Reinecke (1999), S. 88 ff. Dieser Ansatz geht davon aus, dass zwei latente Variablen (η_1 und η_2) bei ihrer Wirkung auf eine endogen latente Variable (η_3) interagieren. Dieser Moderationseffekt wird in einem linearen Strukturgleichungsmodell durch eine zusätzlich eingeführte Einflussgröße (η_4), die sich als Produktterm der Variablen η_1 und η_2 ergibt, repräsentiert. Die Indikatoren des in diesem Fall latenten Moderators η_4 berechnet sich durch Multiplikation der Indikatoren der interagierenden Größen η_1 und η_2. Vgl. vertiefend dazu Jaccard/Wan (1996); Jöreskog/Yang (1996), S. 57 ff. Dieses Verfahren, welches im Kern eine Kombination von modelltheoretischen Elementen aus der Gruppenanalyse sowie der moderierten Regressionsanalyse darstellt, weist allerdings eine sehr komplexe Struktur der Fehlerterme auf und kann bei einer hohen Zahl berücksichtigter Indikatoren schnell unpraktikabel werden. Vgl. Homburg/Hildebrandt (1998), S. 28. Zudem erfordert eine Integration von Produkttermen in den Ansatz der linearen Strukturgleichungsanalyse die Modellierung weiterer Parametermatrizen, die sich im hier verwendeten Softwarepaket AMOS nicht realisieren lässt. Daher werden wir uns im Weiteren auf die beiden in der empirischen Marketingforschung gängigsten Verfahren zur Analyse von Interaktionseffekten - die kausalanalytische Gruppenanalyse sowie der moderierten Regressionsanalyse - beschränken.

Die **Gruppenanalyse** stellt einen in der quantitativen Marketingforschung zunehmend angewendeten Spezialfall des allgemeinen Ansatzes der linearen Strukturgleichungsanalyse dar.[602] Bei diesem Verfahren werden die Parameter zweier oder mehrerer Kausalmodelle für jeweils unterschiedliche Subpopulationen einer Stichprobe simultan geschätzt. Im ersten Analyseschritt werden dabei noch keine Invarianzen zwischen den berücksichtigten Gruppenmodellen spezifiziert. Die so ermittelte χ^2-Teststatistik bildet die Vergleichsbasis, anhand derer unterschiedlich restriktive Hypothesen hinsichtlich der vermuteten Wirksamkeit interagierender Effekte in den Gruppen überprüft werden können. Dazu erfolgt im zweiten Schritt die Einführung einer entsprechenden Identitätsrestriktion, durch die einzelne Modellparameter als invariant zwischen den Gruppen spezifiziert werden. Eine solche gruppenübergreifende Invarianz kann grundsätzlich jeden zu schätzenden Parameter des Mess- sowie Strukturmodells betreffen. Da wir bei der Formulierung der Interaktionshypothesen H_2^I und H_7^I von einem moderierenden Effekt auf die Stärke des Zusammenhangs zwischen zwei latenten Variablen ausgegangen sind, lässt sich die entsprechende Identitätsrestriktion formal wie folgt darstellen:

(9) $\quad \Gamma^{(1)} = \Gamma^{(2)} = ... = \Gamma^{(G-1)} = \Gamma^{(G)}$,[603]

wobei G der Anzahl berücksichtigter Gruppen entspricht. Dies bedeutet, dass die γ-Parameter des Strukturmodells als invariant zwischen den Gruppen gesetzt werden. Die Schätzung aller weiteren Modellparameter erfolgt weiterhin unabhängig voneinander in den einzelnen Gruppen. Für die inferenzstatistische Beurteilung der postulierten Interaktionshypothese ist es nun entscheidend, ob sich die Anpassungsgüte des restringierten gegenüber dem unrestringierten Gruppenmodell im Sinne der resultierenden χ^2-Differenz signifikant verschlechtert. Ist dies der Fall, sind die betreffenden Parameter als zwischen den Gruppen nicht gleich anzusehen. Entsprechende Variationen der Parameterwerte sind dann auf die unterschiedlichen Datenstrukturen der den Gruppenmodellen zu Grunde liegenden Teilstichproben zurückzuführen. Folglich sind für den Zweck einer Analyse von Moderationseffekten die Gruppenpopulationen so zu wählen, dass sich in deren Strukturen die Wirkung der Interaktionsvariablen möglichst diskriminant widerspiegelt. In der Regel erfolgt dazu eine Zweiteilung der gesamten Stichprobe auf Basis eines Median-Splits, d. h. Teilstichprobe G = 1 (G = 2) enthält all diejenigen Fälle, bei denen die Ausprägungen der Interaktionsvariablen über (unter) dem Median der gesamten Stichprobe liegen.[604]

---

[602] Für eine modelltheoretische Darstellung der Gruppenanalyse vgl. u. a. Bollen (1989), S. 355 ff.; Jöreskog/Sörbom (1989), S. 255 ff.; Pfeifer/Schmidt (1987), S. 144 f. Die Simultane Faktorenanalyse als Sonderfall der allgemeinen Gruppenanalyse erläutern u. a. Krafft/Litfin (2002), S. 66 ff.

[603] Für eine Erläuterung der Γ-Matrix im Kontext des allgemeinen Strukturgleichungsansatzes vgl. die Ausführungen in Abschnitt 4.2.1.1.

[604] Vgl. Jaccard/Turrisi/Wan (1990), S. 49.

An dieser Stelle setzen die zentralen **Kritikpunkte** in Bezug auf die Untersuchung von Interaktionseffekten auf Basis der Gruppenanalyse an: Erstens wird durch die Zweiteilung der Stichprobe eine Dichotomisierung der Interaktionsvariablen in eine hohe und eine niedrige Ausprägung vorgenommen. Die Folge ist eine nicht adäquate Abbildung des zumeist intervallskalierten Moderators sowie ein Verlust empirischer Informationen.[605] Zweitens ist die Auswahl eines Entscheidungskriteriums für die Stichprobenaufteilung weitgehend dem Ermessen des Forschers überlassen und birgt dadurch einen erheblichen Manipulationsspielraum zur Beeinflussung der inferenzstatistischen Befunde.[606] Wird beispielsweise anstatt des häufig angewendeten Median-Splits eine terzilweise Trennung der Stichprobe vorgenommen und dabei die Teilstichprobe mit mittleren Ausprägungen des Moderators in der Gruppenanalyse nicht berücksichtigt, so steigt die Wahrscheinlichkeit für die Ermittlung signifikanter χ^2-Differenzen. Drittens kann auf Basis eines χ^2-Differenztests lediglich eine inferenzstatistische Aussage über das Vorliegen eines Moderationseffektes getroffen werden, nicht jedoch hinsichtlich dessen Stärke.

Die aufgezeigten Problemfelder versucht der Ansatz der **moderierten Regressionsanalyse** zu vermeiden.[607] Dieses Verfahren erfordert im Gegensatz zur Gruppenanalyse keine Aufteilung der Stichprobe, sondern ermöglicht die Integration metrisch skalierter Interaktionsterme in die Analyse und dadurch auch Aussagen hinsichtlich des Ausmaßes moderierender Effekte. Ausgangspunkt bildet dabei eine gewöhnliche Regressionsgleichung, wobei im vorliegenden Fall die bivariate Form zu wählen ist, da der Moderationseffekt zwischen zwei Variablen bestimmt werden soll:

(10) $\quad y = a_0 + a_1 x$

Angenommen, das Ausmaß des Effekts, den die exogene Variable x auf die endogene Variable y ausübt, wird von der moderierenden Variablen MOD beeinflusst. Dann ist der Parameter a_1 eine Funktion von MOD, so dass unter der Prämisse eines linearen Interaktionseffektes modellalgebraisch gilt:[608]

(11) $\quad a_1 = b_0 + b_1 \text{ MOD}$.

Wird diese Gleichung in die Regressionsgleichung (10) eingesetzt, ergibt sich:

(12) $\quad y = a_0 + (b_0 + b_1 \text{MOD}) x = a_0 + b_0 x + b_1 \text{ MOD } x$.

---

[605] Vgl. Cohen/Cohen (1983), S. 309; Jaccard/Turrisi/Wan (1990), S. 48.
[606] Vgl. Reinecke (1999), S. 100 f.
[607] Für eine umfassende Darstellung der moderierten Regressionsanalyse vgl. Jaccard/Turrisi/Wan (1990).
[608] Die Annahme linearer Interaktionseffekte entspricht dem üblichen Vorgehen bei der moderierten Regressionsanalyse. Vgl. beispielsweise Darrow/Kahl (1982), S. 36; Sharma/Durand/Gur-Arie (1981), S. 293.

Durch die Integration der Interaktionsvariablen in die lineare Ausgangsfunktion verändert sich die Steigung der Regressionsgeraden. An Stelle des konstanten Regressionsparameters a_1 tritt der Ausdruck $b_0 + b_1$ MOD, dessen Größe in Abhängigkeit von MOD variiert. Ob nun tatsächlich ein Interaktionseffekt vorliegt, wird auf Basis der Signifikanz des zum Moderator gehörenden Regressionsparameters b_1 beurteilt. Überdies drückt das Ausmaß dieses Koeffizienten aus, um wieviel sich der Zusammenhang zwischen x und y ändert, wenn sich die Moderatorvariable um eine Einheit erhöht.[609]

Trotz ihrer unbestrittenen Vorteile hinsichtlich der Beurteilung von Moderationseffekten sowie der hohen Flexibilität bei der Modellierung von Interaktionstermen weist jedoch auch die moderierte Regressionsanalyse eine Reihe von **Defiziten** auf, die vor allem dann zum Tragen kommen, wenn wie im vorliegenden Fall nicht direkt beobachtbare Variablen Gegenstand der Analyse sind.[610] So bietet dieses Verfahren keine Möglichkeit, die bei latenten Konstrukten vorliegenden Messfehler in das Modell zu integrieren. Diese Vernachlässigung von Fehlertermen kann zu erheblichen Verzerrungen der Schätzergebnisse von b_1 führen und dadurch inferenzstatistische Falschaussagen über das Vorliegen von Interaktionseffekten zur Folge haben.[611] Diesbezüglich zeigt sich die Mehrgruppenanalyse als methodisch überlegen, da sie zumindest für die Messmodelle der exogenen sowie endogenen Variablen eine explizite Berücksichtigung von Messfehlern zulässt.

Angesichts der Tatsache, dass beide Verfahren jeweils spezifische Stärken und Schwächen vorweisen, soll eine **kombinierte** Vorgehensweise gewählt werden: Bei der Überprüfung der postulierten Interaktionshypothesen H_2^I und H_7^I erfolgt zuerst eine dichotome Gruppenanalyse und anschließend eine metrische Berücksichtigung des Interaktionsterms im Rahmen einer moderierten Regressionsanalyse.

6.3.3.2 Ergebnisse der Gruppenanalysen und der moderierten Regressionsanalysen

Im Vorfeld der **Gruppenanalyse** war es erforderlich, die relevante Stichprobe S_1^C (n = 214) auf Basis des Median-Wertes der Moderatorvariablen in zwei Teilstichproben, S_{1a}^C sowie S_{1b}^C, zu zerlegen. Als Interaktionsvariable fungierte dabei entsprechend der zu untersuchenden

---

[609] Vgl. Jaccard/Wan (1996), S. 2.
[610] Vgl. Baumgartner/Bagozzi (1995), S. 187 ff.; Jaccard/Turrisi/Wan (1990), S. 38 ff.; Jaccard/Wan (1996), S. 1 f.; Ping (1995), S. 336.
[611] Vgl. dazu die Beispiele bei Jaccard/Wan (1996), S. 2 ff.

Moderationshypothesen der Faktor 'Zufriedenheitsakzeptanz', welcher durch Berechnung des arithmetischen Mittels über die Werte der ihm zugeordneten Messindikatoren zu einem Index aggregiert wurde.[612] Der auf diese Weise ermittelte Teildatensatz S_{1a}^{C} weist mit 2,87 eine niedrige mittlere Ausprägung der indexierten Zufriedenheitsakzeptanz auf und umfasst insgesamt n = 108 Fälle. Diese Werte betragen für den zweiten Teildatensatz S_{1b}^{C} 3,95 beziehungsweise n = 106.

Im **ersten Schritt** der eigentlichen Gruppenanalyse wurde das in Abschnitt 6.3.1 erläuterte komplexe Strukturmodell der Nutzungsakzeptanz in insgesamt vier kleinere Teilmodelle zerlegt, die jeweils einen direkten Wirkungszusammenhang zwischen der Zufriedenheitsakzeptanz und lediglich einem Kundenzufriedenheits- oder Kundenbindungsfaktor aufweisen.[613] Jedes dieser Teilmodelle wurde sodann für die beiden Teildatensätze simultan auf Basis einer ML-Schätzung geprüft, wobei zunächst keine Identitätsrestriktion zwischen den Gruppen spezifiziert wurde. Dabei zeigte sich, dass die Parameterschätzung für das Teilmodell der Markenbindung unabhängig vom jeweils gewählten Schätzverfahren nicht konvergierte. Diese Problematik einer Nicht-Lösbarkeit des Minimierungsproblems der Diskrepanzfunktion kann häufig bei Modellen mit höherer Komplexität beobachtet werden und führt in der Regel a priori zur Ablehnung des betreffenden Teilmodells. Für die verbleibenden drei Teilmodelle konnten dagegen von AMOS sinnvolle Schätzlösungen approximiert werden, deren χ^2-Anpassungswerte aus Tab. 43 ersichtlich sind. Ein Blick auf die darin ebenfalls dokumentierten standardisierten Strukturkoeffizienten zeigt, dass sämtliche vorökonomischen Wirkungseffekte der Nutzungsakzeptanz bei Teildatensatz S_{1b}^{C} deutlich über den Ausprägungen für Teildatensatz S_{1a}^{C} liegen. Insbesondere die zwischen den beiden Gruppen zu beobachtenden hohen Parameterdifferenzen für den Effekt der Nutzungsakzeptanz auf die Produkt- sowie Kaufzufriedenheit sprechen auf den ersten Blick für das Vorliegen eines verstärkenden Interaktionseffektes der Zufriedenheitsakzeptanz.

---

[612] Zum Messmodell der Zufriedenheitsakzeptanz vgl. Abschnitt 5.2.
[613] Grundsätzlich denkbar ist hier auch die Durchführung eines Gruppenvergleichs auf Basis des vollständigen Strukturmodells der Nutzungsakzeptanz. In diesem Modell sind allerdings neben direkten auch indirekte Wirkungseffekte zwischen dem exogenen Akzeptanzfaktor und den endogenen Faktoren der Kundenbindung spezifiziert. Dadurch ergibt sich ein im Rahmen der Gruppenanalyse nicht hinreichend gelöstes Problem, welches bei der interenzstatistischen Beurteilung von Interaktionseffekten, die sich auf kausale Totalzusammenhänge beziehen, auftritt. Nehmen wir beispielsweise an, dass zwischen den Variablen η_1 und η_2 neben einem direkten auch ein indirekter Effekt vorliegt, der durch die Wirkung von η_1 auf die mediäre Variable η_3, die ihrerseits eine Wirkung auf η_2 ausübt, entsteht. Werden nun sowohl die direkten als auch die beiden indirekten Wirkungspfade zwischen den Gruppen restringiert, beinhaltet die daraus resultierende χ^2-Differenz gegenüber dem unrestringierten Modell nicht nur den eigentlich interessierenden Moderationseffekt zwischen η_1 und η_2, sondern darüber hinaus auch die interagierenden Wirkungen des Moderators auf die multiplikativ verknüpften indirekten Zusammenhänge zwischen η_1 und η_3 sowie η_3 und η_2. Die Folge kann eine Verzerrung der χ^2-Differenz sein, die dann keine valide Beurteilung des interessierenden Interaktionseffektes zulässt. Vor diesem Hintergrund zerlegen wir das Gesamtmodell in insgesamt vier Teilmodelle, die jeweils nur direkte Wirkungsstrukturen beinhalten.

Statistisch fundierte Aussagen können diesbezüglich jedoch erst im **zweiten Analyseschritt** des Gruppenvergleichs getroffen werden. Dazu erfolgte in den drei Teilmodellen jeweils eine Gleichsetzung der betreffenden Strukturkoeffizienten zwischen beiden Gruppen. Resultiert aus dieser Identitätsrestriktion eine signifikante Verschlechterung der Modellanpassung, so kann die Nullhypothese, wonach die betreffenden Parameter in beiden Gruppen identisch sind, zurückgewiesen werden. Ein Blick auf die in Tab. 43 aufgelisteten χ^2-Differenzen zeigt, dass dies bei keinem der geprüften Teilmodelle der Fall war. Sämtliche ermittelten Differenzwerte liegen unter dem kritischen χ^2-Maß von 3,841, welches bei einem Freiheitsgrad von eins zu einer Ablehnung der Nullhypothese im 10 %-Intervall führen würde. Folglich müssen wir entgegen unserer ersten Vermutung auf Basis der durchgeführten Gruppenanalyse schlussfolgern, dass die Zufriedenheitsakzeptanz keine signifikanten Interaktionseffekte auf den Zusammenhang zwischen der Nutzungsakzeptanz und den vorökonomischen Zielgrößen ausübt. Dementsprechend wären die Hypothesen H_{2a}^I, H_{2b}^I sowie H_{7a}^I zu falsifizieren.

Gruppenanalysen

Exogen latenter Faktor	Endogen latenter Faktor	Standardisierte γ-Parameterwerte			χ^2-Wert		
		Hohe Zufriedenheitsakzeptanz (S_{1a}^c)	Niedrige Zufriedenheitsakzeptanz (S_{1b}^c)	Differenz	1. Untersuchungsschritt (γ-Wert unrestringiert)	2. Untersuchungsschritt (γ-Wert restringiert)	Betrag der Differenz
Nutzungsakzeptanz	Kaufzufriedenheit	−0,07	−0,22	0,15	48,07	48,32	0,25 (n. s.)
	Produktzufriedenheit	−0,03	−0,30	0,27	40,82	42,42	1,60 (n. s.)
	Händlerbindung	0,00	−0,12	0,12	33,96	34,51	0,55 (n. s.)
	Markenbindung	Modellschätzung konvergiert nicht					

Ergebnisse einer ML-Schätzung
Stichprobe S_{1a}^c (n = 108)
Stichprobe S_{1b}^c (n = 106)

n.s.: Nicht signifikant
*: Signifikant auf dem 10 %-Niveau
**: Signifikant auf dem 5 %-Niveau
***: Signifikant auf dem 1 %-Niveau

Tab. 43: Ergebnisse der Gruppenanalysen
Quelle: Eigene Erstellung

Ob dieses Ergebnis auch im Rahmen der **moderierten Regressionsanalyse** reproduziert werden kann, gilt es im Weiteren zu eruieren. Dazu müssten die Regressionsparameter (b_1) der interagierenden Variablen (MOD) - in diesem Fall die der Zufriedenheitsakzeptanz - nicht signifikant sein. Für die Durchführung der entsprechenden Analysen wurden zunächst sowohl die Nutzungsakzeptanz (x) als auch die Kundenzufriedenheits- bzw. Kundenbindungsfaktoren (y_i; i = 1 bis 4) analog zur Zufriedenheitsakzeptanz zu einem gemittelten Index verdichtet. Um die in besonderem Maße bei einer moderierten Regressionsanalyse entstehende Problematik der Multikollinearität zu entschärfen,[614] wird eine Zentrierung der beiden miteinander interagierenden Variablen x sowie MOD vorgenommen.[615] Nach erfolgter Transformation der beiden exogenen Variablen wurde der Interaktionsterm durch Multiplikation der zentrierten Ausprägungswerte von x und MOD berechnet.

Das **Ergebnis** der auf Basis dieser Variablen - x, y_i sowie MOD - durchgeführten moderierten Regressionsanalysen ist in nachfolgender Tab. 44 dargestellt. Daraus wird ersichtlich, dass die ermittelten Regressionskoeffizienten von MOD (b_1) bei zwei der vier durchgeführten Analysen signifikant im 5 %- bzw. 10 %-Intervall sind. Dies hat zur Folge, dass die Nullhypothese, wonach b_1 in der Population gleich null ist, für die betreffenden Teilmodelle abgelehnt werden muss. Weiterhin konsistent ist damit die Annahme, dass ein bilinearer, verstärkender Interaktionseffekt der Zufriedenheitsakzeptanz auf den Zusammenhang zwischen der Nutzungsakzeptanz und der Kauf- bzw. Produktzufriedenheit vorliegt.[616] Folglich wäre keine Falsifikation der Interaktionshypothesen H_{2a}^1 sowie H_{2b}^1 vorzunehmen und ein diesbezüglich gegenüber der Gruppenanalyse abweichendes inferenzstatistisches Ergebnis der moderierten Regressionsanalyse zu konstatieren.

Für eine abschließende **Bewertung** der festgestellten Abweichungen zwischen den Ergebnissen beider Verfahren sollten folgende Argumente bedacht werden: Die im Rahmen der Gruppenanalyse ermittelten Parameterdifferenzen für die Wirkungen der Nutzungsakzeptanz auf die Kauf- bzw. Produktzufriedenheit sind mit 0,15 und 0,27 als vergleichsweise hoch einzustufen. So berichten Autoren in Studien mit ähnlichen Stichprobenumfängen signifikante Testergebnisse bereits bei Wertedifferenzen von 0,05 und weniger.[617] Ein Grund dafür, dass sich die in der vorliegenden Arbeit ermittelten Gruppenunterschiede dennoch als nicht signifikant erweisen, kann in einer eingeschränkten Aussagekraft der χ^2-Teststatistik begründet liegen. Diese rührt vor allem von einer Verletzung der Normalverteilungsprämisse durch die

---

[614] Vgl. Althauser (1971), S. 453 ff. Zur Problematik der Multikollinearität im Kontext der moderierenden Regressionsanalyse vgl. auch Cronbach (1987), S. 414 ff.
[615] Vgl. Jaccard/Turrisi/Wan (1990), S. 28 und S. 31. Im Rahmen einer Zentrierung wird jeder Ausprägungswert einer Variablen vom arithmetischen Mittel über alle Werte subtrahiert. Dadurch erfolgt eine Normierung der betreffenden Variablen auf einen Mittelwert von null.
[616] Vgl. Jaccard/Turrisi/Wan (1990), S. 24.
[617] Beispielsweise ermittelt Giering in ihrer umfangreichen Untersuchung der interagierenden Effekte, die auf den Zusammenhang zwischen der Kundenbindung und der Kundenzufriedenheit wirken, signifikante χ^2-Differenzen im 5 %-Intervall bereits bei Parameterdifferenzen von lediglich 0,04. Vgl. Giering (2000), S. 70. Dem entsprechenden Gruppenvergleich lag eine Stichprobe aus dem Konsumgüterbereich von insgesamt n = 314 zu Grunde. Vgl. Giering (2000), S. 70. Ebenfalls bei 0,04 lag die niedrigste, auf einem 5 %-Niveau signifikante Parameterdifferenz für die zweite Stichprobe aus dem Investitionsgüterbereich, wobei diese Stichprobe eine deutlich höhere Fallzahl aufweist (n = 981). Vgl. Giering (2000), S. 67 und S. 187.

hier berücksichtigten Variablen her,[618] was eine Verzerrung der ermittelten χ^2-Werte und damit auch der resultierenden Wertedifferenzen zur Folge haben kann. Schließlich eröffnen sich durch eine Veränderung der Gruppenaufteilung gewisse Manipulationsmöglichkeiten der χ^2-Differenzen, auf die bereits im Zusammenhang mit der Darstellung des Median-Splits hingewiesen wurden.

Moderierte Regressionsanalysen

		Regressionskoeffizienten			
Indexierter exogener Faktor (x)	Indexierter endogener Faktor (y_i)	Nutzungsakzeptanz (x) a_i	Signifikanzniveau p	Zufriedenheitsakzeptanz (MOD) b_i	Signifikanzniveau p
Nutzungsakzeptanz	Kaufzufriedenheit	– 0,12	0,088 *	0,12	0,084 *
	Produktzufriedenheit	– 0,13	0,056 *	0,16	0,016 **
	Händlerbindung	– 0,01	0,834 (n. s.)	0,05	0,445 (n. s.)
	Markenbindung	– 0,04	0,610 (n. s.)	0,02	0,785 (n. s.)

Stichprobe $S_1^{B/C}$ (n = 214)

n.s.: Nicht signifikant
*: Signifikant auf dem 10 %-Niveau
**: Signifikant auf dem 5 %-Niveau
***: Signifikant auf dem 1 %-Niveau

Tab. 44: Ergebnisse der moderierten Regressionsanalysen
Quelle: Eigene Erstellung

Insgesamt betrachtet erscheinen die angeführten Einschränkungen des χ^2-Differenztests im Rahmen der Gruppenanalyse stärker zu wiegen als der Nachteil der moderierten Regressionsanalyse, der sich maßgeblich darin erschöpft, dass keine Messfehler in die Analyse einbezogen werden können.[619] Insofern kommen wir zu dem Schluss, dass vor allem die Ergebnisse der moderierten Regressionsanalyse, aber auch zumindest in der Tendenz die der Gruppenanalyse einen interagierenden Effekt der Zufriedenheitsakzeptanz auf die Wirkungsbeziehung zwischen der Nutzungsakzeptanz und der Kundenzufriedenheit - nicht jedoch in Bezug auf die Kundenbindung - bestätigen.

---

[618] Ein durchgeführter Kolmogorov-Smirnov-Test zur Überprüfung der Verteilungsform indizierte, dass sämtliche im Rahmen der Gruppenanalyse berücksichtigten manifesten Variablen beider Teilstichproben signifikant im 1 %-Intervall von der Normalverteilungsprämisse abweichen.
[619] Vgl. Abschnitt 6.3.3.1.

Die **vorökonomischen** Konsequenzen dieses zentralen Untersuchungsergebnisses liegen auf der Hand: Steigert der betrachtete *Hersteller* die Zufriedenheit seiner Klientel mit den Leistungen der Online-Distribution, kann der negative Effekt, der momentan von einer Nutzung dieser Leistungen auf die generelle **Kundenzufriedenheit** ausgeht, wirksam abgemildert werden. Ob es diesem Unternehmen dadurch auch gelingt, die gegenläufige Wirkung nicht nur abzuschwächen, sondern sogar in einen positiven Effekt umzukehren, hängt im Wesentlichen von der erzielten Steigerungsrate ab. So müsste im vorliegenden Fall die durchschnittliche Zufriedenheit mit der Online-Distribution - d. h. die Zufriedenheitsakzeptanz - von derzeit 3,4 um immerhin eine Einheit auf 4,4 erhöht werden, damit zumindest ein in etwa neutraler Effekt der Online-Nutzung auf die beiden Kundenzufriedenheitsfaktoren erreicht wird.[620] Dass ein solches Zufriedenheitsniveau zwar anspruchsvoll, aber dennoch grundsätzlich erreichbar ist, zeigen die nur geringfügig niedrigeren mittleren Ausprägungen für die Produkt- sowie Kaufzufriedenheit in Höhe von 4,2 bzw. 4,1.[621]

Wie zugleich lohnenswert die Anstrengungen sein können, die mit einer Angleichung der Online-Zufriedenheit an das Niveau der generellen Kundenzufriedenheit verbunden sind, verdeutlicht folgende vereinfachte Überlegung: Angenommen, es kommt im Zuge einer stärkeren Penetration des Internets zu einer Erhöhung der Online-Nutzung um eine Einheit. Gleichzeitig gelingt es dem Unternehmen im ersten Fall tatsächlich, die Zufriedenheit mit der Online-Distribution ebenfalls um eine Einheit zu steigern. Als Folge des bereits dargestellten Moderationseffektes fällt die Wirkung der Nutzungssteigerung auf die Kaufzufriedenheit neutral (0,00) und auf die Produktzufriedenheit leicht positiv (0,03) aus.[622] Zusätzlich zu berücksichtigen sind die in Abschnitt 6.3.2 erläuterten direkten Wirkungen der Zufriedenheit mit der Online-Distribution in Höhe von 0,33 auf die Kaufzufriedenheit bzw. 0,30 auf die Produktzufriedenheit. In Summe bewirken moderierende und direkte Effekte der angenommenen exogenen Veränderungen eine deutliche Steigerung der Produkt- und Kaufzufriedenheit um jeweils 0,33. Wird dagegen im zweiten Fall davon ausgegangen, dass keine Verbesserung der Zufriedenheit mit der Online-Distribution erreicht wird, dann beträgt der alleinige Effekt einer gestiegenen Online-Nutzung auf die Kaufzufriedenheit - 0,12 und auf die Produktzufriedenheit - 0,13. Die Wirkungsdifferenz zwischen beiden Szenarien beläuft sich somit bezüglich beider Kundenzufriedenheitsfaktoren auf jeweils etwa 0,45.

---

[620] Diese Aussage kann aus den in Tab. 43 aufgeführten standardisierten Regressionskoeffizienten a_1 und b_1 abgeleitet werden. Die Summe aus diesen beiden Koeffizientenwerten gibt die veränderte Steigung der Regressionsgeraden an, wenn sich die Zufriedenheitsakzeptanz um genau eine Einheit erhöht. Vgl. ähnlich Jaccard/Wan (1996), S. 2. Dieser Wert beträgt in Bezug auf die Kaufzufriedenheit (Produktzufriedenheit) genau null (0,03) und indiziert damit einen (fast) horizontalen Verlauf der resultierenden Regressionsfunktion.
[621] Zu den Absolutausprägungen der Kundenzufriedenheitsfaktoren vgl. auch Abschnitt 6.1.2.1.
[622] Vgl. dazu die Anmerkungen in Fn. 620.

Eine derart ausgeprägte Bedeutung, die der Zufriedenheit mit der Online-Distribution im Hinblick auf eine Steigerung der allgemeinen Kundenzufriedenheit zukommt, kann für die **Kundenbindung** nicht ausgemacht werden. So resultieren aus den in beiden Szenarien unterstellten exogenen Veränderungen vergleichsweise geringe Wirkungsdifferenzen in Höhe von 0,26 für die Händlerbindung bzw. 0,14 für die Markenbindung. Diese niedrigere Reaktionsverbundenheit zwischen der Akzeptanz der Online-Distribution durch die Kunden einerseits und deren Bindung andererseits deutet darauf hin, dass sich das Internet eher als Instrument zur Steigerung der Kundenzufriedenheit und weniger der Kundenbindung eignet. Dies trifft auch dann zu, wenn es gelingt, die Zufriedenheit der Kunden mit den Leistungen der Online-Distribution deutlich zu steigern.

Trägt eine Nutzung der Online-Distribution unter den momentanen Rahmenbedingungen - die durch eine mäßige Zufriedenheit der Konsumenten mit dieser Nutzung geprägt ist - nicht bzw. nur in geringem Maße zur Erreichung vorökonomischer Zielsetzungen bei, dann ist auch hinsichtlich der **ökonomischen** Vorteilhaftigkeit eines Online-Engagements begründeter Zweifel angezeigt. So werden sich mengeninduzierte Umsatzsteigerungen - beispielsweise ausgelöst durch eine intensivere Penetration des bisherigen Kundenstamms - derzeit wohl kaum durch die Online-Distribution realisieren lassen. Die deskriptiven Ergebnisse aus Abschnitt 5.3.4 belegen zudem, dass zwischen der Nutzung des Internet beim Neuwagenkauf und dem Fahrzeugpreis kein Zusammenhang besteht, die Online-Distribution also vermutlich nicht zum Up-Selling beiträgt.[623] Ein positiver ökonomischer Effekt kann daher allenfalls in Bezug auf die eingangs des Kapitels aufgezeigten Kosteneinsparpotenziale ausgemacht werden, die jedoch zunächst rein kalkulatorischer Natur sind und durch entsprechende Effizienzmaßnahmen erst realisiert werden müssen. Diesen mit Unsicherheiten behafteten wirtschaftlichen Vorteilen stehen jedoch faktische Kostenbelastungen gegenüber, welche sich aus dem Aufbau sowie dem Betreiben des Online-Distributionskanals ergeben. Eine marktgetriebene Verbesserung der damit insgesamt fraglichen ökonomischen Erfolgsbilanz des E-Commerce kann nur dann erreicht werden, wenn im Rahmen eines systematischen Online-Distributionsmanagements weniger die Nutzungsfrequenz, sondern primär die bislang niedrige Zufriedenheit mit dem E-Commerce optimiert wird.

---

[623] Vgl. insbesondere Tab. 34 auf S. 155.

6.4 Zusammenfassung des Kapitels

Das Untersuchungsziel dieses Kapitels bestand in einer Analyse der erfolgsbezogenen **Konsequenzen** der Online-Akzeptanz. Als zentrale vorökonomische Erfolgsgrößen des E-Commerce wurden die Kundenzufriedenheit sowie -bindung identifiziert. Zur Konkretisierung der Vermutung, dass die verhaltensorientierte Dimension der Online-Akzeptanz diese beiden Zielgrößen positiv beeinflusst, wurden auf Basis theoretischer Überlegungen mehrere Untersuchungshypothesen abgeleitet, die entweder einen kausalen oder moderierenden Effekt zwischen den berücksichtigten Variablen unterstellen. Im Hinblick auf die Prüfergebnisse der postulierten **Kausalhypothesen** - die in Tab. 45 vollständig zusammengefasst sind - können die folgenden wesentlichen Ergebnisse hervorgehoben werden:

- Sämtliche Hypothesen, die einen positiven Wirkungseffekt der Nutzung von Leistungen der Online-Distribution auf die beiden vorökonomischen Zielgrößen unterstellen, werden durch die empirischen Daten nicht gestützt. Dabei ergibt sich kein statistisch bedeutsamer Wirkungseffekt der Nutzungsakzeptanz auf die Kundenbindung (H_{6a} und H_{6b}), während im Hinblick auf die Kundenzufriedenheit (H_{1a} und H_{1b}) sogar ein schwach negativer, hypothesengegenläufiger Wirkungszusammenhang festzustellen ist. Dies bedeutet, dass die Probanden in der Tendenz umso weniger zufrieden sind, je intensiver sie das Internet im Rahmen des Kaufprozesses genutzt haben.

- Im Kontrast dazu ergibt sich ein positiver Wirkungszusammenhang zwischen der Zufriedenheit mit der Nutzung von Leistungen der Online-Distribution einerseits und den vorökonomischen Zielgrößen andererseits. Dabei fällt die Stärke dieser Dependenz deutlich stärker in Bezug auf die Kundenzufriedenheit aus (H_{3a} und H_{3b}). Folglich sind die Probanden umso zufriedener mit dem Kauf bzw. Produkt, je höher ihre Zufriedenheit mit der Nutzung des Internets im Rahmen des Kaufprozesses ausfällt.

- Zur Begründung dieses sicherlich überraschenden und zum Teil hypothesenkonträren Ergebnisses wurde argumentiert, dass die Nutzung der Online-Distribution deswegen nicht zu der erhofften Steigerung der Kundenzufriedenheit bzw. -bindung beiträgt, weil diese Nutzung von den Konsumenten derzeit als wenig zufriedenstellend empfunden wird. Diese Argumentationslogik erfuhr eine erste Bestätigung durch die Feststellung, dass die indexierten Ausprägungswerte der Zufriedenheitsakzeptanz deutlich unter den entsprechenden Werten für die Kauf- sowie Produktzufriedenheit liegen. Demnach bestehen gewisse Spielräume für eine Verbesserung der momentan mäßigen Zufriedenheit der befragten Neuwagenkäufer mit der Online-Distribution.

Konsequenzen der Online-Akzeptanz in der Automobilwirtschaft 209

Bezeich-nung	Hypothesen	Pfadko-effizient[1]	Signi-fikanz[2]	Bewer-tung
H_{1a}	Je höher die Nutzung der Leistungen der Online-Distribution (Nutzungsakzeptanz), desto höher ist die Produktzufriedenheit.	-0,13	*	f.
H_{1b}	Je höher die Nutzung der Leistungen der Online-Distribution (Nutzungsakzeptanz), desto höher ist die Kaufzufriedenheit.	-0,12	*	f.
H_{3a}	Je höher die Zufriedenheit mit der Nutzung der Online-Distribution (Zufriedenheitsakzeptanz), desto höher ist die Produktzufriedenheit.	0,33	**	✓
H_{3b}	Je höher die Zufriedenheit mit der Nutzung der Online-Distribution (Zufriedenheitsakzeptanz), desto höher ist die Kaufzufriedenheit.	0,30	**	✓
H_{4a}	Je höher die Produktzufriedenheit, desto höher ist die Händlerbindung.	$0,19^{3)}/0,40^{4)}$	**/***	✓
H_{4b}	Je höher die Produktzufriedenheit, desto höher ist die Markenbindung.	$0,73^{3)}/0,78^{4)}$	***/***	✓
H_{4c}	Je höher die Kaufzufriedenheit, desto höher ist die Händlerbindung.	$0,68^{3)}/0,72^{4)}$	***/***	✓
H_{4d}	Je höher die Kaufzufriedenheit, desto höher ist die Markenbindung.	$0,15^{3)}/0,36^{4)}$	n.s./**	(✓)
H_{5a}	Je höher die Zufriedenheit mit der Nutzung der Online-Distribution (Zufriedenheitsakzeptanz), desto höher ist die Händlerbindung.	0,21	_[5)]	(✓)
H_{5b}	Je höher die Zufriedenheit mit der Nutzung der Online-Distribution (Zufriedenheitsakzeptanz), desto höher ist die Markenbindung.	0,12	_[5)]	(✓)
H_{6a}	Je höher die Nutzungsintensität der Online-Distribution (Nutzungsakzeptanz), desto höher ist die Händlerbindung.	-0,01	_[5)]	(f.)
H_{6b}	Je höher die Nutzungsintensität der Online-Distribution (Nutzungsakzeptanz), desto höher ist die Markenbindung.	-0,04	_[5)]	(f.)

Tab. 45: Überblick über die Ergebnisse der Prüfung der Kausalhypothesen zu den Konsequenzen der Online-Akzeptanz
Anmerkungen:
1) Standardisierte Koeffizientenwerte (ggf. Totaleffekte) auf Basis der ULS-Schätzung
2) Ergebnisse einer ML-Schätzung
3) Ergebnisse aus dem Strukturmodell der Nutzungsakzeptanz
4) Ergebnisse aus dem Strukturmodell der Zufriedenheitsakzeptanz
5) Signifikanzniveaus für Totaleffekte werden von AMOS nicht ausgewiesen
n. s.: Nicht signifikant
*: Signifikant auf dem 10 %-Niveau
**: Signifikant auf dem 5 %-Niveau
***: Signifikant auf dem 1 %-Niveau
✓: Empirisch gestützt
f.: Falsifiziert
(✓): Tendenziell empirisch gestützt
(f.): Tendenziell falsifiziert
Quelle: Eigene Erstellung

Für den empirischen Bestand der angeführten Begründung musste jedoch des weiteren aufgezeigt werden, dass es dem Anbieter durch eine Steigerung der Zufriedenheit mit der Nutzung der Online-Distribution tatsächlich auch gelingt, die momentan negativen Wirkungseffekte der Nutzungsakzeptanz auf die vorökonomischen Zielgrößen wirksam abzumildern bzw. bei einer entsprechend hohen Steigerungsrate sogar in einen positiven Wirkungseffekt umzukehren. Die Existenz eines derartigen moderierenden Effekts der Zufriedenheitsakzeptanz galt es im Rahmen einer Prüfung der formulierten **Interaktionshypothesen** zu beurteilen. Dazu wurden sowohl simultane Gruppenanalysen als auch moderierte Regressionsanalysen durchgeführt, deren Ergebnisse in Tab. 46 im Überblick dargestellt sind und wie folgt zusammengefasst werden können:

- Die Gruppenanalysen zeigten, dass die Strukturkoeffizienten für den Wirkungseffekt der Nutzungsakzeptanz auf die vorökonomischen Zielgrößen in der Teilgruppe derjenigen Probanden, die eine hohe Zufriedenheitsakzeptanz aufweisen, zum Teil deutlich über den entsprechenden Werten der zweiten Teilgruppe mit einer niedrigen durchschnittlichen Zufriedenheitsakzeptanz liegen. Die für die beiden Teilgruppen ermittelten χ^2-Werte indizierten jedoch, dass diese Differenzen in den Parametern nicht signifikant sind. Demzufolge wäre die Vermutung eines positiven Interaktionseffektes der Zufriedenheitsakzeptanz auf Basis der inferenzstatistischen Resultate der durchgeführten Gruppenanalysen zu verwerfen.

- Dieses Ergebnis konnte im Rahmen der moderierten Regressionsanalysen jedoch nur in Bezug auf die Faktoren der Kundenbindung reproduziert werden. Dagegen ergab sich für den Wirkungszusammenhang zwischen der Nutzungsakzeptanz und der Kundenzufriedenheit ein statistisch signifikanter Interaktionseffekt der Zufriedenheitsakzeptanz. Folglich wären die betreffenden Interaktionshypothesen nicht zu verwerfen und ein diesbezüglich gegenüber der Gruppenanalyse abweichendes Ergebnis der moderierten Regressionsanalyse zu konstatieren. Eine kritische Bewertung der methodischen Aussagekraft beider Verfahren führte zu der Schlussfolgerung, dass die Argumente für die empirische Existenz eines positiven Interaktionseffekts der Zufriedenheitsakzeptanz auf den Zusammenhang zwischen der Nutzungsakzeptanz und der Kundenzufriedenheit insgesamt stichhaltiger erscheinen.

- Darauf aufbauende Szenarioanalysen konnten zeigen, dass die vorökonomischen Zielgrößen nur dann positiv beeinflusst werden können, wenn die Zufriedenheit mit der Nutzung der Online-Distribution nachhaltig gesteigert wird. Dagegen wird eine bloße Steigerung der Nutzungsintensität der Online-Distribution bei einem gleichbleibenden Zufriedenheitsniveau mit keinen bzw. sogar negativen vorökonomischen Konsequenzen verbunden sein. Daher erscheint insgesamt betrachtet eine Neuorientierung des zumeist auf eine quantitative Nutzungssteigerung ausgerichteten Online-Distributionsmanagements angezeigt: Im Hinblick auf die Erzielung positiver erfolgsbezogener Effekte gilt es, die

Nutzungsintensität der Online-Distribution erst dann zu erhöhen, wenn ein entsprechend hohes Zufriedenheitsniveau der Konsumenten mit der Online-Distribution sichergestellt ist.

Bezeich-nung	Hypothesen	Ergebnisse der moderierten Regressionsanalysen		Ergebnisse der Gruppenanalysen[1]		Bewertung[2]
		Koeffizient b_1	Signifikanz	χ^2-Differenz	Signifikanz	
H_{2a}^I	Je höher die Zufriedenheit mit der Nutzung der Online-Distribution (Zufriedenheitsakzeptanz), desto stärker ist der Zusammenhang zwischen der Nutzungsakzeptanz und der Produktzufriedenheit.	0,16	**	1,60	n. s.	(✓)
H_{2b}^I	Je höher die Zufriedenheit mit der Nutzung der Online-Distribution (Zufriedenheitsakzeptanz), desto stärker ist der Zusammenhang zwischen der Nutzungsakzeptanz und der Kaufzufriedenheit.	0,12	*	0,25	n. s.	(✓)
H_{7a}^I	Je höher die Zufriedenheit mit der Nutzung der Online-Distribution (Zufriedenheitsakzeptanz), desto stärker ist der Zusammenhang zwischen der Nutzungsakzeptanz und der Händlerbindung.	0,05	n. s.	0,55	n. s.	kein signifikanter Befund
H_{7b}^I	Je höher die Zufriedenheit mit der Nutzung der Online-Distribution (Zufriedenheitsakzeptanz), desto stärker ist der Zusammenhang zwischen der Nutzungsakzeptanz und der Markenbindung.	0,02	n. s.	Modellschätzung konvergiert nicht		kein signifikanter Befund

Tab. 46: Überblick über die Ergebnisse der Prüfung der Interaktionshypothesen zu den Konsequenzen der Online-Akzeptanz

Anmerkungen:
[1] Ergebnisse einer ML-Schätzung
[2] Bewertung in erster Linie auf Basis der Ergebnisse der moderierten Regressionsanalysen
n. s.: Nicht signifikant
*: Signifikant auf dem 10 %-Niveau
**: Signifikant auf dem 5 %-Niveau
***: Signifikant auf dem 1 %-Niveau
(✓): Tendenziell empirisch gestützt

Quelle: Eigene Erstellung

7 Determinanten der Online-Akzeptanz in der Automobilwirtschaft

7.1 Konzeptualisierung eines Modells zur Erfassung ausgewählter Determinanten der Online-Akzeptanz

7.1.1 Auswahl relevanter Forschungsansätze für die Modellkonzeptualisierung

Nachdem das Ausmaß sowie die Konsequenzen der Online-Akzeptanz analysiert wurden, gilt es, in diesem Kapitel das Zielphänomen mit Hilfe zentraler Schlüsselfaktoren möglichst vollständig zu erklären. Die dabei als empirisch relevant identifizierten **Determinanten** werden Auskunft darüber geben können, warum die Akzeptanz der Online-Distribution in den einzelnen Phasen des Kaufprozesses unterschiedlich stark ausgeprägt ist und wie das jeweilige Akzeptanzniveau durch absatzpolitische Maßnahmen zielgerichtet beeinflusst werden kann.[624] Dem hier verfolgten hypothesenprüfenden Forschungsansatz entsprechend gilt es somit, ein phasenspezifisches Erklärungsmodell der Online-Akzeptanz unter Zuhilfenahme theoretischer Ansätze zu konzeptualisieren und das Resultat dieser konzeptionellen Bemühungen explikativer Art dann empirisch zu überprüfen.

Die Umsetzung eines solchen **konfirmatorisch-explikativen** Forschungsdesigns wird allerdings dadurch erschwert, dass bislang kein geschlossenes und weitgehend anerkanntes Theoriegebäude für die Erklärung des in Frage stehenden Sachverhalts existiert. Dieser Theoriemangel betrifft sowohl das Akzeptanzphänomen im Allgemeinen als auch das Konsumentenverhalten im Kontext des E-Commerce im Besonderen. Vor allem im Hinblick auf den letztgenannten Themenkomplex ist in der Literatur häufig eine stärker explorative Grundausrichtung anzutreffen, bei der Aussagen, die aus Beobachtungen in der Unternehmenspraxis bzw. ausschließlich datenorientiert abgeleitet werden, dominieren.[625] Auch wenn diese Vorgehensweise durchaus ein gewisses heuristisches Potenzial für die Durchdringung eines neuen und bisher nur wenig erschlossenen Forschungsbereichs aufweist, kann sie auf Grund einer mangelnden theoretischen Fundierung nicht als ausreichender Ersatz für die hier geforderte konfirmatorische Explikation der Online-Akzeptanz gelten.

Das sich abzeichnende Dilemma eines Theoriedefizits auf der einen Seite und des Postulats einer konfirmatorischen Vorgehensweise auf der anderen Seite lässt sich zu einem gewissen Grad durch eine Erweiterung des Forschungsdesigns um die methodologische Leitidee des

---

[624] Zum Ausmaß der Online-Akzeptanz in den einzelnen Kaufphasen vgl. insbesondere Abschnitt 5.3.4.
[625] So auch die Kritik von Wirtz/Krol (2001), S. 347 ff. Die wenigen Studien, die einen grundsätzlichen Erklärungsbeitrag für die vorliegende Fragestellung leisten können und dabei ein stärker konfirmatorisch-explikatives Forschungsdesign aufweisen, wurden bereits in Abschnitt 3.3.2.3 vorgestellt und dort kritisch diskutiert.

theoretischen Pluralismus lösen.[626] Diesem von *Feyerabend* maßgeblich ausgearbeiteten Prinzip liegt die Forderung zu Grunde, dass im Interesse des wissenschaftlichen Erkenntnisfortschritts mehrere theoretische Ansätze heranzuziehen sind, die einen mehr oder weniger engen inhaltlichen Bezug zum interessierenden Sachverhalt aufweisen.[627] *Fritz* weist in diesem Zusammenhang darauf hin, dass die dabei ausgewählten Ansätze nicht zwangsläufig in einem antagonistischen Konkurrenzverhältnis zueinander stehen müssen, sondern im Sinne eines komplementär theoretischen Pluralismus durchaus auch auf einen möglichst hohen Grad der Erklärung des in Frage stehenden Sachverhalts abstellen können.[628] Dieser Überlegung folgend ist für die Identifikation von Determinanten der Online-Akzeptanz der Erklärungsbeitrag mehrerer theoretischer Ansätze zu prüfen, die in einer inhaltlich-thematischen Verwandtschaft zum Zielphänomen stehen und sich bei dessen theoretischer Durchdringung gegenseitig ergänzen, ohne jedoch zwangsläufig miteinander zusammenzuhängen oder gar ineinander überführbar zu sein.

Ausgehend von der Leitidee eines komplementär theoretischen Pluralismus erhebt sich nun die Frage, welche theoretischen Ansätze, auf deren Grundlage ein Erklärungsmodell der Online-Akzeptanz konzeptualisiert werden kann, in Betracht kommen. Um nicht dem gegenüber einer pluralistischen Vorgehensweise vereinzelt erhobenen Vorwurf des Eklektizismus ausgesetzt zu sein, bedarf es dabei einer begründeten und nachvollziehbaren Auswahlentscheidung. Eine naheliegende Eingrenzung des Suchfelds möglicher Forschungsansätze ergibt sich aus der verhaltenswissenschaftlichen Grundausrichtung dieser Arbeit. Eines der wichtigsten Paradigmen der Konsumentenverhaltensforschung ist das **Gratifikationsprinzip**, welches besagt, dass für die Erklärung individuellen Verhaltens auf solche Erklärungsansätze zurückzugreifen ist, in denen Belohnungen bzw. Bestrafungen als zentrale Verhaltensursachen auftreten. Diese Idee gratifikationsgesteuerten Verhaltens zeigt sich in zahlreichen wirtschaftswissenschaftlichen, psychologischen sowie soziologischen Denkgebäuden und liefert insofern nur eine erste Groborientierung.[629]

Die konkrete Auswahl der verhaltenswissenschaftlichen Gratifikationsansätze muss im Sinne einer komplementär pluralistischen Vorgehensweise von der Überlegung geleitet sein, dass diese einen möglichst hohen Beitrag für die Erklärung der Online-Akzeptanz versprechen und zugleich unterschiedliche Facetten des interessierenden Sachverhalts abdecken. Vor diesem Hintergrund bietet es sich an, das zu erklärende Phänomen in seine beiden begriffskonstitutiven **Bestandteile** zu zerlegen: (1) Die Akzeptanz im Sinne einer positiven Haltung

---

[626] Ähnlich argumentiert auch Eisele (1995), S. 47.
[627] Vgl. Feyerabend (1965), S. 223 f. Die Idee des theoretischen Pluralismus erläutern u. a. Fritz (1984a), S. 3 ff.; Schanz (1973), S. 135 ff.
[628] Vgl. Fritz (1995), S. 27.
[629] Vgl. Schanz (1977), S. 99; Fritz (1984b), S. 135 f.; Silberer (1979), S. 54 ff.

des Individuums gegenüber einem neuartigen Sachverhalt und die problemorientierte (2) Nutzung von Online-Medien.

Das erste begriffskonstitutive Element weist einen engen Bezug zur **Adoptionsforschung** auf. Dieser verhaltenstheoretisch fundierte Ansatz setzt sich zum Ziel, den individuellen Prozess einer Übernahme von Neuheiten sowie die Bestimmungsfaktoren, welche den Verlauf sowie das Resultat dieses Vorgangs beeinflussen, zu untersuchen.[630] Als Adoption wird hierbei die finale Entscheidung des Konsumenten zu Gunsten einer Übernahme der Neuheit bezeichnet.[631] Im Kontrast dazu findet bei der thematisch eng verbundenen Diffusionsforschung ein "... Wechsel der Perspektive ..."[632] statt. Dieser stärker soziologisch orientierte Ansatz untersucht nämlich auf aggregierter Ebene das Ergebnis der individuellen Adoptionsentscheidungen aller Mitglieder eines sozialen Systems im Zeitablauf. Insofern werden bei der Analyse des Diffusionsverlaufs von Innovationen die intraindividuellen Abläufe weitgehend aus der Betrachtung ausgeklammert.[633] Da jedoch zu vermuten ist, dass gerade deren Analyse einen wichtigen Erkenntnisbeitrag für die Identifikation potenzieller Bestimmungsgrößen der Online-Akzeptanz beisteuern kann, sollen die diffusionstheoretischen Ansätze im Folgenden nicht weiter betrachtet und dagegen die Adoptionstheorie einer tiefer gehenden Prüfung unterzogen werden.

Wie dabei noch aufgezeigt wird, erklärt die Adoptionsforschung vor allem ein extrinsisch motiviertes, d. h. von materiellen oder sozialen Gratifikationen geleitetes Verhalten. Hierbei wird allerdings vernachlässigt, dass menschliches Verhalten nicht nur durch extrinsische, sondern auch intrinsische Gratifikationen bedingt wird. Ein zentraler und ursprünglich ausschließlich in der Psychologie diskutierter Erklärungsansatz intrinsischer Verhaltensmotivation ist das auf die Arbeiten von *Csikszentmihalyi* zurückgehende Konzept des **Flow-Erlebnisses**.[634] In jüngerer Zeit sind jedoch auch verstärkt marketingwissenschaftliche Bemühungen unternommen worden, dieses Konzept auf den Kontext einer Nutzung von Online-Medien zu übertragen.[635] Insofern knüpft das Flow-Konzept an das zweite begriffskonstitutive Element der Online-Akzeptanz an und verspricht einen zur Adoptionsforschung komplementären Erklärungsbeitrag.

---

[630] Vgl. Clement (2000), S. 48; Pohl (1994), S. 34.

[631] Entsprechend dieser Interpretation wird die Adoption in der Regel als eine binäre Variable im Sinne einer Annahme oder Ablehnung der Neuheit modelliert. Vgl. beispielsweise Krafft/Litfin (2002), S. 69 ff. In dieser Hinsicht manifestiert sich der wesentliche Unterschied zum Akzeptanzphänomen, das - wie die Ausführungen in Kapitel 5 zeigten - eine deutlich komplexere Modellierung erfordert. Vgl. dazu auch die Anmerkungen in Fn. 382 dieser Arbeit.

[632] Kiefer (1967), S. 4.

[633] Vgl. Pohl (1994), S. 34 f.; Schulz (1972), S. 42.

[634] Vgl. Csikszentmihalyi (1977); ebenda (1987); ebenda (1990); ebenda (1993).

[635] Vgl. Bauer/Grether/Borrmann (2001); Hoffmann/Novak (1996); dieselben (1997); Hoffmann/Novak (1997); Hoffmann/Novak/Yung (1997).

Adoptions- sowie Flow-Forschung können somit als grundsätzlich geeignete theoretische Bausteine für die **Konzeptualisierung** eines Determinantenmodells der Online-Akzeptanz betrachtet werden. Diese beiden Forschungsansätze gilt es im Folgenden auf Basis theoretischer und sachlogischer Überlegungen dahingehend zu prüfen, welchen Beitrag sie zur Erklärung der Online-Akzeptanz liefern können. Anschließend werden die dabei identifizierten und als relevant eingestuften Determinanten weiter detailliert und im Hinblick auf ihren hypothetischen Wirkungszusammenhang mit dem Akzeptanzkonstrukt erörtert. Im Gegensatz zur Analyse der Konsequenzen der Online-Akzeptanz wird dabei jedoch nicht die verhaltens-, sondern die einstellungsorientierte Akzeptanzdimension in den Mittelpunkt der Betrachtung gestellt. Dafür sprechen folgende Gründe: Erstens wird eine Erklärung für den in Kapitel 5 aufgedeckten Sachverhalt gesucht, wonach die Online-Akzeptanz in der Transaktionsphase sehr niedrig ausfällt, während vor allem die Informations-, aber auch die Anbahnungs- sowie After-Sales-Phase hohe Akzeptanzwerte erreicht. Eine Antwort darauf kann nur auf Basis der einstellungsorientierten Online-Akzeptanz gefunden werden, da lediglich für diese Akzeptanz- dimensionen die entsprechenden phasenorientierten Ausprägungswerte vorliegen.[636] Zweitens kann die empirische Analyse durch eine Ausklammerung verhaltensorientierter Aspekte der Online-Akzeptanz auf eine deutlich breitere Datengrundlage gestellt werden, da einstellungs- orientierte Akzeptanzwerte für die gesamte Gruppe der Online-Nutzer vorliegen und nicht nur für diejenigen Neuwagenkäufer, die das Internet beim Neuwagenkauf tatsächlich genutzt haben.[637]

Dieses Zwischenergebnis bzw. das weitere Vorgehen bei der Modellkonzeptualisierung verdeutlicht nochmals Abb. 25.

---

[636] Vgl. dazu insbesondere auch die Abschnitte 5.1.2 sowie 5.3.4.
[637] Dementsprechend kann für die Analyse der Determinanten der einstellungsorientierten Online-Akzeptanz zusätzlich zur Teilstichprobe S_2^C (n = 198) auch auf die Teilstichprobe S_2^B (n = 101) zurückgegriffen werden. Zur Aufteilung der Gesamtstichprobe der zweiten Erhebungswelle vgl. Abschnitt 4.1.2.

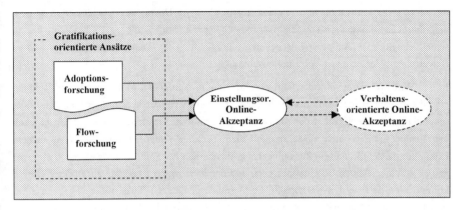

Abb. 25: Überblick über die ausgewählten Forschungsansätze und deren Wirkung auf die Online-Akzeptanz
Quelle: Eigene Erstellung

7.1.2 Prüfung des Erkenntnisbeitrags der ausgewählten Forschungsansätze zur Identifikation von Determinanten der Online-Akzeptanz

7.1.2.1 Beitrag der Adoptionsforschung

7.1.2.1.1 Phasen des Adoptionsprozesses

In den Beiträgen zur Adoptionsforschung wurden zahlreiche unterschiedliche Phasenmodelle zur Strukturierung individueller **Adoptionsprozesse** entwickelt.[638] Bei eingehender Betrachtung der anzutreffenden Phasenkonzepte kann jedoch festgestellt werden, dass sich diese durch einen weitgehend einheitlichen Aufbau auszeichnen. Geringfügige Unterschiede ergeben sich allenfalls in Bezug auf die Reihenfolge einzelner Phasen sowie deren inhaltlicher Detaillierungstiefe. Der maßgebliche Grund für die große Ähnlichkeit der verschiedenen Phasenkonzepte ist darin zu sehen, dass weitgehend alle diesbezüglichen Arbeiten auf das Standardwerk von *Rogers* rekurrieren.[639] Daher soll dieses Phasenschema - stellvertretend für eine Vielzahl derivativer Modelle des Adoptionsprozesses - im Folgenden kurz vorgestellt werden. Nach *Rogers* besteht der Adoptionsprozess "... of a series of actions and choices over time through which an individual ... evaluates a new idea and decides whether or not to

---

[638] Vgl. beispielsweise Gatignon/Robertson (1985), S. 854; Ihde (1996), S. 18 f.; Kleinholz (1986), S. 337 ff.; Meffert (1976), S. 93 ff.; Ozanne/Churchill (1971), S. 322 f.; Webster (1969), S. 38; Weiber (1992), S. 7 f.
[639] Vgl. Rogers (1995).

incorporate the innovation into ongoing practice."[640] Im Detail unterscheidet er in seinem ursprünglichen Phasenkonzept fünf zusammenhängende Stufen, die ein Individuum bis zu seiner endgültigen Adoptionsentscheidung durchläuft: Die Wahrnehmungs-, Interessens-, Bewertungs-, Versuchs- sowie Adoptionsphase.[641]

In der **Wahrnehmungsphase** erfährt das Individuum zum ersten Mal entweder im Rahmen einer bewussten Suche nach Lösungsmöglichkeiten für einen bestehenden Mangelzustand oder rein zufällig von der Existenz der Neuheit.[642] Es kennt in dieser Phase noch keine Einzelheiten der Neuheit und ist auch zunächst noch nicht bemüht, weitere Informationen zu suchen. Unklarheit besteht in diesem Zusammenhang hinsichtlich der Frage, unter welchen Bedingungen es zu einer aktiven Informationssuche und damit zu einem Übergang zur nächsten Phase kommt. Geäußert wird diesbezüglich die Vermutung, dass ein Phasenübergang dann stattfindet, wenn durch die wahrgenommene Innovation ein intraindividueller Konflikt entsteht, der das Individuum veranlasst, nach einer Lösung der empfundenen Dissonanzen zu suchen.[643] Eine adäquate Strategie zur Konfliktlösung stellt dabei die externe Suche nach dissonanzmindernden Informationen dar.[644]

In dieser als **Interessensphase** bezeichneten Periode bemüht sich das Individuum um die Gewinnung von Informationen über verschiedene Merkmale der Innovation. Dabei hängen Art bzw. Umfang der Informationen sowie die Auswahl der Quellen neben der Stärke des aufgetretenen kognitiven Konflikts vor allem auch von allgemeinen personenbedingten Merkmalen ab. Dazu zählen in erster Linie das Wertesystem des Individuums sowie dessen Prädispositionen hinsichtlich der wahrgenommenen Informationsquellen. Auch die Normen des umgebenden sozialen Systems bzw. relevanter Bezugsgruppen beeinflussen die Gewinnung sowie die kognitive Verarbeitung der Informationen.[645]

---

[640] Rogers (1995), S. 161.
[641] Vgl. Rogers (1962), S. 81 ff. Auch in der fünften Auflage seiner Monographie differenziert Rogers (1995), S. 162 ff. fünf unterschiedliche Phasen des individuellen Adoptionsprozesses. Inhaltlich unterscheiden sich diese Stufen von dem in der ersten Auflage propagierten und hier vorgestellten Phasenkonzept jedoch insofern, als dass der eigentlichen Adoptionsentscheidung vorgelagerte Phasen zusammengefasst und dafür zwei nachgelagerte Stufen - die Implementierung sowie die Bestätigung der Adoptionsentscheidung - in die Diskussion eingebracht werden. Allerdings verspricht diese Modifikation auf Grund des Sachverhaltes, dass sich das Untersuchungsfeld der Online-Akzeptanz beim Neuwagenkauf durch einen sehr hohen Neuartigkeitsgrad auszeichnet und daher sicherlich nur in wenigen Fällen eine Bestätigung der Akzeptanzentscheidung im Sinne eines wiederholten Online-Kaufs beobachtbar ist, keinen zusätzlichen Erkenntnisgewinn. Aus diesem Grund rekurrieren wir auf das ursprüngliche Phasenschema, welches zudem auch in der aktuellen Literatur eine breitere Beachtung gefunden hat. Vgl. Litfin (2000), S. 23 f.; Pohl (1994), S. 36 f.
[642] Vgl. Litfin (2000), S. 23; Rogers (1995), S. 162 ff.
[643] Zur Theorie der kognitiven Dissonanz vgl. Howard/Sheth (1969), S. 551.
[644] Vgl. Schulz (1972), S. 44.
[645] Vgl. Schulz (1972), S. 44.

Empfindet das Individuum den Informationsstand als ausreichend, wird es in der **Bewertungsphase** Überlegungen anstellen, welche Vor- und Nachteile mit einer Adoption der Innovation verbunden sind. Auf Grundlage der gewonnenen Informationen vollzieht das Individuum, so *Rogers*, ein gedankliches Experiment, bei dem es versucht, die mit einer Innovationsübernahme verbundenen finanziellen, psychologischen sowie sozialen Konsequenzen zu antizipieren.[646] Ferner ist davon auszugehen, dass die Bewertung der erwarteten Folgen im Vergleich zu bereits bekannten Problemlösungen erfolgt, die durch die Neuheit substituiert werden sollen.

Fällt die vergleichende Evaluation zu Gunsten der Innovation aus, tritt das Individuum gegebenenfalls in die **Versuchsphase** ein. Dabei wird es bestrebt sein, auf limitierter Basis eine Erprobung der Innovation vorzunehmen, mit dem Ziel, die zuvor abstrakt vorgenommene Bewertung anhand realer Erfahrungen zu validieren oder eventuell zu revidieren. Ob ein limitierter Test tatsächlich durchgeführt werden kann, hängt in erster Linie von den Eigenschaften der Innovation ab. So ist beispielsweise bei Gebrauchsgütern auf Grund ihrer mangelnden Teilbarkeit häufig keine begrenzte Erprobung möglich, sofern nicht vom Anbieter entsprechende Testmöglichkeiten offeriert werden.[647]

Bei erfolgreicher Erprobung entscheidet sich das Individuum idealerweise zur Adoption, d. h. Annahme der Innovation. Innerhalb der entsprechenden **Adoptionsphase** erfolgt der Ver- oder Gebrauch der Neuheit, wobei von einer Adoption in der Regel erst dann gesprochen wird, wenn die Übernahmeentscheidung von einer gewissen Dauer und Nachhaltigkeit geprägt ist.[648] Dagegen kommt es zu einer Ablehnung der Innovation, falls die finale Adoptionsentscheidung auf Grund eines Abbruchs des Adoptionsprozesses in einer vorangegangenen Phase überhaupt nicht zu Stande kommt oder diese nicht durch eine wiederholte Handlung bestätigt wird.[649]

Dauer, Verlauf sowie Resultat dieses idealtypischen Adoptionsprozesses, der von einer ersten Wahrnehmung bis zur endgültigen Übernahme der Innovation reicht, stellen keine einheitlichen Größen dar, sondern variieren zwischen den Mitgliedern eines sozialen Systems. Die

---

[646] Vgl. Rogers (1962), S. 83.
[647] Vgl. Schulz (1972), S. 44.
[648] In diesem Zusammenhang differenzieren einige Autoren auch eine weitere Phase - die so genannte Implementierungs- bzw. Bestätigungsphase -, in der es zu einer Wiederholung der erstmaligen Übernahmeentscheidung kommt. Zur Implementierungsphase vgl. Litfin (2000), S. 24; Schmalen/Pechtl (1989), S. 94. Zur Bestätigungsphase vgl. Rogers (1995), S. 180 ff.
[649] Pohl (1994), S. 65 ff. präzisiert die möglichen Ergebnisse des Adoptionsprozesses, indem er neben der Annahme auch die Unterfälle einer fortgesetzten, d. h. dauerhaften bzw. einer vorübergehenden Ablehnung der Innovation unterscheidet. Als ein Grund für letztgenanntes Verhalten von Individuen gilt das so genannte Leapfrogging-Phänomen. Leapfrogging stellt das "... bewußte Überspringen der gegenwärtig am Markt verfügbaren neuesten Technologie und die Verschiebung der Adoptionsentscheidung auf eine in der Zukunft erwartete Technologiegeneration ..." dar. Pohl (1994), S. 67.

Folge dieser Abweichungen sind individuell zeitversetzte **Adoptionszeitpunkte**, die, über alle relevanten Mitglieder eines sozialen Systems aggregiert, letztlich für das Zustandekommen von Diffusionserscheinungen verantwortlich sind.[650] Als bedeutende Kriterien, die einen Einfluss auf die individuellen Zeitpunkte der Adoption ausüben, gelten Variablen, die sich auf die wahrgenommenen Eigenschaften der Innovation beziehen.[651] Diese innovationsbezogenen Bestimmungsgrößen des Adoptionsprozesses werden im folgenden Abschnitt erläutert.

7.1.2.1.2 Innovationsbezogene Bestimmungsgrößen des Adoptionsprozesses

In der Literatur finden sich zahlreiche Kataloge **innovationsbezogener Bestimmungsgrößen** des Adoptionsprozesses.[652] Aber auch hier stellt sich bei einer näheren Betrachtung heraus, dass sich die meisten Komponenten der diskutierten Kriterienkataloge auf die von *Rogers* entwickelten Adoptionsfaktoren zurückführen lassen. *Rogers* nennt insgesamt fünf eng miteinander verbundene Eigenschaftsmerkmale einer Innovation, die in Einklang mit den theoretischen Vorüberlegungen zu den erläuterten Phasen des Adoptionsprozesses stehen und die sich zudem im Rahmen von Meta-Analysen als relevante Einflussgrößen herauskristallisiert haben:[653] Der relative Vorteil, die Kompatibilität, die Komplexität, die Erprobbarkeit sowie die Beobachtbarkeit der Neuheit.

---

[650] Vgl. Pohl (1994), S. 41.
[651] Stellvertretend sei hier Weiber (1992), S. 5 angeführt, der betont, dass die ".. produktspezifischen Determinanten ... eine besondere Stellung [einnehmen], da die Eigenschaften und Verwendungsmöglichkeiten einer Produktneuheit als bestimmend angesehen werden für die Art und das Ausmaß, in dem Verhaltensänderungen bei den Adoptern erforderlich sind." Siehe auch Bridges/Yim/Briesch (1995), S. 74 f.; Easingwood/Lunn (1992), S. 74 f.; Gatignon/Robertson (1985), S. 862 f.; Holak/Lehmann (1990), S. 59 ff.; Krafft/Litfin (2002), S. 68; Schmalen/Pechtl (1996), S. 819 ff. Neben den innovationsbezogenen Determinanten werden in den Beiträgen zur Adoptionsforschung weiterhin auch adopter- sowie umweltspezifische Einflussfaktoren genannt. Vgl. Hecker (1997), S. 42 ff.; Litfin (2000), S. 35 ff.; Pohl (1994), S. 48 ff.; Schulz (1972), S. 48 ff. Als primär adopterspezifische Determinanten kommen vor allem soziodemographische Variablen und Kriterien des beobachtbaren Kaufverhaltens in Frage. Der empirische Nachweis für den begrenzten Erklärungsbeitrag dieser Kategorie möglicher Einflussgrößen konnte im Rahmen der eigenen Untersuchung bereits in Abschnitt 5.3.4 geführt werden. Hinsichtlich der umweltspezifischen Einflussfaktoren, die im makroökonomischen, im politisch-rechtlichen sowie im sozio-kulturellen Umfeld begründet liegen, kann konstatiert werden, dass es sich dabei um Größen handelt, die aus Sicht eines Unternehmens keine unmittelbar veränderbaren Handlungsparameter darstellen und daher aus dem einzelwirtschaftlichen Betrachtungswinkel der vorliegenden Arbeit heraus vernachlässigt werden können. Insofern erscheint es opportun, adopter- sowie umweltspezifische Determinanten aus der weiteren Betrachtung auszuklammern und einen Schwerpunkt auf die innovationsbezogenen Bestimmungsgrößen des Adoptionsprozesses zu legen.
[652] Vgl. beispielsweise Kollmann (1998), S. 121; Krafft/Litfin (2002), S. 68; Labay/Kinnear (1981), S. 271 f.; Pohl (1994), S. 43 ff.; Steffenhagen (1975), S. 113 ff.; Tornatzky/Klein (1982), S. 33 ff.; Weiber (1992), S. 5 f.
[653] Vgl. Rogers (1995), S. 206 ff.

Der **relative Vorteil** wird von *Rogers* definiert als "... the degree to which an innovation is perceived as being better than the idea it supersedes. The degree of relative advantage is often expressed as economic profitability, social prestige, or other benefits."[654] Demnach ist die Adoptionsentscheidung eines Individuums positiv davon abhängig, inwieweit die Innovation bezüglich bestimmter Nutzenmerkmale als überlegen im Vergleich zu anderen, bisher verwendeten Alternativen der Bedürfnisbefriedigung eingeschätzt wird. Auf die Bedeutung dieses Merkmals wurde bereits im Rahmen der Bewertungsphase hingewiesen.

Das zweite, die Adoptionsquote ebenfalls positiv beeinflussende Merkmal der Innovation ist die **Kompatibilität**, welche als "... the degree to which an innovation is perceived as consistent with exisiting values, past experiences, and needs of potential adopters .."[655] beschrieben wird. Die Adoption einer Neuheit erfordert von einem Individuum in der Regel bestimmte Einstellungs- und Verhaltensänderungen, die mit den bestehenden Gewohnheiten, Werten und Bedürfnissen möglichst verträglich sein sollen. Erweist sich die Innovation hingegen als inkompatibel, so resultieren daraus psychische Barrieren, die eine Adoption verlangsamen oder sogar verhindern können.

Neben der Inkompatibilität gilt auch die **Komplexität** einer Innovation als mögliche Barriere für die Adoption. Dieses Kriterium spiegelt "... the degree to which an innovation is perceived as relatively difficult to understand and use .."[656] wider und beinhaltet vielfältige Hürden, die einer Übernahme der Innovation entgegenstehen können. Dazu zählen sowohl tatsächliche Kosten, die erforderlich sind, um entsprechende Anwendungs- bzw. Zugangsvoraussetzungen zu schaffen, als auch Opportunitätskosten im Sinne psychischer Aufwendungen, welche aus umstellungs- bzw. anpassungsbedingten Lernprozessen resultieren.

Die **Erprobbarkeit** kann verstanden werden als "... the degree to which an innovation may be experimented with on a limited basis .."[657]. Diese probeweise Nutzung einer Neuheit trägt dazu bei, die empfundenen Unsicherheiten in Bezug auf das Eintreten der vorab vermuteten positiven oder negativen Folgen einer Adoptionsentscheidung wirksam zu verringern. Mithin kann eine limitierte Erprobung der Innovation als eine mögliche Strategie zur Reduktion des wahrgenommenen (Adoptions-)Risikos angesehen werden. Auf Grund der für Innovationen charakteristischen Situation erhöhter Unsicherheit wird das wahrgenommene Risiko, welches

---

[654] Rogers (1995), S. 212.
[655] Rogers (1995), S. 224.
[656] Rogers (1995), S. 242.
[657] Rogers (1995), S. 243.

nach einer eventuell vorgenommenen Erprobung noch verbleibt, von einigen Autoren als weiterer innovationsbezogener Adoptionsfaktor genannt.[658]

Das letzte innovationsbezogene Merkmal, die **Beobachtbarkeit** der Neuheit, wird definiert als "... the degree to which results of an innovation are visible to others. The results of some ideas are easily observed and communicated to others, whereas some innovations are difficult to observe or to describe to others."[659] Sind bestimmte Eigenschaftsmerkmale der Innovation leicht und offensichtlich im sozialen Umfeld des Adopters erkennbar, kann die Übernahme der Neuheit zur Befriedigung eines nach außen gerichteten sozialen Geltungsbedürfnisses beitragen. Dadurch erhält die Innovation über den relativen Vorteil hinaus auch einen prestige- bzw. statusbezogenen Zusatznutzen, der die Adoptionsentscheidung zusätzlich positiv beeinflussen kann.[660]

Zusammenfassend lässt sich nach *Rogers* die Basishypothese ableiten, dass der Adoptionsprozess um so eher und schneller in einer positiven Übernahmeentscheidung des Individuums mündet, je ausgeprägter die Innovation (1) als relativ vorteilhaft, (2) kompatibel mit bestehenden Gewohnheiten, Normen und Bedürfnissen, (3) auf limitierter Basis erprobbar sowie (4) nach außen hin kommunizierbar wahrgenommen wird. Dagegen wird ein (5) hoher perzipierter Komplexitätsgrad in der Tendenz mit einer Verzögerung oder sogar mit einem Abbruch des Adoptionsprozesses verbunden sein.

7.1.2.1.3 Implikationen der Adoptionsforschung für die Erklärung der Online-Akzeptanz

Bei einer **Würdigung** des Beitrags der Adoptionsforschung zur Identifikation von Bestimmungsgrößen der Online-Akzeptanz ist zu berücksichtigen, dass die *Rogers*-Kriterien für eine große Zahl verschiedener Innovationssachverhalte konzipiert wurden. Der Versuch, gemeinsame Erklärungsmuster für die Übernahme und Verbreitung heterogener Bezugsobjekte herauszuarbeiten, geht allerdings mit einem erhöhten Abstraktionsgrad der Aussagen und einem damit verringerten Informationsgehalt einher.[661] Insofern können die innovationsbezogenen Determinanten nach *Rogers* auch als allgemein gehaltene Oberbegriffe

---

[658] Vgl. beispielsweise Bähr-Seppelfricke (1999), S. 26 ff.; Gatignon/Robertson (1985), S. 862; Krafft/Litfin (2002), S. 68; Litfin (2000), S. 34; Pohl (1994), S. 43; Schmalen/Pechtl (1996), S. 820. Zum Konzept des wahrgenommenen Risikos vgl. Bauer (1960), Bettmann (1973) sowie Cunningham (1967).
[659] Rogers (1995), S. 244.
[660] Vgl. Bähr-Seppelfricke (1999), S. 26; Hecker (1997), S. 41; Schulz (1972), S. 47.
[661] Vgl. Schulz (1972), S. 52.

möglicher Einflussfaktoren der Adoption verstanden werden, die es im Hinblick auf den konkreten Untersuchungskontext zu präzisieren und gegebenenfalls anzupassen gilt.[662] Dabei sollte auch geprüft werden, ob das jeweilige Kriterium überhaupt für eine Erklärung des hier betrachteten Phänomens der Online-Akzeptanz relevant ist. Sprechen sachlogische Argumente dagegen, erscheint es angezeigt, auf eine Berücksichtigung des betreffenden Kriteriums bereits im Vorfeld zu verzichten, um so die Komplexität der empirischen Analyse zu reduzieren.

Werden die *Rogers*-Kriterien vor diesem Hintergrund nochmals beleuchtet, ist es fraglich, inwieweit die **Beobachtbarkeit** der Innovation im Sinne eines prestige- bzw. statusbezogenen Zusatznutzens eine wichtige Rolle für die Erklärung der Online-Akzeptanz spielt. Eine Nutzung der Online-Distribution wird sicherlich nur in wenigen Einzelfällen zu einer sozialen Anerkennung des Nutzers und damit der Befriedigung eines nach außen gerichteten Geltungsbedürfnisses beitragen. Dazu erscheinen andere Innovationsobjekte, die demonstrativ in der Öffentlichkeit konsumiert bzw. genutzt werden, deutlich besser geeignet zu sein.

Als ähnlich begrenzt wird der Eignungsgrad des Kriteriums **Erprobbarkeit** eingeschätzt. Diese Einflussgröße begründet nur dann eine relevante Minderung von Adoptionsbarrieren, wenn sich die wahrgenommenen Unsicherheiten in Bezug auf die antizipierten Eigenschaften der Innovation durch eine limitierte Erprobung tatsächlich senken lassen. Derartige risikofreie Testmöglichkeiten, wie sie bei Erfahrungsgütern im Form kostenloser Warenproben oder auch durch eine befristete Überlassung eingeräumt werden können, lassen sich im Hinblick auf den hier betrachteten Sachverhalt, der sich durch einen hohen Anteil an Vertrauenseigenschaften auszeichnet, nicht ausmachen.[663] Zur Reduktion des subjektiven Risikos im E-Commerce eignen sich eher Maßnahmen, die auf eine Vertrauensbildung bei den Nutzern ausgerichtet sind.[664] Hierzu zählt vor allem das Signaling, wie es beispielsweise durch Zertifikate unabhängiger Institutionen, Garantiezusagen des Anbieters oder die kommunikative Herausstellung des Qualitätsversprechens der Marke erreicht wird.[665] Solche vertrauensfördernden Maßnahmen sind dann aber nicht mehr als Formen der Erprobbarkeit zu verstehen, sondern drücken sich vielmehr indirekt in einem verminderten wahrgenommenen Risiko aus.

---

[662] Vgl. Litfin (2000), S. 30 f.
[663] Die Unterscheidung zwischen Erfahrungs- und Vertrauenseigenschaften von Gütern geht auf den Ansatz der Informationsökonomie zurück. Diesem Konzept zufolge sind Erfahrungsgüter dadurch gekennzeichnet, dass sich ihre Qualitätseigenschaften durch eine Nutzung der Leistung feststellen lassen, während bei Vertrauensgütern die Leistungen weder vor noch nach dem Leistungserhalt oder nur zu prohibitiv hohen Kosten begutachtet werden können. Darüber hinaus erfolgt auch eine weitere Unterscheidung von Suchgütern, die sich bereits vor ihrer Inanspruchnahme durch eine Inspektion problemlos beurteilen lassen. Vgl. Nelson (1970), S. 312; Woratschek (1996), S. 62. In der Realität liegt häufig eine Mischung dieser durch subjektive Wahrnehmung und Lernprozesse bestimmten Leistungseigenschaften vor. Vgl. Kaas/Busch (1996), S. 244.
[664] Zur Bedeutung des Vertrauens im Kontext des E-Commerce vgl. Kiefer (2000), S. 308 ff.; Sydow (2000), S. 260 ff.; Winand/Pohl (1998), S. 21 ff.
[665] Vgl. Meffert (1999), S. 53.

Im Gegensatz zu den beiden erstgenannten *Rogers*-Kriterien kann der wahrgenommenen **Komplexität** eine deutlich höhere Relevanz für die Erklärung der Online-Akzeptanz bescheinigt werden. Es leuchtet unmittelbar ein, dass einer Nutzung der Online-Distribution vielfältige Schwierigkeiten entgegenstehen können, die originär im neuartigen Sachverhalt selbst begründet liegen. Allerdings erscheint der Begriff der Komplexität vergleichsweise weit und unpräzise gefasst. So kann darunter ein breites Spektrum möglicher Hürden subsumiert werden, das von beschränkten Zugangsmöglichkeiten zum Internet bis hin zu rechtlichen Unsicherheiten bei der Abwicklung einer Online-Bestellung reicht. Da es sich jedoch bei der Frage nach den Hinderungsgründen einer Online-Akzeptanz stets um Barrieren einer Nutzung handelt, erscheint die Bezeichnung **Nutzungsbarrieren** treffender und zugleich allgemein genug, um alle relevanten Facetten des Phänomens abdecken zu können.

Im Hinblick auf das Kriterium der **Kompatibilität** lässt sich zunächst kein offensichtlicher Erklärungsbeitrag erkennen. So erscheint es wenig einsichtig, warum eine Nutzung der Online-Distribution unmittelbar gegen bestehende Wertvorstellungen, Normen oder Erfahrungen des Individuums verstoßen sollte. Auch der vereinzelt unter diesem Kriterium ebenfalls subsumierte Aspekt der technischen Kompatibilität,[666] welcher auf die Funktionstüchtigkeit einer technologischen Innovation im Systemverbund hinweist, verspricht nur wenig zusätzliche Einblicke in die Ursachen der Online-Akzeptanz. Allerdings birgt eine weite Auslegung der Kompatibilität gewisse Hinweise auf die Existenz akzeptanzbeeinflussender Faktoren, die keine primären Eigenschaften des Erkenntnisobjektes selbst darstellen, sondern in der emotionalen Verbundenheit des Individuums mit angrenzenden Sachverhalten begründet liegen. So ist es durchaus denkbar, dass sich im Laufe einer Geschäftsbeziehung mit einem stationären Händler ein gegenseitiges, auf persönlichen Kontakten basierendes Vertrauensverhältnis herausbildet, wodurch die mit dem angestammten Händler zumindest indirekt konkurrierende Nutzung der Online-Distribution als nicht kompatibel mit den eigenen Gewohnheiten und Wertvorstellungen eingeschätzt werden kann. Diese Form sozialer bzw. psychischer Inkompatibilität weist einen engen Bezug zu dem Konstrukt Commitment auf, das vornehmlich in den Beiträgen zum Beziehungsmanagement diskutiert wird.[667] Eine synonyme Verwendung findet in diesem Zusammenhang auch der Begriff **Wechselbarrieren**, der als Bezeichnung für eine mögliche Bestimmungsgröße der Online-Akzeptanz insgesamt plastischer und im Hinblick auf eine Abgrenzung zu den bereits angesprochenen Nutzungsbarrieren geeigneter erscheint.

---

[666] Vgl. Hecker (1997), S. 37 ff.; Litfin (2000), S. 31.
[667] Vgl. u. a. Gundlach/Achrol/Mentzer (1995), S. 78 ff.; Söllner (1993), S. 90 ff.; Zimmer (2000).

Überdies findet dieser Begriff in deutschsprachigen marketingbezogenen Beiträgen eine häufigere Verwendung als das Commitment-Konstrukt.[668]

Es verbleibt der **relative Vorteil** als mögliche Determinante der Online-Akzeptanz. Für die Schlussfolgerung, dass es sich hierbei um eine für den hier betrachteten Sachverhalt relevante Erklärungsgröße handelt, bedarf es keiner weiteren Begründung. Allerdings ist die nahezu tautologische Aussage, wonach die Online-Distribution umso eher akzeptiert wird, je höher die Nutzer ihren relativen Vorteil bewerten, erst dann empirisch gehaltvoll, wenn Klarheit über die relevanten Facetten und Bewertungskriterien dieser Bestimmungsgröße besteht.[669] Diese gilt es im weiteren Verlauf der Modellkonzeptualisierung noch zu erarbeiten.

Zusammenfassend bleibt damit festzuhalten, dass die Adoptionsforschung insgesamt geeignet erscheint, einen Erklärungsbeitrag für die vorliegende Problemstellung zu leisten. So kann das Kriterium relativer Vorteil als positive Bestimmungsgröße der Online-Akzeptanz identifiziert werden. Demgegenüber stehen die potenziell akzeptanzmindernden Nutzungs- und Wechselbarrieren, die im vorliegenden Untersuchungskontext als adäquatere Bezeichnungen für die Kriterien der Komplexität sowie (In-)Kompatibilität erscheinen. Dagegen werden die Adoptionsfaktoren der Erprobbarkeit sowie Beobachtbarkeit als wenig relevant eingestuft. Für eine Aussonderung dieser beiden Kriterien sprechen nicht nur die angestellten sachlogischen Überlegungen, sondern auch die Ergebnisse empirischer Studien aus dem Umfeld der Adoptionsforschung: *Rogers/Stanfield* werteten 708 veröffentlichte Adoptionsuntersuchungen aus und fanden hinsichtlich der innovationsbezogenen Kriterien heraus, dass die Möglichkeiten zur Erprobung sowie Demonstrierbarkeit der Innovation einen nur untergeordneten empirischen Einfluss auf die Adoptionsquote sowie -dauer ausüben.[670]

Abb. 26 zeigt den Beitrag der Adoptionsforschung zur Identifikation von Determinanten der Online-Akzeptanz im Überblick.

---

[668] Vgl. Peter (1997), S. 117.
[669] Vgl. Schulz (1972), S. 46.
[670] Vgl. Rogers/Stanfield (1968), insbesondere S. 243.

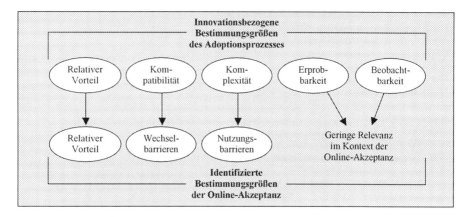

Abb. 26: Beitrag der Adoptionsforschung zur Identifikation von Determinanten der Online-Akzeptanz
Quelle: Eigene Erstellung

7.1.2.2 Beitrag der Flow-Forschung

7.1.2.2.1 Das Flow-Erlebnis als Erklärungskonzept intrinsisch motivierten Verhaltens

Das Paradigma von der Unterscheidung zwischen **intrinsisch** sowie extrinsisch motiviertem Verhalten ist in der psychologischen Motivationsforschung seit langem etabliert. Aufbauend auf den Grundlagenarbeiten von *Hebb*[671], *DeCharms*[672] und *Deci*[673] in den Sechziger Jahren

---

[671] Hebb (1966) versuchte eine Erklärung für Laborexperimente zu finden, bei denen Tiere nicht nur für Futter und Schmerzvermeidung aktiv wurden, sondern auch durch Neugier- und so genannte Kompetenztriebe motiviert wurden. Zur Erklärung dieser Beobachtung postulierte er die Hypothese der optimalen Aktivierung. Danach kann Verhalten intrinsisch motiviert sein, wenn der Verhaltenszweck in der Regulation zu Gunsten einer Beibehaltung bzw. Wiederherstellung eines optimalen neurophysiologischen Funktionsniveaus liegt. Vgl. dazu auch Heckhausen (1989), S. 456.

[672] Im Gegensatz zu Hebb gehört DeCharms (1974) zur Generation derjenigen Motivationsforscher, die sich direkt auf theoretischer Ebene mit intrinsischen Motivationsstrukturen befasst haben. Er sieht die primäre Motivation des Menschen in seiner Selbstbestimmung, d. h. in seiner Fähigkeit, sich als Verursacher von Änderungen in seiner Umwelt zu erleben. Nach DeCharms' Theorie versucht ein Mensch gegen die wahrgenommenen Einschränkungen seiner Selbstbestimmung anzugehen. Je besser ihm das gelingt, umso ausgeprägter ist sein Gefühl der Kontrolle sowie der intrinsischen Freude an der eigenen Aktivität. Fühlt sich der Mensch dagegen als fremdbestimmt, als Spielball äußerer Kräfte, wird die intrinsische durch extrinsische Motivation zunehmend ersetzt. Aus dieser Überlegung zog DeCharms eine Schlussfolgerung, welche die spätere psychologische Motivationsforschung entscheidend angeregt hat: Werden extrinsische Gratifikationen für ein Verhalten gegeben, was man auch auf Grund einer intrinsischen Motivation tut oder getan hätte, kommt es zu einer Verdrängung von intrinsischer durch extrinsische Motivation.

[673] Deci (1975) konnte auf Basis von Experimenten den von DeCharms vorhergesagten Verdrängungs- bzw. Korrumpierungseffekt grundsätzlich bestätigen. Vgl. dazu auch Heckhausen (1989), S. 461 ff.

verfügt die Psychologie seit Beginn der Siebziger Jahre über hinreichende theoretische und experimentelle Hinweise für die Annahme, dass sich menschliches Verhalten, seine Veränderungen sowie die ihm zu Grunde liegenden Prädispositionen nicht ausschließlich auf instrumentelle Verhaltensfolgen in Gestalt von externalen Gratifikationen, d. h. Belohnungen oder Bestrafungen, zurückführen lassen.[674] Offensichtlich unternehmen Personen auch Aktivitäten um ihrer selbst willen, ohne dass dies der Befriedigung konkreter materieller oder sozialer Bedürfnisse bzw. der Meidung aversiver Zustände dient.

Trotz des grundsätzlichen Konsens über die Existenz intrinsisch motivierter Verhaltensphänomene gibt es bis heute in der Psychologie keine Übereinstimmung darüber, was den Unterschied zwischen intrinsisch und extrinsisch motiviertem Verhalten tatsächlich ausmacht.[675] Bis dato wurde eine Vielzahl unterschiedlicher theoretischer Konzepte entwickelt, die zur Erklärung intrinsischer Motivation verschiedene Aspekte bei der Abgrenzung oder hinsichtlich zu Grunde liegender Prozesse geltend machen.[676] Allen gemeinsam ist jedoch die Überzeugung, dass intrinsisches Verhalten um seiner selbst oder eng damit zusammenhängender Zielzustände willen erfolgt und nicht bloßes Mittel zu einem andersartigen Zweck ist.[677] Diesem Gedankengang folgend liegt extrinsisches Verhalten dann vor, wenn die Handlung und sein Ergebnis instrumentelles Mittel für das Eintreten eines andersthematischen Zieles ist. Ist dagegen das Ziel der Handlung gleichthematisch mit dem Handeln selbst, so dass dieses um seiner eigenen Thematik willen erfolgt, kann auf ein intrinsisch motiviertes Verhalten geschlossen werden.[678] Diese für eine intrinsische Motivation konstitutive Gleichthematik bzw. **Endogenität** von Handlung und Handlungsziel sei anhand eines auf den eigenen Untersuchungskontext bezogenen Beispiels aufgezeigt: Empfindet ein automobiler Bedarfsträger das intensive 'Surfen' durch das WWW (Handlung) im Rahmen einer Suche nach kaufrelevanten Produktinformationen als ein angenehmes und positives Erlebnis, kann die Internetnutzung als eigenständiger Anreiz fungieren und intrinsisch belohnend wirken (gleichthematisches Handlungsziel). Hingegen kann auf eine eher extrinsisch motivierte Nutzung des Internets geschlossen werden, wenn die maßgebliche Zweckbestimmung der onlinegestützten Informationssuche in einer Erleichterung bzw. Verbesserung der Kaufentscheidung besteht (andersthematisches Handlungsziel).

Mit dieser Abgrenzung intrinsischer gegenüber extrinsischer Motivation bleibt allerdings offen, wie das subjektive Erleben einer Handlung konkret beschaffen sein muss, damit es als

---

[674] Vgl. Csikszentmihalyi (1991a), S. 19.
[675] Vgl. Heckhausen (1989), S. 455.
[676] Heckhausen (1989), S. 456 ff. identifiziert in seinem Überblick über die intrinsische Motivationsforschung insgesamt sechs verschiedene, z. T. konkurrierende Erklärungsansätze.
[677] Vgl. Deci (1975), S. 23; Gerecke (1998), S. 1; Heckhausen (1989), S. 456.
[678] Vgl. Heckhausen (1989), S. 459.

intrinsisch belohnend empfunden wird. Zur Beantwortung der Frage nach dem handlungsbegleitenden Erleben intrinsisch motivierter Aktivitäten führte *Csikszentmihalyi* Ende der sechziger Jahre eine Reihe phänomenbeschreibender Analysen durch. In Tiefeninterviews befragte er Personen nach ihren subjektiven Erlebnissen, die sie bei der Ausübung von Aktivitäten mit einem objektiv niedrigen extrinsischen Anreizniveau empfinden.[679] Was sich dabei als ein zentraler Beschreibungskern herauskristallisierte, nennt *Csikszentmihalyi* das **Flow-Erlebnis**. Dieses vom ihm auch als autotelisches Erleben bezeichnete Konstrukt beschreibt ein freudvolles Aktivitätsgefühl, "... a holistic sensation that people feel when they act with total involvement ..."[680], das sich folgendermaßen äußert: "... [A] narrowing of the focus of awareness, so that irrelevant perceptions and thoughts are filtered out ...; by a responsiveness to clear goals and unambiguous feedback; and by a sense of control over the environment ..."[681]. Demnach wird die intrinsische Motivation im Rahmen des Flow-Konzeptes mit einer Tätigkeitsfreude gleichgesetzt, die so positiv empfunden wird, dass sie zum eigentlichen Grund der Ausübung einer Handlung wird.

Die darauf folgende Forschungsarbeit *Csikszentmihalyis* wendete sich den Eigenschaften jener Aktivitäten zu, die in der Lage sind, eine derartige autotelische **Tätigkeitsfreude** auszulösen. Dabei konnte gezeigt werden, dass ein Flow-Erlebnis nicht nur exzeptionell bei der Ausübung der von *Csikszentmihalyi* ursprünglich untersuchten, stark spezialisierten Freizeitaktivitäten, sondern in Form so genannter Micro-Flows auch im Rahmen alltäglicher und unbedeutender Kontexte auftreten kann, sofern bei der Ausübung dieser Aktivität bestimmte Voraussetzungen gegeben sind.[682] Inzwischen gilt es als anerkannt, dass die wichtigste Grundbedingung für das Zustandekommen autotelischen Erlebens in einem Gleichgewicht zwischen wahrgenommenen Herausforderungen auf der einen Seite und mitgebrachten Fähigkeiten auf der anderen Seite gesehen werden kann, wobei das Kongruenzniveau dieser beiden Kriterien über einem kritischen Mindestmaß liegen muss.[683]

Hoffmann/Novak erkannten Mitte der Neunziger Jahre, dass dieser Einklang von Fähigkeiten und Herausforderungen auf einem hohen Niveau auch im Rahmen einer Nutzung von **Online-Medien** anzutreffen ist und 'Surfer' beim intensiven Navigieren durch das Internet flow-

---

[679] Vgl. Csikszentmihalyi (1987), S. 35; ebenda (1991a), S. 19 f.
[680] Csikszentmihalyi (1977), S. 36.
[681] Csikszentmihalyi (1977), S. 72.
[682] Vgl. Csikszentmihalyi (1991a), S. 20; LeFevre (1991), S. 313 ff.; Massimini/Carli (1991), S. 291 ff. Zum Konzept des Micro-Flow vgl. Privette (1983), S. 1363 f.
[683] Vgl. Csikszentmihalyi (1991b), S. 43; Csikszentmihalyi/Csikszentmihalyi (1991), S. 286.

ähnliche Zustände empfinden können.[684] Aufbauend auf dieser Erkenntnis postulierten die beiden Forscher ein konzeptionelles Rahmenmodell zur Erklärung einer intrinsisch motivierten Nutzung des WWW, in dessen Mittelpunkt das von vorgelagerten Determinanten und verhaltensbezogenen Konsequenzen eingerahmte Flow-Konstrukt steht. Die Anzahl und Komplexität der im Modell hypothetisierten Zusammenhänge zwischen den verschiedenen Wirkungsgrößen reflektiert die Vielschichtigkeit des Flow-Phänomens bei der Nutzung von Online-Medien, das von *Hoffmann/Novak* folgendermaßen beschrieben wird: "[T]he flow experience [is] ... the state occuring during network navigation which is characterized by a seamless sequence of responses facilitated by machine interactivity, intrinsically enjoyable, accompanied by a loss of self-consciousness, and self-reinforcing ..."[685].

Inzwischen liegen einige wenige Arbeiten vor, in denen einzelne Aspekte des ursprünglichen Modells von *Hoffmann/Novak* einer empirischen Überprüfung unterzogen wurden.[686] Die dabei erzielten Ergebnisse indizieren insgesamt gesehen, dass das Flow-Erlebnis tatsächlich einen zusätzlichen Anreiz für die Nutzung des Internets darstellt und sich dadurch in einstellungs- sowie verhaltensbezogenen Konsequenzen hinsichtlich des Umgangs mit dem Medium äußern kann. Einschränkend muss allerdings darauf hingewiesen werden, dass sich die Studien trotz einer gemeinsamen konzeptionellen Basis in Bezug auf die Konzeptualisierung sowie Operationalisierung des Phänomens zum Teil stark voneinander unterscheiden, was einen Vergleich der Resultate und die Ableitung allgemeingültiger Aussagen erschwert. Zudem existieren bislang noch keine Erkenntnisse darüber, ob der Erklärungsbeitrag des Flow-Konstrukts auch im relativen Vergleich zu anderen, extrinsisch geprägten Einflussgrößen als hoch einzustufen ist.

7.1.2.2.2 Implikationen der Flow-Forschung für die Erklärung der Online-Akzeptanz

Das Flow-Konzept nimmt gegenüber den im Rahmen der Adoptionsforschung diskutierten Kriterien eine **Sonderstellung** ein: Zum einen verkörpert es im eigentlichen Sinne keinen theoretischen Forschungsansatz, der einen Beitrag zur Identifikation von Bestimmungsgrößen der Online-Akzeptanz leisten kann, sondern repräsentiert selbst ein theoretisches Konstrukt aus der psychologischen Motivationsforschung. Zum anderen versucht es, intrinsisch begründete und nicht wie die aus der Adoptionsforschung abgeleiteten Erklärungsgrößen auf materiellen

---

[684] Vgl. Hoffmann/Novak (1996), S. 51 ff.
[685] Hoffmann/Novak (1996), S. 57.
[686] Vgl. dazu die drei Studien von Hoffmann/Novak/Yung (1997), (1998) sowie (1999). Auch die empirische Arbeit von Bauer/Grether/Borrmann (2001) rekurriert im Wesentlichen auf die konzeptionellen Grundlagen von Hoffmann/Novak (1996).

bzw. sozialen Vor- und Nachteilen basierende Verhaltensweisen bzw. Prädispositionen zu erklären. Da jedoch Grund zu der Annahme besteht, dass Online-Medien auch um ihrer selbst willen genutzt werden und nicht nur dann, wenn dafür äußere Anreize vorliegen, birgt das Flow-Konzept ein grundsätzliches Potenzial zur Erhellung eines von der Adoptionsforschung noch nicht erfassten Ausschnitts aus dem vorliegenden Problemfeld.

Trotz der weithin anerkannten **Bedeutung** intrinsischer Verhaltensmuster findet das Flow-Konzept jedoch nicht nur in der verhaltenswissenschaftlichen Diskussion des E-Commerce, sondern auch im allgemeinen Kontext der Konsumentenverhaltensforschung bislang so gut wie keine Beachtung.[687] Ein Grund für die weitgehende Vernachlässigung des Flow-Erlebnisses in der Marketingwissenschaft mag sicherlich darin liegen, dass es sich hierbei originär um ein Erklärungsmodell der psychologischen Motivationsforschung handelt, das bisher auf wenig interdisziplinäres Interesse gestoßen ist. Erschwerend kommt hinzu, dass die Operationalisierung des Konstrukts selbst dem stark methodenorientierten Forschungszweig der experimentellen Psychologie bisher noch nicht überzeugend gelungen ist. Damit einhergehend werden in den einschlägigen Arbeiten zum Teil sehr unterschiedliche Operationalisierungsansätze propagiert.[688]

Dennoch erscheint eine empirische **Auseinandersetzung** mit dem Flow-Konzept insbesondere im Zusammenhang mit dem kommerziellen Einsatz von Online-Medien lohnenswert, wie die wenigen dazu vorliegenden empirischen Befunde implizieren: So konnten *Hoffmann/Novak* zeigen, dass Personen, die bei der Nutzung des WWW flow-ähnliche Zustände erleben, das Internet zur Bestellung einer großen Anzahl von Produktkategorien in signifikantem Maße gegenüber einem Kauf per Katalog oder in Einzelhandelsgeschäften vorziehen.[689] Zu ähnlichen Ergebnissen gelangen auch *Bauer/Grether/Borrmann*: Die Autoren ermittelten einen signifikanten Erklärungszusammenhang zwischen zentralen Facetten des Flow-Erlebnisses und der Absicht von Nutzern, ihre Ticketbuchungen für Flugreisen zukünftig über das Internet zu tätigen.[690]

Somit kann festgehalten werden, dass die bislang geringe Beachtung des Flow-Konstrukts keinesfalls gerechtfertigt erscheint. Vielmehr kann vermutet werden, dass dem Phänomen ein wichtiger Beitrag für die Erklärung der Akzeptanz der Online-Distribution zukommt. Die Integration dieses Konstrukts in ein umfassendes Erklärungsmodell öffnet außerdem den Blick

---

[687] Vgl. Bauer/Grether/Borrmann (2001), S. 18.
[688] Zu den verschiedenen Operationalisierungsansätzen des Flow-Konzepts vgl. die Übersicht bei Hoffmann/Novak (1997), S. 5 ff. sowie die Ausführungen in Abschnitt 7.1.3.2.
[689] Vgl. Hoffmann/Novak (1997), S. 26 ff.
[690] Vgl. Bauer/Grether/Borrmann (2001), S. 24 f.

dafür, in welchem Verhältnis intrinsische und extrinsische Anreize in Bezug auf eine zielgerichtete Beeinflussung der Online-Akzeptanz gewichtet werden müssen.

7.1.3 Konkretisierung eines Kausalmodells ausgewählter Determinanten der Online-Akzeptanz

7.1.3.1 Relativer Vorteil

Die Determinante **relativer Vorteil** kann nach *Rogers* als Grad der wahrgenommenen Überlegenheit des betrachteten neuartigen Sachverhaltes gegenüber bestehenden Formen der Bedürfnisbefriedigung verstanden werden.[691] In dieser Interpretation ist das Konstrukt eng mit dem Präferenz- und Nutzenbegriff verknüpft.

Nutzen lässt sich als ein subjektiv bewertetes Maß an Bedürfnisbefriedigung bezeichnen.[692] Damit stellt das Nutzenkonzept den Kern ökonomischer und betriebswirtschaftlicher Theorien dar, denn "... die Schaffung und Bereitstellung von Gütern, welche den Konsumenten Nutzen stiften, ist die Gesamtaufgabe der Wirtschaft schlechthin."[693] Die ökonomischen Ursprünge nutzentheoretischer Überlegungen gehen auf *Smith*, den Begründer der klassischen Nationalökonomie, zurück, der das Konstrukt als individuelle Bewertung der Menge eines Gutes versteht.[694] Eine wesentliche Weiterentwicklung dieses introspektiven Nutzenkonzepts wurde von *Lancaster* vorgenommen, der die Annahme trifft, dass nicht die Güter selbst, sondern deren Eigenschaftsmerkmale zur Bedürfnisbefriedigung beitragen und dabei in unterschiedlichem Maße eine Nutzenstiftung hervorrufen können.[695] In dieser stärker betriebswirtschaftlich orientierten Sichtweise wird das zuvor als homogenes Ganzes betrachtete Gut fortan als ein Bündel nutzenstiftender Merkmalsausprägungen bzw. Attribute angesehen.[696] Dabei ist jedoch zu berücksichtigen, dass ein Konsument im Rahmen eines Auswahlprozesses nicht den konkret von den Attributen ausgehenden Nutzenbeitrag beurteilen kann,

---

[691] Vgl. Rogers (1995), S. 212 sowie Abschnitt 7.1.2.1.2.
[692] Vgl. Nieschlag/Dichtl/Hörschgen (1997), S. 7 f.; Lancaster (1991), S. 135 ff. Zur Abgrenzung von Nutzen und Bedürfnis vgl. Feuerhake (1968), S. 16 ff.
[693] Gerth (1965), S. 9.
[694] Für eine ausführliche Darstellung der Historie des Nutzenbegriffes im Kontext der ökonomischen Theorie vgl. Neumann (1980), S. 349 ff.
[695] Vgl. Lancaster (1966), S. 132 ff.; derselbe (1971).
[696] Vgl. Perrey (1998), S. 13; Trommsdorff/Bleicker/Hildebrandt (1980), S. 272.

sondern vielmehr das Maß an Bedürfnisbefriedigung antizipiert und seine Wahlentscheidung daher auf Nutzenerwartungen fußt.[697]

In dieser Wahlhandlung auf Basis des erwarteten Nutzens manifestiert sich das Konzept der **Präferenz**. Eine Präferenz, verstanden als "... das Ausmaß der Vorziehenswürdigkeit eines Beurteilungsobjektes für eine bestimmte Person ..."[698], bildet sich definitionsgemäß jedoch nur dann, wenn im Rahmen einer subjektiven Nutzenabwägung unterschiedliche Alternativen evaluiert werden. Damit kann die Präferenz als alternativenbezogene Bewertungsgröße aufgefasst werden, wobei der erwartete Nutzen den hierfür erforderlichen attributbezogenen Vergleichsmaßstab darstellt. Als Präferenz kann folglich auch das in Form von Wahlhandlungen beobachtbare aggregierte Resultat eines vorgelagerten mentalen Nutzenvergleichs verstanden werden.[699] Damit wird deutlich, dass eine Gleichsetzung von Präferenz und relativem Vorteil trotz der definitorischen Ähnlichkeit beider Konzepte nicht zulässig ist: Die Präferenz beschreibt das verhaltensbezogene Endergebnis eines Vergleichs von Nutzenerwartungen zwischen Alternativen der Bedürfnisbefriedigung, während sich der relative Vorteil auf diesen vorgelagerten Vergleichsprozess selbst bezieht.

Aus dem so verstandenen Nutzen- sowie Präferenzkonzept können zwei **konstitutive Elemente** des relativen Vorteils abgeleitet werden: (1) Die objektbezogene(n) Alternative(n) zum innovativen Sachverhalt sowie (2) die attributbezogenen Nutzenerwartungen als Vergleichsmaßstab.[700]

Hinsichtlich der ersten Frage, welche **objektbezogenen Alternativen** ein Individuum im Rahmen der Beurteilung des relativen Vorteils konkret heranzieht, bietet sich eine Bezugnahme auf das ursprünglich für die Erklärung selektiver Markenwahlprozesse entwickelte Konzept des Evoked-Set an. Darin enthalten sind all diejenigen Objekte bzw. Kategorien, die im Bewusstsein des Konsumenten als alternative Formen der Bedürfnisbefriedigung verankert

---

[697] Vgl. Stegmüller (1995), S. 54. Perrey (1998), S. 15 weist in diesem Zusammenhang darauf hin, dass Nutzenerwartungen zuweilen auch als Variante der produktspezifischen Einstellungsmessung bezeichnet werden. Zu den Gemeinsamkeiten und Unterschieden von Nutzen und Einstellung vgl. Trommsdorff/Bleicker/Hildebrandt (1980).

[698] Böcker (1986), S. 556.

[699] Vgl. Perrey (1998), S. 14 f.; Trommsdorff/Bleicker/Hildebrandt (1980), S. 270.

[700] Nach dem Erklärungsansatz des C/D-Paradigmas umfasst auch die Kundenzufriedenheit zwei Komponenten. Vgl. Abschnitt 6.1.2.1. Zwischen den beiden Konstrukten 'Kundenzufriedenheit' sowie 'relativer Vorteil' bestehen jedoch in zweifacher Hinsicht konzeptionelle Unterschiede: Erstens impliziert der relative Vorteil einen Vergleich zwischen zwei Bewertungsobjekten, während sich die Kundenzufriedenheit auf lediglich ein Bewertungsobjekt bezieht. Zweitens stellt die Kundenzufriedenheit eine ex-post Größe dar, die sich erst nach einer Leistungsinanspruchnahme herausbildet. Dagegen basiert der relative Vorteil auf Nutzenerwartungen, die bereits vor der Leistungsinanspruchnahme vorliegen.

sind.[701] Folglich kommen im Hinblick auf die vorliegende Problemstellung für jede Phase des Kaufentscheidungsprozesses nicht nur mehrere, sondern auch eine unterschiedliche Anzahl von Vergleichskategorien in Frage: So kann ein automobiler Bedarfsträger die eigenen Informationsbedürfnisse neben einer Informationsbeschaffung über das Internet vergleichsweise vielseitig durch Prospektmaterial des Herstellers, Beratungsgespräche mit dem Händler oder Informationen von Bezugspersonen aus dem sozialen Umfeld decken. Dagegen umfasst das Evoked-Set in der Transaktionsphase primär die beiden Kategorien Kauf bei einem stationären Händler versus Bestellung über das Internet.

Eine empirische Berücksichtigung aller denkbarer Elemente des Evoked-Set verbietet sich jedoch schon allein aus forschungsökonomischen Gründen. Der Verzicht auf eine Erfassung aller Elemente erscheint aber auch in konzeptionell-theoretischer Sicht als opportun. So deuten verhaltenswissenschaftliche Erkenntnisse darauf hin, dass ein Evoked-Set in bestimmten Situationen durch einzelne Alternativen dominiert und überlagert werden kann.[702] Eine solche Top-of-mind- bzw. Benchmark-Position kommt im Rahmen des automobilen Kaufentscheidungsprozesses sicherlich dem stationären Handel zu.[703] An seinen nutzenstiftenden Leistungen müssen sich innovative Formen der Leistungserbringung in der Automobildistribution messen lassen. Vor diesem Hintergrund bietet es sich an, den Kreis aller denkbaren Vergleichsobjekte der Online-Distribution auf den stationären Vertrieb zu beschränken.

Als Maßstab für den bewertenden Vergleich zwischen diesen beiden Alternativen fungieren dem zweiten konstitutiven Merkmal des relativen Vorteils zufolge die **attributbezogenen Nutzenerwartungen**. Folglich ist es für eine Messung des relativen Vorteils erforderlich, das Spektrum nutzenstiftender Attribute möglichst präzise und vollständig abzubilden. Diese Forderung nach Vollständigkeit der heranzuziehenden Attribute kann sich in verschiedenen Sichtweisen konkretisieren, die in der Literatur mit den Begriffen Salienz, Importanz sowie Determinanz belegt werden.[704] Als salient gelten diejenigen Merkmale, die von Probanden im Rahmen offener Befragungen spontan und bevorzugt erwähnt werden. Dagegen umfasst das Konzept der Importanz die Wichtigkeit eines Attributs im Hinblick auf seine relative Bedeutung bei der Wahlentscheidung. Schließlich beschreiben die determinierenden Merkmale solche Eigenschaften, welche die Auswahlentscheidung zwischen den Untersuchungsobjekten maßgeblich und ursächlich beeinflussen. Folgerichtig stellt das Konzept der Determinanz eine Verschärfung der Importanz-Forderung dar.[705]

---

[701] Vgl. Meffert (1992), S. 42; Trommsdorff (1998), S. 88.
[702] Vgl. Trommsdorff (1998), S. 88.
[703] Zum Begriff der Top-of-mind-Position im Evoked-Set vgl. Trommsdorff (1998), S. 89.
[704] Vgl. Olson/Kanwar/Muderrisoglu (1979), S. 286 ff.
[705] Vgl. Perrey (1998), S. 44.

Für eine Ableitung der Attribute des Konstrukts 'relativer Vorteil' erscheint es zweckmäßig, das Verständnis der **Salienz** zu Grunde zu legen. Dadurch wird sichergestellt, dass sich der generierte Attributkatalog auf die aus Sicht der Konsumenten bedeutsamen Merkmale beschränkt und zugleich die Problematik der Anspruchsinflation, die mit einer Frage nach der subjektiven Wichtigkeit von Leistungsmerkmalen häufig verbunden ist, vermieden wird.[706] Auch die gegenüber der Importanz verschärfte Perspektive der Determinanz bleibt ausgegrenzt, da sich die Bestimmung und Auswahl determinierender Attribute erst als Resultat entsprechender empirischer Dependenzanalysen ergibt und daher nicht Grundlage der theoretischen Konzeptualisierung des in Frage stehenden Kontrukts sein kann.

Folglich bezeichnet der relative Vorteil im Hinblick auf die vorliegende Problemstellung einen subjektiven Vergleich von Nutzenerwartungen zwischen der Online-Distribution und der Distribution über stationäre Händler auf Basis salienter Attribute. Für die qualitative Konzeptualisierung des Konstrukts reicht es an dieser Stelle aus, eine erste **Grobstrukturierung** möglicher salienter Attribute vorzunehmen.[707] Hierzu kann auf eine Reihe von Veröffentlichungen verwiesen werden, die sich mit den Vorteilen des E-Commerce aus Sicht der Konsumenten auseinandersetzen.[708] Eine Synthese der dabei angeführten Nutzenaspekte mündet in einer Differenzierung von Preis-, Leistungs- sowie Bequemlichkeitsvorteilen der Online-Distribution. Damit ergibt sich die in Abb. 27 dargestellte Konzeptualisierung des relativen Vorteils.

---

[706] Der Gefahr einer Anspruchsinflation im Antwortverhalten von Probanden kann grundsätzlich durch das so genannte Konstantsummenverfahren begegnet werden. Dabei gewichten die Befragten die Attribute nach ihrer subjektiv empfundenen Wichtigkeit, indem sie eine vorgegebene Punktesumme auf die vorab festgelegten Eigenschaften verteilen. Auf Grund der mit diesem Vorgehen verbundenen Komplexität führt das Konstantsummenverfahren jedoch schnell zu einer Überforderung der Befragten. Vgl. Hüttner (1999), S. 115.
[707] Die Generierung eines detaillierten Katalogs salienter Attribute ist Teil der Operationalisierung des Konstrukts und wird daher in Abschnitt 7.2 erläutert.
[708] Vgl. Barth/Schmekel (1998), S. 20 ff.; Bliemel/Fassott (1999), S. 14 ff.; Burke (1997), S. 83 ff.; G+J Electronic Media Service (Hrsg.) (2000b), S. 10; Keeney (1999), S. 537 ff.; Link (2000), S. 2 ff.; Preißl/Haas (1999), S. 41 f.

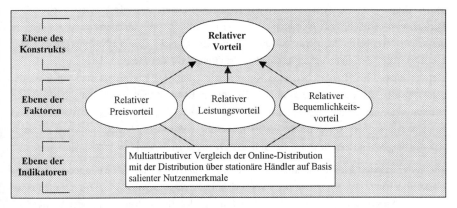

Abb. 27:   Konzeptualisierung des Konstrukts 'relativer Vorteil'
Quelle: Eigene Erstellung

Fällt der subjektive Nutzenvergleich zu Gunsten des innovativen Sachverhalts aus, kommt es - so die Aussagen der Adoptionstheorie - umso eher und schneller zur Übernahme der Innovation durch das Individuum. In einer Vielzahl von Studien konnte dieser Zusammenhang auch empirisch bestätigt werden.[709] Unter Berücksichtigung der inhaltlichen Verwandtschaft der Phänomene Adoption und Akzeptanz können daher folgende Untersuchungshypothesen abgeleitet werden:

H_{8-11}: Je höher der relative Vorteil der Online-Distribution eingeschätzt wird, desto höher ist die ...

... Informationsakzeptanz (H_8) ...

... Anbahnungsakzeptanz (H_9) ...

... Transaktionsakzeptanz (H_{10}) ...

... After-Sales-Akzeptanz (H_{11}) ... der Online-Distribution.

7.1.3.2 Flow-Erlebnis

Bezugnehmend auf die Arbeiten von *Csikszentmihalyi* konkretisieren *Hoffmann/Novak* das **Flow-Erlebnis** im Kontext der Nutzung von Online-Medien als "... the process of optimal experience preceded by a set of antecedent conditions necessary for the experience to be

---

[709] Vgl. dazu die Übersicht bei Tornatzky/Klein (1982), S. 30 ff.

achieved and followed by a set of consequences that occurs as a result of the process."[710] Daraus wird deutlich, dass eine empirisch-wissenschaftliche Auseinandersetzung mit diesem nur schwer greifbaren Phänomen auf drei gedanklich unterscheidbaren Ebenen erfolgen kann: Die Ebene (1) der eigentlichen 'optimalen Erfahrung', (2) der Determinanten sowie (3) der Konsequenzen. Im Hinblick auf eine Konzeptualisierung des Konstrukts sind zunächst die ersten beiden Ebenen von Bedeutung. Die dritte Ebene bezieht sich hingegen auf die Wirkungszusammenhänge des Flow-Erlebnisses mit nachgelagerten endogenen Variablen und beinhaltet daher eher Hinweise für die Formulierung von Untersuchungshypothesen hinsichtlich der möglichen Beeinflussung der Online-Akzeptanz durch das Flow-Phänomen.

Die auf der **ersten Ebene** vorzufindenden Konzepte unterscheiden sich dahingehend, ob eine direkte oder indirekte Erfassung des Flow-Erlebnisses vorgenommen wird. Im Rahmen eines **direkten Messansatzes**, wie er beispielsweise in der Studie von *Hoffmann/Novak/Yung* gewählt wird, erfolgt eine unmittelbare Berücksichtigung des Phänomens über eine einfaktoriell modellierte Variable.[711] Dazu verwenden die Forscher ein Messkonzept, welches im Kern aus einer retrospektiven Frage danach besteht, ob und wie häufig die Probanden bei der Nutzung des Internets ein Gefühl von Flow erlebt haben. Einleitend zu dieser Frage werden verschiedene Merkmale beschrieben, die ein Flow-Erlebnis begleiten und charakterisieren können.[712] Dadurch soll bei den Probanden ein einheitliches Verständnis über die Symptome des Phänomens geschaffen werden. Trotz der ausführlichen Merkmalsbeschreibung, wie sie von *Hoffmann/Novak/Yung* vorgenommen wird, verbleibt dennoch der Eindruck, dass den Probanden ein großer Interpretationsspielraum bei der Selbsteinstufung verbleibt. Weiterhin kann vermutet werden, dass eine Reihe von Probanden zwar eine intrinsische Tätigkeitsfreude beim intensiven Surfen durch das Internet empfinden, dieses Gefühl jedoch nicht als einen exzeptionell anmutenden Zustand von Flow, sondern eher als ein alltägliches Gefühl von Spaß und Begeisterung im Umgang mit dem Medium bezeichnen würden.

---

[710] Hoffmann/Novak (1996), S. 57.
[711] Vgl. Hoffmann/Novak/Yung (1999). Zu den direkten Messansätzen kann weiterhin die so genannte Experience-Sampling-Method (ESM) gezählt werden. Vertiefend zu ESM vgl. Massimini/Carli (1991), S. 293 ff.; Csikszentmihalyi/Csikszentmihalyi (1991), S. 276 ff. Dieses auf einer Selbstbeobachtung aufbauende Messinstrument zeichnet sich jedoch durch ein aufwändiges Forschungsdesign aus und hat nicht zuletzt deswegen bei der Untersuchung des Flow-Phänomens im Kontext der Online-Umgebung bislang noch keine Beachtung gefunden.
[712] Dabei wird von Hoffmann/Novak/Yung (1999), S. 10 folgende Beschreibung des Flow-Erlebnisses gewählt: "The word 'flow' is used to describe a state of mind sometimes experienced by people who are deeply involved in some activity ... Activities that lead to flow completely captivate a person for some period of time. When in flow, time may seem to stand still and nothing else seems to matter ... Flow has been described as an intrinsically enjoyable experience."

Nicht zuletzt vor dem Hintergrund dieser Kritikpunkte haben sich in den empirischen Arbeiten zum Flow-Erlebnis überwiegend Ansätze einer **indirekten Messung** durchgesetzt.[713] Diese knüpfen an den symptomatischen Merkmalen des Phänomens an, die das Flow-Erlebnis zwar nicht unmittelbar und im Kern verkörpern, aber als eng verbundene Vorstufen gelten können. Aus den definitorischen Beschreibungen des Flow-Erlebnisses kristallisieren sich dabei zwei wesentliche Merkmale heraus:[714] Zum einen wird in einer Reihe von Arbeiten die Variable 'Enjoyment' als zentrales Element eines Flow-Erlebnisses genannt. Damit soll das Vergnügen, welches ein Individuum bei der Ausübung einer intrinsisch motivierten Aktivität empfindet, zum Ausdruck gebracht werden.[715] Zum anderen wird der zweite Aspekt als ein Zustand konzentrierter Aufmerksamkeit beschrieben, der durch ein verzerrtes Zeitgefühl geprägt ist. Die Argumentation ist dabei, dass ein Flow-Erlebnis mit einer mentalen Vertiefung in die Tätigkeit einhergeht und sich letztlich in einem veränderten Gefühl für Zeitabläufe beim Individuum bemerkbar macht.[716] Diese beiden Merkmale - intrinsisches Vergnügen sowie Verzerrung des Zeitgefühls - werden beispielsweise in der Arbeit von *Bauer/Grether/Borrmann* anhand mehrerer Ratingskalen gemessen und als jeweils einfaktorielle Variablen im postulierten Strukturmodell berücksichtigt.[717]

Auf der **zweiten Ebene** - der Ebene der Determinanten - finden sich eine Reihe von Variablen, die dazu beitragen, dass eine Tätigkeit als intrinsisch motivierend empfunden wird. Sind diese Bedingungen bei der Ausübung einer konkreten Aktivität erfüllt, kann auf ein hohes Flow-Potenzial geschlossen werden. Dabei muss es jedoch - wie *Webster/Trevino/Ryan* einschränkend anmerken - nicht zwangsläufig zu einer derart optimalen Erfahrung kommen.[718] Als herausragende Vorbedingungen für das Zustandekommen eines Flow-Erlebnisses werden von *Csikszentmihalyi* die bei der Ausübung der Tätigkeit wahrgenommenen Herausforderungen auf der einen sowie die zu deren Bewältigung vorhandenen Fähigkeiten auf der anderen Seite genannt.[719] Der Zusammenhang zwischen diesen beiden Einflussgrößen wird am

---

[713] Vgl. u. a. Bauer/Grether/Borrmann (2001); Ghani/Supnick/Rooney (1991); Webster/Trevino/Ryan (1993).
[714] Vgl. hierzu die Übersicht verschiedener Flow-Definitionen bei Hoffmann/Novak (1997), S. 3 ff.
[715] Vgl. u. a. Bauer/Grether/Borrmann (2001), S. 20; Ghani/Desphande (1994), S. 390; Ghani/Supnick/Rooney (1991). Eng mit dem Enjoyment-Aspekt verbunden ist das Konstrukt 'Playfullness', welches von einigen Autoren auch synonym zum Flow-Begriff verwendet wird. Vgl. Webster/Trevino/Ryan (1993), S. 411 f.; Starbruck/Webster (1991), S. 75. Hierbei handelt es sich jedoch primär um ein Eigenschaftsmerkmal, welches ein spielerisches Interagieren eines Individuums mit seiner Umgebung zum Ausdruck bringt. Die Playfullness-Eigenschaft begünstigt zwar die intrinsische Motivation einer Person, kann aber nicht mit dem eigentlichen Flow-Erlebnis sowie dessen Merkmalen gleichgesetzt werden. Vgl. ähnlich Bauer/Grether/Borrmann (1999), S. 10.
[716] Vgl. Bauer/Grether/Borrmann (2001), S. 20.
[717] Vgl. Bauer/Grether/Borrmann (2001), S. 22 und S. 24.
[718] Vgl. Webster/Trevino/Ryan (1993), S. 414.
[719] Vgl. insbesondere Csikszentmihalyi (1991b), S. 43 f.; Csikszentmihalyi/Csikszentmihalyi (1991), S. 286.

anschaulichsten durch das so genannte **Channel Flow-Modell** verdeutlicht, welches in seiner einfachsten Form vier Felder beinhaltet und in Abb. 28 dargestellt ist.

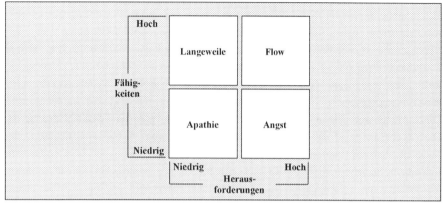

Abb. 28: Channel Flow-Modell
Quelle: In Anlehnung an Csikszentmihalyi/Csikszentmihalyi (1991), S. 286.

Der Grundgedanke dieses Modells beruht auf der Annahme, dass die intensive Beanspruchung physischer, intellektueller oder sensorischer Fähigkeiten eine notwendige Bedingung für die intrinsische Freude an einer Tätigkeit darstellt. Damit eine solche Aktivität jedoch auch als eine optimale Erfahrung empfunden wird, müssen die wahrgenommenen Herausforderungen mit den vorhandenen Fähigkeiten auf einem hohen Niveau im Einklang stehen. Werden die Herausforderungen bei gleichzeitig hohen Fähigkeiten als zu niedrig empfunden, resultiert Langeweile, während der entgegengesetzte Fall ein Gefühl von Angst und Unsicherheit auslöst.[720]

Auf Grund der eingangs geschilderten Probleme direkter Messansätze bietet es sich an, einer **Konzeptualisierung** des Flow-Konstrukts die symptomatischen Merkmale des Phänomens zu Grunde zu legen. Dementsprechend soll in der vorliegenden Arbeit ein indirekter Messansatz gewählt werden, der die beiden hypothetischen Faktoren intrinsisches Vergnügen sowie Verzerrung des Zeitgefühls beinhaltet. In diesem Messkonzept bleiben somit die Variablen der zweiten Ebene unberücksichtigt. Dadurch wird eine hierarchisch-kausale Struktur bei der Erfassung des Flow-Phänomens vermieden. Zudem wurde bereits darauf hingewiesen, dass die determinierenden Variablen der zweiten Ebene zwar wichtige Voraussetzungen des Flow-

---

[720] Vgl. dazu auch Ellis/Voelkl/Morris (1994), S. 350 ff.; LeFevre (1991), S. 315 ff.

Erlebnisses darstellen, dieses jedoch nicht automatisch auslösen. Vor dem Hintergrund dieser Überlegungen ergibt sich die in Abb. 29 dargestellte Konzeptualisierung des Flow-Konstrukts.

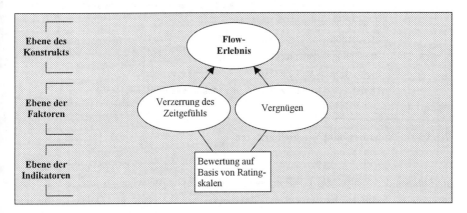

Abb. 29: Konzeptualisierung des Konstrukts 'Flow-Erlebnis'
Quelle: Eigene Erstellung

Im Rahmen der **dritten Ebene** wird untersucht, mit welchen verhaltensbezogenen Konsequenzen das Flow-Erlebnis verbunden ist. Grundsätzlich indizieren die dazu vorliegenden Ergebnisse, dass eine intrinsische Tätigkeitsfreude als zusätzlicher oder sogar eigenständiger Anreiz fungieren kann und so die Ausübung einer Aktivität beeinflusst.[721] Im Kontext einer Nutzung des Internets werden dabei zwei unterschiedliche resultierende Verhaltensmuster aufgezeigt: Zum einen kann sich Flow in einem intensiveren explorativen Navigationsverhalten äußern.[722] Dabei dient ein scheinbar zielloses Surfen durch das Internet primär einer intrinsischen Befriedigung von Neugier und der Suche nach Abwechslung bzw. Ablenkung. Zum anderen liegen jedoch auch Untersuchungsergebnisse vor, die zeigen, dass ein Flow-Erlebnis auch die zielgerichtete Nutzung des Internets für die Abwicklung von andersthematischen Aktivitäten - also primär extrinsisch motivierten Tätigkeiten - positiv beeinflussen kann.[723] Dadurch eignet sich das Flow-Konstrukt auch als Erklärungskonzept in Bezug auf die Frage, warum Konsumenten das Internet für die Abwicklung von Aktivitäten im Rahmen des

---

[721] Vgl. dazu die Ausführungen in Abschnitt 7.1.2.2.1.
[722] Vgl. Bauer/Grether/Borrmann (2001), S. 21 und S. 24; Hoffmann/Novak/Yung (1999), S. 19 ff.
[723] Vgl. dazu die bereits in Abschnitt 7.1.2.2.2 aufgezeigten Ergebnisse der Studien von Bauer/Grether/Borrmann (2001), S. 18 sowie Hoffmann/Novak (1997), S. 26 ff.

Kaufprozesses gegenüber anderen Formen der Leistungsabwicklung präferieren. Vor diesem Hintergrund können folgende Untersuchungshypothesen postuliert werden:

H_{12-15}: Je ausgeprägter das Flow-Erlebnis bei der Nutzung des Internets wahrgenommen wird, desto höher ist die ...
... Informationsakzeptanz (H_{12}) ...
... Anbahnungsakzeptanz (H_{13}) ...
... Transaktionsakzeptanz (H_{14}) ...
... After-Sales-Akzeptanz (H_{15}) ... der Online-Distribution.

7.1.3.3 Nutzungs- und Wechselbarrieren

Im Rahmen der Analyse des Erklärungsbeitrags der Adoptionsforschung wurde deutlich, dass zwei unterschiedliche Kategorien von **Barrieren** die Akzeptanz der Online-Distribution beeinträchtigen oder gar verhindern können: Zum einen sind Wechselbarrieren zu berücksichtigen, die darin bestehen, dass ein Individuum bestehende persönliche Kontakte zum stationären Händler nicht gefährden oder abbrechen will. Diese Form von Barrieren beeinträchtigen nicht nur die Akzeptanz der Online-Distribution, sondern generell die Abwanderung vom angestammten Händler. Selbst wenn ein Individuum von diesem Händler abwandern kann und will, muss zum anderen jedoch auch berücksichtigt werden, dass einer Nutzung der Online-Distribution weitere Hürden entgegen stehen, die primär in den Eigenschaften des Internets bzw. E-Commerce selbst begründet liegen und gesamthaft als Nutzungsbarrieren bezeichnet werden.

Die große Spannbreite aller denkbaren **Nutzungsbarrieren** der Online-Distribution impliziert die Existenz zahlreicher Ausprägungsformen des Phänomens. Aus diesem Grund muss sich eine Konzeptualisierung dieses Konstrukts auf die als wesentlich erachteten Facetten beschränken. Dabei kann jedoch nicht wie bei der Konkretisierung der beiden Erklärungsgrößen 'Flow' sowie 'relativer Vorteil' auf einen ähnlich ergiebigen theoretischen Hintergrund zurückgegriffen werden. Eine qualitative Erarbeitung möglicher Ausprägungsformen der Nutzungsbarrieren muss sich daher stärker von sachlogischen Überlegungen leiten lassen. Auch deskriptive Ergebnisse entsprechender Konsumentenbefragungen können erste Anhaltspunkte für die Strukturierung des Phänomens liefern. Die von den befragten Internetnutzern dabei häufig genannten Schwierigkeiten bzw. Nachteile des E-Commerce lassen sich grob in zwei Kategorien einteilen: Unter dem Begriff **'technische** Nutzungsbarrieren' können solche Hürden subsumiert werden, die eine Person bereits beim Zugang sowie bei der generellen

Nutzung des Internets empfindet. Hierzu zählen beispielsweise Gebühren für den Internet-Service-Provider, die als zu hoch empfunden werden, oder auch ein verzögerter Bildaufbau auf Grund niedriger Datenübertragungsgeschwindigkeiten.[724] Andere Nutzungsbarrieren behindern hingegen speziell die Abwicklung kommerzieller Aktivitäten über das Internet. Diese zweite Kategorie von Hürden teilt sich wiederum in ein ganzes Bündel von Problemen auf, die als funktionale, emotionale sowie rechtliche Nutzungsbarrieren bezeichnet werden können.

Funktionale Nutzungsbarrieren beziehen sich auf einzelne distributive Leistungen im Rahmen des Kaufprozesses, die nicht oder nur sehr unzureichend über Online-Medien abgebildet werden können. So kann im Internet z. B. keine Demonstration haptischer Produkteigenschaften im Sinne eines 'touch-and-feel'-Erlebnisses erfolgen. Hierzu ist vielmehr ein Wechsel zum stationären Distributionskanal erforderlich, was einen Bruch in der internetgestützen Verkaufsabwicklung impliziert, mit der möglichen Konsequenz, dass Konsumenten insgesamt eine geringere Bereitschaft zur Nutzung der Online-Distribution aufweisen. Eine Reihe weiterer derartiger Leistungen, die nur über den stationären Handel in geeigneter Weise abgewickelt werden können, wurden bereits im Rahmen der funktionenorientierten Analyse der Online-Distribution in Abschnitt 3.1.2 identifiziert.

Während sich funktionale Hürden auf distributive Kernleistungen des Vertriebssystems beziehen, liegen **emotionale** Nutzungsbarrieren eher in einer unzulänglichen Abbildung von Zusatzleistungen im Internet begründet. So ist davon auszugehen, dass Konsumenten vor allem bei stark erklärungsbedürftigen Produkten, die im Rahmen extensiver Kaufprozesse erworben werden, eine kompetente und individuelle Verkaufsberatung in einem anregenden Umfeld erwarten. Die Ergebnisse aus Umfragen bei Internetnutzern indizieren, dass sich die Online-Distribution hierfür jedoch nur unzureichend eignet.[725]

Von den bisher genannten Aspekten zu differenzieren sind schließlich **rechtliche** Unwägbarkeiten, die aus Sicht der Konsumenten mit einer Abwicklung kommerzieller Vorgänge über das Internet verbunden sind. Obwohl mit der Fernabsatzrichtlinie inzwischen eine verbindliche Grundlage für die Abwicklung des E-Commerce vorliegt,[726] bemängeln Internetnutzer immer noch juristische Hürden. Dazu zählen vor allem empfundene Unsicherheiten bezüglich der beiderseitigen Verbindlichkeit von Willenserklärungen, die über Online-Medien abgegeben

---

[724] Vgl. Preißl/Haas (1999), S. 23 f. und S. 64 ff.; Schleuning/Wetzig (2000), S. 43, m. w. N.; Tiedtke (2000), S. 103 f.
[725] Vgl. Fantapié Altobelli/Grosskopf (1998), S. 98; G+J Electronic Media Service (Hrsg.) (2000b), S. 10.
[726] Zur Fernabsatzrichtlinie vgl. vertiefend Hoeren (2000), S. 217 f.; Micklitz/Reich (1998).

werden, sowie Befürchtungen, dass persönliche Daten bei der internetgestützten Abwicklung von Transaktionen durch Dritte missbraucht werden.[727]

Damit können insgesamt vier zentrale Facetten der Nutzungsbarrieren konzeptualisiert werden, die in Abb. 30 zusammenfassend dargestellt sind.

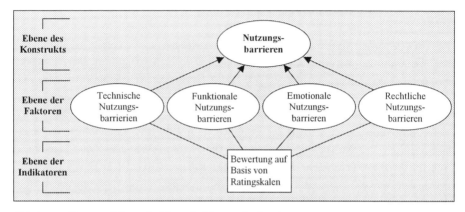

Abb. 30: Konzeptualisierung des Konstrukts 'Nutzungsbarrieren'
Quelle: Eigene Erstellung

Was die kausalen Wirkungen der Nutzungsbarrieren anbelangt, so geben vor allem die angestellten sachlogischen Überlegungen, aber auch die Aussagen der Adoptionsforschung begründeten Anlass, folgende Untersuchungshypothesen aufzustellen:

H_{16-19}: Je höher die Nutzungsbarrieren wahrgenommen werden, desto niedriger ist die ...

... Informationsakzeptanz (H_{16}) ...

... Anbahnungsakzeptanz (H_{17}) ...

... Transaktionsakzeptanz (H_{18}) ...

... After-Sales-Akzeptanz (H_{19}) ... der Online-Distribution.

Über die mit den Hypothesen H_{16-19} postulierten negativen Wirkungseffekte auf die endogenen Faktoren der einstellungsorientierten Online-Akzeptanz hinaus können bei näherer Betrachtung auch kausale Relationen des Konstrukts 'Nutzungsbarrieren' mit anderen exogenen Erklärungsgrößen vermutet werden. So erscheint es plausibel, dass subjektiv empfundene Nutzungsprobleme im Umgang mit dem Internet auch das Entstehen von Flow beeinträchtigen können. So lösen beispielsweise niedrige Datenübertragungsgeschwindigkeiten und unübersichtlich

---

[727] Vgl. Fantapié Altobelli/Fittkau (1997), S. 402; Fantapié Altobelli/Grosskopf (1998), S. 98.

gestaltete Seiten im Internet vermutlich eher ein Gefühl von Frustration aus und verhindern dadurch das Aufkommen einer intrinsischen Tätigkeitsfreude bei der Nutzung von Online-Medien. Neben einer Minderung des Flow-Potenzials kann weiterhin vermutet werden, dass auch der Nutzen des E-Commerce im Sinne eines relativen Vorteils niedriger eingestuft wird, wenn entsprechende Nutzungsbarrieren einer reibungslosen Abwicklung des Kaufprozesses über das Internet entgegenstehen. Über die empirische Angemessenheit dieser Überlegungen kann die Prüfung folgender Untersuchungshypothesen Auskunft geben.

$H_{20\text{-}21}$: Je höher die Nutzungsbarrieren wahrgenommen werden, desto niedriger ist ...
... der relative Vorteil (H_{20}) ...
... das Flow-Erlebnis (H_{21}) ... der Online-Distribution.

Als **Wechselbarrieren** wurden Hemmnisse beschrieben, die auf einer persönlichen und damit freiwilligen Bindung des Konsumenten an den stationären Händler beruhen. Insofern können rein ökonomisch oder rechtlich begründete Verpflichtungen aus der Betrachtung ausgeklammert werden; die Bezeichnung soziale Wechselbarrieren erscheint daher in diesem Kontext präziser. Diese Form von Wechselhemmnissen weist einen engen Bezug zu dem Konstrukt des Commitment auf.[728] Der ursprünglich aus der Soziologie entstammende Begriff **Commitment** kann als "... a feeling of obligation to follow a particular course of action or to seek a particular goal .."[729] verstanden werden. Dieses Gefühl von Verpflichtung gegenüber einem Geschäftspartner findet sich auch als Erklärungs- und Messgröße in einigen betriebswirtschaftlichen Beiträgen zum Beziehungsmanagement.[730] Dabei wird jedoch entweder keine präzise oder aber eine sehr komplexe Konzeptualisierung des Konstrukts vorgenommen, so dass für den Commitment-Begriff insgesamt eine schwierige empirische Fassbarkeit zu konstatieren ist.[731]

Vor dem Hintergrund der Problematik, das Commitment-Konzept einer Messung zugänglich zu machen, verbleibt als qualitativer Anhaltspunkt für eine Konzeptualisierung des Konstrukts 'soziale Wechselbarrieren' in erster Linie die bereits in Kapitel 6.1.2.2 erwähnte empirische Untersuchung von *Peter*, in der das Phänomen explizit als Determinante der Kundenbindung Berücksichtigung findet.[732] Soziale Wechselbarrieren bauen - so *Peter* - "... auf unterschiedlichen Formen der Integration der Klientel in das Unternehmensgeschehen auf ..."[733] Als Beispiele für derartige soziale Einbindungen von Kunden nennt sie u. a. persönliche Freund-

---

[728] Darauf wurde bereits in Abschnitt 7.1.2.1.3 hingewiesen.
[729] Theodorson/Theodorson (1969), S. 61.
[730] Vgl. u. a. Dwyer/Schurr/Oh (1987), S. 19; Gundlach/Achrol/Mentzer (1995), S. 78 ff.; Söllner (1993), S. 90 ff.
[731] Darauf weisen auch Peter (1997), S. 116; Simon (1986), S. 206 sowie Söllner (1993), S. 138 ff. hin.
[732] Vgl. Peter (1997), insbesondere S. 122 f. und S. 198 ff.
[733] Peter (1997), S. 122.

schaften, zwischenmenschliche Beziehungen sowie Einladungen zu Unternehmensveranstaltungen bzw. Aktionärsversammlungen. Trotz dieses breiten Spektrums denkbarer Ausprägungsformen sozialer Wechselbarrieren postuliert *Peter* einen **einfaktoriellen** Messansatz, der sich in der quantitativen Analyse als ausreichend reliabel sowie valide erweist und zudem auch einen hohen empirischen Beitrag zur Erklärung der Bindung von Neuwagenkäufern an den angestammten Händler liefert.[734] Daher erscheint es auch für die eigene Untersuchung als angemessen, von einer einfaktoriellen Struktur des Konstrukts soziale Wechselbarrieren auszugehen (siehe Abb. 31).

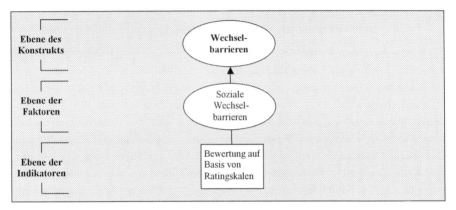

Abb. 31: Konzeptualisierung des Konstrukts 'Wechselbarrieren'
Quelle: Eigene Erstellung

Im Hinblick auf die Wirkungseffekte sozialer Wechselbarrieren kann vermutet werden, dass ein Konsument, der sich mit dem angestammten stationären Händler persönlich verbunden fühlt, den Kauf auch weiterhin dort abwickeln wird. Die Folge ist eine verminderte Akzeptanz alternativer Vertriebskanäle und damit auch der Online-Distribution. Somit erscheint folgendes plausibel:

H_{22-25}: Je höher die sozialen Wechselbarrieren wahrgenommen werden, desto niedriger ist die ...

... Informationsakzeptanz (H_{22}) ...

... Anbahnungsakzeptanz (H_{23}) ...

... Transaktionsakzeptanz (H_{24}) ...

... After-Sales-Akzeptanz (H_{25}) ... der Online-Distribution.

---

[734] Vgl. Peter (1997), S. 188 f.

7.1.4 Überblick über die zu prüfenden Kausalmodelle

Im Verlauf der Konkretisierung eines Modells der Effekte ausgewählter Determinanten auf die einstellungsorientierte Online-Akzeptanz wurden insgesamt 18 **Basishypothesen** formuliert, die in Tab. 47 im Überblick dargestellt sind. Diese Hypothesen postulieren kausale Wirkungsbeziehungen zwischen den identifizierten Determinanten auf Konstruktebene einerseits und der einstellungsorientierten Online-Akzeptanz auf Faktorenebene andererseits. Weiterhin wurde für drei der insgesamt vier determinierenden Konstrukte eine weitere Aufgliederung in jeweils mehrere Faktoren konzeptualisiert. Sollte die vermutete mehrfaktorielle Struktur der betroffenen Determinanten im Rahmen der nachfolgenden quantitativen Operationalisierung empirisch bestätigt werden, muss eine weitere Detaillierung der postulierten Basishypothesen erfolgen, damit sich die zu prüfenden Wirkungsrelationen auf die gleiche Messebene der berücksichtigten Konstrukte beziehen. Die Folge wäre ein weiterer Anstieg der ohnehin hohen Anzahl zu prüfender Hypothesen.

Exogenes Konstrukt	Endogener Faktor bzw. endogenes Konstrukt			
	Informations-akzeptanz	Anbahnungs-akzeptanz	Transaktions-akzeptanz	After-Sales-Akzeptanz
Relativer Vorteil	H_8 (+)	H_9 (+)	H_{10} (+)	H_{11} (+)
Flow-Erlebnis	H_{12} (+)	H_{13} (+)	H_{14} (+)	H_{15} (+)
Wechselbarrieren	H_{22} (−)	H_{23} (−)	H_{24} (−)	H_{25} (−)
Nutzungsbarrieren	H_{16} (−)	H_{17} (−)	H_{18} (−)	H_{19} (−)
	Relativer Vorteil		Flow-Erlebnis	
	H_{20} (−)		H_{21} (−)	

Tab. 47: Überblick über die Basishypothesen zu den Determinanten der Dimension 'einstellungsorientierte Online-Akzeptanz'
Anmerkung: (+)/(-): Postulierte Wirkungsrichtung der exogenen Konstrukte auf die endogenen Faktoren bzw. Konstrukte
Quelle: Eigene Erstellung

Vor diesem Hintergrund verbietet sich eine simultane Berücksichtigung aller detaillierten Wirkungsrelationen mit den entsprechenden Faktoren im Rahmen eines umfassenden **Totalmodells** allein schon auf Grund der Kapazitätsgrenzen, die bei einer Anwendung strukturgleichungsanalytischer Verfahren zu beachten sind.[735] Zudem würde sich eine systematische Interpretation der ermittelten Schätzergebnisse auf Grund der daraus resultierenden Modellkomplexität erheblich erschweren. Anstatt der Bildung eines einzelnen Totalmodells soll daher die Komplexität der strukturgleichungsanalytischen Hypothesenprüfungen durch folgende zwei Maßnahmen auf ein handhabbares Maß reduziert werden: Erstens erfolgt für jeden Faktor der einstellungsorientierten Online-Akzeptanz eine isolierte Betrachtung des determinierenden Beziehungsgefüges. Daraus resultieren insgesamt vier Basismodelle, die in Abb. 32 schematisch dargestellt sind. Zweitens sollen in diese Basismodelle nur diejenigen exogenen Faktoren einfließen, die tatsächlich einen Beitrag zur Erklärung des jeweiligen Zielphänomens leisten. Daher wird im Vorfeld der eigentlichen explikativen Modellprüfung eine Auswahl empirisch relevanter Faktoren vorgenommen. Als Auswahlkriterium fungiert dabei die Höhe der Strukturkoeffizienten für die postulierten Wirkungszusammenhänge zwischen den Faktoren einer Determinante auf der einen und dem jeweiligen Zielfaktor auf der anderen Seite. Ergänzend hierzu sollen auch die Signifikanzen der Koeffizientenwerte betrachtet werden.[736]

Diese zweistufige Vorgehensweise erlaubt die Bildung einfacher Strukturmodelle mit zugleich hoher Erklärungskraft und lässt sich daher vor dem Hintergrund der **Parsimony**-Forderung auch wissenschaftstheoretisch rechtfertigen. Nach dieser methodologischen Leitidee sind nämlich sparsame gegenüber komplexeren Modellen und Theorien zu bevorzugen, sofern beide Ansätze eine ähnliche Güte aufweisen.[737] Zugleich muss allerdings auch darauf hingewiesen werden, dass die vorgeschlagenen Modelloptimierungen nicht uneingeschränkt mit dem Postulat eines streng konfirmatorischen Vorgehens vereinbar sind. Im Rahmen eines solchen Forschungsansatzes, der sich an den Prinzipien des kritischen Rationalismus orientiert, wird ein einziges Modell auf Basis der Theorie definiert, empirisch getestet und entweder abgelehnt oder vorläufig angenommen.[738]

---

[735] So geht Eisele (1995), S. 110 davon aus, dass maximal 25 manifeste Variablen von den Verfahren der Strukturgleichungsanalyse simultan verarbeitet werden können. Von einer etwas höheren Kapazitätsgrenze sprechen indes Homburg/Sütterlin (1990), S. 190, die Probleme bei der Modellschätzung erst bei Berücksichtigung von mehr als 35 Indikatoren erwarten. Da bereits der validierte Messansatz der einstellungsorientierten Online-Akzeptanz 20 Indikatoren umfasst, ist bei der Formulierung eines Totalmodells in jedem Fall eine Überschreitung der verfahrensinhärenten Kapazitätsgrenze zu erwarten. Zum Messmodell der einstellungsorientierten Online-Akzeptanz vgl. Abschnitt 5.3.1.

[736] Die entsprechenden Signifikanzniveaus in Form von t-Tests müssen mittels einer ML-Schätzung berechnet werden. Die übrigen Parameterschätzungen erfolgen weiterhin auf Basis einer ULS-Schätzung. Vgl. dazu auch Abschnitt 4.2.1.2.

[737] Vgl. dazu u. a. Lambert/Brittan (1970), S. 69 ff.; Quine (1960), S. 242.

[738] Vgl. Popper (1973), S. 213 ff.; derselbe (1984), S. 47 ff.

Determinanten der Online-Akzeptanz in der Automobilwirtschaft 247

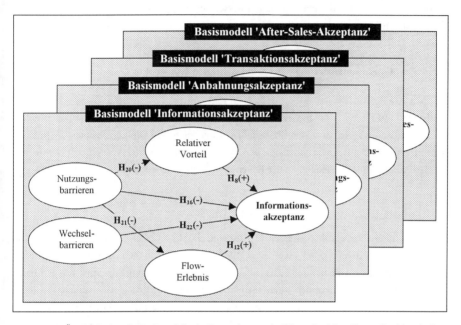

Abb. 32: Überblick über die Basismodelle der Determinanten der Dimension 'einstellungsorientierte Online-Akzeptanz'
Quelle: Eigene Erstellung

Diese kritisch-rationalistischen Prinzipien werden jedoch in den Sozialwissenschaften überwiegend als realitätsfremd eingeschätzt, da die Analyse von Gesetzmäßigkeiten - im Gegensatz zu den Naturwissenschaften - auf Grund der Fülle an Einfluss- und Kontextfaktoren zumeist nicht deterministischer, sondern probabilistischer Natur ist und sich damit ungleich komplexer darstellt.[739] Daher wird von den Vertretern des zunehmend anerkannten **'Scientific Realism'** bzw. **'Modern Empiricism'** argumentiert,[740] dass zur Erklärung eines sozialwissenschaftlichen Sachverhalts häufig mehrere Konzepte und Modelle, die einander sehr ähnlich sein können, vorliegen und der empirische Test auch dazu dienen kann, das Beziehungsgeflecht mit der besten Anpassung herauszufiltern. Mit dieser Denkhaltung des wissenschaftlichen Realismus ist es daher vereinbar, von einer streng konfirmatorischen Überprüfung eines

---

[739] Vgl. Homburg (1998), S. 62 ff.
[740] Zum Konzept des wissenschaftlichen Realismus vgl. Hunt (1991), S. 379 f.

einzigen Modells abzuweichen und stattdessen eine vorgeschaltete Auswahl empirisch relevanter Einflussgrößen vorzunehmen.[741]

7.2 Operationalisierung der berücksichtigten Konstrukte

Aufbauend auf den in Abschnitt 7.1.3 vorgenommenen Konstruktkonzeptualisierungen gilt es im Folgenden, für die vier identifizierten Determinanten der Online-Akzeptanz - relativer Vorteil, Flow-Erlebnis sowie Nutzungs- bzw. Wechselbarrieren - Messkonzepte zu entwickeln, die den Anforderungen hinsichtlich der Kriterien Validität sowie Reliabilität genügen.[742]

(a)   Relativer Vorteil

Die konzeptionellen Vorüberlegungen in Abschnitt 7.1.3.1 ergaben, dass ein Messansatz für das Konstrukt 'relativer Vorteil' einen subjektiven Vergleich zwischen der Online-Distribution und dem stationären Händler auf Basis salienter Nutzenattribute zum Ausdruck bringen muss. Die Erarbeitung entsprechender **Nutzenattribute**, die der Forderung nach Salienz genügen, erfolgte im Rahmen des Pre-Tests.[743] Hierzu wurden die Pre-Test-Teilnehmer über eine offene Frage aufgefordert, sämtliche Vorteile anzugeben, die nach ihrer Meinung mit einer Nutzung des Internets beim Neuwagenkauf verbunden sind. Eine Synthese der dabei mehrfach genannten Nutzenaspekte resultierte schließlich in einem Katalog von insgesamt siebzehn Attributen, die sich entlang der Aspekte Preis, Leistung sowie Bequemlichkeit ordnen ließen. Die im Wortlaut entsprechend vereinheitlichten Nutzenattribute können aus nachfolgender Tab. 48 entnommen werden.

Hinsichtlich der **Bewertung** der identifizierten Merkmale wurde eine verbalisierte Skala gewählt, die das Endergebnis des subjektiven Nutzenvergleichs auf Ebene eines jeden Attributs direkt misst. Gegen eine alternativ denkbare explizite Erfassung der Nutzenbewertungen für die Online-Distribution und den stationären Vertrieb auf zwei getrennten Skalen, die anschließend z. B. durch Subtraktion der jeweiligen Ausprägungswerte miteinander verknüpft

---

[741] Ähnlich argumentiert Homburg (1998), S. 63 ff. m. w. N.
[742] Aus Gründen der Übersichtlichkeit wird - wie bereits in Kapitel 6 - auf eine ausführliche Erörterung der einzelnen Operationalisierungsschritte verzichtet. Im Folgenden werden lediglich die Ausgangsindikatoren kurz vorgestellt sowie die wesentlichen Resultate der quantitativen Operationalisierung skizziert. Die detaillierten Resultate der Untersuchungsstufen A, B und C können dem Anhang der vorliegenden Arbeit entnommen werden. Vgl. Abschnitt A.3 auf S. 308 ff. im Anhang dieser Arbeit.
[743] Zum Pre-Test vgl. Abschnitt 4.1.1.

werden, sprachen folgende Gründe: Zum einen wäre damit eine Verdopplung der zu bewertenden Items und ein entsprechender Anstieg der Fragebogenlänge verbunden. Zum anderen kann davon ausgegangen werden, dass nicht nur die expliziten Nutzenbewertungen für jedes Vergleichsobjekt, sondern auch der mentale Vergleichsprozess subjektiven Verzerrungen unterliegt. Dies bedeutet, dass sich der relative Vorteil nicht aus einer deterministischen Verknüpfung von zwei oder mehreren Nutzenwerten ergibt, sondern eine individuell unterschiedlich empfundene Nutzendiskrepanz zwischen dem innovativen Sachverhalt und dem alternativen Vergleichsobjekt ausdrückt, die auch direkt gemessen werden sollte.[744]

Hypothetischer Faktor	Indikatorfrage/ Attribut	Skala/ SPSS-Notation
	Bitte geben Sie an, ob nach Ihrer Erfahrung oder Erwartung das Internetangebot hinsichtlich nachfolgender Eigenschaften besser, gleich gut oder schlechter als ein Automobilhändler ist.	5-stufige Ratingskala (1 = Internet schlechter als Händler; 5 = Internet besser als Händler)
Relativer Preisvorteil	• Günstige Neuwagenpreise	RV_PR_NE
	• Günstige Finanzierungs- und Leasingangebote	RV_PR_FI
	• Günstiges Angebot von Zubehör und Accessoires	RV_PR_ZU
	• Günstiges Angebot von Gebrauchtwagen	RV_PR_GE
Relativer Leistungsvorteil	• Vielfältige Informationen über Autos	RV_LE_VI
	• Aktuelle Informationen über Autos	RV_LE_AK
	• Objektive Informationen über Autos	RV_LE_OB
	• Markenübergreifendes Angebot von Autos	RV_LE_MA
	• Umfangreiches Angebot an Zubehör und Accessoires	RV_LE_ZU
	• Umfangreiches Angebot an Gebrauchtwagen	RV_LE_GE
	• Kauf von Neuwagen ohne langwierige Verkaufsgespräche	RV_LE_VE
	• Kauf von Neuwagen ohne Druck bzw. Zwang durch einen Verkäufer	RV_LE_ZW
Relativer Bequemlichkeitvorteil	• Bequeme Beschaffung von Informationen über Autos	RV_BE_IN
	• Bequemes Einholen von Preisangeboten für Neuwagen	RV_BE_PR
	• Bequemer Kauf von Neuwagen	RV_BE_NE
	• Bequemer Kauf von Zubehör und Accessoires	RV_BE_ZU
	• Bequemer Kauf bzw. Verkauf von Gebrauchtwagen	RV_BE_GE

Tab. 48: Indikatoren zur Erfassung des Konstrukts 'relativer Vorteil'
Anmerkung: Eliminierte Indikatoren sind grau hinterlegt
Quelle: Eigene Erstellung

---

[744] Ähnlich wurde bereits bei der Auswahl einer direkten Messskala für das Konstrukt 'Kundenzufriedenheit' in Abschnitt 6.1.2.1 bzw. 6.2 argumentiert.

Die Explorative Faktorenanalyse im Rahmen der Untersuchungsstufe A führte entgegen der vorab unterstellten dreifaktoriellen Struktur zu einer Extraktion von fünf Faktoren.[745] Die anschließende Interpretation der ermittelten Lösung zeigte, dass sich der hypothetische Faktor 'relativer Leistungsvorteil' in zwei Aspekte aufsplittet: Während sich die Indikatoren des extrahierten Faktors 2 auf Vielfalts- sowie Qualitätsvorteile beziehen, lässt sich der Faktor 5 als 'relativer Verhandlungsvorteil' deuten. Die extrahierten Faktoren 1 und 3 entsprechen inhaltlich den konzeptualisierten Faktoren 'relativer Preis-' sowie 'Bequemlichkeitsvorteil'. Dagegen lässt sich der Faktor 4 nicht sinnvoll interpretieren. Daher erfolgte entsprechend der üblichen Vorgehensweise eine Elimination der hinter diesem Nonsens-Faktor stehenden Indikatoren RV_LE_GE, RV_LE_MA sowie RV_BE_IN.[746] Mit der somit auf vierzehn Items reduzierten Indikatorenmenge wurde eine weitere Explorative Faktorenanalyse gerechnet.[747] Dabei konnte die vierfaktorielle Struktur sehr gut reproduziert werden, die sich auch in den nachfolgenden Untersuchungsstufen B und C weitgehend bewährte.[748] Lediglich zwei weitere Items (RV_BE_PR sowie RV_LE_ZU) mussten auf Grund zu niedriger Indikatorreliabilitäten ausgesondert werden. Insgesamt ergibt sich damit ein **Vier-Faktoren-Messkonzept** für das Konstrukt 'relativer Vorteil', welches den weiteren explikativen Analysen zu Grunde gelegt wird und in einer Detaillierung der Basishypothesen H_8 bis H_{11} mündet (siehe Tab. 49).

	Endogener Faktor			
Exogener Faktor	Informations-akzeptanz	Anbahnungs-akzeptanz	Transaktions-akzeptanz	After-Sales-Akzeptanz
Relativer Preisvorteil	H_{8a} (+)	H_{9a} (+)	H_{10a} (+)	H_{11a} (+)
Relativer Leistungsvorteil	H_{8b} (+)	H_{9b} (+)	H_{10b} (+)	H_{11b} (+)
Relativer Bequem-lichkeitsvorteil	H_{8c} (+)	H_{9c} (+)	H_{10c} (+)	H_{11c} (+)
Relativer Verhand-lungsvorteil	H_{8d} (+)	H_{9d} (+)	H_{10d} (+)	H_{11d} (+)

Tab. 49: Überblick über die abgeleiteten Hypothesen für die Faktoren der Determinante 'relativer Vorteil'
Anmerkung: (+)/(-): Postulierte Wirkungsrichtung der exogenen Faktoren auf die endogenen Faktoren
Quelle: Eigene Erstellung

---

[745] Vgl. Tab. 80 auf S. 308 im Anhang.
[746] Churchill (1979), S. 69 argumentiert in diesem Zusammenhang, dass die Extraktion inhaltlich nicht plausibel interpretierbarer Nonsens-Faktoren "... is partly due to the 'garbage items' which do not have the common core but which do produce additional dimensions in the factor analysis." Vgl. dazu auch Krafft (1995), S. 263.
[747] Vgl. Tab. 81 auf S. 309 im Anhang.
[748] Vgl. Tab. 82 auf bis Tab. 89 auf S. 310 bis S. 317 im Anhang.

(b) Das Flow-Erlebnis

In Abschnitt 7.1.3.2 wurde eine Entscheidung zu Gunsten einer indirekten Messung des Flow-Phänomens anhand der symptomatischen Merkmale, die eine solche optimale Erfahrung begleiten und charakterisieren können, getroffen. Als wichtige Merkmale eines Flow-Erlebnisses gelten in der einschlägigen Literatur ein subjektiv empfundenes Vergnügen an der Aktivität sowie ein verzerrtes Zeitgefühl, welches aus der konzentrierten Vertiefung in die Tätigkeit resultiert. Eine Reihe empirischer Arbeiten bedienen sich dieser beiden Aspekten zur indirekten Erfassung bzw. Erklärung des Flow-Phänomens.[749] Die dabei von *Bauer/Grether/Borrmann* sowie *Hoffmann/Novak/Yung* verwendeten Messkonzepte ähneln sich stark und wurden daher als Grundlage für die Entwicklung eines eigenen Operationalisierungsansatzes herangezogen.[750] Tab. 50 zeigt die konkret gewählten Indikatoren für die beiden hypothetischen Faktoren 'Vergnügen' sowie 'Verzerrung des Zeitgefühls'.

Hypothetischer Faktor	Indikatorfrage/ Attribut	Skala/ SPSS-Notation
		5-stufige Ratingskala (1 = stimme nicht zu; 5 = stimme zu)
Vergnügen	• Ich bin vom Internet begeistert.	FL_VE_BE
	• Die Nutzung des Internets finde ich unterhaltsam.	FL_VE_UN
	• Die Nutzung des Internets finde ich interessant.	FL_VE_IN
	• Die Nutzung des Internets macht mir Spaß.	FL_VE_SP
Verzerrung des Zeitgefühls	• Wenn ich das Internet nutze, merke ich manchmal nicht, wie die Zeit vergeht	FL_ZE_ZE
	• Wenn ich das Internet nutze, bin ich manchmal völlig darin vertieft.	FL_ZE_VE

Tab. 50: Indikatoren zur Erfassung des Konstrukts 'Flow-Erlebnis'
Anmerkung: Eliminierte Indikatoren sind grau hinterlegt
Quelle: Eigene Erstellung

Im Rahmen der Untersuchungsstufe A erfolgte eine explorative Analyse der Faktorenstruktur aller Ausgangsindikatoren.[751] Dabei konnte entgegen der ursprünglichen Vermutung nur ein

---

[749] Vgl. u. a. Bauer/Grether/Borrmann (2001), S. 22 ff.; Ghani/Desphande (1994), S. 384 ff.; Hoffmann/Novak/ Yung (1999), S. 11.
[750] Vgl. Bauer/Grether/Borrmann (2001), S. 30; Hoffmann/Novak/Yung (1999), S. 11.
[751] Vgl. Tab. 90 auf S. 318 im Anhang.

Faktor extrahiert werden.[752] Dieses Ergebnis belegt einen engen korrelativen Zusammenhang zwischen einem verzerrten Zeitgefühl bei der Nutzung des Internets auf der einen sowie dem dabei empfundenen Vergnügen auf der anderen Seite und spricht tendenziell für einen einfaktoriellen Messansatz des hinter beiden Faktoren stehenden Flow-Phänomens. Eine andere Schlussfolgerung indizieren jedoch die Ergebnisse der anschließend durchgeführten Untersuchungsstufe B: Die Konfirmatorische Faktorenanalyse auf Basis eines einfaktoriellen Messansatzes zeigt, dass die beiden Items, die sich auf den Aspekt eines verzerrten Zeitgefühls beziehen (FL_ZE_ZE und FL_ZE_VE), zu niedrige Indikatorreliabilitäten aufweisen.[753] Diese Verletzung der partiellen Gütekriterien kann im Rahmen der konfirmatorischen Prüfung eines zweifaktoriellen Messkonzeptes mit den beiden Faktoren 'Vergnügen' sowie 'Verzerrung des Zeitgefühls' wiederum vermieden werden. Allerdings zeigt das Fornell-Larcker-Kriterium in der Untersuchungsstufe C2 auch, dass diese Zwei-Faktoren-Struktur als nicht ausreichend diskriminant valide zu beurteilen ist.

Insgesamt betrachtet scheinen die Prüfergebnisse mehrheitlich auf ein **einfaktorielles** Messkonzept des Flow-Konstrukts hinzudeuten. Daher erfolgt zur Sicherstellung der Konvergenzvalidität des Messmodells eine Aussonderung der beiden Indikatoren des hypothetischen Faktors 'Verzerrung des Zeitgefühls' (FL_ZE_ZE und FL_ZE_VE), und für die weiteren Analysen wird eine Ein-Faktoren-Struktur übernommen.[754] Damit wird im Rahmen der Messung des Flow-Konstrukts auf eine Facette des Phänomens verzichtet. Dieser Verzicht erscheint jedoch unter dem Gesichtspunkt der inhaltlichen Validität nicht allzu schwer zu wiegen, da die durchgeführten Untersuchungsschritte belegen, dass ein empfundenes Vergnügen bei der Nutzung des Internets fast immer mit einem verzerrten Zeitgefühl einhergeht. Insofern ist die Messung beider Aspekte zu einem gewissen Grad inhaltlich redundant.

(c)   Wechselbarrieren

Im Rahmen der konzeptionellen Diskussion gelangten wir zu der Erkenntnis, dass die Barrieren, die einen Wechsel des angestammten Händlers und damit auch die Nutzung des Online-Distributionskanals erschweren können, überwiegend sozialer Natur sind. Weiterhin

---

[752] In einem weiteren Rechendurchlauf wurde eine Zwei-Faktoren-Lösung durch Festsetzung der Anzahl extrahierter Faktoren erzwungen. Die explorativ ermittelte Zuordnung der Indikatoren entsprach dabei exakt der vorab unterstellten Faktorenstruktur. Der Faktor 'Verzerrung des Zeitgefühls' wies jedoch mit 0,791 einen deutlich unter dem Kaiser-Kriterium liegenden Eigenwert auf. Folglich trägt dieser Faktor nur wenig zur Varianzerklärung aller Beobachtungswerte bei und sollte daher nach dem Kaiser-Kriterium nicht extrahiert werden. Vgl. Backhaus/Erichson/Plinke/Weiber (2000), S. 288.
[753] Vgl. Tab. 91 auf S. 319 im Anhang.
[754] Die vollständigen Validitäts- sowie Reliabilitätsinformationen für das einfaktorielle Messmodell des Flow-Erlebnisses können Tab. 92 auf S. 320 im Anhang entnommen werden.

wurde festgestellt, dass diese sozialen Wechselbarrieren durch ein einfaktorielles Messkonzept adäquat abgebildet werden können.[755] Auf Grundlage dieser Überlegungen wurden insgesamt fünf Indikatoren generiert, die eine persönliche Verbundenheit und Vertrautheit des Kunden gegenüber dem stationären Händler zum Ausdruck bringen und Tab. 51 zu entnehmen sind.

Hypothetischer Faktor	Indikatorfrage/ Attribut	Skala/ SPSS-Notation
	Wir interessieren uns für Ihre Einstellung gegenüber dem Händler, bei dem Sie Ihren Neuwagen gekauft haben. Bitte nehmen Sie Stellung zu nachfolgenden Aussagen.	5-stufige Ratingskala (1 = stimme nicht zu; 5 = stimme zu)
Soziale Wechselbarrieren	• Ich bin Stammkunde bei meinem Händler.	WB_SO_ST
	• Ich schätze den persönlichen Kontakt zu meinem Händler.	WB_SO_KO
	• Ich vertraue meinem Händler.	WB_SO_VE
	• Ich fühle mich meinem Händler persönlich verbunden.	WB_SO_PE
	• Bei meinem Händler werde ich bevorzugt behandelt.	WB_SO_BE

Tab. 51: Indikatoren zur Erfassung des Konstrukts 'Wechselbarrieren'
Anmerkung: Eliminierte Indikatoren sind grau hinterlegt
Quelle: Eigene Erstellung

Nach Durchführung der Untersuchungsstufen A und B kann konstatiert werden, dass die vorab unterstellte **einfaktorielle** Faktorenstruktur des Konstrukts Wechselbarrieren vollständig reproduziert werden konnte. Geringfügige Modifikationen gegenüber dem postulierten Messmodell waren lediglich hinsichtlich eines Indikators erforderlich, der im Rahmen der Konfirmatorischen Faktorenanalyse den geforderten Schwellenwert für die Indikatorreliabilität unterschritt und daher eliminiert wurde.[756]

(d) **Nutzungsbarrieren**

Die Konzeptualisierung des Konstrukts 'Nutzungsbarrieren' ergab, dass sich die Hürden, welche aus Sicht der Konsumenten einer Nutzung des Internets im Allgemeinen und dem E-Commerce im Besonderen entgegenstehen, auf vier unterschiedliche Problembereiche beziehen können. Dementsprechend erfolgte eine Differenzierung der hypothetischen Faktoren in technische, funktionale, rechtliche sowie emotionale Nutzungsbarrieren. Für jede dieser

---

[755] Vgl. Abschnitt 7.1.3.3.
[756] Vgl. Tab. 93 bis Tab. 95 auf S. 321 bis S. 323 im Anhang.

Spielarten wurden mehrere Items generiert, die sich entweder auf Basis sachlogischer Erwägungen ableiten ließen oder im Rahmen deskriptiver Konsumentenbefragungen zum Themenkomplex E-Commerce bereits in ähnlicher Form Verwendung fanden.[757] Insgesamt wurde eine Ausgangsmenge von 16 Items generiert, deren Wortlaut sowie Zuordnung zu den hypothetischen Faktoren des Konstrukts 'Nutzungsbarrieren' aus Tab. 52 entnommen werden können.

Hypotheti-scher Faktor	Indikatorfrage/ Attribut	Skala/ SPSS-Notation
	Nachfolgend finden Sie einige Aussagen, welche Ihre Einstellung bzw. Erfahrung hinsichtlich der Nutzung des Internets betreffen. Bitte nehmen Sie dazu Stellung.	5-stufige Ratingskala (1 = stimme nicht zu; 5 = stimme zu)
Technische Nutzungs-barrieren	• Ich habe jederzeit Zugang zum Internet. (R)	NB_TE_JE
	• Ich habe bequemen Zugang zum Internet. (R)	NB_TE_BE
	• Die Nutzung des Internets ist mit hohen Kosten verbunden.	NB_TE_KO
	• Die Seiten im Internet sind oft unübersichtlich und schwierig zu verstehen.	NB_TE_SC
	• Der Aufbau von Seiten im Internet ist oft langsam und zeitraubend.	NB_TE_ZE
	Können Sie sich vorstellen, beim Neuwagenkauf auf bestimmte Leistungen zu verzichten? Bitte nehmen Sie Stellung zu nachfolgenden Aussagen.	5-stufige Ratingskala (1 = stimme nicht zu; 5 = stimme zu)
Funktionale Nutzungs-barrieren	• Ich kann mir vorstellen, einen Neuwagen zu kaufen, ohne vorher eine Probefahrt mit einem entsprechenden Modell gemacht zu haben. (R)	NB_FU_PR
	• Ich kann mir vorstellen, einen Neuwagen ohne eine persönliche Verkaufsberatung zu kaufen. (R)	NB_FU_VE
	• Ich kann mir vorstellen, einen Neuwagen zu kaufen, ohne vorher verschiedene Modelle beim Händler angeschaut zu haben. (R)	NB_FU_MO
	• Ich kann mir vorstellen, einen Neuwagen ohne einen Besuch beim Händler zu kaufen. (R)	NB_FU_BE
	• Ich kann mir vorstellen, beim Neuwagenkauf meinen Gebraucht-wagen privat zu verkaufen, d. h. nicht beim Händler in Zahlung zu geben. (R)	NB_FU_GE
	• Ich kann mir vorstellen, einen Neuwagen nach Hause geliefert zu bekommen. (R)	NB_FU_AU

Fortsetzung der Tabelle auf der nächsten Seite

---

[757] Vgl. u. a. Bauer/Fischer/Sauer (2000), S. 1153; Eimeren/Gerhard (2000), S. 343; G+J Electronic Media Service (Hrsg.) (2000b), S. 10 ff.

	Mit welchen Nachteilen bzw. Problemen ist nach Ihrer Meinung die Nutzung des Internet beim Neuwagenkauf verbunden? Bitte nehmen Sie Stellung zu nachfolgenden Aussagen.	5-stufige Ratingskala (1 = stimme nicht zu; 5 = stimme zu)
Rechtliche Nutzungsbarrieren	• Beim Kauf eines Neuwagens über das Internet sehe ich das Risiko, dass persönliche Daten missbraucht werden.	NB_RE_DA
	• Beim Kauf eines Neuwagens über das Internet sehe ich das Risiko, dass rechtliche Probleme entstehen.	NB_RE_PR
Emotionale Nutzungsbarrieren	• Beim Kauf eines Neuwagens über das Internet fehlt mir das Einkaufserlebnis.	NB_EM_EI
	• Beim Kauf eines Neuwagens über das Internet fehlt mir die persönliche Verkaufsberatung.	NB_EM_VE
	• Beim Kauf eines Neuwagens über das Internet sehe ich das Risiko, dass persönliche Kontakte vernachlässigt werden.	NB_EM_KO

Tab. 52: Indikatoren zur Erfassung des Konstrukts 'Nutzungsbarrieren'
Anmerkungen: Eliminierte Indikatoren sind grau hinterlegt
(R) = Reverse Skalierung der Nennungen (1 = 5, 2 = 4, ..., 5 = 1)
Quelle: Eigene Erstellung

Die Explorative Faktorenanalyse in Untersuchungsstufe A indizierte entgegen der vorab unterstellten Faktorenstruktur eine fünffaktorielle Lösung.[758] Der extrahierte Faktor 4 entpuppte sich dabei als nicht sinnvoll interpretierbarer Nonsens-Faktor. Da dessen Beitrag zur erklärten Gesamtvarianz zudem als vergleichsweise niedrig einzustufen war, bot sich eine Elimination der hinter diesem Faktor stehenden Indikatoren an (NB_FU_GE, NB_FU_AU sowie NB_EM_EI). Die explorative Zuordnung der weiteren Items entsprach exakt der hypothetisierten Faktorenstruktur, so dass diesbezüglich keine inhaltlich abweichende Interpretation der extrahierten Faktoren erforderlich war. Sowohl die abermals durchgeführte Explorative Faktorenanalyse als auch die anschließenden Untersuchungsstufen B und C bestätigten insgesamt das **vierfaktorielle** Messkonzept.[759] Lediglich hinsichtlich des Faktors 'technische Nutzungsbarrieren' war auf Grund unzureichender Indikatorreliabilitäten eine weitere Elimination von Indikatoren erforderlich (NB_TE_JE sowie NB_TE_BE).[760] Vor dem Hintergrund dieses Ergebnisses kann eine Detaillierung der Basishypothesen H_{16} bis H_{19} entsprechend der in Tab. 53 vorgenommenen Zuordnungen erfolgen.

---

[758] Vgl. Tab. 96 auf S. 324 im Anhang.
[759] Vgl. Tab. 97 bis Tab. 104 auf S. 325 bis S. 332 im Anhang.
[760] Vgl. Tab. 98 auf S. 326 und Tab. 99 auf S. 327 im Anhang.

Exogener Faktor	Endogener Faktor			
	Informations-akzeptanz	Anbahnungs-akzeptanz	Transaktions-akzeptanz	After-Sales-Akzeptanz
Technische Nutzungsbarrieren	H_{16a} (−)	H_{17a} (−)	H_{18a} (−)	H_{19a} (−)
Funktionale Nutzungsbarrieren	H_{16b} (−)	H_{17b} (−)	H_{18b} (−)	H_{19b} (−)
Emotionale Nutzungsbarrieren	H_{16c} (−)	H_{17c} (−)	H_{18c} (−)	H_{19c} (−)
Rechtliche Nutzungsbarrieren	H_{16d} (−)	H_{17d} (−)	H_{18d} (−)	H_{19d} (−)

Tab. 53: Überblick über die abgeleiteten Hypothesen für die Faktoren der Determinante 'Nutzungsbarrieren'
Anmerkung: (+)/(-): Postulierte Wirkungsrichtung der exogenen Faktoren auf die endogenen Faktoren
Quelle: Eigene Erstellung

7.3 Explikative Untersuchungsergebnisse

Entsprechend der in Abschnitt 7.1.4 erläuterten Vorgehensweise zur Reduktion der Komplexität bei der Modellprüfung gliedern sich die nachfolgenden explikativen Analysen entlang der vier einstellungsorientierten Faktoren der Online-Akzeptanz. In jedem dieser Abschnitte werden die beiden gleichen Untersuchungsschritte durchgeführt: Zunächst werden vier Teilmodelle spezifiziert, die jeweils direkte Wirkungseffekte der Faktoren *einer* Determinante auf den jeweiligen einstellungsorientierten Akzeptanzfaktor beinhalten. Diejenigen determinierenden Faktoren, die einen hochsignifikanten Wirkungszusammenhang mit dem Zielfaktor aufweisen, werden dann in ein Gesamtmodell überführt und darin simultan im hypothetisierten Wirkungsverbund hinsichtlich ihrer gesamthaften Erklärungskraft untersucht.

7.3.1 Determinanten der Informationsakzeptanz

Im Verlauf der Modellkonzeptualisierung und -operationalisierung wurden insgesamt zehn Detailhypothesen generiert, die einen direkten Wirkungseffekt der determinierenden Faktoren auf die Informationsakzeptanz postulieren. Die Ergebnisse der entsprechenden strukturgleichungsanalytischen Hypothesenprüfungen, die für jede der vier Determinanten mit den dazugehörigen Faktoren getrennt in **Teilmodellen** durchgeführt wurden, sind in Tab. 54 zusammenfassend dargestellt. Daraus wird ersichtlich, dass sämtliche Teilmodelle die Anforderungen hinsichtlich der globalen Fitmaße vollständig erfüllen. Insofern kann davon ausgegangen werden, dass sich die theoretischen Modellstrukturen sehr gut den empirischen

Determinanten der Online-Akzeptanz in der Automobilwirtschaft 257

Daten anpassen. Ferner ist die Anpassungsgüte der Messmodelle durchweg als ausreichend zu erachten, was durch einen Erfüllungsgrad der Partialkriterien von 89 %, 93 % und zweimal 100 % unterstrichen wird. Somit besteht insgesamt gesehen kein Anlass, die vier Teilmodelle zu verwerfen.

Faktor 'Informationsakzeptanz'

	Exogener Faktor	Hypothese	Standardisierter Pfadkoeffizient[1]	Signifikanzniveau[2]	Erfüllungsgrad Globalkriterien[1) 3)]	Erfüllungsgrad Detailkriterien[1) 4)]
Konstrukt relativer Vorteil	Relativer Preisvorteil	H_{8a} (+)	0,26	0,000 ***	100 %	93 %
	Relativer Leistungsvorteil	H_{8b} (+)	0,38	0,000 ***		
	Relativer Bequemlichkeitsvorteil	H_{8c} (+)	– 0,07	0,676 (n. s.)		
	Relativer Verhandlungsvorteil	H_{8d} (+)	0,10	0,306 (n. s.)		
Konstrukt Flow	Flow-Erlebnis	H_{12} (+)	0,60	0,000 ***	100 %	100 %
Konstrukt Wechselbarrieren	Soziale Wechselbarrieren	H_{22} (-)	– 0,20	0,001 ***	100 %	100 %
Konstrukt Nutzungsbarrieren	Technische Nutzungsbarrieren	H_{16a} (-)	– 0,01	0,811 (n. s.)	100 %	89 %
	Funktionale Nutzungsbarrieren	H_{16b} (-)	– 0,22	0,001 ***		
	Emotionale Nutzungsbarrieren	H_{16c} (-)	0,00	0,819 (n. s.)		
	Rechtliche Nutzungsbarrieren	H_{16d} (-)	– 0,12	0,141 (n. s.)		

- Stichprobe $S_2^{B/C}$ (n = 299)
- Hochsignifikante Pfadkoeffizienten sind hervorgehoben

[1] Ergebnisse der ULS-Schätzung
[2] Ergebnisse einer ML-Schätzung
[3] GFI, AGFI, NFI und RMR; ohne χ^2/df-Anpassungsmaß
[4] Indikatorreliabilität (ρ_x), Faktorreliabilität (ρ_c) und durchschnittlich erfasste Varianz (ρ_v)

n.s: Nicht signifikant
*: Signifikant auf dem 10 %-Niveau
**: Signifikant auf dem 5 %-Niveau
***: Signifikant auf dem 1 %-Niveau

Tab. 54: Teilmodelle der direkten Wirkungen der exogenen Faktoren auf den Faktor 'Informationsakzeptanz'
Quelle: Eigene Erstellung

Die Vorzeichen, die Werte sowie die Signifikanzniveaus der in Tab. 54 ausgewiesenen Pfadkoeffizienten geben Aufschluss über die Bestätigung bzw. Ablehnung der formulierten

Hypothesen.[761] Dabei ist zunächst festzuhalten, dass für fünf der insgesamt zehn exogenen Faktoren keine statistisch signifikanten Wirkungseffekte auf die Informationsakzeptanz ermittelt werden konnten. Offenbar liefern die Aspekte 'relativer Bequemlichkeits-' sowie 'Verhandlungsvorteil' bzw. 'technische', 'emotionale' und 'rechtliche Nutzungsbarrieren' keinen wesentlichen empirischen Beitrag zur Erklärung der Akzeptanz der Online-Distribution im Rahmen der Informationsphase. Dementsprechend können die Hypothesen H_{8c}, H_{8d}, H_{16a}, H_{16c} sowie H_{16d} empirisch nicht bestätigt werden. Als besonders interessant ist hierbei das Ergebnis herauszustellen, wonach die Wahrnehmung von emotionalen Unzulänglichkeiten des E-Commerce im Bereich der persönlichen und individuellen Verkaufsberatung nicht wesentlich die Akzeptanz des Internets für die Zwecke der Informationsbeschaffung beeinträchtigt. Dies deutet darauf hin, dass die interaktiven Informationsangebote im Internet selbst bei stark erklärungsbedürftigen Produkten wie Automobilen zumindest zu Beginn des Kaufprozesses dazu beitragen, die persönliche Verkaufsberatung beim stationären Händler teilweise zu substituieren.

Nachdem die direkten Wirkungseffekte aller exogenen Faktoren auf die Informationsakzeptanz beurteilt und die dabei als nicht-signifikant identifizierten Variablen ausgesondert wurden, können nun die verbleibenden hochsignifikanten Bestimmungsgrößen in ein **Gesamtmodell** überführt werden. Auf Grund der simultanen Berücksichtigung mehrerer Determinanten sind dabei auch indirekte Wirkungspfade zu spezifizieren, welche sich durch die in den Hypothesen H_{20} sowie H_{21} unterstellten direkten Wirkungseffekte der Nutzungsbarrieren auf die Größen 'relativer Vorteil' sowie 'Flow-Erlebnis' ergeben. Hinsichtlich der Anpassungsgüte dieses Gesamtmodells an die empirischen Datenstrukturen ist festzuhalten, dass die geforderten Globalkriterien vollständig erfüllt werden.[762] Auch die Ausprägungen der Partialkriterien dokumentieren einen ausreichenden Fit der Messkonzepte. Lediglich der Mindestwert für den Anteil durchschnittlich erfasster Varianz wird bei den Faktoren 'relativer Preisvorteil' sowie 'funktionale Nutzungsbarrieren' knapp unterschritten. Da die Mehrheit der partiellen

---

[761] An dieser Stelle sei nochmals darauf hingewiesen, dass die dokumentierten Koeffizientenwerte auf Basis des nicht-parametrischen ULS-Verfahrens ermittelt wurden. Da auf Basis dieses Schätzverfahrens von AMOS jedoch keine Standardfehler ausgewiesen werden, können keine Aussagen über die statistische Signifikanz der ermittelten Koeffizientenwerte getroffen werden. Daher wurde in einem zweiten Rechendurchlauf eine ML-Schätzung vorgenommen und die dabei ermittelten Signifikanzniveaus in Tab. 54 dokumentiert. Diese Teststatistiken können jedoch nur vorbehaltlich und ergänzend zu den ULS-Schätzergebnissen für die Zwecke der Ergebnisinterpretation bzw. der Auswahl erklärungsrelevanter Faktoren herangezogen werden, weil die korrekte Anwendung eines ML-Schätzverfahrens streng genommen eine Multinormalverteilung der Ausgangsdaten erfordert, die im vorliegenden Fall als nicht gegeben zu betrachten ist. Zu den Anwendungsvoraussetzungen der Schätzverfahren vgl. im Einzelnen Abschnitt 4.2.1.2.

[762] Die detaillierten globalen sowie lokalen Gütekriterien können dem Anhang der vorliegenden Arbeit entnommen werden. Vgl. Tab. 105 auf S. 334 f. im Anhang.

Determinanten der Online-Akzeptanz in der Automobilwirtschaft 259

Gütekriterien dennoch erfüllt bleibt, besteht insgesamt gesehen kein Anlass, das Modell für die Determinanten der Informationsakzeptanz zu verwerfen.

Die für die Ergebnisinterpretation bedeutsamen Parameterschätzungen sind in Abb. 33 dargestellt. Als deutlichstes Resultat lässt sich zunächst ein hoher Strukturkoeffizient von 0,59 für die Wirkung des **Flow-Erlebnisses** auf die Informationsakzeptanz festhalten. Dadurch erhält die Hypothese H_{12} eine klare empirische Unterstützung. Offensichtlich stellt das Erreichen von flow-ähnlichen Zuständen einen wesentlichen intrinsischen Anreiz für die Nutzung des Internets im Rahmen der Informationsbeschaffung dar. Für das Distributionsmanagement bedeutet dies, dass durch gestalterische Elemente, welche das Entstehen von Flow gezielt fördern, die Akzeptanz des eigenen Informationsangebotes im Internet erhöht werden kann.

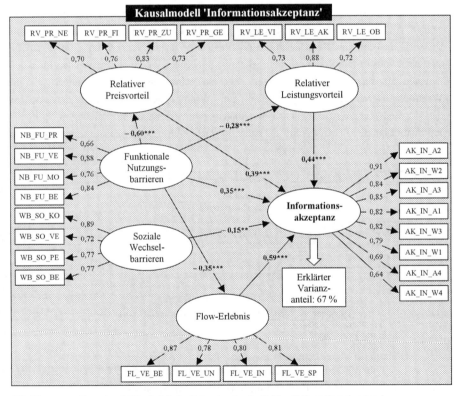

Abb. 33:　　Gesamtmodell bezüglich der Determinanten des Faktors 'Informationsakzeptanz'
Anmerkungen:　Pfadkoeffizienten auf Basis einer ULS-Schätzung ermittelt
　　　　　　　Signifikanzen auf Basis einer ML-Schätzung ermittelt
　　　　　　　*:　　Signifikant auf dem 10 %-Niveau
　　　　　　　**:　　Signifikant auf dem 5 %-Niveau
　　　　　　　***:　Signifikant auf dem 1 %-Niveau
Quelle:　　　Eigene Erstellung

Dabei darf allerdings nicht außer Acht gelassen werden, dass nicht nur intrinsische, sondern in annähernd gleichem Maße auch extrinsische Anreize in Form von relativen Nutzenvorteilen die Informationsakzeptanz determinieren. Dafür sprechen die ermittelten Strukturkoeffizienten in Höhe von 0,39 sowie 0,44 für die Kausalzusammenhänge zwischen den Faktoren **relativer Preis-** bzw. **Leistungsvorteil** und der endogenen Zielgröße (H_{8a} und H_{8b}). Folgerichtig erwarten die Konsumenten, dass sie mit Hilfe des Internets an aktuellere sowie umfangreichere Informationsleistungen gelangen, was letztlich dazu beitragen soll, ein preisgünstigeres Angebot für das gewünschte Fahrzeug ausfindig zu machen.

Im direkten Vergleich zu den ausgeprägten Wirkungseffekten der positiven Einflussfaktoren fällt der gegenläufige Erklärungsbeitrag der Nutzungs- sowie Wechselbarrieren deutlich geringer aus. Dieses explikative Übergewicht der akzeptanzerhöhenden gegenüber den -mindernden Bestimmungsgrößen deutet darauf hin, dass aus Sicht der Konsumenten nur wenige Argumente einer informationsbezogenen Nutzung des Internets entgegen stehen. Dennoch erscheint eine Berücksichtigung der beiden Akzeptanzbarrieren im Hinblick auf die möglichst vollständige Erklärung des Zielfaktors notwendig, da die entsprechenden Pfadkoeffizienten als signifikant zu betrachten sind. So beträgt der Koeffizientenwert für die **Wechselbarrieren** – 0,15 und bringt damit zum Ausdruck, dass zumindest ein gewisser Teil der Konsumenten die persönlichen Bindungen zum angestammten Händler auch in der Informationsphase pflegen möchte und daher den Online-Distributionskanal weniger akzeptiert (H_{22}).

Funktionale Nutzungsbarrieren		
Abhängiger Faktor	Direkter Effekt	Indirekter Effekt	Totaleffekt
Informationsakzeptanz	0,35	– 0,57	– 0,22

Tab. 55: Direkter, indirekter und Totaleffekt des Faktors 'funktionale Nutzungsbarrieren' auf den Faktor 'Informationsakzeptanz'
Quelle: Eigene Erstellung

Weiterhin ergibt sich eine geringfügig stärkere Beeinträchtigung der Informationsakzeptanz durch den Faktor **'funktionale Nutzungsbarrieren'**, was durch einen Totaleffekt von – 0,22 belegt wird (H_{16b}). Dieser Wert ergibt sich – wie aus Tab. 55 entnommen werden kann – aus einem positiven direkten Effekt zwischen beiden Faktoren (0,35), der jedoch durch insgesamt drei stark negative indirekte Wirkungsbeziehungen in der Summe deutlich überkompensiert wird (– 0,57). Folglich wird die Akzeptanz der Online-Distribution im Rahmen der

Informationsphase auch dadurch gemindert, dass in dieser Phase leistungsbezogene Unzulänglichkeiten des E-Commerce wahrgenommen werden. Hierbei ist insbesondere an die vergleichsweise begrenzten Möglichkeiten zur Demonstration von technischen und emotionalen Fahrzeugeigenschaften im Internet zu denken.

Insgesamt betrachtet lässt sich damit festhalten, dass jeder der identifizierten exogenen Faktoren, der im Rahmen des Gesamtmodells Berücksichtigung fand, einen empirisch bedeutsamen Wirkungseffekt auf die Informationsakzeptanz ausübt. Weiterhin vermögen sämtliche Bestimmungsgrößen in ihrer Gesamtheit 67 % der Varianz des Zielfaktors zu erklären. Vor diesem Hintergrund kann gefolgert werden, dass alle wichtigen Erklärungsgrößen im postulierten Gesamtmodell erfasst wurden und zugleich auf keine der berücksichtigten Faktoren verzichtet werden könnte, ohne die hohe **Erklärungskraft** des Determinantenmodells zu beeinträchtigen. Insofern ist es mit Hilfe der vorgeschalteten Faktorenauswahl auf Basis von Teilmodellen gelungen, einen sparsamen Erklärungsansatz im Sinne der Parsimony-Forderung zu generieren.[763]

7.3.2 Determinanten der Anbahnungsakzeptanz

Die strukturgleichungsanalytische Prüfung der vermuteten Wirkungseffekte, die von den exogenen Faktoren auf die Anbahnungsakzeptanz ausgehen, liefert insgesamt gesehen ähnliche Resultate wie die Analyse der Informationsakzeptanz im vorangegangenen Abschnitt. So kann auch hier für jedes der vier untersuchten **Teilmodelle** eine hohe globale sowie partielle Anpassungsgüte an die empirischen Datenstrukturen konstatiert werden. Insofern besitzen die in Tab. 56 ausgewiesenen Parameterschätzungen empirische Relevanz und können für eine Auswahl erklärungsrelevanter Bestimmungsgrößen der Anbahnungsakzeptanz herangezogen werden.

Hierbei ergibt sich jedoch ein erster Unterschied gegenüber den Aussagen für die Informationsakzeptanz: Der Faktor relativer Leistungsvorteil erweist sich im Hinblick auf eine Erklärung der Anbahnungsakzeptanz als nicht mehr empirisch gehaltvoll (H_{9b}). Dies verdeutlicht ein niedriger, im Rahmen der ML-Schätzung auch nicht signifikanter Strukturkoeffizient von 0,12. Dementsprechend ist die Hypothese H_{9b} - wie auch die Hypothesen H_{9c}, H_{17a} sowie H_{17d} auf Grund hypothesengegenläufiger Vorzeichen bzw. ebenfalls niedriger Pfadkoeffizienten - eindeutig zu verwerfen. Hingegen zeichnet sich in der Tendenz eine Stützung der beiden Hypothesen H_{9d} sowie H_{17c} durch die empirischen Daten ab. Da jedoch die

---

[763] Zur Parsimony-Forderung bei der Modellbildung vgl. Abschnitt 7.1.4.

entsprechenden Parameterwerte eine nur mäßige Stärke der Wirkungszusammenhänge indizieren und das hier verfolgte Forschungsanliegen einer Bildung möglichst sparsamer Erklärungskonzepte gilt, soll im Rahmen des Gesamtmodells auf die Berücksichtigung der Faktoren 'emotionale Nutzungsbarrieren' sowie 'relativer Verhandlungsvorteil' verzichtet werden. Stattdessen erfolgt lediglich eine Auswahl der hochsignifikanten Bestimmungsgrößen 'relativer Preisvorteil', 'Flow-Erlebnis', 'Wechselbarrieren' sowie 'funktionale Wechselbarrieren'.

Faktor 'Anbahnungsakzeptanz'

	Exogener Faktor	Hypothese	Standardisierter Pfadkoeffizient[1]	Signifikanzniveau[2]	Erfüllungsgrad Globalkriterien[1)3)]	Erfüllungsgrad Detailkriterien[1)4)]
Konstrukt relativer Vorteil	Relativer Preisvorteil	H_{9a} (+)	0,45	0,000 ***	100 %	92 %
	Relativer Leistungsvorteil	H_{9b} (+)	0,12	0,105 (n. s.)		
	Relativer Bequemlichkeitsvorteil	H_{9c} (+)	0,04	0,697 (n. s.)		
	Relativer Verhandlungsvorteil	H_{9d} (+)	0,15	0,036 **		
Konstrukt Flow	Flow-Erlebnis	H_{13} (+)	0,41	0,000 ***	100 %	100 %
Konstrukt Wechselbarrieren	Soziale Wechselbarrieren	H_{23} (-)	-0,30	0,000 ***	100 %	100 %
Konstrukt Nutzungsbarrieren	Technische Nutzungsbarrieren	H_{17a} (-)	0,14	0,035 **	100 %	88 %
	Funktionale Nutzungsbarrieren	H_{17b} (-)	-0,41	0,000 ***		
	Emotionale Nutzungsbarrieren	H_{17c} (-)	-0,23	0,027 **		
	Rechtliche Nutzungsbarrieren	H_{17d} (-)	0,03	0,754 (n. s.)		

- Stichprobe $S_2^{B/C}$ (n = 299)
- Hochsignifikante Pfadkoeffizienten sind hervorgehoben
[1)] Ergebnisse der ULS-Schätzung
[2)] Ergebnisse einer ML-Schätzung
[3)] GFI, AGFI, NFI und RMR; ohne χ^2/df-Anpassungsmaß
[4)] Indikatorreliabilität (ρ_x), Faktorreliabilität (ρ_c) und durchschnittlich erfasste Varianz (ρ_v)

n.s: Nicht signifikant
*: Signifikant auf dem 10 %-Niveau
**: Signifikant auf dem 5 %-Niveau
***: Signifikant auf dem 1 %-Niveau

Tab. 56: Teilmodelle der direkten Wirkungen der exogenen Faktoren auf den Faktor 'Anbahnungsakzeptanz'
Quelle: Eigene Erstellung

Folglich beschränken sich die modelltheoretischen Anpassungen im Vergleich zu dem postulierten Erklärungsmodell für die Informationsakzeptanz auf die Elimination eines exogenen Faktors. Dieses reduzierte **Gesamtmodell** der Anbahnungsakzeptanz erfüllt die Anforderungen hinsichtlich der globalen Anpassungskriterien sehr deutlich.[764] Dementsprechend ist davon auszugehen, dass sich die spezifizierte Modellstruktur den empirischen Daten in geeigneter Weise anpasst. In Bezug auf die partiellen Fitmaße unterschreiten lediglich die Messkonzepte der beiden Faktoren 'relativer Preisvorteil' sowie 'funktionale Nutzungsbarrieren' den geforderten Grenzwert für den Anteil durchschnittlich erfasster Varianz. Die übrigen Partialkriterien werden jedoch ausnahmslos erfüllt, so dass insgesamt gesehen kein Grund besteht, das postulierte Erklärungsmodell für die Anbahnungsakzeptanz zu verwerfen.

Wie die in Abb. 34 dargestellten Parameterschätzergebnisse zeigen, weisen fast alle spezifizierten Wirkungsbeziehungen mittlere bis hohe Koeffizientenwerte auf. Werden die Resultate im Einzelnen betrachtet, fällt zunächst eine nachdrückliche Bestätigung der Untersuchungshypothese H_{9a} auf: Die Erwartung eines **relativen Preisvorteils** der Online-Distribution stellt mithin den wichtigsten Grund für die Akzeptanz des Internets im Rahmen der Anbahnungsphase dar. Dafür spricht ein hoher Strukturkoeffizient von 0,49, der deutlich über dem korrespondierenden Wert aus dem Gesamtmodell der Informationsakzeptanz liegt. Daraus kann die Schlussfolgerung gezogen werden, dass die Akzeptanz einer Online-Quoting-Site - die eine Abwicklung von distributiven Aktivitäten auch im Rahmen der Kaufanbahnung unterstützt - in entscheidendem Maße von der Gewährung preislicher Anreize durch den Anbieter abhängt, wohingegen der Zuspruch einer reinen Online-Information-Site in erster Linie von leistungsbezogenen Nutzenaspekten - wie z. B. aktuelle und umfangreiche Produktinformationen - determiniert wird.[765]

Als zweitwichtigster positiver Bestimmungsfaktor der Anbahnungsakzeptanz entpuppt sich das **Flow-Konzept** (H_{13}). Der für diesen Zusammenhang ermittelte Pfadkoeffizient von 0,30 deutet darauf hin, dass intrinsische Nutzungsmotive in ihrem absoluten Bedeutungsgewicht gegenüber extrinsisch geprägten Preisanreizen zwar zurücktreten, aber dennoch eine nicht unerhebliche Rolle für die Erklärung der Anbahnungsakzeptanz spielen.

---

[764] Die detaillierten globalen sowie lokalen Gütekriterien können dem Anhang der vorliegenden Arbeit entnommen werden. Vgl. Tab. 106 auf S. 335 im Anhang.
[765] Zu den Merkmalen einer Online-Information- bzw. Online-Quoting-Site vgl. Abschnitt 3.2.1.

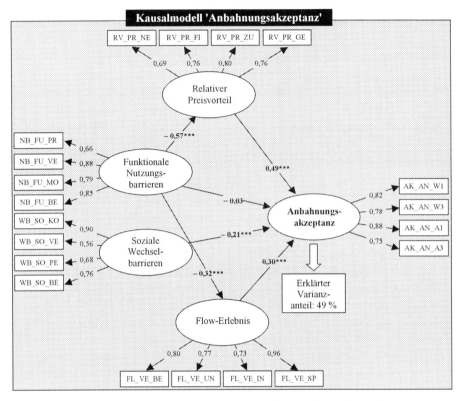

Abb. 34: Gesamtmodell bezüglich der Determinanten des Faktors 'Anbahnungsakzeptanz'
Anmerkungen: Pfadkoeffizienten auf Basis einer ULS-Schätzung ermittelt
Signifikanzen auf Basis einer ML-Schätzung ermittelt
*: Signifikant auf dem 10 %-Niveau
**: Signifikant auf dem 5 %-Niveau
***: Signifikant auf dem 1 %-Niveau
Quelle: Eigene Erstellung

In Bezug auf die negativen Wirkungseffekte lässt sich festhalten, dass vor allem **funktionale Nutzungsbarrieren** mit einer Beeinträchtigung der Anbahnungsakzeptanz verbunden sind (H_{17b}). Dieses Ergebnis, welches sich aus dem in Tab. 57 ausgewiesenen Totaleffekt in Höhe von – 0,41 ergibt, erscheint auch inhaltlich plausibel: Die für die Kaufanbahnung typischen Verhandlungen über die gewährten Preisnachlässe sind in der Regel durch stark individualisierte Interaktionsprozesse zwischen Kaufinteressent und Verkaufsberater geprägt. Häufig ist dies auch die Phase, in der ein potenzieller Käufer nochmals verschiedene Modelle eingehend testen und Probe fahren möchte, bevor er seine endgültige Kaufentscheidung trifft. Diese distributiven Verhandlungs- sowie Demonstrationsfunktionen lassen sich jedoch nur eingeschränkt auf den Online-Distributionskanal übertragen, mit der Konsequenz, dass die Konsumenten funktionale Nutzungsbarrieren wahrnehmen und deswegen weniger bereit sind, das Internet für die Abwicklung der Anbahnungsphase zu nutzen.

Funktionale Nutzungsbarrieren			
Abhängiger Faktor	Direkter Effekt	Indirekter Effekt	Totaleffekt
Anbahnungs-akzeptanz	– 0,03	– 0,38	– 0,41

Tab. 57: Direkter, indirekter und Totaleffekt des Faktors 'funktionale Nutzungsbarrieren' auf den Faktor 'Anbahnungsakzeptanz'
Quelle: Eigene Erstellung

Als weitere akzeptanzmindernde Bestimmungsgröße der Anbahnungsakzeptanz gilt es, die **Wechselbarrieren** zu beachten (H_{23}). Im direkten Vergleich zu dem ausgeprägten Totaleffekt der funktionalen Nutzungsbarrieren geht mit diesem exogenen Faktor zwar eine etwas moderatere Schwächung der Anbahnungsakzeptanz einher. Dennoch verdeutlicht ein Strukturkoeffizient von – 0,21, dass soziale Bindungen der Kunden an den angestammten Händler durchaus eine Nutzung des Online-Distributionskanals für die Zwecke der Kaufanbahnung verhindern können.

Durch die vier berücksichtigten Determinanten wird im Gesamtmodell eine **Varianzerklärung** der Anbahnungsakzeptanz von etwas weniger als 50 % erreicht. Dieser Wert liegt deutlich unter dem erklärten Varianzanteil der Informationsakzeptanz und indiziert, dass weitere Faktoren existieren, die einen bedeutsamen Beitrag zur Erklärung der Zielgröße leisten können, jedoch außerhalb des postulierten Gesamtmodells liegen. Hierbei ist zunächst an die beiden eingangs ausgesonderten exogenen Faktoren 'relativer Verhandlungsvorteil' sowie 'emotionale Nutzungsbarrieren' zu denken, die zwar keine hochsignifikanten, aber dennoch statistisch bedeutsame Wirkungszusammenhänge mit der Anbahnungsakzeptanz aufweisen. Ein weiterer Rechendurchlauf zeigte allerdings, dass diese Faktoren eine nur geringfügige Steigerung der Varianzerklärung auf 52 % bewirken. Folglich weist nicht die empirische Auswahlentscheidung der Erklärungsgrößen, sondern bereits deren theoretische Identifikation sowie Fundierung gewisse nomologische Lücken auf. Um diese zu schließen, ist weitere Forschungsarbeit vonnöten, die auf den hier gewonnenen Erkenntnissen aufbaut und diese um weitere erklärungsrelevante Einflussgrößen der Anbahnungsakzeptanz ergänzt.

7.3.3 Determinanten der Transaktionsakzeptanz

Für die vier **Teilmodelle** der Transaktionsakzeptanz ist zu konstatieren, dass sämtliche globalen Gütemaße die aufgestellten Forderungen vollständig erfüllen (siehe Tab. 58). Dies indiziert eine adäquate Anpassung der spezifizierten Modellstrukturen an die empirischen Daten. Weiterhin zeugt der durchweg hohe Erfüllungsgrad für die geforderten lokalen Gütekriterien von einer angemessenen Validität sowie Reliabilität der berücksichtigten Messmodelle. Insofern können die postulierten Teilmodelle empirisch nicht zurückgewiesen werden und sind für die Auswahl relevanter Bestimmungsgrößen der Transaktionsakzeptanz als geeignet anzusehen.

Von den zehn Untersuchungshypothesen, mit denen ein direkter Wirkungseffekt der exogenen Faktoren auf die Transaktionsakzeptanz unterstellt wird, können auf Basis der in Tab. 58 ausgewiesenen Pfadkoeffizienten drei vermutete Ursache-Wirkungs-Beziehungen nicht bestätigt werden (H_{10a}, H_{10b} und H_{18d}). Erwähnenswert erscheint hierbei insbesondere der Sachverhalt, dass die Wahrnehmung von rechtlichen Nutzungsbarrieren keinen Hinderungsgrund für die Abwicklung transaktionaler Aktivitäten im Kaufprozess darstellt, obwohl dies in vielen Studien als eine wesentliche Hürde des E-Commerce herausgestellt wird.[766] Hingegen werden zwei weitere Hypothesen durch die ermittelten Pfadkoeffizienten sowie die dazugehörigen Signifikanzniveaus tendenziell gestützt (H_{18a} und H_{18b}). Da es sich jedoch hierbei um Koeffizientenwerte handelt, die in der ML-Schätzung lediglich im 5 %-Niveau signifikant sind, soll analog zur Argumentation im vorangegangenen Abschnitt auf eine Berücksichtigung der entsprechenden exogenen Faktoren - die technischen sowie funktionalen Nutzungsbarrieren - im Gesamtmodell verzichtet werden.

Somit verbleiben insgesamt fünf hochsignifikante exogene Faktoren, die im Rahmen des **Gesamtmodells** zur Erklärung der Transaktionsakzeptanz herangezogen werden. Dieses Modell weist in Bezug auf die globalen Anpassungsmaße ausreichende Werte auf.[767] Bezüglich der lokalen Anpassungsgüte ist zu konstatieren, dass nahezu alle berücksichtigten Messkonzepte die geforderten Partialkriterien vollständig erfüllen. Eine Ausnahme bildet der Faktor 'emotionale Nutzungsbarrieren', dessen Messansatz die partiellen Grenzwerte zum Teil deutlich unterschreitet. Ein diesbezüglicher Modifikationsbedarf erscheint dennoch nicht angezeigt, da die Messkomposition des Faktors bereits im Rahmen der quantitativen Operationalisierung als

---

[766] Vgl. u. a. Heise (1996), S. 154; Hünerberg (2000), S. 126 f.
[767] Die detaillierten globalen sowie lokalen Gütekriterien können dem Anhang der vorliegenden Arbeit entnommen werden. Vgl. Tab. 107 auf S. 336 im Anhang.

ausreichend valide sowie reliabel befunden wurde.[768] Zudem bleibt - trotz eines in Teilbereichen mäßigen partiellen Modellfits - die deutliche Mehrheit der lokalen Gütemaße erfüllt. Somit besteht insgesamt gesehen kein Grund, das Erklärungsmodell der Transaktionsakzeptanz anzupassen bzw. zu verwerfen.

Faktor 'Transaktionsakzeptanz'

	Exogener Faktor	Hypothese	Standardisierter Pfadkoeffizient[1]	Signifikanzniveau[2]	Erfüllungsgrad Globalkriterien[1)3)]	Erfüllungsgrad Detailkriterien[1)4)]
Konstrukt relativer Vorteil	Relativer Preisvorteil	H_{10a} (+)	0,01	0,822 (n. s.)	100 %	92 %
	Relativer Leistungsvorteil	H_{10b} (+)	− 0,04	0,444 (n. s.)		
	Relativer Bequemlichkeitsvorteil	H_{10c} (+)	0,33	0,000 ***		
	Relativer Verhandlungsvorteil	H_{10d} (+)	0,45	0,000 ***		
Konstrukt Flow	Flow-Erlebnis	H_{14} (+)	0,28	0,000 ***	100 %	100 %
Konstrukt Wechselbarrieren	Soziale Wechselbarrieren	H_{24} (−)	− 0,50	0,000 ***	100 %	100 %
Konstrukt Nutzungsbarrieren	Technische Nutzungsbarrieren	H_{18a} (−)	− 0,14	0,021 **	100 %	88 %
	Funktionale Nutzungsbarrieren	H_{18b} (−)	− 0,14	0,030 **		
	Emotionale Nutzungsbarrieren	H_{18c} (−)	− 0,53	0,000 ***		
	Rechtliche Nutzungsbarrieren	H_{18d} (−)	− 0,04	0,933 (n. s.)		

- Stichprobe $S_2^{B,C}$ (n = 299)
- Hochsignifikante Pfadkoeffizienten sind hervorgehoben

[1)] Ergebnisse der ULS-Schätzung
[2)] Ergebnisse einer ML-Schätzung
[3)] GFI, AGFI, NFI und RMR; ohne χ^2/df-Anpassungsmaß
[4)] Indikatorreliabilität (ρ_x), Faktorreliabilität (ρ_c) und durchschnittlich erfasste Varianz (ρ_v)

n.s: Nicht signifikant
*: Signifikant auf dem 10 %-Niveau
**: Signifikant auf dem 5 %-Niveau
***: Signifikant auf dem 1 %-Niveau

Tab. 58: Teilmodelle der direkten Wirkungen der exogenen Faktoren auf den Faktor 'Transaktionsakzeptanz'
Quelle: Eigene Erstellung

---

[768] Vgl. Abschnitt 7.2.

Bei gesamthafter Betrachtung der in Abb. 35 ausgewiesenen Parameterschätzungen fällt zunächst auf, dass die akzeptanzmindernden Bestimmungsgrößen betragsmäßig deutlich höhere Wirkungseffekte aufweisen als die akzeptanzerhöhenden Faktoren. Dies erscheint auch inhaltlich konsistent, da sich die absoluten Ausprägungswerte der Transaktionsakzeptanz bereits im Rahmen der deskriptiven Analyse in Kapitel 5 als sehr niedrig herausgestellt haben.[769] Insofern geht es bei der Analyse der transaktionsbezogenen Akzeptanz der Online-Distribution weniger um die Frage, warum das Internet akzeptiert wird, sondern vielmehr, wieso es nicht akzeptiert wird. Die empirische Antwort darauf ist eindeutig: Es sind die intangiblen Hürden im Bereich der persönlichen Beratung sowie sozialen Bindung, die Konsumenten davon abhalten, das Internet für die Zwecke des Verkaufsabschlusses zu nutzen. Insbesondere die **emotionalen Nutzungsbarrieren** erweisen sich hierbei als eine nahezu prohibitive Hürde für die Transaktionsakzeptanz (H_{18c}): Der direkte Wirkungseffekt in Höhe von – 0,59 wird durch insgesamt drei indirekte Wirkungspfade über die dazwischen geschalteten akzeptanzfördernden Faktoren weiter erhöht (H_{20} und H_{21}), so dass sich in der Summe ein ausgesprochen hoher Totaleffekt von – 0,67 für diese Dependenz ergibt (siehe Tab. 59). Demzufolge stellt der eigentliche Kaufabschluss, d. h. die Fahrzeugbestellung sowie -anzahlung, einen hochgradig personalisierten sowie durch emotionale Elemente aktivierten Vorgang dar, der von den Käufern vorzugsweise in der persönlichen Interaktion mit dem stationären Händler abgewickelt wird.

	Emotionale Nutzungsbarrieren		
Abhängiger Faktor	Direkter Effekt	Indirekter Effekt	Totaleffekt
Transaktions- akzeptanz	– 0,59	– 0,08	– 0,67

Tab. 59: Direkter, indirekter und Totaleffekt des Faktors 'emotionale Nutzungsbarrieren' auf den Faktor 'Transaktionsakzeptanz'
Quelle: Eigene Erstellung

Der akzeptanzmindernde Effekt, der von den **Wechselbarrieren** ausgeht, fällt mit einem Strukturkoeffizienten von – 0,38 etwas niedriger aus (H_{24}), liegt damit aber noch deutlich über den korrespondierenden Werten aus den Modellen der Informations- sowie

---

[769] Vgl. insbesondere Abschnitt 5.3.4.

Anbahnungsakzeptanz in Höhe von –0,15 bzw. –0,21. Dies kann als Hinweis darauf gedeutet werden, dass die Online-Distribution zu Beginn des Kaufprozesses eher komplementär zu den stationär erbrachten Informations- sowie Anbahnungsleistungen gesehen wird. Dagegen impliziert die Abwicklung transaktionaler Aktivitäten über das Internet einen 'echten' Wechsel des Vertriebskanals, mit der Folge, dass dadurch die bestehenden persönlichen Bindungen mit dem angestammten Händler als stärker gefährdet eingeschätzt werden. Dies steht wiederum einer Akzeptanz des Online-Distributionskanals entgegen.

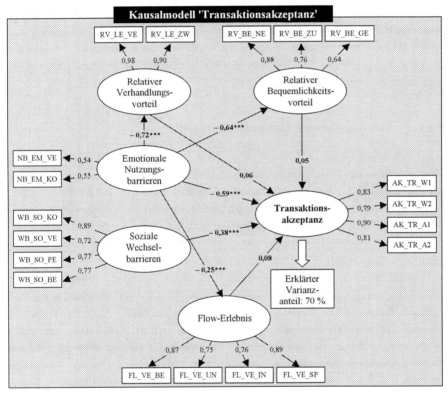

Abb. 35: Gesamtmodell bezüglich der Determinanten des Faktors 'Transaktionsakzeptanz'
Anmerkungen: Pfadkoeffizienten auf Basis einer ULS-Schätzung ermittelt
Signifikanzen auf Basis einer ML-Schätzung ermittelt
*: Signifikant auf dem 10 %-Niveau
**: Signifikant auf dem 5 %-Niveau
***: Signifikant auf dem 1 %-Niveau
Quelle: Eigene Erstellung

Wie bereits erwähnt, ergeben sich im Hinblick auf die drei akzeptanzfördernden Faktoren - das **Flow-Erlebnis** sowie der **relative Verhandlungs-** bzw. **Bequemlichkeitsvorteil** - vergleichsweise niedrige, nicht-signifikante Wirkungseffekte im Gesamtmodell. Insofern sind die Hypothesen H_{10c}, H_{10d} sowie H_{24} als nicht bestätigt einzuschätzen. Daher erübrigt sich an dieser Stelle eine tiefergehende inhaltliche Analyse der entsprechenden Wirkungsbeziehungen.

Abschließend gilt es, das postulierte Gesamtmodell hinsichtlich seiner endogenen **Erklärungskraft** zu bewerten. Aus Abb. 35 ist ersichtlich, dass 70 % der Varianz des Faktors 'Transaktionsakzeptanz' durch die berücksichtigten Determinanten erklärt werden kann. Dieser Wert ist vor dem Hintergrund der in den beiden vorangegangenen Gesamtmodellen erzielten Varianzaufklärungen als ausgesprochen hoch zu beurteilen und spricht dafür, dass mit den beiden Faktoren 'Wechselbarrieren' sowie 'emotionale Nutzungsbarrieren' die wesentlichen Ursachen für die geringe Akzeptanz einer internetgestützten Abwicklung transaktionsbezogener Leistungen identifiziert wurden.

7.3.4 Determinanten der After-Sales-Akzeptanz

Im Gegensatz zu den bisher geprüften Strukturmodellen werden die Globalkriterien durch drei der insgesamt vier **Teilmodelle** der After-Sales-Akzeptanz nicht vollständig erfüllt. Aus Tab. 60 wird ersichtlich, dass es sich dabei stets um Überschreitungen des zulässigen RMR-Höchstwertes ($< 0,1$) handelt. Eine entsprechende Abweichung dieses globalen Gütekriteriums wurde bereits bei der Operationalisierung des Faktors 'After-Sales-Akzeptanz' in Abschnitt 5.2 festgestellt. Dies indiziert, dass die Indikatoren der Messkomposition eine zu hohe durchschnittliche Restvarianz aufweisen. Einer Ablehnung der betreffenden Teilmodelle - was bei strenger Anwendung des postulierten Prüfschemas aus Abschnitt 4.2.1.3 zu fordern wäre - steht jedoch entgegen, dass sowohl die übrigen Globalkriterien einen ausreichenden Modellfit signalisieren als auch die partiellen Gütemaße mehrheitlich erfüllt werden. Vor diesem Hintergrund erscheint es vertretbar, die Schätzergebnisse der Teilmodelle für eine Auswahl relevanter Bestimmungsgrößen heranzuziehen, wenngleich die Messkomposition der After-Sales-Akzeptanz auch auf Basis der Stichprobe der zweiten Welle Schwächen hinsichtlich ihrer empirischen Anpassungsgüte aufweist.

Unter diesem Vorbehalt können anhand der in Tab. 60 ausgewiesenen Pfadkoeffizienten sowie deren Signifikanzmaße insgesamt sechs exogene Faktoren ausgesondert werden: Die beiden Faktoren 'technische' sowie 'rechtliche Nutzungsbarrieren' erweisen sich abermals als nicht akzeptanzrelevant; auch von der Variablen 'relativer Leistungsvorteil' geht kein signifikanter Wirkungseffekt auf den Zielfaktor aus. Dementsprechend sind die Untersuchungshypothesen H_{11b}, H_{19a} sowie H_{19d} empirisch zu verwerfen. Ferner werden die Faktoren 'relativer Preis-' bzw. 'Verhandlungsvorteil' sowie 'emotionale Nutzungsbarrieren' nicht in das Gesamtmodell aufgenommen, da sich für die betreffenden Hypothesen H_{11a}, H_{11d} sowie H_{19c} keine hochsignifikante Bestätigung im 1 %-Intervall ergibt.

Faktor 'After-Sales-Akzeptanz'

	Exogener Faktor	Hypothese	Standardisierter Pfadkoeffizient[1]	Signifikanzniveau[2]	Erfüllungsgrad Globalkriterien[1,3]	Erfüllungsgrad Detailkriterien[1,4]
Konstrukt relativer Vorteil	Relativer Preisvorteil	H_{11a} (+)	0,11	0,077 *	100 %	89 %
	Relativer Leistungsvorteil	H_{11b} (+)	− 0,05	0,328 (n. s.)		
	Relativer Bequemlichkeitsvorteil	H_{11c} (+)	0,53	0,000 ***		
	Relativer Verhandlungsvorteil	H_{11d} (+)	0,17	0,041 **		
Konstrukt Flow	Flow-Erlebnis	H_{15} (+)	0,38	0,000 ***	75 % (RMR = 1,30)	92 %
Konstrukt Wechselbarrieren	Soziale Wechselbarrieren	H_{25} (−)	− 0,41	0,000 ***	75 % (RMR = 1,36)	92 %
Konstrukt Nutzungsbarrieren	Technische Nutzungsbarrieren	H_{19a} (−)	0,03	0,643 (n. s.)	75 % (RMR = 1,11)	83 %
	Funktionale Nutzungsbarrieren	H_{19b} (−)	− 0,27	0,000 ***		
	Emotionale Nutzungsbarrieren	H_{19c} (−)	− 0,24	0,006 *		
	Rechtliche Nutzungsbarrieren	H_{19d} (−)	− 0,04	0,933 (n. s.)		

- Stichprobe $S_2^{B/C}$ (n = 299)
- Hochsignifikante Pfadkoeffizienten sind hervorgehoben
- [1] Ergebnisse der ULS-Schätzung
- [2] Ergebnisse einer ML-Schätzung
- [3] GFI, AGFI, NFI und RMR; ohne χ^2/df-Anpassungsmaß
- [4] Indikatorreliabilität (ρ_x), Faktorreliabilität (ρ_c) und durchschnittlich erfasste Varianz (ρ_v)
- n.s.: Nicht signifikant
- *: Signifikant auf dem 10 %-Niveau
- **: Signifikant auf dem 5 %-Niveau
- ***: Signifikant auf dem 1 %-Niveau

Tab. 60: Teilmodelle der direkten Wirkungen der exogenen Faktoren auf den Faktor 'After-Sales-Akzeptanz'
Quelle: Eigene Erstellung

Folglich konstituiert sich das **Gesamtmodell** für die After-Sales-Akzeptanz aus insgesamt vier verbleibenden Bestimmungsfaktoren. Hinsichtlich dessen empirischer Anpassungsgüte ist festzuhalten, dass die Globalkriterien abermals auf Grund einer moderaten Verletzung des geforderten RMR-Wertes nicht vollständig erfüllt werden.[770] Entsprechend der eingangs ausgeführten Argumentation für die kritischen Teilmodelle soll jedoch auch hier eine Entscheidung zu Gunsten einer vorbehaltlichen Annahme des Gesamtmodells getroffen werden. Dafür spricht sowohl das positive Gesamtbild der übrigen globalen Gütemaße als auch eine annähernd vollständige Erfüllung der Partialkriterien.

Die in Abb. 36 auf S. 274 dargestellten Resultate der Parameterschätzungen für das Strukturmodell zeigen, dass fast alle direkten Wirkungseffekte hohe Koeffizientenwerte aufweisen. Im Detail betrachtet fällt zunächst eine eindeutige Unterstützung der Untersuchungshypothese H_{11c} durch die empirischen Daten auf: Der **relative Bequemlichkeitsvorteil** stellt mithin den wichtigsten Anreiz für die Akzeptanz der Online-Distribution in der After-Sales-Phase dar, was durch einen Strukturkoeffizienten von 0,63 nachdrücklich bestätigt wird. Dieses Resultat deutet darauf hin, dass die Konsumenten vor allem nach dem Erwerb des Produktes bestrebt sind, physische sowie mentale Aufwendungen, welche für die Abwicklung servicebezogener Zusatzleistungen erforderlich sind, weitgehend zu reduzieren. Diesbezüglich weist das Internet auf Grund seiner räumlich sowie zeitlich unbeschränkten Verfügbarkeit gewissermaßen Bequemlichkeitsvorteile gegenüber dem stationären Händler auf, die sich in einem positiven Einfluss auf die After-Sales-Akzeptanz niederschlagen.

Neben diesen extrinsisch geprägten Nutzenvorteilen spielen auch intrinsische Anreizstrukturen eine wichtige Rolle im Hinblick auf eine empirische Erklärung der After-Sales-Akzeptanz. Dafür spricht ein Strukturkoeffizient von 0,30 für den Wirkungseffekt des **Flow-Erlebnisses** auf die After-Sales-Akzeptanz (H_{15}). Folglich werden Konsumenten, die mit der Nutzung des Internets ein Gefühl von Vergnügen und Spaß assoziieren, das Internet in der After-Sales-Phase eher akzeptieren als diejenigen, die dabei eine derartige Tätigkeitsfreude nicht empfinden.

Extrinsischen sowie intrinsischen Motivatoren der After-Sales-Akzeptanz stehen jedoch auch wahrgenommene Hürden entgegen. Dazu zählen in erster Linie die **Wechselbarrieren**, von denen ein ausgeprägter Wirkungseffekt in Höhe von - 0,36 auf den Zielfaktor ausgeht (H_{25}). Diese vergleichsweise hohe Bedeutung der Wechselbarrieren erscheint gerade in der After-Sales-Phase plausibel, weil die sozialen Bindungen des Kunden an den stationären Händler maßgeblich in der Phase der Leistungsverwertung bzw. -nutzung aufgebaut werden und dann einer Akzeptanz des Online-Distributionskanals in besonderem Maße entgegenstehen können. Diese Schlussfolgerung wird durch empirische Resultate gestützt, die bestätigen, dass die Bindung der Kunden an ihren Händler weniger durch die Kaufzufriedenheit, sondern vor allem

---

[770] Die detaillierten globalen sowie lokalen Gütekriterien können dem Anhang der vorliegenden Arbeit entnommen werden. Vgl. Tab. 108 auf S. 337 im Anhang.

durch die Zufriedenheit mit den in der After-Sales-Phase erbrachten Service- sowie Reparaturleistungen determiniert wird.[771]

Als weitere Hürde für die After-Sales-Akzeptanz entpuppt sich der Faktor **'funktionale Nutzungsbarrieren'** (H_{19b}): Der zwischen diesen beiden Größen unterstellte direkte Wirkungseffekt weist zwar einen vernachlässigbaren Koffizientenwert von – 0,03 auf; jedoch besteht auch ein stark negativer indirekter Effekt über die dazwischen geschalteten akzeptanzerhöhenden Faktoren, so dass sich in der Summe ein ausgeprägter Totaleffekt in Höhe von – 0,30 ergibt (siehe Tab. 61).

	Funktionale Nutzungsbarrieren		
Abhängiger Faktor	Direkter Effekt	Indirekter Effekt	Totaleffekt
After-Sales-Akzeptanz	– 0,03	– 0,27	– 0,30

Tab. 61: Direkter, indirekter und Totaleffekt des Faktors 'funktionale Nutzungsbarrieren' auf den Faktor 'After-Sales-Akzeptanz'
Quelle: Eigene Erstellung

Durch das postulierte Determinantenmodell kann insgesamt 71 % der Varianz des Faktors After-Sales-Akzeptanz aufgeklärt werden. Mit diesem Wert wird die höchste **Erklärungskraft** aller in diesem Kapitel geprüften Gesamtmodelle erreicht. Daraus kann geschlossen werden, dass die vier berücksichtigten Faktoren die wesentlichen akzeptanzerhöhenden sowie -mindernden Bestimmungsgrößen der After-Sales-Akzeptanz darstellen. Allerdings muss an dieser Stelle nochmals darauf hingewiesen werden, dass diese Schlussfolgerung auf Grund einer unzureichenden globalen Anpassungsgüte des Gesamtmodells eine nur vorbehaltliche Gültigkeit besitzt. Um zu abgesicherten Aussagen über die empirische Relevanz der Bestimmungsgrößen der After-Sales-Akzeptanz zu gelangen, wäre streng genommen eine wiederholte Validierung der betroffenen Messmodelle sowie eine anschließende Hypothesenprüfung auf Basis eines neuen Datensatzes erforderlich. Dies kann jedoch im Rahmen der vorliegenden Arbeit nicht geleistet werden.

---

[771] Vgl. Bauer/Huber/Betz (1998), S. 993 f.; Bloemer/Lemmink (1992), S. 359; Burmann (1991), S. 254; Spengler (1987), S. 222 f.

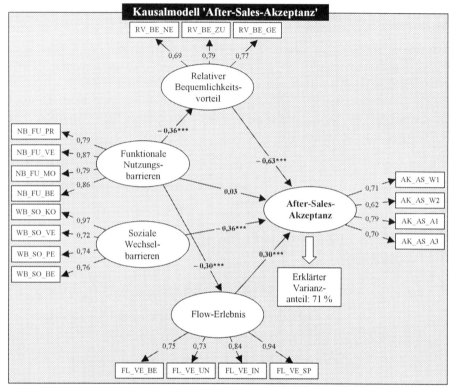

Abb. 36: Gesamtmodell bezüglich der Determinanten des Faktors 'After-Sales-Akzeptanz'
Anmerkungen: Pfadkoeffizienten auf Basis einer ULS-Schätzung ermittelt
Signifikanzen auf Basis einer ML-Schätzung ermittelt
*: Signifikant auf dem 10 %-Niveau
**: Signifikant auf dem 5 %-Niveau
***: Signifikant auf dem 1 %-Niveau
Quelle: Eigene Erstellung

7.4 Zusammenfassung des Kapitels

Das Untersuchungsziel dieses Kapitels bestand in einer Analyse der **Determinanten** der Online-Akzeptanz. Dazu wurden zunächst zwei inhaltlich eng mit dem Phänomen der Online-Akzeptanz in Verbindung stehende theoretische Ansätze identifiziert und im Hinblick auf ihren Beitrag zur Erklärung des interessierenden Sachverhaltes geprüft. Erörtert wurden dabei sowohl die Adoptionstheorie - die vor allem ein von extrinsischen Anreizfaktoren geleitetes Verhalten zu erklären versucht - als auch der auf intrinsischen Motivationsmustern aufbauende Erklärungsansatz der Flow-Theorie. Im Rahmen der theoretischen Diskussion dieser beiden

Ansätze gelang es, neben dem Flow-Erlebnis auch die Konstrukte 'relativer Vorteil', 'Nutzungsbarrieren' sowie 'Wechselbarrieren' als zentrale Determinanten der Online-Akzeptanz herauszuarbeiten. Diese vergleichsweise abstrakten und stark verdichteten Determinanten wurden im weiteren Verlauf konkretisiert und zum Teil in eine Reihe weiterer exogener Faktoren aufgegliedert, für die sowohl direkte als auch indirekte Wirkungseffekte auf die endogenen Faktoren der einstellungsorientierten Akzeptanzdimension postuliert wurden.

Auf Grund der Fülle formulierter Kausalhypothesen und der damit einhergehenden modellanalytischen Komplexität wurde ein zweistufiges, komplexitätsreduzierendes Vorgehen bei der Hypothesenprüfung eingeschlagen. Im ersten Schritt galt es im Rahmen mehrerer **Teilmodelle** zu beurteilen, welche exogenen Faktoren tatsächlich einen empirisch bedeutsamen Einfluss auf die jeweiligen einstellungsorientierten Akzeptanzfaktoren ausüben. Die dabei erzielten Resultate - die nochmals in Tab. 62 dargestellt sind - lassen sich wie folgt zusammenfassen:

- Das einfaktoriell modellierte Flow-Konstrukt, welches im vorliegenden Kontext eine intrinsische Tätigkeitsfreude bei der Nutzung des Internets zum Ausdruck bringt, erwies sich in Bezug auf alle vier einstellungsorientierten Akzeptanzfaktoren als hochsignifikante Bestimmungsgröße. Allerdings ergab sich entlang der Phasen des Kaufprozesses eine klare Abstufung der ermittelten absoluten Erklärungsbeiträge: Den mit Abstand höchsten Wirkungseffekt übte dieses Konstrukt auf die Informationsakzeptanz aus, während die Anbahnungs- sowie die After-Sales-Akzeptanz in einem mittleren und die Transaktionsakzeptanz in einem deutlich geringeren Maße durch das Flow-Erlebnis beeinflusst wurde.

- Auch die sozialen Wechselbarrieren - die eine Abwanderung vom angestammten stationären Händler und dadurch indirekt eine Nutzung des virtuellen Vertriebskanals behindern können - übten einen durchgängig hohen, in diesem Fall allerdings akzeptanzmindernden Einfluss auf die einstellungsorientierten Akzeptanzfaktoren aus. Im Hinblick auf die phasenspezifischen Erklärungsbeiträge der Wechselbarrieren ergab sich ein zum Flow-Konstrukt gegenläufiges Bild: Den höchsten Wirkungszusammenhang wiesen die Wechselbarrieren mit der Transaktionsakzeptanz auf, wohingegen die Informationsakzeptanz nur mäßig durch die Bindung des Konsumenten zum stationären Händler beeinträchtigt wurde.

- Im Rahmen der quantitativen Operationalisierung der Nutzungsbarrieren - die primär in den Eigenschaften des Internets bzw. des E-Commerce selbst begründet liegen - bestätigte sich die vorab vermutete vierfaktorielle Struktur des Konstrukts. Davon waren jedoch nur zwei exogene Faktoren empirisch relevant: Zum einen erwies sich die unzulängliche Abbildung einzelner distributiver Funktionen im Internet - die so genannten funktionalen Nutzungsbarrieren - als wesentliche Hürde bei der Akzeptanz der Online-Distribution im Rahmen der Informations-, Anbahnungs- sowie After-Sales-Phase. Zum anderen zeigte sich, dass die emotionalen Nutzungsbarrieren, welche vor allem in einem fehlenden

Einkaufserlebnis und persönlichen Verkäuferkontakt gesehen werden können, die Transaktionsakzeptanz stark beeinträchtigen.

- Die Determinante 'relativer' Vorteil wies ebenfalls eine mehrfaktorielle Struktur auf. Für jeden der vier identifizierten exogenen Faktoren des Konstrukts konnten phasenspezifisch unterschiedlich stark ausgeprägte Erklärungsbeiträge festgestellt werden. Als besonders erwähnenswert erscheint hierbei insbesondere der Wirkungseffekt des relativen Preisvorteils: Es zeigte sich, dass die Erwartung eines relativen Preisvorteils der wichtigste Grund für die Akzeptanz der Online-Distribution im Rahmen der Anbahnungsphase darstellt. Dagegen übt der relative Preisvorteil keinen Einfluss auf die Transaktionsakzeptanz und einen nur moderaten Einfluss auf die Informationsakzeptanz aus.

Determinanten der Online-Akzeptanz in der Automobilwirtschaft 277

| Exogener Faktor | Endogener Faktor ||||||||
| | Informations-akzeptanz || Anbahnungs-akzeptanz || Transaktions-akzeptanz || After-Sales-Akzeptanz ||
	Pfadko-effizient[1]	Signifi-kanz[2]	Pfadko-effizient[1]	Signifi-kanz[2]	Pfadko-effizient[1]	Signifi-kanz[2]	Pfadko-effizient[1]	Signifi-kanz[2]
Relativer Preis-vorteil	0,26 H_{8a} (+)	*** [3]	0,45 H_{9a} (+)	*** [3]	0,01 H_{10a} (+)	n. s. f.	0,11 H_{11a} (+)	* ✓
Relativer Leistungsvorteil	0,38 H_{8b} (+)	*** [3]	0,12 H_{9b} (+)	n. s. f.	-0,04 H_{10b} (+)	n. s. f.	-0,05 H_{11b} (+)	n. s. f.
Relativer Bequem-lichkeitsvorteil	-0,07 H_{8c} (+)	n. s. f.	0,04 H_{9c} (+)	n. s. f.	0,33 H_{10c} (+)	*** [3]	0,53 H_{10c} (+)	*** [3]
Relativer Verhand-lungsvorteil	0,10 H_{8d} (+)	n. s. f.	0,15 H_{9d} (+)	** ✓	0,45 H_{10d} (+)	*** [3]	0,17 H_{10d} (+)	** ✓
Flow-Erlebnis	0,60 H_{12} (+)	*** [3]	0,41 H_{13} (+)	*** [3]	0,28 H_{14} (+)	*** [3]	0,38 H_{15} (+)	*** [3]
Soziale Wechsel-barrieren	-0,20 H_{22} (-)	*** [3]	-0,30 H_{23} (-)	*** [3]	-0,50 H_{24} (-)	*** [3]	-0,41 H_{25} (-)	*** [3]
Technische Nutzungsbarrieren	-0,01 H_{16a} (-)	n. s. f.	0,14 H_{17a} (-)	** ✓	-0,14 H_{18a} (-)	** ✓	0,03 H_{19a} (-)	n. s. f.
Funktionale Nutzungsbarrieren	-0,22 H_{16b} (-)	*** [3]	-0,41 H_{17b} (-)	*** [3]	-0,14 H_{18b} (-)	** ✓	-0,27 H_{19b} (-)	*** [3]
Emotionale Nutzungsbarrieren	0,00 H_{16c} (-)	n. s. f.	-0,23 H_{17c} (-)	** ✓	-0,53 H_{18c} (-)	*** [3]	-0,24 H_{19c} (-)	* ✓
Rechtliche Nutzungsbarrieren	-0,12 H_{16d} (-)	n. s. f.	0,03 H_{17d} (-)	n. s. f.	-0,04 H_{18d} (-)	n. s. f.	-0,04 H_{19d} (-)	n. s. f.

Tab. 62: Überblick über die Ergebnisse der Prüfung der Teilmodelle
Anmerkungen:
[1] Standardisierte Koeffizientenwerte auf Basis der ULS-Schätzung
[2] Ergebnisse einer ML-Schätzung
[3] Hypothesenbeurteilung erfolgt im Rahmen des Gesamtmodells (vgl. Tab. 63)
(+)/(-): Hypothetisch unterstellte Wirkungsrichtung der exogenen Konstrukte auf die endogenen Faktoren bzw. Konstrukte
n. s.: Nicht signifikant
*: Signifikant auf dem 10 %-Niveau
**: Signifikant auf dem 5 %-Niveau
***: Signifikant auf dem 1 %-Niveau
✓: Empirisch gestützt
f.: Falsifiziert bzw. nicht signifikant
Quelle: Eigene Erstellung

Im Anschluss an die Prüfung der Teilmodelle wurde in einem zweiten Schritt für jeden der vier endogenen Faktoren der einstellungsorientierten Akzeptanzdimension ein **Gesamtmodell** gebildet, welches diejenigen exogenen Faktoren beinhaltete, für die in den Teilmodellen ein hochsignifikanter Wirkungszusammenhang mit dem jeweiligen endogenen Akzeptanzfaktor ermittelt werden konnte. Im Hinblick auf die Prüfung dieser Erklärungsmodelle können folgende zentralen Ergebnisse hervorgehoben werden (siehe Tab. 63):

- Im Gesamtmodell der Informationsakzeptanz wurde das Flow-Erlebnis als der bedeutendste Bestimmungsfaktor ermittelt. Folglich stellt das Vergnügen und der Spaß im Umgang mit dem Internet einen wesentlichen Anreiz für die Nutzung einer Online-Information-Site dar.

- Hinsichtlich des Gesamtmodells der Anbahnungsakzeptanz erwies sich der relative Preisvorteil als die wichtigste Bestimmungsgröße. Daraus kann gefolgert werden, dass die Akzeptanz einer Online-Quoting-Site in entscheidendem Maße von der Gewährung preislicher Anreize abhängt.

- Einen hohen Erklärungsbeitrag im Gesamtmodell der Transaktionsakzeptanz lieferten die sozialen Wechselbarrieren sowie emotionalen Nutzungsbarrieren. Folglich wird die Akzeptanz einer Online-Transaction-Site insbesondere dadurch beeinträchtigt, dass Konsumenten eine enge persönliche Bindung mit ihrem angestammten Händler empfinden und diese nicht durch einen Wechsel zum internetgestützten Vertriebskanal gefährden möchten. Zudem beeinträchtigen das fehlende Einkaufserlebnis sowie der mangelnde persönliche Verkäuferkontakt die Akzeptanz der Neuwagenkäufer zur Fahrzeugbestellung sowie -anzahlung über das Internet.

- Schließlich entpuppte sich der relative Bequemlichkeitsvorteil als die wichtigste Bestimmungsgröße im Gesamtmodell der After-Sales-Akzeptanz. Dies deutet darauf hin, dass die Konsumenten vor allem nach dem Erwerb des Produktes bestrebt sind, physische sowie mentale Aufwendungen, die für die Abwicklung After-Sales-bezogener Service- sowie Zusatzleistungen erforderlich sind, weitgehend zu reduzieren.

- Abschließend bleibt hervorzuheben, dass die für die Informations-, Transaktions- sowie After-Sales-Akzeptanz postulierten Gesamtmodelle in ihrer Gesamtheit zwischen 67 % und 71 % der Varianz des jeweiligen Zielfaktors erklärten. Somit kann davon ausgegangen werden, dass es gelungen ist, die wichtigsten Determinanten dieser Akzeptanzfaktoren zu identifizieren. Lediglich das Gesamtmodell der Anbahnungsakzeptanz wies mit 49 % eine vergleichsweise unbefriedigende Varianzerklärung auf.

	Endogener Faktor									
	Relativer Preisvorteil		Relativer Leistungsvorteil		Relat. Bequemlichkeitsvorteil		Relat. Verhandlungsvorteil		Flow-Erlebnis	
Exogener Faktor	Pfadkoeffizient[1]	Signifikanz[2]	Pfadkoeffizient[1]	Signifikanz[2]	Pfadkoeffizient[1]	Signifikanz[2]	Pfadkoeffizient[1]	Signifikanz[2]	Pfadkoeffizient[1]	Signifikanz[2]
Emotionale Nutzungsbarrieren					$-0{,}64^{6)}$ $H_{20}\,(-)$	*** ✓	$-0{,}72^{6)}$ $H_{20}\,(-)$	*** ✓	$-0{,}25^{6)}$ $H_{21}\,(-)$	*** ✓
Funktionale Nutzungsbarrieren	$-0{,}60^{4)}$ $-0{,}57^{5)}$ $H_{20}\,(-)$	*** ✓	$-0{,}28^{4)}$ $H_{20}\,(-)$	*** ✓	$-0{,}36^{7)}$ $H_{20}\,(-)$	*** ✓			$-0{,}35^{4)}$ $-0{,}32^{5)}$ $-0{,}30^{7)}$ $H_{21}\,(-)$	*** ✓

	Informationsakzeptanz		Anbahnungsakzeptanz		Transaktionsakzeptanz		After-Sales-Akzeptanz	
Exogener Faktor	Pfadkoeffizient[1]	Signifikanz[2]	Pfadkoeffizient[1]	Signifikanz[2]	Pfadkoeffizient[1]	Signifikanz[2]	Pfadkoeffizient[1]	Signifikanz[2]
Relativer Preisvorteil	0,39 $H_{8a}\,(+)$	*** ✓	0,49 $H_{9a}\,(+)$	*** ✓				
Relativer Leistungsvorteil	0,44 $H_{8b}\,(+)$	*** ✓						
Relativer Bequemlichkeitsvorteil					0,05 $H_{10c}\,(+)$	n. s. f.	0,63 $H_{11c}\,(+)$	*** ✓
Relativer Verhandlungsvorteil					0,06 $H_{10d}\,(+)$	n. s. f.		
Flow-Erlebnis	0,59 $H_{12}\,(+)$	*** ✓	0,30 $H_{13}\,(+)$	*** ✓	0,08 $H_{14}\,(+)$	n. s. f.	0,30 $H_{15}\,(+)$	*** ✓
Soziale Wechselbarrieren	$-0{,}15$ $H_{22}\,(-)$	** ✓	$-0{,}21$ $H_{23}\,(-)$	*** ✓	$-0{,}38$ $H_{24}\,(-)$	*** ✓	$-0{,}36$ $H_{25}\,(-)$	*** ✓
Funktionale Nutzungsbarrieren	$-0{,}22$ $H_{16b}\,(-)$	-3) (✓)	$-0{,}41$ $H_{17b}\,(-)$	-3) (✓)			$-0{,}30$ $H_{19b}\,(-)$	-3) (✓)
Emotionale Nutzungsbarrieren					$-0{,}67$ $H_{18c}\,(-)$	-3) (✓)		
Erklärte Varianzanteile	67 %		49 %		70 %		71 %	

Tab. 63: Überblick über die Ergebnisse der Prüfung der Gesamtmodelle

Anmerkungen:
[1] Standardisierte Koeffizientenwerte (ggf. Totaleffekte) auf Basis der ULS-Schätzung
[2] Ergebnisse einer ML-Schätzung
[3] Signifikanzniveaus für Totaleffekte werden von AMOS nicht ausgewiesen
[4] Ergebnisse aus dem Gesamtmodell der Informationsakzeptanz
[5] Ergebnisse aus dem Gesamtmodell der Anbahnungsakzeptanz
[6] Ergebnisse aus dem Gesamtmodell der Transaktionsakzeptanz
[7] Ergebnisse aus dem Gesamtmodell der After-Sales-Akzeptanz
(+)/(-): Hypothetisch unterstellte Wirkungsrichtung der exogenen Konstrukte auf die endogenen Faktoren bzw. Konstrukte
n. s.: Nicht signifikant
*: Signifikant auf dem 10 %-Niveau
**: Signifikant auf dem 5 %-Niveau
***: Signifikant auf dem 1 %-Niveau
✓: Empirisch gestützt
f.: Falsifiziert bzw. nicht signifikant
(✓): Tendenziell empirisch gestützt

Quelle: Eigene Erstellung

8 Schlussbetrachtung

Den Ausgangspunkt der vorliegenden Arbeit bildete die Feststellung, dass in der Automobilwirtschaft eine Diskrepanz zwischen erwarteten Potenzialen und derzeitiger Bedeutung des distributiven Einsatzes von Online-Medien zu beobachten ist. Damit einhergehend rückt die Frage nach der Online-Akzeptanz der Konsumenten in den Blickpunkt des automobilen Distributionsmanagements. Gleichzeitig zeigte sich jedoch, dass zu diesem Themenkomplex nicht nur im spezifischen Kontext der Automobilwirtschaft, sondern auch branchenübergreifend bislang noch kaum empirisch fundierte Erkenntnisse vorliegen. Vor diesem Hintergrund bestand die zentrale Zielsetzung der Arbeit in einer umfassenden verhaltenswissenschaftlichen Durchdringung des Phänomens der Online-Akzeptanz. Aus diesem übergreifenden **Forschungsanliegen** wurden folgende drei Teilfragestellungen abgeleitet:

1. Wie hoch ist das Ausmaß der Online-Akzeptanz bzw. wie kann diese gemessen werden?
2. Mit welchen erfolgsbezogenen Konsequenzen ist die Online-Akzeptanz verbunden?
3. Welche Determinanten beeinflussen die Online-Akzeptanz?

Bei der Untersuchung dieser Teilfragestellungen wurde eine jeweils identische methodische **Vorgehensweise** eingehalten: Im Mittelpunkt des ersten Schrittes stand eine von theoretischen und sachlogischen Überlegungen geleitete Suche nach Bedeutungsinhalten und Wirkungshypothesen, die zur Konkretisierung des jeweiligen Untersuchungsanliegens beitrugen. Aus diesen Überlegungen resultierte ein theoretisches Modell als Abbild der komplexen Realität. Der zweite Schritt widmete sich der Herausforderung einer Operationalisierung der im jeweiligen Mess- bzw. Strukturmodell berücksichtigten Konstrukte. Die zu diesem Zweck generierten Messinstrumente wurden unter Verwendung komplexer statistischer Verfahren auf die Kriterien Reliabilität sowie Validität geprüft. Im dritten Schritt erfolgte auf Basis des Ansatzes der linearen Strukturgleichungsanalyse eine Modellprüfung, die durch weiterführende deskriptive und explikative Auswertungen schließlich abgerundet wurden.

Die im zweiten und dritten Schritt durchgeführten empirischen Analysen basierten auf einem großzahligen **Datensatz**, der in zwei aufeinanderfolgenden schriftlichen Befragungswellen erhoben wurde. In beiden Wellen fungierten tatsächliche Neuwagenkäufer einer deutschen Automobilmarke als Erhebungseinheiten. Diese wurden im Rahmen der ersten Welle (3.500 Probanden) nach dem Ausmaß sowie den Konsequenzen der Online-Akzeptanz befragt. Die zweite Welle (1.728 Probanden) baute auf dem validierten Messmodell der Online-Akzeptanz auf und umfasste darüber hinaus auch Fragen zu den Determinanten des Akzeptanzphänomens. Die erzielten Responsequoten von 24 % in der ersten Welle (n = 848) bzw. 30 % in der zweiten Welle (n = 522) können als zufriedenstellend angesehen werden und trugen dazu bei, dass zumindest die Stichprobe der ersten Befragungswelle als repräsentativ für die Grundgesamtheit aller Neuwagenkäufer der betreffenden Marke beurteilt werden konnte. Basierend auf dieser methodischen und empirischen Forschungskonzeption konnten zu allen drei Teilzielsetzungen wesentliche **praxisbezogene** Erkenntnisse gewonnen und Implikationen für das Management der Online-Distribution in der Automobilwirtschaft abgeleitet werden. Diesbezüglich erscheinen insbesondere folgende Punkte hervorhebenswert:

1. Aktuell nutzen etwa 25 % aller befragten Neuwagenkäufer das Internet zur Abwicklung unterschiedlicher distributiver Leistungen im Rahmen des Kaufprozesses. Weitere 15 % verfügen über einen Zugang zum Internet, ohne dies jedoch beim Neuwagenkauf tatsächlich genutzt zu haben. Angesichts dieses Ergebnisses kommt dem distributiven Einsatz von Online-Medien in der Automobilwirtschaft bereits heute eine zentrale Bedeutung zu, die auf Grund der voranschreitenden Diffusion des Internets bei den derzeitigen Nichtnutzern, die derzeit etwa 60 % der befragten Neuwagenkäufer ausmachen, zukünftig weiter zunehmen wird. Vor diesem Hintergrund stellt sich aus Sicht eines Automobilherstellers nicht mehr die Frage, ob überhaupt distributive Leistungen im Internet angeboten werden sollen, sondern vielmehr wie diese möglichst akzeptanzorientiert auszugestalten sind. Diesbezüglich indizieren die Untersuchungsergebnisse, dass Neuwagenkäufer eine annähernd gleich hohe Akzeptanz zur Nutzung des Internets im Rahmen der Informationsphase wie für die Zwecke der Kaufanbahnung aufweisen.

Hieraus ergibt sich ein dringlicher Handlungsbedarf: Die überwiegende Mehrheit der deutschen Automobilhersteller beschränkt sich in ihren derzeitigen Internetangeboten ausschließlich auf eine Unterstützung der Informationsphase.[772] Gleichzeitig ermöglicht eine wachsende Zahl neuer Car-Broker eine systematische Abwicklung der Kaufanbahnung über Online-Quoting-Sites.[773] Vor dem Hintergrund der Untersuchungsergebnisse kann davon ausgegangen werden, dass es diesen Unternehmen in zunehmendem Maße gelingen wird, in die bisher geschlossene und überwiegend herstellerkontrollierte Kontaktkette zwischen stationärem Händler und Kunden einzudringen, falls es die Hersteller bzw. Händler versäumen, der hohen Anbahnungsakzeptanz von Neuwagenkäufern mit eigenen Lösungen Rechnung zu tragen.

Für eine über informations- und anbahnungsbezogene Leistungen hinausgehende Unterstützung des automobilen Kaufprozesses auf Basis von Online-Transaction-Sites besteht indessen noch keine Veranlassung. Die erzielten Ergebnisse lassen darauf schließen, dass die Akzeptanz der Neuwagenkäufer zur Nutzung des Internets bei der

---

[772] Vgl. Abschnitt 3.2.2.1.
[773] Vgl. Abschnitt 3.2.2.3.

Abwicklung transaktionaler Aktivitäten - wie z. B. der Fahrzeugbestellung sowie -anzahlung - momentan vergleichsweise gering ausgeprägt ist.

2. Unabhängig davon, in welchem Umfang der automobile Kaufprozess über Online-Medien abgebildet bzw. unterstützt wird, gilt es im Rahmen des Online-Distributionsmanagements weniger die Nutzungsintensität, sondern verstärkt die Zufriedenheit mit den dabei angebotenen distributiven Leistungen zu optimieren. Diese zentrale Forderung basiert auf der Erkenntnis, dass erst dann positive Effekte auf die betrachteten vorökonomische Erfolgsgrößen des E-Commerce erzielt werden können, wenn die Zufriedenheit der Konsumenten mit der Nutzung der Online-Distribution ein bestimmtes Mindestmaß erreicht.

Dieses kritische Zufriedenheitsniveau - welches in etwa gleichauf mit der Produktzufriedenheit liegt - wird bei dem hier betrachteten Internetauftritt momentan unterschritten. Die Folge ist, dass unter diesen Rahmenbedingungen eine Steigerung der Nutzungsintensität distributiver Leistungen im Internet mit keinen Kundenbindungseffekten bzw. sogar negativen Wirkungen auf die Produkt- sowie Kaufzufriedenheit verbunden ist. Solange eine Nutzung der Online-Distribution nicht zur Erreichung dieser vorökonomischen Zielsetzungen beiträgt, sind auch hinsichtlich der ökonomischen Vorteilhaftigkeit des Online-Engagements begründete Zweifel angezeigt.

3. Im Rahmen des Online-Distributionsmanagements muss weiterhin beachtet werden, dass in jeder Phase des Kaufprozesses ein unterschiedliches Bündel akzeptanzbestimmender Determinanten relevant ist. Dementsprechend ist auch der distributionspolitische Maßnahmen-Mix zur Beeinflussung der Online-Akzeptanz phasenspezifisch abzustimmen. Hierzu zeigen die für jede Kaufphase gebildeten Erklärungsmodelle eine Vielzahl von konkreten Ansatzpunkten auf. Vor dem Hintergrund der bereits hervorgehobenen Bedeutung eines akzeptanzorientierten Angebots informations- sowie anbahnungsbezogener Leistungen im Internet sollten sich die distributionspolitischen Bemühungen jedoch schwerpunktmäßig auf zwei Stellhebel konzentrieren.

Der erste Stellhebel, der sich nicht nur, aber in besonderem Maße für eine wirksame Beeinflussung der Online-Akzeptanz in der Informationsphase eignet, besteht in einer gezielten Förderung flow-ähnlicher Zustände bei der Nutzung der Website. Dabei ist zu beachten, dass ein Flow-Erlebnis nur dann wirksam unterstützt wird, wenn die wahrgenommenen Herausforderungen bei der Ausübung der Aktivität mit den vorhandenen Fähigkeiten in Einklang stehen.[774] Daher sollten die unterschiedlichen

---

[774] Vgl. Abschnitt 7.1.2.2.1.

Erfahrungshintergründe der Nutzer individuell berücksichtigt und die Komplexität der Anwendungen über personalisierte Seiten kontinuierlich angepasst werden. So können beispielsweise Orientierungshilfen bei der Navigation, eine übersichtliche Gestaltung der Menüführung sowie eine Beschränkung auf einige wesentliche Internetangebote sinnvolle Hilfestellungen für Einsteiger darstellen und eine Überforderung verhindern. Erfahrene Internetnutzer sollten hingegen durch eine abwechslungsreiche Gestaltung von Seiten und Links bzw. eine Vielzahl von stimulierenden Informationsangeboten herausgefordert werden.

Der zweite Stellhebel knüpft an den Erwartungen der Konsumenten an, bei einer Nutzung der Online-Distribution im Rahmen der Anbahnungsphase einen relativen Preisvorteil im Vergleich zum Angebot des stationären Handels zu erhalten. Entsprechende preispolitische Maßnahmen der Anbieter können etwa darin bestehen, dass für Fahrzeuge, die über das Internet angeboten werden, ein pauschaler oder modelltypenabhängiger Preisnachlass gegenüber der Listenpreisempfehlung eingeräumt wird. Die Problematik solcher Preismaßnahmen besteht allerdings darin, dass das Kaufverhalten der Konsumenten auf Grund der erhöhten Transparenz im Internet vermutlich sehr elastisch in Bezug auf diesen Stellhebel reagiert, in der Praxis aber gleichzeitig Unklarheit über die Stärke dieses Zusammenhangs sowie dessen Wirkungsverlauf besteht.

Erste Anhaltspunkte für entsprechende preispolitische Entscheidungen können aus Abb. 37 entnommen werden. Darin ist der kumulierte Anteil befragter Neuwagenkäufer, die sich einen Fahrzeugkauf über das Internet prinzipiell vorstellen können, in Abhängigkeit des dafür erwarteten Nachlasses gegenüber dem Listenpreis abgetragen.[775] Aus dem dargestellten Funktionsverlauf wird auf der einen Seite ersichtlich, dass ein Großteil der Neuwagenkäufer selbst bei vergleichsweise hohen Nachlässen von mehr als 20 % nicht bereit ist, das Fahrzeug im Online-Distributionskanal zu kaufen. Auf der anderen Seite kann ein gewisses Käufersegment ausgemacht werden, das auch bei sehr niedrigen Rabatten von weniger als 5 % eine entsprechende Bereitschaft zeigt. Weiterhin sind bei etwa 10 % und 15 % zwei deutliche Preisschwellen bzw. Sprünge im Funktionsverlauf zu erkennen. Insgesamt betrachtet wird damit eine recht hohe Preisreagibilität des Online-Absatzes bestätigt;

---

[775] An dieser Stelle muss ausdrücklich darauf hingewiesen werden, dass eine direkte Abfrage von Preisbereitschaften, wie sie bei der Ermittlung des in Abb. 37 dargestellten Funktionsverlaufs vorgenommen wurde, mit methodischen Problemen behaftet und daher nur eingeschränkt aussagekräftig ist. Dennoch sollen die ermittelten Ergebnisse dem Leser nicht vorenthalten werden, da sie zumindest einen groben Anhaltspunkt für die Größenordnungen der von Neuwagenkäufern erwarteten Preisanreize liefern können. Eine ausführliche Diskussion verschiedener Methoden zur Ermittlung individueller Preisbereitschaften findet sich bei Clement (2000), S. 255 ff.

Schlussbetrachtung

weitreichende Kannibalisierungseffekte des stationären durch den virtuellen Vertriebskanal sind jedoch innerhalb der üblichen Rabattspannen nicht zu erwarten.

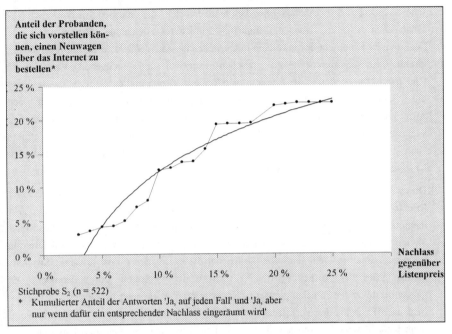

Abb. 37: Bereitschaft der Neuwagenkäufer zum Kauf eines Fahrzeugs über das Internet in Abhängigkeit vom eingeräumten Nachlas
Quelle: Eigene Erstellung

Abgesehen von einem praxisbezogenen Beitrag wurde im Rahmen der Arbeit auch ein **wissenschaftlicher** Erkenntniszugewinn zu den drei Teilfragestellungen angestrebt. In dieser Hinsicht können folgende inhaltlichen, methodischen sowie theoretischen Aspekte hervorgehoben werden:

1. Im Rahmen der Analyse des Ausmaßes der Online-Akzeptanz wurde zunächst eine inhaltlich-semantische Klarstellung des in der Praxis und Wissenschaft häufig unpräzise genutzten Akzeptanzbegriffes geleistet. Die qualitativen Ausführungen zeigten verschiedene Bedeutungsinhalte sowie Facetten des Phänomens auf und ermöglichten darauf aufbauend die Konzeptualisierung eines mehrdimensionalen, mehrfaktoriellen Messmodells der Online-Akzeptanz. Dieses Messinstrument wurde mit Hilfe leistungsfähiger statistischer Verfahren auf verschiedene Validitäts- und Reliabilitätseigenschaften untersucht und überwiegend positiv beurteilt. Damit wird die Akzeptanzproblematik im Kontext des E-

Commerce auf eine explizierte Basis gestellt und einer weiterführenden empirisch-wissenschaftlichen Auseinandersetzung zugänglich gemacht.

2. Bei der Untersuchung der Konsequenzen der Online-Akzeptanz sind vor allem methodische Aspekte hervorzuheben. So beschränken sich die meisten marketingwissenschaftlichen Arbeiten, denen ein empirisch-explikatives Forschungsanliegen zu Grunde liegt, bei der Erklärung des jeweils in Frage stehenden Sachverhalts auf eine Untersuchung direkter Kausalzusammenhänge zwischen exogenen und endogenen Variablen.[776] Gleichwohl finden sich in der Literatur eine Reihe impliziter und expliziter Hinweise, dass die Stärke sozialwissenschaftlicher Wirkungszusammenhänge häufig von den Ausprägungen externer bzw. situativer Drittvariablen abhängt und diese auch adäquat analysiert werden sollten.[777] Eine Vernachlässigung moderierender Drittvariableneffekte kann jedoch u. U. dazu führen, dass die gewonnenen Ergebnisse nicht über den konkreten Untersuchungsfall hinaus generalisierbar sind.

Dieses Defizit ist nicht zuletzt darauf zurückzuführen, dass die Analyse moderierender Effekte methodisch gesehen kein einfaches Unterfangen darstellt. Erst in jüngerer Zeit mehren sich die Arbeiten, die sich dieser Herausforderung mit Hilfe geeigneter statistischer Verfahren widmen. Allerdings wird dabei entweder auf die Methode der moderierten Regressionsanalyse oder auf die Gruppenanalyse auf Basis des linearen Strukturgleichungsansatzes zurückgegriffen.[778] Ein beide Verfahren kombinierender und gegenüberstellender Forschungsansatz - wie er in der vorliegenden Arbeit gewählt wurde - liegt nach Kenntnis des Verfassers noch nicht vor. Gerade dies scheint jedoch angezeigt, denn beide Ansätze weisen jeweils spezifische methodische Stärken und Schwächen auf und können daher auch durchaus zu unterschiedlichen inferenzstatistischen Ergebnissen hinsichtlich der Existenz moderierender Effekte führen. Solche verfahrensbedingten Abweichungen wurden auch in der eigenen Untersuchung festgestellt.

3. Die Analyseergebnisse zu den Determinanten der Online-Akzeptanz bieten vor allem Anknüpfungspunkte zur Diskussion grundlegender theoretischer Aspekte. Durch die

---

[776] An dieser Stelle kann auf die Meta-Analyse von Chin/Marcolin/Newsted (1996), S. 23 f. hingewiesen werden: Die Forscher untersuchten insgesamt 8.110 Veröffentlichungen, die sich auf empirischer Basis mit der Anwendung von Informationssystemen beschäftigen und dabei Wirkungszusammenhänge analysieren, die potenziell durch Drittvariableneffekte moderiert werden. Dabei trat zu Tage, dass nur bei 70 Studien eine entsprechende quantitative Analyse moderierender Effekte erfolgte.
[777] Beispielsweise fordern Bearden/Teel (1983), S. 27; Biong (1993), S. 35; Cronin/Taylor (1992), S. 65 und Henning-Thurau/Klee (1997), S. 742, dass der Einfluss externer Drittvariablen auf die Stärke der Auswirkungen von Kundenzufriedenheit verstärkt im Zentrum zukünftiger Forschungsarbeiten stehen sollte.
[778] Die moderierte Regressionsanalyse als Untersuchungsmethode für die Analyse interagierender Effekte wählen beispielsweise Homburg (1998), S. 143 ff.; Machleit/Mantell (2001), S. 97 ff.; Malhotra/Heine/Grover (2001), S. 307 ff. Dagegen bedienen sich Giering (2000), S. 93 ff. sowie Krohmer (1999), S. 157 ff. und S. 178 ff. der Gruppenanalyse.

Schlussbetrachtung

komplementär-pluralistische Prüfung der Adoptions- sowie Flow-Theorie und der darauf basierenden konfirmatorischen Ableitung und Prüfung mehrerer Determinantensysteme konnte eine umfassende Erklärung des Akzeptanzphänomens geleistet werden. Dies belegen die fast durchgängig hohen erklärten Varianzanteile der endogenen Akzeptanzfaktoren, die weit über den Werten liegen, die in den bisherigen Studien zu diesem Themenkomplex erzielt wurden.[779]

Aus theoretischer Sicht in besonderem Maße interessant erscheint hierbei, dass die Hypothesen zu den positiven Wirkungseffekten des Flow-Konstrukts durchweg empirisch bestätigt wurden. Damit konnte gezeigt werden, dass akzeptanzbezogene Einstellungen und somit auch Verhaltensweisen nicht nur von instrumentellen Verhaltensfolgen in Gestalt extrinsischer Gratifikationen abhängen, sondern in annähernd gleichem Maße auch durch intrinsische Anreize bedingt werden. Dieser Aspekt, dass Konsumenten neuartige Sachverhalte auch um ihrer selbst willen übernehmen - weil damit etwa eine stimulierende Tätigkeitsfreude ausgelöst wird - wurde in der Adoptionstheorie jedoch bislang weitgehend vernachlässigt. Diese mangelnde wissenschaftliche Auseinandersetzung mit intrinsischen Motivationsmustern kann - von wenigen Ausnahmen abgesehen - auch generell in der marketingwissenschaftlichen Konsumentenverhaltensforschung konstatiert werden.[780] Mit dieser Arbeit wurde der Versuch unternommen, das in der psychologischen Motivationsforschung seit langem etablierte Paradigma von der Unterscheidung zwischen intrinsisch und extrinsisch motiviertem Verhalten auf die verhaltenswissenschaftliche Marketingforschung zu übertragen.

Zusammenfassend lässt sich somit festhalten, dass durch die vorliegende Arbeit sowohl in praxisbezogener als auch wissenschaftlicher Hinsicht ein Erkenntnisfortschritt erzielt werden konnte. Auch wenn das Phänomen der Akzeptanz der Online-Distribution umfassend untersucht wurde, unterliegen die gewonnenen Erkenntnisse dennoch gewissen Restriktionen, die zugleich Anknüpfungspunkte für weitere **Forschungsaktivitäten** bieten:

1. Eine wesentliche Restriktion der Untersuchung liegt in der Eingrenzung des Untersuchungsfeldes auf die Automobilwirtschaft begründet. Eine solche Beschränkung war nicht zuletzt deswegen notwendig, um zu aussagefähigen Ergebnissen hinsichtlich des

---

[779] Vgl. Abschnitt 3.3.2.3.
[780] Vgl. Abschnitt 7.1.2.2.1. Als eine Ausnahme kann die zunehmende Beachtung des Variety-Seeking-Motivs im Kontext der Kundenbindungsforschung angesehen werden. Vgl. dazu insbesondere die Arbeit von Peter (1997), S. 99 ff. Dieses verhaltenswissenschaftliche Konzept gilt als geeigneter Erklärungsansatz für die Frage, warum Konsumenten einen Anbieter nicht auf Grund von Unzufriedenheit oder Veränderungen von Präferenzstrukturen wechseln, sondern vielmehr deshalb, weil der Wechsel als solcher einen intrinsischen Nutzenanreiz stiftet.

Ausmaßes der Online-Akzeptanz zu gelangen. So hätte eine Ausdehnung der umfassenden empirischen Erhebungen auf andere Branchen den Rahmen dieser Arbeit gesprengt. Dennoch besteht Anlass zu der Vermutung, dass sich die im Rahmen der Konzeptualisierung bzw. Operationalisierung herausgearbeiteten Dimensionen und Faktoren der Online-Akzeptanz auch generell zur Erfassung extensiver Kaufprozesse im E-Commerce eignen.

Im Hinblick auf eine Erhärtung der Generalisierbarkeit der Befunde wäre eine Prüfung des entwickelten Messmodells in anderen Branchen eine mögliche Aufgabe für weitere wissenschaftliche Arbeiten zum Themenkomplex der Akzeptanz der Online-Distribution. Zudem erscheinen Replikationsstudien bei anderen Anbietern in der Automobilwirtschaft wünschenswert. Dabei ist es durchaus denkbar, dass auf Grund der Besonderheiten des Webauftritts des betrachteten *Herstellers* die entwickelte Faktorenstruktur des Messmodells zu modifizieren ist. In jedem Fall ist aber zu erwarten, dass sich die postulierte zweidimensionale Struktur der Online-Akzeptanz auch in anderen Datensätzen wiederfinden lässt. Schließlich sollte das Messmodell der Online-Akzeptanz in weiteren Arbeiten von inhaltlich eng verwandten Konstrukten - wie z. B. der Einstellung - abgegrenzt und im Hinblick auf seine nomologische Validität überprüft werden.

2. Auch die Untersuchung der Konsequenzen der Online-Akzeptanz birgt interessante Möglichkeiten für weitere Forschungsaktivitäten. Von den zahlreichen denkbaren vorökonomischen Zielgrößen des E-Commerce deckt die vorliegende Untersuchung nur einige, als zentral erachtete Aspekte ab. Besonders aufschlussreich könnte es dabei sein, die Einflüsse eines stärker auf kommunikationspolitische Zwecke ausgerichteten Internet-Engagements auf die Markenbekanntheit bzw. das Markenimage zu untersuchen. Auch die Konsequenzen des E-Commerce im Hinblick auf die Preiselastizität der Nachfrage scheinen in der bisherigen Literatur nicht abschließend geklärt zu sein.[781]

Mit der Kenntnis vorökonomischer Effekte können zwar gewisse Rückschlüsse auf die ökonomische Wirkung der Online-Distribution gezogen werden; zwischen diesen beiden Zielkategorien bestehen jedoch keine deterministischen Ursache-Wirkungs-Beziehungen. Zudem beinhalten psychographische Zielkonstrukte - wie etwa die Kundenbindung bzw. -zufriedenheit - keine unmittelbaren Hinweise auf die mit einem E-Commerce-Engagement verbundenen einmaligen sowie laufenden Kosten. Vor diesem Hintergrund verspricht eine Auseinandersetzung mit den ökonomischen Kosten- und Nutzenwirkungen des E-Commerce auf aggregierter Ebene weiterführende Einblicke. Eine solche Arbeit gewinnt vor dem Hintergrund der sich mehrenden Zweifel an der wirtschaftlichen Vorteilhaftigkeit

---

[781] Vgl. Abschnitt 3.3.2.2.

der Online-Distribution zunehmend an Bedeutung und würde der Unternehmenspraxis eine verbesserte Entscheidungsgrundlage für distributionspolitische Maßnahmen liefern. Die zentrale Herausforderung besteht darin, die bei Unternehmen mit multiplen Vertriebskanälen in besonderem Maße gegebene Problematik einer Identifikation und verursachungsgerechten Zuordnung der Erfolgsbeiträge des E-Commerce zu lösen.[782]

3. In der vorliegenden Arbeit wurden die identifizierten Determinanten der Online-Akzeptanz anhand von mehreren Items direkt bei den Probanden abgefragt. Aus den statistisch ermittelten Zusammenhängen zwischen diesen Items wurden dann Rückschlüsse auf das Vorliegen vermuteter kausaler Wirkungsbeziehungen gezogen. Diese Vorgehensweise unterliegt jedoch der Restriktion, dass dadurch lediglich Wirkungszusammenhänge zwischen nichtbeobachtbaren Variablen bzw. verbal umschriebenen Verhaltenweisen erfasst werden können. Überdies kann die Kausalität der ermittelten Dependenzen streng genommen nicht nachgewiesen werden, sondern ergibt sich nur auf Basis der theoretischen Vorüberlegungen.

In beiderlei Hinsicht erweisen sich kontrollierte Experimente als leistungsfähiger. So könnten im Rahmen zukünftiger Arbeiten durch die Wahl eines entsprechenden Untersuchungsdesigns die verhaltensbezogenen Dimensionen der Online-Akzeptanz anhand von tatsächlichen Nutzungsintensitäten detailliert erfasst werden. Als kausaler Stimulus würde sich beispielsweise eine kontrollierte Variation der preislichen Anreize, die bei einer Nutzung des Online-Distributionskanals gewährt werden, eignen. Dadurch würde auch eine methodisch abgesicherte Ableitung von Aussagen über Preis-Absatz-Zusammenhänge im E-Commerce ermöglicht werden.

---

[782] Vgl. Abschnitt 6.1.1.1.

Anhang

A.1 Ergänzungen zum Ausmaß der Online-Akzeptanz **292**

A.1.1 Operationalisierung der Dimension 'einstellungsorientierte Online-Akzeptanz' 292

A.1.2 Operationalisierung der Dimension 'verhaltensorientierte Online-Akzeptanz' 293

A.2 Ergänzungen zu den Konsequenzen der Online-Akzeptanz **296**

A.2.1 Operationalisierung des Konstrukts 'Kundenzufriedenheit' 296

A.2.2 Operationalisierung des Konstrukts 'Kundenbindung' 302

A.3 Ergänzungen zu den Determinanten der Online-Akzeptanz **308**

A.3.1 Operationalisierung des Konstrukts 'relativer Vorteil' 308

A.3.2 Operationalisierung des Konstrukts 'Flow-Erlebnis' 318

A.3.3 Operationalisierung des Konstrukts 'Wechselbarrieren' 321

A.3.4 Operationalisierung des Konstrukts 'Nutzungsbarrieren' 324

A.3.5 Explikative Untersuchungsergebnisse 333

A.4 Fragebogen **338**

A.4.1 Erste Erhebungswelle 338

A.4.2 Zweite Erhebungswelle 343

A.1 Ergänzungen zum Ausmaß der Online-Akzeptanz

A.1.1 Operationalisierung der Dimension 'einstellungsorientierte Online-Akzeptanz'

Untersuchungsstufe A
Dimension 'einstellungsorientierte Online-Akzeptanz'

Indikator (SPSS-Notation)	Faktor 1	Faktor 2	Faktor 3	Faktor 4	Anti-Image-Korrelation
AK_IN_A2	0,860				0,841
AK_IN_W2	0,833				0,848
AK_IN_A3	0,838				0,873
AK_IN_A1	0,798			0,313	0,888
AK_IN_W3	0,800				0,869
AK_IN_W1	0,727			0,387	0,887
AK_IN_A4	0,744				0,841
AK_IN_W4	0,697				0,838
AK_TR_A1		0,844			0,782
AK_TR_W1		0,814			0,791
AK_TR_A2		0,823			0,788
AK_TR_W2		0,814			0,783
AK_AS_A3			0,803	0,323	0,870
AK_AS_W3			0,813		0,852
AK_AS_W1		0,316	0,789		0,838
AK_AS_A3			0,763		0,843
AS_AN_A1				0,835	0,823
AK_AN_W1				0,844	0,902
AK_AN_A3	0,434			0,678	0,819
AK_AN_W3	0,417			0,683	0,892
	Informationsakzeptanz	Transaktionsakzeptanz	After-Sales-Akzeptanz	Anbahnungsakzeptanz	
Erklärter Varianzanteil	28,43 %	16,11 %	14,80 %	14,76 %	
Kumulierter Varianzanteil	28,43 %	44,54 %	59,34 %	74,10 %	

Bartlett-Test auf Sphärizität	6414,067 (p = 0,000)	KMO-Kriterium	0,846

Faktorladungen < 0,3 werden nicht berichtet
Stichprobe $S_1^{B/C}$ (n = 353)

Tab. 64: Ergebnisse der Untersuchungsstufe A für die Dimension 'einstellungsorientierte Online-Akzeptanz' (zweiter Rechendurchlauf mit zwanzig Items)
Quelle: Eigene Erstellung

A.1.2 Operationalisierung der Dimension 'verhaltensorientierte Online-Akzeptanz'

Untersuchungsstufe A
Dimension 'verhaltensorientierte Online-Akzeptanz'

Indikator (SPSS-Notation)	Faktor 1	Faktor 2	Anti-Image-Korrelation
AK_IN_Z3	0,867		0,758
AK_IN_Z2	0,861		0,806
AK_IN_Z4	0,801		0,794
AK_IN_Z1	0,758		0,873
AK_AS_Z1	0,635		0,935
AK_IN_N2		0,871	0,733
AK_IN_N3		0,786	0,754
AK_IN_N1		0,779	0,806
AK_IN_N4	0,356	0,675	0,798
AK_AS_N1		0,567	0,897
	Zufriedenheits-akzeptanz	Nutzungs-akzeptanz	
Erklärter Varianzanteil	33,52 %	28,98 %	
Kumulierter Varianzanteil	33,52 %	62,50 %	
Bartlett-Test auf Sphärizität	1067,28 (p = 0,000)	**KMO-Kriterium**	0,799

Faktorladungen < 0,3 werden nicht berichtet
Stichprobe S_1^C (n = 214)

Tab. 65: Ergebnisse der Untersuchungsstufe A für die Dimension 'verhaltensorientierte Online-Akzeptanz' (zweiter Rechendurchlauf mit zehn Items)
Quelle: Eigene Erstellung

Untersuchungsstufe B
Faktor 'Nutzungsakzeptanz'

B1: Explor. Faktorenanalyse

Erklärter Varianzanteil: 68,15 %

B2: Konfirmatorische Faktorenanalyse

Globale Gütemaße

χ^2-Wert/df	(4,49)
GFI	0,99
AGFI	0,98
NFI	0,99
RMR	0,07

Indikator	Indikatorreliabilität (ρ_x)	Faktorreliabilität (ρ_c)	Durchschnittlich erfasste Varianz (ρ_v)
AK_IN_N2	0,790		
AK_IN_N3	0,627	0,815	0,528
AK_IN_N1	0,450		
AK_IN_N4	0,466		

B3: Cronbachs Alpha

Alpha-Wert: 0,841

Nicht erfüllte Gütekriterien sind fett hervorgehoben
Stichprobe S_1^c (n = 214)

Tab. 66: Ergebnisse der Untersuchungsstufe B für den Faktor 'Nutzungsakzeptanz' (zweiter Rechendurchlauf mit vier Items)
Quelle: Eigene Erstellung

Untersuchungsstufe B				
Faktor 'Zufriedenheitsakzeptanz'				

B1: Explor. Faktorenanalyse	Erklärter Varianzanteil:		72,79 %	

	Globale Gütemaße			
	χ^2-Wert/df	(0,18)		
	GFI	0,99		
	AGFI	0,99		
	NFI	0,99		
B2: Konfirmatorische Faktorenanalyse	RMR	0,01		
	Indikator	Indikatorreliabilität (ρ_x)	Faktorreliabilität (ρ_c)	Durchschnittlich erfasste Varianz (ρ_v)
	AK_IN_Z3	0,752	0,907	0,711
	AK_IN_Z2	0,765		
	AK_IN_Z4	0,546		
	AK_IN_Z1	0,507		

B3: Cronbachs Alpha	Alpha-Wert:	0,874

Nicht erfüllte Gütekriterien sind fett hervorgehoben
Stichprobe S_1^C (n = 214)

Tab. 67: Ergebnisse der Untersuchungsstufe B für den Faktor 'Zufriedenheitsakzeptanz' (zweiter Rechendurchlauf mit vier Items)
Quelle: Eigene Erstellung

A.2 Ergänzungen zu den Konsequenzen der Online-Akzeptanz

A.2.1 Operationalisierung des Konstrukts 'Kundenzufriedenheit'

Untersuchungsstufe A
Konstrukt 'Kundenzufriedenheit'

Indikator (SPSS-Notation)	Faktor 1	Faktor 2	Anti-Image-Korrelation
KZ_PR_GL	0,891		0,779
KZ_PR_ER	0,863		0,768
KZ_PR_QU	0,835		0,821
KZ_PR_MA	0,648		0,841
KZ_PR_FA	0,634		0,862
KZ_PR_PR	0,618		0,904
KZ_PR_DE	0,476		0,835
KZ_KA_ER		0,861	0,915
KZ_KA_BE		0,823	0,804
KZ_KA_AU		0,776	0,828
KZ_KA_GL	0,501	0,702	0,735
	Produkt-zufriedenheit	Kauf-zufriedenheit	
Erklärter Varianzanteil	36,18 %	24,71 %	
Kumulierter Varianzanteil	36,18 %	60,89 %	
Bartlett-Test auf Sphärizität	1132,51 (p = 0,000)	KMO-Kriterium	0,813

Faktorladungen < 0,3 werden nicht berichtet
Stichprobe S_1^C (n = 214)

Tab. 68: Ergebnisse der Untersuchungsstufe A für das Konstrukt 'Kundenzufriedenheit'
Quelle: Eigene Erstellung

Untersuchungsstufe B
Faktor 'Kaufzufriedenheit'

B1: Explor. Faktorenanalyse

Erklärter Varianzanteil: 67,61 %

B2: Konfirmatorische Faktorenanalyse

Globale Gütemaße

χ^2-Wert/df	(0,55)
GFI	0,99
AGFI	0,99
NFI	0,99
RMR	0,02

Indikator	Indikatorreliabilität (ρ_i)	Faktorreliabilität (ρ_c)	Durchschnittlich erfasste Varianz (ρ_v)
AK_KA_ER	0,648	0,856	0,599
AK_KA_GL	0,778		
AK_KA_BE	0,761		
AK_KA_AU	0,671		

B3: Cronbachs Alpha

Alpha-Wert: 0,839

Nicht erfüllte Gütekriterien sind fett hervorgehoben
Stichprobe S_1^C (n = 214)

Tab. 69: Ergebnisse der Untersuchungsstufe B für den Faktor 'Kaufzufriedenheit'
Quelle: Eigene Erstellung

Untersuchungsstufe B
Faktor 'Produktzufriedenheit'

B1: Explor. Faktorenanalyse

Erklärter Varianzanteil: 60,78 %

B2: Konfirmatorische Faktorenanalyse

Globale Gütemaße

χ^2-Wert/df	(2,46)
GFI	0,99
AGFI	0,99
NFI	0,99
RMR	0,02

Indikator	Indikatorreliabilität (ρ_x)	Faktorreliabilität (ρ_c)	Durchschnittlich erfasste Varianz (ρ_v)
KZ_PR_MA	0,348		
KZ_PR_DE	0,398		
KZ_PR_PR	0,275		
KZ_PR_QU	0,723	0,900	0,611
KZ_PR_FA	**0,327**		
KZ_PR_GL	0,870		
KZ_PR_ER	0,723		

B3: Cronbachs Alpha

Alpha-Wert: 0,689

Nicht erfüllte Gütekriterien sind fett hervorgehoben
Stichprobe S_1^C (n = 214)

Tab. 70: Ergebnisse der Untersuchungsstufe B für den Faktor 'Produktzufriedenheit' (erster Rechendurchlauf mit sieben Items)
Quelle: Eigene Erstellung

Anhang   299

Untersuchungsstufe B
Faktor 'Produktzufriedenheit'

B1: Explor. Faktorenanalyse	Erklärter Varianzanteil:	85,25 %		

	Indikator	Indikatorreliabilität (p_x)	Faktorreliabilität (p_c)	Durchschnittlich erfasste Varianz (p_v)
B2: Konfirmatorische Faktorenanalyse*	KZ_PR_ER	0,783		
	KZ_PR_GL	0,832	0,911	0,775
	KZ_PR_QU	0,724		

B3: Cronbachs Alpha	Alpha-Wert:	0,802

* Eine Konfirmatorische Faktorenanalyse mit drei Indikatoren weist keine Freiheitsgrade auf. Daher werden die globalen Gütemaße nicht ausgewiesen.
Nicht erfüllte Gütekriterien sind fett hervorgehoben
Stichprobe S_1^C (n = 214)

Tab. 71: Ergebnisse der Untersuchungsstufe B für den Faktor 'Produktzufriedenheit' (zweiter Rechendurchlauf mit drei Items)
Quelle: Eigene Erstellung

Untersuchungsstufe C1
Konstrukt 'Kundenzufriedenheit'

Globale Gütemaße

χ^2-Wert/df	(2,24)
GFI	0,98
AGFI	0,96
NFI	0,97
RMR	0,07

	Indikator	Indikatorreliabilität (ρ_x)	Faktorreliabilität (ρ_c)	Durchschnittlich erfasste Varianz (ρ_v)
Faktor Kaufzufriedenheit	KZ_KA_ER	0,516	0,855	0,604
	KZ_KA_GL	0,966		
	KZ_KA_BE	0,462		
	KZ_KA_AU	**0,391**		
Faktor Produktzufriedenheit	KZ_PR_ER	0,658	0,911	0,775
	KZ_PR_GL	0,933		
	KZ_PR_QU	0,874		

Nicht erfüllte Gütekriterien sind fett hervorgehoben
Stichprobe S_1^c (n = 214)

Tab. 72: Ergebnisse der Untersuchungsstufe C1 für das Konstrukt 'Kundenzufriedenheit'
Quelle: Eigene Erstellung

Anhang

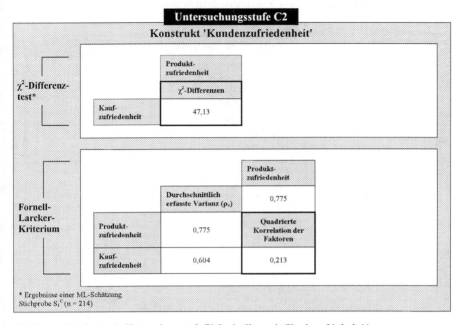

Tab. 73: Ergebnisse der Untersuchungsstufe C2 für das Konstrukt 'Kundenzufriedenheit'
Quelle: Eigene Erstellung

A.2.2 Operationalisierung des Konstrukts 'Kundenbindung'

Untersuchungsstufe A
Konstrukt 'Kundenbindung'

Indikator (SPSS-Notation)	Faktor 1	Faktor 2	Anti-Image-Korrelation
KB_HA_EM	0,896		0,651
KB_HA_AB	0,890		0,699
KB_HA_ST	0,761	0,312	0,694
KB_MA_AB		0,916	0,637
KB_MA_EM		0,842	0,658
KB_MA_ST	0,352	0,687	0,643

	Händlerbindung	Markenbindung
Erklärter Varianzanteil	39,14 %	36,38 %
Kumulierter Varianzanteil	39,14 %	75,52 %

| Bartlett-Test auf Sphärizität | 765,50 (p = 0,000) | KMO-Kriterium | 0,664 |

Faktorladungen < 0,3 werden nicht berichtet
Stichprobe S_1^c (n = 214)

Tab. 74: Ergebnisse der Untersuchungsstufe A für das Konstrukt 'Kundenbindung'
Quelle: Eigene Erstellung

Untersuchungsstufe B
Faktor 'Händlerbindung'

B1: Explor. Faktorenanalyse	Erklärter Varianzanteil:	77,36 %		

	Indikator	Indikatorreliabilität (p_x)	Faktorreliabilität (p_c)	Durchschnittlich erfasste Varianz (p_v)
B2: Konfirmatorische Faktorenanalyse*	KB_HA_EM	0,796		
	KB_HA_AB	0,829	0,774	0,538
	KB_HA_ST	**0,414**		

B3: Cronbachs Alpha	Alpha-Wert:	0,836

* Eine Konfirmatorische Faktorenanalyse mit drei Indikatoren weist keine Freiheitsgrade auf. Daher werden die globalen Gütemaße nicht ausgewiesen.
Nicht erfüllte Gütekriterien sind fett hervorgehoben
Stichprobe S_1^c (n = 214)

Tab. 75: Ergebnisse der Untersuchungsstufe B für den Faktor 'Händlerbindung'
Quelle: Eigene Erstellung

Untersuchungsstufe B
Faktor 'Markenbindung'

B1: Explor. Faktorenanalyse	Erklärter Varianzanteil:	72,06 %		
B2: Konfirmatorische Faktorenanalyse*	Indikator	Indikatorreliabilität (p_x)	Faktorreliabilität (p_c)	Durchschnittlich erfasste Varianz (p_v)
	KB_MA_EM	0,806		
	KB_MA_AB	0,587	0,747	0,501
	KB_MA_ST	**0,382**		
B3: Cronbachs Alpha	Alpha-Wert:	0,768		

* Eine Konfirmatorische Faktorenanalyse mit drei Indikatoren weist keine Freiheitsgrade auf. Daher werden die globalen Gütemaße nicht ausgewiesen.
Nicht erfüllte Gütekriterien sind fett hervorgehoben
Stichprobe S_1^c (n = 214)

Tab. 76: Ergebnisse der Untersuchungsstufe B für den Faktor 'Markenbindung' (erster Rechendurchlauf mit drei Items)
Quelle: Eigene Erstellung

Untersuchungsstufe B	
Faktor 'Markenbindung'	
B1: Explor. Faktorenanalyse	Erklärter Varianzanteil: 87,27 %
B2: Konfirmatorische Faktorenanalyse*	Entfällt
B3: Cronbachs Alpha	Alpha-Wert: 0,852

* Eine Konfirmatorische Faktorenanalyse kann mit zwei Indikatoren nicht durchgeführt werden
Nicht erfüllte Gütekriterien sind fett hervorgehoben
Stichprobe S_1^c (n = 214)

Tab. 77: Ergebnisse der Untersuchungsstufe B für den Faktor 'Markenbindung' (zweiter Rechendurchlauf mit zwei Items)
Quelle: Eigene Erstellung

Untersuchungsstufe C1				
Konstrukt 'Kundenbindung'				

Globale Gütemaße	
χ^2-Wert/df	(0,30)
GFI	0,99
AGFI	0,99
NFI	0,99
RMR	0,03

	Indikator	Indikator-reliabilität (ρ_x)	Faktor-reliabilität (ρ_c)	Durchschnittlich erfasste Varianz (ρ_v)
Faktor Händlerbindung	KB_HA_AB	0,814	0,772	0,535
	KB_HA_EM	0,766		
	KB_HA_ST	**0,438**		
Faktor Markenbindung	KB_MA_EM	0,759	0,867	0,765
	KB_MA_AB	0,733		

Nicht erfüllte Gütekriterien sind fett hervorgehoben
Stichprobe S_1^C (n = 214)

Tab. 78: Ergebnisse der Untersuchungsstufe C1 für das Konstrukt 'Kundenbindung'
Quelle: Eigene Erstellung

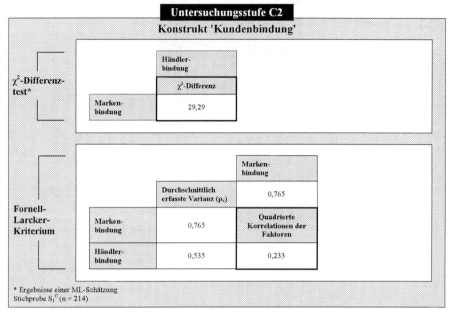

Tab. 79: Ergebnisse der Untersuchungsstufe C2 für das Konstrukt 'Kundenbindung'
Quelle: Eigene Erstellung

A.3 Ergänzungen zu den Determinanten der Online-Akzeptanz

A.3.1 Operationalisierung des Konstrukts 'relativer Vorteil'

Untersuchungsstufe A
Konstrukt 'relativer Vorteil'

Indikator (SPSS-Notation)	Faktor 1	Faktor 2	Faktor 3	Faktor 4	Faktor 5	Anti-Image-Korrelation
RV_PR_FI	0,850					0,777
RV_PR_ZU	0,792					0,825
RV_PR_NE	0,751					0,891
RV_PR_GE	0,715			0,416		0,832
RV_LE_AK		0,818				0,853
RV_LE_OB		0,787				0,883
RV_LE_VI		0,784				0,875
RV_LE_ZU		0,476		0,382		0,887
RV_BE_ZU			0,798			0,819
RV_BE_GE			0,762			0,837
RV_BE_NE			0,741		0,313	0,856
RV_BE_PR		0,324	0,525	0,313		0,857
RV_LE_GE				0,850		0,781
RV_BE_IN		0,359		0,726		0,833
RV_LE_MA		0,502		0,585		0,887
RV_LE_ZW					0,918	0,705
RV_LE_VE					0,909	0,701
	Relativer Preisvorteil	Relativer Leistungsvorteil	Relativer Bequemlichkeitsvorteil	Elimination	Relativer Verhandlungsvorteil	
Erklärter Varianzanteil	16,55 %	16,42 %	14,12 %	12,94 %	11,70 %	
Kumulierter Varianzanteil	16,55 %	32,97 %	47,09 %	60,03 %	71,73 %	
Bartlett-Test auf Sphärizität	2617,577 (p = 0,000)		KMO-Kriterium	0,826		

Faktorladungen < 0,3 werden nicht berichtet
Stichprobe $S_2^{B/C}$ (n = 299)

Tab. 80: Ergebnisse der Untersuchungsstufe A für das Konstrukt 'relativer Vorteil' (erster Rechendurchlauf mit siebzehn Items)
Quelle: Eigene Erstellung

Untersuchungsstufe A
Konstrukt 'relativer Vorteil'

Indikator (SPSS-Notation)	Faktor 1	Faktor 2	Faktor 3	Faktor 4	Anti-Image-Korrelationen
RV_PR_FI	0,840				0,785
RV_PR_ZU	0,809				0,806
RV_PR_GE	0,755				0,834
RV_PR_NE	0,749				0,892
RV_LE_AK		0,845			0,824
RV_LE_OB		0,809			0,858
RV_LE_VI		0,799			0,848
RV_LE_ZU	0,304	0,547			0,896
RV_BE_ZU			0,794		0,809
RV_BE_GE			0,769		0,843
RV_BE_NE			0,732	0,302	0,852
RV_BE_PR		0,361	0,573		0,874
RV_LE_ZW				0,923	0,684
RV_LE_VE				0,910	0,681
	Relativer Preisvorteil	Relativer Leistungsvorteil	Relativer Bequemlichkeitsvorteil	Relativer Verhandlungsvorteil	
Erklärter Varianzanteil	20,03 %	18,60 %	17,29 %	14,04 %	
Kumulierter Varianzanteil	20,03 %	38,91 %	56,20 %	70,24 %	
Bartlett-Test auf Sphärizität	2095,12 (p = 0,000)		KMO-Kriterium	0,811	

Faktorladungen < 0,3 werden nicht berichtet
Stichprobe $S_2^{B/C}$ (n = 299)

Tab. 81: Ergebnisse der Untersuchungsstufe A für das Konstrukt 'relativer Vorteil' (zweiter Rechendurchlauf mit vierzehn Items)
Quelle: Eigene Erstellung

Untersuchungsstufe B
Faktor 'relativer Bequemlichkeitsvorteil'

B1: Explor. Faktorenanalyse	Erklärter Varianzanteil:	62,29 %

B2: Konfirmatorische Faktorenanalyse	Globale Gütemaße			
	χ^2-Wert/df	(0,15)		
	GFI	0,10		
	AGFI	0,99		
	NFI	0,99		
	RMR	0,02		
	Indikator	Indikatorreliabilität (ρ_x)	Faktorreliabilität (ρ_c)	Durchschnittlich erfasste Varianz (ρ_v)
	RV_BE_ZU	0,712	0,716	0,393
	RV_BE_GE	0,428		
	RV_BE_NE	0,610		
	RV_BE_PR	**0,292**		

B3: Cronbachs Alpha	Alpha-Wert:	0,788

Nicht erfüllte Gütekriterien sind fett hervorgehoben
Stichprobe $S_2^{B/E}$ (n = 299)

Tab. 82: Ergebnisse der Untersuchungsstufe B für den Faktor 'relativer Bequemlichkeitsvorteil' (erster Rechendurchlauf mit vier Items)
Quelle: Eigene Erstellung

Untersuchungsstufe B
Faktor 'relativer Bequemlichkeitsvorteil'

B1: Explor. Faktorenanalyse	Erklärter Varianzanteil:	71,72 %		

B2: Konfirmatorische Faktorenanalyse*	Indikator	Indikatorreliabilität (p_x)	Faktorreliabilität (p_c)	Durchschnittlich erfasste Varianz (p_v)
	RV_BE_NE	0,593		
	RV_BE_GE	0,406	0,743	0,504
	RV_BE_ZU	0,766		

B3: Cronbachs Alpha	Alpha-Wert:	0,796

* Eine Konfirmatorische Faktorenanalyse mit drei Indikatoren weist keine Freiheitsgrade auf. Daher werden die globalen Gütemaße nicht ausgewiesen.
Nicht erfüllte Gütekriterien sind **fett** hervorgehoben
Stichprobe $S_2^{B/C}$ (n = 299)

Tab. 83: Ergebnisse der Untersuchungsstufe B für den Faktor 'relativer Bequemlichkeitsvorteil' (zweiter Rechendurchlauf mit drei Items)
Quelle: Eigene Erstellung

Untersuchungsstufe B
Faktor 'relativer Leistungsvorteil'

B1: Explor. Faktorenanalyse	Erklärter Varianzanteil:	63,19 %

B2: Konfirmatorische Faktorenanalyse	Globale Gütemaße			
	χ^2-Wert/df	(0,07)		
	GFI	1,00		
	AGFI	0,99		
	NFI	0,99		
	RMR	0,01		
	Indikator	Indikatorreliabilität (ρ_x)	Faktorreliabilität (ρ_c)	Durchschnittlich erfasste Varianz (ρ_v)
	RV_LE_AK	0,783	0,749	0,436
	RV_LE_OB	0,466		
	RV_LE_VI	0,578		
	RV_LE_ZU	0,275		

B3: Cronbachs Alpha	Alpha-Wert:	0,804

Nicht erfüllte Gütekriterien sind fett hervorgehoben
Stichprobe $S_2^{B/C}$ (n = 299)

Tab. 84: Ergebnisse der Untersuchungsstufe B für den Faktor 'relativer Leistungsvorteil' (erster Rechendurchlauf mit vier Items)
Quelle: Eigene Erstellung

Untersuchungsstufe B				
Faktor 'relativer Leistungsvorteil'				
B1: Explor. Faktorenanalyse	Erklärter Varianzanteil: 63,19 %			
B2: Konfirmatorische Faktorenanalyse*	Indikator	Indikatorreliabilität (p_x)	Faktorreliabilität (p_c)	Durchschnittlich erfasste Varianz (p_v)
	RV_LE_OB	0,469		
	RV_LE_VI	0,602	0,750	0,502
	RV_LE_AK	0,752		
B3: Cronbachs Alpha	Alpha-Wert: 0,812			

* Eine Konfirmatorische Faktorenanalyse mit drei Indikatoren weist keine Freiheitsgrade auf. Daher werden die globalen Gütemaße nicht ausgewiesen.
Nicht erfüllte Gütekriterien sind fett hervorgehoben
Stichprobe $S_1^{B/C}$ (n = 299)

Tab. 85: Ergebnisse der Untersuchungsstufe B für den Faktor 'relativer Leistungsvorteil' (zweiter Rechendurchlauf mit drei Items)
Quelle: Eigene Erstellung

Untersuchungsstufe B
Faktor 'relativer Preisvorteil'

B1: Explor. Faktorenanalyse

Erklärter Varianzanteil: 67,80 %

B2: Konfirmatorische Faktorenanalyse

Globale Gütemaße

χ^2-Wert/df	(0,28)
GFI	0,99
AGFI	0,99
NFI	0,99
RMR	0,03

Indikator	Indikatorreliabilität (ρ_x)	Faktorreliabilität (ρ_c)	Durchschnittlich erfasste Varianz (ρ_v)
RV_PR_ZU	0,643		
RV_PR_NE	0,581	0,804	0,507
RV_PR_GE	0,476		
RV_PR_FI	0,590		

B3: Cronbachs Alpha

Alpha-Wert: 0,839

Nicht erfüllte Gütekriterien sind fett hervorgehoben
Stichprobe $S_2^{B/C}$ (n = 299)

Tab. 86: Ergebnisse der Untersuchungsstufe B für den Faktor 'relativer Preisvorteil'
Quelle: Eigene Erstellung

Untersuchungsstufe B
Faktor 'relativer Verhandlungsvorteil'

B1: Explor. Faktorenanalyse	Erklärter Varianzanteil:	93,87 %
B2: Konfirmatorische Faktorenanalyse*	Entfällt	
B3: Cronbachs Alpha	Alpha-Wert:	0,935

* Eine Konfirmatorische Faktorenanalyse kann mit zwei Indikatoren nicht durchgeführt werden
Nicht erfüllte Gütekriterien sind fett hervorgehoben
Stichprobe $S_2^{B/C}$ (n = 299)

Tab. 87: Ergebnisse der Untersuchungsstufe B für den Faktor 'relativer Verhandlungsvorteil'
Quelle: Eigene Erstellung

Untersuchungsstufe C1
Konstrukt 'relativer Vorteil'

Globale Gütemaße	
χ^2-Wert/df	(2,57)
GFI	0,99
AGFI	0,98
NFI	0,98
RMR	0,06

	Indikator	Indikatorreliabilität (p_x)	Faktorreliabilität (p_c)	Durchschnittlich erfasste Varianz (p_v)
Faktor relat. Preisvorteil	RV_PR_ZU	0,640	0,803	0,506
	RV_PR_NE	0,677		
	RV_PR_GE	0,497		
	RV_PR_FI	0,468		
Faktor relat. Leistungsvorteil	RV_LE_OB	0,453	0,751	0,503
	RV_LE_VI	0,618		
	RV_LE_AK	0,753		
Faktor relat. Bequemlichkeitsvorteil	RV_BE_NE	0,626	0,709	**0,450**
	RV_BE_GE	0,453		
	RV_BE_ZU	0,656		
Faktor relat. Verhandlungsvorteil	RV_LE_VE	0,918	0,886	0,759
	RV_LE_ZW	0,839		

Nicht erfüllte Gütekriterien sind fett hervorgehoben
Stichprobe $S_2^{B/C}$ (n = 299)

Tab. 88: Ergebnisse der Untersuchungsstufe C1 für das Konstrukt 'relativer Vorteil'
Quelle: Eigene Erstellung

Untersuchungsstufe C2
Konstrukt 'relativer Vorteil'

χ^2-Differenztest*		relat. Preisvorteil	relat. Leistungsvorteil	relat. Bequemlichkeitsvorteil
		χ^2-Differenzen		
	relat. Leistungsvorteil	44,83		
	relat. Bequemlichkeitsvorteil	29,75	20,90	
	relat. Verhandlungsvorteil	30,01	32,46	7,41

Fornell-Larcker-Kriterium		relat. Preisvorteil	relat. Leistungsvorteil	relat. Bequemlichkeitsvorteil
	Durchschnittlich erfasste Varianz (p_v)	0,506	0,503	0,450
	relat. Preisvorteil	0,506	Quadrierte Korrelationen der Faktoren	
	relat. Leistungsvorteil	0,503	0,130	
	relat. Bequemlichkeitsvorteil	0,450	0,305	0,237
	relat. Verhandlungsvorteil	0,759	0,138	0,059	0,264

* Ergebnisse einer ML-Schätzung
Stichprobe $S_2^{B/C}$ (n = 299)

Tab. 89: Ergebnisse der Untersuchungsstufe C2 für das Konstrukt 'relativer Vorteil'
Quelle: Eigene Erstellung

A.3.2 Operationalisierung des Konstrukts 'Flow-Erlebnis'

Untersuchungsstufe A
Konstrukt 'Flow-Erlebnis'

Indikator (SPSS-Notation)	Faktor 1	Anti-Image-Korrelationen
FL_VE_SP	0,863	0,873
FL_VE_UN	0,848	0,864
FL_VE_BE	0,803	0,910
FL_VE_IN	0,780	0,802
FL_ZE_VE	0,760	0,715
FL_ZE_ZE	0,683	0,766

Flow-Erlebnis

Erklärter Varianzanteil	62,71 %

Bartlett-Test auf Sphärizität	1040,74 (p = 0,000)	KMO-Kriterium	0,821

Stichprobe $S_2^{B/C}$ (n = 299)

Tab. 90: Ergebnisse der Untersuchungsstufe A für das Konstrukt 'Flow-Erlebnis'
Quelle: Eigene Erstellung

Untersuchungsstufe B
Konstrukt/Faktor 'Flow-Erlebnis'

B1: Explor. Faktorenanalyse	Erklärter Varianzanteil:	62,71 %		

B2: Konfirmatorische Faktorenanalyse	**Globale Gütemaße**			
	χ^2-Wert/df	(1,70)		
	GFI	0,99		
	AGFI	0,99		
	NFI	0,99		
	RMR	0,05		
	Indikator	Indikatorreliabilität (ρ_i)	Faktorreliabilität (ρ_c)	Durchschnittlich erfasste Varianz (ρ_v)
	FL_VE_BE	0,650		
	FL_VE_UN	0,656		
	FL_VE_IN	0,551	0,843	0,445
	FL_VE_SP	0,873		
	FL_ZE_VE	**0,378**		
	FL_ZE_ZE	**0,373**		

B3: Cronbachs Alpha	Alpha-Wert:	0,874

Nicht erfüllte Gütekriterien sind fett hervorgehoben
Stichprobe $S_2^{B/C}$ (n = 299)

Tab. 91: Ergebnisse der Untersuchungsstufe B für das Konstrukt 'Flow-Erlebnis' (erster Rechendurchlauf mit sechs Items)
Quelle: Eigene Erstellung

	Untersuchungsstufe B			
	Konstrukt/Faktor 'Flow-Erlebnis'			
B1: Explor. Faktorenanalyse	Erklärter Varianzanteil: 74,59 %			
B2: Konfirmatorische Faktorenanalyse	Globale Gütemaße			
	χ^2-Wert/df	(0,05)		
	GFI	1,00		
	AGFI	0,99		
	NFI	1,00		
	RMR	0,01		
	Indikator	Indikatorreliabilität (ρ_c)	Faktorreliabilität (ρ_c)	Durchschnittlich erfasste Varianz (ρ_v)
	FL_VE_BE	0,632	0,879	0,646
	FL_VE_UN	0,650		
	FL_VE_IN	0,526		
	FL_VE_SP	0,857		
B3: Cronbachs Alpha	Alpha-Wert: 0,885			

Nicht erfüllte Gütekriterien sind fett hervorgehoben
Stichprobe $S_2^{B/C}$ (n = 299)

Tab. 92: Ergebnisse der Untersuchungsstufe B für das Konstrukt 'Flow-Erlebnis' (zweiter Rechendurchlauf mit vier Items)
Quelle: Eigene Erstellung

A.3.3 Operationalisierung des Konstrukts 'Wechselbarrieren'

	Untersuchungsstufe A	
	Konstrukt 'Wechselbarrieren'	
Indikator (SPSS-Notation)	Faktor 1	Anti-Image-Korrelationen
WB_SO_BE	0,850	0,759
WB_SO_KO	0,847	0,823
WB_SO_PE	0,829	0,759
WB_SO_VE	0,818	0,792
WB_SO_ST	0,417	0,724
	Wechselbarrieren	
Erklärter Varianzanteil	59,42 %	
Bartlett-Test auf Sphärizität	620,383 (p = 0,000)	KMO-Kriterium 0,775

Stichprobe $S_2^{B/C}$ (n = 299)

Tab. 93: Ergebnisse der Untersuchungsstufe A für das Konstrukt 'Wechselbarrieren'
Quelle: Eigene Erstellung

Untersuchungsstufe B
Konstrukt/Faktor 'Wechselbarrieren'

B1: Explor. Faktorenanalyse	Erklärter Varianzanteil:	59,42 %

B2: Konfirmatorische Faktorenanalyse

Globale Gütemaße

χ^2-Wert/df	(2,25)
GFI	0,99
AGFI	0,98
NFI	0,99
RMR	0,07

Indikator	Indikatorreliabilität (ρ_i)	Faktorreliabilität (ρ_c)	Durchschnittlich erfasste Varianz (ρ_v)
WB_SO_BE	0,666		
WB_SO_KO	0,626		
WB_SO_PE	0,626	0,754	0,398
WB_SO_VE	0,555		
WB_SO_ST	**0,109**		

B3: Cronbachs Alpha	Alpha-Wert:	0,801

Nicht erfüllte Gütekriterien sind fett hervorgehoben
Stichprobe $S_2^{B/C}$ (n = 299)

Tab. 94: Ergebnisse der Untersuchungsstufe B für das Konstrukt 'Wechselbarrieren' (erster Rechendurchlauf mit fünf Items)
Quelle: Eigene Erstellung

Anhang 323

Untersuchungsstufe B
Konstrukt/Faktor 'Wechselbarrieren'

B1: Explor. Faktorenanalyse

Erklärter Varianzanteil: 71,22 %

B2: Konfirmatorische Faktorenanalyse

Globale Gütemaße

χ^2-Wert/df	(1,19)
GFI	0,99
AGFI	0,98
NFI	0,99
RMR	0,06

Indikator	Indikatorreliabilität (ρ_c)	Faktorreliabilität (ρ_c)	Durchschnittlich erfasste Varianz (ρ_v)
WB_SO_BE	0,729		
WB_SO_KO	0,601	0,819	0,531
WB_SO_PE	0,602		
WB_SO_VE	0,537		

B3: Cronbachs Alpha

Alpha-Wert: 0,864

Nicht erfüllte Gütekriterien sind fett hervorgehoben
Stichprobe $S_2^{B/C}$ (n = 299)

Tab. 95: Ergebnisse der Untersuchungsstufe B für das Konstrukt 'Wechselbarrieren' (zweiter Rechendurchlauf mit vier Items)
Quelle: Eigene Erstellung

A.3.4 Operationalisierung des Konstrukts 'Nutzungsbarrieren'

Untersuchungsstufe A
Konstrukt 'Nutzungsbarrieren'

Indikator (SPSS-Notation)	Faktor 1	Faktor 2	Faktor 3	Faktor 4	Faktor 5	Anti-Image-Korrelation
NB_TE_KO	0,797					0,810
NB_TE_ZE	0,766					0,782
NB_TE_JE	0,726					0,712
NB_TE_SC	0,705					0,770
NB_TE_BE	0,703					0,718
NB_FU_MO		0,868				0,816
NB_FU_PR		0,859				0,829
NB_FU_VE		0,828				0,824
NB_FU_BE		0,814				0,815
NB_EM_VE			0,787			0,768
NB_EM_KO			0,758			0,801
NB_EM_EI	0,404		0,729			0,839
NB_FU_GE			0,713			0,672
NB_FU_AU			0,601			0,763
NB_RE_DA				0,837		0,664
NB_RE_PR				0,821		0,660
	Technische Nutzungsbarrieren	Funktionale Nutzungsbarrieren	Emotionale Nutzungsbarrieren	Elimination	rechtliche Nutzungsbarrieren	
Erklärter Varianzanteil	17,47 %	17,41 %	12,44 %	9,71 %	9,69 %	
Kumulierter Varianzanteil	17,47 %	34,88 %	47,32 %	57,03 %	66,72 %	
Bartlett-Test auf Sphärizität	1938,282 (p = 0,000)		KMO-Kriterium	0,774		

Faktorladungen < 0,3 werden nicht berichtet
Stichprobe $S_2^{B/C}$ (n = 299)

Tab. 96:   Ergebnisse der Untersuchungsstufe A für das Konstrukt 'Nutzungsbarrieren' (erster Rechendurchlauf mit sechzehn Items)
Quelle: Eigene Erstellung

Untersuchungsstufe A
Konstrukt 'Nutzungsbarrieren'

Indikator (SPSS-Notation)	Faktor 1	Faktor 2	Faktor 3	Faktor 4	Anti-Image-Korrelation
NB_TE_KO	0,798				0,798
NB_TE_ZE	0,733				0,761
NB_TE_JE	0,729				0,664
NB_TE_SC	0,716				0,771
NB_TE_BE	0,702				0,687
NB_FU_MO		0,873			0,811
NB_FU_PR		0,851			0,832
NB_FU_VE		0,836			0,820
NB_FU_BE		0,823			0,810
NB_EM_VE			0,787		0,840
NB_EM_KO			0,696		0,753
NB_RE_DA				0,800	0,651
NB_RE_PR				0,780	0,643
	Technische Nutzungsbarrieren	Funktionale Nutzungsbarrieren	Emotionale Nutzungsbarrieren	rechtliche Nutzungsbarrieren	
Erklärter Varianzanteil	21,11 %	20,14 %	15,17 %	11,84 %	
Kumulierter Varianzanteil	21,11 %	41,25 %	56,42 %	68,26 %	
Bartlett-Test auf Sphärizität	1732,15 (p = 0,000)		KMO-Kriterium	0,766	

Stichprobe $S_2^{B/C}$ (n = 299)

Tab. 97: Ergebnisse der Untersuchungsstufe A für das Konstrukt 'Nutzungsbarrieren' (zweiter Rechendurchlauf mit dreizehn Items)
Quelle: Eigene Erstellung

Untersuchungsstufe B
Faktor 'technische Nutzungsbarrieren'

B1: Explor. Faktorenanalyse

Erklärter Varianzanteil: 56,30 %

B2: Konfirmatorische Faktorenanalyse

Globale Gütemaße

χ^2-Wert/df	(9,61)
GFI	0,98
AGFI	0,95
NFI	0,96
RMR	0,10

Indikator	Indikatorreliabilität (ρ_i)	Faktorreliabilität (ρ_c)	Durchschnittlich erfasste Varianz (ρ_v)
NB_TE_KO	0,624		
NB_TE_ZE	0,537		
NB_TE_JE	**0,360**	0,759	**0,390**
NB_TE_SC	0,411		
NB_TE_BE	**0,327**		

B3: Cronbachs Alpha

Alpha-Wert: 0,801

Nicht erfüllte Gütekriterien sind fett hervorgehoben
Stichprobe $S_2^{B/C}$ (n = 299)

Tab. 98: Ergebnisse der Untersuchungsstufe B für den Faktor 'technische Nutzungsbarrieren' (erster Rechendurchlauf mit fünf Items)
Quelle: Eigene Erstellung

Untersuchungsstufe B
Faktor 'technische Nutzungsbarrieren'

B1: Explor. Faktorenanalyse	Erklärter Varianzanteil:	69,57 %		

	Indikator	Indikator-reliabilität (p_x)	Faktor-reliabilität (p_c)	Durchschnittlich erfasste Varianz (p_v)
B2: Konfirmatorische Faktorenanalyse*	NB_TE_KO	0,549		
	NB_TE_ZE	0,672	0,710	0,512
	NB_TE_SC	0,428		

B3: Cronbachs Alpha	Alpha-Wert:	0,780

* Eine Konfirmatorische Faktorenanalyse mit drei Indikatoren weist keine Freiheitsgrade auf. Daher werden die globalen Gütemaße nicht ausgewiesen.
Nicht erfüllte Gütekriterien sind fett hervorgehoben
Stichprobe $S_2^{B/C}$ (n = 299)

Tab. 99: Ergebnisse der Untersuchungsstufe B für den Faktor 'technische Nutzungsbarrieren' (zweiter Rechendurchlauf mit drei Items)
Quelle: Eigene Erstellung

Untersuchungsstufe B
Faktor 'funktionale Nutzungsbarrieren'

B1: Explor. Faktorenanalyse

Erklärter Varianzanteil: 74,04 %

B2: Konfirmatorische Faktorenanalyse

Globale Gütemaße

χ^2-Wert/df	(3,69)
GFI	0,99
AGFI	0,99
NFI	0,99
RMR	0,05

Indikator	Indikatorreliabilität (ρ_i)	Faktorreliabilität (ρ_c)	Durchschnittlich erfasste Varianz (ρ_v)
NB_FU_MO	0,686	0,744	0,510
NB_FU_PR	0,570		
NB_FU_VE	0,679		
NB_FU_BE	0,684		

B3: Cronbachs Alpha

Alpha-Wert: 0,883

Nicht erfüllte Gütekriterien sind fett hervorgehoben
Stichprobe $S_2^{B/C}$ (n = 299)

Tab. 100: Ergebnisse der Untersuchungsstufe B für den Faktor 'funktionale Nutzungsbarrieren'
Quelle: Eigene Erstellung

	Untersuchungsstufe B	
	Faktor 'emotionale Nutzungsbarrieren'	
B1: Explor. Faktorenanalyse	Erklärter Varianzanteil:	80,67 %
B2: Konfirmatorische Faktorenanalyse*	Entfällt	
B3: Cronbachs Alpha	Alpha-Wert:	0,883

* Eine Konfirmatorische Faktorenanalyse kann mit zwei Indikatoren nicht durchgeführt werden
Nicht erfüllte Gütekriterien sind fett hervorgehoben
Stichprobe $S_2^{B/C}$ (n = 299)

Tab. 101: Ergebnisse der Untersuchungsstufe B für den Faktor 'emotionale Nutzungsbarrieren'
Quelle: Eigene Erstellung

Untersuchungsstufe B	
Faktor 'rechtliche Nutzungsbarrieren'	
B1: Explor. Faktorenanalyse	Erklärter Varianzanteil: 78,46 %
B2: Konfirmatorische Faktorenanalyse*	Entfällt
B3: Cronbachs Alpha	Alpha-Wert: 0,809

* Eine Konfirmatorische Faktorenanalyse kann mit zwei Indikatoren nicht durchgeführt werden
Nicht erfüllte Gütekriterien sind fett hervorgehoben
Stichprobe $S_2^{B/C}$ (n = 299)

Tab. 102: Ergebnisse der Untersuchungsstufe B für den Faktor 'rechtliche Nutzungsbarrieren'
Quelle: Eigene Erstellung

Anhang 331

Untersuchungsstufe C1
Konstrukt 'Nutzungsbarrieren'

Globale Gütemaße

χ^2-Wert/df	(5,01)
GFI	0,99
AGFI	0,99
NFI	0,98
RMR	0,08

	Indikator	Indikator-reliabilität (p_x)	Faktor-reliabilität (p_c)	Durchschnittlich erfasste Varianz (p_v)
Technische Nutzungs-barrieren	NB_TE_KO	0,601	0,698	0,503
	NB_TE_ZE	0,599		
	NB_TE_SC	0,450		
Funktionale Nutzungs-barrieren	NB_FU_MO	0,653	0,736	**0,412**
	NB_FU_PR	0,526		
	NB_FU_VE	0,707		
	NB_FU_BE	0,738		
Emotionale Nutzungs-barrieren	NB_EM_VE	0,546	0,677	0,513
	NB_EM_KO	0,689		
Rechtliche Nutzungs-barrieren	NB_RE_DA	0,650	0,667	0,502
	NB_RE_PR	0,498		

Nicht erfüllte Gütekriterien sind fett hervorgehoben
Stichprobe $S_2^{B/C}$ (n = 299)

Tab. 103: Ergebnisse der Untersuchungsstufe C1 für das Konstrukt 'Nutzungsbarrieren'
Quelle: Eigene Erstellung

Untersuchungsstufe C2
Konstrukt 'Nutzungsbarrieren'

χ^2-Differenztest*		Emotionale Nutzungsbarrieren	Technische Nutzungsbarrieren	Funktionale Nutzungsbarrieren
		χ^2-Differenzen		
	Technische Nutzungsbarrieren	73,57		
	Funktionale Nutzungsbarrieren	21,56	35,29	
	Rechtliche Nutzungsbarrieren	12,61	54,47	27,36

Fornell-Larcker-Kriterium		Emotionale Nutzungsbarrieren	Technische Nutzungsbarrieren	Funktionale Nutzungsbarrieren
	Durchschnittlich erfasste Varianz (p_v)	0,513	0,503	0,412
	Emotionale Nutzungsbarrieren	0,513	Quadrierte Korrelationen der Faktoren	
	Technische Nutzungsbarrieren	0,503	0,014	
	Funktionale Nutzungsbarrieren	0,412	0,116	0,060
	Rechtliche Nutzungsbarrieren	0,502	0,353	0,029	0,041

* Ergebnisse einer ML-Schätzung
Stichprobe $S_2^{B/C}$ (n = 299)

Tab. 104: Ergebnisse der Untersuchungsstufe C2 für das Konstrukt 'Nutzungsbarrieren'
Quelle: Eigene Erstellung

A.3.5 Explikative Untersuchungsergebnisse

Kausalmodell 'Informationsakzeptanz'
Globale und lokale Gütemaße

Globale Gütemaße

χ^2-Wert/df	(19,18)
GFI	0,97
AGFI	0,96
NFI	0,96
RMR	0,10

	Indikator	Indikatorreliabilität (ρ_x)	Faktorreliabilität (ρ_c)	Durchschnittlich erfasste Varianz (ρ_v)
Faktor Informationsakzeptanz	AK_IN_A2	0,826	0,906	0,549
	AK_IN_W2	0,697		
	AK_IN_A3	0,729		
	AK_IN_A1	0,677		
	AK_IN_W3	0,677		
	AK_IN_W1	0,619		
	AK_IN_A4	0,480		
	AK_IN_W4	0,412		
Faktor Flow-Erlebnis	FL_VE_BE	0,759	0,877	0,642
	FL_VE_UN	0,604		
	FL_VE_IN	0,637		
	FL_VE_SP	0,661		
Faktor relat. Leistungsvorteil	RV_LE_VI	0,531	0,750	0,502
	RV_LE_AK	0,773		
	RV_LE_OB	0,523		
Faktor relativer Preisvorteil	RV_PR_NE	0,496	0,796	0,495
	RV_PR_FI	0,572		
	RV_PR_ZU	0,691		
	RV_PR_GE	0,526		

Forsetzung der Tabelle auf der nächsten Seite

Faktor funktionale Nutzungs- barrieren	NB_FU_PR	0,436	0,709	0,381
	NB_FU_VE	0,774		
	NB_FU_MO	0,584		
	NB_FU_BE	0,712		
Faktor Wechsel- barrieren	WB_SO_KO	0,790	0,817	0,529
	WB_SO_VE	0,520		
	WB_SO_PE	0,588		
	WB_SO_BE	0,588		

Nicht erfüllte Gütekriterien sind fett hervorgehoben
Stichprobe $S_2^{B/C}$ (n = 299)

Tab. 105: Gütekriterien für das Kausalmodell der Determinanten der 'Informationsakzeptanz'
Quelle: Eigene Erstellung

Kausalmodell 'Anbahnungsakzeptanz'
Globale und lokale Gütemaße

Globale Gütemaße

χ^2-Wert/df	(10,51)
GFI	0,98
AGFI	0,98
NFI	0,97
RMR	0,09

	Indikator	Indikatorreliabilität (ρ_x)	Faktorreliabilität (ρ_c)	Durchschnittlich erfasste Varianz (ρ_v)
Faktor Anbahnungsakzeptanz	AK_AN_W1	0,669	0,823	0,538
	AK_AN_W3	0,605		
	AK_AN_A1	0,778		
	AK_AN_A3	0,567		
Faktor Flow-Erlebnis	FL_VE_BE	0,642	0,879	0,648
	FL_VE_UN	0,590		
	FL_VE_IN	0,527		
	FL_VE_SP	0,924		
Faktor relativer Preisvorteil	RV_PR_NE	0,473	0,795	**0,493**
	RV_PR_FI	0,576		
	RV_PR_ZU	0,634		
	RV_PR_GE	0,584		
Faktor funktionale Nutzungsbarrieren	NB_FU_PR	0,469	0,727	**0,402**
	NB_FU_VE	0,776		
	NB_FU_MO	0,624		
	NB_FU_BE	0,721		
Faktor Wechselbarrieren	WB_SO_KO	0,810	0,817	0,529
	WB_SO_VE	0,526		
	WB_SO_PE	0,575		
	WB_SO_BE	0,581		

Nicht erfüllte Gütekriterien sind fett hervorgehoben
Stichprobe $S_2^{B/C}$ (n = 299)

Tab. 106: Gütekriterien für das Kausalmodell der Determinanten der 'Anbahnungsakzeptanz'
Quelle: Eigene Erstellung

Kausalmodell 'Transaktionsakzeptanz'
Globale und lokale Gütemaße

Globale Gütemaße	
χ^2-Wert/df	(7,71)
GFI	0,98
AGFI	0,98
NFI	0,98
RMR	0,08

	Indikator	Indikatorreliabilität (ρ_x)	Faktorreliabilität (ρ_c)	Durchschnittlich erfasste Varianz (ρ_v)
Faktor Transaktionsakzeptanz	AK_TR_W1	0,694	0,866	0,618
	AK_TR_W2	0,621		
	AK_TR_A1	0,803		
	AK_TR_A2	0,651		
Faktor Flow-Erlebnis	FL_VE_BE	0,748	0,878	0,643
	FL_VE_UN	0,563		
	FL_VE_IN	0,573		
	FL_VE_SP	0,783		
Faktor relat. Verhandlungsvorteil	RV_LE_VE	0,956	0,888	0,798
	RV_LE_ZW	0,806		
Faktor relat. Bequemlichkeitsvorteil	RV_BE_NE	0,766	0,710	**0,453**
	RV_BE_ZU	0,581		
	RV_BE_GE	0,411		
Faktor emot. Nutzungsbarrieren	NB_EM_VE	**0,288**	**0,353**	**0,214**
	NB_EM_KO	**0,299**		
Faktor Wechselbarrieren	WB_SO_KO	0,780	0,816	0,528
	WB_SO_VE	0,493		
	WB_SO_PE	0,572		
	WB_SO_BE	0,638		

Nicht erfüllte Gütekriterien sind fett hervorgehoben
Stichprobe $S_2^{B/C}$ (n = 299)

Tab. 107: Gütekriterien für das Kausalmodell der Determinanten der 'Transaktionsakzeptanz'
Quelle: Eigene Erstellung

Kausalmodell 'After-Sales-Akzeptanz'
Globale und lokale Gütemaße

Globale Gütemaße

χ^2-Wert/df	(17,91)
GFI	0,97
AGFI	0,96
NFI	0,95
RMR	0,12

	Indikator	Indikator-reliabilität (p_x)	Faktor-reliabilität (p_c)	Durchschnittlich erfasste Varianz (p_v)
Faktor After-Sales-Akzeptanz	AK_AS_W1	0,503	0,777	0,468
	AK_AS_W3	**0,378**		
	AK_AS_A1	0,616		
	AK_AS_A3	0,476		
Faktor Flow-Erlebnis	FL_VE_BE	0,707	0,879	0,646
	FL_VE_UN	0,566		
	FL_VE_IN	0,526		
	FL_VE_SP	0,880		
Faktor relat. Bequemlichkeitsvorteil	RV_BE_NE	0,473	0,705	**0,445**
	RV_BE_ZU	0,618		
	RV_BE_GE	0,596		
Faktor funktionale Nutzungsbarrieren	NB_FU_PR	**0,440**	0,784	**0,478**
	NB_FU_VE	0,760		
	NB_FU_MO	0,627		
	NB_FU_BE	0,746		
Faktor Wechselbarrieren	WB_SO_KO	0,945	0,821	0,538
	WB_SO_VE	0,520		
	WB_SO_PE	0,545		
	WB_SO_BE	0,575		

Nicht erfüllte Gütekriterien sind fett hervorgehoben
Stichprobe $S_2^{B/C}$ (n = 299)

Tab. 108: Gütekriterien für das Kausalmodell der Determinanten der 'After-Sales-Akzeptanz'
Quelle: Eigene Erstellung

A.4 Fragebogen

A.4.1 Erste Erhebungswelle

Fragebogen

1. Haben Sie innerhalb der letzten zwei Jahre einen Neuwagen des Herstellers gekauft?

☐ Ja, ich habe einen Neuwagen gekauft → Bitte weiter mit **2.**

☐ Nein, ich habe eine andere Marke gekauft → Bitte weiter mit **10.**

☐ Nein, ich habe keinen Neuwagen gekauft → Bitte weiter mit **10.**

2. Sie haben innerhalb der letzten zwei Jahre einen Neuwagen des Herstellers gekauft. Bitte beziehen Sie sich bei der Beantwortung der nachfolgenden Fragen stets auf den Kauf dieses Auto.

Vor wievielen Monaten haben Sie das Auto gekauft?   Vor ca. [   ] Monaten

Welches Modell haben Sie gekauft?   [   ]

Wieviel haben Sie netto für das Auto bezahlt? (Listenpreis inkl. Mehrwertsteuer abzüglich Nachlaß des Händlers)

☐ weniger als 40.000 DM ☐ 80.001 – 100.000 DM
☐ 40.000 – 60.000 DM   ☐ 100.001 – 120.000 DM
☐ 60.001 – 80.000 DM   ☐ mehr als 120.000 DM

	Auf keinen Fall		Vielleicht		Auf jeden Fall
Würden Sie …					
…beim nächsten Neuwagenkauf wieder ein Modell der gleichen Marke wählen?	☐	☐	☐	☐	☐
…diese Marke auch an Familie/Bekannte/Freunde weiterempfehlen?	☐	☐	☐	☐	☐
…sich als Stammkunde dieser Marke bezeichnen?	☐	☐	☐	☐	☐
…den nächsten Neuwagen wieder beim gleichen Händler kaufen?	☐	☐	☐	☐	☐
…diesen Händler auch an Familie/Bekannte/Freunde weiterempfehlen?	☐	☐	☐	☐	☐
…sich als Stammkunde dieses Händlers bezeichnen?	☐	☐	☐	☐	☐

	Nicht erfüllt		Teilweise erfüllt		Voll erfüllt
Sind Ihre Erwartungen …					
…in das Auto, welches Sie gekauft haben, erfüllt worden?	☐	☐	☐	☐	☐
…in den Händler, bei dem Sie Ihr Auto gekauft haben, erfüllt worden?	☐	☐	☐	☐	☐
…in die Abwicklung Ihres Neuwagenkaufs erfüllt worden?	☐	☐	☐	☐	☐

Anhang 339

Wie zufrieden sind Sie...	Sehr unzufrieden		Unentschieden		Sehr zufrieden
...mit der Marke des Autos?	□	□	□	□	□
...mit dem Design des Autos?	□	□	□	□	□
...mit dem Preis des Autos?	□	□	□	□	□
...mit der Qualität und Zuverlässigkeit des Autos?	□	□	□	□	□
...mit Fahrleistungen und -komfort des Autos?	□	□	□	□	□
...mit der Auslieferung des Autos?	□	□	□	□	□
...mit der Beratung sowie Betreuung beim Neuwagenkauf?	□	□	□	□	□
...mit dem Service beim Händler?	□	□	□	□	□
...insgesamt mit dem Auto?	□	□	□	□	□
...insgesamt mit dem Neuwagenkauf?	□	□	□	□	□
...insgesamt mit dem Händler, bei dem Sie Ihr Auto gekauft haben?	□	□	□	□	□

Welche Marke hat(te) das Auto, welches Sie zuvor (d.h. vor dem letzten Neuwagenkauf) überwiegend genutzt haben?

☐ Marke des Herstellers

☐ Andere Marke (bitte angeben) _____

☐ Sonstiges

3. Haben Sie jemals das Internet bzw. World-Wide-Web (WWW) genutzt?

☐ Ja, ich benutze das Internet gelegentlich oder häufig → Bitte weiter mit **4.**
☐ Ja, ich habe schon einmal Internetseiten aufgerufen → Bitte weiter mit **4.**
☐ Nein, ich habe das Internet noch nie genutzt → Bitte weiter mit **10.**

4. Sie haben bereits das Internet/WWW genutzt. Bitte beantworten Sie nachfolgende Fragen.

Können Sie sich die Nutzung der Internetseiten von Automobilherstellern für folgende Aktivitäten vorstellen?	Auf keinen Fall		Vielleicht		Auf jeden Fall
Beschaffung von Produktinformationen über Autos	□	□	□	□	□
Einholen von Preisangeboten für Neuwagen	□	□	□	□	□
Verbindliche Bestellung und Anzahlung eines Neuwagens	□	□	□	□	□
Abwicklung weiterer automobilbezogener Aktivitäten *nach* dem Neuwagenkauf (z.B. Kauf von Zubehör, Abschluß von Versicherungen, Beschaffung servicerelevanter Informationen)	□	□	□	□	□

Die Internetseiten von Automobilherstellern im Internet/WWW...	Stimme nicht zu		Neutral		Stimme zu
...habe ich intensiv beim Neuwagenkauf genutzt.	□	□	□	□	□
...interessieren mich.	□	□	□	□	□
...finde ich gut.	□	□	□	□	□
...bieten vielfältige Informationen für Neuwagenkäufer.	□	□	□	□	□
...beabsichtige ich beim nächsten Neuwagenkauf zu nutzen.	□	□	□	□	□

Falls Sie die Internetseiten von Automobilherstellern bereits genutzt haben, wie zufrieden sind Sie insgesamt damit?	Sehr unzufrieden		Unentschieden		Sehr zufrieden
	□	□	□	□	□

5. Bitte beantworten Sie nebenstehende Frage, auch wenn Sie die Internetseiten von Automobilherstellern bislang noch nicht aufgerufen oder genutzt haben.

Wie wichtig ist es für Sie, dass ein Automobilhersteller Ihnen die Möglichkeit bietet, folgende Aktivitäten im Internet abzuwickeln?

	Un-wichtig		Unent-schieden		Sehr wichtig
Beschaffung von Informationen über Listenpreise	□	□	□	□	□
Beschaffung von Informationen über Fahrzeugausstattungen	□	□	□	□	□
Zusammenstellung/Konfiguration des gewünschten Fahrzeugs	□	□	□	□	□
Betrachtung/Visualisierung des gewünschten Fahrzeugs	□	□	□	□	□
Bewertung eines Gebrauchtwagens	□	□	□	□	□
Berechnung von Finanzierungs- und Leasingmöglichkeiten	□	□	□	□	□
Einholen von Preisangeboten für ein gewünschtes Fahrzeug	□	□	□	□	□
Verbindliche Bestellung eines Autos	□	□	□	□	□
Anzahlung eines Autos	□	□	□	□	□
Auswahl und Kauf von Produkten und Dienstleistungen "rund ums Auto" (Autozubehör, Accessoires, Versicherungen etc.)	□	□	□	□	□
Diskussion automobilbezogener Themen mit Experten	□	□	□	□	□
Suche bzw. Verkauf eines Gebrauchtwagens	□	□	□	□	□
Sonstiges (bitte angeben):	□	□	□	□	□
	□	□	□	□	□
	□	□	□	□	□

6. Denken Sie an den nächsten Kauf eines Neuwagens. Bitte beantworten Sie nebenstehende Frage.

Beabsichtigen Sie beim nächsten Neuwagenkauf - falls möglich - zur Abwicklung folgender Aktivitäten das Internet zu nutzen?

	Auf keinen Fall		Viel-leicht		Auf jeden Fall
Beschaffung von Informationen über Listenpreise	□	□	□	□	□
Beschaffung von Informationen über Fahrzeugausstattungen	□	□	□	□	□
Zusammenstellung/Konfiguration des gewünschten Fahrzeugs	□	□	□	□	□
Betrachtung/Visualisierung des gewünschten Fahrzeugs	□	□	□	□	□
Bewertung eines Gebrauchtwagens	□	□	□	□	□
Berechnung von Finanzierungs- und Leasingmöglichkeiten	□	□	□	□	□
Einholen von Preisangeboten für ein gewünschtes Fahrzeug	□	□	□	□	□
Verbindliche Bestellung eines Autos	□	□	□	□	□
Anzahlung eines Autos	□	□	□	□	□
Auswahl und Kauf von Produkten und Dienstleistungen "rund ums Auto" (Autozubehör, Accessoires, Versicherungen etc.)	□	□	□	□	□
Diskussion automobilbezogener Themen mit Experten	□	□	□	□	□
Suche bzw. Verkauf eines Gebrauchtwagens	□	□	□	□	□
Sonstiges (bitte angeben):	□	□	□	□	□
	□	□	□	□	□
	□	□	□	□	□

Anhang 341

7. Haben Sie bereits die Internetseiten des Herstellers aufgerufen oder genutzt?

☐ Ja, ich habe die Internetseiten des Herstellers beim Neuwagenkauf genutzt → Bitte weiter mit **8.**

☐ Ja, ich habe bereits einmal die Internetseiten des Herstellers aufgerufen → Bitte weiter mit **8.**

☐ Nein, ich habe die Internetseiten des Herstellers noch nie aufgerufen → Bitte weiter mit **10.**

8. Sie haben bereits die Internetseiten des Herstellers genutzt. Bitte beantworten Sie nachfolgende Fragen.

Wie intensiv haben Sie die folgenden Informationsquellen beim Neuwagenkauf genutzt?	Gar- nicht		Wenig intensiv		Sehr intensiv
Berichte und Tests in Autozeitschriften	☐	☐	☐	☐	☐
Prospekte des Herstellers	☐	☐	☐	☐	☐
Internetseiten des Herstellers	☐	☐	☐	☐	☐
Sonstige Internetseiten mit automobilrelevanten Informationen	☐	☐	☐	☐	☐
Gespräche mit Familie/Bekannten/Freunden	☐	☐	☐	☐	☐
Probefahrten mit dem Auto beim Händler	☐	☐	☐	☐	☐
Beratungsgespräche mit Verkäufern beim Händler	☐	☐	☐	☐	☐

Und wie haben diese Informationsquellen Sie in Ihrer Entscheidung, einen Neuwagen des Herstellers zu kaufen, beeinflußt?	Sehr negativ		Nicht beeinflußt		Sehr positiv
Berichte und Tests in Autozeitschriften	☐	☐	☐	☐	☐
Prospekte des Herstellers	☐	☐	☐	☐	☐
Internetseiten des Herstellers	☐	☐	☐	☐	☐
Sonstige Internetseiten mit automobilrelevanten Informationen	☐	☐	☐	☐	☐
Gespräche mit Familie/Bekannten/Freunden	☐	☐	☐	☐	☐
Probefahrten mit dem Auto beim Händler	☐	☐	☐	☐	☐
Beratungsgespräche mit Verkäufern beim Händler	☐	☐	☐	☐	☐

Wie zufrieden sind Sie insgesamt mit den Internetseiten des Herstellers?	Sehr unzu- frieden		Unent- schieden		Sehr zu- frieden
	☐	☐	☐	☐	☐

9. Wir interessieren uns nun detailliert für Ihre Erfahrungen bei der Nutzung der Internetseiten des Herstellers. Bitte beantworten Sie nebenstehende Fragen.

	Wie intensiv haben Sie die Internetseiten des Herstellers bei der Abwicklung folgender Aktivitäten genutzt?			Falls Sie die Internetseiten dazu genutzt haben, wie zufrieden sind Sie damit?		
	Gar- nicht	Wenig intensiv	Sehr intensiv	Sehr unzu- frieden	Neu- tral	Sehr zu- frieden
Beschaffung von Informationen über Listenpreise	☐–☐–☐–☐–☐			☐–☐–☐–☐–☐		
Beschaffung von Informationen über Fahrzeugausstattungen	☐–☐–☐–☐–☐			☐–☐–☐–☐–☐		
Zusammenstellung/Konfiguration des gewünschten Fahrzeugs	☐–☐–☐–☐–☐			☐–☐–☐–☐–☐		
Betrachtung/Visualisierung des gewünschten Fahrzeugs	☐–☐–☐–☐–☐			☐–☐–☐–☐–☐		
Berechnung von Finanzierungs- und Leasingmöglichkeiten	☐–☐–☐–☐–☐			☐–☐–☐–☐–☐		
Suche eines Händlers	☐–☐–☐–☐–☐			☐–☐–☐–☐–☐		
Auswahl und Reservierung eines Autos	☐–☐–☐–☐–☐			☐–☐–☐–☐–☐		
Beschaffung von Informationen über Serviceleistungen	☐–☐–☐–☐–☐			☐–☐–☐–☐–☐		
Auswahl und Kauf von Produkten und Dienstleistungen "rund ums Auto" (Autozubehör, Accessoires etc.)	☐–☐–☐–☐–☐			☐–☐–☐–☐–☐		
Suche eines Gebrauchtwagens bzw. Jahreswagens	☐–☐–☐–☐–☐			☐–☐–☐–☐–☐		

10. Abschließend benötigen wir noch einige Informationen zu Ihrer Person. Diese Angaben sind selbstverständlich freiwillig und werden streng vertraulich behandelt.

Altersgruppe

☐ unter 30 Jahre ☐ 50 – 59 Jahre
☐ 30 – 39 Jahre ☐ 60 – 69 Jahre
☐ 40 – 49 Jahre ☐ über 69 Jahre

Geschlecht ☐ Weiblich ☐ Männlich

Monatliches Nettoeinkommen Ihres Haushaltes (d.h. nach Abzug aller Steuern und Sozialversicherungsbeiträge)

☐ unter 3.000 DM ☐ 7.001 – 9.000 DM
☐ 3.000 – 5.000 DM ☐ 9.001 – 11.000 DM
☐ 5.001 – 7.000 DM ☐ über 11.000 DM

11. Damit Sie an der Verlosung der Einkaufsgutscheine teilnehmen können, benötigen wir nachfolgend Ihre Adresse. Nach Posteingang wird dieser Teil vom Fragebogen abgetrennt, so dass die Anonymität Ihrer Antworten gewahrt bleibt.

Name: _____ Vorname: _____

Straße: _____

PLZ: _____ Ort: _____

Das Zentrum für Marktorientierte Unternehmensführung beabsichtigt die Durchführung einer weiteren Befragung zum Thema "Nutzung des Internet beim Neuwagenkauf". Auch dazu interessiert uns Ihre Meinung. Sie haben dann selbstverständlich nochmals die Gelegenheit, an einer weiteren Verlosung von Einkaufsgutscheinen teilzunehmen!

☐ Ja, ich möchte an der zweiten Befragung teilnehmen.
☐ Nein, ich möchte daran nicht teilnehmen.

Anhang 343

A.4.2 Zweite Erhebungswelle

Fragebogen

1. Haben Sie innerhalb der letzten zwei Jahre einen Neuwagen des Herstellers gekauft?

☐ Ja, ich habe einen Neuwagen des Herstellers gekauft → Bitte weiter mit **2.**

☐ Nein, ich habe eine andere Marke gekauft → Bitte weiter mit **2.**

☐ Nein, ich habe keinen Neuwagen gekauft → Bitte weiter mit **12.**

2. Sie haben innerhalb der letzten zwei Jahre einen Neuwagen des Herstellers gekauft. Zunächst interessieren wir uns für Ihre Einstellung gegenüber dem Händler, bei dem Sie Ihren Neuwagen gekauft haben. Bitte nehmen Sie Stellung zu nachfolgenden Aussagen.

	Stimme nicht zu		Neutral		Stimme zu
Ich bin Stammkunde bei meinem Händler.	☐	☐	☐	☐	☐
Ich schätze den persönlichen Kontakt zu meinem Händler.	☐	☐	☐	☐	☐
Ich vertraue meinem Händler.	☐	☐	☐	☐	☐
Ich fühle mich meinem Händler persönlich verbunden.	☐	☐	☐	☐	☐
Bei meinem Händler werde ich bevorzugt behandelt.	☐	☐	☐	☐	☐
Bei meinem Händler bekomme ich einen besonders guten Neuwagenpreis.	☐	☐	☐	☐	☐
Bei meinem Händler bekomme ich ein besonders attraktives Finanzierungs- und Leasingangebot.	☐	☐	☐	☐	☐
Bei meinem Händler bekomme ich ein besonders guten Preis für meinen Gebrauchtwagen.	☐	☐	☐	☐	☐
Bei meinem Händler bekomme ich einen besonders guten Werkstattservice.	☐	☐	☐	☐	☐

3. Haben Sie jemals das Internet bzw. World-Wide-Web (WWW) genutzt?

☐ Ja, ich nutze das Internet gelegentlich oder häufig → Bitte weiter mit **4.**

☐ Ja, ich habe schon einmal Internetseiten aufgerufen → Bitte weiter mit **4.**

☐ Nein, ich habe das Internet noch nie genutzt, aber ich habe eine Meinung dazu → Bitte weiter mit **4.**

☐ Nein, ich habe das Internet noch nie genutzt und habe auch keine Meinung dazu → Bitte weiter mit **12.**

4. Sie haben bereits das Internet genutzt bzw. haben eine Meinung dazu. Nachfolgend finden Sie einige Aussagen, welche Ihre Einstellung bzw. Erfahrung hinsichtlich der Nutzung des Internet betreffen. Bitte nehmen Sie dazu Stellung.

	Stimme nicht zu		Neutral		Stimme zu
Ich habe jederzeit Zugang zum Internet.	☐	☐	☐	☐	☐
Ich habe bequemen Zugang zum Internet.	☐	☐	☐	☐	☐
Ich nutze das Internet häufig.	☐	☐	☐	☐	☐
Ich kaufe regelmäßig Produkte über das Internet.	☐	☐	☐	☐	☐
Ich bin geübt im Umgang mit dem Internet.	☐	☐	☐	☐	☐
Ich finde mich im Internet gut zurecht.	☐	☐	☐	☐	☐

	Stimme nicht zu		Neutral		Stimme zu
Ich bin vom Internet begeistert.	□	□	□	□	□
Die Nutzung des Internet finde ich unterhaltsam.	□	□	□	□	□
Die Nutzung des Internet finde ich interessant.	□	□	□	□	□
Die Nutzung des Internet macht mir Spaß.	□	□	□	□	□
Die Nutzung des Internet fordert meine Fähigkeiten heraus.	□	□	□	□	□
Wenn ich das Internet nutze, merke ich manchmal nicht, wie die Zeit vergeht.	□	□	□	□	□
Wenn ich das Internet nutze, bin ich manchmal völlig darin vertieft.	□	□	□	□	□
Die Nutzung des Internet ist mit hohen Kosten verbunden.	□	□	□	□	□
Die Seiten im Internet sind oft unübersichtlich und schwierig zu verstehen.	□	□	□	□	□
Der Aufbau von Seiten im Internet ist oft langsam und zeitraubend.	□	□	□	□	□

5. Inzwischen gibt es verschiedene Möglichkeiten, das Internet beim Neuwagenkauf zu nutzen. Wie wichtig ist es für Sie, dass ein Automobilhersteller Ihnen die Möglichkeit bietet, folgende Aktivitäten über das Internet abzuwickeln?

	Unwichtig		Unentschieden		Sehr wichtig
Beschaffung von Informationen über Listenpreise	□	□	□	□	□
Beschaffung von Informationen über Fahrzeugausstattungen	□	□	□	□	□
Zusammenstellung/Konfiguration des gewünschten Fahrzeugs	□	□	□	□	□
Betrachtung/Visualisierung des gewünschten Fahrzeugs	□	□	□	□	□
Bewertung eines Gebrauchtwagens	□	□	□	□	□
Einholen von Preisangeboten für ein gewünschtes Fahrzeug	□	□	□	□	□
Verbindliche Bestellung eines Autos	□	□	□	□	□
Anzahlung eines Autos	□	□	□	□	□
Auswahl und Kauf von Produkten und Dienstleistungen "rund ums Auto" (z.B. Zubehör, Accessoires, Versicherungen etc.)	□	□	□	□	□
Suche bzw. Verkauf eines Gebrauchtwagens	□	□	□	□	□

6. Beabsichtigen Sie beim nächsten Neuwagenkauf - falls möglich - zur Abwicklung dieser Aktivitäten das Internet tatsächlich zu nutzen?

	Auf keinen Fall		Vielleicht		Auf jeden Fall
Beschaffung von Informationen über Listenpreise	□	□	□	□	□
Beschaffung von Informationen über Fahrzeugausstattungen	□	□	□	□	□
Zusammenstellung/Konfiguration des gewünschten Fahrzeugs	□	□	□	□	□
Betrachtung/Visualisierung des gewünschten Fahrzeugs	□	□	□	□	□
Bewertung eines Gebrauchtwagens	□	□	□	□	□
Einholen von Preisangeboten für ein gewünschtes Fahrzeug	□	□	□	□	□
Verbindliche Bestellung eines Autos	□	□	□	□	□
Anzahlung eines Autos	□	□	□	□	□
Auswahl und Kauf von Produkten und Dienstleistungen "rund ums Auto" (z.B. Zubehör, Accessoires, Versicherungen etc.)	□	□	□	□	□
Suche bzw. Verkauf eines Gebrauchtwagens	□	□	□	□	□

Anhang

7. Jetzt interessieren wir uns für mögliche Gründe, das Internet beim Neuwagenkauf zu nutzen. Nachfolgend sind eine Reihe von Eigenschaften aufgeführt, die das Internet kennzeichnen. Bitte geben Sie an, ob nach ihrer Erfahrung oder Erwartung das Internet hinsichtlich dieser Eigenschaften besser, gleich gut oder schlechter als ein Automobilhändler ist.

	Internet schlechter als Händler		Internet gleich gut		Internet besser als Händler
Vielfältige Informationen über Autos	□	□	□	□	□
Aktuelle Informationen über Autos	□	□	□	□	□
Objektive Informationen über Autos	□	□	□	□	□
Markenübergreifendes Angebot von Neuwagen	□	□	□	□	□
Umfangreiches Angebot an Zubehör und Accessoires	□	□	□	□	□
Umfangreiches Angebot an Gebrauchtwagen	□	□	□	□	□
Bequeme Beschaffung von Informationen über Autos	□	□	□	□	□
Bequemes Einholen von Preisangeboten für Neuwagen	□	□	□	□	□
Bequemer Kauf von Neuwagen	□	□	□	□	□
Bequemer Kauf von Zubehör und Accessoires	□	□	□	□	□
Bequemer Kauf bzw. Verkauf von Gebrauchtwagen	□	□	□	□	□
Kauf von Neuwagen ohne langwierige Verkaufsgespräche	□	□	□	□	□
Kauf von Neuwagen ohne Druck bzw. Zwang durch einen Verkäufer	□	□	□	□	□
Günstige Neuwagenpreise	□	□	□	□	□
Günstige Finanzierungs- und Leasingangebote	□	□	□	□	□
Günstiges Angebot von Zubehör und Accessoires	□	□	□	□	□
Günstiges Angebot von Gebrauchwagen	□	□	□	□	□

8. Mit welchen Nachteilen bzw. Problemen ist nach Ihrer Meinung die Nutzung des Internet beim Neuwagenkauf verbunden? Bitte nehmen Sie Stellung zu nachfolgenden Aussagen.

	Stimme nicht zu		Neutral		Stimme zu
Beim Kauf eines Neuwagens über das Internet fehlt mir das Einkaufserlebnis.	□	□	□	□	□
Beim Kauf eines Neuwagens über das Internet fehlt mir die persönliche Verkaufsberatung.	□	□	□	□	□
Beim Kauf eines Neuwagens über das Internet sehe ich das Risiko, dass rechtliche Probleme entstehen.	□	□	□	□	□
Beim Kauf eines Neuwagens über das Internet sehe ich das Risiko, dass persönliche Daten missbraucht werden.	□	□	□	□	□
Beim Kauf eines Neuwagens über das Internet sehe ich das Risiko, dass persönliche Kontakte vernachlässigt werden.	□	□	□	□	□
Beim Kauf eines Neuwagens über das Internet sehe ich das Risiko, dass man für einen Neuwagen einen geringeren Nachlaß erhält.	□	□	□	□	□
Beim Kauf eines Neuwagens über das Internet sehe ich das Risiko, dass man einen schlechteren Preis für den Gebrauchtwagen erhält.	□	□	□	□	□
Beim Kauf eines Neuwagens über das Internet sehe ich das Risiko, dass man einen schlechteren Werkstattservice erhält.	□	□	□	□	□
Beim Kauf eines Neuwagens über das Internet sehe ich das Risiko, dass man insgesamt finanzielle Nachteile erleidet.	□	□	□	□	□

9. Können Sie sich vorstellen, beim Neuwagenkauf auf bestimmte Leistungen zu verzichten? Bitte nehmen Sie Stellung zu nachfolgenden Aussagen.

	Stimme nicht zu		Neutral		Stimme zu
Ich kann mir vorstellen, einen Neuwagen zu kaufen, ohne vorher eine Probefahrt mit einem entsprechenden Modell gemacht zu haben.	☐	☐	☐	☐	☐
Ich kann mir vorstellen, einen Neuwagen ohne eine persönliche Verkaufsberatung zu kaufen.	☐	☐	☐	☐	☐
Ich kann mir vorstellen, einen Neuwagen zu kaufen, ohne vorher verschiedene Modelle beim Händler angeschaut zu haben.	☐	☐	☐	☐	☐
Ich kann mir vorstellen, einen Neuwagen ohne einen Besuch beim Händler zu kaufen.	☐	☐	☐	☐	☐
Ich kann mir vorstellen, beim Neuwagenkauf meinen Gebrauchtwagen privat zu verkaufen, d.h. nicht beim Händler in Zahlung zu geben.	☐	☐	☐	☐	☐
Ich kann mir vorstellen, einen Neuwagen nach Hause geliefert zu bekommen.	☐	☐	☐	☐	☐

10. Können Sie sich in Anbetracht aller Vor- und Nachteile vorstellen, einen Neuwagen über das Internet zu kaufen?

☐ Ja, auf jeden Fall   ☐ Ja, aber nur wenn ich einen Nachlaß auf den Listenpreis erhalte   ☐ Nein, auf keinen Fall

Wie hoch müsste der Nachlaß auf den Listenpreis sein?

mind. [____] Prozent

11. Haben Sie bereits die Internetseiten des Herstellers aufgerufen oder genutzt?

☐ Ja, ich habe die Internetseiten des Herstellers beim Neuwagenkauf genutzt   ☐ Ja, ich habe bereits die Internetseiten des Herstellers im Internet aufgerufen   ☐ Nein, ich habe die Interneseiten des Herstellers noch nie aufgerufen

12. Abschließend benötigen wir noch einige Informationen zu Ihrer Person. Diese Angaben sind selbstverständlich freiwillig und werden streng vertraulich behandelt.

Altersgruppe		
	☐ unter 30 Jahre	☐ 50 – 59 Jahre
	☐ 30 – 39 Jahre	☐ 60 – 69 Jahre
	☐ 40 – 49 Jahre	☐ über 69 Jahre

Geschlecht	☐ Weiblich	☐ Männlich

Monatliches Nettoeinkommen Ihres Haushaltes (d.h. nach Abzug aller Steuern und Sozialversicherungsbeiträge)	☐ unter 3.000 DM	☐ 7.001 – 9.000 DM
	☐ 3.000 – 5.000 DM	☐ 9.001 – 11.000 DM
	☐ 5.001 – 7.000 DM	☐ über 11.000 DM

Literaturverzeichnis

Adams, J. (1984): Bildschirmtext im Bereich privater Haushalte: Akzeptanz und Nutzungsmöglichkeiten, München.

Ahlert, D. (1996): Distributionspolitik: Das Management des Absatzkanals, 3. Aufl., Stuttgart/Jena.

Ahlert, D./Becker, J./Kenning, P./Schütte, R. (Hrsg.) (2000): Internet & Co. im Handel: Strategien, Geschäftsmodelle, Erfahrungen, Wiesbaden.

Alba, J./Lynch, J./Weitz, B./Janiszewski, C./Lutz, R./Sawyer, A./Wood, S. (1997): Interactive Home Shopping: Consumer, Retailer, and Manufacturer Incentives to Participate in Electronic Marketplaces, in: Journal of Marketing, Vol. 61, July, S. 38-53.

Albach, H. (1988): Kosten, Transaktionen und externe Effekte im betrieblichen Rechnungswesen, in: ZfB, 58. Jg., S. 1143-1170.

Albers, S./Clement, M. (2001): Marketing für Interaktive Medien, in: Tscheulin, D. K./Helmig, B. (Hrsg.): Branchenspezifisches Marketing: Grundlagen, Besonderheiten, Gemeinsamkeiten, Wiesbaden, S. 725-747.

Albers, S./Clement, M./Peters, K./Skiera, B. (Hrsg.) (1999): eCommerce: Einstieg, Strategie und Umsetzung im Unternehmen, Frankfurt a. M.

Albers, S./Clement, M./Peters, K./Skiera, B. (Hrsg.) (2001): Marketing mit Interaktiven Medien: Strategien zum Markterfolg, 3. Aufl., Frankfurt a. M.

Albers, S./Peters, K. (1997): Die Wertschöpfungskette des Handels im Zeitalter des Electronic Commerce, in: Marketing ZFP, 19. Jg., H. 2, S. 69-80.

Albers, W. (Hrsg.) (1980): Handwörterbuch der Wirtschaftswissenschaften, Bd. 5, Stuttgart/New York.

Alpar, P. (1998): Kommerzielle Nutzung des Internet: Unterstützung von Marketing, Produktion, Logistik und Querschnittsfunktionen durch Internet, Intranet und kommerzielle Online-Dienste, 2. Aufl., Berlin/Heidelberg/New York.

Alpert, M. I. (1971): Identification of Determinant Attributes: A Comparison of Methods, in: Journal of Marketing Research, Vol. 8, S. 184-191.

Althauser, R. P. (1971): Multicollinearity and non-additive regression models, in: Blalock, H. M. (Hrsg.): Causal Models in the Social Sciences, Chicago/New York, S. 453-472.

Altmann, J. (1997): Volkswirtschaftslehre: Einführende Theorie mit praktischen Bezügen, Stuttgart.

Anderson, R. E. (1973): Consumer Dissatisfaction: The Effect of Disconfirmed Expectancy on Perceived Product Performance, in: Journal of Marketing Research, Vol. 10, S. 38-44.

Anderson, J./Weitz (1989): Determinant of Continuity in Conventional Industrial Channel Dyads, in: Journal of Marketing Research, Vol. 29, S. 18-34.

Andrew, F./Morgan, J./Sonquist, J. (1969): Multiple Classification Analysis: A Report on a Computer Program for Multiple Regression Using Categorial Predictors, Ann Arbor, Michigan.

Anstötz, K. (1990): Akzeptanzorientierte Systemgestaltung, dargestellt am Beispiel eines experimentellen Telekommunikationssystems, Essen.

Arbuckle, J. L. (1989): Analysis of moment structures, in: The American Statistician, Nr. 43, Nr. 1, S. 66-67.

Arbuckle, J. L./Wothke, W. (1999): Amos 4.0 User's Guide, Chicago.

Armbrecht, W./Kohnke, A. (1997): Die 'Freude am Fahren' bleibt real, in: Thexis, 14. Jg., H. 1, S. 32-38.

Armstrong, S./Overton, T. (1977): Estimating Nonresponse Bias in Mail Surveys, in: Journal of Marketing Research, Vol. 14, S. 396-402.

Arnold, H. (1982): Moderator Variables: A Clarification of Conceptual, Analytic, and Psychometric Issues, in: Organizational Behavior and Human Performance, Vol. 29, Nr. 2, S. 143-174.

Arnold, H./Evans, M. (1979): Testing Multiplicative Models Does Not Require Ratio Scales, in: Organizational Behavior and Human Performance, Vol. 24, Nr. 1, S. 41-59.

Autohaus-Online (1999): Autobytel kommt nach Deutschland, Meldung vom 15. September 1999, http://www.autohaus-online.de/index.php3?rub_id=archiv vom 25. September 2001.

Autohaus-Online (2001a): Autobytel startet in Spanien, Meldung vom 1. März 2001, http://www.autohaus-online.de/index.php3?rub_id=archiv vom 25. September 2001.

Autohaus-Online (2001b): Studie: Internet wird Händler beim Autokauf nicht ersetzen, Meldung vom 3. Juli 2001, http://www.autohaus-online.de/index.php3?rub_id= archiv vom 25. September 2001.

Autohaus-Online (2001c): Umfrage: Autohändler rangiert vor dem Internet, Meldung vom 1. März 2001, http://www.autohaus-online.de/index.php3?rub_id=archiv vom 26. Juni 2001.

Autohaus-Online (2001d): GfK: Autokauf im Internet eine Frage des Preises, Meldung vom 30. Juni 2001, http://www.autohaus-online.de/index.php3?rub_id=archiv vom 10. Oktober 2001.

Autohaus-Online (2001e): Punto-Streit: Edeka unterliegt erstmals in zweiter Instanz, Meldung vom 6. August 2001, http://www.autohaus-online.de/sixcms4/sixcms/detail.php?id=21080 vom 5. Januar 2002.

Babin, B. J./Griffin, M. (1998): The Nature of Satisfaction: An Updated Examination and Analysis, in: Journal of Business Research, Vol. 41, Nr. 2, S. 127-136.

Backhaus, K./Erichson, B./Plinke, W./Weiber, R. (2000): Multivariate Analysemethoden: Eine anwendungsorientierte Einführung, 9. Aufl., Berlin/Heidelberg/New York.

Bagozzi, R. (1979): The Role of Measurement in Theory Construction and Hypothesis Testing: Toward a Holistic Model, in: Ferrell, O./Brown, S./Lamb, C. (Hrsg.): Conceptual and Theoretical Developments in Marketing, Chicago, S. 15-33.

Bagozzi, R. (1980): Causal Models in Marketing, New York.

Bagozzi, R. (Hrsg.) (1994): Principles of Marketing Research, Cambridge, MA.

Bagozzi, R./Baumgartner, H. (1994): The Evaluation of Structural Equation Models and Hypothesis Testing, in: Bagozzi, R. (Hrsg.): Principles of Marketing Research, Cambridge, MA, S. 386-422.

Bagozzi, R./Fornell, C. (1982): Theoretical Concepts, Measurements, and Meaning, in: Fornell, C. (Hrsg.) (1982b): A Second Generation of Multivariate Analysis: Measurement and Evaluation, Vol. 2, New York, S. 24-38.

Bagozzi, R./Phillips, L. (1982): Representing and Testing Organizational Theories: A Holistic Construal, in: Administrative Science Quarterly, Vol. 27, S. 459-489.

Bagozzi, R./Yi, Y. (1988): On the Evaluation of Structural Equation Models, in: Journal of the Academy of Marketing Science, Vol. 16, Nr. 1, S. 74-94.

Bagozzi, R./Yi, Y./Phillips, L. (1991): Assessing Construct Validity in Organizational Research, in: Administrative Science Quarterly, Vol. 36, S. 421-458.

Bähr-Seppelfricke, U. (1999): Diffusion neuer Produkte: Der Einfluss von Produkteigenschaften, Wiesbaden.

Bakos, J. Y. (1997): Reducing Buyer Search Costs: Implications for Electronic Marketplaces, in: Management Science, Vol. 43, S. 1676-1692.

Balabanis, G./Vassileiou, S. (1999): Some Attitudinal Predictors of Home-Shopping through the Internet, in: Journal of Marketing Management, Vol. 15, S. 361-385.

Balderjahn, I. (1986a): Das umweltbewusste Konsumentenverhalten: Eine empirische Studie, Berlin.

Balderjahn, I. (1986b): The Robustness of LISREL Unweighted Least Squares Estimation Against Small Sample Size in Confirmatory Factor Analysis Models, in: Gaul, W./Schader, M. (Hrsg.): Classification as a Tool of Research, Amsterdam, S. 3-10.

Balderjahn, I. (1998): Die Kreuzvalidierung von Kausalmodellen, in: Hildebrandt, L./Homburg, C. (Hrsg.): Die Kausalanalyse: Ein Instrument der empirischen betriebswirtschaftlichen Forschung, Stuttgart, S. 371-398.

Bänsch, A. (1998): Käuferverhalten, 8. Aufl., München/Wien.

Barth, K. (1999): Betriebswirtschaftslehre des Handels, 4. Aufl., Wiesbaden.

Barth, K./Schmekel, V. (1998): Vertriebsmedium Internet: Chancen und Risiken für den Einzelhandel, Dikussionsbeitrag Nr. 255 des Fachbereichs Wirtschaftswissenschaft der Gerhard-Mercator-Universität, Duisburg.

Bass, F. M./King, C. W./Pessemier, E. A. (Hrsg.) (1968): Applications of the Sciences in Marketing Management, New York.

Bauer, H. H. (1983): Die Determinanten der Markentreue beim Automobilkauf, in: Dichtl, E./Raffée, H./Potucek, V. (Hrsg.): Marktforschung im Automobilsektor, Frankfurt a. M., S. 15-37.

Bauer, H. H./Fischer, M./Sauer, N. E. (2000): Barrieren des elektronischen Einzelhandels: Eine empirische Studie zum Kaufverhalten im Internet, in: ZfB, 70. Jg., S. 1133-1156.

Bauer, H. H./Grether, M./Borrmann, U. (1999): Nutzerverhalten in elektronischen Medien: Theoretische Grundlagen und eine Analyse am Beispiel des Lufthansa InfoFlyway, Forschungsbericht Nr. W 28 des Instituts für Marktorientierte Unternehmensführung, Universität Mannheim, Mannheim.

Bauer, H. H./Grether, M./Borrmann, U. (2001): Die Erklärung des Nutzerverhaltens in elektronischen Medien mit Hilfe der Flow-Theorie, in: Marketing ZFP, 23. Jg., H. 1, S. 17-29.

Bauer, H. H./Grether, M./Brüsewitz, K. (2000): Der Einsatz des Internet zur Vertriebsunterstützung im Automobilhandel, Forschungsbericht Nr. M 46 des Instituts für Marktorientierte Unternehmensführung, Universität Mannheim, Mannheim.

Bauer, H. H./Huber, F./Betz, J. (1998): Erfolgsgrößen im Automobilhandel: Ergebnisse einer kausalanalytischen Studie, in: ZfB, 68. Jg., S. 979-1008.

Bauer, H. H./Huber, F./Bräutigam, F. (1997): Method Supplied Investigation of Customer Loyalty in the Automotive Industry - Results of a Causal Analytical Study, in: Johnson, M. D./Hermann, A./Huber, F./Gustafsson, A. (Hrsg.): Customer Retention in the Automotive Industry: Quality, Satisfaction and Loyalty, Wiesbaden, S. 167-213.

Bauer, H. H./Huber, F./Henneberg, S. C. M. (1999): Klick & Kauf: Electronic Commerce als strategische Option für den Handel, in: Thexis, 16. Jg., H. 1, S. 47-52.

Bauer, M. (2000): Kundenzufriedenheit in industriellen Geschäftsbeziehungen: Kritische Ereignisse, nichtlineare Zufriedenheitsbildung und Zufriedenheitsdynamik, Wiesbaden.

Bauer, R. A. (1960): Consumer Behavior as Risk Taking, in: Hancock, R. (Hrsg.): Dynamic Marketing for a Changing World, Proceeding of the 43rd Conference of the American Marketing Association, Chicago, S. 389-398.

Baumgartner, H./Bagozzi, R. (1995): Specification, Estimation, and Testing of Moment Structure Models Based on Latent Variables Involving Interactions Among the Exogenous Constructs, in: Sociological Methods & Research, Vol. 24, S. 187-213.

Bausch, T. (1990): Stichprobenverfahren in der Marktforschung, München.

Bearden, W./Teel, J. E. (1983): Selected Determinants of Consumer Satisfaction and Complaint Reports, in: Journal of Marketing Research, Vol. 20, S. 21-28.

Beckwith, N. (Hrsg.) (1979): Educators' Conference Proceedings, American Marketing Association, Chicago.

Bentler, P. M. (1985): Theory and Implementation of EQS: A Structural Equations Program, Los Angeles.

Bentler, P. M./Bonett, D. G. (1980): Significance Tests and Goodness of Fit in the Analysis of Covariance Structures, in: Psychological Bulletin, Vol. 88, S. 588-606.

Benz, J. (1990): Kausalanalyse in der Marketingforschung auf verschiedenen Wegen: Kombination 'traditioneller Verfahren' oder simultane Methoden?, in: Marketing ZFP, 12. Jg., S. 241-249.

Berekoven, L./Eckert, W./Ellenrieder, P. (1999): Marktforschung: Methodische Grundlagen und praktische Anwendung, 8. Aufl., Wiesbaden.

Bernemann, T. (1989): Die Markentreue privater Neuwagenkäufer: Eine theoretische und empirische Untersuchung der Beiträge verschiedener Konsumentenverhaltenstheorien zur Erklärung der Markentreue beim privaten Neuwagenkauf, Essen.

Bettmann, J. R. (1973): Perceived Risk and its Components: A Model and Empirical Test, in: Journal of Marketing Research, Vol. 10, S. 184-190.

Bierwirth, C./Kück, N. (2001): Elektronische Transformation von Zahlungssystemen: Anforderungen, Entwicklungsstand und Perspektiven, in: ZfB, 71. Jg., S. 993-1014.

Binder, J./Sieber, M./Angst, J. (1979): Verzerrungen bei postalischen Befragungen: Das Problem der Nichtantworter, in: Zeitschrift für experimentelle und angewandte Psychologie, 24. Jg., H. 1, S. 53-71.

Biong, H. (1993): Satisfaction and Loyalty to Suppliers within Grocery Trade, European Journal of Marketing, Vol. 27, Nr. 7, S. 21-38.

Bitzer, F./Brisch, K. M. (1999): Digitale Signatur: Grundlagen, Funktion und Einsatz, Berlin et al.

Blalock, H. M. (Hrsg.) (1971): Causal Models in the Social Sciences, Chicago/New York.

Bliemel, F./Fassott, G. (2000): Electronic Commerce und Kundenbindung, in: Bliemel, F./Fassott, G./Theobald, A. (Hrsg.): Electronic Commerce: Herausforderungen - Anwendungen - Perspektiven, 3. Aufl., Wiesbaden, S. 11-26.

Bliemel, F./Fassott, G./Theobald, A. (2000): Einleitung: Das Phänomen Electronic Commerce, in: Bliemel, F./Fassott, G./Theobald, A. (Hrsg.): Electronic Commerce: Herausforderungen - Anwendungen - Perspektiven, 3. Aufl., Wiesbaden, S. 1-7.

Bliemel, F./Fassott, G./Theobald, A. (Hrsg.) (2000): Electronic Commerce: Herausforderungen - Anwendungen - Perspektiven, 3. Aufl., Wiesbaden.

Bloemer, J. M./Lemmink, J. G. A. M. (1992): The Importance of Customer Satisfaction in Explaining Brand and Dealer Loyalty, in: Journal of Marketing Management, Vol. 8, S. 351-364.

Böck-Bachfischer, N. M. (1996): Interaktive Medien im elektronischen Medienmarkt: Eine theoretische und empirische Analyse, dargestellt am Beispiel der Akzeptanz eines elektronischen Versandhauskatalogs, München.

Böcker, F. (1986): Präferenzforschung als Mittel marktorientierter Unternehmensführung, in: ZfbF, 38. Jg., S. 543-574.

Böcker, F. (1987): Die Bildung von Präferenzen für langlebige Konsumgüter in Familien, in: Marketing ZFP, 9. Jg., S. 16-24.

Böcker, F./Gierl, H. (1988): Die Diffusion neuer Produkte: Eine kritische Bestandsaufnahme, in: ZfbF, 40. Jg., S. 32-48.

Böhler, H. (1977): Methoden und Modelle der Marktsegmentierung, Stuttgart.

Böhler, H. (1992): Marktforschung, 2. Aufl., Stuttgart/Berlin/Köln.

Bohrnstedt, G. (1970): Reliability and Validity Assessment in Attitude Measurement, in: Summers, G. (Hrsg.): Attitude Management, London, S. 80-99.

Böing, C. (2001): Erfolgsfaktoren im Business-to-Consumer E-Commerce, Münster.

Bollen, K. A. (1989): Structural Equations with Latent Variables, New York et al.

Boomsma, A. (1982): The Robustness of LISREL against Small Sample Sizes and Factor Analysis Models, in: Jöreskog, K./Wold, H. (Hrsg.) (1982a): Systems under Indirect Observation, Part I, Amsterdam/New York/Oxford, S. 149-173.

Bortz, J. (1993): Statistik für Sozialwissenschaftler, 4. Aufl., Berlin/New York/Heidelberg.

Boston Consulting Group (Hrsg.) (1999): E-Commerce in Deutschland: Vom Goldrausch zur Goldgewinnung, Studie der Boston Consulting Group, München.

Boulding, W./Lee, E./Staelin, R. (1994): Mastering the Mix: Do Advertising, Promotion, and Sales Force Activities Lead to Differentiation?, in: Journal of Marketing Research, Vol. 31, S. 159-172.

Brand, H. W./Bungard, W. (1982): Markentreue: Theoretische Überlegungen und empirische Daten zu ihrer rationalen Rechtfertigung, in: Jahrbuch der Absatz- und Verbrauchsforschung, 28. Jg., S. 265-288.

Brehpohl, K. (1984): Akzeptanz und Nutzen sowie Wirkungen von Bildschirmtexten, Berlin.

Brenner, W./Zarnekow, R./Wittig, H. (1998): Intelligente Softwareagenten: Grundlagen und Anwendungen, Berlin/Heidelberg.

Bridges, E./Yim, C. K./Briesch, R. A. (1995): A High-Tech Product Market Share Model with Customer Expectations, in: Marketing Science, Vol. 14, S. 61-81.

Bronhold, R. (1998): Mediengerechte Online-Forschung, in: planung & analyse, 15. Jg., H. 1, S. 40-41.

Bruhn, M. (1997): Multimedia-Kommunikation: Systematische Planung und Umsetzung eines interaktiven Marketinginstrumentes, München.

Bruhn, M./Homburg, C. (Hrsg.) (2000): Handbuch Kundenbindungsmanagement: Grundlagen - Konzepte - Erfahrungen, 3. Aufl., Wiesbaden.

Bruhn, M./Steffenhagen, H. (Hrsg.) (1997): Marktorientierte Unternehmensführung: Reflexionen – Denkanstösse – Perspektiven, Wiesbaden.

Bühl, A./Zöfel, P. (2000): SPSS Version 10: Einführung in die moderne Datenanalyse unter Windows, 7. Aufl., München et al.

Bullinger, H.-J./Fröschle, H.-P./Hofmann, J. (1992): Multimedia: Von der Medienintegration über die Prozessintegration zur Teamintegration, in: Office Management, o. Jg., H. 6, S. 6-13.

Burda Medien-Forschung (Hrsg.) (1998): Online-Forschung aktuell: Erkenntnisse über Medium und Nutzer, Studie der BAC Burda Advertising, Offenburg.

Burke, R. R. (1997): Real Shopping in a Virtual Store, in: Peterson, R. (Hrsg.): Electronic Marketing and the Consumer, Thousand Oaks, S. 81-88.

Burmann, C. (1991): Konsumentenzufriedenheit als Determinante der Marken- und Händlerloyalität: Das Beispiel der Automobilindustrie, in: Marketing ZFP, 13. Jg., S. 249-258.

Busch, A./Schmidt, E. (2000): Die Rolle des Internet im Neufahrzeugvertrieb, Beitrag Nr. 3 zum Automobilvertrieb heute und morgen des Deutschen Kraftfahrzeuggewerbes und dem Institut für Automobilwirtschaft, Bonn/Nürtingen.

Butler, H. N./Baysinger, B. D. (1983): Vertical Restraints of Trade as Contractual Integration: A Synthesis of Relational Contracting Theory, Transaction-Cost Economics, and Organization Theory, in: Emory Law Journal, Vol. 32, S. 1009-1109.

Cadotte, E. R./Woodruff, R. B./Jenkins, R. L. (1987): Expectations and Norms in Models of Consumer Satisfaction, in: Journal of Marketing Research, Vol. 24, S. 305-314.

Canter, L. A./Siegel, M. S. (1996): Profit im Internet: Wie Sie den Weg zum Internet und anderen Online-Diensten finden und wie Sie diese Netze für Werbung, Marketing und Verkauf profitabel nutzen können - der Schritt-für-Schritt Führer in die Welt des Internet, 2. Aufl., Düsseldorf.

Literaturverzeichnis

Cap Gemini Ernst & Young (Hrsg.) (2000): Cars Online 2000: Global consumer survey - Empirical study of the potential for automotive sales and distribution in electronic commerce, o. O.

Carmines, E./Zeller, R. (1979): Reliability and Validity Assessment, Newbury Park et al.

Carroll, J./Broadhead, R. (2001): Selling Online: Wie wird man ein erfolgreicher E-Commerce-Händler, Bonn.

Chin, W. W./Marcolin, B. L./Newsted, P. R. (1996): A partial least squares latent variable modeling approach for measuring interaction effects: Results from a monte carlo simulation study and voice mail emotion/adoption study, in: DeGross, J. I./Jarvenpaa, S./Srinivasan, A. (Hrsg.): Proceedings of the Seventeenth International Conference on Information Systems, Cleveland, S. 1-22, http://disc-nt.cba.uh.edu/chin/icis96.pdf vom 25. September 2001.

Churchill, G. A. (1979): A Paradigm for Developing Better Measures of Marketing Constructs, in: Journal of Marketing Research, Vol. 16, S. 64-73.

Churchill, G. A./Surprenant, C. (1982): An Investigation into the Determinants of Customer Satisfaction, in: Journal of Marketing Research, Vol. 19, S. 491-504.

Clauß, G./Ebner, H. (1975): Grundlagen der Statistik, 2. Aufl., Zürich/Frankfurt a. M.

Clement, M./Litfin, T. (2000): Car-on-Demand bleibt vorerst in den Schubladen der Automobilkonzerne, in: absatzwirtschaft, o. Jg., H. 4, S. 70-71.

Clement, M. (2000): Interaktives Fernsehen: Analyse und Prognose seiner Nutzung, Wiesbaden.

Clement, M. /Runte, M. (2000): Intelligente Software-Agenten im Internet: Implikationen für das Marketing im eCommerce, in: der Markt, 39. Jg., H. 1, S. 18-35.

Clement, M./Peters, K./Preiß, F. J. (2001): Electronic Commerce, in: Albers, S./Clement, M./Peters, K./Skiera, B. (Hrsg.) (2001): Marketing mit Interaktiven Medien: Strategien zum Markterfolg, 3. Aufl., Frankfurt a. M., S. 56-70.

Coase, R. H. (1937): The Nature of the Firm, in: Economica, Vol. 4, S. 386-405.

Cohen, J./Cohen, P. (1983): Applied Multiple Regression for the Behavioral Sciences, 2. Aufl., Hillsdale, New Jersey.

Cohen, R. S./Wartofsky, M. W. (Hrsg.) (1965): Boston Studies in the Philosophy of Science, Vol. 2: In Honour of Philipp Frank, New York.

Cortina, J. M. (1993): What is Coefficient Alpha? An Examination of Theory and Applications, in: Journal of Applied Psychology, Vol. 78, February, S. 98-104.

Cox, D. F. (Hrsg.) (1967): Risk Taking and Information Handling in Consumer Behavior, Boston.

Cramer, J. S. (1991): The Logit Model: An Introduction for Economists, London et al.

Creutzig, J. (2000): Veränderungen in den Vertriebsstrukturen des deutschen Automobil-Vertragshandels, in: Zeitschrift für die gesamte Wertschöpfungskette Automobilwirtschaft, 3. Jg., H. 3, S. 22-27.

Cronbach, L. (1987): Statistical test for moderator variables: Flaws in analysis recently proposed, in: Psychological Bulletin, Vol. 102, S. 414-417.

Cronin, J./Taylor, S. (1992): Measuring Service Quality: A Reexamination and Extension, Journal of Marketing, Vol. 56, July, S. 55-68.

Csikszentmihalyi, M. (1977): Beyond Boredom and Anxiety, 2. Aufl., San Francisco.

Csikszentmihalyi, M. (1987): Das Flow-Erlebnis: Jenseits von Angst und Langeweile im Tun aufgehen, 2. Aufl., Stuttgart.

Csikszentmihalyi, M. (1990): Flow: The Psychology of Optimal Experience, New York.

Csikszentmihalyi, M. (1991a): Einführung, in: Csikszentmihalyi, M./Csikszentmihalyi, I. S. (Hrsg.): Die außergewöhnliche Erfahrung im Alltag: Die Psychologie des flow-Erlebnisses, Stuttgart, S. 15-27.

Csikszentmihalyi, M. (1991b): Das flow-Erlebnis und seine Bedeutung für die Psychologie des Menschen, in: Csikszentmihalyi, M./Csikszentmihalyi, I. S. (Hrsg.): Die außergewöhnliche Erfahrung im Alltag: Die Psychologie des flow-Erlebnisses, Stuttgart, S. 28-49.

Csikszentmihalyi, M. (1993): Flow: Das Geheimnis des Glücks, 3. Aufl., Stuttgart.

Csikszentmihalyi, M./Csikszentmihalyi, I. S. (1991): Einführung in Teil IV, in: Csikszentmihalyi, M./Csikszentmihalyi, I. S. (Hrsg.): Die außergewöhnliche Erfahrung im Alltag: Die Psychologie des flow-Erlebnisses, Stuttgart, S. 275-290.

Csikszentmihalyi, M./Csikszentmihalyi, I. S. (Hrsg.) (1991): Die außergewöhnliche Erfahrung im Alltag: Die Psychologie des flow-Erlebnisses, Stuttgart.

Cunningham, S. M. (1967): The Major Dimensions of Perceived Risk, in: Cox, D. F. (Hrsg.): Risk Taking and Information Handling in Consumer Behavior, Boston, S. 82-108.

Dahm, H./Rössler, P./Schenk, M. (1998): Vom Zuschauer zum Anwender: Akzeptanz und Folgen digitaler Fernsehdienste, Münster.

Danaher, P. J./Haddrell, V. (1996): A comparison of question scales used for measuring customer satisfaction, in: International Journal of Service Industry Management, Vol. 7, Nr. 4, S. 4-26.

Darrow, A./Kahl, D. (1982): A Comparison of Moderated Regression Techniques Considering Strength of Effect, in: Journal of Management, Vol. 8, Nr. 2, S. 35-47.

DAT (Hrsg.) (1992): DAT Kundendienstreport 1991/92, Stuttgart.

Davis, J. C./Gunby, S. H. (1999): Winning on the Net: Can Bricks-and-Mortar Retailers Succeed on the Internet?, in: Boston Consulting Group (Hrsg.): E-Commerce in Deutschland: Vom Goldrausch zur Goldgewinnung, Studie der Boston Consulting Group, München, S. 1-8.

DeCharms, R. (1974): Personal causation: the internal affective determinants of behaviour, 3. Aufl., New York.

Deci, E. L. (1975): Intrinsic Motivation, New York/London.

Degenhardt, W. (1986): Akzeptanzforschung zu Bildschirmtext, München.

Degeratu, A. M./Rangaswamy, A./Wu, J. (1998): Consumer Choice Behavior in Online and Traditional Supermarkets: The Effects of Brand Name, Price, and other Search Attributes, Working Paper, Smeal College of Business, Penn State University, PA.

DeGross, J./Benbasat, I./DeSanctis, G./Beath, C. (Hrsg.) (1991): Proceedings of the Twelfth International Conference on Information Systems, New York.

DeGross, J. I./Jarvenpaa, S./Srinivasan, A. (Hrsg.) (1996): Proceedings of the Seventeenth International Conference on Information Systems, Cleveland, http://disc-nt.cba.uh.edu/chin/icis96.pdf vom 25. September 2001.

Deneckere, R. J./McAfee, R. P. (1996): Damaged Goods, in: Journal of Economics & Management Strategy, Vol. 5, S. 149-174.

Deutsch, M. (1999): Electronic Commerce: Zwischenbetriebliche Geschäftsprozesse und neue Marktzugänge realisieren, 2. Aufl., Wiesbaden.

Dichtl, E./Raffée, H./Potucek, V. (Hrsg.) (1983): Marktforschung im Automobilsektor, Frankfurt a. M.

Diamantopoulos, A./Winklhofer, H. M. (2001): Index Construction with Formative Indicators: An Alternative to Scale Development, in: Journal of Marketing Research, Vol. 38, S. 269-277.

Diehl, J. M./Kohr, H.-U. (1985): Durchführungsanleitungen für statistische Tests, 2. Aufl., Eschborn.

Dierks, C. (1997): Neue Medien im Handel: Auf dem Weg zum Electronic Retailing, Köln.

Diez, W. (1995): Das Handbuch für das Automobilmarketing: Strategien - Konzepte - Instrumente, Landsberg a. L.

Diez, W. (1999): Prozessoptimierung im Automobilvertrieb: Auf dem Weg zu einem integrierten Kunden- und Kostenmanagement, Wiesbaden.

Diez, W. (2000a): Autokonjunktur am Wendepunkt: Wo steht die deutsche Automobilindustrie im globalen Wettbewerb, Arbeitspapier Nr. 1/2000 des Instituts für Automobilwirtschaft an der Fachhochschule Nürtingen, Nürtingen.

Diez, W. (2000b): Die Zukunft des Autohandels in Deutschland, in: Symposion Publishing/Autohaus Verlag (Hrsg.): Automarkt Internet 00/01: Der Kfz-Handel im Umbruch - Analysen, Trends, Umfrageergebnisse, Düsseldorf/Ottobrunn, S. 237-253.

Diller, H. (1978): Das Preisbewußtsein der Verbraucher und seine Förderung durch die Bereitstellung von Verbraucherinformationen, Mannheim.

Diller, H. (1988): Das Preiswissen von Konsumenten: Neue Ansatzpunkte und empirische Ergebnisse, in: Marketing ZFP, 10. Jg., H. 1, S. 17-24.

Diller, H. (1996): Kundenbindung als Marketingziel, in: Marketing ZFP, 18. Jg., H. 2, S. 81-94.

Diller, H. (1997): Veränderungen im Marketing durch Online-Medien, in: Bruhn, M./Steffenhagen, H. (Hrsg.): Marktorientierte Unternehmensführung: Reflexionen – Denkanstösse – Perspektiven, Wiesbaden, S. 513-537.

Döhl, W. (1983): Akzeptanz innovativer Technologien in Büro und Verwaltung: Grundlagen, Analyse und Gestaltung, Göttingen.

Dreier, H. (1999): Absatzkanalstrategien für Automobilhersteller im Electronic Commerce, Siegen.

Dudenhöffer, F. (1999a): Chancen und Risiken bei der Ausrichtung der Automobil-Vertriebswege für das Informationszeitalter, in: Tomczak, T./Belz, C./Schögel, M./Birkhofer, B. (Hrsg.): Alternative Vertriebswege: Factory Outlet Center, Convenience Stores, Direct Distribution, Multi Level Marketing, Electronic Commerce, Smart Shopping, St. Gallen, S. 92-107.

Dudenhöffer, F. (1999b): Automobilhandel vor der Pleite?, in: kfz-betrieb, o. Jg., Nr. 1, S. 24-28.

Dudenhöffer, F. (2000): Ohne System ins Internet: Benchmark-Studie der FH Gelsenkirchen zum europäischen Internet-Auftritt deutscher Automobilhersteller, in: kfz-betrieb, o. Jg., H. 12, S. 48-51.

Dudenhöffer, F. (2001): Konzentrationsprozesse in der Automobilindustrie: Stellgrößen für die Rest-Player, in: ZfB, 71. Jg., S. 393-412.

Dwyer, F. R./Schurr, P. H./Oh, S. (1987): Developing Buyer-Seller Relationships, in: Journal of Marketing, Vol. 51, April, S. 11-27.

Dziuban, C. D./Shirkey, E. C. (1974): When is a Correlation Matrix Appropriate for Factor Analysis? Some Decision Rules, in: Psychological Bulletin, Vol. 81, S. 358-361.

Ealey, L./Mercer, G. (1999): Global automotive retailing: A new perspective, Research-Bericht der Economist Intelligence Unit, London.

Easingwood, C. J./Lunn, S. O. (1992): Diffusion Path in a High-Tech Environment: Clusters and Commonalities, in: R&D Management, Vol. 22, Nr. 1, S. 69-80.

Eckstein, P. P. (2000): Angewandte Statistik mit SPSS: Praktische Einführung für Wirtschaftswissenschaftler, 3. Aufl., Wiesbaden.

Eimeren, B. van/Gerhard, H. (2000): ARD/ZDF-Online-Studie 2000: Gebrauchswert entscheidet über Internetnutzung, in: Media Perspektiven, o. Jg., H. 8, S. 338-349.

Eisele, J. (1995): Erfolgsfaktoren des Joint Venture-Management, Wiesbaden.

Ellis, G./Voelkl, J./Morris, C. (1994): Measurement and Analysis Issues with Explanation of Variance in Daily Experience Using the Flow Model, in: Journal of Leisure Research, Vol. 26, S. 337-356.

Erevelles, S./Leavitt, C. (1992): A Comparison of Current Models of Consumer Satisfaction and Dissatisfaction, in: Journal of Satisfaction, Dissatisfaction, and Complaining Behavior, Vol. 5, H. 1, S. 104-114.

Fahrmeir, L./Hamerle, A. (1984): Varianz- und Kovarianzanalyse, in: Fahrmeir, L./Hamerle, A. (Hrsg.): Multivariate statistische Verfahren, Berlin/New York, S. 155-209.

Fahrmeir, L./Hamerle, A. (Hrsg.) (1984): Multivariate statistische Verfahren, Berlin/New York.

Fahrmeir, L./Tutz, G. (1994): Multivariate Statistical Modeling Based on Generalized Linear Models, New York.

Faison, E. W. (1977): The Neglected Variety Drive: A Useful Concept for Consumer Behavior, in: Journal of Consumer Research, Vol. 4, S. 172-175.

Fantapié Altobelli, C./Fittkau, S. (1997): Formen und Erfolgsfaktoren der Online-Distribution, in: Trommsdorff, V. (Hrsg.): Handelsforschung 1997/1998, Jahrbuch der Forschungsstelle für den Handel, Berlin, S. 397-416.

Fantapié Altobelli, C./Grosskopf, A.-K. (1998): Online-Marketing 2000: Zielgruppen - Strategien - Prognosen, Hamburg.

Ferrell, O./Brown, S./Lamb, C. (Hrsg.) (1979): Conceptual and Theoretical Developments in Marketing, Chicago.

Feuerhake, C. (1991): Konzepte des Produktnutzens und verwandte Konstrukte in der Marketingtheorie, Arbeitspapier Nr. 22 des Lehrstuhls für Markt und Konsum, Universität Hannover, Hannover.

Feyerabend, P. K. (1965): Reply to Criticism, in: Cohen, R. S./Wartofsky, M. W. (Hrsg.): Boston Studies in the Philosophy of Science, Vol. 2: In Honour of Philipp Frank, New York, S. 223-261.

Fink, D. H. (1997): Einführung in das Electronic Marketing: Von der Technik zum Nutzen, in: Wamser, C./Fink, D. H. (Hrsg.): Marketing-Management mit Multimedia: Neue Medien, neue Märkte, neue Chancen, Wiesbaden, S. 13-38.

Fishbein, M. (1963): An investigation of the relationship between beliefs about an object and the attitude toward that object, in: Human Relation, Vol. 16, S. 233-239.

Fishbein, M./Ajzen, I. (1975): Belief, Attitude, Intention and Behavior: An Introduction to Theory and Research, Reading.

Fisk, R./Young, C. (1985): Disconfirmation of Equity Expectations: Effects on Consumer Satisfaction with Services, in: Hirschmann, E./Holbrook, H. (Hrsg.): Advances in Consumer Research, Ann Arbour, S. 340-345.

Florenz, P. J. (1992): Konzept des vertikalen Marketing: Entwicklung und Darstellung am Beispiel der deutschen Automobilwirtschaft, Bergisch Gladbach/Köln.

Fornell, C. (1982): A Second Generation of Multivariate Analysis: An Overview, in: Fornell, C. (Hrsg.) (1982a): A Second Generation of Multivariate Analysis: Methods, Vol. 1, New York, S. 1-21.

Fornell, C. (Hrsg.) (1982a): A Second Generation of Multivariate Analysis: Methods, Vol. 1, New York.

Fornell, C. (Hrsg.) (1982b): A Second Generation of Multivariate Analysis: Measurement and Evaluation, Vol. 2, New York.

Fornell, C./Larcker, D. (1981): Evaluating Structural Equation Models with Unobservable Variables and Measurement Error, in: Journal of Marketing Research, Vol. 18, S. 39-50.

Förster, F./Fritz, W./Silberer, G./Raffée, H. (1984): Der LISREL-Ansatz der Kausalanalyse und seine Bedeutung für die Marketing-Forschung, in: ZfB, 54 Jg., S. 346-367.

Foscht, T. (1999): Konsumentenverhalten im Kontext der neuen Medien: Analyse des verhaltenswissenschaftlichen und des systemtheoretischen Erklärungsansatzes, in: der markt, 38. Jg., H. 3/4, S. 129-154.

Franke, H. H. (1995): Interaktives Fernsehen: Technische Grundlagen und zukünftige Nutzungsformen, in: Medien praktisch, 19. Jg., H. 2, S. 15-17.

Fritz, W. (1984a): Die Idee des theoretischen Pluralismus und ihre Verwirklichung im Rahmen empirischer betriebswirtschaftlicher Forschung, Arbeitspapier der Forschungsgruppe Konsumenteninformation, Universität Mannheim, Mannheim.

Fritz, W. (1984b): Warentest und Konsumgüter-Marketing: Forschungskonzeption und Ergebnisse einer empirischen Untersuchung, Wiesbaden.

Fritz, W. (1995): Marketing-Management und Unternehmenserfolg: Grundlagen und Ergebnisse einer empirischen Untersuchung, 2. Aufl., Stuttgart.

Fritz, W. (1999): Internet-Marketing: Eine Einführung, in: Fritz, W. (Hrsg.): Internet-Marketing: Perspektiven und Erfahrungen aus Deutschland und den USA, Stuttgart, S. 1-18.

Fritz, W. (Hrsg.) (1999): Internet-Marketing: Perspektiven und Erfahrungen aus Deutschland und den USA, Stuttgart.

G+J Electronic Media Service (Hrsg.) (2000a): Analyse der fünften Erhebungswelle des GfK-Online-Monitors: OnScreen Bd. I, Hamburg.

G+J Electronic Media Service (Hrsg.) (2000b): E-Commerce Nachbefragung zur fünften Erhebungswelle des GfK-Online-Monitors: OnScreen Bd. II, Hamburg.

Gaide, P. (2000): Strategien und Perspektiven von Händlern, Herstellern und Brokern, in: Symposion Publishing/Autohaus Verlag (Hrsg.): Automarkt Internet 00/01: Der Kfz-Handel im Umbruch - Analysen, Trends, Umfrageergebnisse, Düsseldorf/Ottobrunn, S. 254-270.

Gatignon, H./Robertson, T. S. (1985): A Propositional Inventory for New Diffusion Research, in: Journal of Consumer Research, Vol. 11, S. 849-867.

Gaul, W./Schader, M. (Hrsg.) (1986): Classification as a Tool of Research, Amsterdam.

Geise, W. (1984): Einstellung und Marktverhalten: Analyse der theoretisch-empirischen Bedeutung des Einstellungskonzepts im Marketing und Entwicklung eines alternativen Forschungsprogramms aus alltagstheoretischer Perspektive, Frankfurt a. M.

Gellner, B./Croonenbroeck, H. (1981): Technischer Fortschritt - Wichtig: Akzeptanz und produktive Nutzung, in: der arbeitgeber, 33. Jg., S. 300 - 302.

Geppert, D. (1998): Interaktives Fernsehen als Promotor des Home-Shopping: Die Akzeptanz der Verbraucher als Engpaß der Diffusion - ein empirischer Beitrag zur Innovationsforschung, Dresden.

Gerbing, D./Anderson, J. (1988): An Updated Paradigm for Scale Development Incorporating Unidimensionality and its Assessment, in: Journal of Marketing Research, Vol. 25, S. 186-192.

Gerecke, U. (1998): Ökonomische Anreize, intrinsische Motivation und der Verdrängungseffekt, Diskussionsbeitrag Nr. 103 der Katholischen Universität Eichstätt, Eichstätt.

Gerpott, T. J. (1995): Multimedia-Märkte, in: DBW, 55. Jg., S. 535-537.

Gerpott, T. J. (1996): Multimedia: Geschäftssegmente und betriebswirtschaftliche Implikationen, in: WiSt, 25. Jg., H. 1, S. 15-20.

Gerpott, T. J./Heil, B. (1996): Multimedia-Teleshopping: Rahmenbedingungen und Gestaltung von innovativen Absatzkanälen, in: ZfB, 48. Jg., S. 1329-1356.

Gerpott, T. J./Heil, B. (1998): Wettbewerbssituationsanalyse von Online-Diensteanbietern, in: ZfbF, 50. Jg., S. 725-747.

Gersch, M. (1998): Vernetzte Geschäftsbeziehungen: Die Nutzung von EDI als Instrument des Geschäftsbeziehungsmanagement, Wiesbaden.

Gerth, E. (1965): Die Bedeutung des Verbrauchsnutzens für den Absatz, Berlin.

Gerth, N. (1999): Online-Absatz: Strategische Bedeutung, strukturelle Implikationen, Erfolgswirkungen - eine Analyse des Einsatzes von Online-Medien als Absatzkanal, Ettlingen.

Gerth, N. (2000): Die Bedeutung des Online Marketing für die Distributionspolitik, in: Link, J. (Hrsg.): Wettbewerbsvorteile durch Online Marketing: Die strategischen Perspektiven elektronischer Märkte, 2. Aufl., Berlin/Heidelberg/New York, S. 149-195.

Ghani, J. /Desphande, S. (1994): Task Characteristics and the Experience of Optimal Flow in Human-Computer Interactions, in: Journal of Psychology, Vol. 128, S. 381-391.

Ghani, J./Supnick, R./Rooney, P. (1991): The Experience of Flow in Computer-Mediated and in Face-to-Face Groups, in: DeGross, J./Benbasat, I./DeSanctis, G./Beath, C. (Hrsg.): Proceedings of the 12th International Conference on Information Systems, New York, S. 229-237.

Giering, A. (2000): Der Zusammenhang zwischen Kundenzufriedenheit und Kundenloyalität: Eine Untersuchung moderierender Effekte, Wiesbaden.

Gierl, H. (1989): Individualisierung und Konsum, in: Markenartikel, 51. Jg., S. 422-428.

Gierl, H. (1995): Marketing, Stuttgart.

Gierl, H./Marcks, M. (1993): Der Einsatz von Modellen zur Markentreue-Messung, in: Marketing ZFP, 15. Jg., S. 103-108.

Gierl, H./Sipple, H. (1993): Zufriedenheit mit dem Kundendienst, in: Jahrbuch der Absatz- und Verbrauchsforschung, 39. Jg., S. 239-260.

Givon, M. (1984): Variety Seeking through Brand Switching, in: Marketing Science, Vol. 3, S. 1-22.

Glöckner-Holme, I. (1998): Betriebsformen-Marketing im Einzelhandel, Augsburg.

Goldberger, A. S./Duncan, O. D. (Hrsg.) (1973): Structural Equations Models in the Social Sciences, New York.

Green, P. E./Tull, D. S./Albaum, G. (1988): Research for Marketing Decisions, 5. Aufl., Englewood-Cliffs.

Greer, T.V./Lothia, R. (1994): Effects of Source and Paper Color on Response Rates in Mail Surveys, in: Industrial Marketing Management, Vol. 23, S. 47-54.

Gundlach, G. T./Achrol, R. S./Mentzer, J. T. (1995): The Structure of Commitment in Exchange, in: Journal of Marketing, Vol. 59, January, S. 78-92.

Gutowksi, K. (2000): Gnadenlos durchleuchtet: Das Internet revolutioniert die Wirtschaft, in: Wirtschaftswoche, o. Jg., Nr. 7 vom 10. Februar 2000, S. 88-100.

Guttmann, L. (1944): A basis for scaling qualitative data, in: American Sociological Review, Vol. 9, S. 139-150.

Hafermalz, O. (1976): Schriftliche Befragung: Möglichkeiten und Grenzen, Wiesbaden.

Hagenaars, J. A. (1993): Loglinear Models with Latent Variables, Newbury Park/London/New Delhi.

Hair, J. F./Anderson, R. E./Tatham, R. L./Black, W. C. (1992): Multivariate Data Analysis with Readings, 3. Aufl., New York.

Hallerberg, C. (2000): Neuwagen gibt es noch nicht im Einkaufs-Netz, in: Süddeutsche Zeitung, Nr. 23 vom 29./30. Januar 2000, S. 49.

Hamerle, A./Tutz, G. (1984): Zusammenhangsanalysen in mehrdimensionalen Kontingenztabellen: Das loglineare Modell, in: Fahrmeir, L./Hamerle, A. (Hrsg.): Multivariate Statistische Verfahren, Berlin/New York, S. 473-574.

Hancock, R. (Hrsg.) (1960): Dynamic Marketing for a Changing World, Proceeding of the 43rd Conference of the American Marketing Association, Chicago.

Hansen, U./Schoenheit, I. (Hrsg.) (1987): Verbraucherzufriedenheit und Beschwerdeverhalten, Frankfurt a. M./New York.

Harrington, L./Reed, G. (1996): Electronic Commerce (finally) Comes off Age, in: The McKinsey Quarterly, Vol. 62, S. 68-77.

Hätty, H. (1989): Der Markentransfer, Heidelberg.

Hauschildt, J. (1997): Innovationsmanagement, 2. Aufl., München.

Hebb, D. O. (1966): The Organization of Behavior: A Neuropsychological Theory, New York.

Hecker, F. (1997): Die Akzeptanz und Durchsetzung von Systemtechnologien: Marktbearbeitung und Diffusion am Beispiel der Verkehrstelematik, Saarbrücken.

Heckhausen, H. (1989): Motivation und Handeln, 2. Aufl., Berlin et al.

Heise, G. (1996): Online-Distribution, in: Hünerberg, R./Heise, G./Mann, A. (Hrsg.): Handbuch Online-Marketing: Wettbewerbsvorteile durch weltweite Datennetze, Landsberg/Lech, S. 131-155.

Henning-Thurau, T. (1999): Beschwerdezufriedenheit: Empirische Analyse der Wirkungen und Determinanten einer Schlüsselgröße des Beziehungsmarketing, in: Jahrbuch der Absatz- und Verbrauchsforschung, 45. Jg., S. 214-240.

Henning-Thurau, T./Klee, A. (1997): The Impact of Customer Satisfaction and Relationship Quality on Customer Retention: A Critical Reassessment and Model Development, in: Psychology & Marketing, Vol. 14, S. 737-764.

Hermanns, A./Sauter, M. (2001): Electronic Commerce: Grundlagen, Einsatzbereiche und aktuelle Trends, in: Hermanns, A./Sauter, M. (Hrsg.): Management-Handbuch Electronic Commerce: Grundlagen, Strategien, Praxisbeispiele, 2. Aufl., München, S. 15-32.

Hermanns, A./Sauter, M. (Hrsg.) (2001): Management-Handbuch Electronic Commerce: Grundlagen, Strategien, Praxisbeispiele, 2. Aufl., München.

Herrmann, A./Homburg, C. (Hrsg.) (2000): Marktforschung: Methoden - Anwendungen - Praxisbeispiele, 2. Aufl. Wiesbaden.

Herrmann, C./S. Sulzmeier (2001): Prolog: What's new about the new? - Marketing in Zeiten des 'E', in: Herrmann, C./S. Sulzmeier (Hrsg.) (2001): E-Marketing: Erfolgskonzepte der dritten Generation, Frankfurt a. M., S. 9-16.

Herrmann, C./S. Sulzmeier (Hrsg.) (2001): E-Marketing: Erfolgskonzepte der dritten Generation, Frankfurt a. M.

Hess, O. (2001): Internet, Electronic Data Interchange (EDI) und SAP R/3: Synergien und Abgrenzungen im Rahmen des Electronic Commerce, in: Hermanns, A./Sauter, M. (Hrsg.): Management-Handbuch Electronic Commerce: Grundlagen, Strategien, Praxisbeispiele, 2. Aufl., München, S. 185-196.

Hildebrand, V. G. (2000): Kundenbindung und Electronic Commerce: Electronic-Customer-Relationship-Management, in: Wamser, C. (Hrsg.): Electronic Commerce: Grundlagen und Perspektiven, München, S. 71-95.

Hildebrandt, L. (1983): Konfirmatorische Analysen von Modellen des Konsumentenverhaltens, Berlin.

Hildebrandt, L. (1984): Kausalanalytische Validierung in der Marketingforschung, in: Marketing ZFP, 6. Jg., S. 41-51.

Hildebrandt, L./Homburg, C. (Hrsg.) (1998): Die Kausalanalyse: Ein Instrument der empirischen betriebswirtschaftlichen Forschung, Stuttgart.

Hirschmann, E./Holbrook, H. (Hrsg.) (1985): Advances in Consumer Research, Ann Arbour.

Hoeren, T. (2000): E-Commerce: Eine Einführung in juristische Grundprobleme der Informationswirtschaft, in: Ahlert, D./Becker, J./Kenning, P./Schütte, R. (Hrsg.): Internet & Co. im Handel: Strategien, Geschäftsmodelle, Erfahrungen, Wiesbaden, S. 203-221.

Hoffmann, D./Novak, T. (1996): Marketing in Hypermedia Computer-Mediated Environment: Conceptual Foundations, in: Journal of Marketing, Vol. 60, July, S. 50-68.

Hoffmann, D./Novak, T. (1997): Measuring the Flow Experience Among Web Users, http://ecommerce.vanderbildt.edu/novak/flow.july.1997/flow.htm vom 13. Oktober 2000.

Hoffmann, D./Novak, T./Chatterjee, P. (2000): Commercial Scenarios for the Web: Opportunities and Challenges, Working Paper der Owen Graduate School of Management, Vanderbilt University, http://www.ascusc.org/jcmc/vol1/issue3/hoffman.html vom 3. August 2000.

Hoffmann, D./Novak, T./Yung, Y.-F. (1997): Modeling the Structure of the Flow Experience Among Web Users, http://ecommcere.vanderbilt.edu/paper/flow.construct/ modeling.the.structure.of.the.flow.experience.htm vom 13. Oktober 2000.

Hoffmann, D./Novak, T./Yung, Y.-F. (1998): Measuring the Flow Construct in Online-Environments: A Structural Modeling Approach, http://ecommerce.vanderbilt.edu/papers/flow.construct/measuring_flow_construct.html vom 5. März 2001.

Hoffmann, D./Novak, T./Yung, Y.-F. (1999): Measuring the Customer Experience in Online-Environments: A Structural Modeling Approach, http://www2000.ogsm.vanderbilt.edu/papers/flow.construct/measuring_flow_construkt.html vom 10. Januar 2000.

Holak, S. L./Lehmann, D. R. (1990): Purchase Intentions and the Dimension of Innovation: An Exploratory Model, in: Journal of Product Innovation Management, Vol. 7, Nr. 1, S. 59-73.

Homburg, C. (1998): Kundennähe von Industriegüterunternehmen: Konzeption - Erfolgsauswirkungen - Determinanten, 2. Aufl., Wiesbaden.

Homburg, C./Baumgartner, H. (1995a): Die Kausalanalyse als Instrument der Marketingforschung: Eine Bestandsaufnahme, in: ZfB, 65. Jg., S. 1091-1108.

Homburg, C./Baumgartner, H. (1995b): Beurteilung von Kausalmodellen: Bestandsaufnahme und Empfehlungen, in: Marketing ZFP, 17. Jg., H. 3, S. 162-176.

Homburg, C./Bruhn, M. (2000): Kundenbindungsmanagement: Eine Einführung in die theoretischen und praktischen Problemstellungen, in: Bruhn, M./Homburg, C. (Hrsg.): Handbuch Kundenbindungsmanagement: Grundlagen - Konzepte - Erfahrungen, 3. Aufl., Wiesbaden, S. 3-35.

Homburg, C./Dobratz, A. (1992): Covariance Structure Analysis via Specification Searches, in: Statistical Papers, Vol. 33, S. 119-142.

Homburg, C./Giering, A. (1996): Konzeptualisierung und Operationalisierung komplexer Konstrukte: Ein Leitfaden für die Marketingforschung, in: Marketing ZFP, 18. Jg., H. 1, S. 5-24.

Homburg, C./Giering, A./Hentschel, F. (2000): Der Zusammenhang zwischen Kundenzufriedenheit und Kundenbindung, in: Bruhn, M./Homburg, C. (Hrsg.): Handbuch Kundenbindungsmanagement: Grundlagen - Konzepte - Erfahrungen, 3. Aufl., Wiesbaden, S. 81-112.

Homburg, C./Hildebrandt, L. (1998): Die Kausalanalyse: Bestandsaufnahme, Entwicklungsrichtungen, Problemfelder, in: Hildebrandt, L./Homburg, C. (Hrsg.): Die Kausalanalyse: Ein Instrument der empirischen betriebswirtschaftlichen Forschung, Stuttgart, S. 15-43.

Homburg, C./Rudolph, B. (1998): Theoretische Perspektiven zur Kundenzufriedenheit, in: Simon, H./Homburg, C. (Hrsg.): Kundenzufriedenheit: Konzepte - Methoden - Erfahrungen, 3. Aufl., Wiesbaden, S. 33-55.

Homburg, C./Sütterlin, S. (1990): Kausalmodelle in der Marketingforschung: EQS als Alternative zu LISREL?, in: Marketing ZFP, 12. Jg., S. 181-193.

Howard, J. A./Sheth, J. N. (1969): The Theory of Buyer Behavior, New York et al.

Hox, J. (1995): Covariance structure modeling in Windows: A multitrait-multimethod analysis using Amos, EQS and LISREL, in: Bulletin de Méthodologie Sociologique, Vol. 46, S. 71-87.

Hoyos, C. Graf (Hrsg.) (1980): Grundbegriffe der Wirtschaftspsychologie: Gesamtwirtschaft - Markt - Organisation - Arbeit, München.

Hünerberg, R. (1996): Online-Kommunikation, in: Hünerberg, R./Heise, G./Mann, A. (Hrsg.): Handbuch Online-Marketing: Wettbewerbsvorteile durch weltweite Datennetze, Landsberg/Lech, S. 107-130.

Hünerberg, R. (2000): Bedeutung des Online-Marketing für das Direktmarketing, in: Link, J. (Hrsg.): Wettbewerbsvorteile durch Online-Marketing: Die strategischen Perspektiven elektronischer Märkte, 2. Aufl., Berlin et al., S. 121-147.

Hünerberg, R./Heise, G./Mann, A. (Hrsg.) (1996): Handbuch Online-Marketing: Wettbewerbsvorteile durch weltweite Datennetze, Landsberg/Lech.

Hünerberg, R./Mann, A. (2000): Online-Service, in: Bliemel, F./Fassott, G./Theobald, A. (Hrsg.): Electronic Commerce: Herausforderungen - Anwendungen - Perspektiven, 3. Aufl., Wiesbaden, S. 357-375.

Hunt, S. D. (1991): Modern Marketing Theory: Critical Issues in the Philosophy of Marketing Science, Cincinnati.

Hüttner, M. (1999): Grundzüge der Marktforschung, 6. Aufl., München/Wien.

Ihde, O. B. (1996): Internationale Diffusion von Mobilfunk: Erklärung und Prognose länderspezifischer Effekte, Wiesbaden.

Jaccard, J./Turrisi, R./Wan, C. K. (1990): Interaction Effects in Multiple Regression, Newbury Park/London/New Delhi.

Jaccard, J./Wan, C. K. (1996): LISREL approaches to interaction effects in multiple regression, Thousand Oaks/London/New Delhi.

Jacobs, S. (1992): Erfolgsfaktoren der Diversifikationsstrategie: Eine empirische Untersuchung der Einflußgrößen des Diversifikationserfolgs von Industrieunternehmen, Wiesbaden.

Jacoby, J./Kyner, D. B. (1973): Brand Loyalty vs. Repeat Purchasing Behavior, in: Journal of Marketing Research, Vol. 10, S. 1-9.

Janal, D. (1995): Online marketing handbook: How to sell, advertise, publicize, and promote your products and service on the Internet and commercial online systems, New York.

Jarvenpaa, S. L./Todd, P. A. (1997): Is There a Future for Retailing on the Internet?, in: Peterson, R. (Hrsg.): Electronic Marketing and the Consumer, Thousand Oaks, S. 139-154.

Jarvis, L./Wilcox, J. (1977): True Vendor Loyalty or Simply Repeat Purchase Behavior?, in: Journal of Marketing Research, Vol. 57, S. 53-70.

Johnson, M. D./Hermann, A./Huber, F./Gustafsson, A. (Hrsg.) (1997): Customer Retention in the Automotive Industry: Quality, Satisfaction and Loyalty, Wiesbaden.

Jones, T. O./Sasser, W. E. (1995): Why Satisfied Customer Defect, in: Harvard Business Review, Vol. 17, November/December, S. 88-99.

Jöreskog, K. (1973): A General Method for Estimating a Linear Structural Equations System, in: Goldberger, A. S./Duncan, O. D. (Hrsg.): Structural Equations Models in the Social Sciences, New York, S. 85-122.

Jöreskog, K. (1982): The LISREL Approach to Causal Model-Building in the Social Sciences, in: Jöreskog, K./Wold, H. (Hrsg.) (1982a): Systems Under Indirect Observation, Part I, Amsterdam/New York/Oxford, S. 81-100.

Jöreskog, K./Sörbom, D. (1988): PRELIS: A Program for Multivariate Data Screening and Data Summarization, 2. Aufl., Chicago.

Jöreskog, K./Sörbom, D. (1989): LISREL 7 User's Reference Guide, Chicago.

Jöreskog, K./Sörbom, D. (1993a): LISREL 8: Structural Equation Modeling with the SIMPLIS Command Language, Chicago.

Jöreskog, K./Sörbom, D. (1993b): New Features in PRELIS 2, Chicago 1993.

Jöreskog, K./Wold, H. (1982): The ML and PLS Techniques for Modeling with Latent Variables: Historical and Comparative Aspects, in: Jöreskog, K./Wold, H. (Hrsg.) (1982a): Systems Under Indirect Observation, Part I, Amsterdam/New York/Oxford, S. 263-270.

Jöreskog, K./Wold, H. (Hrsg.) (1982a): Systems Under Indirect Observation, Part I, Amsterdam/New York/Oxford.

Jöreskog, K./Wold, H. (Hrsg.) (1982b): Systems Under Indirect Observation, Part II, Amsterdam/New York/Oxford.

Jöreskog, K./Yang, F. (1996): Non-linear structural equation models: The Kenny-Judd model with interaction effects, in: Marcoulides, G. A./Schumacker, R. E. (Hrsg.): Advanced structural equation modeling: Issues and techniques, Hillsdale, S. 57-88.

Jungwirth, G. (1997): Geschäftstreue im Einzelhandel: Determinanten - Erklärungsansätze - Meßkonzepte, Wiesbaden.

Kaas, K. P./Busch, A. (1996): Inspektions-, Erfahrungs- und Vertrauenseigenschaften von Produkten: Theoretische Konzeption und empirische Validierung, in: Marketing ZFP, 18. Jg., S. 243-252.

Kaas, K./Runow, H. (1984): Wie befriedigend sind die Ergebnisse der Forschung zur Verbraucherzufriedenheit?, in: DBW, 44. Jg., S. 451-460.

Kahrmann, V./Sauerland, D. (Hrsg.) (1991): Made in Germany: Die internationale Wettbewerbsfähigkeit der deutschen Wirtschaft, Stuttgart/Berlin/Köln.

Kaiser, H. F. (1970): A Second Generation Little Jiffy, in: Psychometrika, Vol. 35, S. 401-415.

Kalwani, M./Narayandas, N. (1995): Long-Term Manufacturer-Supplier Relationships: Do they Pay off for Supplier-Firms?, in: Journal of Marketing, Vol. 59, January, S. 1-16.

Kaplan, S./Sawhney, M. (2000): E-Hubs: The New B2B Marketplaces, in: Harvard Business Review, Vol. 78, May/June, S. 97-103.

Keeney, R. L. (1999): The Value of Internet Commerce to the Customer, in: Management Science, Vol. 45, S. 533-542.

Kenny, D. A./Judd, C. M. (1984): Estimating the Nonlinear and Interactive Effects of Latent Variables, in: Psychological Bulletin, Vol. 96, Nr. 1, S. 201-210.

Kerschbaumer, G./Voges, H.-J./Wernicke, M. (2001): Automobilvertrieb Zukunft: Was wäre, wenn die GVO fällt?, in: Kfz-Betrieb, Nr. 29/30, 26. Juli 2001, S. 12-13.

Kiefer, T. (2000): Electronic Commerce: Vertrauen als Erfolgsfaktor, in: Die Bank, o. Jg., H. 2, S. 308-312.

Kinnear, T./Taylor, J. (1991): Marketing Research: An Applied Approach, 4. Aufl., New York.

Klein, S. (2000): Online-Auktionen, in: Bliemel, F./Fassott, G./Theobald, A. (Hrsg.): Electronic Commerce: Herausforderungen - Anwendungen - Perspektiven, 3. Aufl., Wiesbaden, S. 443-457.

Kleinholz, R. (1986): Zur Diffusion von Innovationen, in: WISU, 15. Jg., S. 337-339.

Klietmann, M. (2000): Zusammenfassung der wichtigsten Ergebnisse, in: Symposion Publishing/Autohaus Verlag (Hrsg.): Automarkt Internet 00/01: Der Kfz-Handel im Umbruch, Analysen, Trends, Umfrageergebnisse, Düsseldorf, Ottobrunn, S. 15-19.

Kline, R. B. (1998): Software programs for structural equation modeling: Amos, EQS, and LISREL, in: Journal of Psychoeducational Assessment, Vol. 16, S. 343-364.

Knebel, H. (1980): Modelle mit unbeobachtbaren Variablen: Der PLS-Ansatz, Arbeitspapier Nr. 36 des Sonderforschungsbereichs 3, Mikroanalytische Grundlagen der Gesellschaftspolitik, Universität Mannheim/Goethe-Universität Frankfurt, Mannheim/Frankfurt a. M.

Koers, M. (2000): Steuerung von Markenportfolios: Ein Beitrag zum Mehrmarkencontrolling am Beispiel der Automobilwirtschaft, Münster.

Kollmann, T. (1998): Akzeptanz innovativer Nutzungsgüter und -systeme: Konsequenzen für die Einführung von Telekommunikations- und Multimediasystemen, Wiesbaden.

Kollmann, T. (1999): Das Konstrukt Akzeptanz im Marketing: Neue Aspekte der Akzeptanzforschung, dargestellt am Beispiel innovativer Telekommunikations- und Multimediasysteme, in: WiSt, 28. Jg., S. 125-130.

Korte, C. (1995): Customer Satisfaction Measurement: Kundenzufriedenheitsmessung als Informationsgrundlage des Hersteller- und Handels-Marketing am Beispiel der Automobilwirtschaft, Frankfurt a. M. et al.

Kothlow, S. (2000): Multimedia-Systeme im stationären Einzelhandel, in: Bliemel, F./Fassott, G./Theobald, A. (Hrsg.): Electronic Commerce: Herausforderungen - Anwendungen - Perspektiven, 3. Aufl., Wiesbaden, S. 143-158.

Krader, W. (1991): Neuere Entwicklungen linearer Kovarianzstrukturmodelle mit quantitativen und qualitativen Indikatorvariablen: Theorie und Anwendung auf ein mikroempirisches Modell des Preis-, Produktions- und Lageranpassungsverhaltens von deutschen und französischen Unternehmen des Verarbeitenden Gewerbes, Frankfurt a. M. et al.

Krafft, M. (1995): Außendienstentlohnung im Licht der neuen Institutionenlehre, Wiesbaden.

Krafft, M. (1997): Der Ansatz der Logistischen Regression und seine Interpretation, in: ZfB, 67. Jg., S. 625-642.

Krafft, M. (1999): Der Kunde im Fokus: Kundennähe, Kundenzufriedenheit, Kundenbindung - und Kundenwert?, in: DBW, 59. Jg., S. 511-530.

Krafft, M. (2001): Kundenbindung im E-Business: 'Webmiles' erziehen zur Untreue, in: bank und markt, 30. Jg., H. 8, S. 29-34.

Krafft, M. (2002): Kundenbindung und Kundenwert, Heidelberg.

Krafft, M./Albers, S. (1996): Verbund von Produkt- und Betriebsformenwahl beim Einkaufen in der City, in Subzentren und auf der 'grünen Wiese', in: Trommsdorff, V. (Hrsg.): Handelsforschung 1996/1997, Jahrbuch der Forschungsstelle für den Handel, Berlin, S. 125-143.

Krafft, M./Bromberger, J. (2001): Kundenwert und Kundenbindung, in: Albers, S./Clement, M./Peters, K./Skiera, B. (Hrsg.) (2001): Marketing mit Interaktiven Medien: Strategien zum Markterfolg, 3. Aufl., Frankfurt a. M., S. 160-174.

Krafft, M./Garczorz, I. (1999): Wie halte ich den Kunden? - Kundenbindung, in: Albers, S./Clement, M./Peters, K./Skiera, B. (Hrsg.) (1999): eCommerce: Einstieg, Strategie und Umsetzung im Unternehmen, Frankfurt a. M., S. 135-147.

Krafft, M./Litfin, T. (2002): Adoption innovativer Telekommunikationsdienste: Validierung der Rogers-Kriterien bei Vorliegen potenziell heterogener Gruppen, in: Zfbf, 54. Jg., S. 64-83.

Krallmann, H. (Hrsg.) (1982): Unternehmensplanung und -steuerung in den 80er Jahren: Eine Herausforderung an die Informatik, Berlin.

Kroeber-Riel, W./Weinberg, P. (1996): Konsumentenverhalten, 6. Aufl., München.

Krohmer, H. (1999): Marktorientierte Unternehmenskultur als Erfolgsfaktor der Strategieimplementierung, Wiesbaden.

Kromrey, H. (1998): Empirische Sozialforschung: Modelle und Methoden der Datenerhebung und Datenauswertung, 8. Aufl., Opladen.

Krüger, S. M. (1997): Profitabilitätsorientierte Kundenbindung durch Zufriedenheitsmanagement: Kundenzufriedenheit und Kundenwert als Steuerungsgröße für die Kundenbindung in marktorientierten Dienstleistungsunternehmen, München.

Kümpers, U. A. (1976): Marketingführerschaft: Eine verhaltenswissenschaftliche Analyse des vertikalen Marketing, Münster.

Labay, D. G./Kinnear, T. C. (1981): Exploring the Consumer Decision Process in the Adoption of Solar Energy Systems, in: Journal of Consumer Research, Vol. 8, S. 271-278.

Lamb, C. W./Dunne, P. M. (Hrsg.) (1980): Theoretical Developments in Marketing, Chicago.

Lambert, K./Brittan, G. (1970): An Introduction to the Philosophy of Science, Englewood Cliffs, N. J.

Lampe, F. (1998): Unternehmenserfolg im Internet: Ein Leitfaden für das Management kleiner und mittlerer Unternehmen, 2. Aufl., Braunschweig/Wiesbaden.

Lancaster, K. J. (1966): A New Approach to Consumer Theory, in: Journal of Political Economy, Vol. 2, February, S. 132-157.

Lancaster, K. J. (1971): Consumer Demand: A New Approach, New York/London.

Lancaster, K. J. (1991): Moderne Mikroökonomie, 4. Aufl., Frankfurt a. M./New York.

Landmann, R. H. (1999): Mitten in einer Revolution: Herausforderungen und Lösungsansätze für den Automobilvertrieb der Zukunft, in: Wolters, H./Landmann, R. H./Karsten, H./Arthur D. Little International (Hrsg.): Die Zukunft der Automobilindustrie: Herausforderungen und Lösungsansätze für das 21. Jahrhundert, Wiesbaden, S. 75-97.

Landner, B. (1998): Güte von Internet-Umfragen: Zur Objektivität, Reliabilität und Repräsentativität im Internet erhobener Daten, in: planung & analyse, 15. Jg., H. 4, S. 63-66.

Larsson, M./Lundberg, D. (1998): The Transparent Market: Management Challenges in the Electronic Age, New York.

LeFevre, J. (1991): Flow und die Erlebensqualität im Kontext von Arbeit und Freizeit, in: Csikszentmihalyi, M./Csikszentmihalyi, I. S. (Hrsg.): Die außergewöhnliche Erfahrung im Alltag: Die Psychologie des flow-Erlebnisses, Stuttgart, S. 313-325.

Lehmacher, W./Hörmann, A. (Hrsg.) (1985): Statistik-Software: 3. Konferenz über die wissenschaftliche Anwendung von Statistik-Software, Stuttgart/New York.

Leigh, T. W./Rethans, A. J. (1983): Experiences with Script Elicitation within Consumer Decision Making Context, in: Advances in Consumer Research, Vol. 10, S. 667-672.

Linden, F. A. (1998): Volles Rohr: Der Autovertrieb hat viele Innovationen verschlafen - jetzt erzwingen neue Wettbewerber die Entscheidungsschlacht zwischen Industrie und Handel, in: managermagazin, 28. Jg., Okober, S. 240-255.

Lingenfelder, M./Schneider, W. (1991): Die Kundenzufriedenheit: Bedeutung, Meßkonzept und empirische Befunde, in: Marketing ZFP, 13. Jg., S. 109-118.

Link, J. (2000): Zur zukünftigen Entwicklung des Online-Marketing, in: Link, J. (Hrsg.): Wettbewerbsvorteile durch Online-Marketing: Die strategischen Perspektiven elektronischer Märkte, Berlin/Heidelberg, S. 1-34.

Link, J. (Hrsg.) (2000): Wettbewerbsvorteile durch Online Marketing: Die strategischen Perspektiven elektronischer Märkte, 2. Aufl., Berlin/Heidelberg/New York.

Litfin, T. (2000): Adoptionsfaktoren: Empirische Analyse am Beispiel eines innovativen Telekommunikationsdienstes, Wiesbaden.

Loebbecke, C. (2001): eCommerce: Begriffsabgrenzung und Paradigmenwechsel, in: Betriebswirtschaftliche Forschung und Praxis, 53. Jg., S. 93-123.

Lohmüller, J. B. (1985): Das Programmsystem LVPLS für Pfadmodelle mit latenten Variablen und Partialkleinstquadratschätzungen, in: Lehmacher/Hörmann (Hrsg.): Statistik-Software: 3. Konferenz über die wissenschaftliche Anwendung von Statistik-Software, Stuttgart/New York, S. 179-188.

Loos, C. (1998): Online-Vertrieb von Konsumgütern, Wiesbaden.

Lübbe, H. (1971): Zur politischen Theorie der Technokratie, in: Lübbe, H. (Hrsg.): Theorie und Entscheidung: Studien zum Primat der praktischen Vernunft, Freiburg, S. 32-53.

Lübbe, H. (1971) (Hrsg.): Theorie und Entscheidung: Studien zum Primat der praktischen Vernunft, Freiburg.

Lulei, S. (1999): Alles wird anders: Studie über die Zukunft des Automobilvertriebs von A. T. Kearney sagt einen rasanten Wandel und alternative Vertriebsformen voraus, in: kfz-betrieb, o. Jg., Nr. 6, S. 12-15.

Lynch, J. G./Ariely, D. (2000): Wine Online: Search Costs and Competition on Price, Quality, and Distribution, in: Marketing Science, Vol. 19, S. 83-103.

Machleit, K. A./Mantell, S. P. (2001): Emotional response and shopping satisfaction: Moderating effect of shopper attributions, in: Journal of Business Research, Vol. 54, S. 97-106.

Malhotra, M. K./Heine, M. L./Grover, V. (2001): An evaluation of the relationship between management practices and computer aided design technology, in: Journal of Operations Management, Vol. 19, S. 307-333.

Mandy, D. M./Martin-Filho, C. (1993): Seemingly unrelated regressions under additive heteroscedasticity, in: Journal of Econometrics, Vol. 58, S. 315-346.

Marcoulides, G. A./Schumacker, R. E. (Hrsg.) (1996): Advanced structural equation modeling: Issues and techniques, Hillsdale.

Martsch, A. (1999): Stiefkind Internet, in: Autohaus, o. Jg., H. 19, S. 84.

Massimini, F./Carli, M. (1991): Die systematische Erfassung des flow-Erlebens im Alltag, in: Csikszentmihalyi, M./Csikszentmihalyi, I. S. (Hrsg.): Die außergewöhnliche Erfahrung im Alltag: Die Psychologie des flow-Erlebnisses, Stuttgart, S. 291-312.

Mattes, F. (1999): Electronic Business-to-Business: E-Commerce mit Internet und EDI, Stuttgart.

Meffert, H. (1976): Die Durchsetzung von Innovationen in der Unternehmung und im Markt, in: ZfB, 46. Jg., S. 77-89.

Meffert, H. (1985): Marketing und Neue Medien, Stuttgart.

Meffert, H. (1992): Marketingforschung und Käuferverhalten, 2. Aufl., Wiesbaden.

Meffert, H. (1997): Einführung in die Problemstellung, in: Meffert, H./Backhaus, K. (Hrsg.): Multimedia im Marketing – neue Wege zum Kunden?, Dokumentationspapier Nr. 110 der wissenschaftlichen Gesellschaft für Marketing und Unternehmensführung, Dokumentation des Workshops vom 30. Oktober 1996, Münster, S. 1-16.

Meffert, H. (1999): Marketingwissenschaft im Wandel: Anmerkungen zur Paradigmendiskussion, in: Meffert, H. (Hrsg.): Marktorientierte Unternehmensführung im Wandel: Retrospektive und Perspektiven des Marketing, Wiesbaden, S. 35-66.

Meffert, H. (2000): Marketing: Grundlagen marktorientierter Unternehmensführung - Konzepte - Instrumente - Praxisbeispiele, 9. Aufl., Wiesbaden.

Meffert, H. (Hrsg.) (1975): Marketing heute und morgen: Entwicklungstendenzen in Theorie und Praxis, Wiesbaden.

Meffert, H. (Hrsg.) (1999): Marktorientierte Unternehmensführung im Wandel: Retrospektive und Perspektiven des Marketing, Wiesbaden.

Meffert, H./Backhaus, K. (1996) (Hrsg.): Multimedia im Marketing – neue Wege zum Kunden?, Dokumentationspapier Nr. 110 der wissenschaftlichen Gesellschaft für Marketing und Unternehmensführung, Dokumentation des Workshops vom 30. Oktober 1996, Münster.

Meffert, H./Bruhn, M. (2000): Dienstleistungsmarketing: Grundlagen - Konzepte - Methoden, 3. Aufl., Wiesbaden.

Meffert, H./Bruhn, M./Middelhoff, T. (1981): Neue Medien: Situation und Stand der Diskussion in der Bundesrepublik, Arbeitspapier Nr. 2 der Wissenschaftlichen Gesellschaft für Marketing und Unternehmensführung, Münster.

Meffert, H./Perrey, J. (1997): Nutzensegmentierung im Verkehrsdienstleistungsbereich: Theoretische Grundlagen und empirische Erkenntnisse am Beispiel des Schienenverkehrs, in: Tourismus Journal, 1. Jg., H. 1, S. 13-40.

Meinig, W. (1984): Produktdifferenzierung durch Dienstleistung, in: Marktforschung & Management, 28. Jg., H. 4, S. 133-142.

Meinig, W. (1985): Bedarfsorientiertes Produktivgütermarketing: Der Leistungsprozess beim Kunden als Grundlage praxisorientierter Bedarfsforschung, Berlin.

Meinig, W. (1991): Die deutsche Automobilwirtschaft im europäischen und internationalen Wettbewerb, in: Kahrmann, V./Sauerland, D. (Hrsg.): Made in Germany: Die internationale Wettbewerbsfähigkeit der deutschen Wirtschaft, Stuttgart/Berlin/ Köln, S. 37-53.

Meinig, W./Mallad, H. (2001): E-Commerce im selektiven Vertriebssystem der Automobilwirtschaft: Ergebnisse empirischer Studien zu Kunden- und Händleransprüchen, in: Jahrbuch der Absatz- und Verbrauchsforschung, 47. Jg., S. 155-171.

Meissner, M. (2000): Gebrauchtwagenbörsen im Internet, in: Symposion Publishing/Autohaus Verlag (Hrsg.): Automarkt Internet 00/01: Der Kfz-Handel im Umbruch - Analysen, Trends, Umfrageergebnisse, Düsseldorf/Ottobrunn, S. 271-286.

Meissner, M./Mehrle, N. (2000): Automobilvertrieb im Internet, Beitrag Nr. 31 zur Marketingwissenschaft, Universität Göttingen, Göttingen.

Menzel, T. (2000): Elektronische Signaturen, Wien.

Mercer, G. (1994): Don't just optimize - unbundle, in: The McKinsey Quarterly, Vol. 30, Nr. 3, S. 103-116.

Meunzel, R. M. (1999): Nur Surfen ist schöner: 1. Internetstudie Automobilbranche 2000, in: Autohaus, o. Jg., H. 23/24, S. 30-33.

Meyer, A. (1991): Dienstleistungs-Marketing, in: DBW, 51. Jg., S. 195-209.

Meyer, A./Oevermann, D. (1995): Kundenbindung, in: Tietz, B. (Hrsg.): Handwörterbuch des Marketing, 2. Aufl., Stuttgart, S. 1340-1351.

Micklitz, H.-W./Reich, N. (1998): Die Fernabsatzrichtlinie im deutschen Recht, Baden-Baden.

Mitra, A./Lynch, J. G. (1995): Toward a Reconciliation of Market Power and Information Theories of Advertising Effects on Price Elasticity, in: Journal of Consumer Research, Vol. 21, S. 644-659.

Morrison, D. G. (1969): On the Interpretation of Discriminant Analysis, in: Journal of Marketing Research, Vol. 6, S. 156-163.

Motor Presse Stuttgart (Hrsg.) (1990): Autofahren in Deutschland '90, Bd. 1: Einflußfaktoren, Zielgruppen, Kommunikationsverhalten, Stuttgart.

Motyka, W. (1989): Druckereierzeugnisse und neue Informations- und Kommunikationstechniken: Eine Analyse der Substitutionsbeziehungen, Wiesbaden.

Mühlbacher, H. (1978): Multivariate Verfahren und ihre Anwendung in der Marketingforschung, Bd. 1, Linz.

Müller, V./Schienenstock, G. (1979): Machbarkeit und soziale Akzeptanz, in: Wirtschaftdienst, 59. Jg., S. 295-299.

Müller, W./Reuss, H. (1995): Veränderung wettbewerblicher Erfolgsfaktoren im Automobilmarkt, in: Reuss, H./Müller, W. (Hrsg.): Wettbewerbsvorteile im Automobilhandel: Strategien und Konzepte für ein erfolgreiches Vertragshändler-Management, Frankfurt a. M./New York, S. 11-26.

Müller, W./Riesenbeck, H. J. (1991): Wie aus zufriedenen auch anhängliche Kunden werden, in: Harvardmanager, 13. Jg., H. 3, S. 67-79.

Müller-Böling, D./Müller, M. (1986): Akzeptanzfaktoren der Bürokommunikation, München/Wien/Oldenburg.

Müller-Hagedorn, L. (1986): Das Konsumentenverhalten: Grundlagen für die Marktforschung, Wiesbaden.

Myers, J. H./Alpert, M. I. (1977): Semantic Confusion in Attitude Research: Salience vs. Importance vs. Determinance, in: Perreault, Jr., D. (Hrsg.): Advances in Consumer Research, Vol. 4, Atlanta, S. 106-109.

Nelson, P. (1970): Information and Consumer Behavior, in: Journal of Political Economy, Vol. 78, Nr. 2, S. 312-329.

Neumann, M. (1980): Nutzen, in: Albers, W. (Hrsg.): Handwörterbuch der Wirtschaftswissenschaft, Bd. 5, Stuttgart, New York, S. 349-351.

Nieschlag, R./Dichtl, E./Hörschgen, H. (1997): Marketing, 18. Aufl., Berlin.

Nolte, H. (1976): Die Markentreue im Konsumgüterbereich, Bochum.

Nötzel, R. (1987): Erfahrungen mit der schriftlichen Umfrage, in: planung & analyse, 14. Jg., H. 4, S. 151-155.

Nuissl, D. (2000): Rechtliche Aspekte des Electronic Commerce, in: Bliemel, F./Fassott, G./Theobald, A. (Hrsg.): Electronic Commerce: Herausforderungen - Anwendungen - Perspektiven, 3. Aufl., Wiesbaden, S. 63-84.

Nunnally, J. C. (1978): Psychometric Theory, 2. Aufl., New York.

O. V. (1988): Asko will das Auto-Geschäft forcieren, in: Frankfurter Allgemeine Zeitung, Nr. 231 vom 4. Oktober 1988, S. 15.

O. V. (2000): Der Trick mit dem Klick, in: kfz-betrieb, o. Jg., H. 10, S. 10-14.

O. V. (2001): Car Shoppers Save by Buying on the Internet, According to New Berkeley/Yale Study, http://haas.berkeley.edu/groups/pubs/news/articles/onlinecars092600_.html vom 8. Februar 2001.

Oberparleiter, K. (1955): Funktionen und Risiken des Warenhandels, 2. Aufl., Wien.

Oehler, A. (1990): Die Akzeptanz der technikgestützten Selbstbedienung im Privatkundengeschäft von Universalbanken, Stuttgart.

Oenicke, H. (1996): Online-Marketing: Kommerzielle Kommunikation im interaktiven Zeitalter, Stuttgart.

Oliver, R. (1981): Measurement and Evaluation of Satisfaction Processes in Retail Settings, in: Journal of Retailing, Vol. 57, Nr. 3, S. 25-48.

Oliver, R. (1980): Theoretical Bases of Consumer Satisfaction Research: Review, Critique, and Future Direction, in: Lamb, C. W./Dunne, P. M. (Hrsg.): Theoretical Developments in Marketing, Chicago, S. 206-210.

Oliver, R./DeSarbo, W. (1988): Response Determinants in Satisfaction Judgments, in: Journal of Consumer Research, Vol. 14, S. 495-507.

Oliver, R./Swan, J. (1989): Consumer Perceptions of Interpersonal Equity and Satisfaction in Transactions, in: Journal of Marketing, Vol. 53, April, S. 21-35.

Olshavsky, R. W./Miller, J. A. (1972): Consumer Expectations, Product Performance and Perceived Product Quality, in: Journal of Marketing Research, Vol. 9, S. 19-21.

Olson, J. C./Kanwar, R./Muderrisoglu, A. (1979): Clarifying the Confusion Regarding Salience, Importance, and Determinance Concepts in Multiattribute Research, in: Beckwith, N. (Hrsg.): Educators' Conference Proceedings, American Marketing Association, Chicago, S. 286-298.

Opp, K.-D. (1976): Methodologie der Sozialwissenschaften: Einführung in die Probleme ihrer Theorienbildung und praktische Anwendung, 2. Aufl., Reinbek bei Hamburg.

Osgood, C. E./Suci, G. J./Tannenbaum, P. H. (1957): The measurement of meaning, Urbana.

Ozanne, U. B./Churchill, G. A. (1971): Five Dimensions of the Industrial Adoption Process, in: Journal of Marketing Research, Vol. 8, S. 322-328.

Panzer, S. (1981): Der Markt für Pkw-Wartungs- und Reparaturleistungen in der Bundesrepublik Deutschland, Ottobrunn.

Parasuraman, A./Zeithaml, V./Berry, L. (1988): SERVQUAL: A Multiple-Item Scale for Measuring Customer Perceptions of Service Quality, in: Journal of Retailing, Vol. 64, S. 12-40.

Pechtl, H. (1991): Innovatoren und Imitatoren im Adoptionsprozeß von technischen Neuerungen, Bergisch Gladbach/Köln.

Perreault, Jr., D. (Hrsg.) (1977): Advances in Consumer Research, Vol. 4, Atlanta.

Perrey, J. (1998): Nutzenorientierte Marktsegmentierung: Ein integrativer Ansatz zum Zielgruppenmarketing im Verkehrsdienstleistungsbereich, Wiesbaden.

Peter, J. (1979): Reliability: A Review of Psychometric Basics and Recent Marketing Practices, in: Journal of Marketing Research, Vol. 16, S. 6-17.

Peter, J. (1981): Construct Validity: A Review of Basic Issues and Marketing Practices, in: Journal of Marketing Research, Vol. 18, S. 133-145.

Peter, S. I. (1997): Kundenbindung als Marketingziel: Identifikation und Analyse zentraler Determinanten, Wiesbaden.

Petermann, F. (Hrsg.) (1980): Einstellungsmessung – Einstellungsforschung, Göttingen.

Peters, K./Clement, M. (2001): Online-Dienste, in: Albers, S./Clement, M./Peters, K./Skiera, B. (Hrsg.) (2001): Marketing mit Interaktiven Medien: Strategien zum Marktterfolg, 3. Aufl., Frankfurt a. M., S. 25-40.

Peterson, R. (1994): A Meta-Analysis of Cronbach's Alpha, in: Journal of Consumer Research, Vol. 21, S. 381-391.

Peterson, R. (1997): Electronic Marketing: Visions, Definitions, and Implications, in: Peterson, R. (Hrsg.): Electronic Marketing and the Consumer, Thousand Oaks, S. 1-16.

Peterson, R. (Hrsg.) (1997): Electronic Marketing and the Consumer, Thousand Oaks.

Peterson, R./Wilson, W. (1992): Measuring Customer Satisfaction: Fact and Artifact, in: Journal of the Academy of Marketing Science, Vol. 20, Nr. 1, S. 61-71.

Petty, R./Ostrom, T./Brock, T. (1981): Cognitive Responses in Persuasion, Hillsdale.

Peyrot, M./Doren, D. van (1994): Effect of a Class Action Suit on Consumer Repurchase Intentions, in: Journal of Consumer Affairs, Vol. 28, S. 361-379.

Pfeifer, A./Schmidt, P. (1987): LISREL: Die Analyse komplexer Strukturgleichungsmodelle, Stuttgart/New York.

Picot, A. (1985): Transaktionskosten, in: DBW, 45. Jg., S. 224-225.

Picot, A./Reichwald, R./Wigand, R. T. (2001): Die grenzenlose Unternehmung: Information, Organisation und Management, 4. Aufl., Wiesbaden.

Pigou (1929): The economics of welfare, 3. Aufl., London.

Piller, F. T. (2000): Erfolgreiches E-Business für den Autohandel, in: Symposion Publishing/Autohaus Verlag (Hrsg.): Automarkt Internet 00/01: Der Kfz-Handel im Umbruch - Analysen, Trends, Umfrageergebnisse, Düsseldorf/Ottobrunn, S. 298-319.

Ping, R. (1995): A Parsimonious Estimating Technique for Interaction and Quadratic Latent Variables, in: Journal of Marketing Research, Vol. 32, S. 336-347.

Pippow, I./Schoder, D. (2001): The Demand for Stored Value Payment Instruments, Proceedings of the Thirty-Fourth Annual Hawaii International Conference on System Science, Maui.

Pispers, R./Riehl, S. (1997): Digital-Marketing: Funktionsweisen, Einsatzmöglichkeiten und Erfolgsfaktoren multimedialer Systeme, Bonn et al.

Plinke, W./Söllner, A. (2000): Kundenbindung und Abhängigkeitsbeziehungen, in: Bruhn, M./Homburg, C. (Hrsg.): Handbuch Kundenbindungsmanagement: Grundlagen - Konzepte - Erfahrungen, 2. Aufl., Wiesbaden, S. 55-79.

Pohl, A. (1994): Ausgewählte Theorieansätze zur Erklärung des Nachfragerverhaltens bei technologischen Innovationen, Arbeitspapier zur Marketingtheorie Nr. 4 des Lehrstuhls für Marketing, Universität Trier, Trier.

Pohl, A. (1996): Leapfrogging bei technologischen Innovationen: Ein Erklärungsansatz auf Basis des wahrgenommenen Risikos, Wiesbaden.

Popkowski-Leszczyc, P./Rao, R. C. (1990): An Empirical Analysis of National and Local Advertising Effect on Price Elasticity, in: Marketing Letters, Vol. 1, S. 149-160.

Popper, K. (1973): Objektive Erkenntnis: Ein evolutionärer Entwurf, Hamburg.

Popper, K. (1984): Logik der Forschung, Tübingen.

Porter, M. E. (2000): Wettbewerbsvorteile: Spitzenleistungen erreichen und behaupten, 6. Aufl., Frankfurt a. M./New York.

Preißl, B./Haas, H.-J. (1999): E-Commerce: Erfolgsfaktoren von Online-Shopping in den USA und in Deutschland, Sonderheft Nr. 168 des deutschen Instituts für Wirtschaftsforschung, Berlin.

Pressmar, D. B. (1982): Zur Akzeptanz von computergestützten Planungssystemen, in: Krallmann, H. (Hrsg.): Unternehmensplanung und -steuerung in den 80er Jahren: Eine Herausforderung an die Informatik, Berlin, S. 324-348.

Privette, G. (1983): Peak Experience, Peak Performance, and Flow: A Comparative Analysis of Positive Human Experiences, in: Journal of Personality and Social Psychology, Vol. 45, S. 1361-1368.

Quine, W. V. (1960): On Simple Theories of a Complex World, London.

Raffée, H./Fritz, W./Jugel, S. (1988): Neue Medien und Konsumentenverhalten: Forschungsergebnisse und offene Fragen, in: Jahrbuch der Absatz- und Verbrauchsforschung, 34. Jg., S. 235-262.

Rapp, R. (1995): Kundenzufriedenheit durch Servicequalität: Konzeption - Messung - Umsetzung, Wiesbaden.

Reichheld, F. F./Sasser, W. E. (1990): Zero Defection: Quality Comes To Service, in: Harvard Business Review, Vol. 68, Nr. 5, S. 105-111.

Reichwald, R. (1978): Zur Notwendigkeit der Akzeptanzforschung bei der Entwicklung neuer Systeme der Bürotechnik, München.

Reichwald, R. (1982): Kooperationsbeziehungen im Büro: Kommunikationstechnik als Managementtechnologie, München.

Reichwald, R. (1984): Der Einfluss neuer Kommunikationsmedien auf das Büro der Zukunft: Auswirkungen auf das Kommunikationsverhalten und die Arbeitsbedingungen in Organisationen, München.

Reinartz, W. J./Krafft, M. (2001): Überprüfung des Zusammenhangs von Kundenbindungsdauer und Kundenertragswert, in: ZfB, 71. Jg., S. 1263-1281.

Reinecke, J. (1999): Interaktionseffekte in Strukturgleichungsmodellen mit der Theorie des geplanten Verhaltens, in: ZUMA-Nachrichten, 23. Jg., Nr. 45, November, S. 88-114.

Rengelshausen, O. (2000): Online-Marketing in deutschen Unternehmen: Einsatz – Akzeptanz – Wirkungen, Wiesbaden.

Rennert, C. (1996): Dienstleistungen als Elemente innovativer Betreibungskonzepte im Automobilhandel: Eine theoretische und empirische Fundierung, 2. Aufl., Ottobrunn.

Reuss, H./Müller, W. (Hrsg.) (1995): Wettbewerbsvorteile im Automobilhandel: Strategien und Konzepte für ein erfolgreiches Vertragshändler-Management, Frankfurt a. M./New York.

Reynolds, H. T. (1977): Some Comments on the Causal Analysis of Surveys With Log-Linear Models, in: American Journal of Sociology, Vol. 83, S. 127-143.

Rogers, E. M. (1962): Diffusion of Innovations, New York et al.

Rogers, E. M. (1995): Diffusion of Innovations, 4. Aufl., New York et al.

Rogers, E. M./Stanfield, J. D. (1968): Adoption and Diffusion of New Products: Emerging Generalizations and Hypotheses, in: Bass, F. M./King, C. W./Pessemier, E. A. (Hrsg.): Applications of the Sciences in Marketing Management, New York, S. 227-235.

Rohmert, W./Rutenfranz, J./Luczak, H. (1975): Arbeitswissenschaftliche Beurteilung der Belastung und Beanspruchung an unterschiedlichen industriellen Arbeitsplätzen, Bonn.

Rosada, M. (1990): Kundendienststrategien im Automobilsektor: Theoretische Fundierung und Umsetzung eines Konzeptes zur differenzierten Vermarktung von Sekundärdienstleistungen, Berlin.

Roth, E. (1967): Einstellung als Determination individuellen Verhaltens: Die Analyse eines Begriffs und seine Bedeutung für die Persönlichkeitspsychologie, Göttingen.

Runte, M. (2000): Personalisierung im Internet: Individualisierte Angebote mit Collaborative Filtering, Wiesbaden.

Salat, R. (1990): Innovative Mediennutzung, München.

Saris, W./Stronkhorst, H. (1984): Causal Modelling in Nonexperimental Research: An Introduction to the LISREL Approach, Amsterdam.

Schäfer, E. (1981): Absatzwirtschaft: Gesamtwirtschaftliche Aufgabe - unternehmerische Gestaltung, 3. Aufl., Stuttgart.

Schanz, G. (1973): Pluralismus in der Betriebswirtschaftslehre: Bemerkungen zu gegenwärtigen Forschungsprogrammen, in: ZfbF, 25. Jg., S. 131-154.

Schanz, G. (1977): Grundlagen der verhaltenstheoretischen Betriebswirtschaftslehre, Tübingen.

Scheffler, H. (2000): Stichprobenbildung und Datenerhebung, in: Herrmann, A./Homburg, C. (Hrsg.): Marktforschung: Methoden - Anwendungen - Praxisbeispiele, 2. Aufl. Wiesbaden, S. 59-77.

Schenk, H.-O. (1970): Geschichte und Ordnungstheorie der Handelsfunktionen: Entwicklungsgeschichtliche und ordnungstheoretische Untersuchungen zur Lehre von den Handelsfunktionen in Marktwirtschaft und Zentralverwaltungswirtschaft, Berlin.

Schinzer, H. (2001): Zahlungssysteme im Internet, in: Hermanns, A./Sauter, M. (Hrsg.) (2001): Management-Handbuch Electronic Commerce: Grundlagen, Strategien, Praxisbeispiele, 2. Aufl., München, S. 391-402.

Schleuning, C. (1994): Dialogmarketing: Theoretische Fundierung, Leistungsmerkmale und Gestaltungsansätze, Ettlingen.

Schleuning, C./Wetzig, R. (2000): Das Internet in Zahlen, in: Link, J. (Hrsg.): Wettbewerbsvorteile durch Online Marketing: Die strategischen Perspektiven elektronischer Märkte, 2. Aufl., Berlin/Heidelberg/New York, S. 35-54.

Schmalen, H./Pechtl, H. (1989): Erweiterung des dichotomen Adoptionsbegriffes in der Diffusionsforschung: Ein Fallbeispiel aus dem Bereich der kommerziellen PC-Software-Anwendung, in: Jahrbuch der Absatz- und Verbrauchsforschung, 35. Jg., S. 94-120.

Schmalen, H./Pechtl, H. (1996): Die Rolle der Innovationseigenschaften als Determinanten im Adoptionsverhalten, in: ZfbF, 48. Jg., S. 816-836.

Schmidt, R. (1996): Marktorientierte Konzeptfindung für langlebige Gebrauchsgüter: Messung und QFD-gestützte Umsetzung von Kundenanforderungen und Kundenurteilen, Wiesbaden.

Schmidt, R. B. (1969): Wirtschaftslehre der Unternehmung, Bd. 1, Grundlagen, Stuttgart.

Schnell, R./Hill, P. B./Esser, E. (1993): Methoden der empirischen Sozialforschung, 5. Aufl., München.

Schögel, M./Birkhofer, B./Tomczak, T. (2000): E-Commerce im Distributionsmanagement: Status Quo und Entwicklungstendenzen, in: Thexis-Fachbericht für Marketing Nr. 2000/2 des Forschungsinstituts für Absatz und Handel, Universität St. Gallen, St. Gallen.

Schönecker, H. G. (1980): Bedienerakzeptanz und technische Innovationen: Akzeptanzrelevante Aspekte bei der Einführung neuer Bürotechniksysteme, München.

Schubert, F. (1986): Akzeptanz von Bildschirmtext in Unternehmen und im Markt: Eine empirische Untersuchung über die Durchsetzung innovativer Kommunikationstechnologien im institutionellen Bereich, Münster.

Schulz, R. (1972): Kaufentscheidungsprozesse des Konsumenten, Wiesbaden.

Schütze, R. (1992): Kundenzufriedenheit: After-Sales-Marketing auf industriellen Märkten, Wiesbaden.

Seppelfricke, P. (1999): Automobilindustrie Deutschland: Revolution im Automobilvertrieb - Neue Medien und fortschreitende Deregulierung erzwingen dramatischen Strukturwandel, Bericht der M. M. Warburg Investment Research, Hamburg.

Shankar, V./Rangaswamy, A./Pusateri, M. (1999): The Online Medium and Customer Price Sensitivity, Working Paper, Smeal College of Business, Penn State University, PA.

Shapiro, C./Varian, H. L. (1999): Information rules: a strategic guide to the network economy, Boston, MA.

Sharma, S./Durand, R. M./Gur-Arie, O. (1981): Identification and Analysis of Moderator Variables, Journal of Marketing Research, Vol. 18, August, S. 291-300.

Silberer, G. (1979): Warentest, Informationsmarketing, Verbraucherverhalten: Die Verbreitung von Gütertestinformationen und deren Verwendung im Konsumentenbereich, Berlin.

Silberer, G./Fischer, L. (2000): Handel und Electronic Commerce: Anwendungen im stationären Einzelhandel, in: Wamser, C. (Hrsg.): Electronic Commerce: Grundlagen und Perspektiven, München, S. 197-212.

Silberer, G./Hannecke, N. (1999): Akzeptanz und Wirkungen multimedialer Kiosksysteme in Banken, Beitrag Nr. 24 zur Marketingwissenschaft des Instituts für Marketing und Handel, Universität Göttingen, Göttingen.

Simon, H. (1986): Herausforderungen an die Marketingwissenschaft, in: Marketing ZFP, 8. Jg., S. 205-213.

Simon, H./Homburg, C. (Hrsg.) (1998): Kundenzufriedenheit: Konzepte - Methoden - Erfahrungen, 3. Aufl., Wiesbaden.

Sinha, I./DeSarbo, W. S./Young-Helou, S. (1999): Sources and Consequences of Customer Value and Customer Loyalty: Empirical Evidence from the Field, Working Paper, Temple University, Philadelphia.

Six, B. (1980): Das Konzept der Einstellung und seine Relevanz für die Vorhersage des Verhaltens, in: Peterman, F. (Hrsg.): Einstellungsmessung – Einstellungsforschung, Göttingen, S. 55-84.

Skiera, B. (2001): Preisdifferenzierung, in: Albers, S./Clement, M./Peters, K./Skiera, B. (Hrsg.) (2001): Marketing mit Interaktiven Medien: Strategien zum Markterfolg, 3. Aufl., Frankfurt a. M., S. 267-281.

Skiera, B. (2000): Preispolitik und Electronic Commerce: Preisdifferenzierung im Internet, in: Wamser, C. (Hrsg.): Electronic Commerce: Grundlagen und Perspektiven, München, S. 117-130.

Sluiter, U. (1987): Der neue Konsument: Die alten Zielgruppen gelten nichts mehr, in: Marketing Journal, 20. Jg., H. 1, S. 32-33.

Söllner, A. (1993): Commitment in Geschäftsbeziehungen: Das Beispiel Lean Production, Wiesbaden.

Specht, G. (1998): Distributionsmanagement, 3. Aufl., Stuttgart/Berlin/Köln.

Spengler, E. (1987): Quantitative Methoden zur Messung der Zufriedenheit von Volkswagen/Audi-Kunden mit der Produktqualität und der Qualität des Kundendienstes, in: Hansen, U./Schoenheit, I. (Hrsg.): Verbraucherzufriedenheit und Beschwerdeverhalten, Frankfurt a. M./New York, S. 215-227.

Stachelsky, F. von (1983): Typologie und Methodik von Akzeptanzforschungen zu neuen Medien, in: Publizistik, 28. Jg. H. 1, S. 46-55.

Starbruck, W./Webster, J. (1991): When is Play Productive?, in: Accounting, Management and Information Technologies, 1. Jg., S. 271-278.

Stauss, B. (1999): Kundenzufriedenheit, in: Marketing ZFP, 19. Jg., S. 5-24.

Steffenhagen, H. (1975): Industrielle Adoptionsprozesse als Problem der Marketingforschung, in: Meffert, H. (Hrsg.): Marketing heute und morgen: Entwicklungstendenzen in Theorie und Praxis, Wiesbaden, S. 107-125.

Steffenhagen, H. (1978): Wirkungen absatzpolitischer Instrumente: Theorie und Messung der Marktreaktion, Stuttgart.

Stegmüller, B. (1995): Intranationale Marktsegmentierung auf Basis von Nutzenerwartungen, in: Thexis, 12. Jg., H. 2, S. 53-58.

Stevens, J. (1992): Applied multivariate statistics for the social sciences, 2. Aufl., Hillsdale, NJ.

Stewart, D. W. (1981): The Application and Misapplication of Factor Analysis in Marketing Research, in: Journal of Marketing Research, Vol. 18, S. 51-62.

Strauß, R./Schoder, D. (2000): e-Reality 2000 - Electronic Commerce von der Vision zur Realität: Status, Entwicklung, Problemstellungen, Erfolgsfaktoren sowie Management-Implikationen des Electronic Commerce, herausgegeben von der Consulting Partner Group, Frankfurt.

Streich, M. (2001): Online-Auktionen im Internet: Eine empirische Studie zur Evaluation von Preisvorteilen unter besonderer Berücksichtigung moderierter Liveauktionen, in: Jahrbuch der Absatz- und Verbrauchsforschung, 47. Jg., S. 172-189.

Suits, D. B. (1957): Use of Dummy Variables in Regression Equations, in: Journal of American Statistical Association, Vol. 52, S. 548-551.

Summers, G. (Hrsg.) (1970): Attitude Management, London.

Swoboda, B. (1996): Interaktive Medien am Point of Sale: Verhaltenswissenschaftliche Analyse der Wirkung multimedialer Systeme, Wiesbaden.

Sydow, J. (2000): Vertrauen und Electronic Commerce: Vertrauen nicht nur in elektronische Netzwerke, in: Wamser, C. (Hrsg.): Electronic Commerce: Grundlagen und Perspektiven, München, S. 260-270.

Symposion Publishing/Autohaus Verlag (Hrsg.) (2000): Automarkt Internet 00/01: Der Kfz-Handel im Umbruch, Analysen, Trends, Umfrageergebnisse, Düsseldorf, Ottobrunn.

Theodorson, G. A./Theodorson, A. G. (1969): A Modern Dictionary of Sociology, New York.

Thibaut, J./Kelley, H. (1959): The Social Psychology of Groups, New York et al.

Tiedtke, D. (2000): Bedeutung des Online-Marketing für die Kommunikationspolitik, in: Link, J. (Hrsg.): Wettbewerbsvorteile durch Online Marketing: Die strategischen Perspektiven elektronischer Märkte, 2. Aufl., Berlin/Heidelberg/New York, S. 121-148.

Tietz, B. (1987): Wege in die Informationsgesellschaft: Szenarien und Optionen für Wirtschaft und Gesellschaft, Stuttgart.

Tietz, B. (Hrsg.) (1995): Handwörterbuch des Marketing, 2. Aufl., Stuttgart.

Tomczak, T./Belz, C./Schögel, M./Birkhofer, B. (Hrsg.) (1999): Alternative Vertriebswege: Factory Outlet Center, Convenience Stores, Direct Distribution, Multi Level Marketing, Electronic Commerce, Smart Shopping, St. Gallen.

Tomczak, T./Schögel, M./Birkhofer, B. (1999): Einsatzmöglichkeiten des Electronic Commerce in der Distribution, in: Tomczak, T./Belz, C./Schögel, M./Birkhofer, B. (Hrsg.): Alternative Vertriebswege: Factory Outlet Center, Convenience Stores, Direct Distribution, Multi Level Marketing, Electronic Commerce, Smart Shopping, St. Gallen, S. 288-308.

Tornatzky, L. G./Klein, K. J. (1982): Innovation Characteristics and Innovation Adoption-Implementation: A Meta-Analysis of Findings, in: IEEE Transactions on Engineering Management, Vol. 29, Nr. 1, S. 28-45.

Triandis, H. C. (1975): Einstellungen und Einstellungsänderungen, Basel.

Trommsdorff, V. (1975): Die Messung von Produktimages für das Marketing: Grundlagen und Operationalisierung, Köln/Opladen et al.

Trommsdorff, V. (1998): Konsumentenverhalten, 3. Aufl., Stuttgart/Berlin/Köln.

Trommsdorff, V. (Hrsg.) (1996): Handelsforschung 1996/1997, Jahrbuch der Forschungsstelle für den Handel, Berlin, S. 125-143.

Trommsdorff, V. (Hrsg.) (1997): Handelsforschung 1997/1998, Jahrbuch der Forschungsstelle für den Handel, Berlin.

Trommsdorff, V./Bleicker, U./Hildebrandt, L. (1980): Nutzen und Einstellung, in: WiSt, 9. Jg., S. 269-276.

Tscheulin, D. (1994): 'Variety-Seeking-Behavior' bei nicht-habitualisierten Konsumentenentscheidungen, in: ZfbF, 46. Jg., S. 54-62.

Tscheulin, D. K./Helmig, B. (Hrsg.) (2001): Branchenspezifisches Marketing: Grundlagen, Besonderheiten, Gemeinsamkeiten, Wiesbaden.

Unger, F. (1997): Marktforschung: Grundlagen, Methoden und praktische Anwendungen, 2. Aufl., Heidelberg.

Unger, M. (1998): Die Automobil-Kaufentscheidung: Ein theoretischer Erklärungsansatz und seine empirische Überprüfung, Frankfurt a. M. et al.

Urban, D. (1993): Logit-Analyse: Statistische Verfahren zur Analyse von Modellen mit qualitativen Response-Variablen, Stuttgart/Jena/New York.

Urban, G. L./Weinberg, B. D./Hauser, J. R. (1996): Premarket Forecasting of Really-New Products, in: Journal of Marketing, Vol. 60, January, S. 47-60.

Vellido, A./Lisboa, P. J. G./Meehan, K. (2000): Quantitative Characterization and Prediction of On-Line Purchasing Behavior: A Latent Variable Approach, in: International Journal of Electronic Commerce, Vol. 4, Nr. 4, S. 83-104.

Vorwerk, K. (1994): Die Akzeptanz einer neuen Organisationsstruktur in Abhängigkeit von Implementierungsstrategie und Merkmalen der Arbeitssituation: Ein Fallstudie aus der Versicherungswirtschaft, Frankfurt a. M. et al.

Wamser, C. (2000): Electronic Commerce: Theoretische Grundlagen und praktische Relevanz, in: Wamser, C. (Hrsg.): Electronic Commerce: Grundlagen und Perspektiven, München, S. 3-27.

Wamser, C. (Hrsg.) (2000): Electronic Commerce: Grundlagen und Perspektiven, München.

Wamser, C./Fink, D. H. (Hrsg.) (1997): Marketing-Management mit Multimedia: Neue Medien, neue Märkte, neue Chancen, Wiesbaden.

Webster, F. E. (1969): New Product Adoption in Industrial Markets: A Framework for Analysis, in: Journal of Marketing, Vol. 33, July, S. 35-39.

Webster, J./Trevino, L. K./Ryan, L. (1993): The Dimensionality and Correlates of Flow in Human-Computer Interactions, in: Computers in Human Behavior, Vol. 9, S. 411-426.

Weede, E. (1977): Hypothesen, Gleichungen und Daten: Spezifikations- und Messprobleme bei Kausalmodellen für Daten aus einer und mehreren Beobachtungsperioden, Kronberg.

Weiber, R. (1992): Diffusion von Telekommunikation: Problem der kritischen Masse, Wiesbaden.

Weiber, R./Kollmann, T. (1995): Die Vermarktung von Multimedia-Diensten: Akzeptanzprobleme bei interaktivem Fernsehen, Forschungsbericht Nr. 3 zum Marketing des Lehrstuhls für Marketing, Universität Trier, Trier.

Weinberg, P. (1980): Markentreue und Markenwechsel, in: Hoyos, C. Graf (Hrsg.): Grundbegriffe der Wirtschaftspsychologie: Gesamtwirtschaft - Markt - Organisation - Arbeit, München, S. 162-168.

Weiner, B. (1985): An Attributional Theory of Achievement, Motivation and Emotion, in: Psychological Review, Vol. 92, S. 548-573.

Weiner, B./Frieze, I./Kukla, A./Reed, L./Rest, S./Rosenbaum, R. (1971): Perceiving the Causes of Success and Failure, Morristown/New York.

Werner, A./Stephan, R. (1998): Marketing-Instrument Internet, 2. Aufl., Heidelberg.

Wilitzky, B. (1982): Möglichkeiten, Chancen und Grenzen für das Konsumgütermarketing durch das neue Medium Bildschirmtext, Berlin/Offenbach.

Wilke, J. (Hrsg.) (1996): Multimedia: Voraussetzungen – Anwendungen – Probleme, Berlin.

Williamson, O. E. (1990): Die ökonomischen Institutionen des Kapitalismus, Tübingen.

Winand, U./Pohl, W. (1998): Vertrauen in elektronische Netzwerke, Arbeitsbericht Nr. 23 des Lehrstuhls für Wirtschaftsinformatik, Universität Kassel, Kassel.

Wirtz, B. W./Krol, B. (2001): Stand und Entwicklungsperspektiven der Forschung zum Electronic Commerce, in: Jahrbuch der Absatz- und Verbrauchsforschung, 47. Jg., S. 332-365.

Wirtz, B. W./Lihotzky, N. (2001): Internetökonomie, Kundenbindung und Portalstrategien, in: DBW, 61 Jg., S. 285-305.

Wirtz, B. W./Vogt, P. (2001): Kundenbeziehungsmanagement im Electronic Business, in: Jahrbuch der Absatz- und Verbrauchsforschung, 47. Jg., S. S. 116-135.

Wissenschaftlicher Rat der Dudenredaktion (Hrsg.) (1997): Duden Fremdwörterbuch, Bd. 5, 6. Aufl., Mannheim/Wien/Zürich.

Wold, H. (1982): Soft Modeling: The Basic Design and Some Extension, in: Jöreskog, K./Wold, H. (Hrsg.) (1982b): Systems under Indirect Observation, Part II, Amsterdam/New York/Oxford, S. 1-54.

Wolters, H./Landmann, R. H./Karsten, H./Arthur D. Little International (Hrsg.) (1999): Die Zukunft der Automobilindustrie: Herausforderungen und Lösungsansätze für das 21. Jahrhundert, Wiesbaden.

Womack, D. T./Jones, D. T./Roos, D. (1991): The machine that changed the world: The story of lean production, New York.

Woodruff, R. B./Cadotte, E. R./Jenkins, R. L. (1983): Modeling Consumer Satisfaction Processes Using Experience-Based Norms, in: Journal of Marketing Research, Vol. 20, S. 296-304.

Woratschek, H. (1996): Die Typologie von Dienstleistungen aus informationsökonomischer Sicht, in: Der Markt, 35. Jg., S. 59-71.

Wurster, A. (1996): Das Internet, in: Wilke, J. (Hrsg.): Multimedia: Voraussetzungen – Anwendungen – Probleme, Berlin, S. 59-73.

Yi, Y. (1989): A Critical Review of Consumer Satisfaction, Working Paper, Division of Research, School of Business Administration, Ann Arbour.

Zaltman, G./Pinson, C./Angelmar, R. (1973): Metatheory and Consumer Research, New York.

Zeller, A. (1962): An Efficient Method of Estimating Seemingly Unrelated Regressions and Tests for Aggregation Basis, in: Journal of the American Statistical Association, Vol. 57, S. 348-368.

Zerdick, A./Picot, A./Schrape, K./Artopé, A./Goldhammer, K./Lange, U. T./Vierkant, E./López-Escobar, E./Silverstone, R. (1999): Die Internet-Ökonomie: Strategien für die digitale Wirtschaft, Berlin/Heidelberg.

Zimmer, J. (1998): Werbemedium World Wide Web, in: Media Perspektiven, 35. Jg., S. 498-507.

Zimmer, P. (2000): Commitment in Geschäftsbeziehungen, Wiesbaden.

Zimmermann, H. D. (1995): Auf dem Weg in die Informationsgesellschaft: Die Einbindung privater Haushalte in die telematischen Dienste und Anwendungen, St. Gallen.

Deutscher Universitäts-Verlag
Ihr Weg in die Wissenschaft

Der Deutsche Universitäts-Verlag ist ein Unternehmen der Fachverlagsgruppe BertelsmannSpringer, zu der auch der Gabler Verlag und der Vieweg Verlag gehören. Wir publizieren ein umfangreiches wirtschaftswissenschaftliches Monografien-Programm aus den Fachgebieten

- ✓ Betriebswirtschaftslehre
- ✓ Volkswirtschaftslehre
- ✓ Wirtschaftsrecht
- ✓ Wirtschaftspädagogik und
- ✓ Wirtschaftsinformatik

In enger Kooperation mit unseren Schwesterverlagen wird das Programm kontinuierlich ausgebaut und um aktuelle Forschungsarbeiten erweitert. Dabei wollen wir vor allem jüngeren Wissenschaftlern ein Forum bieten, ihre Forschungsergebnisse der interessierten Fachöffentlichkeit vorzustellen. Unser Verlagsprogramm steht solchen Arbeiten offen, deren Qualität durch eine sehr gute Note ausgewiesen ist. Jedes Manuskript wird vom Verlag zusätzlich auf seine Vermarktungschancen hin geprüft.

Durch die umfassenden Vertriebs- und Marketingaktivitäten einer großen Verlagsgruppe erreichen wir die breite Information aller Fachinstitute, -bibliotheken und -zeitschriften. Den Autoren bieten wir dabei attraktive Konditionen, die jeweils individuell vertraglich vereinbart werden.

Besuchen Sie unsere Homepage: *www.duv.de*

Deutscher Universitäts-Verlag
Abraham-Lincoln-Str. 46
D-65189 Wiesbaden